舟船考古学

口絵1　大阪城内刳舟展示棟の刳舟（大阪文化財研究所提供）
大阪城天守閣脇にあった刳舟展示棟は、出土した複材式刳舟を見ることができる数少ない場所であったが、1944〜45年の大阪空襲により破壊、散逸した。中央に置かれているのが鯰川出土の刳舟

口絵2　石船戸東遺跡出土の刳舟転用井戸（新潟県教育委員会提供）
刳舟を井戸枠に転用した鎌倉時代の大型井戸

— i —

舟船考古学

口絵3　住友銅吹所跡下層出土の舟形木製品（大阪文化財研究所提供）
祭祀関連の人形、斎串とともに出土した飛鳥時代の舟形木製品。銅吹所跡下層から19点がまとまって発見された

口絵4　大庭寺遺跡出土の舟形土製品（大阪府文化財センター提供）
準構造舟船を模したと見られる須恵器の舟形土製品

口絵5　宝塚1号墳出土の舟形埴輪（松阪市教育委員会提供）
日本最大級の舟形埴輪。蓋、威杖、大刀など、権威を象徴する装飾が施されている

口絵6　御領遺跡出土の線刻土器
（(公財)広島県教育事業団撮影・広島県立埋蔵文化財センター提供）
船室を備えたと見られる舟船が線刻された弥生時代後期の土器片

口絵7　袴狭遺跡出土の線刻画木製品（兵庫県立考古博物館提供）
古墳時代前期の木製品に大小10艘以上の準構造舟船が描かれている

舟船考古学

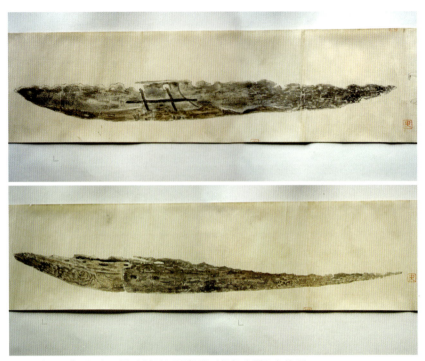

口絵8 『大坂府下難波村鼬川開鑿際所得舡之圖』全体図（東京国立博物館所蔵）
本紙総長348cm、紙高幅26.6cmの軸装巻物に描かれた鼬川出土刳舟の舟船内部・側面図

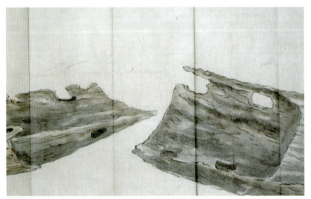

口絵9 『大阪府下難波村鼬川発掘古舩圖』接合部図（東京国立博物館所蔵）
本紙総長468cm、紙高幅26.2cm、各見開50面の折帖に描かれた鼬川出土刳舟の接合部図

—iv—

舟船考古学

ふねのこうこがく

Archaeological Research of Ships in Japan
— Ships embrace Vessel, Boat, Dugout, Canoe, and Raft —

辻尾榮市

EIICHI TSUJIO

ニューサイエンス社

はじめに

　人類が誕生して以後、舟船（ふね）がどのように発達したのかという課題に迫る研究は、多くの研究者によって進められてきた今日的な課題である。

　日本で先駆的なその研究をしたのは西村眞次であり、古代舟船の発展段階を紹介した「先史時代及び原史時代の水上運搬具」に抄報としてまとめている。西村は人類学・考古学から日本古代史を志し、フランスの考古学者、J・デシュレット（1862～1914年）の影響を受けた。彼の著書『先史考古学概要』の中で、古代刳舟型式を3分類に区分していることに注目し、古代の舟船についてのその発展段階に順序や規模の差はほとんどなく、世界的に共通すると説き、後の刳舟型式分類の基礎を引き出した。昭和前期には各地から出土する刳舟を調査し、その厖大な研究は英文による舟船の民俗・人類学的研究として全3冊（『日本古代船舶研究全10冊』）にまとめている。談話速記として『人類学・先史学講座』第6巻に収録されたそれは、舟船舶研究の基礎となる業績のひとつである。西村にはそのほかに日本の神話、『記紀』の記事から舟船を分析しようとする所論もある。

　さらに刳舟研究の間口を広げたのは、戦後まもなく発掘調査が行われた加茂遺跡においてである。千葉県南房総市加茂に所在し、丸山川下流の扇状地に位置する泥炭層遺跡であった。1948（昭和23）年、慶應義塾大学考古学研究室の藤田亮策、清水潤三、江坂輝彌らによって学術調査が行われた。出土した刳舟は、縄紋時代前期の諸磯式土器包含層に伴う層位であり、深さ4mの位置で転覆した状態で舟底を上にしていた。埋土圧のため保存状態は悪く約250数小片となり、遺存長4.8m、幅60cm、左舷側の遺存状態はよいが、右舷側は損傷が激しい。舟首には2ヶ所の小穴があり、舳先を垂直に切断したいわゆる割竹型式の刳舟と見られ、材質はクス材であった。この遺跡からはこれまでにも刳舟の出土があり、縄紋時代の前期諸磯式から中期五領ヶ台式、勝坂式などの土器、石器、動植物遺体が出土している。その報告書は動物遺体、化石、植物遺体の木質、花粉分析などの科学的分析を呈示し、学術的な発掘調査報告書としてその業績が評価される。

この調査を導いたのは松本信広である。松本が古代舟の研究に関わるのは、1947（昭和22）年、千葉県検見川町の草炭採掘場における刳舟発見（東京都小金井市武蔵郷土館保管）からであり、そこからさらに2艘の刳舟が確認され、翌1948年に発掘した。1艘は遺存長5.88m、幅40cm、艫部に突起があり、カヤ材を半截刳り抜いた舟（慶應義塾大学考古学研究室蔵）である。もう1艘は遺存長6.48m、幅52cmを測り、カヤ材で破損が激しく原形を留めない舟（東洋大学蔵）であったが、いずれも縄紋時代後期に推定されている刳舟発見が最初であった。松本は西村が紹介した『先史考古学概要』で古代刳舟型式を3分類していることに注目し、後の刳舟型式分類の分析を引き出したのである。このことから野口義麿が千葉県安房郡豊田村加茂の地において刳舟埋没地の確認をし、清水潤三らが発掘調査を行ったのが加茂遺跡刳舟の発見に繋がり、完全ではないが低湿地遺構に埋没する最古の刳舟として標準遺物となったのである。松本は欧州留学において、人類学的な立場から神話を儀礼との関係から日本民族形成論に注目し、稲作文化の存在を指摘した。特に南方文化にその系譜を求める研究を多元的に展開し、舟船に関する研究に結びつけたのである。

　清水潤三は松本の民族学的な研究を補完する実証的な考古学の立場から、関東地域の刳舟発掘調査を実施した。これまでの大きな木材遺物が偶然の発見から調査され、単に実見するというのではなく、発掘調査という研究法により、確実な出土層位、年代の特定、そこから日本における刳舟の類型特定に向けた研究を進めた。清水が手がけた刳舟調査の多くは関東地域に限られたため、それらの時期についても永年性がなく、年代的にも縄紋時代に限られた刳舟類型からの分析に苦慮したのであった。特に年代においては、縄紋時代に引き継ぐ弥生時代の刳舟出土が希薄であったため、刳舟の時代的分析に限界があった。しかし、西村の刳舟型式分類を発掘調査によって得られた資料から、型式ごとに時期編年を明らかにして発展段階の跡をたどる考古学の常道を企てようとした。このことが刳舟の断面から判断する木取り法の分析に繋がった。ここから近似すると看なせるものの型式は、年代的にも近時する同時代性があると推論を導き出したのであるが、明確に相応するところまでは確信が得られていない。形態においても多種多様であり、基準となる

事例の指摘はないが、刳舟の多くは分類ができないとの結論に至っている。考古学から舟船を分析しようとする態度から関西地域の刳舟にも目が向けられたが、地域性には様々な特徴があり、そこから型式形態分析を導き出そうとする方法へ結びつけようとしたが適合しなかった。

　古代の刳舟研究は、出土する遺物を対象とする考古学的な研究だけでは解明されない。文献に残る史料や絵巻・図絵から解読する歴史学的な考察、さらには民族学、民俗学的な事例の課題に迫らなければ解き明かすことはできず、したがって日本列島の文化形成に関わる事象とも深く長い接点があるはずである。これまでの考古学的な刳舟研究は、関東地域出土事例に片寄りがちであったが、ここでは関西地域の事例に目を向けて分類整理しながら、地域を検証することに言及し試みたつもりである。日本列島の人類史に見えてくるものがあるかも知れないと思っている。

　なお、本稿では普遍的な「フネ」「ふね」を意味する用語は「舟」「船」ではなく、「舟船」と表記している。「舟」は小型、「船」は大型という先入観があり、「フネ」「ふね」としての概念から「舟船」を用いることにした。

　2018年3月

　　　　　　　　　　　　　　　　　　辻尾榮市

目　　次

《口絵》 ……………………………………………………………… ⅰ～ⅳ

はじめに ……………………………………………………………… 1

目　次 ………………………………………………………………… 4

第1部　舟船の起源と歴史（概論） ……………………… 9～79

　Ⅰ　刳舟の諸問題 ………………………………………………… 10

　　1　刳舟の出現 ………………………………………………… 10

　　2　刳舟とは何か ……………………………………………… 10

　　3　刳舟の研究史 ……………………………………………… 13

　　（1）舟・船とは ……………………………………………… 13

　　（2）刳舟の研究 ……………………………………………… 16

　　4　刳舟における型式形態 …………………………………… 21

　　（1）型式・形態 ……………………………………………… 21

　　（2）木取り …………………………………………………… 24

　　（3）接合 ……………………………………………………… 25

　　（4）複材式の刳舟（船） …………………………………… 26

　Ⅱ　刳舟の起源 …………………………………………………… 29

　　1　造舟船場所 ………………………………………………… 29

　　2　刳舟（船）の出土 ………………………………………… 29

　　3　舟形土製品 ………………………………………………… 31

　　4　舟形木製品 ………………………………………………… 34

　Ⅲ　絵画と線刻 …………………………………………………… 37

　　1　埴輪の線刻画 ……………………………………………… 40

　　2　新資料の線刻画 …………………………………………… 41

　　3　線刻舟船の特徴 …………………………………………… 42

　　4　舟形埴輪 …………………………………………………… 45

　Ⅳ　いわゆる複材式刳舟について ……………………………… 50

　　1　複材式刳舟 ………………………………………………… 50

2　難波鼬川出土の複材式刳舟 ································ 50

3　尾張諸桑村出土の複材式刳舟 ························· 55

4　出土刳舟から見えるもの ····························· 61

Ⅴ　縫合舟（船）から準構造舟（船）へ ················· 65

1　縫合舟船から ····································· 65

2　準構造舟船へ ····································· 67

Ⅵ　クリークと刳舟 ····································· 72

1　大阪湾沿岸の立地 ································· 72

2　難波の津 ··· 74

3　難波津の風景 ····································· 77

第2部　研究史と各地の研究成果（各論） ··············· 81 ～ 229

Ⅶ　舟（船）発掘とその成果・研究史 ··················· 82

1　大阪市内における刳舟 ····························· 82

（1）東成区大今里遺跡 ······························· 82

（2）福島区船津橋遺跡 ······························· 86

（3）城東区今福西遺跡 ······························· 89

（4）その他の市内発見の刳舟 ························· 91

2　大阪府下における刳舟 ····························· 92

（1）門真市三ツ島遺跡 ······························· 92

（2）八尾市萱振遺跡 ································· 94

（3）八尾市久宝寺遺跡 ······························· 96

（4）貝塚市脇浜2丁目遺跡 ····························· 97

（5）その他の府下発見の刳舟 ························· 98

Ⅷ　大阪市浪速区の難波鼬川出土刳舟 ··················· 100

1　E・Sモースが見た刳舟 ··························· 100

（1）発見の状況 ····································· 100

（2）E・Sモースは見た ····························· 104

2　難波鼬川出土刳舟の再検討 ························· 108

（1）『大坂城誌』 ····································· 109

（2）『日本海運図史』 ································· 110

—5—

（3）西村眞次の見た剌舟 …………………………………………………… 110

（4）複材式剌舟は準構造舟船 ……………………………………………… 111

3　小杉榲邨が描いた難波鼬川出土の剌舟絵図 ………………………… 114

（1）『大坂府下難波村鼬川開鑿際所得舩之圖』 ………………………… 114

（2）『大阪府下難波村鼬川発掘古舩圖』 ………………………………… 117

（3）記された説明書 ………………………………………………………… 118

（4）ふたつの絵図 …………………………………………………………… 119

4　大阪・難波鼬川出土剌舟の追記 ……………………………………… 120

（1）八木奘三郎『日本考古学』 …………………………………………… 120

（2）最初に描いたのは誰 …………………………………………………… 122

IX　近畿の剌舟 …………………………………………………………………… 125

1　井戸枠に転用された大阪の剌舟 ……………………………………… 125

（1）再利用された舟船 ……………………………………………………… 125

（2）絵図から実証できるのか ……………………………………………… 125

（3）井戸枠に再利用された剌舟などの出土例 ………………………… 128

①瓜破遺跡　128　／②加美遺跡　129　／③瓜破北遺跡　130　／④高槻市高槻城三の丸跡　131　／⑤楠葉中之芝遺跡　132　／⑥長保寺遺跡　133　／⑦讃良郡条里遺跡　133　／⑧讃良郡条里遺跡　134　／⑨讃良郡条里遺跡（03-5）　135　／⑩讃良郡条里遺跡　136　／⑪讃良郡条里遺跡　137　／⑫讃良郡条里遺跡　139　／⑬蔀屋北遺跡　141　／⑭大東市北新町遺跡　145　／⑮西岩田遺跡　146　／⑯西岩田遺跡　147　／⑰八尾南遺跡　148　／⑱太子堂遺跡　149　／⑲萱振遺跡　150　／⑳久宝寺遺跡　150　／㉑久宝寺遺跡　152　／㉒石川流域遺跡群下ノ池古墳　153　／㉓はざみ山遺跡　154　／㉔誉田白鳥遺跡　156　／㉕野々上遺跡　156　／㉖松原市大堀城跡　156　／㉗狭山池　157　／㉘下田遺跡　157

（4）剌舟の再利用 …………………………………………………………… 158

2　滋賀県の剌舟 …………………………………………………………… 165

（1）造舟船技術と剌舟 ……………………………………………………… 165

（2）琵琶湖岸の出土例 ……………………………………………………… 167

①長浜市湖北町尾上浜遺跡　170　／②米原市入江内湖遺跡　171　／③彦根市松原内湖遺跡　174　／④近江八幡市安土町下豊浦大中の湖南遺跡　176　／⑤東近江市神郷町地先斗西遺跡　177　／⑥東近江市山路石田遺跡　178　／⑦近江八幡市長命寺町地先長命寺湖底遺跡　178　／⑧近江八幡市元水茎町元水茎遺跡　180　／⑨近江八幡市出町遺跡　182　／⑩守山市赤野井地先赤野井湾遺跡　183　／⑪守山市古高町下葉遺跡　184　／⑫大津市錦織遺跡　185　／⑬中主町野田沼遺跡　185　／塩津浜遺跡　186

（3）剌舟の利用 ……………………………………………………………… 187

（4）琵琶湖の準構造舟船 ……………………………………… 187

3　京都府の刳舟 ………………………………………………… 192

（1）日本海と京都 ………………………………………………… 192
　①舞鶴市字千歳浦入遺跡の刳舟　193

（2）京都府内陸部の刳舟 ………………………………………… 196
　①長岡京市神足雲宮遺跡　196／②向日市森本町東土川西遺跡　197／
　③相楽郡和束町和束川底遺跡　198

（3）刳舟の交易 ………………………………………………… 198

4　兵庫県の刳舟 ………………………………………………… 199
　①長越遺跡　199／②明石城武家屋敷跡東仲ノ町地区第4次調査　201
　／③神戸ハーバーランド遺跡　202／④栄根遺跡　202／⑤五反田遺跡
　203／⑥若王寺遺跡　204／⑦淡河萩原遺跡　204／⑧城崎町桃島出土舟
　様木製品　206／⑨二葉町遺跡　207／⑩佃遺跡　209

5　奈良県の舟船 ………………………………………………… 210
（1）葬舟船考 …………………………………………………… 210
（2）巣山古墳の葬舟船 ………………………………………… 214

6　和歌山県の刳舟 ……………………………………………… 220
（1）笠嶋遺跡の刳舟の再検討 …………………………………… 220

7　三重県の刳舟 ………………………………………………… 222
　①錦生小学校内遺跡　222／②菰野町出土刳舟　223

第3部〈附編〉舟・船舶関係資料一覧 ……………………… 231～436

Ｘ　舟船関係出土史料集成 ……………………………………… 232

1　刳舟史料集成（出土遺跡・民俗史料を含む）……………… 233
　①縄紋時代の刳舟　233／②弥生時代の刳舟　243／③古墳時代の刳舟
　248／④その他の刳舟（民俗史料を含む）260

2　舟形模造品集成 ……………………………………………… 278
　①-1舟形木製品（出土遺物）278／①-2舟形木製品（民俗（刳舟含）・
　模造品）292／②舟形土製品　294／③舟形石製品　298／④舟形金属
　品　299／⑤舟形骨製品　299

3　舟形埴輪集成 ………………………………………………… 299
　①舟形埴輪　299／②舟絵画埴輪　301

4　舟絵画史料集成 ……………………………………………… 302

　　① 土器線刻絵画　302 ／② 木板線刻絵画　304 ／③ 石製線刻絵画　304 ／

　　④ 金属線刻絵画　305 ／⑤ 骨製線刻絵画　305

5　装飾古墳史料集成 …………………………………………… 305

　　① 線刻壁画　305 ／② 彩色壁画　309

6　洞窟・岩盤史料集成 ………………………………………… 311

XI　舟船関係文献資料目録 …………………………………………… 312

1　刳舟・舟船・漁舟船関係文献資料 ………………………… 313

2　絵画・線刻（土器・古墳・その他）関係文献資料 ……… 352

3　舟形（木製・土製・石製・金属）関係文献資料 ………… 366

4　埴輪（舟形・線刻）関係文献資料 ………………………… 384

5　湊津（船着き場・港湾）・水運（海上交通・河川交通）・航海（海事・

　　航海術）関係文献資料 ……………………………………… 388

6　水中考古学・漂流（探検・外交・紀行・海洋）・水軍（海賊）関係

　　文献資料 ……………………………………………………… 419

　　①水中考古学　419 ／②漂流・外交　423 ／③水軍・海賊　429

7　舟大工・造船・船具関係文献資料 ………………………… 431

用語索引 …………………………………………………………… 437

あとがき …………………………………………………………… 443

表紙写真

■表：大阪城内刳舟展示棟の刳舟（大阪文化財研究所提供）

■裏：難波鼬川出土刳舟（小野清『大坂城誌』名著出版　1899 年より転載）

—8—

第1部　舟船の起源と歴史（概論）

I　刳舟の諸問題

1　刳舟の出現

　自然の浮木利用にはじまる舟船の歴史、水上での運搬具として利用した
それは、人類の歴史とともに古いと思われる。樹木が水との比重差で浮力
を得ることから発想して、複数の木材を結束したもの（筏）は、水上での
輸送手段として用いられただろうと考えられる。さらには自然空洞木（ク
スなど）から考え出される木幹を刳り抜く方法では、その刳り抜きの製作
に石器などを利用したと考えられるが、後には石塊を焼いて原木にのせ焦
燥穴をつくり、そこを広げて調整しながら刳舟を仕上げたと推定される。
刳舟は原木の加工からその型式を分類することができるが、世界各地にお
いて原木から刳舟を加工し、工夫した構造の刳舟が見られる。

2　刳舟とは何か

　日本列島は、東アジアの海上に大きく弧を描いた島嶼によって形成して
いる。だがこの島々は独自の力によって発達したのではない。大陸から切
り離された地形になっているが、大陸との交易や人の移住、文化の流入が
盛んに行われたことは想像に難くないであろう。

　大陸と隔たった島々の古代文化の発展には、海上交通が重要な役割を果
たしたと考えられるが、それを裏付けるような海上交通の具体的な運搬具
の発見は知られていない。海上交通の運搬具といえば、一般的には「舟・船」
が考えられるが、この運搬具についてはそれほど研究が進んでいるとはい
えない。

　古代日本の舟船については多くの未解決の問題がある。世界中いたると
ころで人類の生活に大きな役割を果たしてきたこの舟船を、日本だけに限っ
て研究することには限界がある。特に日本列島と大陸との間で交易交流を
どの程度果たしていたのかということについては、これまでに発見された
大阪府八尾市久宝寺遺跡・蕃屋北遺跡、福井県鳥浜貝塚、福岡県潤地頭給

Ⅰ 刳舟の諸問題

遺跡などの古代刳舟から、大陸間の交易交流についての再考が迫られるようにもなってきており、古代史の新しい論点のひとつとして注目されている。

　大阪を中心として刳舟が発掘された事例は早くから知られており、しかもその造舟船技術は一見かなり進歩した手法をもっていたことが特色である。それらの材質はクス・スギ材を自由に用いており、大阪市城東区今福西遺跡鯰江川、大阪市浪速区船出町遺跡鼬川から出土した刳舟は、いわゆる「複材式刳舟」と呼ばれる大型船であったことが注目される。

　考古学での発掘調査による資料から得られた日本最古の刳舟は、千葉県加茂遺跡（図1）、福井県鳥浜貝塚（図2）などから出土しており、その上限は縄紋時代前期と考えられている。近年、特に港湾・湖沼における発掘調

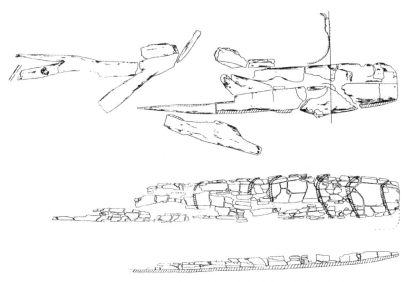

図1　千葉県加茂遺跡刳舟出土状況（上）と復元実測図（下）

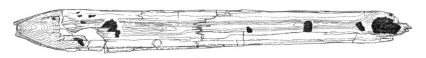

図2　福井県鳥浜貝塚出土第1号刳舟実測図

第1部　舟船の起源と歴史（概論）

査による出土例が増え、これまでほとんど顧みられることのなかった刳舟についての形態や構造などについて考察されることが多くなってきている。しかしこれまで出土した刳舟の年代決定については非常に難しく、それらはなお今後の研究に委ねるべき点が多い。特に舟船に関しては、単なる交通・運搬の手段としてだけではなく、人々の精神生活にも深く介入する生活道具であっただけに特別な意味を有しており、過去の人々の生活を考える上では民俗学的な研究成果の援用が有効的であり、単なる歴史的な経過のみでは解決できない問題を含んでいることも事実である。まして考古学上では舟船体構造の細部にまで迫ることには限界がある。また舟形木製品・舟形土製品・舟形埴輪などにおける外形上から、舟船体構造上の類推を計ることはあくまでそれらの分類と形態上の問題に留まる。

　文献上から大陸との交易交流は、「倭人は帯方の東南大海の中に在り、山島に依りて国邑を為す。旧百余国。漢の時朝見する者有り、今、使訳通ずる所三十国」と『三国志』魏書巻30・東夷伝・倭人の条に示される倭人朝貢の記録から弥生時代以後と考えられてきた古代史についても、縄紋時代の遺跡から刳舟が発見され、明らかに文物の交易交流のあったことについて再考が迫られている。

　だが刳舟を主体とする舟船が大陸との交易交流をなすことについては、これまで多くの研究者が考察してきた。それは単に「海を渡る」という航海だけではなく、外交的に文物交流のために海上輸送をするということがひとつの目的であるために、刳舟による大陸との交易交流を考える場合には単なる刳舟ではなく、準構造舟船以上の造舟船技術が必要である。発掘資料によれば、弥生時代以降の刳舟についてはそれをうかがわせる舟船があるものの十分ではない。

　大阪府八尾市久宝寺（南地区）遺跡（図3）で発見された刳舟は、古墳時代における明らかな舟船体形態と見られ、構造上、機能面から多様化と大型化によって、過去の例に見られない「準構造舟船」であったことが知られる。特にそれに見られる顕著な特徴はのちに形態として見ていくことにするが、舟船体には溝や柄穴が彫り込まれ、仕切り板や舳先などの部材が取り付けられた刳舟であった。これまで発見された刳舟の多くも各種の特

—12—

Ⅰ 刳舟の諸問題

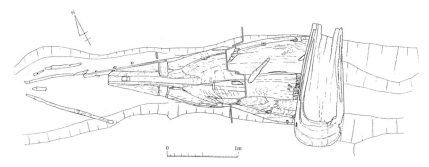

図3 八尾市久宝寺（南地区）遺跡準構造舟船出土状況実測図

色をもっていたが、久宝寺遺跡出土のそれは刳舟の域を脱して、多数の部材を組み合わせて造られた準構造舟船であったことに特徴がある。

このことは古代難波の海上輸送路が早くからひらけ、大陸と日本列島との間で交易交流を果たしていたという事実を頷かせる。しかしいつの時期に外交的な準構造舟船が現れたのかという疑問は、古代難波が外交上の要所となり、拠点となっていく上で残された課題である。古代難波を代表する難波御津や江口津などが存在し、さらに奈良時代には摂津職が置かれたことなどを含めて、海上交通輸送の要所として確かに政治的機能を果たした機関のあったことが論じられるようになってきてはいるが、いかなる構造をもった舟船があったのか、碇泊地は何処かということになるとわからないことが多く、今後検討しなければならない。

3 刳舟の研究史
(1) 舟・船とは

自然環境において、流体内におきる現象に浮力がある。浮力とは、「流体内にある物体の表面に働く流体の圧力差によって、物体が重力に反して鉛直上方に押し上げられる力。浮力の方が重量より大きければ物体は浮く」（『広辞苑第五版』）とある現象である。人類はこの流体の浮力を利用し、自然現象としておこる水流、潮流、風力にまかせて、はるかに効率的な原動力となるモノ（草・竹・樹木など）を発見したのである。

第1部　舟船の起源と歴史（概論）

　地球上の人類史の中での後氷期、すなわち約1万年前から現在に至る時期は、相対的に気候が安定したが、氷河が融け海水面の上昇による海進により、人類は水との関わりをさけて通ることができなくなった。人類は陸上を歩行し、水中を浮遊することが備わった動物である。その人類が浮力に対しての疑問を解決するのに、それほど時間がかかったわけではない。すでに人類史における旧石器時代後期には、水の浮力を利用して構造物を作る技術が存在したであろう[註1]と考えられ、道具としての水中運搬具の発明が存在したという例はヨーロッパで確認されている。

　水の浮力を利用した構造物やその材料において、環境によって選択された道具としての運搬具は、浮くための補助として「舟」が考案され、世界中のいたるところで利用され、人類史の経済生活の上で大きな役割を果たした。

　古代の造舟船を知るための資料には、少数ではあるが古代舟船の遺物に基づく考古学的な実例があり、文献記事による史料の解釈や、当時の絵画に基づく歴史学的な考察がある。いずれにしてもこの「舟船」の究明には航海の問題や、造舟船技術、絵画による構図の解釈に、より多くの理解が求められ困難な問題が多いのは事実[註2]である。ここでは考古学的研究の対象として取り扱われる、古代の造舟船としての「刳舟」について考察してみよう。

　西村眞次は、日本の古代船舶の発達過程は世界のその発達とさほど違いはなく、それを6段階の発達過程で提示した。それによれば、「（1）第1の段階はフロート、即ち浮きである。浮きといふと誤解され易いから、浮揚具といふ言葉を使つて置く。極めて軽いもので水に浮くもの、それに縋つて水を横ぎる、或場合には海をも越えたらうと思ふ。（2）それから第2の段階は筏である。筏には、材料からいふと、木筏と草筏とあるが、いづれにしても浮揚具よりもずつと大きく、木竹を多数集めて一つに繼ぎ合はせ、それの上に乗るといふ手段である。これは浮きよりは一段進んだものに相違ない。浮きは自然のままの軽い物の上に乗るのであり、筏は多少人工が加はつてゐる。それに材を幾つか絡み合はす所に、其特色があるのである。（3）次に第3の段階として、刳舟が發明せられたと思ふ。刳舟は御承知の如く、

I　刳舟の諸問題

1本の木材を刳抜き、中を刳抜き、中をうつろ空洞にしてそれに乗るのである。筏では人や物が水に濡れたり、さらはれたりするから、それを防ぐ為に凹みを附けると、自然刳舟が現れるのである。（4）第4の段階は皮船である。是は普通には立てないのであるが、木や動物の皮で造る運搬具である。皮だけで、或は皮を或骨格の上に張つて、刳舟のやうな形即ち窪みを持つたものを造り、それに乗るのである。是れは非常に軽いから、大海を横ぎるといふ時には困るが、普通の河や海岸を航行する場合には極めて都合がいいと思ふ。（5）第5には縫合船、即ちスティッチド・ボートである。これは或材を植物性の物質その他で縫合せて造つた船であつて、この縫合船が、釘著した構造船、即ちビルト・アップ・シップに進化した」と論じた(註3)。

　第1段階から第2段階までは、水の浮力を利用した構造物であり、未だ舟船という形態には至っていない。しかし浮くための補助として考え出されたそれぞれは、舟船としての形態に発達する一型式の条件を満たしていた(註4)とも考えられる。従って形態としては、第3段階において、刳舟と呼ばれる舟船の基本的な分類が成立することになる。その刳舟は、一木で樹木の中心部を刳り抜いただけの構造をさしている。技術的には、大木を伐採するための磨製石斧（オノ）と、これを加工するための磨製石手斧（チョウナ）の出現があって成立する構造物ということになり、刳るという造舟船技術があって成立する造舟船法である。

　ところで初歩的なこのフネに対して、多くの名称がつけられた。マルキブネ（丸木舟、独木舟など）、ウツロブネとも呼ばれたが、クリブネ・クリフネ（刳舟）が本来の呼称であり、単材式刳舟をいう。地域的には、丸太や一木の視覚による形象から当て字でマルキブネと呼称した例があるが、クリブネから様々な呼称が派生したのである。またその呼称の理由には、基本的には「刳る」という造舟船技術の上に、さらに部材を前後に継いだり、左右に継ぐという方法、すなわち舟船体の側面両側にタナ（棚）と称される舷側板を継ぎ、シキ（敷）と称される舟底板を挿み、組み合わせたりした構造の舟船もクリブネである。しかし、本来は単材を割り抜きにした舟船に対して用いられる名称であったと考える。

　ここでは一般的な「フネ」「ふね」を意味する用語としては、「舟」「船」

ではなく、「舟船」と表記している。「舟」は小型、「船」は大型という先入観があり、「フネ」「ふね」としての概念から「舟船」を用いることにした。

剞舟は、オノとチョウナによって造られるのであるが、それほど簡単には解決できない問題点がある。樹木が水に対して浮力があることを人類が認識したとしても、さらに浮力を増すために樹木の中心を剞り抜くという知識は、人類が簡単に習得したものではない。ところが自然界の植生樹木の中には、樹皮だけが遺存し、内部が空洞化した樹木 (註5) がある。代表的な樹種はクスである。樹皮とは樹幹の外皮であり、幹が肥大化する時、分離して樹皮のコルク層が遺存する状態になる樹木を考えると理解できるであろう。このような樹木の特性を抜きにしては、剞り抜くという原理を考え出すことは容易ではない。

樹木を剞り抜くという技法は剞舟に限らない。考古学的資料から見ても樹木を半截し、剞り抜いた用具には横臼、あるいは水槽がある。視点が逸れるので紹介だけに留めるが、照葉樹林帯の多くの地域で食用とされるドングリ類の澱粉質加工に、「臼と水晒し」の必要を習得し、その道具のひとつに剞舟様の木製横臼が知られる。その点を中尾佐助は『照葉樹林文化』(註6) の中で次のように指摘している。それは「手桶じゃなくて、丸木舟の形のものを使っている。丸木舟は水に浮かべりゃ舟で、陸に持ってくりゃ桶として使える。丸木舟を桶だなと思ったのは、ブータンだった。あそこで、長さ2メートルぐらいの、丸木舟の両端を切ったものをたくさんつかっている」と述べている。このような事例は、モンスーンアジア地域には多く見られ、横臼型木桶と剞舟の加工技術を考える上で非常に興味ある点である。

(2) 剞舟の研究

舟船を模式化し、発達過程を剞舟から構造舟船へと示す試みは、舟船研究をする上で、国内外の多くの研究者においてすでになされてきたことである。その中で第3段階として示された単材式剞舟の形態と型式についてデシュレットの研究をふまえて、日本の風土に即した分類を企て独自の和名を与えたのは西村眞次であった。その平面形態と断面形状によって次のように「剞舟を大體二色に分けて居た。其第一はゲルマン型（メーリンゲン

型）、是はどういふ具合になつて居るかといふと、割竹の形をして居るから、私はそれを割竹型と呼んで居る。それからもう一つはサセックス型（ロベンハウゼン型）―上から見ると、鰹節のやうになつて居るから鰹節と假りに名付けて居る。ところがこれだけではどうも不十分であるといふので、近頃は今一つサントーバン型といふのが計へられる。これは四角形をしてゐるので箱形と云ふ。刳舟はこんな風に三つに分けると都合がよいと思つて居るが、今尚ほ研究中であるから或は後になつて考へが變るかも知れない。しかしともかくも、日本で出た刳舟を嚴密に調べて行くと、以上三つの型のあることが知れる。私共は此箱型の船といふものは所謂「大和型」、即ち日本固有船の基調をなすもので、其發達に大きな力を與へたところの型であつて、三つの中では是が一番重い役目を働いたと考へる。」と紹介した。

　上野喜一郎は『船の歴史』[註7]の中で、はやくから刳舟の形態で地域分類が可能であることを示唆していた。「刳船はその船體の形状に依り、次の種類が考へられる。即ちその一は丸太を二つ割りにして、それらの前後兩端を切取り、中央部を刳り抜いたもので、この型のものを割竹型といひ、我が国では日本海の海岸で發掘されてゐる。この型の刳船はその船體の形状より考へて、丸太から刳船に發達した過渡期の幼稚なもので、湖沼又は河川用で、その性能からいつて湖沼型とでもいへるであらう。その二は一箇の丸太を刳り抜き、前後兩端を尖らせたものである。その平面圖では尖鋭な楕圓で、丁度鰹節の格好である。僅かに船體に反りがあり、鰹節型ともいはれる。この型は我が国では太平洋海岸で發掘されてゐる。この型は速力・復原性等を考へて造つたもので、海洋性の刳船であり、前者よりも進歩したものである。前者に對し海洋型の刳船とでもいへるであらう。その三は船の中央部に一部刳り殘しを造り、恰かも肋骨の様な作用を爲さしめ、梁を設けなくとも横の強力を持たせる型である。」と刳舟の形態分類から地域類型を示すことができると考えていたのである。

　ところがそれらの形態分類や類型では解決できない形態のあることから、石井謙治は『日本の船』[註8]でさらに第4型式として、「三型式はいずれも舳艫の区別がはっきりしない。ほぼ対称的な平面形を持つ船型であった。だが歴史時代の刳船には、舳が鰹節型で艫が割竹型（あるいは箱型）という

第1部　舟船の起源と歴史（概論）

近代的な型式なものも存在した。これなどは以上の三型式のいずれにも入らないものであるから、新しく一型式を立てて折衷型」と解して付け加えた。実際には、この4型式でさえ形態分類や類型を特定することは難しく、清水潤三は「古代の船」（註9）において、刳舟の横断面に注目したのであった。「上面観と縦断面」だけではなく、横断面として、「いわゆる原木の木取りのちがいに起因するもの」を形態分類に加えた。細分化された型式は、「半円形、凹形、半円特殊形」とする3型式であった。清水はこの細分型式から「弥生時代以降においては、独木舟を主体としながらも、それに側板を付加した「縫合船」が出現したとする見解が、ほとんど動かし難くなった」と、第5段階以後の準構造舟船への解釈に到達させたのである。この問題は結局、型式による形態分類から年代分類を推測させることを可能にしたばかりではなく、刳舟分類について舟船体の構造、規則性など多様な比較研究が可能となり、単一の型式による構造発達が示された初期の研究とは違い、かなり複雑とはなったが広範な事例比較研究になった。

　桜田勝徳は「日本造船の基調」（註10）の中で刳舟の基本構造の発達についてひとつの仮説を立てている。それは6型式による舟船の横断面による発達順序であった。A型式をいわゆる一木を刳り抜いた刳舟として、B型式は二材のオモキ材を合わせる舟船の存在、C型式は左右のオモキ材の間に舟底板のチョウを挿入した舟船、D型式はミヨシからトモまで通った舟底材のカワラとオモキ材による舟船、E型式は舟底材カワラが発達し、オモキ材がない三材板の舟船、F型式は五材板の舟船であり、日本における和舟船の発達をこの6段階によって変遷形成してきたという説であった。しかし古代において単材式刳舟の次にオモキ材を合わせる舟船が形成されたという考えは、実際にはその発見例はなく、それは横幅に広がるのではなく、縦に長くなるという二材継ぎの複材式刳舟であった。この手法がむしろ日本の和舟船へと発達したと考えられる構造の変遷がある。桜田はこのA型式からD型式への変遷について、「1本の大木をえぐっただけでできた独木舟の横断面をAとし、次に上記の如き左右のオモキからだけ成る舟のそれをBとし、更にそれに続いてできたと思われる構造の船の横断面略図を発展の序列に応じてCからFまでとし、この簡単な船の横断面という側面から和船構造の

Ⅰ　刳舟の諸問題

展開を次に一瞥してみたい。ＡとＢについてはもはや説明をしないでも大略
わかることだと思うので、Ｃから以下について少し説明してみると、Ｃは左
右のオモキの間、すなわち船底の中央部に出来る隙間に、補助材を挿入す
る形式のものである。この補助材を船大工たちは普通チョウと呼んでいる。
ところがＣの次に来るべきＤの形式をみるに、これは、補助材としてのチョ
ウが次第に船首から船尾にかけて一貫した、独立船材としての船底材（カ
ワラ）に移行して行く方向をたどり、ついにこれが首尾一貫した船底材と
なるに及んだときに、Ｄの形式が生まれた」と述べ、さらに「1本の大木を
真二つに割る技術は、古代国家の頃に知られていなければ、大材木を処理
せねばならぬ大建築などがおこなわれたはずがなく、左右のオモキ材の間
にチョウを差し挟んで船を作るぐらいの技術は早晩持っていたであろう」
と考察したのである。

　桜田の6型式による基本構造は、その時点ではタナ材、シキ材が明確には
区分されず、それが単系的な発達を示していた仮説だったのに対して、出
口晶子は「刳舟の発達諸形態と分類と地域類型」[註11] の中でタナ材とシキ
材の発達を明確に区分して考察したのであった。それはシキ材の発達を横軸、
タナ材の発達を縦軸にとって、シキとタナの発達を16型式分類とし、その
両方の複合形態を示した。この分類によって単材式刳舟から構造舟船に至
るほとんどの段階的型式を把握することができたといっても過言ではない
だろう。

　西村が、刳舟の形態に3型式の基本形態をあてはめ、その後の基本的な分
類として用いられた。当時として考古学的な発掘調査から得られた刳舟の
事例を解釈しようとする試みをしたが、この中で用いられた考古学的研究
をさらに進めたのは松本信広であった。従来、発見された古代の刳舟資料
64例（当時）を集大成し、樹種や形態から年代比定を試み、さらに民俗的
な事例にも迫る研究を行った。それが「上代独木舟の考察」[註12] であった。
この考察は千葉県加茂遺跡で発掘した刳舟を、総合的な研究の中から年代
比定をより確実なものとして考察する調査であった。その後、さらに考古
学的な追加資料に基づいて、刳舟の形態や型式からその年代について研究
したのは清水潤三であった。

第1部　舟船の起源と歴史（概論）

　日本の剖舟研究は、考古学的研究による古代の剖舟を西村が提案する3型式の基本的形態にあてはめることからはじまったが、民俗学的な立場から全国に散在する、しかも地域的に遺留する剖舟を詳細に解説し、総合的研究として調査したのは石塚尊俊の『民俗資料による剖舟の研究』(註13) であった。石塚の研究はこれまでの型式形態論中心の古代剖舟研究とは違って、民俗学的な調査研究でありながら、その後の研究分野となった製作技術の方法、儀礼、儀式による習俗の分野に踏み込み、その事例としてソリコ、モロタ、トモドについての製作工程などの実例に触れたのである。この具体的な資料は、その後、桜田勝徳の造舟船技術発展史の研究をあとづける成果になったといっても過言ではない。

　このようにしてようやく製作工程や技術などについて、すでに失われはじめていた剖舟の実地調査 (註14) が民俗学から行われた。九州や南西諸島での剖舟の造舟船に関する習俗、製作技術、文化の伝播をも含めて、広範な地域と比較検討する調査が行われたのであった。

　西村にはじまった剖舟研究は、今日では総合的研究となり、地域的研究はグローバルな関係論として位置づけられはじめた。剖舟の形態や技術、儀礼に関する報告とともに、全貌が明らかになってきたが、すでに民俗的な事例については調査が遅かったこともあり、失われてしまっている例は少なくない。

　日本民俗（族）文化を構成している基層が、いつ頃日本に伝播され、どのように受容されたのかという課題は解き明かされてはいない。従って文化の伝播に重要な役割を果たしたはずの舟船があったことは解っているが、その舟船がどのような方法で渡航してきたのか、どのような形態であったのか、それさえも未だ解き明かされていない。実際に考古学的資料として現在、最古と考えられる縄紋時代前期の福井県鳥浜貝塚から出土した剖舟があるが、このような剖舟がどのようにして大陸から文化を運んだのか、またアジア内陸の文化が日本へ流入してきたことが理解できたとしても、どのようにして搬入されてきたのかは不明のままである。日本民俗（族）文化の基層を解明するためのひとつの手だてとして、舟船の問題を解明することは重要なことであろう。

4 刳舟における型式形態

　完全な刳舟の出土例はそれほど多くはないが、松本信広が編集した「上代独木舟の考察」以後、知り得た刳舟は数百艘以上に達している。その刳舟を先学の研究分類から型式及び形態にあてはめることはできるのだろうか。そのことは大阪における刳舟に関して地域性が見られるのか否か、これまで日本で発見された個々の刳舟がいくつかの特徴をもっているという点は事実であるが、東日本と西日本において基本的な相違があるようには思えない。

　西村は刳舟についての型式分類を行ったが、それは普遍的、平面的分類であって日本のそれに比定することについては、未だ疑問が残る点が多いと考えられる。西村の基本的な考察から諸説をあえて整理してみたいと思う。

　西村は刳舟の形態をその平面と縦断面の形状において、割竹型・鰹節型・箱型の3型式を想定した。それはフランスの考古学者であったジョセフ・デシュレットの『先史考古学概論』[註15] の研究成果を参考にしており、それぞれにゲルマン型（メーリンゲン型）・サセックス型（ローベンハウゼン型）・サントーバン型と称したものであった。

(1) 型式・形態

　Ⅰ類（以下では型式名称に記号を用いる・表参照）とする割竹型は、極めて簡単な構造を示すものである。平面は長方形、横断面が円弧状を示すものであり、竹を半截した状態にある。従って刳舟の初期的な段階において製作可能な形態である。極端ではないにしろ前後（舳艫）に僅かな反りがつくものもあるが、ほとんど垂直に近いものがそのほとんどであり、始原的な刳舟として認められる。

　Ⅱ類とする鰹節型は、舳艫が反りをもち、一般的な小舟を呈している。割竹型よりは一段進歩したものであるが、まだ横断面は円弧状を示しており、舷側は浅い状態を特徴としている。だがこの鰹節型の造舟船段階は時期的に始原的なものから、かなり複雑な造舟船段階の発達が見られる。それは舷側をかなり深くしている点、あるいは舟底部が平面的な角型断面を

第1部 舟船の起源と歴史（概論）

表 刳舟における型式形態

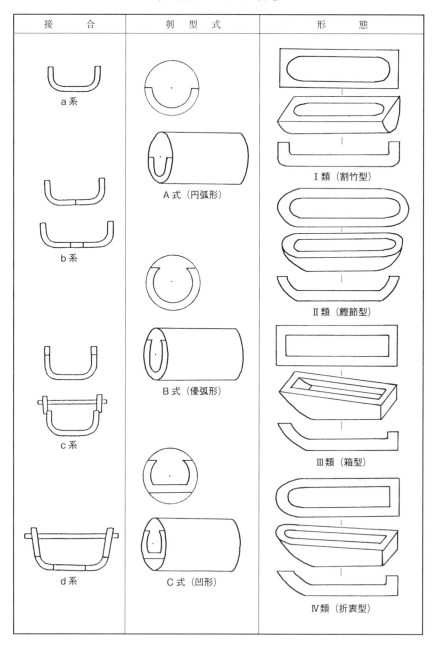

I　刳舟の諸問題

呈している点、舳艫の反りを高くあげ、その部分に縄を掛けるなどの"艫綱"部を設けた痕跡をうかがわせる細工など、僅かではあるが造舟船技術に特徴のある技巧が多くなっている。このことから考えると、平面的な形態で見る限りⅠ類の割竹型よりかなり進んでおり、単純な鰹節型を考える場合であってもかなり進歩した型式を意識考案していることは事実である。さらに平面的に見た場合でも複雑な形態が考えられる。それは前後を結材する複材式などがこの分類に含められる点であって、時期的にはかなり後になるが、試行錯誤の過程があったと解釈する。西日本での具体的な例を見ると、大阪市浪速区船出町遺跡鼬川出土刳舟・城東区今福西遺跡鯰江川出土刳舟の造舟船には、後章で紹介するが技術的に一段と進歩した舟船が見られる。

　Ⅲ類とする箱型は、むしろこれは割竹型の変形と見なした方が理解しやすいだろう。研究者の多くは西村の型式分類に従っているが、基本的にはⅠ類の型式を四角い箱形に変化させているのである。従って平面は長方形で割竹型とほとんど同じでありながら、断面は舟底を平らにした角形にした箱型として考えられる。技術的には樹種材の削平に手間が掛かり、進歩的な刳舟構造と考えられる。

　箱型の刳舟は現在でも箱舟として、特に東北地方で使用している地域もあり、古代における発達過程に一時期を区画するものではないとも考えられる。さらに一考を要する舟船には、複材的な箱型は刳舟に含めるのか否か疑問があり、たとえそれが基本的に底部構造が刳舟であったとしても、その部分をもってⅠ類やⅡ類の形態のうちに含める型式であり、それでなければ準構造舟船として考えられる型式となろう。

　Ⅳ類とする折衷型は、Ⅰ類からⅢ類までの特徴を総合的に備えている。舟首は鰹節型のように先頭形であり、舟尾は箱型のまま角形、舟底はU字状の刳舟構造とする。西村眞次・清水潤三・石井謙二らは3型式では区別しがたい舳艫の部分について、舟首が鰹節型であり、舟尾が角形を示す刳舟においていずれの型式にも見あわないので折衷形としたのである。

　折衷形というよりはむしろⅠ類、Ⅱ類の発展的な形態と考えられる。舟船の舳艫を前後双方に可能な形態から、舳部を先頭形に造舟船し、艫部を

—23—

合理的な角形に造舟船とする志向は技術的な発達と考えてよい。従って時期的には古墳時代以降に多く見られるが、刳舟としての発達過程としてはこれ以上の進展はなかったであろう。このⅣ類の形態は現代に至るまで刳舟の基本的な型式となったことはいうまでもない。日本においては弥生時代にはすでにこの型式が見られる。和歌山県笠嶋遺跡出土の舟底板材には問題点はあるがその状態がうかがえる。

　Ⅰ類・Ⅱ類・Ⅲ類・Ⅳ類を単材式刳舟からその形態を考えてみたが、刳舟を一材ではなく複材式に仕様した場合について考察してみたい。単材式刳舟は一木によって造舟船可能な形態であったが、古代の複材式の場合、二材以上の部材を継ぎ合わせて造舟船することであって、舷側板を設けるなどの仕様は発達過程として構造船と変わりはない。だからといって上縁（舷縁）や艫板、梁などが付属する刳舟が構造船というわけではない。古代の刳舟について考える場合、時期的な型式形態によって判断するのではなく、あくまで刳舟としての形態が、どのような型式によって次の準構造舟船へと発展するのか、あるいは刳舟の基本的な形態がどの程度まで刳舟として可能な構造であるのかに見出される特徴にあると思われる。

　刳舟について基本的には3類型あることが、平面型式あるいは縦断面型式によって考えられた。ただ縦断面による型式は、発掘された資料からは舷側上縁部が完全に遺存している例が非常に少ない。ところが舟形木製品、舟形土製品、舟形埴輪、絵画などにおいては極めて縦・横断面における舟底部、舳あるいは艫の形態をよく示している例が多い。それらが型式形態に極めて対応するものの、舷側部についての形態を判断するにはその制約や付加が大きく、現実的には構造を理解する上で疑問が残される。

(2) 木取り

　刳型の横断面について、発掘された資料からその形態を判断することは困難であるが、基本的な視点からその形状を考えることができる。横断面の形態に注目したのは清水潤三であった。それは刳舟の重要な舟船体底部を知ることになる。原木の木取りについては大別して半木半円形と、一木角形という基本的な分類が可能であるが、清水は半円形（A）、凹形（B）、

半円特殊形（C）とした。それに対して作業の煩雑さを考慮して、ここでの木取りをA式（円弧形）・B式（優弧形）・C式（凹形）の3型式として概要を見よう。

A式は、原木の中心から真二つに切り析き、平坦面を上面にすると二材とれることになる。Ⅰ類に見られる刳舟の場合、このままでも始原的な舟として使用できたのであろう。切断した平坦面を刳り出すことは新石器時代においてすでに可能であったと見られる。半截された平坦断面部は刳舟の両舷上端の最大幅となり、さらに原木のカーブはそのまま舟底部と舷側部を構成することになる。

B式は、A式に見たように原木を半截するのではなく、原木の外を中心軸より上端部において切り析き、刳り抜く方式である。原木の大小に関わらず、原木の上端部の部分に一縦方向の割截を行い刳り込みを行う方法は、舷側部の縦幅を深くとりこむことにある。原木が小さいために縦方向の半截を行わないか、あるいは半截しないと考えるならば、時期的に判断してA式よりは遅くなる。従って刳舟の発達過程としては新しい時期とみなすことが可能であろう。造舟船された刳舟の舷側は内反し、舟船の最大幅は舷端部から下がったところに位置し、原木の樹心部以上に深くなることは明らかである。しかも半円形でありながらA式とは違い原木の樹心は舟首に認められる。

C式は、原木の上下両面を並行に落とし、角形としてのち下面を舟底部とし、上面を刳り込むのである。外舟底は平らな底部が得られ、原木の樹心部付近をのこして刳り込むため、舷側の最大幅は原木樹心部にあらわれる。舷側は底部から上端に弧を描く状態か、箱形に割り込まれる。その場合、舷側中央部に厚みができるので舷側の弧にあわせて内彎するように削られる場合が多いと思われる。

（3）接合

横断面の接合について見てみよう。刳舟を長くする複材式によって積載量は増加するが、さらに考えられることは舟底部を広げることにある。Ⅰ類A式の型式のような始原的な刳舟では舷側が低く、また複材式に長くし

第 1 部　舟船の起源と歴史（概論）

ても静かな水面で利用する以外は不利な点が多く、積載量は限られる。そこで舟船の幅を大きくする方法が考えられたとする。ただし古代の刳舟において幅を広げた造舟船技術を有する例は見られない。

　（a）系は、刳舟の底部をそのままの状態で利用した模式図である。

　（b）系は、刳部をオモキ材として左右舷側に利用するか、その間に底板を挿入し広くする例である。

　（c）系は、（a）系を発展させて、舷側に板を継ぎ足して舷側幅を深くして流入水を防ぐ。このことで舟底の部分が小さくても舷側板を継ぎ足すことによって舟幅を広げ高くすることが可能である。従って（b）系と同様に発展的なものと考えられる。

　（d）系は、さらに舷側板の補強のために左右の舷側を梁でつなぐことが考えられたのであろうが、（c）系の場合でも梁をつなぐことは発掘された資料から明らかである。舷側板を継ぎ足して深さと、幅を広くする方法は、古代の刳舟では発見されておらず、舷側を高くして耐波性や積載量の増大を計った舟船は大陸における造舟船技術の影響とみて、もはや刳舟ではなく準構造舟船への過渡期段階と見られる。

　刳舟の接合は、単に二材以上の部材を継ぎ合わせて規模を大きくするということではなく、刳舟の発達過程において準構造舟船へと変化する造舟船技術の方法であった。

（4）複材式の刳舟（船）

　刳舟についての型式形態の概要を述べたが、この結果から細分型式を大阪における出土刳舟からそれぞれの型式形態にあてはめ、実例をあげて結論を求めるならば、古代舟船に関する構造上の型式形態を分類することについて問題がないとしても、そこから歴史的編年をたどることは困難である。それを可能にするのは形態上の分類ではない。型式学的な問題であり、多様な刳舟の変化をその型式形態の分類から年代推定を推し量ることは困難である。

　出土する刳舟の先後を型式学的に序列できたとしても、その仮定はあくまで単に型式としての先後を示しているに過ぎない。型式形態は容易に考

—26—

I 剳舟の諸問題

察できるものであるが、その結果はあくまでも他の出土遺物との共伴による考察によらなければならない。出土剳舟の多くはこれまでの調査から伴出遺物が少ないこともあって年代推定は困難な作業であった。

　大阪における出土剳舟を概観しておくと、全体的には複材式の剳舟が認められる。またそれぞれの剳舟には棚板が遺存することから類推すると、舷側の高さを調整し、継ぎ足し技術から進歩した型式であったことが顕著な特色である。遺された舟船が現存しないので文献資料によらざるを得ないが、いずれも伴出遺物から古墳時代後期から歴史時代にかけての剳舟がほとんどであった。それらを舟船の平面形態について見た場合、いずれも全体的な外観しか臨めないが、I類における割竹型部分のみが遺存した例が多くあり、舳艫についてはほとんど不明である。仮にII類の鰹節型のものと推定しても、ほとんど全体が木取り方法に照らしてもA式の円弧形のものが多く見られる。しかも形態の項でも述べたようにI類、II類、III類という時間的な経過をそれに求めたとしても、大阪の舟船は、I類とII類の形態についてほとんど同一性が見られ、完全な形で出土したI類とすると、やはり複材式剳舟としては始原的なものを求めなければならないであろう。しかし接合方法による考察から複材式剳舟としての推定年代を与えることになると、大阪市域の出土例では、浪速区船出町遺跡鼬川・城東区今福西遺跡鯰江川・東淀川区豊里菅原町遺跡・東成区大今里遺跡出土の剳舟は複雑な造舟船技術を呈しており、いずれも古墳時代後期から歴史時代に位置づけられる。特に船出町遺跡と大今里遺跡の剳舟はIIBc式、今福西遺跡と豊里菅原町遺跡の剳舟がIIAa式あるいはIIAc式と、非常に類似することが認められる。さらに他の剳舟についても形態を現状から類推するとI類となるがII類と考えても、剳形の接合についてIIAa式となることから結論づけられることは、全体的にIIAa式のものが古墳時代後期から歴史時代と推定される。

〔註〕
1) 平田寛・八杉龍一編『技術の歴史』第1巻　筑摩書房　1978年
2) T・C・レスブリッジ「造船術」『技術の歴史』第4巻　筑摩書房　1978年

—27—

第1部　舟船の起源と歴史（概論）

3）西村眞次「先史時代及び原史時代の水上運搬具」『人類学・先史学講座』第6巻　雄山閣　1988年

4）A・ディグビー「小舟と船」『技術の歴史』第2巻　筑摩書房　1978年

5）楠（樟）は、常緑の大高木。クスノキ科。日本列島の暖地から台湾、中国大陸に分布する。樹木は老齢化すると空洞化するものがある。またブナ科の落葉高木でも高齢化すると心材腐朽菌等の働きにより中心部が空洞化し、のちに物理的強度が低下して倒木となる。

6）上山春平編『照葉樹林文化―日本文化の深層―』中公新書201　中央公論新社　1969年

7）上野喜一郎『船の歴史』羽田書店　1944年

8）石井謙治『日本の船』創元選書265　創元社　1957年

9）清水潤三「古代の船」『船』須藤利一編　法政大学出版局　1968年
清水潤三「日本古代の船」『船』大林太良編　社会思想社　1975年

10）桜田勝徳「日本造船の基調」「日本民俗学」第2巻第3号　日本民俗学会　1955年
桜田勝徳「現存漁船資料による日本の舟の発達史の接近の試み」『日本の民具』角川書店　1958年

11）出口晶子「刳舟の発達諸形態と分類と地域類型―日本とその隣接地域を中心として」「研究報告」第12巻2号　国立民族学博物館　1987年

12）松本信広（代表者）『加茂遺跡―千葉県加茂独木舟出土遺跡の研究―』三田史学会　1952年

13）石塚尊俊『民俗資料による刳舟の研究―ソリコ、モロタ、トモドを重点として―』日本民家集落博物館　1958年

14）下野敏見「種子島の丸木舟」「種子島研究」第10号　鹿児島県立種子島高等学校郷土研究部　1968年
下野敏見「トカラ列島のスブネ」「民俗研究」第5号　鹿児島民俗学会　1970年
国分直一「南海と北辺への模索」『環シナ海民族文化考』慶友社　1967年
犬飼哲夫「アイヌの丸木舟の製作」『北方文化研究報告』第一輯　北海道大学　1939年
鎌田幸男「男鹿の独木舟」「雪国民俗」第6号　秋田経済大学雪国民俗研究所　1981年
小林茂樹「諏訪湖の丸木舟」「信濃」第8号第3号　信濃郷土研究会　1956年

15）Joseph Déchelette, Manuel D'ARCHÉOLOGIE Préhistorique celtique et Gallo-Romaine, Paris, 1908

Ⅱ　刳舟の起源

1　造舟船場所

　日本では僅かな縄紋時代の遺跡から刳舟が発見され、しかもその現状は刳舟の環境が不明のまま出土したという状況で確認される例が多く、縄紋時代の舟船状況を解き明かす遺跡はほとんどないといっていいだろう。言い換えれば縄紋時代に遡る刳舟の造舟船工房跡や、明らかな港湾施設を伴うといった遺構などの発見には至っていない。

2　刳舟（船）の出土

　刳舟は水上での運搬具として考え出されたものである。その時期を特定することは困難であるが、陸つづきでない島嶼、あるいは河川、湖沼池を渡るには運搬具としての舟船が必要であった。東アジアの海上に大きく弧を描いて、島嶼群によって形成している日本列島と大陸との交易交流についての問題点はすでに指摘してきた。海洋民族でなくても水によって隔てられた地域の交易交流には運搬具が用いられたのは自然の成り行きであろう。旧石器時代はともかくとして、日本の縄紋時代には刳舟による交易交流が特定の地域にあったと考えられる。刳舟出土例からこの問題を解決するには資料が少ないが、刳舟で大海原を渡りきることは容易ではない。しかし島嶼の間を何らかの方法で航行していたことは事実であろう。

　日本列島をはさむ日本海、東シナ海と太平洋における交易交流を例にあげても、北陸・富山、新潟を原産とする硬玉石材が北上・西進して東北・青森、あるいは九州・鹿児島に運ばれ、九州・佐賀の黒曜石材が沖縄に、太平洋側では南西諸島から伊豆諸島への交易交流のあったことが明らかになってきている。しかしそれに利用された運搬具の問題となると解決はしていない。これまで出土した刳舟の例では小規模すぎるからである。また刳舟の構造上において準構造舟船と考えられる発掘例と、木製品、土製品などに舟形を模した祭祀遺物の発掘例があり、それらの特徴からは単なる

—29—

第1部　舟船の起源と歴史（概論）

舟船でない構造に注目することができる。

　舟船発掘資料から刳舟と準構造舟船の構造上の特徴を指摘しながら見てみよう。福井県三方町鳥浜貝塚[註1] からは縄紋時代前期の刳舟が出土している。1艘は鰡川左岸域で出土（1981年）した全長6.08m、幅63cm、スギ材で刳舟底内に焦燥痕跡を残している。他艘の縄紋時代後期と考えられる刳舟は高瀬川右岸域から出土（1982年）した全長3.47m、幅48cm、スギ材で造られている。また福井県三方町高瀬川左岸域のユリ遺跡[註2] でも全長5m前後を測る刳舟3艘が出土（1990年）している。静岡県静岡市の神明原・元宮川遺跡[註3] から縄紋時代晩期あるいは弥生時代中期の刳舟が出土（1984年）している。巴川（大谷川）改修によって出土した全長6.7m、幅65cm、クス材、刳舟内に焦燥痕跡が見られる。鳥取県鳥取市桂見の桂見遺跡[註4] からは縄紋時代後期の刳舟が、池山湖岸に立地した位置から1艘の全長7.24m、幅74cm、スギ材、刳舟底内に焦燥痕跡を残し出土（1993年）し、もう1艘は全長6.41m、幅70cm、スギ材、刳舟底内に焦燥痕跡を認め出土（1995年）する。東京都北区の中里遺跡[註5] からは縄紋時代中期の刳舟が出土（1984年）しており、全長5.79m、幅72cm、ムク材、刳舟全体が良好な状態である。千葉県香取郡多古町の栗山川流域遺跡群[註6] からは、栗山川右岸域から出土（1995年）した刳舟が全長7.45m、幅70cm、カヤ材、刳舟底内に炭化痕跡を残していた。このほか縄紋時代の刳舟としては、長崎県諫早市多良見町の伊木力遺跡[註7]、滋賀県の元水茎遺跡[註8]、長命寺遺跡[註9]、神奈川県久里浜湾の伝福寺裏遺跡[註10]、埼玉県北足立郡の伊奈氏屋敷跡[註11]、千葉県千葉市畑町検見川流域の畑町遺跡など各地で単材式刳舟の発見例が相次いでおり、最近、千葉県市川市の国分川右岸の低湿地貝塚である雷下遺跡では、縄紋時代早期後葉から前期初頭の遺物が確認され、この貝層縁辺部の砂礫層から刳舟が出土（2014年）した。現状では舷側部分がほとんど失われ、また舟首が断絶していたが、推定全長7.2m、幅50cm、最大厚7cmを測り、ムクノキ材の刳舟であることが確認されている。炭素14年代測定によりBC5700年から5500年の縄紋時代早期末と推定され、日本では最古の刳舟であることが知られた。

　これらの刳舟の製作技法は基本的に造舟船の変化はなく、比較的短い舟船が見られるが、多くの類例から単材式刳舟は5〜7m前後と推定しており、

—30—

II 刳舟の起源

しかもそのほとんどが河川流域で使用されたものである。

　弥生時代から古墳時代の出土例には、これまでの刳舟から準構造舟船と考えられる舟船が出土している。大阪府八尾市神武町の久宝寺遺跡[註12] では構造を伴う舟船が発掘（1983年）されており、古墳時代前期の人為的に掘り込んだと考えられる遺構にあり、推定全長12m、幅1.24mと見られ、スギ材である。明らかに断定できる舳先舟底部、舷側板、豎壁板などの部材が出土している。静岡県静岡市葵区瀬名丘陵谷筋の長尾川扇状地の瀬名遺跡[註13] は、弥生時代後期から古墳時代早期の遺跡で水田跡畦畔内部の板敷きの状態で部材が発見（1991年）されており、重なる二材は部材と考えられ、いずれもスギ材である。板状の形態から部材は舷側板と考えられる。二材のうち、上側の材は全長6.36m、幅32cm、下側の材は、全長4.12m、幅37cmで両端を切断している。両材とも縁部に枘穴が見られるが、枘穴間隔の相違から別個の舷側板と考えられる。島根県松江市鹿島町稗田遺跡[註14] は、古墳時代前期の水田遺構から準構造舟船の部材2点が出土（1993年）している。ひとつは舷側板と考えられる部材で、全長約2.50m、幅13cm、舷側から飾板部分と考えられる。他の部材は飾板にかかる横木（とも板）と考えられ、全長85cm、幅14cm、左右の舷側板に架けられる部材である。横木が実物大とするとかなり幅が狭いのではないかとも考えられる。いずれもスギ材である。静岡県浜松市西区入野町の角江遺跡[註15] は、神田川が開折して流れる砂州台地に形成する弥生時代の遺跡である。付近には蜆塚遺跡、伊場遺跡が近接しており、遺跡からは舟形木製品も出土しているが、注目されるのは舟船の舳先部分と考えられる部材が出土（1996年）したことである。遺存長90.1cm、幅62.6cm、クリ材で左側に8ヶ所、右側に3ヶ所の方形孔が見られ、舳先端にも1ヶ所方形孔と縄紐が遺存する。これは刳舟に伴う部材と見られるが、舟首を補強するための舳先飾りとも考えられる。

3　舟形土製品

　岡山県久米郡美咲町太平山に所在する月の輪古墳[註16] で出土した舟形土製品は、遺存長23.2cm、中央舷側部分で約8cm、外底部分は約4cmを測る。全体の遺存状況は、舳と艫の平面形が紡錘形であることや、舳先の先端部分

—31—

第1部 舟船の起源と歴史（概論）

は欠失しているが、艫の部分には豎壁板を表す部分があり、その下部には舵を表現したと考える偏平な張り出しがある。この部分は底板部が伸びるような形で突き出しているが、この部分が舵であるのか否か、それと考えるには十分な表現ではない。むしろ舟底部にあたる部分と豎壁板を表現する部分として一体化した舟形土製品としての手捏ねにほかならない。むしろこの舟底が平底で底板部が伸びる形でその側面から見ると主体部であることには変わりはない。明らかに艫部を表現しているのに対して、舳先部では豎壁板と舟底突起とも呼ばれる、後世に水押と称される波切りの舟船体への影響をさける部分は合体して表現されている。このような構造表現は舟形の形象埴輪でも数多く見出される造作であり、実際に出土した八尾市久宝寺遺跡、石川県の千代・能美遺跡の準構造舟船としての先端の舳先部分は突起状に作り付けられ、豎壁板を嵌め込む部分はその突起部に位置する。ただ舳艫の両方ともにこの施設を有していたかは実際の発見例はない。

　月の輪古墳で出土した舟形土製品はあまり現実的ではない。土製品による芸術性、創造性といった観念が先行し、現実の実用舟船として忠実に表現したものでないことは明らかである。とはいえ全く想像だけで作られたわけではない。見た舟船を直観的に造作しているには違いないが、このことは外洋船がモデルか、あるいはいわゆる川舟や漕運舟を表現しているのかの理解にはつながる。平底の舟船などの構造から出土地の地理的条件なども含めて判断すると川舟と見るべき舟形土製品であろうことがわかる。

　群馬県太田市米沢の桑畑で出土した舟形土製品 [註17] についても同様のことが言える。この舟形土製品は全長12.2cm、最大幅4.6cm、高さ4.3cmを測る。全体の遺存状態は前方から見て右舷側が僅かに破損しているが、平面上では紡錘形を示している。舳先は平坦な豎壁板が僅かに外側へ傾斜しており、その底部には半円形の突起状の舟底部が見られ、その突起には直径約6cmの孔穴が見られる。また艫にも舟底部が突き出した突起が見られる。その幅は上端部で11cm、下端7cm、長さ6cmを測る。豎壁板は水平状態から30度外への傾斜が見られる。準構造舟船状態としてはかなり遺存状態と、その表現に現実的・実存性をもった形で表現しており、想像以上の造形が保たれている。この舟船は刳舟ではない。すでに構造を伴う準構造舟船である。

—32—

Ⅱ　刳舟の起源

　この地域の遺跡の調査から4世紀後半から5世紀初頭の時期のものと考えられており、造舟船技術の高さが窺い知れるが、手捏ね土製品としてはかなり精巧に作られている。この舟形土製品に見られる舟船は外洋船ではなく、河川で利用される川舟である。川舟は外洋船に比べて舟底部を平らに造る平底型の構造になることも忠実に表現しており、実際にのこされた民俗資料からわかる。

　大阪府八尾市の田井中遺跡（図4）[註18]から遺存長5.8cmの準構造舟船（1995年）を模したものが出土している。大阪府茨木市からは弥生時代中期の東奈良遺跡[註19]から舳先艫を表現した土製品が出土（1995年）し示唆的である。これと類似的な舟形土製品は群馬県太田市下田遺跡[註20]の出土（1995

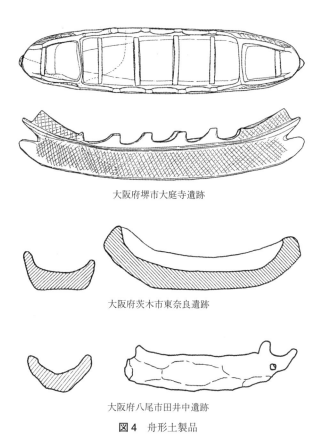

大阪府堺市大庭寺遺跡

大阪府茨木市東奈良遺跡

大阪府八尾市田井中遺跡

図4　舟形土製品

第1部　舟船の起源と歴史（概論）

年）例がある。大阪府堺市南区大庭寺遺跡[註21]からの須恵質の舟形土製品（口絵4、図4）の出土（1992年）も準構造舟船を模しており、韓国で見られる陶質土器の舟形との類似点を見出すことができる。遺存長約9cmではあったが、詳細な遺存部は明らかに単なる刳舟ではなく構造を伴う舟船であり、形態的には舷側板を架設する準構造舟船と見なせるものである。

4　舟形木製品

　多くの出土部材から縄紋時代には見られなかった技術上における構造を付加するという新たな発達過程が知られる舟船があるが、おそらく準構造舟船の問題を考える上では舟形木製品（口絵3）や舟形土製品の出土例が貴重な情報を提供してくれることになる。

　鳥取県鳥取市青谷町に位置する弥生時代集落のひとつである青谷上寺地遺跡からは、舟船の線刻絵画のほかに弥生時代後期の遺物と考えられる多くの舟形木製品があり、また兵庫県豊岡市出石町で出土（1989年）した袴狭遺跡（口絵7）の線刻絵画は、刳舟ではなく準構造舟船を表現したと見られるものがある。

　舟形木製品のなかでも古墳時代中期と見られる福岡市西区の吉武樋渡遺跡[註22]で見られた準構造舟船模型は興味深い出土（1984年）資料である。また滋賀県長浜市の神宮寺遺跡[註23]の準構造舟船と見られる舟形木製品の出土（1992年）、あるいは群馬県前橋市元総社寺田遺跡[註24]の木製品出土（1995年）、静岡県川合遺跡[註25]で発見された準構造舟船を模した出土（1990年）などかなりの類例数が見られるが、舟形木製品模型の多くは古墳時代を通しての所産であることが多く、交易交流の問題との関わりを抜きにしては語れない。なお型式については実物から模したと考えられるが作成類型があるわけではない。

　〔註〕
　1）鳥浜貝塚研究グループ『鳥浜貝塚―縄文前期を主とする低湿地遺跡
　　　の調査1〜5―』福井県教育委員会　1975〜85年
　　　三方町立郷土資料館『古三方湖周辺の縄文遺跡展』三方町立郷土資
　　　料館　1991年

Ⅱ　刳舟の起源

2）三方町教育委員会『ユリ遺跡』調査報告書第 14 集　三方町教育委員会　1990 年

3）静岡県埋蔵文化財調査研究所「資料紹介・大谷川出土遺物」『研究所報』No.5　静岡県埋蔵文化財調査研究所　1985 年
静岡県埋蔵文化財調査研究所『神明原・元宮川遺跡』概報　静岡県埋蔵文化財調査研究所　1986 年

4）鳥取県教育文化財団『桂見遺跡—八ツ割地区・堤谷東地区・堤谷西地区—』鳥取県教育文化財団　1996 年

5）中里遺跡調査団『中里遺跡—発掘調査の概要Ⅱ—』北区教育委員会　1985 年
東北新幹線中里遺跡調査会『中里遺跡 3—遺構—』東北新幹線中里遺跡調査会　1989 年

6）佐藤喜一郎「栗山川流域遺跡群」『千葉県遺跡調査研究発表会』発表要旨　千葉県文化財法人連絡協議会　1996 年

7）同志社大学考古学研究室『伊木力・熊野神社発掘調査概報』多良見町教育委員会　1985 年

8）滋賀県教育委員会『近江八幡市元水茎町遺跡調査概要』文化財調査概要第 2 集　滋賀県教育委員会　1966 年

9）滋賀県文化財保護協会『長命寺湖底遺跡発掘調査概要—近江八幡市—』滋賀県教育委員会　1984 年

10）赤星直忠・大塚真弘「横須賀市久里浜伝福寺裏遺跡の調査」『神奈川県遺跡調査研究発表会』発表要旨　神奈川県遺跡調査研究発表会準備委員会　1982 年

11）埼玉県埋蔵文化財調査事業団『赤羽・伊奈氏屋敷跡—東北新幹線関係埋蔵文化財発掘調査報告書Ⅱ—』報告書第 31 集　埼玉県埋蔵文化財調査事業団　1984 年

12）大阪文化財センター『久宝寺南（その 2）—久宝寺・加美遺跡の調査—』大阪文化財センター　1987 年

13）静岡県埋蔵文化財調査研究所『瀬名遺跡—平成元年度・平成 2 年度静清バイパス（瀬名地区）埋蔵文化財発掘調査概報—』静岡県埋蔵文化財調査研究所　1991 年
静岡県埋蔵文化財調査研究所『瀬名遺跡Ⅰ（遺構編Ⅰ）本文編』調査報告第 40 集　静岡県埋蔵文化財調査研究所　1992 年
静岡県埋蔵文化財調査研究所『瀬名遺跡Ⅰ（遺構編Ⅰ）図版編』調査報告第 40 集　静岡県埋蔵文化財調査研究所　1992 年
静岡県埋蔵文化財調査研究所『瀬名遺跡Ⅴ（遺物編Ⅱ）』調査報告第 79 集　静岡県埋蔵文化財調査研究所　1996 年

14）鹿島町教育委員会『下谷遺跡・稗田遺跡—佐太南地区農村活性化住環境整備事業に伴う発掘調査—』鹿島町教育委員会　1994 年

15）静岡県埋蔵文化財調査研究所『年報Ⅻ』静岡県埋蔵文化財調査研

究所　1996 年

静岡県埋蔵文化財調査研究所『角江遺跡Ⅱ』調査報告第 69 集　静岡県埋蔵文化財調査研究所　1996 年

16）共同研究「月の輪古墳」編集部『月の輪古墳』月の輪古墳刊行会 1960 年

17）竹政一夫「太田市米澤出土の舟形土器について」『新田を掘る』木暮仁一先生古稀記念論集刊行会　東毛考古学サークルはにわの会 1994 年

18）駒井正明「田井中遺跡出土船形土製品」『大阪文化財研究』第 10 号　大阪府文化財調査研究センター　1996 年

19）大阪府文化財調査研究センター『発掘速報展大阪 ’96』平成 8 年冬季企画展図録　大阪府立弥生文化博物館　1996 年

20）群馬県地域展示実行委員会『群馬発掘最前線』新発見考古速報展 ’96 群馬県教育委員会　1996 年

21）大阪府埋蔵文化財協会『陶邑・大庭寺遺跡Ⅳ―近畿自動車道松原・すさみ線建設に伴う発掘調査報告書―』大阪府埋蔵文化財協会 1995 年

大阪府立弥生文化博物館『須恵器の始まりをさぐる―第 8 回泉州の遺跡―』平成 5 年夏季企画展図録　大阪府埋蔵文化財協会 1993 年

村田幸子「深井清水町遺跡出土の須恵質船形土製品について」『大阪文化財研究』第 10 号　大阪府文化財調査研究センター　1996 年

22）横山邦継・下村智「古武遺跡群出土の模造船について」『考古学ジャーナル』№ 241　ニューサイエンス社　1985 年

23）長浜市教育委員会『神宮寺遺跡（1992 年）―マンション建設に伴う発掘調査報告書―』埋蔵文化財調査資料第 54 集　長浜市教育委員会 2004 年

24）群馬県地域展示実行委員会『群馬発掘最前線』新発見考古速報展 ’96 群馬県教育委員会　1996 年

25）静岡県埋蔵文化財調査研究所『川合遺跡』静岡県埋蔵文化財調査研究所　1990 年

Ⅲ　絵画と線刻

　古代舟船の関連資料のうち、舟船を描いた資料については、石材、土器類、木製品、埴輪などに着色絵画されたものと線刻によって描かれたものに大別されよう。絵画による資料は実際に出土する部材や舟形模型品、舟形埴輪に見られる形象的なものとは違って、かなり想像的な手法によって描かれることがある。従って実際の形態や役割を知る材料としては極めて懐疑的な解釈になる可能性がある。絵画を構成する諸造形要素として、線、面、色彩、明暗があり、そこに構図が伴う。なかでも線は絵画にとって最も有効な要素であり、線は人間の造形的行為の出発点であって、意識の流れの軌跡として、しかも対象を自己のうちに所有し、画面に定着させるものとして輪郭線が記される。さらに構図において絵画の基本原則のひとつとしての二次元性があげられる。

　考古学上でその絵解きを究明する試みは、佐原眞が子どもの絵画から古代人が描いた絵画の手法を解き明かそうとした。佐原は「古墳時代の絵の文法」[註1] で「大昔の絵と子どもの絵を比べることによって、考古学の側が追究すべきことは、児童画の解釈を大昔の絵に利用できる可能性」があると述べ、さらに「大昔の絵と子どもたちの絵を比べることによって、子どもたちの創造性、想像性、無限の可能性をあらためて識ることができ、縄文人、弥生人、古墳人に問いかけることが出来そう」[註2] という。確かにひとつの謎解きのヒントになるとは考えられるが、古代人の意識と現代の子どもの感覚が同水準で解釈できる可能性には否定的である。児童心理から考える絵画の手法と精神分析による絵画の解釈に関しては疑問を挟む余地を持ち合わせていないが、子どもの絵画から有効な解釈が果たして導き出せたのかは心許ない。

　絵画の手法は、時代によって環境上での影響を受けるため、その表現には二次元、三次元という空間的な表現で規定されない形で描かれる。造形に対する感覚は視覚上では私たちの認識する空間のように三次元で表されるが、描き方の手法に未知な時点では、認識する三次元にはならない。一

第1部　舟船の起源と歴史（概論）

元的であろうと多元的であろうと描き手の才能が求められることはいうまでもない。従って絵画手法の未発達な段階での絵画の解釈と考古学上での型式学、写実から抽象的な変遷をたどることとは別の問題となる。

　その上に立って考古学であつかう遺物に描かれる絵画について考える時、江上波夫が述べるように「岩壁画が人類のどういう意欲から描かれ、最古の絵画美術を成立させたかの問題については、なお不明な点が少なくない。しかし旧石器時代の洞窟壁画が、普通の絵画と異なって、観覧するために描かれたものでないことは確実で、そのことは洞窟壁画の大多数が地下の石灰岩窟の奥深いところ、完全な暗黒のなかに、しかもしばしば容易に接近しがたいところに存在する事実から疑いない。それでは鑑賞を目的としない原始時代の絵画は、どのような目的で制作されたか。この問題についてはいろいろ論議されたが、結局、狩猟採集を生業とした原始人が動物を捕獲するという、まったく実用的な目的で、すなわち動物捕獲の呪術的方法として、洞窟の壁画に動物を描くことを発明したという解釈がもっとも有力である。現実と想像との間に明確な区別をもたない原始人の心理では、活気にみちた動物をいきいきと描くことは、同時にそのような真実の動物を占有することを意味」する[註3]ということである。

　このような解釈から、なぜ舟船を描いたのかということについて考えてみたい。すでに首長による喪葬祭祀に基づく他界観については述べた[註4]ことがある。また描かれた舟船が漁撈祭祀、あるいは葬送儀礼に伴って描かれている点についても多くの論究があり、紹介するまでもない。

　描かれる舟船が多くの場合、舟船体構造の基準となる舳艫が上方に反り上がるという特徴があり、舟船と認識できる。次に描き加わる点は、舟船体の中央部に縦線が描かれ、帆柱ではないかと想像させ、もしくは帆らしき状態で一線の形状が見られる。また舳艫のいずれかの先端、両端から垂れる線を描くものは碇・艫綱とも見られる。さらに舟船体から両側にのびる複数の線が表される縦線は櫂を表しているとも考えられる。これらを総合的に考えると絵画の特徴のひとつは、ひとつの対象である舟船をいくつもの視点から見て描いているということが言え、見たもの、見えているものを組み合わせている点にある。いわば舟船を側面図、平面図の組み合わ

—38—

Ⅲ 絵画と線刻

せで描いているということになる。

　このことから弥生時代、古墳時代の舟船を類推することができるのか。この点については具体的には非常に難しい課題である。大阪府八尾市久宝寺遺跡などから出土した構造を伴う舟船によって、舟底部、舷側板、豎壁板などの部材と舟形埴輪に見られる構造から舟船を類推することは可能であるが、それ以外の舟船の構造を考えることは想像の域を越えない。描かれた舟船は大型なのか小型なのかもわからない。刳舟の実物資料については少なからず出土しているが、準構造舟船と呼べるものの出土は、大阪府八尾市久宝寺遺跡ほか僅かである。

　紀元前4～5世紀頃、朝鮮半島から北九州に渡ってきた人々は、間違いなく舟船を利用したであろうが、遅くとも紀元前1世紀前後には準構造舟船もしくはそれに類する舟船は造舟船されていたに違いなく、朝鮮半島南部から対馬島、壱岐島を順に舟船によって海路を繰って渡ったことであろう。

　舟船の発達は単材式刳舟から複材式刳舟、舟底構造と舷側板、豎壁板、隔壁などを付加する準構造舟船となることに違いなく、線刻により描かれる舟船が何を意味するのかではなく、何を見て描いたのかが論点である。想像なのか、想像ではないのか。また線刻画の舟船によってよく解釈される舟船構造の問題、どこまで実際の舟船に迫れるのか甚だ懐疑的である。また線刻画に描かれた舟船、特に土器や円筒埴輪に線刻された意図と古墳壁画に描かれた意図とは異なり、あるいは同様の思想が考えられるが、明らかに本質的な違いが見てとれる。

　その線刻とは何なのか。おそらく木製、金属製の道具などをもって施刻紋され、その道具の規制によって描かれる施刻紋は直線を組み合わせることが多い刻紋である。この施刻紋は同一紋様で描かれることはほとんどない。単独性のものが主である。しかし同一紋様で記号化された場合、複数のものに及ぶ例（新池遺跡）があるが、刻印とは違いその施刻紋に変化が見られ、それらは一括性の高い資料となる可能性がある。線刻は何のために傷つけ施刻紋されるのか。舟船を線刻する目的はそれに関わることを意識したこと、することにある。施刻紋は単独であり、規格性のない無原則な状態にあることが多く知られている。

第1部　舟船の起源と歴史（概論）

　このように舟船を線刻してまで描く理由は、集団において舟船に関わる
海洋性と極めて強いつながりをもつ有力者であること、航海術などの深い
知識、経験をもっていたことなどが考えられるが、土器製作者や埴輪工人
らはどのように被葬者と関わりをもつのかも重要な問題点である。線刻さ
れた壁画古墳以外の資料についてその性格を考えてみよう。

1　埴輪の線刻画

　京都府京丹後市丹後町の神明山古墳（註5）は倭政権と強いつながりを示す
丹後地域の古墳のひとつである。日本海に面し、対外的な活動が想定され
る集団と考えられ、舟船との深い関わりは見過ごすことができない。神明
山古墳から出土した円筒埴輪と同じように舟船を線刻して描かれた円筒埴
輪は、奈良県東殿塚古墳、唐古遺跡、ウワナベ古墳、京都府久津川車塚古墳、
雁子岳2号墳、梶塚古墳、大阪府土師古墳、今城塚古墳、川西4号墳、新池
埴輪窯跡、広島県芦品郡相方古墳、大分県亀塚古墳などがあるが、それぞ
れに特徴的な線刻が施されている。

　神明山古墳から出土した円筒埴輪の舟船線刻は舟船体構造である舟底部
の舳艫のいずれか一方が上方に反り返り、その舟首前方の1本線は帆柱と見
るか、旗竿かが描かれている。そのうしろに豎壁板と見られる波除けが立ち、
それを受け止める三角形材の舷側板が見られる。そして豎壁板の中央部あ
たりから後方へ横線が1本描かれるが、これが舷側板上縁を示すものであろ
う。八尾市久宝寺遺跡から出土した準構造舟船の出土状況と基本的構造が
類似していることがわかる。この描き手は舟船を側面の舟首部あたりから
見上げた状況と考えられる。製作する粘土に対して金属製の道具で施刻紋
したことは明らかである。

　発見されている2点の線刻は同一絵画ではなく、各々独自の線刻であるこ
とは明らかである。円筒埴輪に記されたのは記号ではなく、舟船を描くと
いう特殊な性格を見出さなくてはならないが、果たして埴輪工人が指示あ
るなしに関わらずこのような線刻を入れることは可能であったのだろうか。
舟船に関わる首長の墓に納める埴輪に線刻を入れるという動機の裏付けと、
方法、手続、その仕組みを改めて考えなおさなければならず、このような

—40—

Ⅲ　絵画と線刻

埴輪への落書きともとれる線刻の意味の問題解決にはほど遠い理解がある
ことは歪めない。また喪葬に際しての舟船に関わる描き手集団というもの
も考えられよう。

　これまでのように単なる海洋と極めて強いつながりをもつ首長であるとか、
諸物資の漕運、軍事を職掌する集団、あるいは航海術に闌けた知識、経験
者への功績、活躍を顕彰する目的として配される特殊性としての性格だけ
を考えるのではなく、やはりここに昇仙に伴う他界観を視野に入れなけれ
ば謎解きには繋がらないだろう。

2　新資料の線刻画

　京都府精華町下狛に所在する鞍岡山3号墳 ^(註6) から、喪葬祭祀に使用され
たと見られる円筒埴輪の器面に線刻された舟船が描かれていた例がある。
古墳は4世紀末から5世紀初頭と見られ、直径約40m、高さ約6.5mの円墳。
墳頂部には2ヶ所の埋葬施設がある。舟船の線刻がある埴輪片は、頂部平垣
面の北半分に47本の円筒埴輪、南半分に29本の円筒埴輪が確認され、そこ
では「普通円筒埴輪と朝顔形円筒埴輪が混在しており、普通円筒埴輪数本
ごとに朝顔形円筒埴輪が1本並べられていた」という。2003年度の第1次調
査の円墳頂上部で出土した円筒埴輪の破片に縦約7cm、横約15cmの範囲内に
1艘の舟船が描かれていた。

　舟船線刻は、舟船体構造の主体部である舟底部の刳舟を描き、舟首部分
で上方に反り返らせ、舟底部と舷側板部の二股に分かれる。舟底から分か
れて上方に斜めに傾斜する2線で表現される舷側板であるが、下辺の線刻は
竪壁板を表現している。上辺斜めの線刻は舷側板上縁部を表現しており、
後方斜めに線刻する2線の表現は、おそらく平板状隔壁と見る。この表現は
大阪府菩提池西3号墳方形周溝墓から出土した舟形埴輪に近似する。いわゆ
る側面は、舳艫で舟底部が突き出して舷側板部と二股になり、舷側板部の
前後面は竪壁板によって閉塞している型式である。さらに後方の2本の縦線
は帆柱になる可能性がある。このような表現は一見、長原遺跡出土高廻り1
号墳舟形埴輪の舷側板外面の線刻に類似しているように見える。

　その左側の部分は、内部を上方から舟船体を俯瞰する状況が見てとれる。

—41—

第 1 部　舟船の起源と歴史（概論）

豎壁板のように見られるが、内壁の上辺に横梁材を入れ、その中間に2ヶ所の縦材が取り付いており、装飾細工を表現しているのかもしれない。この状況はむしろ内隔壁を表現していると見てよい。外側2線は隔壁側面にのびる舷側板上縁を表現しているのだろう。また右側に舷側板上縁（三角形状）を表現している。左側の1線で表現されるものも舷側板上縁と見られる。このように前方にある豎壁板より内隔壁と舷側板の内部を見る表現であろう。このことから見ると宮崎県で出土した西都原170号墳の舟形埴輪に近い状況は考えられず、それに豎壁板が取り付かず舷側板部前後面が開放されたままで、舟底部が突き出したままの構造となっているのとは明らかに違った構造である。本来的には分離舳先構造になり、それに対して構造としての舷側板部分が取り付き舷側は高くなり、舳艫飾りとして立ち上がるのである。線刻で見られる舟船は、分離舳先構造で内部構造が伴う舟船と見られる。そして中間には葬祭飾りが表現されている。また右部分と左部分の中間下端部分は欠失しており、この部分をどのように表現していたのかは興味のある点であるが、単純に考えると、主体部の舟底刳舟は左側までのび舟首部分で上方に反り返らせ、その上部に現状の線刻画が見られるのかもしれない。

3　線刻舟船の特徴

　奈良県田原本町唐古・鍵遺跡、奈良県橿原市坪井遺跡で出土した弥生土器には線刻による刳舟と数本の櫂が描かれており、大型船と考えられる。また奈良県天理市清水風遺跡から弥生時代中期の土器破片に線刻で描かれた大型船も知られる。舳艫はゴンドラ状に反り返り、舟船体には10数本の櫂が出ている。ここで示されるゴンドラ状とは舳艫が極端に高く反り上がっている絵画手法であり、日本にはこのような型式の舟船はない。特に一方の先は飾板の横木や鰭状突起を一条線で表しており、構造を伴う舟船であることがわかる。

　岐阜県大垣市荒尾南遺跡（図5）[註7]から発見された土器は、弥生時代後期の方形周溝墓から発掘（1996年）されたものである。ここに描かれた線刻画は土器の胴部をほぼ一周し、3艘の舟船が描かれる。1艘は左右舷側に80数本の櫂を描く、そして舟船には幡と考えられる柱が5本建てられており、

—42—

Ⅲ　絵画と線刻

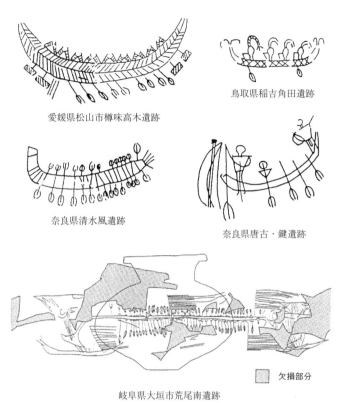

図5　土器などに描かれた舟形線刻

舟首に1本、中央に2本、舟尾に2本の帆柱、幡は風にたなびいている状態がよくわかる。舳艫の表現は豎壁板と考えられる波除けであろう。他の2艘は帆舟船と考えられる。線刻画でなければ表現できない帆であり、逆三角形は模様か、あるいは風になびく帆を表現している。

　広島県福山市御領遺跡出土（2014年）の弥生時代後期の土器片（口絵6）には、いわゆる準構造舟船と見られる線刻が見られる。舟首には豎壁板、舟尾は3本の櫂柁、また旗竿とも解される線刻があるが、舟尾構造に突き出した横梁材ではないかと見ている。舟船体中央部に屋根施設を伴う建物と、10数本の縦線で表現している線は櫂と見られ、これまでにない線刻画による構造表現である。

—43—

第 1 部　舟船の起源と歴史（概論）

　線刻画を見て想像を逞しくすることはできるが、舟船の構造には近づけ
ない。線刻で描いた舟船は、このほかに鳥取県稲吉角田遺跡、愛媛県樽味
高木遺跡などに見ることができるが、いずれも表現の誇張は否定できない。
また線刻画の多くが人物を描かず、櫂とみられる線の先を木の葉状に描く
ことは共通しており、大型船を強調して描いたと見るのが弥生時代の特徴
であろう。ところが古墳時代の埴輪に見られる線刻画はむしろそのような
強調表現は見られず、より構造舟船に近い描き方が認められる。

　奈良県田原本町唐古遺跡出土（1958年）（註8）で見られる線刻がある。三次
元的な描き方として考え、舟船体上との構造物である屋形、蓋の支柱や舳
艫の豎壁板と隔壁の交わりや舷側板上縁につながる鰭状突起や横木の直線
は準構造舟船の特徴をよく表している。

　その類例として近年、奈良県天理市の東殿塚古墳（註9）で発見（1997年）
された埴輪（図6）は、より具体的で詳細な部分にまで手が加えられ写実的
に見える。先に見た大垣市荒尾南遺跡の弥生時代の線刻と比べて、明らか
に手法の違いが認められる。その円筒埴輪には3艘の舟船が描かれている。
1号舟は舟船体上の構造物である屋形、蓋の支柱、幡を側面的に描く、舟船
体は三次元的な描き方をしており、舳先は明らかに右方向を示している。
舳艫の豎壁板と隔壁の交わり、舷側板上縁につながる鰭状突起、横木、舷
側板上部に伴う飾板やピボット、そこからさし出される櫂や操舵がはっき
りと描かれる。2号舟は、舟船体上の構造物である蓋・幡が支柱に立てられ、
舳先を右方向にして豎壁板上端に鳥が支柱にとまる。舳艫に付属する豎壁
板やそれに伴う鰭状突起の表現は大きいが、舟船体の刳舟は2線だけである。
舷側板や舵や櫂もかなり省略的な手法で線刻される。3号舟も三次元的な描
写であるが、部分的に詳細、省略が見られるが、準構造舟船としての特徴
を描いているように見える。この舟船も舳先を右方向としており、舟船体
上の構造物である屋形、幡の支柱がのり、舵や左右の櫂が動きのある状態
で描かれ、鰭状突起や横木、舷側板を線刻で表現している。祭祀表現とし
ての舟船の解釈はともかく、準構造舟船とみられる舟船の形態が詳細なま
でに表現できている。古墳時代、しかも3世紀前後には準構造舟船とする大
型船の形ができていたと考えられ、単なる刳舟からの変化が弥生時代に求

—44—

Ⅲ 絵画と線刻

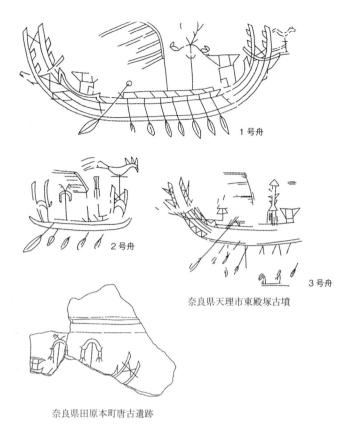

図6 埴輪に描かれた舟形線刻

められるかもしれない。

4 舟形埴輪

　形象埴輪のひとつで各種器財を象ったものがあり、畿内では前期古墳に器財埴輪が発達したが、その内に舟船を表した埴輪（図7）がある。早くは宮崎県西都市西都原古墳から出土した舟形埴輪が注目されたが、一種の準構造舟船を模しており、各地から型式の異なった舟船が見られる。

　絵画資料で見られた準構造舟船と考えられる舟船は、具体的な形で立体感をもつ埴輪として整形された舟形埴輪が、いわゆる準構造舟船を模して

いるといえる。これら舟形模造品の表現は、いずれも抽象的な省略構造であるため、構造を分析するには不十分であることは否定できない。また製作者の客観的観察が反映されるため、画一的な舟形模造品となることは少ない。これらのことを考慮に入れて分析することが必要であろう。そして基本的には刳り抜かれた舟船に舷側を付加した準構造舟船を模していることにはかわりはない。実際には刳舟とは違った大型船が存在したという表現を試みていると言えなくはない。

埴輪に見られる準構造舟船が共通する大まかな構造について、いわゆる舟形埴輪にみられる準構造舟船は、舳艫が対象形で舟底部の基本は刳舟と

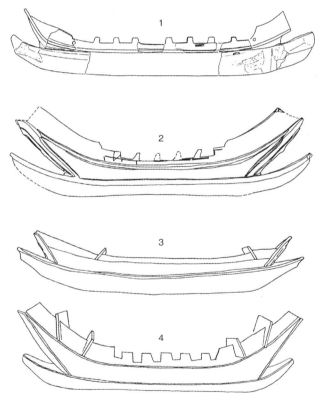

図 7-1　舟形埴輪
1. 京都府ニゴレ古墳、2. 大阪市長原高廻り 2 号墳、3. 大阪府菩提池西 3 号墳、4. 大阪府岡古墳

Ⅲ　絵画と線刻

している。この舟船体上に舷側板が取り付く、多くの例では部材の継ぎ目には、突帯・線刻などの表現が見られる。舷側板は舟船腹に対して内傾し、中央では狭くなる曲線を描くが、舳艫部分では、大きく上方向に反り上がり、飾板あるいは鰭状突起として表現される。またその先端部分には防波の設備としての豎壁板が取り付いて閉塞されるが、飾板を高くあげるために横木で梁材とするものも見られる。

　舷側板中央の上縁には艪杭（ピボットあるいは突起）が突出する。そして舟底内部には艪棚（甲板）の張り出しや、隔壁が舟室部分に設けられる。これらの部材資料はないが、舟船を知る上では舟形埴輪にみられるこのよ

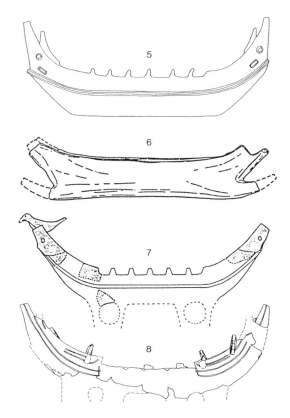

図7-2　舟形埴輪
5.宮崎県西都原170号墳、6.大阪府八尾市中田遺跡、7.大阪府林古墳、8.大阪市長原高廻り1号墳

—47—

うな構造が準構造舟船の基本的な形態と考えられる。

　準構造舟船をどのように表現するかによって、相当構造的な違いが観察できる。京都府弥栄町ニゴレ古墳（1988年）^(註10)、大阪府長原遺跡の高廻り2号墳（1990年）^(註11)、大阪府菩提池西3号墳、大阪府藤井寺市岡古墳などの舟船は具体的な実例であるが、準構造舟船の舟底部分を省略あるいは過少表現とした宮崎県西都原170号墳^(註12)、大阪府八尾市中田遺跡（1995年）^(註13)、滋賀県栗東町安養寺新開4号墳^(註14)出土（1995年）の舟形埴輪や、舳艫ともゴンドラ状に高く立ち上がらせた大阪府長原遺跡の高廻り1号墳（1991年）、奈良県法華寺出土舟形埴輪は製作者^(註15)の客観的観察によるその反映表現であることは歪めない。さらに三重県松阪市で出土（2000年）した宝塚1号墳の舟形埴輪（口絵5）は、古墳時代の舟船の構造を知る上では貴重な資料である。

　各地で発見された考古学的資料の舟船について、それらがすべて航海に適する舟船とは限らない。海洋、河川、湖沼などで使用されたとみられるそれが、それぞれの条件によって構造が異なることは当然である。しかもその資料が航海に必要な耐航性、航海性を備えているのか否かの問題は舟船の構造に関わる点である。従って、どのような構造の舟船が大陸をはばむ日本海や太平洋上の島々との交流を可能にしたのかは実物の舟船がない以上難しい問題である。そして構造上の問題に加えて海上での舟船はその位置を確認しながら航行する必要があったはずであり、従って岬や島嶼を標榜したことは想像に難くないが、このことについて安井良三^(註16)は祭祀遺跡から航海に関する民俗事例の分析を試みている。

〔註〕
1）佐原眞「古墳時代の絵の文法」『研究報告書』第80集　国立歴史民俗博物館　1999年
2）国立歴史民俗博物館『歴博フォーラム銅鐸の絵を読み解く』小学館　1997年
3）江上波夫「絵画観とその変遷」『世界大百科事典5』平凡社　1972年
4）辻尾榮市「葬船考」「人文論集」第27集　大阪府立大学人文学会　2009年

Ⅲ　絵画と線刻

5）梅原末治「神明山古墳」『京都府史蹟名勝天然記念物調査報告書』
第1冊　京都府　1919年
梅原末治「神明山古墳出土品」『京都府史蹟名勝天然記念物調査報告
書』第14冊　京都府　1933年
同志社大学考古学研究会「(15)　神明山古墳」「同志社考古」第10号
同志社大学考古学研究会出版局　1973年
6）辻尾榮市「神明山古墳の舟・船線刻円筒埴輪再考」（「郵政考古紀要」
第48号通巻57冊）大阪・郵政考古学会　2010年
7）森浩一「弥生時代の巨大早舟と帆船」「歴史クローズアップ」vol.1
世界文化社　1997年
8）西谷正「円筒埴輪に描かれた舟画について」「古代学研究」第25号
古代学研究会　1960年
9）天理市教育委員会『西殿塚古墳・東殿塚古墳』埋蔵文化財発掘調査
報告第7集　天理市教育委員会 2000年
10）西谷真治・置田雅昭『ニゴレ古墳』弥栄町教育委員会　1988年
11）大阪市文化財協会『長原遺跡発掘調査報告Ⅳ』大阪市文化財協会
1991年
12）後藤守一「西都原発掘の埴輪舟（其1)」「考古学雑誌」第25巻第
8号　考古学会　1935年
後藤守一「西都原発掘の埴輪舟（其2)」「考古学雑誌」第25巻第9
号　考古学会　1935年
13）八尾市文化財調査研究会『ⅠⅠ小阪合遺跡（第42次調査）Ⅱ中田遺
跡（第19次調査）Ⅲ中田遺跡（第35次調査)』報告126　八尾市文
化財調査研究会 2009年
14）栗東歴史民俗資料館『1995年栗東町埋蔵文化財調査発掘調査成果
展』栗東歴史民俗資料館　1997年
15）奈良市史編集審議会編「小奈辺古墳陪冢」『奈良市史　考古編』吉
川弘文館　1968年
16）安井良三「航海民の考古学」「考古学ジャーナル」No.250　ニュー
サイエンス社　1985年

Ⅳ　いわゆる複材式刳舟について

1　複材式刳舟

　複材式刳舟は複数の樹木部材を前後継ぎとする刳舟である。かつて大阪の難波鼬川で発見された刳舟や、愛知の尾張諸桑村で出土した刳舟は、写真や絵図では知られているが、実際に接合した部分の構造についてはよく解っていない。特に難波鼬川で発見された刳舟は複材式刳舟の構造を解明できる資料であったが失われてしまっている。今となっては文献や記録のみでしかその復元は試みられず、その制約は大きすぎる。しかし先学の研究で検討されているように刳舟の接合方法の考察は未だ解明されているとは思えない。ここでは古代の刳舟資料を整理し、複材式刳舟の構造究明に迫ろうと思うが、その刳舟資料は限られている。とりあげた難波鼬川の刳舟と尾張諸桑村の刳舟の2艘は実物のない刳舟ではあるが、それらを比較検討することによって刳舟の接合方法や構造、すなわち部材の二材継ぎ、あるいは三材継ぎのあった可能性を考察し、またその造舟船時期に迫ることが可能であるかもしれない。

2　難波鼬川出土の複材式刳舟

　複材式刳舟の考察はすでに石井謙治の研究 [註1] によって、複数の樹木部材を前後継ぎとする、単材ではない大型の刳舟のあったことが指摘されている。このことについては船舶研究を進めた松本信広 [註2]、清水潤三 [註3] ら多くの共通する見解であり、定説化している。また複数の部材を前後継ぎする刳舟の技術を否定するものではない。さらに大阪の難波鼬川で発見された刳舟について、石井謙治は絵巻に描かれた舟船から複数の部材を用いて長大な刳舟を造ることの技術上の問題点や実用としての刳舟の問題点を指摘している。

　1878（明治11）年7月、大阪の難波鼬川遊連橋付近（現在の大阪市浪速区難波中）と推定される難波村と今宮村の境に位置する字牛ヶ口で発見され

—50—

Ⅳ　いわゆる複材式刳舟について

『日本海運図史』（逓信省管船局発行）の鼬川刳舟

　た刳舟は、二材を継いだ複材式の特殊な構造をもっていた舟船であることは知られている。数少ない複材式刳舟の実在資料であったが、1944（昭和19）年から1945（昭和20）年にわたる大阪空襲によって、大阪城天守閣脇にあった刳舟展示棟（口絵1）が爆撃による破壊から散乱して、整備保存の統べもなく廃材と化し、逸散亡失してしまった。

　難波鼬川から出土した刳舟は、考古学遺物であることは周知の事実でありながら、実体としては遺物が失われた今日、文献でしか窺い知ることができない。従って考古学研究の分野から言えば制約があまりにも大きすぎる点は否めない。また文献としてのこされた記録も非科学的であるために難波鼬川出土の刳舟の分析は臆測の境を脱することはできない。

　難波鼬川出土の刳舟の計測については、これまで紹介された文献資料に記載されている寸法に僅かな差こそあるが問題となるほどの誤差はない。遺存全長について比較すると、発掘当時発表された新聞報道[註4]による計測は13.3m（数値は以下すべてメートル法に整理）である。『日本その日その日』[註5]を著したE・S・モースが計った計測と『大坂城誌』[註6]小野清の計測（報告では二丈五尺六寸とあるが三丈五尺六寸の印刷誤字と看做）は10.7mとほぼ同計測になる。このことは小野が述べるように当時の資料に基

—51—

づいたものであるとすれば計測の記された報告があったのかもしれない。新聞報道の計測の大きいことはさておき、モースと小野の計測に誤差はほとんどない。また『日本海運図史』[註7]による計測が11.5mと前者より長いのは採寸箇所が異なることが考えられ、大きな誤差ではない。しかもこの文献の計測がのちの各文献の間接的引用となることもほぼ間違いないであろう。また「日本古代の船」（清水）がモースや小野らと近い計測を示しているのは、大阪城に展示された段階での計測が掲示されていたことが考えられる。このことから遺存全長は10.7〜11.5m、誤差は僅か0.8mである。幅に関しては、1.2〜1.4mといずれの文献も誤差はほとんど見られない。また深さに関しても0.55〜0.76mとあまり誤差はない。このことから遺存全長の計測位置によって誤差が生じたと判断できよう。

　興味深い点は『日本海運図史』が前後材の長さ、接合部の長さを計測している点である。それによれば艫方部材が3.33m、切断痕跡の観察ができる方である。そして舳方部材が6.45m、重なりの長さ1.72mという。従って大方の意見は全長約15mの刳舟であったことが想定されている。

　多くの文献の中で、モースが1879（明治12）年6月以前に計測した数値と、『日本海運図史』の計測した数値がもっとも信憑性が高いと考えられる。ただ後にも述べるが植生としての収縮率はどの程度の数値が測定されるのかが課題としてのこるが、大きな誤差がなければ、発掘当時（新聞報道）の11.5mから13.3mの差1.8mは収縮か、測量誤差である可能性がある。構造についての見解は、いずれの文献も接合部の特徴に視点がおかれ、重ね合わせになっていることは理解している。接合部は艫方部材が舳方部材に重なり、艫方部材の外側を削り段差を設け、舳方部材は内側を削り段差を設けて接合するという細工である。舟船体の厚みを計測した文献はないが、接合長の数値は『日本海運図史』によれば1.72m、西村眞次は1.75mを計測している。このような前後材を継ぐ方法を「印籠継ぎ」と称しているが、この前後継ぎについてモースは、二材となっている技術に「今日鹿児島湾で二つ部分に分かれた舟が見られるのは不思議である」と紹介しており、九州で見た舟船と構造の類似があることを指摘している。

　そして『日本海運図史』には「中央ニ於イテ二材ヲ嵌接ス嵌接ノ長五尺

Ⅳ　いわゆる複材式刳舟について

七寸嵌接ノ両端ヨリ船ノ首尾両端ニ至ル距離ハ一方ハ十一尺他ハ二十一尺
三寸ニシテ短カキ方ハ其一端ニ於テ之ヲ切断セルカ如キ痕跡アリ若シ嵌接
ノ前後同長ナリシモノト仮定セハ本船ノ総長ハ凡五十尺ニ近カリシナラン」
と記しており、艫方部材の切断痕跡を認めており、舳方部材と同規模であっ
たとして、二材を継いだ刳舟であることを想定している。また『日本の船』
はこれを二材継ぎの刳舟ではなく、三材継ぎの刳舟であると指摘している。
これまで紹介した文献には複材継ぎを論じたものはないが、いずれにして
も一木の半截二材を継いだ刳舟であることを仮定しておきたいと思う。
　次に接合方法についてはどの文献も接合部を押さえるための縦通材と、
それを固定するために左右に渡された横梁のあることを述べ、さらに舟底
部に横梁を受けたと見られる枘穴のあることを指摘している。なかでもよ
り正確に接合部分について説明を加えているのは小野である。疑問がない
ではないが、縦通材の分解図を示し、横梁材が受けるための細工のあった
ことをはっきりと指摘している。『日本海運図史』の接合部についてはより
具体的に詳しい記述があり、「嵌接ノ部ニ於テ底部ニ一箇ノ縦材ヲ置キ其上
ニ横四箇ノ横材ヲ以テ圧シ内中央ノ二材ハ左右両端共横七寸竪四寸ノ孔ヲ
穿チテ船側ニ貫通シ前後ノ二材ハ船側を貫カスシテ其一端ハ船側内部ノ凹
処ニ嵌入シ他端船側ヲ切リ欠キテ各前後ヨリ槌打シ以テ固着セルモノナリ
但前後ノ二横材ハ現存セス」と、横梁材が4本あったことや梁材の固着方法
まで言及している。横梁穴が8ヶ所あることはモースも図面で示している。
　これらのことから接合方法は、縦通材の押さえと、それを留めるための
横梁材4本、それに伴う枘穴の細工があったことは認められるが、構造上に
おいて指摘できることは、舷側に付属構造があったか否かである。モース
がスケッチした図面には舷側帯上部に数ヶ所の枘穴があけられている。ま
た小野も舷側帯上部に数ヶ所の枘穴の存在を認めている。この舷側縁の枘
穴の存在で考えられることは舷側板である。固着の方法は解らないが舷側
縁に重ね合わせるような状態で舷側板があったのかもしれない。これ以上
の言及はしないが刳舟の吃水線を高めるためには有効な細工であることは
十分に考えられる。
　なお接合部にマキハダ使用痕跡を観察したと指摘したことについては疑

問をのこしている。おそらくはマキハダの使用痕跡は気づかれなかったか、あるいはなかったと考えられる。

　さらに西村眞次は接合材について言及している。クス材の刳舟の収縮を考えて接合部材のいずれもクス以外の植生材木を使用したのではないかと指摘を加えていることは興味深い点である。科学的な分析としては西村が指摘するようにクス材の特質を述べており、「楠材は長さに於いて劣っているけれども、太さに於いては優れて居り、殊に老令になると樹心が生きながら朽腐して、周囲のみ残るといふ特徴を有っている」といい、この指摘は刳舟が人為的により、すなわち石器などの道具類使用痕跡の技術的な問題と植生的な問題を含んでいる。このことはクス材がなぜ選ばれたのかという一般的な疑問にも応えられることである。接合方法の問題と樹木を刳り抜く技術の問題が考えられるが、難波鼬川出土刳舟の内部面で刳り抜き痕跡があったか否かについては、どの文献も言及していないのは悔やまれる。

　西村は出土遺物についても言及している。新聞報道やその他の資料にも出土遺物を指摘したものがあったが、西村は出土遺物によって刳舟の年代決定を示し、おそらくは7世紀前半以前と推定している。それが正当であるか否かは別として考古学的立場での判断がここでは求められたことと理解する。

　難波鼬川出土刳舟の用途について触れておきたい。西村は二材継ぎの刳舟は自然条件として暴風雨時の弱点を接合方法で強度を補うことは指摘するにとどめ、これが構造的には耐航性がなく外洋船ではないとする考えであった。より具体的に述べたのは小野である。『日本書紀』などの舟船に関する記事をよりどころに外洋船とするには構造的に適していないとした。手の込んだ構造、技術上の視点から一介の漁民が造舟船して沿岸で漁業に利用した舟船とも考えられず、公的な官船として、それは難波堀江での宮廷の舟遊びに使用した舟船であることを想定した。

　いずれにしても推定全長15mの刳舟、二材継ぎの構造としては貧弱である。先にも指摘したようにこの刳舟には舷側板などの付属施設が設置されていたはずである。このことを理由に刳舟が外洋船であるのか、内湾舟船であるのかは問えないが、ただ難波鼬川出土の刳舟は大阪湾沿岸を漂っていた可能性があることは想像される。

3　尾張諸桑村出土の複材式刳舟

　1838（天保9）年閏4月、尾張国海東郡諸桑村（現在の愛知県愛西市諸桑）に所在する三谷山満成寺付近で1艘の刳舟が発見された。

　このことは江戸時代の文献『尾張名所図会』^(註8)などに紹介されており、当時としては大きな話題となったことが知られる。また松本信広や石井謙治らによってその尾張諸桑村で発見された刳舟についての考察が加えられている。かねてより尾張諸桑村の刳舟については関心を持っていたが、愛知県愛西市諸桑に所在する鈴木家にその刳舟の木製断片らしい木片が所蔵されていることを知った。その後、それらは佐織歴史民俗資料室（佐織公民館内）に寄贈され、保存管理されていることも解った。

　江戸時代の尾張国で発見された刳舟が所在する諸桑村は、現在の愛知県愛西市（以下「佐織町」という）に位置する。佐織町は愛知県の西端に位置し、木曽三川（木曽川、長良川、揖斐川）の泥濫平野にあり、下流地域は三角州の砂州を堤防で囲んだ輪中集落が発達しているところである。しかもこの地域は海抜零米地帯という地形環境にあり、往古も洪水の多いところであったと考えられる。しかも佐織町は木曽川と東部を流れる日光川にはさまれ、そのすぐ近くに諸桑村が位置している。古地理復元からこの三角州地域には小河川とクリークが多く、規模の大きな潮汐現象がみられ、古代の人々が不安定な平野で満潮時に刳舟を使って往来していたことが想像される。

　『尾張名所図会』には、尾張諸桑村で発見された刳舟について「諸桑村にて古舩を掘出す図」（図8）と題して次のような解説と絵図を紹介している。「天保九年閏四月当村にて川浚へをせしに満成寺といへる寺の裏辺にて古木の如き物に掘当りしかバ、ミなミないふかしく思ひ猶ふかく掘わりしにいと大きなる舩を掘出せり此舩往古の製にて樟の丸木舩なるが三ヶ所つぎてかんぬきをもって是をさすまた舩中より大網のいわ古瓦古銭其余異形の珍器多く出たり夫より又其ほとりをほりかへし見れバ木仏像の半躯を掘出せりさて当村ハ式内諸鍬の神社も阿りて千年に及ぶ旧地なれど其已前いまだ此辺の海にてありし時より志づミし舩ならんか又ハ隣村古川村ハもと川筋

第1部　舟船の起源と歴史（概論）

図8　『尾張名所図会』の「諸桑村にて古舩を掘出す図」

なりしを埋めて今の村とせしよしなれバ此れまでも彼川筋にてそこにありし川舩のいつしか埋れありしにもやあらん」とある。

『想山著聞奇集』(註9)には、「剣抜舟掘出したる事」と題して次のように紹介している。「天保九年戊戌閏四月三日。尾張の国中島郡諸桑村（名古屋より田四里半程申の方津島より半道程巽の方）地内に。満成寺と云寺あり此裏の方溝浚にて同所字竹越と云う所の沼田の纔なる水付の場所にて。古木を掘當たり大なる木ゆゑ往古の倒木にやとて段々村内のもの共寄集り。掘穿ちたるに。殊の外長くて。中々取廻しも成兼。掘起し難きゆゑ。三ツに引切同五日迄に漸と掘出し見るに。惣長十一間餘差口五尺餘の丸木を二つ割にして。中を剋ぬきたる丸木舟にて。梁木の穴もあつて甚だ古代の物なり。木品は何とも聢とは分り兼てれども。俗眼にも楠とみえ。材木屋又は大工などにも見せて穿鑿せしに。いづれも楠の類とはいひけれども。朽木ゆゑ慥には見わき難き由。所々餘程朽たる所もあり。其上掘出せしをりにも皹損じ。彌形ちも替りたるよしなれども。誰見ても舟には相違なし。木の色は数百年泥中に沈み有たる故か。濃き鼠よりはまだ黒きかたにて。圖

—56—

Ⅳ　いわゆる複材式刳舟について

のごとき木目顯れ居たり。さて此場所にて錢二文と大網の岩と見ゆる素焼の物数廿程も掘出し。其餘素焼の小さき黒焼壺のごとき物の歃けも少々掘出したり。錢は上土を刳揚る内に有て。惣次郎と云六歳に成小児に持せ置きたる故。何れへか失ひしを。所々尋ねけれども。再び出ざりし由。残り多し。扨夫より又何ぞ有んかとて掘穿ちたるに。同八日佛像のごときもの一ツ掘出したり。是もやはり舟と同木と見ゆれども。何の像にや分かりかねたり。圖の通りなるものなり。(圖略) 予此年同四月十五日に名古屋へ登り。程なく此事を口々に咄も聞。同六月十四日に此村へ行て一覧せしに。案内の土民の云には。此舟の中に漆をもつて書たる文字あれども。悉く磨滅して見えずと云故。予も見しに。此舟彼寺の門前の薮蔭に有て。中々漆の色さへ少しも分らず。讀得る事ならずして閣たりしは残り多し。偖此舟の事を人々に問に。博識家も辨る事成かね。一二の今案を申人も有れど。點頭成兼る事のみなり。何にもせよ斯のごとく巾五尺ばかり長さ十二間も續きたる楠の大木。今の世にはなし。假令有たりとも。一國に一株か二株にすぎじと思はる。古へはか様の大木少なからずして。斯のごとき刳抜舟も数艘有てるものにや。又は昔もか様の舟はわづか一二艘には過ざりつるか。かく古風なる舟はいつの昔遺ひしものにて。如何成故にて、幾百年此所に埋り居たるか。推察なすべき由もなく。残り多し。此舟は掘出しぬしへ下されたるとの事なり。今は如何なりしにや。元来此舟の舳先の所。年来水中より出居たれども。寺の薮蔭邪魔にもならず。誰有て見咎る者もなく打過たりと。呉々も考る程不審なる舟なり。只書記しおきて。後毘の良説を待つのみ。」とある。三好想山という人物が刳舟の発掘（4月3日～5日）の後（6月14日）に実見しているだけにこの文献は評価の高い資料である。しかも単なる聞き書きではなく写生図（図9）を付している点にある。

三好想山の手による刳舟の写生図が描かれており、次のような解説を付している。「舟の形ち木目五目此圖の如く少しも相違なし舟の上端田づらより三尺程土中へ埋り居舳先のかたへ数年来水中より出居たれども薮蔭の所故不審を立る者もなく打過たりと舟惣長さ十二間二尺程巾を経り廣き所にて五尺二寸ほどあり尤舳先と艫の外は大躰同じ巾也両舷の木の厚さ三四寸深さははづか七八寸より一尺ばかり中の方へ繰込有て舟底の方は厚さ一尺

—57—

第1部　舟船の起源と歴史（概論）

図9　『想山著聞奇集』に描く諸桑村刳舟

餘も有て至て手丈夫にて不細工に見へたり。」とある。

　刳舟の上部は地表より90cmほど掘り込んだ地点であらわれ、その舳先は以前より水中からのぞいていたようである。しかしそれが20mを越える刳舟であることはわかろうはずがない。しかも藪陰にかくれていたために目立たなかったので遺存したということである。

　想山が写生した図から刳舟の全長は20.5m、胴部最大舟幅は1.6mを計る。舳先と艫の部分以外はほとんど平均した幅である。また両舷側縁の部材の厚みは9～12cm、舟内の刳り込みが21～30cmと浅い。舟底の幅は30cmを計測している。想山が実見した刳舟はクス材の原木を加工したものと推測しており、「濃き鼠よりはまだ黒く」不細工に見えたのも歪めない事実であろう。想山が記述した一文は実見した経過をたどっているだけに事実関係が明らかにされるが、刳舟に対するこの計測や遺物の観察には特に詳細に語るという程のことは感じられない。例えば刳舟の写生図に横梁を受ける枘穴を記してはいるものの、その計測の数値が記されていないことや、舟内部の構造についても記載がないことなど、細部の特徴について観察者の視点に新知見がほとんど付け加えられていないという弱点がある。

　刳舟全体の前後の区別は、この写生図からは即断できないが、舳先部分に前後の材が重なり合った舷側縁の2ヶ所に横梁の枘穴が描かれており、構造細工のあったことが窺われる。舳先と胴部の接合部は胴部があたかも舳先を受けるようにのしかかっているかに見える。また胴部中央にも反対舷側縁に枘穴が2ヶ所あり、ここにも横梁のあったことが想像できる。もし固着を考えるのであれば難波鼬川出土刳舟の固着方法と同じように舟底部の縦通材によって梁を押さえる、あるいは受けるとみられる枘穴があったことを示している。写生図からは梁材がここに嵌まってあったのかは不詳であるが、おそ

—58—

Ⅳ　いわゆる複材式刳舟について

らく横梁の存在があり、臆測の域はでないが縦通材は接合部を押さえており、横梁枘穴は強度を高めるために通す工夫・細工があったのであろう。

　想山が描いた写生図からは四材継ぎとも五材継ぎとも見られるが、気になることは前文の「掘起し難きゆゑ。三ツに引切」という部分である。刳舟は実際に複材継ぎであったのか、あるいは掘り起こすことが困難なので3ヶ所を切り離したものなのかが問題である。また「惣長十一間餘差口五尺餘の丸木を二ツ割りにして。中を刳りぬきたる丸木舟にて。梁木の穴」が開けられているということは、その梁穴は舟幅を固定させるための龍骨の部材であったかもしれない。いずれにしても刳舟の構造に手がかりが得られるのは横梁の枘穴があることだけで、複材式の刳舟であったという決定的証拠になる一文は見出せないのが悔やまれる。また「此舟の中に漆をもって書きたる文字」があったことにも注目しておきたいが、いずれにしても刳舟構造の細部に至る情報は少ない。

　このほかに尾張諸桑村出土の刳舟を紹介した資料には、松本信広 [註10] と石井謙治 [註11] が所蔵する瓦版などが知られている。瓦版は木版一枚摺りのものが多く、主に風水害・地震・火災・敵討・珍談奇聞などの実情を知らせるためのものとして、現地から各地に送付された読み物である。おそらく尾張諸桑村で発見された刳舟も珍談奇聞のひとつとして瓦版などに摺られ、その背景には見世物興行として世間に知られた事情がよくわかる資料である。松本が所蔵する瓦版などは5種（①～⑤）あり、また石井謙治が所蔵する摺ものは1種（⑥）がある。

①天保九戊戌閏四月　初六日尾州海東郡諸桑村ノ内字竹越と申所土中ヨリ出候　長拾五間　幅七尺程　厚サ不定凡七八寸　右ハ阿羅陀くり舟と人々言（刳舟図）

②楠の石ふね　金城日に映じて宮の海をてらし　銀河　月に横たはって星崎の浜をひたす　山鳥の尾張の国津しまちかき諸桑の里人すきかへす田の沖中より　いそのかみふるき世の舩をほりだせしか　そのさた遠近にかくれなく　ヤンレヤレカ丶はやうゆけ　ボンサンじ

—59—

やうさんチントカ丶リン　家さそひて見にゆきナサレ　ナントカ丶カ丶
ナントカ丶カ丶　と明けの鳥を待かねて　見物の群集山の如くなる
を　たはれてかくなん

　　　沓形のふねほり出して此宮の　むかしをしのふもろ鍬の里

　　　　　　　　　　　　　　　　　　　　　　　　　龍琴園弘音

　　　いつの世の舩かわかねと諸桑と　延喜の式にのせられし里

　　　　　　　　　　　　　　　　　　　　　　　　　龍画園弘良

　　　かみつ代の頃かもこ丶にうつもれて　もろくは朽ぬ楠のいはふね

　　　　　　　　　　　　　　　　　　　　　　　　　冠嶽洞扶基

　　　諸鍬の舩見の人のおしあいて　やれか丶ちんとこける畔みち

　　　　　　　　　　　　　　　　　　　　　　　　　蘭薫翁義祐

　　　　長拾三間弐尺程幅七尺有余　天保九閏四月　三清板

③諸桑丸　閏四月のはじめつかた尾張国海東郡諸桑村にて田をすきか
　へすにあやしき木のはし見えければやうやうと掘□てゆくにいと大
　きなる舩なりけり　其かたちもことやうにてめつらしくそおほゆる
　　此村佐屋街道の北にて津島の東にあたれりける　延喜式にも尾張
　国海部郡諸鍬神社とあればそのかみは海川なりけんも　いく千載と
　いふことはかりしるべからすなん
　あをうみの千尋のそこもいつの世に　うもれてか丶る里となりけむ

　　　　　　　　　　　　　　長拾□間弐尺幅七尺　吉野屋（印）板

④天保九戌年閏四月尾張国海東郡諸桑村にて図の如き舩をほり出せり
　　いと古き物とみえて楠の大木にてくり舩に作りたる也　丈長拾三
　間弐尺幅七尺有と云　はやくこ丶は延喜式に諸鍬神社とあれは其千
　載のむかし蒼海変してか丶る舩もうもれゐたるにこそ
　むらの名の諸鍬もちて掘いてし楠の岩ふねみるそくすしき
　此村ハ津島のひかし佐屋海道の北に当れり
　楠の文字ふたつにわれはみんなみに人の木へんとくるやくりふね

　　　　　　　　　　　　　　　　　　　　　　　　　三清板

⑤天保九戌年閏四月尾張国海東郡諸桑村にて図の如き船をほり出せり
　　いと古き物とみえて楠の大木にてくり舩に作りたる也　丈長拾三
　　間弐尺幅七尺有と云　はやくこ、は延喜式に諸鍬神社とあれは其千
　　載のむかし蒼海変してか、る舩もうもれゐたるにこそ
　　むらの名の諸鍬もちて掘いてし楠の岩ふねみるそくすしき
　　此村ハ津島のひかし佐屋海道の北に当れり
　　又この船を掘出せし跡より木像一体出顕せり
　　其形神か仏かわかち難し

三清板

⑥閏四月のはじめつかた尾張国海東郡諸桑村にて田をすきかへすにあ
　　やしき木のはし見えけれハやうやうと掘進てゆくにいと大きなる舩
　　なりけり　其かたちもことやうにてめつらしくそおほゆる　此村佐
　　屋街道の北にて津島の東にあたれりける　延喜式にも尾張国海部郡
　　諸鍬神社とあればそのかみハ海川なりけんも　いく千載といふこと
　　はかりしるべからすなん
　　あをうみの千尋のそこもいつの世に　うもれてか、る里となりけむ

長拾三間二尺幅七尺　吉野屋（印）

4　出土刳舟から見えるもの

　文献などから尾張諸桑村で発見され、掘り出された刳舟の状況や遺物な
どを推察してみたが、紹介してきた文献の内容については信憑性に問題が
ある。この尾張諸桑村の刳舟を実際に紹介したのは小田切忠近・岡田智・
野口道直・加藤昭豊らが1841（天保12）年に脱稿した『尾張名所図会』で
ある。その詳細な考証に加わった岡田・小田切らはのち1843（天保14）年
に『尾張志』[註12]を編纂することになるので、尾張諸桑村の刳舟の一件は知っ
ているはずである。ところがその内容については詳細を欠いている。1850（嘉
永3）年に成稿したと考えられる三好想山の『想山著聞奇集』は、内容から
推考して実際に実見して記述したものとしての資料的価値は高いが、想山
が読み物作者であったことから考えて詳細に事実関係を記述したとは考え

第1部　舟船の起源と歴史（概論）

難い。それでも刳舟の発掘状況や構造、掘り出された遺物の記録に関しては理解できよう。

　松本信広が推測するように「発掘した場所は水路のあとであるようで、もし河川のあととすると、時代の異なるものがおしながされいっしょに埋もれて発見される場合が多く、時代の判定がむずかしい」、そして「諸桑の舟の年代を鑑定するのに『尾張名所図会』の記事により、船中より古瓦古銭を見出し、附近からは木像のようなものを発掘したという事実から、この舟の年代はおそらく歴史時代の初期、奈良期から平安期のはじめにかけてのものではないかと推定」しているのは的を射ている。

　考古学研究にとって遺物がない状況でこの刳舟を考察することは不可能なことである。特に木製品である刳舟では自然科学分野の情報が不可欠ともなってきている。見てきたような文献から尾張諸桑村の刳舟の年代を推測することはかなり限定されるが、文献の細かい点でいえば出土遺物あるいは刳舟出土層位や漆書き銘文などの記録は手がかりを得ることになる。このことに加えて刳舟が出土した地点が旧河川の跡であったことや、諸桑村は『天保會記鈔本』(註13) に記されているように「近隣は、船匠の多き地也。かの船工共に聞くに、今度掘出せし物、船は船なれども大船の舟底なり。…昔は大樹多かりし故、1本の木の半分を彫て、如此作りたるならん」とあることから、この地域に造船所の多かったことや、そして掘り出された刳舟様のものは舟底に使う和舟船の航、すなわち舟底部であるかもしれないことなどから、諸桑村で出土した刳舟の年代は造舟船技術が発達した後世のものではないかという疑問がある。

　尾張諸桑村で出土した刳舟の木製断片（図10）が現存しており、その木製断片は6点が遺存している。鈴木家所蔵の4点（図①～④）と満成寺所蔵の2点（図⑤のみ）である。これらの木製断片については、放射性炭素年代測定法（炭素14）による年代同定測定(註14) が行われている。旧佐織町教育委員会が行った調査は、1992（平成4）年に（株）パリノ・サーヴュイ、学習院大学による第1次調査と、1993（平成5）年の名古屋大学年代測定資料研究センターによる第2次調査があり、いずれも「炭素14年代測定」の結果が得られている。調査結果は、調査に用いられた木製品の材質については

—62—

Ⅳ　いわゆる複材式刳舟について

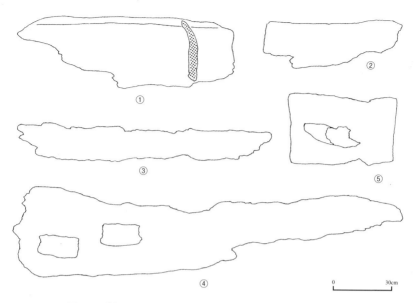

図10　愛知県海部郡佐織町諸桑に保管された舟材木製品略図

すべてがクス材であることが解った。木製断片のそれぞれの年代については、尾張諸桑村で発見された刳舟の年代が古墳時代末から奈良時代に相当するものとして相応しいかもしれない。あくまでも調査結果による木製品としての妥当性である。またこれらの木製品は7世紀～9世紀段階と考えられるものが多いが、この木製品が必ずしも刳舟の部材であるという確証はない。しかし『天保會記鈔本』や『松涛棹筆』[註15]が触れているように尾張諸桑村周辺が「船匠の多き地也。かの船工共に聞くに、今度掘出せし物」は後世の舟船の龍骨（航）材であった可能性があり、この地域には多くの舟船部材のあったことが想像される。従って今回の木製断片は文献で見てきた刳舟のように時期を遡るものとは言い切れない課題をのこしたことにもなるが、周辺地域での今後の調査でさらに刳舟が発見される可能性がのこされたともいえるのではないだろうか。紹介した文献に記載された多くの資料から尾張諸桑村で発見された刳舟は実際に実在した刳舟であり、研究史上、構造を伴う「複材式刳舟」であった点に残された研究課題が大きいといえる。

第 1 部　舟船の起源と歴史（概論）

〔註〕

1) 石井謙治「複材刳舟の考察—とくに閂式嵌接法に関して—」PP.245–261　稲・舟・祭刊行世話人編『稲・舟・祭』六興出版　1982 年
2) 松本信広「古代舟の発見」「三色旗」（慶應大学通信教育学部編）第 171 号　慶應義塾大学　1962 年
3) 清水潤三「日本古代の船」PP13–83『船（日本古代文化の探求）』社会思想社　1975 年
4) 大阪新聞「明治 11 年 8 月 3 日付」1878 年
5) E・S・モース（石川欽一訳）『日本その日その日 3』東洋文庫 179　平凡社　1971 年
6) 小野清『大坂城誌』復刻版　名著出版　1899 年
7) 逓信省管船局『日本海運図史』逓信省管船局　1904 年
8) 岡田啓・野口道直『尾張名所図会』前篇　尾張書肆　1841 年
9) 三好想山「刳抜舟掘出したる事」『想山著聞奇集』（1850）：柳田国男ら編『近世奇談全集』PP467–469　博文館　1903 年
10) 松本信広「古代舟の発見」『日本民族文化の起源』第 2 巻　講談社　1978 年
　松本信広が所蔵する瓦版などは 5 種（①～⑤）江坂輝彌教示。
11) 安達裕之『日本の船』和船編　船の科学館　1998 年
　石井謙治が所蔵する摺ものは 1 種（⑥）。
12) 深田正韶『尾張志』下巻　愛知県郷土資料刊行会　1979 年
13) 細野忠陳『天保會記鈔本』『名古屋叢書三編』第 13 巻　名古屋市教育委員会　1987 年
14) 石田泰弘「「諸桑の古船」小考」PP98–120『名古屋大学加速器質量分析計業績報告書（Ⅴ）』名古屋大学年代測定資料研究センター　1994 年
15) 奥村徳義『松涛棹筆』『名古屋叢書三編』第 9 巻　名古屋市教育委員会　1984 年

V 縫合舟（船）から準構造舟（船）へ

1 縫合舟船から

　日本の古代船舶史にヨーロッパ船舶史の研究をあてはめ、その発達過程を試みた先駆者は西村眞次であった。古代日本における船舶史がヨーロッパなど世界的な視野から問題解決を迫ろうとするには、実際、考古学的な検証やその遺物が必要であり、それはあまりにも少なく困難な課題である。西村は、日本のそれを『記紀』などの古文献の史料の中から古代日本の舟船の存在と発達過程を検証しようとしたのであったが、舟船に関する確実性のある立証には至らなかった。世界的に見ても船舶史の発達過程は、第1段階「浮き」、第2段階「筏」、第3段階「刳舟」、第4段階「皮船」、第5段階「縫合船」、第6段階「構造船」とみなす発達は否定されるものではなく、古代日本に「刳舟」以前の前史としての遺物などは見られず実証性を欠くという点は補えないが、舟船の発達過程の順序が変わるものではない。古代日本における「刳舟」の出発点は、大陸間の交易交流の中で位置づけられるものであって、人類史から見た時、日本列島では発達過程の事実を裏付ける資料が不足している。

　ここでは第5段階「縫合船」に触れて見ようと思うが、縫合船について西村は次のように述べている。「これは或材を植物性の物質その他で縫い合わせて造った船であって、この縫合船が、釘著した構造船、即ちビルト・アップ・シップに進化したのである」と述べたあと、西村の解釈は「第5の段階の縫ひ合せ船（Stitched Boata）といふのは、今日信州の野尻湖とか、琉球の糸満とかへ行くと、板と板とを合せる時に、両方へ穴を明けて縄で縫ふのである。此方法は、印度のサンチの彫刻にも残つて居り、古い形であると思ふ。アイヌのモチップといふ船はやはり板を縫ひ合せてある。シナの木の皮などで縫ひ合せてある。つまり釘着船になる前に、此縫合船の段階があつたと考へたいのである」そして「此縫合船は普通、皮船と同一段階に見られてゐるが、皮船は概して材料が脆弱であり、縫合船は構造船と同様

第1部　舟船の起源と歴史（概論）

堅硬な材料を用ひ、其形體も亦た大きい。たゞ接合の技術が異るだけである。構造船の根本要素は釘着の起る前に縫合が行はれたのであるがら、それを構造船に先行する一段階と考へてもよいので、特に一段階を設けたといふことである。」という。

　また上野喜一郎は『船の歴史』[註1] で「縫合船とは數箇の材料を縫ひ合せて造つた船の總稱である。初期の刳船は1本の樹幹を刳り抜いて造つた單材の刳船であるが、次第に船が發達して大形となり、又は大木が得られなくなつた等の理由から、二材又はそれ以上の材料を接合して造らねばならぬこととなつた。普通の刳船の兩舷側に板を取附け、刳船の間を綴縫ひしたものが現はれて縫合刳船といひ、複材の刳船であるが、又縫合船ともいへる譯である。縫合材料としては植物性のものが用ひられる。サバニ、琉球では昔から大木が無いので早くから造船材料の節約を考へて、サバニといふ船を用ひてゐる。これはスブネ又はクリブニとも言はれてゐる。琉球では船の造れる様な杉が非常に少い。暴風雨の時などに海岸に漂着した木材を見て造船に適するものは船に用ひたといはれる。決して流木を粗末にはしなかつた。それから山林の行政に意を用ひ、造船材料に對する植林をした記録がある。大きくなつても無暗に刳船に用ひることを禁止したといふ記録さへある。それから刳船を造るには大木を刳り抜く爲に大木を無駄にせねばならないので、材料の點で不利益となるを免れない。それでサバニが生れた譯である。この船は比較的小さい木を以て底の部分を刳船に造る。それは極めて淺いもので、その兩舷側に別の板綴ぢ附けてある。それでこの船をトヂ船・ハギ船ともいふが、よくその構造方法を表してゐる。上部に取附けた板は外向きに附け、中々輕快な形態をしてゐる。横に附ける板の下から段々に積み上げるので板の數が多くなり、また底の刳船も段々小さくなつて、昔の刳船の形は殆ど見られないものさへある。奄美大島ではこの種の船を板ツケといひ、構造は略同様である。南洋群島でも昔は大木があつて、軍舟といふ大形刳船も造られたが、今では次第に大木が得られなくなつて、船底の部分を刳船とし、その兩舷側に板を取附けたものが多くなつてゐる。」と述べた。

　そして伊藤亜人は世界的な視野に立って現存する民族的な舟船から分析

を行い「世界の船」^(註2)において縫合船は、「丸木船の舷側を高くすると同時に幅を広げて船全体を大型化するために、舷側板を永久的に固定した丸木船も多い。舷側板や船首材と植物性繊維で縫い合せて固定した所謂「縫合船」は、こうした板製の舷艢が二段三段と増えるに従い、次第に丸木船としての面影を失ってしまう。また大型木材資源の涸渇も縫合船や板張り船の普及と関係があろう。」と述べている。

　縫合船はこのように見てくると確かに刳舟を基礎として、積載量を増すために両舷側に板材を付加したことが考えられ、その接合に植物性、動物性の物質を紐状のものにして縫い合わせて構成し、造った舟船ということがいえよう。しかし第5段階に位置づけられる縫合船に関しては、舟船を造る技術の向上と無関係ではなく、技術の面からは刳舟であった部分が退化しながらそれが龍骨化し、肋材が未発達である代わりに横梁が舟船体の補強となっている例がそれにあたる。また第4段階で見られる「皮船」に関して見ると、龍骨が発達しており、それに肋材が組み合わされて構成する骨組みに、皮・板・植物質・樹皮などを張りあてた舟船も縫合船に組み入れられることになる。しかし縫合する板材を加工するには、木工器具である楔、鋸などによる製板技術の発達、とりわけ住居建材として利用する木板の普及が必要であり、舟船舶史の発達過程に大きな役割を負っている。縫合船の問題は準構造舟船の発達の中で見られる現象のひとつであり、その事例は知られつつある。

2　準構造舟船へ

　大阪府八尾市久宝寺遺跡から舟船構造の一部分が発見発掘されて以後、大型の刳り抜き舟底材が出土すると「準構造舟船」と称することが普遍的になった。確かに単材式刳舟とは違った構造を伴う舟船の出土例が多く見られるようになったことは事実である。だがこの「準構造舟船」と称している舟船に対して、いかなる舟船をもって「構造船」ではなく、「準構造舟船」と総称しているのか、現状では曖昧な名称の付け方を用いている。

　しかし「構造船」と称した場合、日本での造舟船技術が古代においてすでに確立していたとは考え難く、単純な刳り抜き材から木取りを複雑化す

第1部　舟船の起源と歴史（概論）

るだけの技術が、いつの時期に確立されたのかは問題がある。この「準構
造舟船」という呼称に対する考え方は、「構造船」とは舟船体部分に部材を
付加構成して容積を増し構造化した総称と考えている。舟船の発達過程か
ら見て、刳舟に部分的な付加を構成した舟船は「構造船」であるが、初歩
的な付加を伴う舟船をその前段階に当てて、特に「準構造舟船」と言って
いる。その「準構造舟船」とは、舟底部が刳り抜き材のままであり、舷側
部あるいは舟首尾に波除けの竪壁板などの部材を付加した舟船であり、そ
れらが初歩的な部材を付加した構造となるので「準構造舟船」と解釈して
いる。本来、一本の樹木の樹心部を刳り抜いて造った刳舟は、内深が浅い
ため舟船体の水中に没している部分の深さが浅く、それを補うために舷側
に部材を付加することになる。このような付加構造の舟船を「準構造舟船」
というのである。それに対して刳舟の本体を舟首尾方向の縦中心線に沿っ
て半截し、あるいは樹木から木取り整形材を用い、舟底部分にそれらと同
じ厚さの板材を挿入して舟幅を広げる方法がある。この場合、舟底両端部
分は樹木の木取り整形材によって作られた部材を用い、特に「オモキ」と
称する。「オモキ」とは舟底に挿入される板材（シキ・カワラなど）を挟む
左右底部両端に使用される部材であり、舟底のバランスをとるための重木
を構成する材であり、近世以後の「オモキ造り」と称する舟底部を構成す
る一部である。このような板材などの部材で構造的に構成した舟船は「構
造船」である。従って舟幅拡大方法の推論根拠となるが、古代においては
このような「カワラ・シキ」などの舟船構造の実例は確認されていない。「準
構造舟船」に対する定義が曖昧になっている現状はあるが、初歩的な付加
を伴う舟船をその前段階において、特に「準構造舟船」と称することは適
切であり、日本における造舟船技術から「構造船」とは、中世の絵巻など
から類推しても後世の木取り技術による「オモキ造り」を待たなければな
らなかったと考えられる。また厳密な意味での梁材、棚板造りも後世の技
術であり、稚拙な棚板と見られる梁材を伴った舟船は「準構造舟船」であ
ると考えている。

　これまでの「準構造舟船」について先学の呼称には、次のような考え方
や定義がある。以下に紹介してみよう。

Ⅴ　縫合舟（船）から準構造舟（船）へ

　石井謙治は、『日本の船』[註3]で「船底構造は単材乃至複材刳船と変りが
ないが、舷側に一段以上の棚を設けている点に、大きな相違がある。これ
は舷を高くして、耐波性や積載量の増大を計った船型であって、大陸系の
造船技術によったものであろう。…この型式は、従来の分類に従うと、棚
の結合法が縄などによる縫合せであれば縫合船に属し、釘着けであれば構
造船ということになる。しかし、これでは船体構造を主体とする分類法と
して不合理である。そこで結合法の如何にかかわらず、基本構造つまり船
底部が刳船的技術で構成され、その上に棚を結合する形式を過渡的な構造
船という意味で、準構造船」とし、「この頃（石井は5〜6世紀以後か）の船
はすべて刳船か刳船を主体とする準構造船であり、特に後者は舳・胴・艫
の三つに分割した刳船部材を接合して一つの船体を造りあげる構造である。
そのなかでも胴の部分は船体の大部分を占める最も重要な基本構成材であ
り、その平面および側面の形状はともに直線的で、ただ断面形状のみがほ
ぼ円弧状を呈して」おり、「複材刳船にみられる特異な前後継ぎの接合方式、
つまり船首尾線に対して直角(横)方向で接続するという方法は、今のとこ
ろ日本にしか存在しなかったもののようである。このような構造は船の大
形化に応じて考えられたものであり、次の段階にはこれに棚を設けて乾舷
を高くし、より以上の大形船へ発展して行った」と述べ、刳舟の舷側に板
を継ぎ足したものを構造船の前段として位置づけて「準構造船」と称した。
そして「船底の両側に刳抜きのオモキ（主材の意）を用い、その中間に平
らな船底材を結合させて両舷に棚を設けたものである。この構造こそ技術
史的にみて、準構造船の次に出現すべき必然性をもっているものといって
いい。つまり準構造船の刳船式船底材は、このように二分して、船幅を拡
げるよりほかに、船の大形化を計ることができなかったからである。この
構造ならば一千石はおろか二、三千石級の大船も可能なはずであり、恐ら
く初期の日本形構造船が、オモキ造りであったと想像して間違いない」と
して、刳り抜き材である「オモキ」を使用して板材のみで構築した木造船
を「構造船」と位置づけた。

　安達裕之は、『日本の船』[註4]の中で「複材刳船と準構造船はともに造船
史の用語です。複材刳船は複数の刳船部材を前後に継いだ船をいい、準構

—69—

第1部　舟船の起源と歴史（概論）

造船は構造船にいたる過渡的な構造の船の意味で、単材刳船もしくは複材刳船に舷側板を取りつけた船のこと」として、準構造舟船と棚板造舟船に分け、「棚板造りの船とは準構造船から発達した構造船をいい、幅の広い船体からそう見られなくもありませんが、船は長いため、往々にして前後に圧縮して描かれ…遅くとも一六世紀中期には準構造船の船底の刳船部材を板材に置きかえた棚板造りの船が出現していたことはまず間違いない…棚板造りは、航（瓦）と呼ぶ船底材に数枚の重ね継ぎし、多数の船梁で補強した船体構造です。棚板構造は根棚・中棚・上棚の三階造りと中棚を欠く二階造りが基本で、他に中棚が二枚の四階造りがあります。棚板同士あるいは棚板と航・船首材・船尾材との結合には通釘を用い、結合部には水止めとして内側から槙皮を打ち込みます。いかに長大で幅が広くとも、航や棚板などは何枚もの板を縫釘と鎹で接ぎ合わせれば簡単に作れます。…準構造船は、構造上、拡げられる幅に限度があるとして、準構造船と棚板造りの船の間に前棚板造りの船を想定する説があります。前棚板造りとは、船底部の刳船部材を分割してオモ木とし、間に平板の航を入れて船体の幅を拡げた構造のことです。この説は、材の形状ばかりでなく接ぎ方まで二転三転する複雑な過程をたどったことを意味します。つまり、船底部の刳船部材に棚板を重ね継ぐ準構造船から航にオモ木を接ぎ合わせる前棚板造りの船をへて、航に根棚を重ね継ぐ棚板造りの船が生まれるからです。しかし、刳船部材による船底部でも後代の航に匹敵する幅があるうえ、初期の航と根棚の結合法は準構造船時代の名残を色濃くとどめているので、棚板を寝かせて幅を広げ、刳船部材を板材の航に置き換えることによって準構造船から棚板造りの船が生まれたと考え…もとより、準構造船と棚板造りの船とは船底材の形状を異にするだけ」であり、「構造船」という用語は使用せずに「棚板造船」とし、オモ木を使用したものを「前棚板造り」、板材のみのものを「棚板造り」と称している。

　以上の考え方があるが、いずれも出土した考古学的見知から推し量られたとは見なし難く、またその出土例は知られていない。石井謙治は絵巻物などに描かれた舟船から分析し、安達裕之は近世和舟船構造から考察されたと思われる。古代の造舟船については大阪府八尾市久宝寺遺跡から舟船

Ⅴ　縫合舟（船）から準構造舟（船）へ

構造の一部分が発見発掘されて以後、構造に視点が向けられ古代舟船のイメージができあがっているが、それが古代造舟船技術として確立された舟船の代表ではない。準構造舟船について、これまで日本の刳舟から複材式に造舟船したとする技術の類型は、現在のところその影響を受けたと思われる地域的な技術は知られていない。古墳時代以後の複材接合技術に関しても枘穴によって接合する樹皮細工の構造技術が確認されるという見解があるが、そのような技術が「構造船」なのか現段階では見通せない。

〔註〕
1）上野喜一郎『船の歴史』羽田書店　1944 年
2）伊藤亜人「世界の船」『船（日本古代文化の探求）』社会思想社
　　1975 年
3）石井謙治『日本の船』創元選書 265　創元社　1957 年
4）安達裕之『日本の船』和船編　船の科学館　1998 年

VI クリークと剋舟

1 大阪湾沿岸の立地

　日本列島の四囲をめぐる海、そして陸地を流れる河川などは、古代から人類の生活、社会の発展に関わって水上交通路を形成し、物質の交易に大きな役割を果たしてきたといえる。また岸辺の地域は漁撈活動、製塩などの生業の重要な拠点であったに違いない。海辺沿いに点在した潟湖は舟船交通の海と陸を結ぶ接点である。そこには舟船の繋留、交易物質の積み降ろしに適した砂州が確保でき、自然地形の舟着き場（津）が形成され、海上と内陸部を結ぶ中継拠点として重要な役割を果たしてきたと考えられる。

　大阪湾は日本列島の中央に位置し、海と陸の接点であり、水上交通路の拠点であったことは考古資料からもたどれる。ここでは大阪の上町台地周辺の地形環境を概観しながら、古代難波や河内の潟湖を往来した舟船がどのような水路を利用したのか、剋舟や漁撈具が出土した遺跡をたどってみることにしよう。

　難波地域における旧石器時代から古墳時代の淀川、大和川水系の河川、河内平野の潟湖の海水淡水域、大阪湾の汀線を復元する研究は、梶山彦太郎・市原実の詳細な「大阪平野の発達史」(註1) などの研究によって河内平野の古地理の変遷が図示され、その地形環境は明らかにされている。

　いわゆる縄紋海進によって古河内平野と称した地域は縄紋時代前期前半に急激な海水面の上昇が見られ、東は生駒山麓、北は高槻市、南は八尾市あたりまで海水が浸入し、広い内湾を形成する河内湾となっていた。この周囲に点在する高槻市柱本遺跡、東大阪市鬼虎川遺跡、八尾市恩智遺跡などが認められ、河内湾に生息する魚貝類による漁撈活動が営まれていたことが知られる。

　縄紋時代前期末から中期には海水面は低下しはじめる。淀川の三角州の発達は著しく、上町台地北端に形成した砂州は天満から長柄まで幅広く発達 (註2) したのである。淀川主流は大阪市域に入るあたりに形成した砂州の

VI クリークと刳舟

ために方向転換し、右折して安威川に合流する流路と、左折して淀川水系をとる流路に分かれたと考えられている。こうして河内湾の入江は砂州によって堰き止められたが、湾の周囲にはこのころ集落の形成が始まっており、寝屋川市讃良川遺跡、東大阪市縄手遺跡、馬場川遺跡、山賀遺跡 (註3)、大阪市森の宮遺跡 (註4) などの新たな遺跡が出現した。このことは河内湾に豊富な魚貝類が生息していたことを窺わせる。特に森の宮遺跡からは河内湾における漁撈活動を裏付ける資料として石錘、骨角製釣針、刺突具などが出土し、また蔓を巻き付けた漁網に使用する大型石錘 (註5) が発見されており、湾や干潟における採集生活を知ることができる。

　縄紋時代晩期から弥生時代前期には入江は河内潟となっていた。それは淡水貝化石の検出から裏付けられているが、すでに上町台地北端にのびた砂州は発達し続け、大阪湾と河内湾を閉塞的にして、河内湾は湾から潟へと変化した。しかも河内平野における淡水域は、淀川、大和川の三角州の発達によってさらに範囲が狭められてきた。淡水化しはじめた潟には大阪市森の宮遺跡や東大阪市日下遺跡 (註6) において貝塚の形成が認められ、刳舟を使用した漁撈採集活動のあったことも遺跡から窺わせている。弥生時代になると上町台地にも集落が営まれるが、河内平野の低地湿原には水稲耕作の普及による集落遺跡が知られる。特に水稲耕作による食料生産から河内潟周辺、淀川、大和川流域の各所に多くの遺跡が確認され、また北端の長柄砂州上に弥生時代中期後半から崇禅寺遺跡や森小路遺跡にも集落が営まれた。河内湾周辺に連なる遺跡の多くに漁具としての刺突具の利用が見られ、また鬼虎川遺跡 (註7) からは刳舟に使用される櫂や、山賀遺跡では筌の発見が知られており、干潟周辺が漁撈採集の拠点であったことがわかる。

　弥生時代後期から古墳時代前期に相当するころ、河内潟は潟から湖へと、河内平野側の水域は完全な淡水湖に移りかわっている。天満・長柄から北端にのびる砂州は、平野側への海水の侵入を塞ぎ、しかも淡水域は淀川、古川、大和川水系などの三角州によって埋められ狭められていったことが調査によって示されている。また湖の水はほとんどの旧水路が閉塞されてしまったために北端の吹田砂州と天満・長柄砂州との間を流れる神崎川の水路から大阪湾に流出していたと推定されている。河内平野では高槻市安

—73—

第 1 部　舟船の起源と歴史（概論）

満遺跡、東大阪市瓜生堂遺跡、鬼虎川遺跡、八尾市亀井遺跡など生駒西麓
に集落単位の交易流通を掌握した集団が定住する一方、水路氾濫によって
集落が消長する大阪市森小路遺跡などが知られる。またこれらの遺跡から
出土した土器類の流通から見ても九州、山陰、山陽、東海などの地方の土
器だけではなく、朝鮮半島の土器なども運びこまれる交易が水運により、
より一層発展していたことが理解できよう。

　河内湖はこの後も河川の堆積が進み埋められていくが、近世まではまだ
深野池、新開池がその名残をとどめる河内平野があったが、旧水路である
淀川、古川、寝屋川、大和川、東除川、西除川などの河川は停滞する流水
が洪水となってたびかさなる水害をもたらした。河内湖と大阪湾との水路
は淀川の流路変化によって、天満・長柄砂州を破壊し、そして開削され、
大阪湾へ直接流れる新たな水路がのちの淀川支流に成長し、古代の文献史
料に記される難波の「堀江」として機能することになったと考えられる。

2　難波の津

　古代難波の上町台地西縁には南北にのびる難波砂堆があり、そこには大津
または御津と称された重要な津のあったことは知られている。地理的条件に
恵まれたことは述べるまでもないが、交通の要衝として重要な位置にあった。
文献史料からは、難波三津、桑津、猪甘津、祝津、あるいは木津[註8]などと
称した難波の津が点在し、国家的な港が繁栄し、しかも交易経済、外交活動
が活発に行われたと考えられる。

　ところで難波津の位置についてその定点を求めるために多くの見解が示さ
れてきた。吉田東伍[註9]、瀧川政次郎[註10]、天坊幸彦[註11]、山根徳太郎[註12]
ら先学の研究史が展開されたが、そのいずれも津の位置の断定は容易では
なかった。しかも今日なお難波津については、様々な考察が加えられている。
地名考証などから考察して汀線を復元し、大阪市中央区三津寺町付近とする
千田稔説[註13]や、難波の堀江を計画的に開削して淀川（天満川）付近のラグー
ンを利用した大阪市中央区高麗橋付近とする日下雅義説[註14]がそれである。
発掘調査では上町台地北端部に5世紀後半ころの大規模な倉庫群[註15]が発見
されていることや、高麗橋付近での発掘調査[註16]による成果からは難波津

Ⅵ　クリークと刳舟

との関係は無視できないものとなっている。名をとどめないが舟着き場としての機能を果たした津の存在があったことは考えられるが、その津を定説とするには至っていない。

　難波は広い意味でとると、現在の大阪市の中心部を占める地域である。いわゆる摂津国の南地域に位置し、東成・西成・百済・住吉の四郡をさして意味することが多い。ただそのうち住吉郡は、古代では住吉津として5世紀を中心にして栄えた時期があり、のち6世紀に入ると水上交通の要衝としての機能は難波津に移ったことが考えられ、もはや難波の津に含められる地域ではなかった。このように考えると摂津の南三郡の地を難波の範囲と考え、のちの『摂津志』西成郡の条には次のように記している。「海浜数郡の惣号、今は専ら本部を称す」とあり、近世では難波の範囲はその三郡に及ぶ地域であった。

　難波津は律令国家を代表する港湾として機能し、瀬戸内を通じて大陸からの文化・物資供給の窓口としての役割を果たした。それは取りも直さず上町台地北辺に造営された難波宮が難波津の存在を抜きにしては考えられないことを明らかに意味している。

　難波の津は砂堆層で形成されているため広い範囲にわたって河川が運河網のように形成したと考えられるが、舟船が入り込むような入江は難波堀江以外にはなかったであろう。そのためラグーン（註17）やクリークといった水路内を動くためには漕運舟のような平底舟が，荷物を積んで低地帯の津の瀬を行き来していたと考えられる。いわゆる「済」は明らかにこのような渡津をさして言ったのである。淀川、大和川、河内川が形成した洲を縫って河川・沿岸を漕運する水上交通路網を呈していたのだろう。そのような賑わいは『万葉集』に詠まれる次の歌からも窺える。

　　さ夜ふけて堀江漕ぐなる松浦船揖の音高し水脈早みかも（巻7-1143）

　　防人の堀江漕ぎ出る伊豆手舟揖取る間まく恋は繁けむ（巻20-4336）

　　天皇の遠き御代にも押し照る難波の国に天の下知らしめしきと今の

第1部　舟船の起源と歴史（概論）

緒に絶えず言ひつつ懸けまくもあやに畏し神ながら吾ご大君のうちな
びく春の初は八千種に花咲きにほひ山見れば見のともしく川見れば見
の清けく物ごとに栄ゆる時と見し給ひ明らめ給ひ敷きませる難波の宮
は聞し食す四方の国より献る貢の船は堀江より水脈引きしつつ朝凪ぎ
に楫引きのぼり夕潮に棹さし下りあぢ群の騒き競ひて浜に出でて海原
見れば白波の八重折るが上に海人小舟はららに浮きて大御食に仕へ奉
ると遠近に漁り釣りけりそきだくもおぎろなきかもこきばくもゆたけ
きかも此見ればうべし神代ゆ始めけらしも　（巻20-4360）

難波津に御船下すゑ八十楫貫き今は漕ぎぬと妹に告げこそ（巻20-4363）

　このように難波津に舟船の行きかう様が詠じられ、想像される。直木孝
次郎は津とは船泊まりできる港、船舶の碇泊場所^(註18)であったとし、河口
から水路に導き難波津に外洋船が碇泊、碇を下ろし、そこに漕運舟の平底
舟が荷を積み下ろし、人々を難波の館に迎えたところであった。難波津に
着いた大型船は碇泊し、漕運舟に乗り換えそのまま堀江を通って淀川を遡っ
て河内・山背へ航行したのであろう。漕運舟はそのまま川を遡ることは可
能であった。同様の風景は中国の広東省広州市が珠江の河口にあって何世
紀にもわたって形の変わらないサンパンやジャンクを使って、船荷を積み
下ろしする状景が見られたそれと同じである。
　難波津が栄えた最大の理由は、難波の堀江の開削にあった。開削の時期
を5世紀中期から6世紀初頭にかけてとする見解がある。難波堀江の開削に
ついて『記紀』は次のように伝えている。『日本書紀』仁徳天皇11年夏4月
戊寅条には「群臣に詔りして曰はく、今朕、是の国を視れば、郊も沢も広
く遠くして、田圃少く之し。且河の水横に逝れて、流末駛からず。いささ
かに霖雨に逢へば、海潮逆上りて、巷里船に乗り、道路亦泥になりぬ。故、
群臣、共に視て、横なる源を決りて海に通せて、逆流を塞ぎて田宅を全くせよ」
といい、『古事記』にも3年の課役を免じた説話を載せている。そして『日
本書紀』の仁徳天皇11年冬10月条には「宮の北の郊原を掘りて、南の水を
引きて西の海に入る。因りて其の水を号けて堀江と曰ふ」とあり、『古事記』

—76—

仁徳天皇条には「難波の堀江を掘りて海に通はし」と記している。これらの史料から難波の堀江は上町台地の北端を断ち切って掘り拡げ水路を通し、それが今日の天満川である大川、いわゆる淀川の下流域を指すことは定説となっている。『日本書紀』にいう「南の水」とは大和川水系であり、かつて淀川には大和川ほかいくつもの河川が上町台地東域で合流しており、「西の海」の大阪湾へ排水していたのである。『日本書紀』からは難波津に着いた舟船を堀江口で乗り継ぎ、堀江を利用して入り、淀川あるいは大和川を遡り、山背や河内、大和に通じる交通路を確立させていたことが窺える。

　『日本書紀』仁徳天皇30年秋9月乙卯条には「親ら大津に幸して、皇后の船を待ちたまふ。而して歌して日はく"難波人鈴船取らせ腰煩み　その船取らせ大御船取れ"時に皇后、大津に泊りたまはずして、更に引きて泝江りて、山背より廻りて倭に向でます」とあり、難波津の堀江に着いた舟船をひきながらそのまま淀川を遡って行ったことがこの歌から知られるが、このように航行できる難波の堀江の開削事業が実際に行われたのか、『記紀』の記載をそのまま信じてよいかは疑問である。政治上、交通上の要地であった点を考えると、5世紀後半あるいは6世紀初頭にこの開削事業 (註19) の企てのあったことを想定するのがもっとも妥当性が大きいが、大型船がそのまま遡ることはできなかったと考えられる。

3　難波津の風景

　古代の難波は津を中心にして発展したと考えられる。淀川、大和川水系の支流を集めて大阪湾に排水しており、河口には天満砂堆が続き入江に水路が形成された。おそらく上町台地北端付近河口に舟着き場（津）が各所に位置したと考えられる。堀江が開削され、潟湖と海が結ばれ、上町台地東縁に広がる河内の沿岸にも小さな津 (註20) が存在し発達していたはずである。舟着き場は外海に面した汀線付近ではなく、舟船の発着に利便な入江付近にあったと考えられる。

　中国南部の広東デルタを形成する珠江は多くの支流を派生させている。この水系は流れがゆるやかで航行に適しており、華南の重要な水運交通路をなし、河岸に沿う貿易港としての都市を発達させた。その河口に見られ

—77—

第1部　舟船の起源と歴史（概論）

る風景や、『清明上河図』[註21] に描かれている北宋の汴京府における西郊外の風景には、汴河が流れ、東西の黄河と南北の大運河の交点から宮都に通じる水路があり、河川には大小様々な舟船が浮かんでいる。大型船の帆をあげるもの、帆柱を倒して舟船を引くもの、舟船の形は積荷によって異なっている。砂堆に舟船が乗り上げ、荷を揚げるものなど水域での津を想起させる図絵が描かれている。その正確な表現は文献史料からも裏付けられ、今日も変わらない風景である。それと似たような水運風景が難波津に見られたのかも知れない。

　資料を通して難波地域周辺の古代水運の復原を描いてみたが想像の域はでない。そのような状況であったとしても時期的には古墳時代以後の難波であり、それより以前の水運を証明する資料は少ない。また大阪では縄紋時代に遡る刳舟の発見はないが、河内湾、潟の時代には舟船を利用しなければ出土しない土器の交易や流通のあったことは確認されている。また石錘や刺突具類の出土は刳舟を利用した漁撈活動のあったことを示している。

　これらの舟船が草香江の水域を航行していたことや、久宝寺遺跡の舟船は刳舟に構造を伴う過渡的な形態である準構造舟船であったことがわかる。また大阪市域で発見されている複材式と称される刳舟はこの準構造舟船に近いものであった可能性があり、復原を得る貴重な資料ともなるので後章で紹介しよう。

〔註〕

1) 梶山彦太郎・市原実「大阪平野の発達史─14C年代データからみた─」
　「地質学論集」第7号　日本地質学会　1972年
　梶山彦太郎・市原実「続大阪平野の発達史」古文物学研究会　1985年
　梶山彦太郎・市原実『大阪平野のおいたち』青木書店　1986年
2) 日下雅義「古代の大阪湾」「大阪春秋」第61号　大阪春秋社　1990年
　日下雅義『古代景観の復原』中央公論社　1991年
3) 大阪府教育委員会・大阪府文化財センター『山賀（その3）─近畿
　自動車道天理～吹田線建設に伴う埋蔵文化財発掘調査概要報告書』
　大阪府文化財センター　1984年
4) 難波宮趾顕彰会『森の宮遺跡第3・4次発掘調査報告書』難波宮址
　顕彰会　1978年
5) 大阪市文化財協会『大阪市中央区森の宮遺跡─中央労働総合庁舎新

Ⅵ　クリークと刳舟

　　営工事に伴う発掘調査報告書―Ⅱ』大阪市文化財協会　1996 年
6）藤井直正・都出比呂志『原始・古代の枚岡』第 2 部　東大阪考古学
　　研究会　1967 年
7）東大阪市文化財協会『西ノ辻遺跡第 27 次・鬼虎川遺跡第 32 次発掘
　　調査報告書』東大阪市文化財協会　1994 年
8）前田豊邦「古代の木津」「大阪の歴史」第 39 号　大阪市史編纂所
　　1993 年
9）吉田東伍『大日本地名辞書』富山房　1938 年
10）瀧川政次郎「難波における斉宮の祓所と大江殿」『日本古代史論叢』
　　吉川弘文館　1960 年
11）天坊幸彦『上代難波の歴史地理学的研究』大八州出版　1947 年
12）山根徳太郎「仁徳天皇高津宮の研究」『難波宮趾の研究』研究予察
　　第弐　難波宮址顕彰会　1958 年
13）千田稔『埋もれた港』学生社　1974 年
　　千田稔『古代日本の歴史地理学的研究』岩波書店　1991 年
14）日下雅義「摂河泉における古代の港と背後の交通路について」「古
　　代学研究」第 107 号　古代学研究会　1985 年
15）大阪市文化財協会『難波宮趾の研究』第 9　大阪市文化財協会
　　1992 年
16）松井久之「東区島町発見の奈良三彩小壺をめぐって」「葦火」第 10
　　号　大阪市文化財協会　1987 年
　　田中清美「東区高麗橋 1 丁目出土の韓式系土器」「葦火」第 17 号
　　大阪市文化財協会　1988 年
17）日下雅義『平野は語る』大巧社　1998 年
18）直木孝次郎「難波の柏の渡りについて」「郵政考古紀要」第 13 号
　　第 22 冊　大阪・郵政考古学会　1988 年
19）日下雅義「摂河泉における古代の港と背後の交通路について」「古
　　代学研究」第 107 号　1985 年
20）木原克司「古代難波地域周辺の景観復原に関する諸問題」「大阪の
　　歴史」第 48 号　1996 年
21）「清院本」張擇端作　清朝乾隆元年写本絹本着色　台北故宮博物院蔵

第2部　研究史と各地の研究成果（各論）

Ⅶ 舟（船）発掘とその成果・研究史

　研究や発掘調査の成果から古代難波の大阪湾、河内湾・潟湖、河川や支流などの水域の地形環境を概観したが、この地形を利用した水上交通機関といえば舟船である。発掘調査の資料から得られた日本で最古の刳舟は、千葉県加茂遺跡、福井県鳥浜貝塚などから出土した刳舟があるが、その上限は縄紋時代前期以前には遡らない。近年特に港湾、湖沼における発見例が増えており、その技術や構造において復元する上で貴重な資料が得られている。

　大阪市内における刳舟、また河内平野周辺での発見例が知られている。発見された刳舟（図11）はいずれも古墳時代後期から歴史時代にかけての刳舟が主であり、いずれも放棄、あるいは自然災害のために埋没したものと考えている。海上や河川を航行する方法のひとつに舟船を利用しており、上町台地周辺の沿岸部から発見されていることは、古代難波の地形環境を知る手がかりともなる。またその造舟船技術は一見かなり進歩した手法をもっており、出土した刳舟は、それらの材質がクス・スギ材を自由に用いており、大型の複材式刳舟としている点が注目される。

1 大阪市内における刳舟

（1）東成区大今里遺跡

　大阪市東成区大今里遺跡出土の刳舟（図12）は、大阪市域の東部に位置し、隣接する城東区、生野区とともに上町台地が緩く傾斜する東縁低地に開かれている。この低地は現在の河内平野の一部を形成するが、縄紋海進にあっては海水が侵入して、河内湾の海域となっており、のち淀川、大和川の沖積作用などによる海退現象によって河内潟になり、大和川支流の平野川の流路沿いに低地を形成し、陸地化した地域である。

　1963（昭和38）年8月、大今里本町1丁目、当時の市電「今里」停留所西北200m地点で大阪市下水道工事による現場から、1艘の刳舟と見られる遺

Ⅶ 舟(船)発掘とその成果・研究史

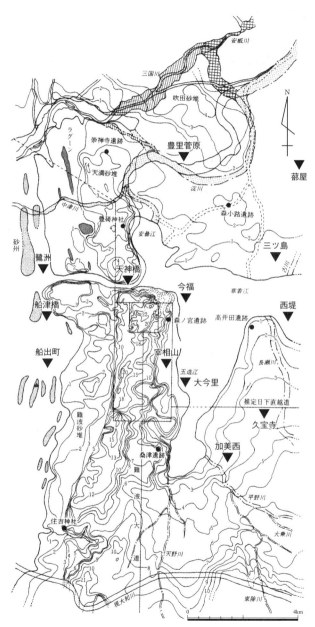

図11 難波地域の刳舟(▼)出土推定地(木原克司「古代宮都と周辺景観の保全」所収図改変)

第 2 部　研究史と各地の研究成果（各論）

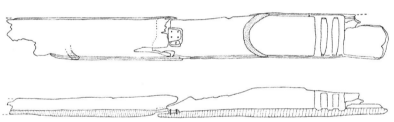

図 12　大阪市東成区大今里遺跡出土刳舟（上．全景（松木哲撮影）、下．実測図）

物が発見された。当時の『大阪新聞』（註1）によれば、「奈良朝の「丸木船」全長一二メートル、東大阪の工事場で発見、東大阪の下水工事現場から奈良朝時代のものと推定される丸木船を発掘。全長約一二メートルもある大きなもので、ほとんど原型を保っており、我国では非常に貴重なものとして話題を呼んでいる。発掘された場所は大阪東成区大今里本町一先大阪市土木局の下水管敷設工事現場。一週間ほど前に地下約二メートルのところで発見、作業中の生野区猪飼野中一、藤本組の土工の手で一二日夕刻になって発掘を終えた。一三日朝府教委社会社会教育課藤沢一夫氏、大阪学大鳥越助教授らが調査したところ一しょに発掘されたといわれる土器や敷物などが土工によって捨て去られていたため正確には断定できないが、大体約

—84—

Ⅶ　舟（船）発掘とその成果・研究史

千二百年前の奈良朝時代のものとわかった。全体の約三分の一が工事のク
イ打ち作業で切断し、埋没したままだが、発掘された部分は長さ九メートル、
幅一・一メートル、高さ九〇糎、楠の丸木船で全長一二メートルと推定さ
れ舷側のふち板、とものはり板などもそのままでほとんど完全な形をして
いた。大阪では大正以来丸木船は七そう発掘されており大阪城に保管され
ていたが、戦時中に被爆して今では一そうもなく、またこんなに完全なも
のは珍しいといわれ、近く調査の終了をまって大阪城天守閣に保存される
ことになった。大阪府教委社会教育課藤沢一夫氏の話、このような立派な
丸木船は珍しい。一しょに出てきた土器のカケラでも残っていればもっと
正確にいえるのだが大体奈良朝期のものとみて差し支えない。」と紹介され、
出土した刳舟は遺存長10.21m、幅1.14mを測り、舷側上縁に棚を釘付けした
痕跡をのこしている。

　梶山彦太郎の報文[註2]によれば、この木製遺物が出土した層は、「独木舟
出土層の上下に接する各層位」が見られ、出土遺物は「粘土層の上と下の
二層に分離して現れ、且、その数の上から見ても、下の層からは土師器お
よび須恵器が相当数」出土したと報じられている。また遺物の元位置は下
層砂層部に接し、遺物が粘土層下層に埋没していたことは、この遺物の時
期を考える上で重要な点である。しかし、この刳舟がどのような状態で埋
没したのかが不明な段階で、層位から見て判断することには躊躇される。
この遺物が仮に二次的な方法で付設されたと考えると、出土層位に疑問が
生じる。しかも報文によれば、この場所は「堆積當時可成りの早さの水流」
であり、「粘土の上半部には水辺植物の根や茎が、生育当時のままのような
状態でかなり認められた」ということは、流路はかなり激しかったことを
物語っており、土器類も上流から流され堆積したことが考えられる。むし
ろここに何らかの施設として、この構造物を付設した可能性がある。その
理由として報文にも述べられているように「舟をつなぐのに用いたであろ
うと思われる杭が、まだ残されていた」という。この木杭によって固定さ
れていた可能性がある。この刳舟用の遺物は沈没したのではなく、埋設さ
れたものであり、発見時の木杭は固定するためのものであることは明らか
であり、その後、河川から運ばれる土砂によって「粘土層の堆積年代だけ遡っ

—85—

た時代までの堆積層」に埋没していたのであろう。

　このように検証してみると、この木製遺物は何かに供用されたことは明らかである。そこで知られる興味深い伝承がある。大阪市平野区加美正覚寺の旭神社に『橘嶋庄両社縁起』が伝えられており、この縁起には平野川から加美地区に引き入れられる橘樋の「樋祭」について記されている。この「樋祭」は、木樋の前に祭壇が設けられ、五穀豊穣を祈るため、毎年正月11日、村長を中心に人々が集まり祭祀行事が行われていたというものである。旧大和川河川の大今里あたりでも、木樋を設置して用水を引き入れる「樋祭」の設備があったことは考えられよう。大今里出土刳舟と伝承されてきた木製遺物は、寝屋川市周辺で出土する刳舟転用材の井戸枠などと比較するとかなり加工痕が少ない。内部や舷側の加工痕が少なく、刳舟として造舟船されていたものを後世になって他の施設に転用したことが考えられる。

(2) 福島区船津橋遺跡

　大阪市福島区船津橋遺跡から2艘の刳舟が出土 (註3) している。1艘は全長6.32mのラワン材の刳舟（図13）である。両舷の内縁に6個ずつの舟梁があり、それぞれ貫通しており、帆柱の固定施設と考えられる。材質からポリネシア地域の刳舟とわかる。他は全長6.42mのクス材の刳舟である。いずれも現在の安治川河岸に位置し、後者のものは河川が大阪湾に流出する砂堆に埋没していたと考えられる。松本信広は「上代独木舟の考察」の報文に

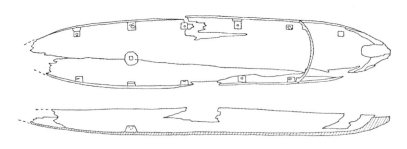

図13　大阪市福島区安治川上通発見刳舟実測図

VII 舟（船）発掘とその成果・研究史

おいて大阪市福島区内から出土した2艘の刳舟について紹介している。その1艘は松本報告第4号の安治川船津橋付近より出土したとみられる刳舟で「長さ六米四二、幅一米二七、クスで単材式の独木舟」であるという。次の報告は第9号の下福島上通において発見採集されたといわれる刳舟で、松本は「特殊な構造を伴ふ刳舟」であると述べ、これがラワン材の刳舟である。

安治川は大阪湾に注ぐ最下流部、江戸時代の貞享元年、河村瑞賢が幕命により淀川の治水対策として、河口付近にあった九条島に新川を掘り削って流路としたところである。また近代に至るまで治水開港工事が進められてきた地域である。安治川は多くの舟船が昼夜往来する大阪港の港湾区域であり、架橋は水運阻害となるため困難であった。その船津橋は、元禄年間の後期以降に架けられたと考えられている。近代的な架橋は1914（大正3）年以後、大阪市電西野田線の開通のために新たに架橋したのは1916（大正5）年のことであった。大阪中央卸売市場の開設が1931（昭和6）年であり、まだこのころは安治川護岸工事儘ならぬ時期だったと考えられる。

刳舟が発見された場所は船津橋を中心とする北岸であり、明治33年から昭和50年まで「下福島」という町名を称した地域だが、現在は「福島・玉川・野田」の町名に分かれている。その発見推定位置については船津橋付近とあるので、今日の「玉川2丁目」付近にあたる。

安治川は、河内低地の水害を防ぐために、低地の村々が幕府に請願していた大和川の付替えだけではなく、大和川が合流する淀川下流部を改修し、疎通をよくすることにより解決を求めようとした川であった。その結果は『摂津名所図会』に見られるように、安治川河口から大阪へ入津する舟船で賑わっていた様子は知られる。

この河口が開削される以前は、洪水の原因となる土砂の堆積が相当な量であったことは、開削の土砂で大阪湾の天保山などが造山できるほどであったことからもわかる。これらの土砂の多くは河内低地から運ばれたものであるが、発見されたと言われる刳舟は、古代からこの地に埋没していたものと考えるよりは、上流から流された土砂とともに堆積し埋もれたものであり、近代の護岸工事によって発見されたと見られる。『摂津名所図会』には、「洪水の時逆流止まって戎島・衢壤島・市岡新田・泉尾新田等の田園大いに

—87—

壁けて民庶安堵す」とあり、江戸時代以後に新田として開けた地域からこの剞舟の発見があったのだろう。

その剞舟は、石井謙治が述べるように完形ではなかったため詳細なことはわからない。その全長は6.42mと比較的大きく、もし松本信広が述べるように鉄釘の使用が見られたのであれば、単材式ではなく複材式であった可能性も十分に考えられる。全体的に細長い割竹型を想像させるものであるが、時期的に考えるならば古墳時代以降のものと考えられる。写真、資料のない今となっては、資料としてあつかいにくいが文献等の引用を含めて、実際に発見されたものと見ている。

もう1艘の下福島上通りで発見された剞舟は報告されている。この剞舟はポリネシア、ミクロネシア地域のものであることを疑う余地はない。1868（明治元）年に開港した大阪港は、第二次大戦後も川幅を拡幅するなど船舶の往来の激しい港湾区域であった。当然、外国からの船舶も多く出入していたはずである。このようなことから海流に乗って太平洋を漂流することもあるが、この剞舟が漂流してきたということは考えられない。むしろ外洋船が利用したものか搬送してきたものをこの地にのこしたと見られる。また土中から発見されたとあるが、それほど時間の経過があった状況とは見られず、工事中に掘り起こしたものを放置してあったと考えられる。現剞舟の観察からも材質に腐蝕のあとはほとんど見られない。

また構造上の検討について、清水潤三が述べるように幅が広い割には深さが浅く、薄手な造りである。両舷側の内縁に6ヶ所ずつ、舟船体の傾斜にあわせて一辺10〜12cmの方形造り出しが二段に整形され、下一段には径5cmの貫通孔を舟船体に添い斜めに穿っている。かなり精巧で各6ヶ所ともほとんど同じ大きさに整えている。また舟船体中央部より僅かにずれて八角形の造り出しが見られる。一辺10cm、直径23cm、高さ10cm、中央の帆柱受けと見られる径7cmの孔が穿たれている。この剞舟にはこれ以上の工作設備は見られない。

この舟底の突起は帆柱受けとしては小さすぎるかもしれないが、やはり帆柱と見るのが妥当であろう。ポリネシア地域の剞舟は大型のものは別として小型のものでもアウトリガー型式で帆を張って走らせる剞舟を用いて

おり、深さが浅い刳舟の中心部にある柄穿は、やはり帆柱受けと考えて良いであろう。それを裏付けるのが、両舷の内縁に取り付いている貫通孔の工作である。この貫通孔は櫂を固定するためにつくられた舷側穿ではない。むしろ帆柱を固定するために張られる支索をつなぐ綱を通すためのものであり、静索と呼ばれる綱穿である。あるいは舷側板を重ねるための工作物とも考えられるが適切ではない。この発見された刳舟を観察すると、中央部を低くしているのは漕ぐために全体を安定させるためであり、舟首と舟尾が欠失しているので不明だが、舵はなかったであろう。舟尾で櫂を動かす方法で舵をとっており、舟船体の中心部に順風の時だけ使う四角の横帆を用い、これをかけるために動かせる帆柱が1本必要であり、この底部の脚部で固定し使用したものである。このように構造上から見ても少なくとも19世紀、刳舟の工作部分などから見ても時代を遡ることはない。

　福島区内で発見された2艘の刳舟について、安治川船津橋付近（現福島区玉川2丁目付近）発見の刳舟は、上流より流され埋没した刳舟であったと見られる。また安治川上通（現・福島区野田1丁目付近）発見の刳舟は時期的にも新しいものであり、日本の刳舟を考察する上では決定的な資料とはいえない。

(3) 城東区今福西遺跡

　1917（大正6）年に大阪府東成郡鯰江町大字今福（現・城東区今福西1丁目）付近で発見された刳舟（図14）は、「従前に例のない程大きなもので、吾々船舶の建造並びに操縦の歴史的段階を研究してゐるものに取っては、非常なる利益と興味を齎らした。此の遺物の発見は、単に船舶の過去を知るのに重大な事柄」と西村眞次は述べており、西村の報告[注4] から当時の状況を紹介すると、事の発端は新淀川の開削につれて諸河川の水位が変わり、そのひとつに鯰江川に設けた水閘の調整が滞ったため、明治41年に掘り下げて水閘の改築を行ったのである。鯰江川は上町台地東縁、大和川水系の支流にあたる付近に位置している。過去に「地下約15尺の辺で、打ち込む杭に触ったものがある。掘ってみると、木材であったので、杭の下になる部分を2個所切り取って工事を終えた」が、さらに「大正6（1917）年5月20

第2部　研究史と各地の研究成果（各論）

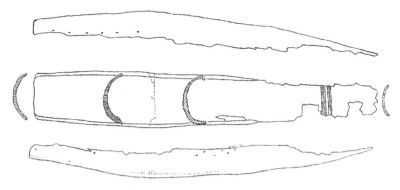

図14　大阪市城東区今福西遺跡出土刳舟実測図

日に至って、掘り下げた地中から埋まった一個の五輪形石碑が見え、その付近から多数の慶長式煙管や、古銭が発掘せられ、また高麗青磁と見らるゝ磁器の底部の破片も発見せられた。これ等の出たのは町の道路面から約10尺の深さの処であった。工事が進んで約15尺も掘り下げたのは、翌月の7日であったが、その日巨きな木材の一端が見え始めた。不思議なことに思ひ尚ほも掘り続けると、それは一隻の古船で、前回（明治41年）の水閘改築工事の際に切り取ったものである」ことがわかったと報じている。

この舟船体は鯰江町長筧半兵衞らの判断で発掘した後、京都帝国大学の小川琢治、濱田耕作、梅原末治らが調査し、諸新聞に報道された。その後、西村眞次が再度調査したのである。その結果、舟船体の規模について、全長43尺9寸（13.3m）、広さ（幅）の舳部3尺2寸（96.9cm）、中央部5尺5寸（166.6cm）、艫部4尺9寸（148.4cm）、深さの舳部（殆んど深さを有ってゐないから数字を略する）、中央部2尺2寸（66.6cm）、艫部1尺9寸（57.5cm）、厚さ最厚（綴合部）8寸（24.2cm）、普通5寸（15.1cm）、最薄2寸（6cm）を測っている。

今福西遺跡出土の刳舟の特徴は、二材継ぎの複材式刳舟である。クス材を用いた舟状の型式を持っているが、舟船とする加工が貧弱である。「後部材は前部材の下になり、両材は鉄釘を以て釘着せられてゐる。材の厚さは2寸乃至5寸であるが、接合部に於いては特に厚く割り残され、最厚8寸に余ってゐる。接合に釘を用ゐたことは遺物でそれと知れるが、後部材は約3寸も

—90—

高く盛り上ってゐて、一見接ぎ方が甚だ拙劣なように思われる。」とあり、二材継ぎの接続部は「印籠継ぎ」の手法を用いるが「前部材と後部材とが11寸余の長さだけ」しかなく、10mを越える舟船の接合部が僅か33cmしかないことは耐久性がないと解される。しかし「発掘当初、其処には厚さ約3寸、幅6寸の板が三枚纏着せられて、両材の接ぎ目を平滑にしてゐた。併しその補材は既に失われ」ている。接合部の継ぎ目に厚さ9cm、幅18cmの板材が貼り込んであったというが、それでも接合部の耐久性はすくないのではないだろうか。また接合部には「前後部両材の重なり合った間には、ぎっしりと填絮がつめられてあった。マキハダは檜類の皮から造られ」たものが詰められていたと報告されている。

　この舟船の接合部品については、木釘と鉄釘の使用が見られる。木釘は楔形をした角2×1.5cm、長さ8.4cmの楔である。そのサハラ材とはヒノキに似た樹木であり、本州、四国、九州の山地亜高山帯に自生する常緑針葉樹で日本固有種であり、樹高は20〜30m、直径1mに達する。鉄釘は4種あり、平釘・鎹・縫釘・打釘である。「船体の舷側及び艫部には鉄釘を打った痕跡が無数にあり、またその実物も少なからず残存してゐる」とあり、鉄釘をかなり多用している。舷側板の出土はないが、刳舟の側縁部に接合釘痕跡がある。このことから刳舟の年代は、出土層位などを含めて奈良時代前期、古墳時代末期と推定し、鯰江川あるいは湖沼で用いられた舟船と結論している。

(4) その他の市内発見の刳舟

　大阪市東淀川区豊里菅原遺跡から発見された刳舟は、複材式の構造をのこす特徴がある。推定全長10m（遺存長4.50m）、幅99cmを測るスギ材の刳舟である。接合遺存部の固着方法は鉄釘を用いており、注目されるのは左右の舷側に棚板の残片が遺存していたという。構造上において準構造舟船であった可能性がある。上町台地北東端で出土している。

　大阪市北区菅原町天神橋遺跡からは、全長7.75m、幅38cmを測る刳舟がある。大川改修の際、天神橋北岸で出土しており、開削された難波の堀江との位置関係にある。

　大阪市平野区加美西遺跡で発見された刳舟は遺存長1.16mを掘り出してお

り、平野川の支流が渋川に抜ける位置にあたる。

　大阪市天王寺区真田山の宰相山遺跡では、遺存長4.06m、幅70cmを測るクス材の刳舟を発見しているが、研究者の見解は刳舟には否定的である。上町台地東縁に位置する。

　大阪市福島区鷺州遺跡（現・北区大淀中）からは二度の発掘により、全長11.70m、幅1.77mを測る長大なクス材の刳舟を発見している。単材式としては大きすぎ、複材式の可能性がある。出土地は上町台地北西端に位置する。

　大阪市浪速区難波中の船出町遺跡から発見された難波鼬川の刳舟は、前後二材のクス材を継ぐ複材式であり、長さ11.50m、幅1.20m、深さ55cmの長大な刳舟である。特に興味深い点は接合部にある。1.72mの重なりと、縦材、横梁の締木によって固着する技術が認められる。また吃水域を高めるために舷側縁に細工のあったことも認められるが、補助材にマキハダがあったか否かは疑問をのこしている。いずれにしても一木の半截二材を継いだ刳舟である。また発見された位置が大阪湾側、上町台地西縁であり、河川支流である河内川が木津川に流入する付近で出土し、御津との位置関係に近接している。この鼬川出土刳舟については後章で詳述しよう。

2　大阪府下における刳舟

(1) 門真市三ツ島遺跡

　大阪府門真市三ツ島遺跡から未造舟（図15）らしいケヤキ材の二股刳舟の発見がある。この地域は、古くから低湿地帯らしく、明治以後、蓮根が栽培されることでも有名である。しかしどの程度の低湿地であったかは不明であるが、『門真町史』によれば、「もとは水嶋、即ち水中の島の意で、それが御嶋となり、さらに三ッ島と呼ぶ様になったらしい。もと三ッ島村一ヶ村が三個の島から成立したとは考えられない。（中略）もと三ッ島村と寺井村、永野村を合わせて下四ヶの内、水島庄と称したことがあるが、この意味ではもと三つの島であったかも知れない」と手がかりはない。さらに江戸時代の貝原益軒の『諸国巡り』には「湖に似たり、其中に島あり…三ッ島に漁家あり」とあって、このあたりが湖沼の状態であったことが知られる。

Ⅶ 舟（船）発掘とその成果・研究史

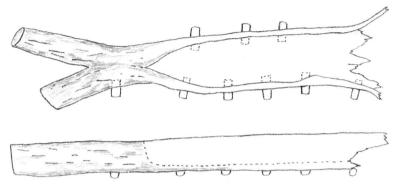

図15 大坂府門真市三ツ島遺跡出土未造舟略図

　三ツ島遺跡は、現在の府道深野南寺方大阪線と市道大和田茨田線の交差点から東部に位置する。この地は地盤の軟弱な田圃であったというが、古くからこの木製品の存在が折りに触れて語られていたといい、1962（昭和37）年に工場建設がきっかけとなってこの伝承的な刳舟を発掘するに至った。発掘調査は、中田幸信、江谷寛と大阪市立博物館らで行われ、出土遺物は大阪市立博物館に搬入された。

　報告[註5]では「刳舟とは断定できないが、先端で枝分かれした長大な大木で、内部は刳舟状を呈している。全長17米、刳抜状部は長さ11.5米、外径1.5〜1.3米、内径1〜0.5米、刳り抜き状部の高さ80〜90糎、底部厚10〜15糎、側厚20〜10糎である。材質は三木（茂）教授によると、「ケヤキ」らしい。なお樹皮はなく、刳り抜き状態は自然腐蝕か、人工的か速断できない。断面から見ると人工的のようにも考えられる。枕木状のもの。何れも両端が丸くハム形を呈している。材質は三木教授によると「ナラ属」に属するものが多いらしい。全部で11個検出されたが、これらは上記の大木を安定させるために両側にかませてあった。土器片。弥生式土器の深鉢と推定できる。…器面には内外面とも、「すす」が付着しており、器体は黒灰色を呈している。」という。

　以上のことから推察できることは、この巨木は単なる木製品ではなく、人間の技術によって加工されている途中であり、何に加工していたのか速

第2部　研究史と各地の研究成果（各論）

断はできない。しかし概観すると刳舟に用いる段階であったかも知れない
が、導水用樋であったことも考えられる。とにかく巨木の下部には、11ヶ
所にわたって小木材（枕木）が差し込んであったことからも、加工中であっ
たのは明らかであろう。

　また発掘調査の報告には触れられていないが、巨木内部は火の使用痕跡
を示す黒褐色を呈しており、明らかに巨木を刳り抜く状態であったことは
確かである。ところがそれに伴う道具類、例えば石器等の出土は見られない。
また伴出する遺物も、弥生土器が僅かにあるだけで、このことを理由に弥
生時代にまで遡らせることはできない。

　樹種鑑定からはケヤキ材と判定しており、花粉分析から推定できること
は弥生時代中期あるいは後期に位置づけられる。このことは出土土器が弥
生土器と一致していて示唆的である。ところがケヤキ材を舟船に使用して
いる例は、これまでにはなく『古事記』『日本書紀』あるいは『風土記』に
記載のある樹種はスギあるいはクス材が多く、発掘刳舟の多くもクス材を
利用している。これまでの経緯を文献から考察すると、8世紀に書かれた『古
事記』『日本書紀』『風土記』に記載される舟船の中には、『古事記』垂仁紀
中巻「尾張の相津に在る二俣榲を二俣小舟に作りて、持ち上りて来て、倭
の市師池、軽池に浮かべて、其の御子を率いて遊びき」は、二股に分かれ
ているスギ材をそのまま刳舟に造って大和の池に浮かべたとある。また『日
本書紀』履中紀3年11月冬条「両枝船を磐余市磯池に浮べたまふ」にも同様
の伝承が見える。『日本書紀』仁徳紀62年5月条にも「大きなる樹有りて…
本は霊にして末は両なり」とあって、そのあと二俣の舟船を造ったという。
このように「両枝船」あるいは「二俣小舟」の記載のあることは注目すべ
きことである。

　いずれにしても巨木を用いて刳り抜いていることから刳舟と見做したいが、
未造舟船としての刳り材であったために出土している刳舟例や文献に残る「舟
船」に類似しない点があり、刳舟であることが疑問視される資料である。

(2)　八尾市萱振遺跡

　八尾市萱振遺跡出土の刳舟 (註6) は、1982（昭和57）年に発見されていたが、

—94—

Ⅶ 舟 (船) 発掘とその成果・研究史

のち大阪府立八尾北高校校舎建設に伴って1983年6〜11月にかけて発掘調査された遺跡である。

調査の結果からこの遺跡は、弥生時代中期から古墳時代・奈良時代・鎌倉・室町時代にまたがる複合遺跡であったことが知られている。なかでも奈良時代の遺構には、掘立柱建物群10棟以上の規模をもつ集落が確認され、刳舟の発見はその中心に掘られた井戸枠に使用されていたものである。

この遺跡の地理的状況は、河内平野に位置する古楠根川の河川の左岸部に形成されたことが知られ、遺跡内には弥生時代後期から引きつづいた自然流路の検出が見られ、その大溝に利用していた刳舟を転用した資料と見られる。発見された刳舟の層位は奈良時代の住居跡群である。その刳舟を井戸枠に転用した遺構は、建物群の中央部で検出されている。発見された状況は、掘方が一辺約3m、深さは約2mの三段掘りになった井戸であり、その中心に井戸枠を据えている。井戸枠に転用された刳舟は、中央部を人為的に切断したものであったが、おそらく1艘の刳舟の主体部を半折し、それを二枚合わせにしたものである。検出された部材は、約1.40mであり、刳舟全体を示す部材を発見するに至っていない。

この部材の樹種はスギ材を用いている。刳舟は、その舟船体の幅が約1.40m、高さ50cm、厚さ10cmを測る。特に舷側には仕口の穴が5ヶ所にわたって穿ってあることが知られた。このような舷側板の工作は、棚と舷側板を組み合わせる準構造舟船であったことが考えられる。また舟底部はかなり箱形を呈した平底であることから川舟であったことが推定できるので、おそらく古楠根川や流路での水運に利用されたものであろう。また井戸枠に転用されていた部材から判断は難しいが、推定全長約10m前後と考えられている。

出土遺構は奈良時代の遺構ではあったが、下層からは古墳時代初期（庄内期）の遺構が確認されており、弥生時代後期からの大きな自然流路などから考えあわせると、転用された刳舟は古墳時代に廃棄したものを再利用したのではないかと考えられる。特にこの付近は古墳時代を中心とする大集落が形成されており、かなり有力な豪族が支配していたことが古墳の築造からもうかがわれるからである。

—95—

（3） 八尾市久宝寺遺跡

　八尾市久宝寺遺跡から出土した舟船は、大和川が形成した沖積地に立地し、河内潟湖周辺に点在する遺跡とともに、典型的な低湿地から先端部分の舟船部材がまとまって出土[註7]した。準構造舟船と見られる舟船が出土したのは、地表下2.5mの古墳時代前期（庄内期）の遺構からである。出土した舟船は先端部約2mあたりを鋼製矢板で切断されたものの、刳り込み状態の遺存が極めて良好な状態である。舟船は舳先より約3mの部分で人為的に切断されており、舟尾については発見されていないが、舟首材の付属部分となる波除けの豎壁板が舟船上に横たわり、出土した部材は、明らかに断定できる舟底部、舷側板、豎壁板に相当する部材である。

　準構造舟船は、人為的に掘り込んだと考えられる古墳時代前期の遺構にあり、舟船の出土層位は庄内期と考えられ、より新しい布留期の溝がその上層にあって、その溝内から多量の土器の出土があった。舟船の出土位置は、その南東から北西方向の大溝をさらに東に分岐した溝、幅0.9～1.5m、深さ0.4mに付設していた状況にあったと見られる。

　準構造舟船の出土状況を詳細に見ると、舟船体の周りを6本の杭で固定しており、舳先部分に舷側板の一部分と見られる板材が掛けられた状態にあり、さらに舟船体中央部を覆った豎壁板が溝に架けられる状態で出土している。出土した舟船材の樹種はスギ材である。

　刳り抜かれた舟底部は、一材が直径1.3mを超える大樹を半截したと見られ、その現存の長さは約3m、幅（最大長）約1.24m、高さ（最高長）約42cmの先端部と舟船体部の一部にあたる。先端部舳先部分は上面が二等辺三角形状、断面はU字形を呈しており、上面中央には先端から舟船体刳り抜き部分まで8cm幅の溝渠路が真っ直ぐに彫り込まれている。その溝渠路先端には舟船体手前に向けて、11×8cmの傾斜させた長方形柄穴が、上面から下面方向に垂直に貫通孔が見られる。さらにこの貫通孔に対して側面から直交する状態で水平に5×2cmの柄穴が貫通している。舳先にあたる先端部には、舟船体中心軸と直交する状態で幅13cmの柄溝を前方向に傾斜させて彫り込んでいる。この柄溝を境にして舟船体部が約10cm高く、それに対して先端部は

低く削っており、この枘溝に豎壁板の下端部突起両辺が挿着する部分にあたる。

　この部分に挿着されたと見られる豎壁板は盾形を呈しており、中央部分が全体に凹んでおり、長さ1.73m、最大幅70cm、最小幅45cmの部材である。下端部両突起は先端部枘溝と挿着するが、両側縁に舷側板が装着されたと見られる幅3cm、深さ2.5cm、長さ1.02m、一方95cmの枘溝が彫り込まれている。

　舷側板に使用されたと見られる板材は、幅21cm、長さ1.21m、厚さ2cmで2ヶ所に枘穴が穿たれている。

　舟船体部は刳り抜きが先端部の豎壁板間際まで彫り込まれており、比較的浅い皿状の刳り抜きである。刳り抜きは整った杅形であり、後半の舟船体部刳り抜きへと続く。舟船体部側縁の上方側面には、約8×3cmの長方形の枘穴が、40～50cmの間隔で各4ヶ所ずつ穿ってある。側面に穿たれた枘穴は左右対称ではなく、側縁部は約3cmの外側が凹む片溝L字状になっており、舷側板との装着辺が段違いになっていたことが考えられる、また枘穴に樹皮等を用いて充填するマキハダ痕跡が認められる。

　これらの舟船材は、これまで出土しているいわゆる単純な刳舟でなく、「船」と言える準構造舟船であったことが推定できる。興味深い点は、和泉市菩提池西遺跡出土埴輪や大阪市長原遺跡出土埴輪の舟形と非常に酷似していることである。

　舟船材の多くは舳先部分であったが、その複雑な構造は埴輪から類推すると、上部構造の手がかりが得られるものがあり、全体長もおおよその対比から12mはあったであろうと推定できる。さらに造舟船技術の面から考えても複材式に各々の部材を用いて接合するという準構造舟船以上のものであったと考えられ、日本の造船史にとっても新たな発見であった。

(4) 貝塚市脇浜2丁目遺跡

　貝塚市脇浜2丁目遺跡は、奈良時代の僧行基がひらいたといわれる神前船息と称される地域である。この遺跡から刳舟の舟船体の出土は発見されていないが、舟尾の付属品である部材と考えられる柁材とともに製塩土器などが発見されている。従ってこの付近が、港としての役割を果たしていた

第2部 研究史と各地の研究成果（各論）

ことは十分に考えられる地域である。

　発見された柁材の出土層位は古墳時代後期に比定されている。遺跡から出土したこの舟船材は木製の柁材と確認されているが、柁材の出土はこれまで発見例がほとんど知られていない。というのも刳舟で使用する推進具の多くは櫓や櫂であり、それも小型舟が主体である。従って刳舟には柁はつけていないものが多い。柁を考える場合、やはり準構造舟船以上の大型船に使用される場合が多く、この場合もおそらく準構造舟船であろうことがうかがわれる。

　この出土した部材の樹種はマツ材か、あるいはスギ材と考えられている。柁材は、高さ50cm、幅20cm、厚さ2cmの板状である。板材の上端部約20cmまでに2〜5cmの切れ込みを入れており、おそらくこの部分に軸材を組み込んだ可能性がある。特にこの柁材には、2ヶ所に柄穴約2cmがあけられている。しかもその柄にはサクラ樹皮材のマキハダが遺存しており、このことから軸心を組み込むための柄穴を樹皮によって結び固定した部材であろうと考えられる。

(5) その他の府下発見の刳舟

　大東市八ヶ新田遺跡で発見（1971年）された大木がある。八ヶ新田は新開地の真ん中にあり、八ヶ湖といわれていた。鎌倉時代、集落の形成はないが、池に浮かぶ島々を耕作し、生計を営んでいた地である。江戸時代、宝永年間に至って大和川が付け替えられ、排水路を整備し、耕作地が開墾されたが、北河内特有の擂鉢池底や洪水の記録がある。このような環境から刳舟の存在が伝えられ、1971（昭和46）年の区画整理によって調査の結果、大木が出土した。樹種はハリギリ材、直径70cm、長さ15mを測り、樹齢200年の丸太材である。遺物の出土はなく、洪水によって流出し埋没したものである。刳舟ではないが、付近の中垣内遺跡水場遺構を考える上で材木を集積する木場が考えられる。

　東大阪市西堤遺跡から出土した推定8mのクス材の単材式刳舟がある。下水道工事中に地表下約5mの粘土層中から発見（1968年）された。西堤はかつての日下江の水辺にあたり、古代には漁撈と水運に従事した江首が蟠踞

Ⅶ　舟（船）発掘とその成果・研究史

したところであり、江の厨といわれ、広大な宮室領御厨が置かれていた。
江戸時代までは池が残っていた地域である。刳舟の全体は不明、また舳先
も工事中に破損した。遺存長6.5m、舳先部分1.3mのクス材を使用していた。
舟船端には角釘の痕跡があり、艫部両側に円形の孔が穿ってあり、櫓櫂の
使用があったと見ている。

　茨木市東奈良遺跡から出土（1974年）した刳舟は3艘分、1艘は遺存長2m
のクス材であり、鰹節型と推定する。堆積層からは庄内期の土器が伴出し、
弥生時代後期と見られる。元茨木川の支流と推定される溝肩部から2艘分の
舟棺葬が発見されており、方形周溝墓の木棺として転用していた。刳舟を
半折して舳艫を交互に組み合わせ、木口を設けるなどの細工が見られる。
それぞれの刳舟は同一時期に大溝で使用されていたもので、全長4mと推定
している。

〔註〕
1) 大阪新聞　昭和30年8月15日付（第4829号）　1955年
2) 梶山彦太郎「史迹と美術」第259号　史迹美術同攷会　1956年
3) 外山三郎「埋没刳舟材クス（1400年以上）の顕微化学的研究」「日
　本林學會誌」第18巻第10号　日本林業学会　1936年
4) 西村眞次「今福発掘の刳舟調査報告」「造船協会雑纂」第12号　造
　船協会　1917年
5) 大阪市立博物館「門真町三ッ島遺跡発掘調査概報」「館報」第2号
　1963年
6) 大阪府教育委員会『萱振遺跡―府立八尾北高等学校建設に伴う八尾
　市萱振町7丁目所在萱振遺跡発掘調査報告―』（報告第39輯）　1992
　年
7) 大阪文化財センター『久宝寺南（その2)―久宝寺・加美遺跡の調査―』
　1987年

Ⅷ 大阪市浪速区の難波鼬川出土刳舟

1 E・S・モースが見た刳舟

(1) 発見の状況

　難波鼬川から出土の刳舟は、運河開削工事に伴って発見したものである。難波鼬川は、大阪市浪速区内を流れていた河川である。江戸時代享保年間、並河誠所が編集した『摂津志』に「本名は河内川、天王寺荒陵より南流し、木津難波の間を歴れ木津川に達す」とあって鼬川を河内川と称していたことが解る。『摂津志』には続けて延暦年間に和気清麻呂が水路の開削事業にあてた堀川跡とも記している。

　『続日本紀』延暦7年3月16日条には大規模な治水計画を企てたことを記している。すでに中宮大夫・民部大輔・摂津大夫を兼ねていた和気清麻呂は上奏して述べる。「河内　摂津の両国の堺に、川を掘り堤を築き、荒陵の南より、河内川を導きて、西のかた海に通ぜむ。然らばすなわち沃壤ますます広くして、以て墾闢すべし。」とあり、「荒陵の南」すなわち四天王寺の南東部に推定される地域であり、今日では河堀、堀越、大堀などの地名をとどめる位置に堀を開き、西成郡木津・難波村の間を流れる河内川（大和川水系）に継いで大阪湾に排水する大規模な治水工事を始めようとするものであった。この計画の有効性を律令政府も認めたのであろう。「清麻呂を遣はして其の事を勾当せしめ、まさに須く単功廿三万余人に糧を給ひて事に従はしむべし。」とあって、莫大な経費を認め、和気清麻呂を責任者にして23万人もの労働力を費す決定を下した。四天王寺南辺を通過して河内川に継ぐ計画のあったことは違いないと推定できるが、『日本後紀』　延暦18年2月21日条の「和気朝臣清麻呂薨卒伝」には「清麻呂、摂津大夫として河内川を、鑿ち、直ちに西海に通じ、水害を除かんと擬す。費すところ巨多にして、功遂に成らず。」と、「費すところ巨多」であったことを記して、計画は中途で挫折した。地形からは部分的に実施された可能性があると見

Ⅷ　大阪市浪速区の難波鼬川出土刳舟

られるが、どの程度まで進められたのであろう。治水に本格的に対処しようとする姿勢は認められたが、8世紀段階では、難波の堀江開削以上に上町台地南端を横断する土木開削技術に困難と懐疑性のあったことが想像される。

　木津鼬川のことは、暁鐘成が編纂した『摂津名所図会』にも考証されている。「木津村にあり。天王寺伽藍建立の時、良材ここに着しける津なるによってこの名あり。その時多くの鼬出でて、海より運送の川を掘りけるによってなづく。願泉寺の縁起にも見えたり。その証詳らかならず。」とあり、自然の流路であったのかはわからない。

　この地域は確かに地形的には堀越社の南端で凹地が存在し、その西方は茶臼山の河底池にあたる。南東部には『摂津名所図会大成』にいう「東の出を河堀口といふ、今ハすべて此辺を河堀口とよべり」と河堀社から大道にかけてゆるやかな傾斜が続き広く浅い谷状の窪地と見て差し支えない。後世、奈良街道沿いの道はそれを示している。地質的に河堀、大道あたりから河川が流入していたと考えられ、平野川に注ぐ支流が流入していたのかもしれない。結果的にはこの開削事業は未完成に終わった。

　これら近世の史料とはいえ、和気清麻呂による計画が上町台地東域の大和川水系下流のたびかさなる決壊洪水の防止のためと、地域の安定と開発を計る企てであったことは裏付けられる。難波堀江の土砂の堆積と江口付近の砂堆の形成は東域での洪水を引き起こしており、難波の地形の特質を把握して行われた開削計画であったことは評価できる出来事である。近世の史料はいずれも地形的に考証し、大阪市阿倍野区の河堀口、天王寺の河堀、堀越、河底池、浪速区の鼬川を結ぶ地域を伝承推定してきたところであった。

　鼬川は上町台地西麓の四天王寺荒陵あたりを上流にして木津川に注ぐ水路であったことは『摂津志』から知られたが、実際の地理から言えば大阪市浪速区敷津東1丁目付近から西流して、木津川2丁目で木津川に流入していた河川である。木津川との合流点には元禄12年に水路の障害となっていた難波島を堀割してできた月正島があった。近世、享保（18年）年間に、道頓堀川大黒橋下から幕府の米蔵であった難波御蔵を結ぶ新水路・難波入堀川（難波新川）が結ばれたが、その後も鼬川は用・排水路として利用に任せたままであった。ところがこの河川を水上交通の利便をはかるために、

第2部　研究史と各地の研究成果（各論）

明治期から大正期にかけて開削がはじめられた。それは明治12年にまず難波入堀川と鼬川間、次いで明治31年には高津入堀川と鼬川間の開削工事が完成し、水運と灌漑に際立った効果をもたらしたといわれている。

当時の新聞報道からその様子を窺ってみると、明治11年3月24日付の『大阪日報』には、「〇兼て噂のありし高津入堀より難波いたち川へ堀割の義ハいよいよ今度小野彌左衛門、江上為助、豊嶋喜右衛門の三氏より自費にて着手せんと出願したりと是ハ近頃の大土工に付き定めて有用の効を為さん委しくハ追々」とあって村の有志数名が発起人となり、しかも自費で開削工事をはじめたことが知られる。そして明治11年5月2日付の『大阪新聞』には、「〇第六大区一小区鼬川開堀の測量もいよいよ一昨日相済ましたから来る六日より着手とのこと」とあり、開削前の測量計画が具体的に終了して、土木工事の開始を報じるほど期待の大きかったことが窺える。ところがこの開削工事を始めたものの容易には進展しなかったようである。明治11年6月30日付の『大阪日報』には、「〇難波村堀割ハ懲役人のみを使役せられ捗らぬので近傍の人民一統連印にて近日早く落成する様にと嘆願する由若し聞届になれバ各村より人夫を出して助力すると云ふ」と全体計画で示された開削事業が人夫等の不足で工事が捗らなかったのである。さほど急務な事業とも思えないのだが、近年にない大事業であったことと水上交通の利便性に期待がかけられていた。周辺住民の嘆願書まで提出される背景には、労役が専門職でない者を使役して進展しなかったことが原因だったと思われる。地質学的条件から言っても、難波砂堆層 (註1) を形成する沖積層からなる沿岸域での工事そのものに手間どったとは思えないからである。従って工事を急ぐだけの現場の状況は、地理的な問題ではなく住民の期待と労役に問題があったのだろう。

こうして多くの労働力を得て開削工事がはじまったものの、開削堀割から予想もしなかった出来事が続いた。それは堀割から伴出した遺物があったことを報じており、明治11年7月2日付『大阪日報』に次のようにある。「〇難波村新川堀止より鼬川への堀割ハ先頃より着手になり居りしが昨今幽霊橋西南向ひを掘と船や色々奇珍なる物を掘り出し中に一丈二尺計りの物と掘出しよく吟味するに楠を掘抜たる船にて此の端を少し削るに楠の香紛々

—102—

Ⅷ 大阪市浪速区の難波鼬川出土刳舟

として鼻を穿つが探古者の説に二千有余年前の物ならんと何分奇妙な物な
る由」と難波御蔵の北側にあった遊連橋の西南側から刳舟を掘り出したこ
とを述べている。刳舟は難波村と今宮村の境、新聞にいう幽霊橋とは橋の
たもとで幽霊が出るという噂が立ってそう呼ばれたが、明治になって架け
かえられた。橋の名は遊連橋(註2)といい、その付近にあたる字牛ヶ口から
出土した。伴出した遺物の多いことは知られるが何であったかは不明であ
る。しかしこの段階で刳舟らしいことはわかったようだが、僅か3.6mを掘
り出したところであり、全体の様子は具体的には詳らなかったようである。
また舟船の端を削ってみるとクス木特有の香りがあったと鑑定している。
そして刳舟の処分をせずにさらに刳舟の掘り出しを行ったことが報じられた。
明治11年7月11日付の『大阪日報』には、その後報として既報よりさらに詳
しく考古学的な検分に立って所見している。「〇兼て記載せし難波米庫西手
新川開鑿の折から掘當りし木船ハ一昨日知事君其他二三名出張ありて見分
ありしに全く掘抜船にて長サ二間半計りにて櫨樹に相違なく上代の物なれ
ば本日よりいよいよ掘出に着手なりたり又同所の南手より掘出したる土器
ハ赤色にして古代の食器と思はれけるに何分轆轤もなき時の手製なるの形
奇にして三千年前の物ならんと云ふ人もありて府庁第二課へ出したりと云ふ」
とあり、監督官庁である大阪府は、7月9日に知事をはじめとして数人の現
場視察を行った。この段階では僅か4.5mまで掘り進んだままであったが、
刳舟材の樹木の香りが鼻をつくほどであったのか、クス樹をハゼ樹とまで
誤報している。また刳舟の南辺はどの位置にあたるかは不明だが、赤色の
土器が出土したとある。轆轤痕跡が見られない形式の土器のようであり、
弥生土器か土師器に推定される遺物が伴出したのだろう。このような事例は、
周知の遺跡として難波駅構内遺跡(註3)、敷津遺跡(註4)などが知られている。
大阪湾汀線沿いの遺跡についてはまだその実態がよく把握できていない。
いずれの遺跡とも海岸に接した位置であることは理解できるが、陸地に接
した遺跡なのか海岸に寄せられた遺物溜まりであったのか、判断に困難な
点もある。出土遺物の特色としては弥生時代以後の土器類であることには
違いない。

　このように古代の刳舟であることが判明したので視察後、その調査を府

第 2 部　研究史と各地の研究成果（各論）

庁第二課に所管を委ねている。ただ府庁第二課がどのような職制であった
のか、当時、道路河川関係の所轄は「土木課」であったようだが、あるい
は古文化財をあつかう部署であったのかもしれない。剋舟の発見が報じら
れて約1ヶ月、全貌が掘り出された。明治11年8月3日付の『大阪新聞』は、
「○難波の堀割から掘出した彼古船の一昨々日いよいよ全体を掘出しました
が長さ七間二尺幅五尺五寸釘はチッとも用いてありません」と報じており、
7月31日には剋舟の全体の様子が明らかとなった。長さ13.3m、幅は1.7mを
測り、それには釘が全く使用されていなかった。

　剋舟は全体を発掘することができた。そしてその後、明治8年11月に開場
していた本町橋詰町の旧庁舎の跡地を利用した大阪博物場に運びこまれた
が、運搬された月日は不詳である。おそらく開削工事の進捗状況から見て、
時間的には早速に移されたものと考えられる。こうして剋舟は多くの人々
の目に触れられることとなった。

(2)　E・S・モースは見た

　1879（明治12）年6月、E・S・モースは、九州地方の調査旅行を終えた帰
路、関西にたち寄っている。彼は神戸や奈良、京都にしばしば足を運び、
伝統文化を具に観察している。その時の滞在記である『日本その日その日』
[註5] には、京都から来阪、そのころの大阪は「虎疫が大流行」していたと記
している。こうして大阪では大阪城や四天王寺の石の鳥居など目につくも
のを記している。彼が参観して描いたスケッチには大阪城の城壁石垣があり、
なかでも次の記載と描かれたスケッチは、剋舟研究にとっては貴重な資料
となった。「大阪では、天産物と製造物との展覧会が開かれつつあり、各種
の物品で一杯だった。日本人の特性は、米国と欧州とから取り入れた非常
に多数の装置に見られた。ある国民が、ある装置の便利さと有効さとを直
ちに識別するのみならず、その採用と製造とに取りかかる能力は、彼等が
長期にわたる文明を持っていた証例である。これを行い得るのは、只文明
の程度の高い人々だけで、未開人や野蛮人には不可能である。この展覧会
には、大阪付近で発掘した舟の残部が出ていた。保存された部分は、長さ
三十五フィート、幅四フィート半、深さ二フィートである。それは相鉤接

Ⅷ 大阪市浪速区の難波鼬川出土刳舟

した三つの部分から出来ていたが、その二部分を接合させる棒が通りぬける為の横匣線が残るように、木材が舟底で細工してあった。大分ひどく腐蝕していて、その構造の細部は鑑識が困難であった。それは千年以前のものとされていた。現在でも鹿児島湾で二つの部分に分かれた舟を見受けるのは、不思議である。」とあって、モースが訪ねた「展覧会」場とは、1875（明治8）年に開場していた大阪博物場のことであろう。彼の滞在記には、その刳舟が鼬川発見の刳舟（図16）であることは記されていないが、観察スケッチした刳舟と彼が大阪に訪問した時期から見て誤りはない。

彼は、大阪付近で発掘された刳舟であることを述べており、その刳舟は1878（明治11）年8月に完掘された鼬川の刳舟に違いないことを明らかにしている。またそれを実見し計測したのである。刳舟の長さは10.7m、幅1.4m、深さ0.6mであることから鼬川の刳舟である。さらに興味深い点はモースが研究者として見過ごさなかった刳舟の構造についてであった。これは先に

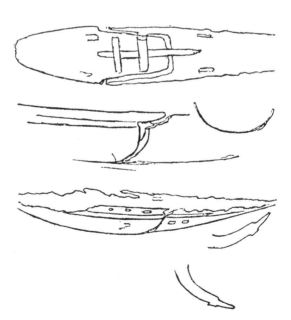

図16 E・S・モース『日本その日その日』に描く難波
鼬川出土刳舟

第2部　研究史と各地の研究成果（各論）

紹介した新聞報道では明らかにされなかったことであり、彼はそれを三材継ぎの刳舟と看做し、二材を接合させる部分は明らかに遺存しており、その構造をスケッチと報文で明らかにしたのであった。

　さて彼のスケッチは5葉からなる。上方から見た刳舟内構造、側面中央全体構造、舷側全体と断面2葉の分解図によってかなり詳細に描いており理解できる。

　第1葉は上部から見た全体図を舳先部分を省略して艫（あるいは中央部分かもしれないが）から接続部分を中心に描いている。接合部分にもっとも重点をおき、左部材が右部材に重なるが、左の舟底は内側に削り、右の舟底部がそれと合わさるように細工して重ねたと判断できる。そして2本の横梁と1本の縦通材、これは底部に位置させることによって固着して堅牢に造られたことがわかる。二材の重なりは下部に刳り込みがあったと判断され、上部左側の刳材がそれに重なり合う状態であったことを示している。さらにその前後二材継ぎになる刳舟の横梁と縦通材以外に梁をうけるとみられる4ヶ所の柄穴、あるいは凹みのあったことを示している。これは梁材がここに嵌まってあったのかは不詳であるが、おそらく別の梁の存在があったことがわかる。縦通材は接合部を押さえており、さらに遺存する2本の横梁が強度を高めるために通して、前後左右のズレを防止して強度を高めていたことが窺える。臆測の域はでないが、2本の横梁、失われた横梁、縦通材にも柄を切り込む細工があり、ズレをなくす工夫があったのであろう。

　第2葉は接合部分の中央を詳細に外側面から観察している。艫（左）からの舟船材と舳（右）の舟船材との重なりに注目している。左からの舟船材が内側で重なる部分を表現している。だが右部材からの底部が下部で重なる表現はしていない。それよりも舷側外側の段の表現、上縁部が薄くなっていることを記したのか、また左部材の上縁が右にのび、右部材の舷縁にのると見られることが知られる。またその部分が弓型に彎曲している横断面が描かれている。おそらく一材の刳り抜きであることを示している。

　第3葉は刳舟の全体図を描く鳥瞰図である。舳、艫にあたる部分は完全には描いていない。しかし全体的には掘り出されたままを展示していた状態が窺える。これまで多くの文献がそうであったように実際の刳舟が不明となっ

Ⅷ　大阪市浪速区の難波鼬川出土刳舟

た時点以後、研究史の多くが同一図版の間接的な引用から共通した見解を
とり、定説化してきたからである。彼が描く側面には必要以上の注意深い
スケッチが見られる。舟底の接合付近外側（右）には、第1葉で見た梁材を
通す柄穴であろうか、ここには2ヶ所が記される。また同一部分の艫部（左）
の方には柄穴が1ヶ所描かれている。そして舷側面中央は凸帯になっていた
のだろうか、舷側の外側に僅かな段差をつけており、その舷側上部にはさ
らに柄穴3ヶ所が描かれる。この上部の柄穴によって前後の接合のためだけ
ではなく、舷側にタナ板の設置のあったことが想像される。舟船体上線の3ヶ
所の柄と舷縁外側の張り出し、下縁の2ヶ所の柄、僅かに左下縁の1ヶ所の
柄が接合部を明らかに表現している。手前から反対舷側の上部の腐蝕した
状況も描いている。

　第4葉は舷側断面と見られる。彼はその部分の特徴を詳しく描こうとした
ことが窺われる。第5葉も下向きであるが舷側断面であろう。舷側の外側の
僅かな凸帯が気になったのであろうか、内側の上縁部も薄く縁取っている
状況がわかる。あるいは刳舟が複合に継がれただけではなく、舷側内側の
段にはタナ板が取り付けられた柄に気づいたものであろうか。刳舟に対し
て執拗以上の興味を示しており、精緻なスケッチには新鮮さが見られる。
鼬川の刳舟は、前後の継ぎをもつ「印籠継ぎ」という方法を用いていたこ
とがわかる。モースの描いたスケッチから接合部の横梁は2本以上、おそら
く4本の横梁のあったことが窺われる。さらに舷側上縁を薄くとり接合部に
合わせる細工が見られた。また舷側上縁の3ヶ所の柄からタナ板の存在が考
えられ、僅かなスケッチではあるが簡素な技法と思われた刳舟は、細やか
な木材加工が施されていたことが読み取れる。

　1879（明治12）年6月、モースは実際に発掘された刳舟を実見したが、そ
れは発掘から1年に満たない時期である。この刳舟にとっては運命的な出来
事であった。工事を急ぐばかりに、もし全体を発掘せずに失っていたとし
たらこの刳舟の研究はなかったであろう。まして大阪ではこの後、数艘の
刳舟の発見が相次ぎ、従ってこれが学術研究に与えた影響は大きいといえ
るであろう。この鼬川出土の刳舟に示した関心は、モースがただ実見した
ということだけではなく、見落としがちな部分を精緻なスケッチと報文で

—107—

第 2 部　研究史と各地の研究成果（各論）

記録していたことに意義があり、驚嘆は隠せない。

　艪川と難波入堀川との開削工事は1878（明治11）年5月にはじまり、翌1879年6月に完成した。さらに高津入堀川と艪川の開削も、1896（明治29）年にはじまり1898年に結ばれたが、水上交通路としては役目を果たさなかった。また用・排水路としても用をなさず悪水が滞り、1939（昭和14）年から1940年には大半が埋め立てられ、僅かに残った芦原橋下流付近の堀割も1958（昭和33）年までには埋め立てられた。

　剳舟が出土した場所は、1897（明治30）年ころは西成郡今宮村牛ヶ口の字地であったが、1900（明治33）年に実施された町名改称の節、剳舟の出土地にちなんで「船出町」と名付けられ親しまれてきた。その町名も1980（昭和55）年には「難波中」に改称され、僅か顕彰碑だけが剳舟出土地の名を留めている。

2　難波艪川出土剳舟の再検討

　戦前、大阪で発見された剳舟のそれらは、1875（明治8）年開場された大阪博物場 (註6) に集めて展示し、一般公開されていたが、1914（大正3）年、その府立博物場（改称）の諸施設は解体され、剳舟は大阪城内に移管された。そして1944（昭和19）年から1945（昭和20）年にわたる大阪空襲によって大阪城にあった剳舟はその戦火をあびることになった。大阪城は爆弾の命中こそ危うく免れたものの、城外にあった剳舟などの展示品は散乱し、整備保存もままならず廃材と化し、逸散亡失してしまった。それらは貴重な古代の剳舟資料であっただけに惜しまれる。今となっては残された文献でしか辿ることができないが、当時の剳舟資料の多くは十分な調査がなされなかったため、文献資料においてすら正確な情報を得ることは不可能である。

　艪川出土の剳舟については、1899（明治32）年発行の小野清編になる『大坂城誌』、1909（明治42）年発行の通信省管船局編になる『日本海運図史』などが著わされた。それは発掘されて30年後のそれぞれにおいて当時としてはかなり詳しい報告をのこしたが、今日から見ればいずれも正確性に欠けることは免れない。これらの文献に加えて、東京国立博物館には『大阪府下難波村艪川開鑿際所得船之図』や同じく徳川本に『大阪府下難波村艪

―108―

川発掘古船図』の2帖の絵図 [註7] のあることは知られている。

(1) 『大坂城誌』

　鼬川で刳舟が発見される以前からこの開削工事については注目されており、この堀川の堀割工事完成後は地域の利便性に期待がかけられていた。その鼬川の開削で刳舟が発見されたのは偶然の出来事であり、刳舟が失われた今日となっては当時の新聞の各々の報道は、鼬川での発掘の状況を知り得る故一の情報資料となった。そして発掘後まもなく、モースがこの鼬川の刳舟を見学したことも偶然にほかならない。

　鼬川の刳舟は、その後かなりの時期を経過してからではあるが紹介されている。その資料のひとつとなるのが、1899（明治32）年に刊行された『大坂城誌』[註8] である。編者である小野清が大阪城の資料蒐集を重ね私見を交えて纏めたものである。5葉の図面（図17）から古代の刳舟であることは理解でき、複雑な接合部分について触れてはいるが、構造上の解釈ははっきりと示されず、神話でいう「枯野」とはこのような舟船であろうと結論しているだけである。

　しかし小野は具体的にこの刳舟の使用途に関しては、航海用としては小型であり、構造上からは不可能とし、沿岸で漁業舟に用いられた舟船として、

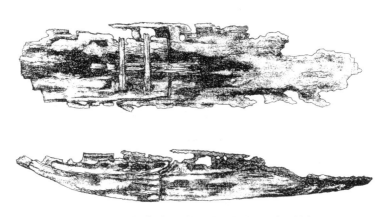

図17　小野清『大坂城誌』に描く難波鼬川出土刳舟

庶民が造舟船したとは考えにくく、複雑な構造と堅固にしている点を考慮して、堀江での舟遊びに用いた「官船」ではないかと推論している。これらのことは編者自身が構造上の分析を試みたのではなく、文献上から理解して述べられたことである。

(2) 『日本海運図史』

『大坂城誌』の後、1904（明治37）年4月には『日本海運図史』[註9]が「逓信省管船局」によって発行された。この文献発行の目的は不明であるが、この中に鼬川出土の刳舟が紹介されている。資料には緒言・目次がなく、「第一大宝ノ刳舟、第二諸手舟、第三大阪ノ丸木舟…」という順序で説明が記され、別冊には大判の写真集が発行されている。この文献発行で考えられることは1903（明治36）年3月から大阪で「第五回内国勧業博覧会」が催されており、これに際して大阪市中央区内本町橋詰町にあった「大阪府立博物場」の諸施設を拡充整備していることが一因ではなかったかと思われる。

(3) 西村眞次の見た刳舟

1917（大正6）年、大阪市内東方の城東区今福西遺跡において1艘の刳舟が発見された。それは鼬川刳舟に次ぐ発見であった。この報告[註10]の中で西村眞次は鼬川刳舟との比較を行い、科学的分析の立場で報告を試みている。「今福発掘の刳舟調査報告」は他にみられない詳細かつ総合的考察が行われている点で注目に値するといえる。「先年大阪鼬川で発掘せられた刳木舟も、その建造材料は矢張り樟材だと認められる。一般に樟材は長さに於いて劣っているけれども、太さに於いては優れて居り、殊に老令になると樹心が生きながら朽腐して、周囲のみ残るといふ特徴を有つているので、刳舟時代に於いては原始人に重宝な船材として喜ばれたに相違ない。…併し鼬川発見の刳舟には、横張力、並びに縦張力を作る為に内部に嵌入せられた梶が遺って居り、その材が船体と異っているので、補助部には諸種の木材を用いたといふことが推定される。」と述べ、鼬川出土刳舟はクス材であるとして、そのクス材の植性特質を紹介している。クス材は老樹になると樹心が腐敗して樹皮層をのこして生成する性質を利用して、刳舟として

—110—

用いることが多かったのではないかという仮説を述べる。そしてその構造に触れ、接合部の構造はいわゆる桟を用いて、その細工はクス材を利用せず他の樹木を用いていたと推論したのである。

（4）複材式刳舟は準構造舟船

鼬川出土刳舟はすでに遺物がなく、この状況で考古学的に考察し、さらに類似する舟船もない現状からその構造を分析することは困難なことである。特に木製品という遺物については、これまでの出土例では発掘現場における処理が厄介な遺物であったため、ほとんど現場に放置してしまい、その多くは腐敗し失われてしまったものが少なくなかった。最近でこそ木製品の保存科学が進み、さらに年輪年代法の研究がかなりの進展をみせたことから、木製品の保存処理については日の目を見た状況にあるが、いずれにしても木製品という有機質的遺物から、考古学研究に提供される情報をできるだけ多く引き出すには、もはや自然科学分野からの情報提供が不可欠となっている。

その鼬川出土刳舟に関しては、これまでに『日本その日その日』や『大坂城誌』、『日本海運図史』などの文献資料からその情報を引き出し分析し、その形態に注目してきた。果たしてこの複材式刳舟が準構造舟船と言えるのかに迫る分析ができたのか疑問は残される。そうはいうものの規模に関しての刳舟計測は、紹介した文献資料に記載された寸法に疑問を残す規模ではなく、しかも複雑な構造と細工が見てとれた舟船であったことから単なる刳舟ではないことは明らかであった。

再度、その詳細を検証してみよう。準構造舟船として注目されることは、舟船体の前後材の長さと接合部細工の長さである。それによれば切断痕跡が観察できる左部材は3.33mと欠失しており、右部材が6.45m、接合部の重なりが1.72mであったことから大方の見解は、全長約15m大の刳舟と考えられてきた。規模としては大型船である。

これが準構造舟船であるのかという疑問は、この構造についての見解がいずれの文献も接合部の特徴に視点をおきながら、舟首尾など全体の舟船構造には触れていないことである。特に注目されたのは、接合部細工の重

第2部　研究史と各地の研究成果（各論）

ね合わせになっていた部分である。そこで明らかに確認できたことは接合
部の左部材が右部材と重なり、左部材の外側を削り段差を設け、右部材は
内側を削り段差を設けて接合するという特殊な細工である。そこに注目す
ることで、舟船体の分析には迫ることが少なかったのである。その接合長
の数値は1.72m～1.75mを計測しており、このような前後材を継ぐ方法を「印
籠継ぎ」とする技法に注目した。この前後継ぎ構造に特に注視したのはモー
スであり、九州地方で見た漁舟船構造と類似していることを指摘したのは
達観であったが、具体的にこのような接合構造に類似する舟船を見出した
のかは明らかにされていない。

　接合方法の疑問については、どの文献も接合部を押さえるための縦通材と、
それを固着するために左右に渡された横梁のあることを述べ、さらに舟底
部に横梁材を受けたと見られる柄穴のあることを観察している。なかでも
より正確に接合部分について説明を加え、縦通材の分解図を示し、横梁材
を受けるための細工のあったことをはっきりと示したのは小野であった。
接合部分の横梁材が4本あったことや梁材の固着方法まで言及しており、横
梁穴8ヶ所の複数あったことはいずれも確認できている。

　これらのことから、接合方法は縦通材の押さえと、それを留めるための
横梁材4本、それに伴う柄穴細工のあったことは確認できた。また構造上に
おいて指摘できることは、舷側に付加細工があったか否かは不明である。モー
スがスケッチした図面には、舷側帯上部に数ヶ所の柄穴があいていること
を示し、また小野が描いた図面にも舷側帯上部に数ヶ所の柄穴の存在が認
められることから、この舷側縁での柄穴の存在で考えられることは舷側板
である。固着の方法は解からないが、舷側縁に重ね合わせるような状態で
舷側板があったはずである。

　このように鼬川出土刳舟の舟船体は、左部材に切断痕跡を認めており、
右部材と同規模であったとして二材を継いだ刳舟であることが考えられる。
この点に注目したのは石井謙治であり、舟船体の状況から二材継ぎの刳舟
ではなく、三材継ぎの刳舟であることを指摘し、「複材刳船の考察―とくに
閂式嵌接法に関連して―」として論じている。これまでに複材継ぎを論じ
たものはなく、いずれにしても一木の半截二材を継いだ刳舟であることを

Ⅷ　大阪市浪速区の難波鼬川出土刳舟

ここでは仮定しておきたいと思う。

　このように刳舟の特異性から多くの言及はあったものの、この舟船体から多義にわたって論じられたことはなく、さらに構造の類似点に触れて刳舟を追究しようとする研究はなく、このような条件の下で準構造舟船といえるのかという課題を残したままである。その中でわずかな出土遺物から刳舟の年代決定を示したのは西村であり、舟船をおおよそ7世紀前半以前と推定した。その根拠に正当性があるか否かは別として、ここで考古学的な立場で年代の判断が示されたのではないかと理解している。

　そして鼬川出土刳舟の用途について触れておくと、西村は二材継ぎの刳舟は自然条件として、暴風雨時の弱点を接合方法で強度を補うことを指摘するにとどめ、これが構造的には耐久性がなく外洋船ではないと考えた。またより具体的に用途を述べたのは小野の報告であり、『日本書紀』などの舟船に関する記事をよりどころに外洋船とするには構造的に適していないとし、手の込んだ構造、技術上の視点から漁民が造舟船して、沿岸で漁業に利用した舟船とも考えられず、公的な官船として難波堀江での宮廷の舟遊びに使用した舟船であると考えたが、いずれにしても貧弱な舟船であることには変わりはない。推定全長15mの刳舟、二材継ぎの構造としては見劣りがする。先にも指摘したように、この刳舟には舷側板などの付加工作があったはずである。このことを理由に刳舟が外洋船であるのか、内湾舟船であるのかは問えないが、ただ鼬川刳舟は沿岸を漂う刳舟であったことは考えられる。

　これまで紹介してきた文献資料は、言葉づかいや表現の違いはあるが、同じ鼬川刳舟を見て検証したものであり、特殊な構造から舟船型式を指摘してきたが舟船体そのものが如何なる舟船であるのか説得力がない。従って文献資料が分析した通り、舟船構造が正確にそのまま伝わっているとはいえないが、消滅してしまった鼬川刳舟が論究できないというわけでもない。文献資料間において使用される用語などが改められ、これまでに付け加えられ表現されてきた資料だけに検証が必要である。

　大阪府八尾市久宝寺遺跡で古墳時代前期の準備造舟船が発見され、この刳舟と比較すると、構造的技術において劣っている点は明らかに理解できる。

第2部　研究史と各地の研究成果（各論）

このことから鼬川出土刳舟はおそらく外洋船ではない。文献によって間接的な判断で刳舟を分析してきたが、鼬川出土刳舟以後、低湿地の考古学的発掘調査による刳舟の出土例が増加してきており、新たに発見され豊富になった考古学的資料から、その形態や構造などが明らかにされつつある。これが7世紀段階の舟船であったと考えることは妥当と思われるが、準構造舟船と言えるのかは懐疑的である。今後の課題となるだろう。

3　小杉榲邨が描いた難波鼬川出土の刳舟絵図

　東京国立博物館に2帖の難波鼬川発掘の刳舟絵図があることは知られており、出口晶子の詳細な論文[註11]がある。その所蔵されている2帖の絵図には作図・絵画した者の氏名、作図年月日などは明記されてはおらず不明のままである。しかし詳細に調査実見すると、ひとつは発掘後、まもない時期に描かれたものであるらしいことが理解される。それは時期的にモースが描いたスケッチと前後する時期のものと、さらに模写されたものと考えられる絵図であるが、限られた分野でしか知られない刳舟絵図をここに紹介しよう。

(1)『大坂府下難波村鼬川開鑿際所得舩之圖』

　絵図のひとつは東京国立博物館「館蔵」のものである。本紙総長348cm、紙高幅26.6cm、軸装の巻物になっている。表書は『大坂府下難波村鼬川開鑿際所得舩之圖』（口絵8）と記している。内容は、線画としての鳥瞰図と側面図に対応する実測、彩色の鳥瞰図と側面図、接合部分解図など6絵図の模写等によって構成されている。

　線画（図18）には「大坂府下難波村鼬川開鑿ノ際所得ノ古木舟」と一行書きの貼紙、長24cm、幅4cmの和紙片が線画の上に貼られている。その線画は立体的に示し、上方から見た図と底部から側面を見上げる図であり、立体感を持たせるための誇張の大きいことはしかたがない。上段に描いた図には全体を破線で示した寸法を記載している。それには「総長サ三丈七尺五寸（11.36m）」、「舳ノ上リ一尺四寸（42cm）」の2行書き、「舳ヨリ一丈（3.03m）内、幅三尺八寸（1.15m）、深サ四寸（12cm）」の3行書き、「艫ヨリ一丈二尺（3.64m）

—114—

Ⅷ 大阪市浪速区の難波舮川出土刳舟

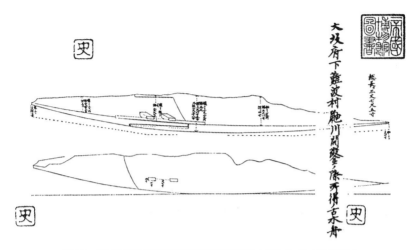

図18 『大坂府下難波村舮川開鑿際所得舩之圖』に描く刳舟線図

内、幅五尺（1.52m）、深サ一尺六寸五分（50cm）、外径二尺一寸八分（66cm）」の4行書き、「艫ヨリ継マテ一丈（3.03m）、継ノ入リ五尺七寸（1.73m）」と3行書き、「艫ヨリ三尺（91cm）内、幅三尺三寸五分（1.02m）、深サ一尺（30cm）」の3行書き、「艫ノ上リ二尺四寸三分（74cm）」の2行書きが示されるが、接合部の破線には計測が記入されていない。縦通材と横梁2本が製図されており、計測や枘穴の表示はないが、下注に「継ノ入リ五尺七寸」と記したのがそれにあたるのであろう。また、下段に描かれた図は舩側下にあけられた2ヶ所の枘穴の寸法とその間隔を計測している。梁との間は「一尺七寸（52cm）」、梁穴の縦横は「三寸（9cm）、七寸（21cm）」を記すだけである。

　これらの記載された寸法の数値を整理してみると、刳舟全体の規模が理解できる。舳と考えられる右部材は約8m、艫にあたる左部材が4m以上と考えられ、総全長は11mを越える刳舟である。さらに見てみると、舳先から3.03mの部分では幅が1.15mと広く、また深さが12cmと浅いのは腐食による変形とも考えられる。また舟尾から3.64m部分では幅が1.52m、深さが50cmもあり、ほとんど遺存している状態かとも思われる。またこの部分では外側舟底まで66cmあると計測しており、このことから、舟船全体の厚みは約16cmと考えられる。舟尾から接合部までの3.03mと接合部が1.73mを測るこ

—115—

第 2 部　研究史と各地の研究成果（各論）

とによって左部材は4.76mの遺存がわかる。しかも接合部が1.73m、厚みが16cmと考えると、内刳と外刳は共に約8cmずつ削り重ねたものと推測される。また舟尾から90cmの部分では幅が1.02mと広く、深さは30cmを計り、やはりその部分が艪部にあたると考えられる。それは舳先のそりが42cmに対して、舟尾のそりが倍の74cmあることからも理解できる。また梁の部材が横20cm、縦9cmの角材であることは柄穴の寸法から理解でき、梁と梁との間が52cm、横梁が4本通されていたとすると接合部の1.73m内にあったことが推定される。しかし絵図で見るかぎりでは接合部外にあたる部分に柄穴があるので、あくまで遺存横梁の間隔だけを計測したものであろう。

　難波鼬川出土の刳舟は、出土の状況から二材を継ぎ合わせる「印籠継ぎ」技法によって継ぎ合わされた刳舟であることがわかる。接合部の重なりは長く、おそらく絵図寸法から1.70m以上はあると見られ、固着する方法として縦通材、横梁などを重ねた構造である。特に部材の重なり合った舷側底部に柄穴を設けた横梁2本が遺存している部材が見られるが、おそらくその下の縦通材に底部が接しており、この縦通材を固着するのはその横梁材になるのであろう。絵図には梁をうけたと見られる柄穴が4ヶ所あり、おそらく縦通材を固定する梁が遺存横梁の前方後方にもあったことが窺われる。その遺存する横梁は見るかぎりでは角材である。また縦通材も角材のようである。これらの角材に何らかの細工が見られないとすれば、舟船体の縦横方向のズレを防ぐことはできない。従って舟船体の重力だけでは強度は高められず、縦通材は4本の横梁材で重なり押さえられていたことが推測されるが、その構造では強度は保たれないのではないかと思われる。しかしよく観てみると線図には縦通材に横梁を受けるための凹部の溝が見られ、あるいは接合部の前後ズレを防ぐため、凹細工により強度を高めていたことが考えられる。

　刳舟は部材の異なる材質で継いだ舟船であることにほぼ違いはないのは明らかである。そして接合箇所は中央ではなく舳・艪のいずれかに偏った構造であったことが考えられるが、絵図からは艪に偏っていたことが判断できるだけである。

　この絵図を描いた絵師は、彩色図の表現に全体的な誇張をとり、細かい

—116—

部分ではかなりの省略を見ている。そして基本的な理解がなければ表現に誤解が生じるが、縮図ながら寸法的には比較的正確である。

　これらのことから描かれた時期を推測してみると、鼬川から刳舟が出土したのは、1878（明治11）年7月であり、それが府立大阪博物場に搬入され保存されたのは発掘して程ないころのことである。しかもこの「館蔵」絵図には「明治25年検査・帝室博物館」の貼紙のあることによって、博物館へ絵図が収蔵された時期はおそらくそれ以前となる。これらの条件から絵図の作成時期は、1879（明治12）年から、遅くとも1892（明治25）年までの間に描かれた資料であると推定できる。この絵図の作成は、博物場に展示され、舟船体の欠損が進んでいたのかもしれないが刳舟の細部の特徴について、絵師の独自の視点によって新たな知見を生みながら、誇張はあるものの比較的正確に描かれている。発掘直後の刳舟を間近にして、より原型に近い状態を描こうとした可能性が考えられる絵図である。

(2)『大阪府下難波村鼬川発掘古舩圖』

　もうひとつの絵図は、折帖装で本紙総長468cm、紙高幅26.2cm、各見開50面、本文紙継裏打補修をしたものである。表書は『大阪府下難波村鼬川発掘古舩圖』（口絵9）と記している。内容は、線画としての鳥瞰図と側面図に対応する実測図、彩色の鳥瞰図と側面図、接合部分図、さらに淡彩色の鳥瞰寸法入り図の模写に加えて説明文が添えられている。しかし作図者、あるいは絵師の氏名、作図年月日などは記名されていない。「杉園蔵」の落款が押印されており、所蔵あるいは一次的には小杉榲邨なる人物が所有した経緯を示していることが知られ、その手がかりのよりどころとなる。この蔵書については、ここでは「徳川本」と称する一群であり、この絵図が東京国立博物館に寄贈された経緯についても知られており興味深いものがある。

　絵図の内容は「大阪府下摂津国西成郡難波村鼬川開鑿ノ際所得丸木舟」と1行書きの標題があり、その右下辺に先に述べた「杉園蔵」の落款が押印されている。線画は「総体略図」と標題の墨書が記され、立体的に描かれた刳舟を上方から見た図と底部から側面を見上げるような図であり、立体感を持たせるための誇張が見られる。上段に描いた図には全体に破線で示した寸法

を記載している。それには「総長三丈七尺五寸（11.36m）」、「舳ノ上リ一尺
四寸（42cm）」、「舳ヨリ一丈（3.03m）内、幅三尺八寸（1.15m）、深サ四寸（12cm）」
が4行書き、「艫ヨリ一丈二尺（3.64m）内、幅五尺（1.52m）、深サ一尺六寸
五分（50cm）、外径二尺一寸八分（66cm）」の6行書き、「艫ヨリ継マデ一丈
（3.03m）、継ノ入リ五尺七寸（1.73m）」の5行書き、「炉ヨリ三尺（91cm）内、
幅三尺三寸五分（1.02m）、深一尺（30cm）」の4行書き、「艫ノ上リ二尺四寸
三分（74cm）」が示される。接合部の破線に計測は記入されていないが総全
長のことである。縦通材と横梁2本が製図されているが、それにも計測はな
いが、「継ノ入リ五尺七寸」がそれにあたる。また下段に描かれた図には舷
側下にあけられた2ヶ所が製図されているが計測はない。しかし「継ノ入リ
五尺七寸」がそれにあたる。また下段に描かれた舷側下にあけられる2ヶ所
の柄穴の寸法とその間隔を計測している。梁との間は「一尺七寸（52cm）」、
梁穴の縦横は「三寸（9cm）、七寸（21cm）」を記している。線画に記載され
た寸法は先に概観した「館蔵」絵図の『大坂府下難波村鼬川開鑿際所得舩
之圖』の線画と同寸法であることがわかる。そしてここでは先の線画を模
写したと推測される記載寸法と書き手の私的追筆が認められる。

（3）記された説明書

「徳川本」絵図では、淡色の寸法入り細密図（図19）が加えられている。
全体的に写実的な描写である。手前の舷縁の部分は、張り出しの厚みのあ
る縁帯が遺存し、上縁部の4ヶ所に柄穴を描き、右へ突出する細かい細工の
あったことをはっきりと描き、右部材の舷縁に接続していたことを物語っ
ている。さらに横梁材が貫通している状態で柄穴を描き、右側舳先まで腐
蝕した状態を描いている。裏側面の舷縁は、手前の遺存状態の良さに比べ
てかなり舷縁の腐蝕の進んでいたことを示している。この彩色寸法図で重
要な特徴は、舳先部分と考えられる中間部分に「横梁材」を固着している
のか、あるいは「隔壁」と呼べるような仕切り材が嵌め込まれている、そ
のような状況が描かれている点にある。書き手が想像上描いたとも考えら
れない、あるいは後世に歪みを止めるための部材を挿入したものかもしれ
ないが、非常に気になる点である。

Ⅷ 大阪市浪速区の難波舢川出土刳舟

図19 『大阪府下難波村舢川発掘古舩圖』に描く刳舟細密図（一部修正）

　巻頭に線画があったにもかかわらず再度、刳舟全体の模写図に計測寸法を記入しており、いずれも破線によって寸法位置を示している。全長「参丈六尺九寸（11.18m）」、左（艫）部分（継ぎ目）まで「一丈四寸（3.15m）」、右（舳）部分（継ぎ目）まで「弐丈六尺五寸（8.03m）」、刳舟の「高サ弐尺五寸（76cm）」、舟幅「四尺七寸（1.42m）」を朱書きで計測している。この彩色寸法図はどのような理由によって加えられたのであろうか。臆測を逞しくすると、小杉榲邨[註12]は1889（明治22）年6月7日に帝国博物館歴史部美術部傭、翌年3月歴史部技手となって以後、1892（明治25）年頃まで正倉院文書調査のため来阪していることが知られる。そしてこの3～4年の間に難波舢川発見の刳舟絵図を手にして模写した可能性がある。小杉榲邨は研究を進める過程でのちの参考になると考えたものは、古文書、古記録、典籍、図画にいたるまで書写活動を続けたといわれており、当時、実際に現存した刳舟の実物調査を行ったものが彩色寸法図であったのではないかと考えられる。そのことは「徳川本」絵図の最後の部分に「大阪朝日新聞社」の原稿用箋を使って説明文を加えているからである。

（4）ふたつの絵図

　『大坂府下難波村舢川開鑿際所得舩之圖』と『大阪府下難波村舢川発掘古舩圖』のふたつの絵図の関係は、紹介してきたように、いずれか一方が模写であることは確実である。また先に見た「館蔵」絵図の帝国博物館への収蔵経緯から作製時期の下限も1892（明治25）年となる。また後者の「徳川本」絵図の手がかりとなる彩色寸法図と、原稿用箋の執筆者として限定

―119―

第2部　研究史と各地の研究成果（各論）

された小杉榲邨の帝国博物館勤務時代と、それが一致するのは明治25年頃という経緯から、この絵図も難波鼬川刳舟発掘の1878（明治11）年から1892年までの14年の間に作製された可能性があるかもしれないが、小杉榲邨が蔵書していたものを模写絵図とすると1889～92（明治22～25）年までの間に描かれたことになる。

　ふたつの絵図に描かれた線画に記された寸法は同じであり、彩色鳥瞰図ともほとんど相違はない。このことから述べたように複数の絵図があったことは考えられる。また小杉榲邨が描いたと見られる彩色寸法図の計測には絵図と若干の誤差がある。このことから元になる絵図については1889（明治22）年以前に描かれたものとも考えてよいであろう。

　全長11mを越す刳舟が絵図として描かれ、保存されていたことは、すでに実物が亡失してしまった今となっては資料的価値が大きいといえる。スケッチ画が絵図と対比できるような状態であることも解明の糸口にはなる。残された課題は二材継ぎの構造解明、あるいは大阪で出土する刳舟の特徴として複材式刳舟がある。また大阪八尾市久宝寺遺跡で発見された準構造舟船が刳舟に構造を伴う過渡的な形態であり、大阪市域で発見されている複材式刳舟が準構造舟船に近い舟船であった可能性がある。

4　大阪・難波鼬川出土刳舟の追記

（1）八木奘三郎『日本考古学』

　八木奘三郎の『日本考古学』[註13]は考古学概説書としては珍しく「船舶」の項目を設けており、初版本から大阪・難波鼬川出土の刳舟の図絵が掲載されている。挿図は八木がスケッチ実測したものが大半であろうと思われるが、当時、東京帝国大学理科大学人類学教室の助手（画工）として大野延太郎（雲外）のいたことが知られており、彼が描いたものも使用されていたことが考えられる。この中で八木は大阪・難波鼬川の刳舟を実見したと述べている。その証拠として刳舟の「内部に斧鑿の迹歴々として存せり」と舟内部の刳り抜き痕跡があるというのである。刳舟の内部構造について言及した資料は多いが、内部加工について観察した記録はないと思われる。

—120—

Ⅷ　大阪市浪速区の難波鼬川出土刳舟

八木が実見した刳舟は全長12.1m（四〇尺）、最大幅は1.21m（四尺）、深さ
は51〜54cm（一尺七寸〜八寸）を計測しており、この数値はこれまでの資
料の計測値とも相違している。E・S・モースが計測（10.7m）したものとは
かなりの誤差があるが、八木論文が実際に計測した数値であったとすると、
発掘当時（新聞報道）の13.3mの数値にかなり近いことがわかる。

　八木が描いたと考えられるスケッチ（図20）を詳細に観てみよう。八木
が自ら実見したという刳舟図画である。側面を右側（舳先と考える）から
左側後方に内部を覗き見る状態で展示された状況から描いている。刳舟の
輪郭線は細いごつごつした線で描かれている。刳舟の左右舷側縁が腐蝕し
ているので、このように割れたような角々しい状態にはならないだろう。
左舷側（上部分）は腐蝕を表現するにしては岩のように角々した線で描い
ている。横梁痕跡とみられる柄穴が四角い囲みで1ヶ所表現される。遺存す
る横梁は舷側縁に架かっている状態である。前方の細い横梁は貫通するの
ではなく柄に差し込まれた状況なのであろう。右舷側（下部分）には横梁
の柄穴2ヶ所、その柄穴の中に横梁材の断面をのぞかせる年輪輪郭線が描か
れている。右側舳先部分の腐蝕状態も角々しい線で表現される。接合部分
から右側部分は先に述べた柄穴2ヶ所が描かれるが、前方の細い横梁は貫通
しているのではなく、両側の柄に差し込まれていることがわかる。さらに
右側部材には舷側張出帯が長く描かれ遺存していたことがわかる。接合部
の左側部分は遺存状態が良く、描かれた部分は僅かではあるが特徴的な痕
跡が見られる。腐蝕が少ない舷側上縁に完形柄穴と腐蝕柄穴がそれぞれ交
互に2ヶ所ずつあるのが認められる。その下の外側の（左）張出帯が後方途
中で切断状態になっているのが描かれる。後方左舷側に柄穴1ヶ所が描かれ
ているが、これも実は右舷側に柄穴が貫通していないことから内側に柄が
彫りこまれていることがわかる。接合部分はほとんど細い部分に至るまで
は描かれていない。内部構造については横梁が3本見られ、底部に太い部材
とおぼしき線が見られる。それが刳舟部材二材を継ぎ止める縦通材とみら
れるが説得力はない。遠近法的鳥瞰図として刳舟を描いているために前方
部（右側）は長大に、後方部（左側）は縮まって描かれ、描き手の誇張が
見られる。この八木が描いたとみられる刳舟図画はあるいは再透写（再トレー

ス）と見られなくはない。再透写による刳舟部材のバランスの悪さや枘穴の不規則な描き方など素描したものでないことは明らかである。全体的に二部材を接合した大きな刳舟の迫力に欠け、ずんぐりとした角々しい表現で刳舟の鮮明さに欠けており、再透写された図画であることがわかる。

（2）最初に描いたのは誰

　1888（明治21）年3月、東京人類學會発行の「東京人類學會雜誌」第3巻第25號に山崎直方が報告 (註14) する「古船説（圖入）」という論文がある。ここに描かれている難波鼬川出土の刳舟図（図20）は山崎自身が描いたものであることがわかる報告である。しかもE・S・モースがスケッチした図に次いで古い図絵であることが知られる。山崎直方は難波鼬川出土の刳舟についてこの報告で次のように紹介している。「草昧ノ蠻民居ヲ水涯ニ占ムルヤ其微シク智識ヲ得ルニ及デハ即既ニ水流ニ從テ他ノ部落ト往」とあって山崎は1888（明治21）年ころに来阪してこの刳舟を実見していたことがわかる。山崎論文は、外国における古代の舟船について論究したのち大阪博物場に保存されている刳舟に言及している。そして山崎もまた刳舟を前にしてその解説をした掲示文を引用している。この掲示文は『大坂城誌』を編した小野清の引用した掲示文の内容とは若干の相違が認められる。

　山崎は難波鼬川出土刳舟に破損と腐蝕が見られるがほぼ全長が遺存しているとみて、その全長12.1m（四〇尺）とし、舟幅の最も広い部分が1.21m（四尺）、舟深は51〜54cm（一尺七〜八寸）を測り、特徴的なことは舟船体が二材継ぎの刳舟であることを指摘している。そして右舷が左舷に比べてかなり形状を損なう腐蝕のあることを観察している。二材継ぎの中央部分に2ヶ

図20　山崎直方が描いた難波鼬川刳舟図

VIII 大阪市浪速区の難波〓川出土刳舟

所の柄穴があり、横21cm（七寸）、縦12cm（四寸）を測り、二材を貫通する2本の横梁（棍棒のようなもの）を認めている。そして片方は右舷に穿たれた柄穴と同規模と見られる左舷の柄穴に通されていたと認められるが、損傷が激しいことを指摘している。またこの二材の横梁以外にも一材の梁材が認められ、この横梁は左右舷側に柄穴があるのではなく、舷側に凹部が施され、そこに納まるようになっていると認めている。そして、この三材の横梁を受けるために舟底に縦通材（「枕材」と称している）が通されていることから一見簡単な構造のように見られるが、二材を結合する技術からはかなり進歩した造舟船であり、刳舟を火を用いて造っていた時期から道具を用いた造舟船技術のあったことを考察している。また部材に使用された樹木についても二説を紹介し、クス材であることのほかにクワ材と考える説を否定、クワ材に直径1.21m（四尺）の材木は得難いことを指摘している。山崎の論文はこの時期の報告としては、かなり精緻にとんだ論文であったことがわかる。しかしこの山崎論文の難波〓川出土刳舟はほとんど紹介されることがなかった。知るかぎりでは文献中逸速く、山崎直方の報告が古い記録であったことを紹介したのは清野謙次であった。その清野は著書『日本考古學・人類學史』上巻[註15]で「山崎は『日本書紀』神代巻の杉及橡樟比兩樹可以為浮寶、檜以為瑞宮之材以下の古典を引用して神代以後、既に日本に船ありし事を云つて居るが、此獨木舟の正確なる年代に就きては名言し得なかつた。」と紹介している。

〔註〕

1) 日下雅義「古代の大阪港」「大阪春秋」第61号　大阪春秋社　1990年
2) 松村博『大阪の橋』松籟社　1987年
3) 大阪府「難波駅構内遺物」『大阪府史蹟名勝天然記念物調査報告』
　第1輯　1930年
4) 荻田昭次・堀田啓一「大阪市浪速区敷津町出土の遺物」「古代学研究」
　第48号　古代学研究会　1967年
5) E・S・モース（石川欣一訳）『日本その日その日 3』（東洋文庫179）
　平凡社　1971年
6) 大阪市立博物館『ルーツ・日本の博物館』1979年
7) 東京国立博物館蔵「歴史資料530」巻物・「徳川本雑311」折本
8) 小野清『大坂城誌』復刻版　名著出版　1899年

第 2 部　研究史と各地の研究成果（各論）

9）逓信省管船局『日本海運図史』1904 年

10）西村眞次「今福発掘の刳舟調査報告」「造船協会雑纂」第 12 号　造船協会　1917 年

11）出口晶子「大阪鼬川出土の刳船の彩色絵図について」「大阪の歴史」第 39 号　大阪市史料調査会　1993 年

12）湯之上隆「小杉榲邨の蒐書と書写活動」『正倉院文書研究』第 3　吉川弘文館　1993 年

13）八木奘三郎『日本考古学』上巻　東京嵩山房　1898 年
　　八木奘三郎『日本考古学』下巻　東京嵩山房　1899 年

14）山崎直方「古船説（圖入）」「東京人類学会雑誌」第 3 巻第 25 號　東京人類学会　1888 年

15）清野謙次『日本考古學・人類學史』上巻　岩波書店　1954 年

—124—

Ⅸ　近畿の刳舟

1　井戸枠に転用された大阪の刳舟

（1）再利用された舟船

　刳舟の出土例は近年、木材鑑定が進み、舟船の樹種、部材の推定部位が特定されるようになり、その資料は増えている。それでも固体の舟船資料が出土するのは稀であり、従って推定部位に関してもより具体的な舟船の構造が解明できるにはその出土資料は豊富ではなく、なお時間がかかりそうである。

　舟船が破砕、もしくは再利用される過程については解明できていないように思う。切断、破砕の具体的な理由には、地理的環境や経済的、社会条件などが影響されたと見られるが、その理由を解明することは難しい。なぜ破壊したのか、なぜ切断するのか。例えば井戸枠に再利用するために舟船を切断するという行為の具体的な理由はなにか。造舟船に懸かる作業、動力は決して簡単ではないはずである。さらにそれに使用された道具類の解明もわかっていない。このように再利用された舟船の観察から、それらを廃棄しなければならなかった理由を解明する具体的な根拠を求めることも重要であると思われる。そのような視点に注意しながら、以下では準構造舟船と見られる大型の舟船と推定されるが、刳舟の舟底板を再利用した事例を紹介しよう。

（2）絵図から実証できるのか

　刳舟は一木の材を刳り抜き流線型に形造り、水上を航行させる運搬具である。モノを載せ、人間が乗船できるようにするため試行錯誤を繰り返したに違いない。縄紋時代には刳舟が存在した。約5500年前の縄紋時代前期の福井県鳥浜貝塚から舟首尾の先端を流線型に成形したと見られる刳舟が出土している。縄紋時代以後、舟船体の全長は5〜7mまでの規模が主流で

—125—

第2部　研究史と各地の研究成果（各論）

あり、おそらく石器を道具とした材木を刳り抜く加工技術は高い水準にあったと見られる。縄紋時代後期から晩期には、舟船体の型式が一定化した鰹節型と称されるような梭形、それは機織りの際、緯糸を通す際に使用する舟形に作ったものであるが、平面形状はほとんど規格的になる。さらに舟船艙内には横梁状の刳り残しを設けて、舟船体の安定性と彎曲是正のための構造技術が発達する。

　水稲耕作が伝わる弥生時代には金属器によって舟船の構造技術に大きな変革があったと見られるが、具体的な刳舟出土から大きな変化はない。絵画資料から見る限り大型船の造舟船能力は進歩したかに見えるが、遺物の発見例はない。例えば福井県春江町出土銅鐸に示される鎔鋳資料から見ると、舟船の舷側から漕ぎ手と櫂らしい表現があり、それを大型船と解釈している。確かに大型船の必要はあっただろう。これまでの単材式刳舟からの脱却は、舟船を二材縦継ぎにして長くするという型式、複材式刳舟と称している。弥生時代に複材式刳舟によって準構造舟船的な大型船が造舟船されたという決定的な資料はないが、二材以上で構成し、両舷に舷側板を繋ぎ、積載量を量った可能性はある。しかしそれが外洋に航行するまでの耐航性があったとは考え難い。日本の舟船技術は単材式刳舟が主流を占め、舟底部が刳り抜き材を用いた構造である限り、近世まで準構造舟船から脱却することはなし得なかったのではないだろうか。

　3世紀以後、大陸との交渉を考えると、大型船の存在を想定しないわけにはいかない。古墳時代の大型船と見られる構造を考える上で、古墳から出土する舟形埴輪が参考になる。埴輪の出土例が増え、舟船の構造を考えることができるようになったが、舟船体の基本となる舟底構造は刳り抜き材である。刳舟に舷側板などの部材を付加することにより、構造船に近づけようとした。このような型式を準構造舟船と称している。造舟船技術は未熟でありながら規模を大きくする点で高度な技術が伴う。舷側に板材を付加するだけでなく、前後に舟首尾を接続し、耐航性を強化しようとしている点は認められる。

　しかし舟船はそれだけで運搬具としての機能は果たせるが、推進具などの付属器具についても考えないわけにはいかない。櫂を使用したことは疑

IX 近畿の刳舟

うべきもないが、絵画資料からは櫂以外の舟尾にある柁、舟首の碇など付属資料は見られない。果たして古墳時代の大型船はどのようなものであったのか。時期は奈良時代の舟船と見られるが、大阪難波鼬川出土の刳舟がそれらしいことを窺わせてくれる。二材以上の割り抜き部を接合しており、その接合方法は「印籠継ぎ」と称している。接合部に横梁を渡し、梁と舟底部の間に縦通材を梃子の原理のように閂として固定する方法である。空けられた柄穴や隙間をどのように充填したのかは問題であるが、実際に出土した事例である。このほかにも江戸時代の1838（天保9）年に出土した愛知県愛西市諸桑出土刳舟などがあるが、これらは絵図や写真でしか考察することができない。

さて確実な出土事例がないにもかかわらず、準構造舟船と認めているのは絵図による資料からの判断である。多くは、ほとんどが一木の割り抜き舟底部と、舟首尾が反り返る状態を描いており、しかも舟首尾と胴部の接続には継ぎ目が描かれている点にある。絶対数から見れば割り抜き舟底部であることは事実だろうと考えられ、従って準構造舟船が近世になるまで造舟船の形態であったのだろう。

絵図に見られる舟船の中には興味深い絵画場面が多くある。1298（永仁6）年8月に、鎌倉極楽寺開山の忍性が唐招提寺に施入したことが記された鑑真『東征伝絵巻』には、鑑真が渡航のために造舟船がはじまった場面がある。海辺に橋を渡し、舟船体が係留され、岸辺では船大工らが、墨縄・鉄尺・鑿・鐇鉋・手斧・木槌などの道具類を使っての作業が見られる。舷側板であろうか、2人の男が入れ墨の入った諸肌を脱ぎ晒して木取り材を肩に担ぎ運んでいる。舟船体では舳先の舷頰柱の飾りを手斧で刻み、舷側板に飾り金具を金槌で打ち込む男がいる。船内では楼台や主屋形が未完成であるが、鑿や鐇鉋で作業する姿態が描かれている。

14世紀の『住吉物語絵巻』（図21）に描かれる土橋には、円弧形の舟底部材を両側に架け、真ん中の板敷きに土を被せ、小川の橋を渡している。舟船材を再利用したことが窺われる。

15世紀の『西行法師行状絵巻』（図22）には、難波江口の里の情景であるが淀川岸あたりに古綱がからむ木碇に舟底部の廃材があり、暗渠に舟底部

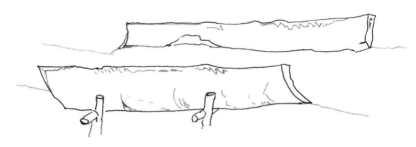

図21 『住吉物語絵巻』に描く小川の橋利用の刳舟舟底材

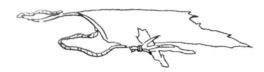

図22 『西行法師行状絵巻』に描かれた古綱が絡む木碇と舟底部廃材

材が渡されており、それらの廃材が円弧形であることから刳舟が解体され、再利用したことを物語っている。

　刳舟部材の舟底部が板材に取って変わるまで、おそらく近世までこのような準構造舟船造りの刳舟工法とでも言える造舟船を行っていたと見られる。

(3) 井戸枠に再利用された刳舟などの出土例

① 瓜破遺跡

　瓜破遺跡は大阪市平野区瓜破地域に旧石器時代から奈良時代にかけて広がり、河内湖周辺に営まれた集落跡である。1952年には日本考古学協会によって弥生時代前期の遺物を発見しており、その後は7世紀前半の建物群も検出されている。

　1984年の市営瓜破霊園東南地域の調査[註1]（84-24次調査）から7世紀末の井戸が出土し、遺跡の廃絶後も頻繁な生活痕跡が残る地域であることが知られた。Ⅰ区（SE01）で検出された井戸は丸太刳り抜き材を使用しており、掘方の平面は長径3.5m、短径3.0mを測る不整楕円形である。その井戸の掘

方内からは土師器杯、須恵器壺など古い時期の遺物を検出している。井戸枠は掘方の中央北寄りに位置し、剞り抜き材を使用した上部は長径1.5m、短径1.0mを測り、下部の長径70cm、短径50cmを測る下窄まりの楕円形状の井戸である。深さは約6mを測り、井戸枠内からは須恵器、土師器の土器類、木製品、桃核の植物遺体のほかに、祭祀に伴う土師器小型模造高杯と斎串木製品が検出している。

　丸太剞り抜き材は三部材であり、部材（217）は、舟船材転用部材と見られ、遺存幅約52〜57cm、長さ約4.1〜4.3mを測る。僅かに円弧形が認められ、両側縁部は面取りして加工がある。両側には2ヶ所ずつの抉りがあり、片側には四角、長形など寸法の違う枘穴が3ヶ所認められる。下端部は切断されている。部材（218）は、幅約70〜76cm、長さ約4.1〜4.3mを測る。両側縁部は丸く加工され、中央部下の片側縁に枘穴が1ヶ所あり、下端部は切断痕跡と報告する。部材（219）は幅約70〜90cm、長さ約4.1〜4.3mを測る。両側縁部は丸く加工され、下端部は切断されるが、内面外面に削平痕跡が顕著に見られ、枘穴が両側に見られる。いずれも樹種はスギ材である。形状から見て剞舟底部と考えられる。

② 加美遺跡

　1996年に調査された大阪市平野区北東部に位置する加美遺跡は、弥生時代から古墳時代の遺跡であり、これまでに弥生時代末から古墳時代前期ころの方形周溝墓群や、古墳時代初頭の住居跡から銅剣、銅鏃が出土している。また弥生時代終末から古墳時代前期の遺跡内流路からは木製品が出土し、その内の2点には直弧紋様が入った板材が発見[註2]されている。報告では布留式中〜新段階の土器が出土し、古墳時代前期中から中期初と考えられている。

　板材（1）は、遺存長123.2cm、幅22.2cm、厚さ2.8cmを測る。板材は舟船部材と見られ、舷側板の一部と見られる。側辺には規則的な枘穴があり、3ヶ所の長方形孔は一辺5.2〜6cm×1.8〜2cmであり、約46cm間隔で穿孔されている。1ヶ所には直径4.2cmの円孔がある。板材（2）は、遺存長92cm、幅16.7cm、厚さ2.9cmを測る。板材は舟船部材と見られ、舷側板の一部であり、側辺と

見られる位置に1ヶ所の枘穴痕跡がある。

これらの舷側板と見られる板材の片面に特徴的な直弧紋様があり、X字状に交差する軸線を基準に複数の巻帯によって5線帯が規則的に彫り込まれ、一般的に定型化した紋様がある。二板材は同様の共通した模様が刻まれることから同一の板材と見られる。直弧模様は古墳時代前期から後期まで用いられた特徴的な模様であり、祭祀に伴う呪術的な模様である。舷側板に刻まれていることから葬舟船に用いられたことが考えられる。

③ 瓜破北遺跡

瓜破北遺跡は大阪市南東部の平野区瓜破に位置し、その南部には瓜破遺跡が広がる。1976年以後、阪神高速道路松原線建設工事に伴って確認され、旧石器時代から近世に至る複合遺跡である。河内平野一帯は縄紋時代に河内湾、弥生時代中期から古墳時代に河内湖を形成し、瓜破北遺跡は瓜破台地の北西部、開析谷が入り込むところである。

発掘調査から古墳時代中期から後期の遺物が検出された。舟船部材が出土[註3]したのは瓜破台地が西谷へと傾斜する地点であり、準構造舟船が破砕された木材片が大量に見つかっており、この位置に大量の雨水による洪水によって樹木、破砕された材木片などが堆積したと思われる。舟船に関してはまとまって構成される部材片が見られないことから、他の地点で破砕加工された可能性がある。再利用転用材とする加工場所の特定も視野にいれたいが、大型破片としても原状を留めている部材はほとんどない。

舟底舷側縁部片（45）は長さ1.19m、高さ18.6cm、厚さ7.9cmを測る。縁部は1.2cmの違い段を作り、舷側板と接合する部分と見られ、段の境に方形枘穴3ヶ所、内面長さ6.7cm、幅2.3cm、枘深5cmを測る。枘穴間隔は約32cm、縁部上辺に木釘穴2ヶ所があるという。樹種はスギ材。舟底舷側縁部片（46）は長さ89.3cm、高さ12.2cm、厚さ8.1cmを測る。縁部に違い段を作る。方形枘穴3ヶ所がある。樹種はスギ材。舷側板部分片（47）は長さ50cm、高さ31cm、厚さ6.5cmを測る。突き出した違い段が認められ、4～9cmに傾斜し、段差は2.5cmを測る。板片には3ヶ所の方形孔、長さ12.2cm、幅2.8cm、穴3.3cmと長さ11.2cm、幅3.4cm、穴3.5cmと一辺2.3cmがあり、また1ヶ所の円形孔は径6.3cm

の加工がある。この加工材片から見て、舷側部先端か後方部に位置する梁
材貫通孔と考えられる部分である。内部に焦燥痕跡があるが破砕後のもの
であろう。樹種はヒノキ材。刳舟先端部分片（48）の長さは66.1cm、幅35.5cm、
高さ14.5cmと分離した長さ35.8cm、幅7.5cm、高さ5.3cmを測り、舟船の舳先
部と見られる。分離した部分に枘穴があり、長さ約12cm、幅約7.5cmと推測
される。この部材片は舟首部分の縁側上部に組み込む加工材の可能性があ
り、竪壁板などの部材と組み合わせ、また先端部に遺存する抉り細工の幅7.2
×6.2cmの加工が違った準構造舟船の型式も推測される。樹種はスギ材。隔
壁材（49）は長さ80.5cm、幅12.7cm、厚さ2.3cmを測る。U字状の抉りを板材
中央に見られる。樹種はヒノキ材。舟飾材片（52）舷側縁部分に飾板材と
して用いた可能性がある。長さ94cm、幅17.1cm、厚さ4.7cmを測る。樹種は
高野マキである。このほかに大量の木材片が見られ、一見加工材とは考え
難い木片がある。舟船を解体、破砕後、災害などによって集積した可能性
がある。

④ 高槻市高槻城三の丸跡

1991年、高槻市城内町の高槻城三の丸跡東北部の発掘調査から奈良時代
の井戸枠が検出 [注4] されている。井戸の掘方は径3.2m×2.9mの不整形楕円、
井戸底部は南北2m、東西1.8mの隅丸方形、深さは1.7mを測る。そのほぼ中
心部に井戸枠がある。井戸枠は底部の集水枠と上部の横板を組み合わせる
4段からなる規則的な横板井桁状に組んだ四角い井戸である。この井戸枠に
使用された板材については焦燥痕跡、彎曲、規則的な枘穴などから刳舟転
用材と報告される。

井戸枠の部材上部4段は、ほぼ全長140〜155cm、幅20〜45cm、厚さ5〜6cm
の板材16枚から組み合わされる。報告によれば「光沢のある炭化面・上下
の湾曲・枘穴の要素をもつ井戸枠の前身…刳舟を考えている。…枘穴は刳
舟の舷側板を増設するために設けられた穴…幅が広く湾曲の小さい1段目4
枚を舟底とし、湾曲の大きな上段の材8枚を舷側…舟幅0.5m以上、舷側高0.3m
以上、長さ6m以上の刳舟が想定できる」ということは首肯できる。板材の各々
の詳細を検討することによって、刳舟の廃舟後どのように解体され、切断

加工したのか不明な点は多く、また切断や板材に調整する技法など解明できる素材として興味深い資料である。時期的には井戸の開削時期を、掘方から出土した奈良時代の銭貨である「和同開珎」などから8世紀前半、廃絶時期は井戸枠内から灰釉陶器など多くの遺物が出土していることから9世紀後半と考える。樹種はスギ材と見られる。

⑤ 楠葉中之芝遺跡

2012〜2013年度に調査された枚方市楠葉中之芝2丁目に所在する楠葉中之芝遺跡（第64次調査）は、枚方市の最北端部、淀川に面した低位段丘上に位置し、左岸域は古墳時代から江戸時代にかけての複合遺跡[註5]である。

この位置からはL字形に屈曲する堀（SD1494）が見られ、その内側では大型井戸（SE1523）が検出されている。堀の規模や遺物から鎌倉時代前半の屋敷地であった可能性がある。大型井戸の掘方ははっきりとは知られていないが、約4.4m×約4.2mの隅丸方形であり、掘方のほぼ中央に井戸枠があり、舟底板を再利用転用した井戸枠は方形を呈している。その内法は約

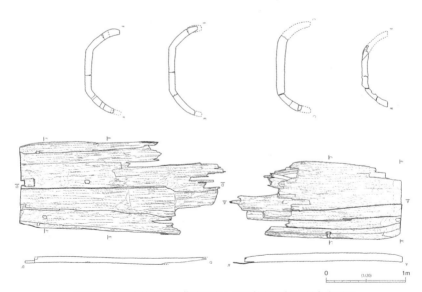

図23　大阪府楠葉中之芝遺跡出土井戸枠転用材の刳舟実測図

3m×約3.15m、深さ約5mを測る。井戸内からは古代末から中世初頭に比定される遺物の出土がある。

　大量の舟船部材の転用があるが、未整理である。明らかな舟底材（図23）のひとつは現存幅約1.13m、長さ約2.58m、舟底部材幅約93.5cm、長さ約2.16mを測り、箱型を呈している。また舷側縁の櫓穴が揃った部材など、多くの部材が見られ、平安時代末ころの淀川流域を航行していた舟船が復元される可能性があり、中世の船舶史に貴重な資料となる。樹種についてはスギ材、舟船の補修材はケヤキ材と見られ、淀川沿岸では初めての出土である。

　また淀川に面した相当規模の居館に利用されていた舟船であることは、出土した地域字名が「木津代」であることから、津あるいは一時的物流拠点として繁栄していた地域である可能性を視野に入れる必要がある。

⑥ 長保寺遺跡

　寝屋川市昭栄町・出雲町に所在する長保寺遺跡である。1987〜1990年にわたり大阪府教育委員会が府道国守・黒原線建設工事に伴う発掘調査[註6]で発見された遺跡の一部で南沿部地域にあたる。調査地西側（92-3区）部分の東側位置で発見された井戸枠は、古墳時代中期から後期の遺構で、井戸の掘方の平面形は不整形で直径約2.4mの円形、深さは2m以上あり、井戸枠に使用された部材は、刳舟を切断してその断面弧形の舟底二部材を合わせた長円形であり、その長径約1.5m、短径約88cmの井戸形状である。部材（1）は舟底部材で現存幅1.35m、長さ2.4m、高さ42cm、厚さ10cmを測る。部材（2）は舟底部材で現存幅1.36m、長さ2.4m、高さ40cm、厚さ11cmを測る。いずれもスギ材で、舟船体の中央部分と見られ、丁寧な成形である。井戸内の遺物から古墳時代後期と見られる。

⑦ 讃良郡条里遺跡

　大阪府教育委員会が1987年以後、寝屋川市出雲町を中心とした讃良郡条里遺跡のⅢ区調査[註7]から刳舟転用材とした井戸枠が2基出土している。

　Ⅲ区井戸（2）は古墳時代中期と見られ、井戸枠に使用された部材は、刳

第 2 部　研究史と各地の研究成果（各論）

舟を切断してその断面弧形の舟底二部材を合わせた長円形である。部材（1）
は舟底部材で現存幅1.11m、長さ1.47m、高さ39cm、厚さ11.1cmを測る。舷側
縁内側に高さ7cm、奥行き3cmの段となっており、棚板を継ぐ細工と見られる。
また一方の段上には貫通する長さ5cm、幅2cmの方形穴が穿たれ、他方の段
上にも貫通する高さ2cm、幅4cmの方形穴がほぼ対面で空いている。部材（2）
は舟底部材で現存幅1.18m、長さ1.35m、高さ50cm、厚さ11cmを測る。U字形
の丁寧な成形であり、舷側縁内側には高さ12cm、奥行き3cmの違い段の細工
を施し、棚板が継ながる。いずれもスギ材で、舟船体の中央部分と見られ
るが、部材（1）は両舷側縁がすぼまり、舟底部の厚みが少なくなることか
ら舟首尾のいずれかに近い部分になる。舷側縁に同じように細工があるこ
とから同一舟船体と考えられる。

　Ⅲ区井戸（8）は古墳時代後期と見られ、井戸枠に使用された部材は、刳
舟を切断してその断面弧形の舟底二部材を合わせた長円形である。部材（1）
は舟底部材で現存幅1.34m、長さ2.41m、高さ52cm、厚さ11cmを測る。舷側
縁内側には段の痕跡が認められ、その削平された段上部分の2ヶ所に方形木
釘1cm×1.2cmが打ち込まれていたと報告される。棚板を継ぐ細工と見られる。
部材（2）は舟底部材で現存幅1.25m、長さ2.33m、高さ46cm、厚さ11cmを測る。
U字形の丁寧な成形である。舷側縁には幅3cmの段の痕跡が見られ、棚板が
継ながるのだろう。片側の舷側中央部には幅21cm、長さ41cmのM字形の切
り込みが残る。報告では井戸枠使用時点では方形板が当てられ荒縄が二重
に巻き付けられていたという。いずれもスギ材で、舟船体の中央部分と見
られるが、部材（1）は舷側縁がすぼまることから舟首尾のいずれかに近い
部分になる。

⑧ 讃良郡条里遺跡

　2002年度に調査[註8]された讃良郡条里遺跡の東端部、調査地は枚方丘陵
の南端に位置し、寝屋川市高宮・小路地区に所在する。この丘陵の縁辺部
は段丘斜面が複雑に入り込み、谷筋が多いが耕作地として認められ、第3層
から平安時代の遺構が検出されている。掘立柱建物3棟を中心として、東西
30m、南北30mの範囲で建物（4）の東側に井戸（13）がある。

—134—

井戸（13）は、掘方が大きく、東西2.8m×南北2.5mの楕円形であり、井戸底部までの深さは1.2mを測る。井戸枠は方形縦板の木枠を組み、その内法は東西80cm、南北85cmを測る。縦板木枠は幅20〜40cm、長さ60〜80cm、厚さ2〜5cm程度の不揃いの板材を用いているが、中には彎曲した板材を成形したような形状にしている。これら彎曲した板材は舟船材を割って再利用転用したものである。井戸内から土師器、黒色土器など平安時代前期の遺物が出土している。

方形井戸枠として用いられた板材の中で舟船材と見られるのは六材である。部材（1）は幅34.4cm、長さ74.8cm、厚さ4.8cmを測る。部材（2）は幅23.8cm、長さ82.4cm、厚さは7.8cmを測る。部材（3）は舟底部材で幅39cm、長さ83cm、厚さ9.5cmを測る。部材（4）は幅9cm、長さ67cm、厚さは4.8cmを測る。部材（6）は幅24cm、長さ75.4cm、厚さ5cmを測る。いずれもスギ材であり、断面に板目が見られ、舟船体部分を利用して柾目を割って加工している。部材（5）は幅29.6cm、長さ79.6cm、厚さは5.8cmを測る。ヒノキ材である。板材は井戸枠上面の腐食のために短くなっているものの、多くの板材は長くはなく、あるいは舟船体廃棄材の短いものを利用し、このような加工材としたものと考えられる。井戸（13）から出土した板材は18点だが、六材以外にも舟船材である可能性がある。

⑨ 讃良郡条里遺跡（03-5）

2003〜2006年度に調査[註9]された寝屋川市新家に所在し、讃良郡条里遺跡の範囲内の南西部に位置する。調査遺跡の中央を流れる流路は流路幅があり、深さ1mの規模である。また流路内に堆積遺物が多く出土している。特に注目されるのは各種の構築物であり、杭列（1）は南岸に接して流路に向かって10本程度の縦杭が打たれ、その間隔は30〜50cm、上部に横木を渡し、遺存部は岸から3mを測る。報告では舟船の係留施設を視野に入れており、接岸施設が相応しい。また杭列（2）は単独の大型杭で、先端を加工したヒノキ材であり、再利用材ではなく、遺存長1m、最大径15cmを測る。流路の規模が大きいので舟船などの係留用施設と考えられる。杭列（5）についても10本以上の縦杭が打たれ、間隔も規則的であり、上部に横木を渡す

第2部　研究史と各地の研究成果（各論）

ことから接岸施設と見られる。この杭列の縦杭の主杭と見られる杭は転用材と認められる。部材（1610）は彎曲した形状から舟船材の一部と見られる。遺存幅33cm、長さ80cm、厚さは7.6cmを測る。樹種はスギ材である。

　流路からはこの他に舟船部材が知られる。部材（1607）は、舷側板と見られ、最大幅約16.2cm、長さ46.2cm、板材の厚さは約3.3cmを測る。樹種はスギ材である。板材には長方形の貫通穴が4ヶ所、その内の1ヶ所には木栓に巻かれた樹皮が填まっている。部材（1608）は、舷側板と見られる。最大幅は43.2cm、長さ69.6cm、板材の厚さは約3.6cmを測る。板材には3ヶ所の長方形の貫通穴がある。表面の削平痕跡が明瞭に遺存する。樹種はヒノキ材である。部材（1609）は舷側板の一部の可能性がある。長さ約79cm、幅約8cmを測る。古墳時代中期から後期にあたる。

⑩ 讃良郡条里遺跡

　2004～2007年度に調査^(註10)された大阪府寝屋川市讃良東町に所在する讃良郡条里遺跡の南西部、調査地は枚方丘陵微高地から低地に位置する。

　井戸（385）は、掘方が大きく、2.2m×2.5mの楕円形であり、井戸底部までの深さは1.3mを測る。掘方のほぼ中央に井戸枠があり、井戸枠は楕円形、その内法は約1.12m×約80cmを測る。これら彎曲した板材は舟船材を切断して再利用転用したものである。井戸内には土師器が出土し、築造時期は古墳時代であったと認められる。第9層以下が古代末から中世にかけての自然堆積層であり、井戸枠は築造時期から平安時代に至るまで徐々に埋没したことがわかる。

　部材（1）は舟底部材で現存広端幅1.25m、狭端幅1.14m、長さ2.31m、厚さ10～15cmを測る。舷側縁内側には水平より内傾する平坦面が認められ、工具による削り痕跡がある。片側舷側部には方形の貫通穴が認められる。この方形穴は同形木片により塞がれているが、これは棚板を継ぐ細工と見られる。しかし舷側縁には有段構造はないので削られた可能性がある。なお両舷側縁の幅がすぼまり、舟底部の厚みが少なくなることから舟首尾のいずれかに近い部分になる。部材（2）は舟底部材で現存広端幅1.05m、狭端幅95cm、長さ2.30m、厚さ5～15cmを測る。U字形の丁寧な成形であり、

—136—

Ⅸ　近畿の刳舟

舷側縁部は外傾しており、工具による削り痕跡がある。片側（右）舷側部には方形の貫通穴が1ヶ所、（左）舷側部に2ヶ所が認められる。この方形穴は同形木片により塞がれているが、これは棚板を継ぐ細工と見られる。舷側縁部には違い段の細工がなく削られた可能性がある。また（右）舷側縁上端部上には長さ約12cm、下に長さ約21cmを測る切り込みがあり、（左）舷側縁上端部下には長さ約4cmを測る切り込みがあるが対ではない。なお両舷側縁の幅がすぼまり、舟底部の厚みが少なくなることから舟首尾のいずれかに近い部分になる。いずれもスギ材で、舟船体の中央部分と見られるが、同一舟船体とは考えられない。

井戸（754）は、掘方の平面形は幅2.7～3.6mの歪な六角形であり、三角形の井戸枠検出までの堆積層は約45cm、底面まで約2.44m、古墳時代の層が堆積している。井戸掘方の断面は逆台形、底面は直径約1mの円形となっている。井戸枠は部材3ヶ所によって三角形になっている。2ヶ所の角部の隙間を塞ぐために細長い板材を用いている。

部材（1）は、彎曲した舟底部材と見られ、現存幅約62cm、長さ約1.56mを測る。舷側縁部と見られる左右縁部には高さ約4cm、奥行き約6cmの違い段の細工を施し、棚板が継ながる部分と見られるが、報告では井戸枠加工の際の細工と考えている。井戸枠加工の際に細工を入れたとしても他部材との噛み合いがないので刳舟当初からのものと考える。部材（2）は彎曲した舟底部材と見られ、現存幅約58cm、長さ約1.46mを測る。舷側縁部と見られる左右縁部には（1）と同規模の有段の細工を施し、棚板が継ながる部分と見られる。部材（3）は、彎曲した舟底部材と見られ、現存幅約60cm、長さ約1.44mを測る。舷側縁部と見られる左右縁部には（1）と同規模の有段の細工を施しており、井戸枠加工時に削平した可能性がある。三部材はいずれも舟底胴部分と見られる。

⑪ 讃良郡条里遺跡

讃良郡条里遺跡 [註11] は、河内平野の北端部、枚方丘陵西麓の扇状地から沖積低地に立地しており、井戸が出土した地形は丘陵から数本の河川が流れ、古代から氾濫が見られる地域である。古墳時代後期から飛鳥時代の掘立柱

第2部　研究史と各地の研究成果（各論）

建物の集落に伴って井戸が存在する。

　井戸（5-491）は、掘方の平面形は幅4.3m×3.0mの歪な楕円形であり、三角形の井戸枠検出面から底面まで2.1mの層が堆積している。井戸掘方の断面は逆台形、円形の井戸枠、上部には平面方形の木枠があり、長さ50〜60cm、幅10〜15cm、厚さ2cmの部材で四方を組んでいる。円形となる井戸枠は部材4ヶ所によってほぼ円形になっている。部材には位置は異なるが1ヶ所の穿孔があり、その隙間を塞ぐために細長い板材を用いている。さらに下部には4枚の板材が、長さは86〜88cm、52〜54cmと長短があり、幅22〜24cm、厚さ2〜4cmを測る。井戸枠に使用された部材は準構造舟船の一部を転用した材であり、いずれも各面に手斧などの痕跡が見られる。

　部材（13）は、彎曲した舟底部材と見られ、現存幅約56cm、長さ約2.14mを測る。舷側縁側と見られる上端（井戸枠上縁として）右に四角い貫通穴1ヶ所がある。板材（19）が穿孔部外側に当てられている。部材（16）は、彎曲した舟底部材と見られ、現存幅約68cm、長さ約2.18mを測る。舷側縁側と見られる上端（井戸枠上縁として）左に四角い貫通穴1ヶ所がある。板材（20）が穿孔部外側に当てられている。部材（15）は、彎曲した舟底部材と見られ、現存幅約58cm、長さ約2.14mを測る。舷側縁側と見られる中端（井戸枠上縁として）右に四角い貫通穴1ヶ所がある。なお削平痕跡が下端で顕著に見られ、また舷側縁の幅がすぼまり、舟底部の厚みが少なくなることから舟首尾のいずれかに近い部分になる可能性がある。板材（18）が穿孔部外側に当てられている。部材（14）は、彎曲した舟底部材と見られ、現存幅約62cm、長さ約2.16mを測り、舷側縁側と見られる下端（井戸枠上縁として）左に四角い貫通穴1ヶ所がある。板材（17）が穿孔部外側に当てられている。なお削平痕跡が下端で顕著に見られ、また舷側縁の幅がすぼまり、舟底部の厚みが少なくなることから舟首尾のいずれかに近い部分になる可能性がある。

　部材（17）は、井戸枠の隙欠材として利用された材で舷側板の一部と見られる。遺存幅約8.8cm、長さ約31.2cmを測り、加工材ではない。1ヶ所の長方形貫通穴がある。部材（18）は、井戸枠の隙欠材として利用された材で舷側板の一部と見られる。遺存幅約9.2cm、長さ約31.2cmを測り、板材下部に削られた段状になるが加工材ではないと見られる。部材（19）は、井戸

—138—

枠の隙欠材として利用された材で舷側板の一部と見られる。遺存幅約9.6cm、長さ約41.6cmを測り、加工材ではない。1ヶ所の長方形貫通穴がある。部材（20）は、井戸枠の隙欠材として利用された材で舷側板の一部と見られる。遺存幅約8.8cm、長さ約40.8cmを測り、加工材ではない。

　部材（21）は、井戸枠の隙欠材として利用された材で舷側板の一部と見られる。遺存幅26.4cm、長さ約55.2cmを測り、加工材ではない。2ヶ所の長方形貫通穴がある。部材（22）は、井戸枠の隙欠材として利用された材で舷側板の一部と見られる。遺存幅約27.2cm、長さ約53.6cmを測り、加工材ではない。2ヶ所の長方形貫通穴がある。部材（23）は、井戸枠の隙欠材として利用された材で舷側板の一部と見られる。遺存幅約23.2cm、長さ約88cmを測り、加工材ではない。2ヶ所の長方形貫通穴があり、削平痕跡が見られる。部材（24）は、井戸枠の隙欠材として利用された材で舷側板の一部と見られる。遺存幅約26cm、長さ約90.4cmを測り、加工材ではない。2ヶ所の長方形貫通穴があり、削平痕跡が見られる。これらの穿孔は概ね4×2cm、8×2cmを測る。見てきた樹種はスギ材である。この井戸底部の出土土器から7世紀前半に機能していたと見られる。

⑫ 讃良郡条里遺跡

　四條畷市砂4丁目から寝屋川市新家2丁目、讃良東町の調査地[註12] は、讃良郡条里遺跡の低地に立地しており、居住、生産環境にある。この地域で古墳時代中期以後、井戸枠に再利用された舟船の部材がある。

　井戸（81）の、掘方の平面形は径2.2m×1.8mの歪な円形であり、深さは1.1mの掘り込みがある。井戸枠の設置は井戸底より深く、「井戸底面の整地と、井戸枠の組み立てが同時作業」で、掘り込みが行われたと報告している。井戸枠として利用された板材三部材と半截材3本が組み合わさり、長辺約64cm、短辺約45cmの長方形の井戸形状である。井戸底内の遺物は土師器甕が出土し、古墳時代中期以後と見られる。部材（1）は舟底部材と見られるが、表面は削り調整があり、裏面は割り面である。幅約35cm、遺存長約35cm、厚さ約5cmを測る。裏面の状況から半截あるいは削られた可能性がある。部材（2）も舟底部材と見られる。表面下端に削り痕が見られ、裏面は割り面

—139—

第2部　研究史と各地の研究成果（各論）

である。幅約57cm、遺存長約47cm、厚さ約6cmを測る。裏面の状況から半截あるいは削られた可能性があり、さらに両端一部に約5cmの方形で井戸枠設置時の切り欠き部分が認められる。部材（3）は表裏面に削り調整が認められ、幅約56cm、遺存長約52cm、厚さ6.5cmを測る。両端一部に約6×5cmの方形で、井戸枠設置時の切り欠き部分が認められる。いずれも短材ではあるが、舟船材と見られ、樹種はスギ材であろう。

　井戸（917）の、掘方の平面形は径2.3mの円形であり、深さは3.3mの掘り込みがある。井戸枠設置時に足場（階段状遺構）が見られ、「平面形は楕円形、規模は長軸0.63m、短軸0.50mである。断面形はフラスコ形になっており、舷側板が差し込まれて固定されていた」と報告される。この井戸枠内部からは途中層に須恵器提瓶、下層から須恵器、土師器がまとまって出土している。古墳時代の井戸である。井戸枠の上部外側に差し込まれた舟船材は、転用した破砕板材であり、部材（1）は約50cm、部材（2）は約47cm、部材（3）は約34cm、部材（4）は約48cm、部材（5）は約50cmで真ん中に柄穴がある。部材（6）は約28cm、部材（7）は約49cmで切り欠きがあり、部材（8）は約27cmで報告では豎壁板先端とし、表面は削りが見られ裏面は割れ面である。部材（9）は約29×57cmの板材、表裏面が削りや側辺の形状を調整し、その側辺上部に1ヶ所の円孔穴がある。反対側辺には歪な方形の切り欠きが見られるが、細工であるかは分からない。部材（10）は約18×64cmの板材に、2ヶ所の柄穴5×1.5cm、3×1.5cmがあり、また1ヶ所の柄穴4×1.5cmには別材が詰まっており、片側面には三角形状の切り込みが2ヶ所見られる。破砕材の下部には、準構造舟船の舟底部材と考えられる断面弧形の底板を二部材組み合わせ井戸枠としている。部材（1）は舟底板で幅82cm、長さ2.47m、厚さ約4〜6cmを測り、舟首尾先端部を転用している。表裏面は平滑に仕上げられ、舷側縁は転用時の手斧痕が見られ削られている。報告では内底部の先端部から「2.1m離れた内面に穴が並ぶ。穴は長さ6cm前後、幅4cm前後、深さ2〜3cm」とあるが、人為的な工作ではなく、樹幹の枝による節であろう。部材（2）は舟底板で幅80cm、長さ2.25m、厚さ約4〜6cmを測り、舟首尾先端部を転用している。表裏面は平滑に仕上げられ、特に舷側縁は転用時の調整痕跡が顕著に見られる。この二部材が1艘の刳舟に繋がるのかは不明であり、

—140—

IX　近畿の刳舟

1艘であると考えると5〜6m前後と考えられる。また弧形を呈する彎曲から深位高は27〜35cmが測られる。樹種は不明だがモミ材と見られる。

　溝（2037）は、調査区（3区）北東部に位置し、L字状溝の南北溝の長さは3.82m、幅73cm、深さ22cmを測る。この溝から舟船材を転用した木材が出土し、その部材を用いて導水施設にしたものと報告されている。破砕材のようであり、僅かに彎曲した舷側部材で、長さ約192cm、幅約21cm、厚さ約3〜4cmを測る。片側は直線的であり、反対側は反りをもち、その一端にはチキリ状の10×3cmの長方形の彫り込み痕跡がある。裏面にも28×4cmの彫り込み痕跡があり、その部分には4×1cmの方形枘穴1ヶ所の加工がある。舷側部分の板材と見られ、樹種は不明である。

⑬ 蔀屋北遺跡

　四條畷市砂・蔀屋に所在する蔀屋北遺跡は、生駒山地から流れる岡部川により形成された沖積地に弥生時代から近世に至る複合遺跡である。2002年以後に発掘調査 [註13] され、古墳時代中・後期の竪穴住居群の中から井戸が発見されており、良好な刳舟転用材を利用した井戸枠が見られる。

　A地区井戸（A494）は、掘方の平面形は径約1.6mの楕円形であり、その断面は井戸底部までの深さは約2mを測る。そこに舟底二部材を組み合わせた長径約1.1m、短径約63cmの井戸形状である。部材（1）は舟底部材で幅1.25m、長さ2.1m、舷側への立ち上がりの高さ40cm、厚さは6〜9cmを測る。この部材は一方に対して幅を減じている。また底部は平坦であり、幅約50cmを測る。舷側縁には部分的にL字状の段差が生じており、側面に1ヶ所の穿孔が確認される。部材（2）は舟底部材で幅1.20m、長さ2.14m、高さ40cm、厚さは7〜10cmを測る。片方の舷側は削平され遺存しないが、舷側縁には部分的にL字状の段差が生じており、L字細工のいずれも各5cm幅を測る。また舟底部は平坦であり、幅約60cmを測る。いずれも弧形を呈し、舟底部を利用し、樹種はスギ材である。

　A地区井戸（A1501）は、掘方の平面形は径2.4m×2.7mの楕円形、二段に掘り込み、断面は逆台形で井戸底部まで2.2mを測る。井戸枠は舟船材の板を利用した素掘り井戸と見られ、掘方上部に幅20cm、長さ1m、厚さ7cmの板

—141—

材を80cm離して平行に並べ、その上に直交させて幅20cm、長さ1.2m、厚さ8cmの板材を55cm離して平行に並べて井桁状に組み合わせている。さらに板材を用いて組み合わせた井戸枠であるが、舟底部を利用しない構築と見られる。樹種はスギ材である。

　B地区井戸（B131000）は、掘方の平面形は径1.7m×1.95mの楕円形であり、その断面は逆台形状、井戸底部までの深さは約2.7mを測る。そこに断面が弧形の舟底二部材を組み合わせ井戸枠とし、長径約95cm、短径約53cmの井戸形状である。井戸内の遺物から古墳時代中期後半と見られる。部材（1）は舟底部材で上端幅90cm、下端幅55cm、長さ2.635m、高さ29cm、厚さは3～6.5cmを測る。内部は下端に向けて舷側に沿って緩やかに円弧を描くが抉られてはいない。先端部は舷側縁を残し、僅かに刳り込みがある。舷側縁には僅かに外側にL字状の段差の加工が遺存する。縁上の一方に柄穴4ヶ所、片方に3ヶ所の柄穴が認められる。舟底部に貫通方形穴が左右対称に内側に2ヶ所が空けられる。舟底部は若干扁平に加工している。部材（2）は舟底部材で上端幅80cm、下端幅55cm、長さ2.495m、高さ24.5cm、厚さは2～7.5cmを測る。4ヶ所に柄穴がある。いずれも弧形を呈し、スギ材である。内部は下端に向けて舷側縁に沿って緩やかに抉り込みが見られ、舷側外側は先端部まで平行するが先端部で屈曲して端部を形成する。舟底部には2ヶ所で、貫通方形穴が左右対称に内側に2ヶ所が空けられる。舟底部は若干扁平に加工している特徴が見られる。

　　これらの部材の特徴的な点は、いずれかが艫、舳先ということと、スギ材の一木内面を刳り抜くが先端部分にまではおよばず、舟船の特徴である梭形を成形している。また舟底に柄穴を空ける点に本来何かの構造があったのか、井戸枠転用の際の細工なのかは不明である。舟底部が緩やかな弧形と底部の加工が見られる。樹種はスギ材である。

　C地区井戸（C2476）は、遺跡の南東谷が入江状に入り込んだ先端に位置する。掘方の平面形は径約3.3mの円形であり、その断面は逆台形状、井戸底部までの深さは約3mを測る。この井戸枠は上下二構造からなるが、刳舟転用材は上部にある。断面弧形の舟底部材を合わせた楕円形であり、その長径は1m、短径55cmの井戸形状である。部材（3）は舷側板？で幅約28cm、

—142—

IX　近畿の刳舟

長さ約1.32m、厚さ約8cmを測り、大きい穴と彫り込みがある。部材（2）は舟底部材で最大幅1.13m、長さ1.52m、深さ32cm、厚さは7.5〜9.5cmを測る。一方の舷側にL字状の段差が遺存し、下端に柄穴が長方形に彫り込まれるが細工の用途は不明である。片方は削平痕跡が見られる。外側上端部にも柄穴の彫り込みがある。部材（1）は舟底部材で最大幅98cm、長さ1.465m、深さ33cm、厚さは6〜11cmを測り、両舷側に浅いがL字状の段差の痕跡が確認できる。下端部に幅5cm方形の貫通穴があり、一方の舷側縁内側に小さな柄穴の彫り込みがある。いずれも樹種はスギ材である。発掘担当者は舟船部材の可能性に疑問点を残している。井戸の使用時期は出土須恵器編年から6世紀中頃、廃絶時期を6世紀後半とする。

　C地区井戸（C2549）は、遺跡の南東谷の縁辺に位置する。掘方の平面形は歪な楕円形であり、そこに舷側板二部材、断面弧形の舟底三部材を組み合わせた扇形であり、その長径は1.6m、短径1.4mの井戸形状である。部材（1）は舷側板で幅25.4cm、長さ1.476m、厚さ4〜5.3cmを測る。1ヶ所に柄穴と切り込みがある。部材（2）は舷側板で幅20.5cm、長さ1.65m、厚さは3.7〜4cmを測る。1ヶ所の大きい柄穴と舷側縁の柄穴と見られる4ヶ所がある。いずれもスギ材である。部材（3）は舟底部材で幅46cm、長さ1.53m、厚さは3.7〜5.8cmを測る。1ヶ所に彫り込みがある。部材（4）は舟底部材で幅45.8cm、長さ1.664m、厚さは5.4〜6.2cmを測る。2ヶ所に貫通穴があり、他に2ヶ所の柄穴が見られるが、この方形孔を舟船のチキリ細工とは見なしがたい。僅かに弧形が見られる。部材（5）は舟底部材で幅44.8cm、長さ1.71m、厚さは2.2〜4.3cmを測り、いずれも樹種はスギ材である。

　E地区井戸（E090805）は、掘方は隣接する南東部井戸掘方と重複するが、平面形は径1.88m×1.75mの楕円形であり、その断面は約1.15mの深さに垂直に掘り込み、さらに東寄りに径1mの円形状に井戸底部までの深さは約1mを測る。そこに断面が弧形の舟底二部材を組み合わせ井戸枠とし、長径約1m、短径約35cmの扁平な井戸形状である。井戸内の遺物から古墳時代中期後半と見られる。部材（1）は舟底部材で最大幅94cm、遺存長1.9m、舟底部の厚さ12cm、舷側縁部の厚さ6cmを測る。舷側縁でない方は断面から見ると舟底部分を縦に切断されている可能性がある。舷側縁側部には長細い貫通

—143—

第 2 部　研究史と各地の研究成果（各論）

穴4×2cmが4ヶ所、ほぼ40cm間隔で認められ、その貫通穴には樹皮、楔の遺存が認められる。部材（2）は舟底部材で最大幅96cm、遺存長2m、舟底部の厚さ12cm、舷側縁部の厚さ6cmを測る。舷側縁でない方は部材（1）と同じように舟底部分で縦に切断されている可能性がある。舷側縁側部には長細い貫通穴が4ヶ所、ほぼ40cm間隔で認められ、その貫通穴には樹皮、楔の遺存が認められる。いずれも弧形を呈する舟底部であり、樹種はモミ属材と報告されている。

　E地区井戸（E090806）は、掘方は隣接する井戸掘方と重複するが、平面形は径1.98m×1.68mの楕円形であり、その断面は一旦約40cmの深さに掘り込み、さらに西寄りに径1.6mの円形状に1.8m掘り込み、その西寄りに60×80cmの楕円形で井戸底部までの深さ約60cmを掘っている。そこに断面が馬蹄形となる形で舟船材四部材を組み合わせ井戸枠とし、長径80cm、短径60cmの歪な井戸形状である。井戸内の遺物から古墳時代中期後半と見られる。部材（1）は舟底部材で最大幅74cm、長さ2.28m、弧形の舟底部と見られる。厚さは6〜10cmを測る。一方の舷側には規則正しい長方形の柄穴が見られ、報告では貫通穴と貫通しないものがあり、また穴には樹皮、楔の遺存する柄穴があるという。7ヶ所確認できる。他方の舷側にも柄が2ヶ所確認されるが、削平されている可能性がある。部材（2）は舷側板と見られる。幅30cm、長さ2.2m、厚さ7cmを測る。部材（3）は舷側板と見られる。幅38cm、長さ2.2mを測る。片方には8〜9cm間隔で柄が認められ、台形状を呈しており、接続細工（チキリ）の可能性があるが現段階では不明である。部材（2）と類似する。部材（4）は舟底部材で最大幅76cm、長さ2.3m、弧形の舟底部と見られる。厚さは6〜8cmを測る。一方の舷側には台形状の貫通しない柄と長方形の貫通する柄穴が認められている。樹種はすべてスギ材である。

　F地区井戸（F944）から舷側板と見られる部材がある。部材（1）は幅約17.6cm、長さ約48cm、厚さ約4.4cmを測る。端部に貫通穴が2ヶ所に見られる。部材（2）は幅約20.8cm、長さ約70.4cm、厚さ約3.2cmを測る。2ヶ所に3ヶ所の柄穴がほぼ同様に細工されている。

　A地区大溝（90001）から数点の部材が出土している。部材（1）は舷側縁を接続していた部分と見られ、長さ約1m、幅約12cm、厚さ約2.8cmを測る。

報告では「27cm間隔で穿たれた方形孔」が3ヶ所があり、他にも方形孔があり、樹皮を巻き込んだ楔が遺存している。舷側板の接続部分と考えられるが、位置については不明である。このような樹皮材を多く使った技術のあることは興味深い点である。部材（2）は形状から見て舟船の舷側前後の先端部分とみられるが、長さ約1.07m、幅約9.6cmを測る。4×2cmの方形貫通孔が4ヶ所、約20cm間隔で穿たれている。部材（3）は舷側部分、長方形穴2ヶ所、方形穴1ヶ所の貫通穴があり、接続部分になる。部材（4）は長さ約57.6cm、幅約19cmを測る。長方形穴と方形穴の貫通穴があり、舷側板部分と見られる。部材（5）は小さい部材であるが、長さ20.8cm、幅約10cmを測り、方形柄穴には樹皮と楔の痕跡が見られる。部材（6）は報告では「船底部分を補強するため」とあるが不明。長さ約57.6cm、幅約12.8cm、厚さ約2cmを測る。龍骨材とあるが用途の根拠がわからない。

⑭ 大東市北新町遺跡

1991年に実施された大東市北新町に所在する北新町遺跡の発掘調査[註14]から古墳時代の木製扉の出土や古墳時代前期の井戸（H-N調査区 SE34）がある。北河内の南端、生駒山地西斜面から河内低地の東部に広がる大東市の最北部に位置する。西には深野池があったが干拓後は新田となった。讃良郡に属し古代条里制の讃良郡4条・5条にあたる。井戸の掘方は歪な台形で上部は一辺約90cm、深さ約1.2m斜めに掘り下げ、井戸枠は上面から約20cm下部に舟船材を五部材で構成する。井戸枠は上方からは四角形状を呈している。

部材（155）は、刳舟先端部を縦割りした部材で丁寧な削痕が見られる。現存幅約18.4cm、長さ約83.9cm、厚さ約8cmを測る。部材（156）は、彎曲した舟底部材と見られ、現存幅約31.2cm、長さ約77.8cm、厚さ約4.3cmを測る。舷側縁側は約13.5cmと見られ、舷側での加工痕跡は見られない。部材（157）は、舷側縁部と見られ、現存幅約11.6cm、長さ約57.6cm、厚さ約1.8cmを測り、2ヶ所の約11.6cmの突起細工がある。部材（158）は、刳舟先端部を縦割りした部材で丁寧な削痕が見られ、現存幅約22cm、長さ約91.2cm、厚さ約6cmを測る。部材（159）は、彎曲した舟底部材と見られ、現存幅約36.1cm、長さ

第 2 部　研究史と各地の研究成果（各論）

約83.2cm、厚さ約5.2cmを測る。舷側縁側は約19.6cmと見られ、舷側での加工痕跡は見られない。

⑮ 西岩田遺跡

　大阪中央環状道路の工事がはじまり、1965年には周辺から弥生時代中期以後の土器類が出土し、遺跡のあることは知られていた。1971年、寝屋川南部流域下水道計画事業中央南幹線下水管渠築造工事に伴う調査[註15]で明らかにされた。西岩田遺跡は東大阪市西岩田地域に位置し、地形は標高5～6mという低湿地であり、河内平野の縁辺部の比較的扁平な微高地を形成する。旧大和川支流の吉田川沿いに沖積作用による自然堤防を形成し、河川の氾濫による土砂の堆積を繰り返した地域である。井戸は古墳時代前期と見られ、掘方は上面の長径約1mの不整形な楕円形、深さ約90cm、掘方の中心から逸れた位置に井戸枠があり、それは上面から10cm掘り込んだ位置にある。井戸枠は歪な状態で6枚の板材を組み合わせ、その長さは約80cmを測る。

　部材（1）は、彎曲しており、舟底材と見られる。幅53～47cm、長さ約80cm、厚さ3.5cmを測る。部材（2）は彎曲した舟底材と見られ、幅38～41cm、長さ約80cm、厚さ4.5cmを測る。舷側縁と思われる部分に長さ3cm、幅1.5cmの柄穴2ヶ所にサクラ樹皮を巻き込んだ木栓が挿入されていたと報じる。部材（3）は彎曲しており、舟底材と見られるが、幅11cm、長さ約80cm、厚さ1cmを測り、厚みがない。部材（4）は彎曲した舟底材と見られ、幅11.5cm、長さ約80cm、厚さ3cmを測る。部材（3）（4）には幅6cm、厚さ1.5cmの板材2枚が内外側から挟まれていたことが知られ、「桜樹皮の帯を横に巻きつける為の溝が加工されている。桜樹皮の帯は、柄穴と添え木の巻きつけの部分に一部残って」いることから板材は舷側板の可能性がある。溝の加工はL字状かも知れず、かなりはっきりとした舷側縁の貼り付け痕跡を残す状態であったことがわかる。部材（5）は舷側板の可能性がある。幅19cm、長さ約80cm、厚さ3.5cmを測る。板材一端に1ヶ所の長さ3cm、幅1.5cmの柄穴が認められ、サクラ樹皮と木栓の痕跡がある。部材（6）は舷側板の可能性があり、幅18cm、長さ約80cm、厚さ3cmを測る。板材の一端には2ヶ所の長さ3cm、幅1.5cmの柄穴があり、サクラ樹皮と木栓の痕跡がある。時期的には井戸枠内から土師器、

—146—

IX　近畿の刳舟

土錘などが出土し、古墳時代前期と見られる。井戸下部の青灰色砂層から
清水の湧出が認められると報告している。

⑯ 西岩田遺跡

　1979年以後の調査[註16]であり、近畿自動車道天理〜吹田線建設予定地内
に位置する遺跡で東大阪市西岩田3丁目区域（4B）の調査から井戸跡が検出
されている。古墳時代、時期的には5世紀後半から6世紀初頭である。井戸
の掘方は上面での径（東西）約1.3m、径（南北）約1.4mの隅丸正方形、ほ
ぼ中心片寄りに井戸枠がある。井戸枠は4枚の板材を組み合わせ、平面断面
はほぼ台形状になり、その一辺は約30〜70cmを測る。深さは約70cmと見られ、
現状は流水堆積砂層である。

　部材（1）は舟船の板材と見られる。幅26cm、長さ56.5cm、厚さ2.8cmを測
る。板材は比較的丁寧な手斧による調整が見られ、顕著な加工はなく、舷
側板とするかは不詳。部材（2）は舟船材と見られる。幅32cm、長さ60cm、
厚さ4cmを測る。板材は比較的丁寧な手斧による調整が見られ、顕著な加工
はなく、節跡が1ヶ所に見られる。舷側板とするか、舟底材とするか不詳。（1）
（2）の樹種はヒノキ材である。部材（3）は彎曲しており、舟底材と見られる。
幅69cm、長さ60cm、厚さ7.5cmを測る。比較的丁寧な手斧による調整が見られ、
顕著な加工はないが、舷側縁にL字状の加工が見られる。幅約4〜5cmの段溝
の加工がある。部材（4）は彎曲した舟底材と見られ、幅50.5cm、長さ50cm、
厚さ9.5cmを測る。比較的丁寧な手斧による調整が見られ、顕著な加工はな
いが、舷側縁にL字状の加工が見られる。幅約5〜6cmの段溝の加工がある。
（3）（4）の樹種はスギ材である。いずれの部材にも枘穴などの加工痕跡は
見られないが、彎曲した木取り方法など刳舟の一部と考えられる。

　井戸枠内の埋土層は4層からなり、最下層は流水堆積砂層である。中層段
階の埋土層から加工木片、土師器、桃核などの植物種子、下層段階でも桃核、
須恵器片などが検出され、井戸祭祀を考えることができる。

　「用途不明木製品」に見られる刳舟部材について、明らかな部材（W097）
は2枚の柾目材をサクラ樹皮で枘穴を巻き込み接続している。板材が舷側板
であるか否かは不詳であるが、幅9.45cm、長さ35.8cm、厚さ1cmを測る。板

—147—

第2部　研究史と各地の研究成果（各論）

材は1材が割れたものと報告され、その補修と見ている。柄穴は対で2ヶ所に見られ、サクラ樹皮幅は1.05～1.3cmを測る。樹種はモミ材であり、刳舟の位置については不明である。

　部材（W098）は、柎状部材であり、加工が伴うので刳舟の柎と見られなくはない。三角形状の板材は樹種がクス材で最大幅19cm、長さ32.8cm、厚さ2.5cmを測る。板材は板目に取り、形状は背となる一辺を斜めに加工、底部はほぼ水平であり、もう一辺はほぼ垂直に加工され、焼燬痕跡がある。この柎状木製品には取柄が取り付いており、樹種はニレ材で丸木の下部を半截する。半截は均等ではないが、内面部を削平して調整し木製品に貼り付けるように加工している。径5cm、長さ6.5cmを測る。用途を刳舟の柎と見るのかは課題が残る。

　部材（W099）は、柎状部材であり、加工が伴うので刳舟の柎と見られなくはない。台形状の板材は樹種はモミ材である。最大幅21.5cm、長さ29.9cm、厚さ2.4cmを測る。板材は柾目に取り、形状は背となる部分は約11cm幅でそのまま柄部を作り出している。両辺は斜めにほぼ同じ傾斜となり、底部は水平であるが両面から削平されV字状になっている。全体に手斧による削平痕跡が見られる。この部材についても（W098）と同様にその用途は刳舟の柎と見るのかは課題が残る。

⑰ 八尾南遺跡

　1978～1981年の大阪市高速電気軌道2号線建設に伴って調査[註17]された八尾市木ノ本、若林町周辺の八尾南遺跡である。井戸D1地区（SE9）は古墳時代前期と見られ、掘方の上面は長径1.85m、短径1.55mの不整形な円形、深さは1.44m、底部は一辺1.20mの隅丸方形であり、その中心のほぼ真ん中に井戸枠がある。井戸枠は4枚の板材を組み合わせ、補助材2枚を使い、平面断面はほぼ方形になり、その一辺は約45cmを測る。井戸下部では筒形に窄まる状態で遺存する。

　部材（1）は、彎曲した舟底部材と見られ、現存幅31～39cm、長さ99cm、厚さ5cmを測る。片側に舷側部分が残り、長方形の貫通柄穴2ヶ所、四角い貫通柄穴1ヶ所、舷側縁上に方形の掘り込みがある。対の舷側は削られてい

—148—

る。部材（2）は板状であり、舷側板の可能性がある。幅42cm、長さ95cm、厚さ3.2cmを測る。井戸枠上面部に比較的大きな貫通穴があり、対面に同じような位置関係で3対3の6ヶ所、さらに下部面に方形の柄穴4ヶ所がある。この部分には「用途不明の棒状の木製品が、樹皮でまき付け」てあったと報告され、舟船の部材であった可能性がある。井戸底部中央に三角形の切り込みがあり、全体に削平痕跡が見られる。部材（3）は舟底部であり、幅約33.6cm、長さ約1.01m、厚さ約5cmを測る。片側に舷側部分が残り、長方形の貫通柄穴3ヶ所、1ヶ所は柄穴が重なっている。さらに大きい貫通穴が1ヶ所、舷側縁に方形の切り込みが見られる。対の舷側は削られている。部材（4）は彎曲した舟底部材と見られ、現存幅52cm、長さ1.14m、厚さ5.4cmを測る。一方に窄まる状態、舟首尾と見られる。内側先端部に削平痕跡が見られ、また底部にも明らかな削平痕跡が見られる。部材（5）は幅約9.3cm、長さ約1.04m、厚さ約4cmを測り、一辺片方に四角い切り込みが見られる。部材（6）は幅約11cm、長さ約80cm、厚さ約3.6cmを測り、一辺片方が欠失している。この井戸枠に転用された部材の平均厚が5cm以内というのが特徴的である。時期的には井戸枠内遺物から布留期の古段階と見られる。

⑱ 太子堂遺跡

1983年に発掘調査^(註18)された太子堂遺跡は、大阪府東部の八尾市に位置する。東を生駒山地、西に上町台地、南に羽曳野丘陵に囲まれた沖積底平地の河内平野であり、古代から旧大和川の氾濫沖積湿地層を形成する。この八尾市東太子2丁目の調査から井戸が発見されている。調査区（B区SE201）の井戸は、奈良時代の遺構で、井戸の掘方は幅1.9m×1.8m、深さ2.2mを測る円形であり、逆台形の掘方中央に木製2段の井戸枠がある。下部井戸枠の上部に覆い被さるような形で短い井戸枠がある。部材は舟船材の一部と見られ、弧形と平板形の板材がある。井戸底部から須恵器・土師器が出土し、最底部には径2～3cm程度の小石が10cm厚前後に敷き詰められている。

部材（51）は舟底部材で現存幅約74cm、長さ約1.29m、厚さ約9cmを測る。内面に1ヶ所の四角い貫通穴、2ヶ所の柄穴が中央付近にある。外面にも貫通穴横に1ヶ所の四角い柄穴がある。部材（52）は舟底部材と見られ半截し

第2部　研究史と各地の研究成果（各論）

ている可能性がある。現存幅約50cm、長さ1.13m、厚さ約10cmを測る。部材（53）は舟底部材で現存幅約65.5cm、長さ約1.55mを測る。内面に3ヶ所の枘穴が見られる。

　調査区（D区SE202）の井戸は、奈良時代の遺構で、井戸の掘方は幅2.8m×2.4m、深さ2.0mを測る円形であり、逆台形の掘方中央に木製の井戸枠がある。部材は舟船材の一部と見られ、弧形二材と平板形一材の板材があり、3枚で構成される。井戸底部から須恵器・土師器が出土し、最底部には径5cm程度の小石が20cm厚前後に敷き詰められている。

　部材（114）は舷側板の可能性がある。両面とも工具による削平痕が見られる。現存幅約38cm、長さ約1.724m、厚さ約6.5cmを測る。下部に2ヶ所の貫通穴がある。部材（115）は舟底部材で現存幅58.6cm、長さ約1.62mを測る。内面に2ヶ所、舷側縁に1ヶ所の枘穴が見られる。部材（116）は舟底材で現存幅約60cm、長さ1.55mを測る。

⑲ 萱振遺跡

　八尾市緑ヶ丘5丁目に所在する萱振遺跡は、弥生時代中期から鎌倉時代に至る複合遺跡であり、八尾市の北西部に位置する。1992年、第12次調査[註19]で発見された井戸（SE302）は、井戸内部から出土した古式土師器類によって古墳時代前期前半と考えられる。掘方の上面形状は不整形な楕円形で径2.2m×2.1m、深さ1.3mを測る。井戸枠は部材3枚を組み合わせており、掘方に対して片寄り（南部）に位置する。井戸枠の上面は長細い楕円形状であり、遺存幅1.15m×57cm、深さ1mを測る。

　部材（1）は、現存幅65cm、長さ1.03m、厚さ1〜4cmを測る。部材（2）は、幅75cm、長さ94cm、厚さ1〜4cmを測る。部材（3）は、幅1.25m、長さ1m、厚さ1〜6cmを測る。舷側縁などに枘穴痕跡があるが、詳細は不明である。舟船材と見られるが、規模は大きくはない。

⑳ 久宝寺遺跡

　1999〜2000年に発掘調査[註20]された大阪府八尾市大字亀井地域での竜華東西線4工区に位置する久宝寺遺跡第29次調査から奈良時代前半の井戸2基

—150—

IX　近畿の刳舟

が発見されている。

　井戸（SE3003）の掘方は大きく、平面はほぼ隅丸方形であり、長辺4.35m×短辺3.75mを測り、井戸底部までの深さは1.35mを測る逆台形である。井戸枠は分割した部材を六材並べて組み、その内法上部径は1.25〜1.30m、内底径1〜1.15mを測る。縦板木枠は幅50〜60cm、長さ70〜86cm、厚さは最大15cm程度の不揃いな板材を用いているが、そのほとんどは彎曲した板材を成形したような形状にしている。これら彎曲した板材は舟船材を割って再利用転用したものと考えられ、井戸内には土師器、須恵器など奈良時代前期の遺物が出土している。

　部材（1）は彎曲した舟船体で幅約64cm、長さ約83cmのスギ材である。（2）は彎曲した部材で幅約48cm、長さ約89cm。（3）は彎曲した部材で幅約57cm、長さ約80cmを測り、2ヶ所の柄穴、内側に鉄片の遺存がある。（4）は彎曲した部材で幅約52cm、長さ約87cm。（5）は彎曲した部材で幅約59cm、長さ約92cm。（6）も彎曲した部材で幅約55cm、長さ約82cm、1ヶ所の柄穴には鉄錆付着が認められる。これらの部材の内、（1）（2）（3）において接合関係が認められると報告している。

　井戸（SE4001）は、掘方の平面は不整円形であり、その径は2.05mを測り、井戸底部までの深さは85cmを測る逆台形である。井戸枠は一辺1mの方形に組み合わせたものと見られ、四隅に井戸枠を固定する杭が設置され、舟船材と見られる五材が確認されている。井戸内から土師器、須恵器などの小片が出土し古墳時代中期ころと見られている。

　部材（1）は舟船の一部と見られ、平坦である。台形状で片側（右）下端部が欠損している。遺存板材は幅33〜46cm、長さ91cm、厚さは4〜7.5cmを測る。その（左）縁部には柄溝が幅2〜4cm、深さ3cm、長さ88cmを測る。部材として考える場合、準構造舟船で見られる舟首尾の波除けである「竪壁板」と見られる。腐蝕が激しいが材質はスギ材である。部材（2）は報告者が舟首尾の可能性を示唆している。ラケット状に遺存しており、遺存部分は長さ1.05m、幅56.5cm、先端部厚は最大7cm、下端部厚は最大3cmを測る。先端部から36cm前後の位置から段状に削平されている。その下部（右）側に長さ約12cm、幅5cmの楕円形貫通穴がある。部材（3）も報告者が舟首尾の可

—151—

能性を示唆している。ラケット状に遺存しており、遺存部分の長さ1.02m、幅42.8cm、先端部厚は最大5cm、下端部厚は最大3cmを測る。先端部から41cm前後の位置から段状に削平されている。その削平（右）側に長さ17cm以上、幅4cmの楕円形貫通穴がある。形状的には（2）と加工方法に共通点が見られる。舟船の舳艫とは見なしがたいと考える。部材（4）は舟船材の一部分と見られるが不明。遺存長77cm、幅10cm、厚さ2.5cmの柾目材。先端部から約30cmの位置に長さ4cm×幅1.3cmの長方形柄穴が2.5cm幅で2ヶ所貫通穴がある。部材（5）も舟船材の一部分と見られるが不明。（4）に類似する。遺存長69.8cm、幅10cm、厚さ2.5～3cmを測る。

㉑ 久宝寺遺跡

2001年からはじまった久宝寺遺跡からは刳舟の底部（図24）が発見されている。八尾市亀井地内の竜華地区に位置するこの調査区では古墳時代を主体とする。舟船が発見されたのは古墳時代前期（第3-2層・NR054）の自

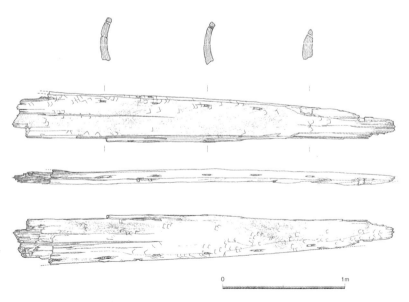

図24　大阪府八尾市久宝寺遺跡（NR054）出土刳舟実測図

然河川流域の川床と見られる面である。報告[註21]では準構造舟船の一部とされる。舟船材は長さ3.17m、最大幅38cm、最大厚8cmを測る。舟船内面を上に向け水平状態で出土している。一木を板目に対して削り、両面に加工痕跡が認められる。樹種はスギ材である。

　舟首尾は不明であるが、一方に従い幅を減じた舟船型を示し、弧形を示している。先端の右側は人為的に切断され、切断は加工を目的としない乱雑状態にある。先端に対して左側には、舷側縁部と見られるが7ヶ所に枘穴があり、その間隔は38〜39cmと規則的であり、枘穴は長さ4〜5cm、幅1〜1.5cmであり、その内4ヶ所は木栓で止められている。さらに舷側側面の中ほどにも枘穴が2ヶ所、縦横2cm、貫通穴1.5〜2cmがある。右側は割れた状態で欠損している。報告では舟船材が流出し漂着したと推定している。

㉒ 石川流域遺跡群下ノ池古墳

　下ノ池古墳（HM96―22区）は藤井寺市青山に位置し、周辺には上田池、下田池が古市大溝の推定復原にあたると考えられる。付近には矢倉古墳、稲荷塚古墳、今井塚古墳が知られ、6世紀前半の築造と見られる。さらに古代集落関連遺構などが検出される位置関係にある。下ノ池古墳の検出から古市大溝築造に際して、古墳周濠の一部が破壊され、周濠からは埴輪片などの出土がある。

　この調査[註22]からは古市大溝の一部と埋没していた下ノ池古墳が確認された。特に古市大溝跡と見られる溝は上端幅約7m、下端幅約2m、深さ4.3mを測り、その溝底部からは約1.3mの高さに砂礫層が堆積する。この溝跡から「上面に半分に割った丸太を刳り抜いたような木製品を樋として設置」した木製品が確認され、しかも人為的に木枝や杭で固定していたと報告されている。その樋と見られる木製部材は、形態から刳舟の底部転用材の可能性があり、出土状況は「中央付近でM字形に折れた状態」にあり、遺存全長約2.5m以上、最大幅1.7m、部材の厚さ約15cmを測る。部材は取り上げられていないので全容は不詳である。樹種はスギ材であり、刳舟の可能性がある。

—153—

第2部　研究史と各地の研究成果（各論）

㉓ はざみ山遺跡

　2002年以後調査されたはざみ山遺跡は大阪府南東部藤井寺市の羽曳野丘陵裾野に広がる段丘に位置する。飛鳥時代中期以後の複数掘立建物跡が検出され、その周辺には塀、小規模な溝をめぐらせていることから官衙的な施設、あるいは居館であった可能性がある。発見された井戸は飛鳥時代後半に掘られた[註23]と見られる。

　井戸（142）は、掘方の平面形は東西2.2m×南北2.5m、南側に舌状に張り出す円形である。井戸底部までの深さは3.5m、断面形状は漏斗状の掘削、円筒状に底部まで掘削している。上下2段で、上部は板材を長方形に長短2種類の板材を組み合わせ、井戸枠は内寸法で長辺80数cm、短辺50数cmを測り、上部に数段あった可能性があると報告されている。下部の井戸枠は舟船材を再利用して、切断した舟底部を上部端部で合わせた半円形であり、隙間ができないように合わせ目の細工、外面からの補強がされていたと報告される。

　部材（1）は、現存幅約28.5cm、長さ約53.5cmを測り、上端部は腐蝕している。舟底部の可能性がある。部材（2）は、柾目材を加工しており、現存幅約34.5cm、長さ約89.3cmを測る。上端部は腐蝕している。部材（3）は、柾目材を加工、現存幅約39.2cm、長さ約55.9cmを測る。上端部は腐蝕している。部材（4）は、現存幅約28cm、長さ約87cmを測る。上端部は腐蝕している。すべて樹種はスギ材である。

　下部の井戸枠部材（5）は、舟底材である。スギの一木を刳り抜いている。現存幅約84.5cm、長さ約2.07m、厚さ約8.3cmを測る。左側舷側縁には段上の加工が下部で遺存し、柄穴3ヶ所、深さ約4.7cm、幅約4.2cmを測る。間隔は約65cm、約70cmとほぼ均等である。右側舷側縁上には約4.2cmの柄穴が2ヶ所にある。部材（6）は、舟底材である。現存幅約85.7cm、長さ約2.23m、厚さ約12cmを測る。井戸枠下部の真ん中に大きく欠損が見られる。左側舷側縁には長さ約34.5cm×幅13cmの柄があり、その真ん中に長さ約23.8cm、幅約8.3cmのコ字形の刳り込みがある。また舷側縁上に釘穴状と見られる小穴が3ヶ所にある。報告では鉄錆の付着、鉄材の遺存が確認されたという。右側舷

—154—

IX　近畿の刳舟

側縁上には約4.2cmの枘穴が1ヶ所、小さい四角の貫通穴がある。また長さ約14.2cm、幅約8.3cmの貫通穴がある。井戸の掘方内から須恵器と土師器の出土があり、土器編年から飛鳥IVからV期段階に位置づけられる。

　井戸（405）は、掘方は東側半分が調査区外ということで東西70cm以上×南北2.1mの不整半円形である。井戸底部までの深さは3.9mに達すると報告され、断面形は上面から1.6mまで漏斗状の掘削、さらに円筒状に真っ直ぐに掘削している。井戸枠はこの部分に設置されている。井戸枠の平面形は楕円形を呈し、その板材は幅に広狭があり、中には彎曲した板材など七材を縦方向に組み合わせた枠を設置している。楕円形の井戸枠の内法は東西60cm×南北50cmを測る。個々の板材については後に詳解するが、全体的には上端部が腐蝕しており、約2.5mを測っている。ただ漏斗状部分に異なる井戸枠構造があったのか否かは不明らしい。

　井戸枠に使用された板材は彎曲した部材二材、形状の違う長方形の部材五材、棒状部材一材である。部材（1）は彎曲した部材で幅60cm、長さ2.5m、部材の厚さは最大8cmを測る。スギ材である。この部材には外側下端部から約4分の1の位置に一辺15cm程度の貫通四角穴が穿たれている。さらに下端部から約4分の3の位置に一辺6cm程度、深さ3cmの四角い枘穴が見られる。内側には四角い貫通穴の左右に長さ30cm、幅約10cmの彫り込み加工が見られ、その左側舷側縁部と見られる内側には高さ約10cm、奥行き約3cmの段違いの細工を施し、棚板が継ながる部分と見られる。部材（2）の木取りは芯に近い板目材で幅35cm、長さ2.5m、部材の厚さは約8cmを測り、本来の部材は舷側板であるかもしれない。板材には下端部から約4分の1の位置に一辺15cm程度の貫通四角穴が穿たれている。部材（3）は（2）の板材とほぼ同じ木取り材で幅約35cm、長さ約2.6mを測る。板材には下端部から約4分の3の位置に一辺15cm程度の貫通四角穴が穿たれている。部材（4）は彎曲した部材で幅約52cm、長さ約2.55mのスギ材である。外側中央部付近に6.5×7cmの枘穴があり、上端部真ん中には幅約15cm、長さ24cmを測る切り込みがある。用途は不明。部材（5）は木取りが柾目材で幅約15cm、長さ約35.6cm、下端部片寄りに約2.4×3.6cm程度の四角貫通穴が穿たれている。部材（6）は木取りが板目材で幅約24cm、長さ約42.8cm、板材の真ん中には幅約2cm、深さ

—155—

約2.4cmの溝が通っている。部材（7）は木取りが柾目材で幅約19.6cm、長さ約34cmを測り、表面に削り痕跡が見られる。

㉔ 誉田白鳥遺跡

1972年、羽曳野市大字誉田地域に所在する誉田白鳥遺跡第6次調査[註24]で発見された井戸（SE4713）は、井戸底部から土師器、須恵器などの出土があり、奈良時代後期と考えられる。井戸の掘方は2.48m×2.5mを測るほぼ正方形であり、断面は逆台形の掘方中央に木製で2時期の井戸枠がある。深さは遺構面から井戸底部まで4.1mを測る。井戸枠の内法は1.1m×80cm、底部に25cmの砂礫層がある。

第Ⅰ期の井戸枠は、「幅1.1m、厚さ9cmの湾曲した1枚の板」という舟底部材と見られる部材と、「湾曲の少ない3枚の板」も舟底部材が考えられる。第Ⅱ期の井戸枠についても「長さ1.586m、幅上端51cm、下端57cm、厚さ7.3cmのずんぐりした板」と報告され、おそらく剖舟転用材と見られる。

㉕ 野々上遺跡

羽曳野市野々上2丁目付近に所在する野々上遺跡は奈良時代を中心とした集落遺跡であり、1992年から発掘調査[註25]がはじめられた。その中の第20調査区で発見された井戸（SE01）は、掘方は二段掘で径（東西）2.7m×（南北）2.6m、深さ6mを測り、隅丸方形を呈し、漏斗状の掘削である。ほぼ中央に杏仁形の井戸枠があり、その内法は長辺1.04m、短辺50cm、深さ6mを測る。出土した土器から8世紀前半と考えられる。

井戸枠に使用された部材は、剖舟を切断してその断面弧形の舟底二材を合わせた長円形であり、部材（長辺）は幅約1.04m、長さ約5mを測る。部材（短辺）は幅約1.28m、長さ約3.28mを測り、舟底部がはっきりと確認できる。

㉖ 松原市大堀城跡

1982〜1984年に実施された松原市大堀町に所在する大堀城跡の発掘調査[註26]から平安時代前期の井戸（A調査区9-3）がある。掘方は上下2段構造で、上部は一辺2.2mの正方形、深さ90cm〜1.2m掘り下げ、さらに下部中央に1.2m

の円形掘方があり、井戸枠は上面から約3mの下部に舟船材を五材で構成される。井戸枠は上方からは三角形状を呈しており、井戸底部は玉砂利を敷き詰めた可能性があると報告される。

部材（115）は、彎曲した舟底部材と見られ、現存幅約98cm、長さ約2.61m、厚さ約10cmを測る。舷側縁側約10cmと見られる上端（井戸枠上縁として）右側に細長い枘穴が2ヶ所、左側に細長い枘穴が2ヶ所確認でき、節跡が6ヶ所ほど見られる。部材（116）は、彎曲した舟底部材と見られ、現存幅約84cm、長さ約2.59m、厚さ約12cmを測る。舷側縁側約10cmと見られる上端（井戸枠上縁として）右側に細長い枘穴が2ヶ所、左側に細長い枘穴が2ヶ所確認でき、削平痕跡が舷側縁に顕著である。また舟底真ん中上部に四角い貫通穴約7×5cmがある。板材と見られる（117）は、井戸枠の隙欠材として利用された材で舷側板の一部と見られる。遺存幅約32cm、長さ約95cmを測る。

㉗ 狭山池

大阪府南部に位置する大阪狭山市のほぼ中央に所在する狭山池の築造時期は、周辺の遺跡や狭山池下層遺構から6世紀後半から7世紀初頭と考えられている。その狭山池では後に改修築が繰り返されており、特に1202（建仁2）年に重源による改修が行われたことを知る改修碑を残している。さらに1608（慶長13）年にも大改修工事が行われ、その築造樋の木材には舟船材の再利用が見られる。1987年にはじまった狭山池の調査[註27]から古代刳舟の再利用材の期待もあるが、西樋遺構の調査から近世初頭の再利用舟船材が確認され、1608（慶長13）年に建設された池の擁護壁の板材に再利用されたと見られる構造船部材が確認されている。多くは舟船材の棚板と推定され、またそれに伴う船釘、縫釘、鎹、隠木栓など造舟船の接続技法解明に繋がる痕跡も明らかになっている。また舟底部の航材にあたる部材も出土しており、近世初頭の造舟船技術の解明に資する部材の出土がある。

㉘ 下田遺跡

2002〜2003年に調査[註28]された大阪府堺市西区下田町の遺跡である。遺跡は石津川下流左岸に位置し、河川によって形成された氾濫平野上に立地し、

第2部　研究史と各地の研究成果（各論）

そのやや高まった自然微高地に集落が形成されている。住居跡には祭祀に伴う木製品、土器などが見られ、石津川を利用した拠点集落という性格である。古墳時代前期の住居跡42棟には井戸が7基あり、そのうち1基には木製井戸枠が伴う。井戸K-13区（SE547）の掘方は南北の長細い楕円形、長径2.5m、短径2.1m、深さは2.4mを測る。そのほぼ真ん中に井戸枠がある。井戸枠は4枚の板材を組み合わせている。平面断面は長方形になり、一辺（南北）は幅広部材、一辺（東西）は幅の狭い部材を用いて、それぞれの角を繋ぎ合わせる状態で遺存している。

　部材（1）は、遺存幅約49.5cm、長さ約91cm、厚さ約5cmを測る。部材（2）は、幅約1.48m、長さ約1.4mを測る。部材（3）は、幅約54cm、長さ約1.24mを測る。部材（4）は、幅1.15m、長さ約99cmを測る。この井戸枠に転用された部材はスギ材、その平均厚さは5cmであるという特徴から舟船材である可能性が高い。井戸枠内の土師器などの遺物から古墳時代前期と見られる。井戸底部に浅い礫層が堆積していたと報告されている。

（4）刳舟の再利用

　舟船の破砕処理、再利用部材について、破砕もしくは再利用される過程、その理由については、まだ解明されていないが、見てきたように井戸枠に再利用された例が多く見られる。なぜ舟船を利用したのか。弧形をした状態が井戸枠に適しているという単純な理由からではないだろう。井戸を神聖視して水神を祀る信仰があったと見られる。古代の井戸は水の源であり、水辺とも解している。井戸はすでに弥生時代から知られるが、舟船材を利用した井戸枠は古墳時代中期以後から見られ、また井戸底部に小石を敷き詰めた古墳時代前期の橿原遺跡の井戸からは、祭祀があったと考えられる。このような井戸祭祀は何にもとめられるのか。それは水の神が産土霊信仰にもとづき、精霊の存在があるからであろう。水の神が海の彼方から訪れてきて、水辺に出現したという伝承に基づき、その神霊を舟形の形代（舟形木製品・舟形土製品など）に移乗して祭祀を営むというのが一般的となったが、舟船を再生と復活という神聖視することから清らかな水を湧溢させるという理由がある。従って舟船を再利用するというよりは、舟船を利用

—158—

Ⅸ 近畿の刳舟

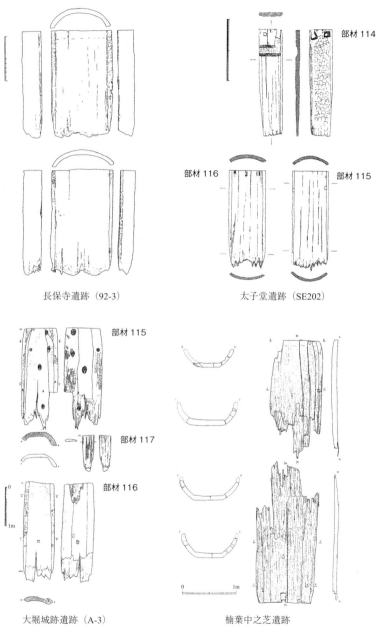

図 25-1　大阪府下遺跡出土井戸転用刳舟

第 2 部　研究史と各地の研究成果（各論）

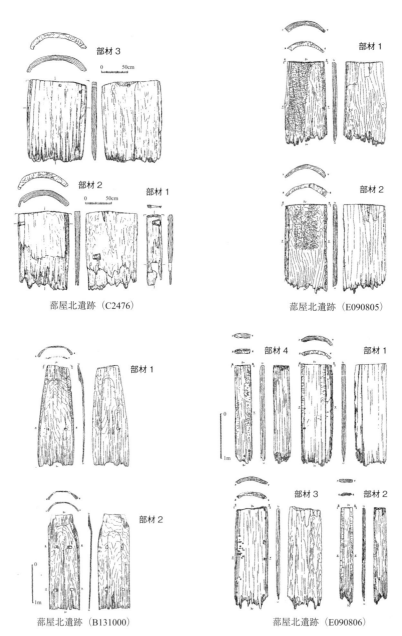

図 25-2　大阪府下遺跡出土井戸転用刳舟

IX 近畿の刳舟

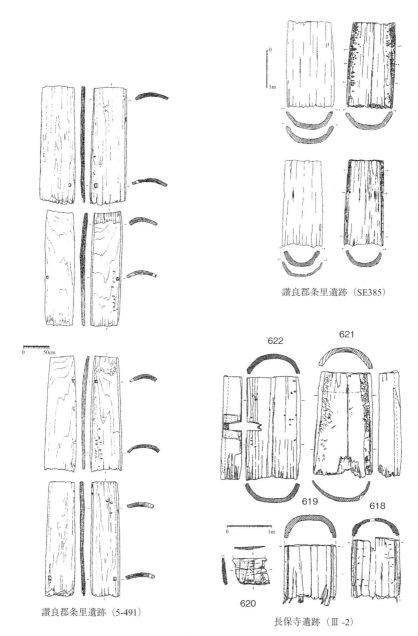

讃良郡条里遺跡 (SE385)

讃良郡条里遺跡 (5-491)

長保寺遺跡 (Ⅲ-2)

図 25-3 大阪府下遺跡出土井戸転用刳舟

第 2 部　研究史と各地の研究成果（各論）

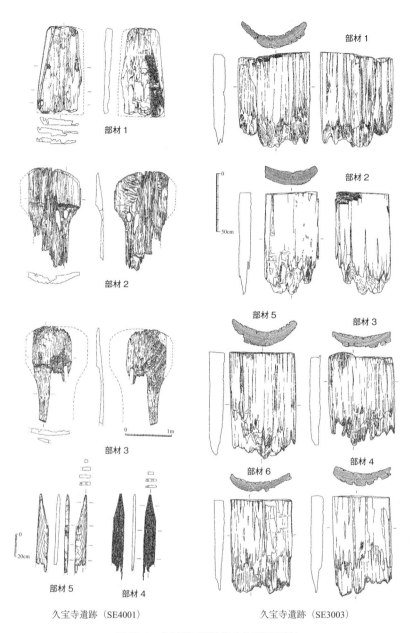

図 25-4　大阪府下遺跡出土井戸転用刳舟

—162—

IX　近畿の刳舟

して祭祀を行ったと見られるのではないか。あるいは贄としての供御田に使用する水とも関わりがあるかもしれない。

　井戸水に関しては、天皇の御飲料の水を運ぶ記事として『播磨国風土記逸文』に「播磨の国の風土記に曰はく、明石の駅家。駒手の御井は、難波の高津の宮の天皇の御世、楠、井の上に生ひたりき。朝日には淡路島を陰し、夕日には大倭島根を陰しき。乃ち、其の楠を伐りて舟に造るに、其の速きこと飛ぶが如しく、一楫に七浪を去き越えき。乃りて速鳥と号く。ここに、朝夕に此の舟に乗りて、御食に供へむとして、此の井の水を汲むに、一旦、御食の時に堪へざりき。故、歌作みして止めき。」と伝える記事がある。また『古事記』に「此の御世に、免寸河の西に一つの高樹有りき。其の樹の影、朝日に当れば、淡路島に逮び、夕日に当れば、高安山を越えき。故、是の樹を切りて船を作りしに、甚捷く行く船なりき。時に其の船を号けて枯野と謂ひき。故、是の船を以ちて朝夕淡路島の寒泉を酌みて、大御水献りき。」と同様の内容であるが、天皇の飲料水である「みもひ」を運搬舟船で運んだ記事がある。

　舟船を再生と復活という神聖視する意味からは、舟船を葬送に使う葬舟船は『隋書』東夷伝倭国条の「及葬置屍船上陸地牽之」という一文から葬舟船を意味し、遺骸を葬送する葬法として解釈できるが、日本での実態は明らかではない。しかし古墳に描かれる舟船の舳先に止まる鳥の案内により、死者の霊が舟船に乗り、常世の国に運ばれる意識があったと解釈できる。古代の舟船に対する信仰を考えなければならないが、天鳥舟、天磐櫲樟舟など天空を自在に飛ぶ舟船には、舟船の安全な航行と素早い鳥の飛翔にその神聖を求める信仰があったとみられ、天と海の同音性などから水との関わりをもっている。

　近年、大阪市の南東部、河内台地を形成する位置には弥生時代の集落遺跡として知られる瓜破遺跡があるが、その台地の北端部の発掘調査から破砕された舟船部材が大量に出土した遺跡がある。発見された古墳時代後期の瓜破北遺跡は台地の北東斜面からなり、開析谷となる多数の谷が切れ込んで浸蝕した西谷と称する位置にある。部材はすべて破砕されており、全体的に舷側部分や舳艫部分と見られる部材、舟船艙内部材が多く見られる。

—163—

第2部　研究史と各地の研究成果（各論）

破砕部材には舟底部や大きい舷側板などはなく、再利用の目的があったと
考えられ、おそらくそれらは井戸枠などに再利用されたと考えられる。さ
らに多くの再利用部材に、いわゆる複材式刳舟と見られるような接合痕跡
を残す部分が見られないということに注視しなければならない。舟船を再
利用するには部分的な板材、梁材となっていた部分の再利用の必要はほと
んどなく、多くは廃棄されたと見られる。これまで破砕した現場の位置は
不明であった。しかも舟船体を破砕するために現場で祭祀があったのでは
ないかと考えられる。瓜破北遺跡からは箱形木製品、刀形木製品、槍形木
製品などの祭祀具が伴っており、水辺での舟船体解体、もしくは井戸祭祀
などに伴う儀式があっても不思議ではない。また破砕された舟船体が1艘分
であるのか、複数の舟船体が破砕解体されたのかは今後の分析を待ちたい
が、樹種はスギ材、ヒノキ材、高野マキなどが確認されているようである。
部材の大きいもので1.2m、かなり細かく破砕されており、それらが単に廃
棄されたのか、自然災害などで流出して西谷部分に堆積したのか、それら
部材の多くが解体投棄されたとは考え難い。しかも部材からは準構造舟船
と見られるが、それら舟船の規模は大きくはないと見られることである。

　このような状況は蔀屋北遺跡の大溝から出土した舟船材があり、それら
が転用材として利用した後の廃材であるのかは不明であるが、瓜破北遺跡
のように準構造舟船を破砕、もしくは解体するような場所であった可能性
はある。特定場所はわからないが、蔀屋北遺跡でも井戸枠再利用の舟船材
の破砕、解体が見られ、どのように理解すると合理的な解釈になるのか、
あるいは讃良郡条里遺跡での舟船材再利用の井戸枠についても同じ事が考
えられる。これらの遺跡からも祭祀に伴う舟形木製品の出土があることも
視野にいれておきたい。

　先に見てきたように井戸枠に転用された舟船材を利用した遺跡周辺には、
破砕された部材などがかなり少ないことから、瓜破北遺跡で見られたよう
な舟船体を集中解体管理するといった場所の可能性が考えられる。それら
は水上交通の要衝や造舟船所ということではないため、河内湖の水位のあ
る奥まった位置にまで引き上げ解体し、しかも解体に伴う祭祀があったと
見られるために特殊な場所である可能性はある。

2　滋賀県の刳舟

（1）造舟船技術と刳舟

　陸島嶼群により形成した日本列島に、数千年にわたり独自の発展を示した縄紋文化があるが、その航海の詳細を知ることはできない。縄紋時代における海洋航行のための舟船は航海術が未発達なため、大陸と列島との間には自由な航行はなかったと考えている。それは縄紋時代における日本の水上運搬具の発達が、新石器文化からの造舟船技術より以上の進歩がなかったからであり、そのことによって文化を受容することが容易ではなかったが、新たな文化的要素は文化を僅かではあるが変容させてきた。高度な木工技術の進歩と有効利用の事実がそれを明らかに証明しているからである。

　舟船の発展段階からいえば、浮揚具、筏、刳舟、皮船、縫合船、構造船の諸段階があげられるが、縄紋時代には刳舟を造舟船できる技術を修得していた可能性がある。海洋航行もおそらく様々な方法を工夫し、特殊な航海術を習得しはじめたかもしれないが、危険を伴う航海術を習熟することはなかった。

　日本における古代の造舟船技術は本質的に刳舟造舟船の伝統から脱することができず、内湾の航行や、内水面である潟湖、河川で利用されていただけであろう。刳舟は各地の水域で積極的に水資源を利用するに適した水上運搬具であり、その技術は縄紋時代に成熟し、漁撈活動の中に組み込まれる捕獲、採集、運搬という流通移動に刳舟が果たした役割は大きいが、より利便性や効率性をいかした交易流通としての水上運搬具は金属器の流入を待たねばならなかった。

　日本列島には縄紋時代を通して刳舟が約数百艘近く出土している。なかでも日本海側沿岸の内湾、湖沼である琵琶湖岸に刳舟の出土例が集中している点は注目される。そして刳舟に利用された用材が西日本では縄紋時代前期以来ほとんどスギ材を用いており、地域の刳舟が植生環境の変化と用材選択の特徴に意識されることも造舟船技術を知る上で興味深い点である。それに加えて用材を伐採・加工する石器類の発達は、多種多様の石器工具

第 2 部　研究史と各地の研究成果（各論）

を製作している点によって高度な木工技術の実態が明らかにされてきた。技術の進歩は樹木の性質を習熟する的確な選択から、新たな文化的要素を変容させ文化を生み出したことを物語っている。それは縄紋土器と同じように造舟船技術においても弥生時代に移行する時期に長足の進歩がみられたのである。高度な木工技術集団による造舟船加工から地域での管理が定着していたことが考えられる。そのひとつ福井県西部の日本海に面した若狭湾であり、その湾の最深部は三方五湖が広がる。さらに三方五湖に流れ込む鰣川の河口から南に約1km地点、西から椎山丘陵に沿って流れる高瀬川が合流している福井県三方上中郡若狭町鳥浜字高瀬に所在する鳥浜貝塚は、縄紋時代草創期以後の低湿地性遺跡である。さらに鳥浜貝塚より西の内湾に入り、高瀬川左岸に位置するユリ遺跡も縄紋時代中期以後の低湿地性遺跡である。縄紋時代早期末から前期にかけての地域環境は温暖であり、海進は内陸にまで及び、日本海側の海岸低地には海水が入り込み、鳥浜貝塚周辺でも泥質の入江にあった。その土砂に埋もれ、潟湖となり、砂州によって外海と隔てられた海岸地帯は、外海と細い水路で連絡している場合が多く、積極的にこの水域を刳舟が利用したのである。この鳥浜貝塚周辺域からこれまで縄紋時代の刳舟が6艘以上が確認 ^(註29) されている。

　鰣川左岸で出土した刳舟 ^(註30) は、針葉樹のスギ材で製作され、土圧で平たくなっているが、舟尾は尖り、刳舟の型式形態は鰹節型を呈しており、全体に刳り抜き技法による円形状の焦燥痕跡が舟内に観察される。舟首と考えられる部分は欠失しているが、舟尾部分は刳舟を頻繁に利用したことを物語る使用痕跡が見られる。その先端は2本の角状突起を作り出しており、纜を常時結びつけていたと考えられる擦れ合った凹み痕跡がそれである。またこの刳舟には舟底に無数にのこるフナクイ虫の痕跡があり、内海で長時間使用していたことがわかる。さらにこの鳥浜貝塚周辺で出土する刳舟の顕著な特徴は、舟首舟尾とも欠失しているので刳舟の型式形態は不明だが、遺存状態のよい舟内構造に興味深い構造がのこっている。刳り抜き技法は焦がすことでスギ材繊維を緻密にし強度を増す。内部を削り出しのままではなく、石や砂によって磨き、舟船体を滑らかに造舟船するという木工技術に加えて、削り残しによる隆起横梁帯2ヶ所が観察できる。この横梁帯を

—166—

残す構造については特異な特徴であり、刳舟構造の耐航性を保つ横梁と考えられることや、舟内に流入する水量を部分的に調整し掻き出す利点があり、そのための施設として考え出された隔壁と考える仕切りの役割を果たすものと、舟内での体を支える施設とも考えられる構造である。

　刳舟におけるこのような隆起横梁帯（梁隔）が日本の刳舟だけの特徴であるのかは疑問がある。類例は日本だけではなく、中国でも「横梁帯」と見られる構造が知られており、しかしそれらの技術が日本に伝播するということも非常に考えにくい事象ではある。

(2) 琵琶湖岸の出土例

　1ヶ所の遺跡から複数の刳舟が出土する例はそれほど多くはない。日本では北海道苫小牧市勇払川での刳舟出土例[註31]、福井県三方五湖周辺の刳舟出土例、滋賀県琵琶湖周辺での刳舟出土例[註32]などが知られる。日本海側沿岸の海洋拠点と考えられる遺跡や刳舟出土資料による検討はすでに述べてきたが、滋賀県琵琶湖周辺で出土した刳舟について交易を視点におきながら検証しておきたいと思う。

　琵琶湖は滋賀県の中央に位置する日本最大の淡水湖であり、その琵琶湖のもとあった古琵琶湖は約600万年前、三重県伊賀盆地東部に誕生、その約300万年後には滋賀県日野町から甲賀地方に広がる大きな湖であった。さらに約230万年前には伊賀盆地の隆起によって近江盆地が沈没し、現在の滋賀県蒲生郡一帯に湖が移動した。再び約130万年前の地殻変動により鈴鹿山脈が隆起し、古琵琶湖は消滅したが、新たに湖が誕生した。そして約30〜40万年前に鈴鹿山脈と比良山地の隆起によって、現在の琵琶湖が形成したと見られ、長さ68km、最大幅22.6km、湖岸線235.2km、湖面積約674km²、湖面の標高85m、最大深度103.4m、平均深度41.2mの大湖となった。湖岸の東西の地形は相違し、東岸には草津川、野州川、愛知川、犬上川、姉川などの河川が三角州を形成して湖岸平野が発達し、多くの潟湖が存在する。西岸は比良山系の断層崖を形成し、山地が迫るという地形の違いが見られる。

　湖形は、楽器の琵琶に似ていることから総称されるが、中世以前の国名近江は明らかに湖名と関係があり、大きい淡水の海、「あわうみ」がちぢまっ

第2部 研究史と各地の研究成果（各論）

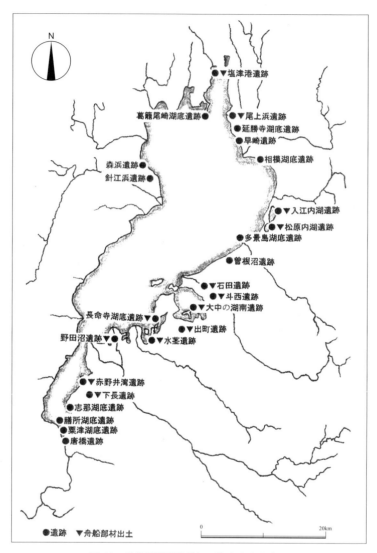

図26 滋賀県琵琶湖周辺の湖底遺跡分布図

て「おうみ」となったのであり、都に近い「近つ淡海の国」とは、静岡県に所在する浜名湖を「遠つ淡海の国」すなわち、遠江と呼んだのに対しての意である。

IX　近畿の刳舟

　琵琶湖の水系は、それに続く宇治川、木津川、桂川、淀川、猪名川の5流域で形成され、三重、滋賀、京都、大阪、兵庫、奈良の二府四県にまたがっている。その琵琶湖周辺には、1万3千年前から2千数百年前までの縄紋時代の遺跡が、湖岸で確認[註33]される。6千年～7千年にわたる縄紋時代の遺跡が点在し、特に、湖東から湖南の沿岸には低湿地性遺跡が見られる。大津市石山寺辺町には淡水産貝塚[註34]の石山貝塚や、螢谷貝塚があり、時期からみて縄紋時代早期、前期に属する。また戦後の干拓事業によって埋められた琵琶湖内湖の水面下に沈んでいた遺跡が改めて発見されている。注目されているのは湖底遺跡約80ヶ所を数えるが、長浜市湖北町の葛籠尾崎遺跡、大津市粟津晴嵐町の粟津湖底遺跡、守山市赤野井の赤野井湾遺跡、近江八幡市安土町の大中の湖南遺跡、弁天島遺跡などいずれも湖辺に立地する遺跡である。

　なかでも縄紋時代の遺跡として注目されるのは、1924（大正13）年、滋賀県長浜市湖北町尾上に所在する大きく突き出した葛籠尾崎の深湖底水深約50mから、古代の各文化期の土器がほとんど完形で遺存するという特異性のある遺跡が知られる。この葛籠尾崎遺跡は京都大学島田貞彦らの調査[註35]によって特に詳細な遺跡の性格とその仮説を設け、研究課題として問題を提起した。その後、小江慶雄らによって琵琶湖湖底遺跡の調査研究[註36]へと発展し、縄紋時代の湖辺における生活の跡を確証づけた。また近年、琵琶湖の南端に位置する瀬田川河口部の粟津湖底遺跡の発見は、縄紋時代中期、約4,500年前の日本最大の淡水貝塚であることが確認[註37]された。

　このような湖底遺跡の発見からは単に居住空間の存在だけではなく、当時の交易交流との深い関わりを示す刳舟の発見が知られる。満々と水をたたえた琵琶湖に悠久の歴史を構築したのは、湖上交通を発展させた刳舟が人々の定住を誘う基礎ともなったことが考えられる。刳舟の発見は、比較的早い段階で琵琶湖の自然の恵みを生活の中に取り入れていたことが理解できる。

　1965（昭和40）年に湖東の近江八幡市元水茎遺跡からはじめて刳舟が発見された。その後、彦根市松原内湖遺跡、近江八幡市長命寺湖底遺跡、湖北町尾上浜遺跡、米原市入江内湖遺跡、守山市赤野井浜遺跡などの遺跡から、それぞれ縄紋時代後期から晩期までの刳舟が出土し、湖上における漁撈活

動や物資の運搬、湖辺地域との交易交流に利用していたことは想像に難くない。湖岸から出土した刳舟について紹介することにしよう。

① 長浜市湖北町尾上浜遺跡

長浜市湖北町尾上浜に所在する尾上浜遺跡出土[註38]（1989年）の刳舟（図27）は、余呉川が形成する三角州の先端である湖岸から湖中にひろがる地域の遺跡である。古代の港湾は野田沼南岸の津里にあったと考えられ、余呉川より流出する土砂の堆積が激しく、中世には野田沼西岸の東尾上に移ったといわれている地域である。刳舟が出土した地点は旧河道内であったが、旧湖岸に近い。この尾上浜遺跡は旧高時川三角州上の文化圏と考えられ、その北端の位置にあり、刳舟は野田内湖を抱えた内湖で利用されたことが考えられ、また延勝寺湖底遺跡の端とも関わる位置関係にある。

出土した刳舟は標高約81m付近の琵琶湖の湖底で比較的遺存の良い状態で出土した。刳舟の全長5.15m、最大幅55cm、深さ30cm、スギ材である。舟尾、舷側の一部を欠失しているが舟首、舟底部の数ヶ所に焦燥痕跡を残しており、スギ材の巨木を楔で半截し、石斧で削り舟内になる部分には焼石か、部分的燃焼によって焦がしながら削り抜く技法を用いていたことが明確な加工痕で見られる。この痕跡があることで当時の刳舟製作工程が理解される。刳舟は舟首尾とも先端が先細る鰹節型の流線型であり、また壁厚がかなり厚くつくられていることが特徴である。出土した刳舟の壁厚は約3.5～4cmを測りほぼ均一[註39]である。縄紋時代後期と考えられる。

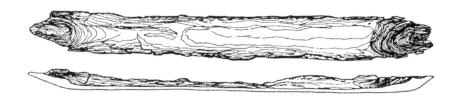

図27　滋賀県湖北町尾上浜遺跡出土刳舟実測図

② 米原市入江内湖遺跡

　米原市入江に位置する入江内湖は、東西2km、南北2.6km、周囲8km、琵琶湖第二の大きさの内湖であった。1944（昭和19）年から1949（昭和24）年にかけて、干拓事業が実施されたが、この地域は縄紋時代早期から平安時代に至るまでの遺物が採集され、複合遺跡であったことは知られていた。また入江内湖周辺の遺跡調査でも縄紋時代早期以後の遺物が出土しており、この地域周辺が琵琶湖をひかえ良好な立地条件のもと、縄紋時代にはすでに点在する集落のあったことが理解され、のちの低湿地における農耕を伴う集落の条件を備えていたことは明らかである。

　刳舟が出土（1987年）した地点は、米原市入江字丸蕀309番地に位置する。町立米原小学校新設に伴う発掘調査で、入江内湖の北端にあたり、現地表面の標高は83.3〜83.7mである。旧入江内湖の外周端と考えられ、汀線付近もしくは水深の浅瀬付近であった[註40]と考えられる。

　報告によれば刳舟の部材片は、「丸木舟の底部の部分と考えられるものである。舟底部はていねいに削られており、厚さは五センチを測る。巨木の外縁部を利用して作られているが、再利用されたらしく、端部には加工痕が認められる」とある。その後の調査では古墳時代前期から平安時代の遺物を出土している。

　1988年度の入江内湖遺跡（行司町地区）の調査では、古墳時代の不明木製品として残片ではあるが舟船材と考えられる部材片8点が出土している。報告によれば「(275) 〜 (282) は用途不明の部材であるが、その形状から船舶に関わる部材と考えている。(275) は舳部分と考えられる。舟底部を刳り貫きかけはじめたところで、欠損している。ちょうど、この刳り貫き部より前方両側面を内側に掘り込んでおり、さらにその中央に径1.8cmの孔を穿つ。またこの掘り込みより前方に径4.2cmの孔を穿っている。おそらく掘り込みには何かを差し込み、それを固定する孔と考えられる。また先端部の孔は、綱を通し、着岸部にゆわえたものと考えられる。全体的に小さなもので、ひとり程度しか乗ることはできなかったであろう。あるいは低湿地における田舟的なもので、先端の孔に通された綱を引っ張っていたも

第2部　研究史と各地の研究成果（各論）

のとも考えられる。現存長45cm、船高最大部14.4cm、現存最大幅10.2cmを測る。（276）も（275）とほぼ同様の形態を呈する。ただし掘り込み部および先端に穿孔は認められない。（277）も舳部分と考えられる。舳部から舷側にかけて、大きく湾曲している。先端部に穿孔はあるが、掘り込みは認められない。舷側上部に2ヶ所の孔が穿たれているが、舟として機能していた段階のものか、再利用として穿たれたものかは不明である。（278）は先の3例と異なる形状ではあるが、先端が切先状になっており、舳としておいた。舳部中央に上下に抜かれた方形の柄穴がある。（279）、（282）は舳部から舷側部にかけての舟材であり、いずれも湾曲している。（280）、（281）には方形の柄穴が穿たれており、複材によって組み合わされてつくられていた可能性がある」と舟船体の部材片報告がある。

　また1988年度の調査では、古墳時代の用途不明の木製品として部材片と考えられる舟船材が出土している。報告によれば「（293）〜（297）は、形状が酷似する。つまり、端部を凹状に切り込み、切り残された凸部が両足のようになっている。この足状の凸部は外側で斜位に削られている。（293）は、頭部が丸く仕上げられており、身の中央部は船底状に刳り込まれている。両側面に柄溝を切っており、この柄溝の内側に長方形の柄をあけている。これらの特徴から頭に浮かぶのは、八尾市久宝寺南遺跡出土の準構造船に伴う竪板（波切り板）であろう。その形状はおそろしく酷似している。ただし、久宝寺南遺跡出土の竪板の全長が170cmあるのに対し、（293）は約3分の1の60cmしかない。この大きさで準構造船の竪板とするには問題があるが、（275）の船材舳部に掘り込みがあったことと考え合わせると、小さな構造船も充分存在したのではないかと推定できる。おそらく（293）の柄溝に舷側板がはめ込み、それを固定するため、柄穴があけられたと考えられよう。全長60.4cm、幅24.0cm、厚さ5.4cmを測る。（294）も（293）とほぼ同規模の破損品であるが、舷側板を固定する柄穴は円形となる。内面の刳り込みのないことから、未完成品の可能性もある。（295）、（296）も平面的な形状は同じであるが、規模はさらに小さくなり、とても人間が乗る船の竪板と考えることはできない。別の用途の部分材であるか、もしくは精巧な船形代の部材と考えられる。（295）は柄溝が片側にしか切っておらず、

—172—

Ⅸ 近畿の刳舟

未完成品であろう。(296) も同様で枘溝が存在しないことから、未完成品であろう。(297) も同じ平面形を呈するが、内側の刳り込みが非常に深く、枘溝も存在しないところに目的があったのではないかとも考えられる。身部に3ヶ所の枘穴があけられている。全長25.2cm、幅11.1cm、器高5.9cmを測る」との報告がある。

入江内湖遺跡が立地する一帯は、現状況が水田地帯である。調査は一般国道8号(米原バイパス)建設に伴い、路線内における遺構の有無と遺跡の範囲確認から試掘調査された。その結果、刳舟(1号舟)が出土(2002年)したのは調査区(T73)、標高約81.2m地点、部分的な検出で刳舟は埋め戻されている。遺存全長4m、幅50cm、遺存高20cm、樹種はスギ材と見られる。縄紋時代中期末から後期初頭と推定(註41)される。

米原市入江内湖遺跡の調査区である一般国道8号(米原バイパス)建設に伴う発掘調査から刳舟(2号舟)が出土(2002年)している。調査区(T64)、標高約81.5m地点、ほぼ完形で、木目がはっきりとのこる針葉樹スギ材と見られる。舟首尾の先端部が丸い形態が見られ、割竹型に類する型式である。遺存全長5.27m、幅51cm、遺存高21cmを測り、縄紋時代中期末と推定される。

2002年出土の刳舟(3号舟)は、樹種は針葉樹スギ材、遺存全長3.59m、幅48cm、遺存高10cm、縄紋時代中期末と推定される。

入江内湖遺跡の一般国道8号(米原バイパス)建設工事に伴う発掘調査による2003(平成15)年度の調査で縄紋時代後期前葉と推定される地層から刳舟(4号舟)が出土(2004年)している。刳舟は舟首尾の平面形状がU字型の形態、側面が逆台形を示している。遺存全長5.70m、幅50cm、遺存高20cmを測り、樹種はスギ材と見られる完形の刳舟である。

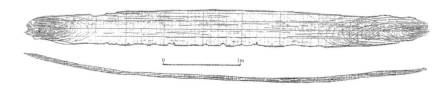

図28 滋賀県米原市入江内湖遺跡出土第5号刳舟実測図

—173—

第2部　研究史と各地の研究成果（各論）

入江内湖遺跡調査区（T95B）から縄紋時代前期前半の旧河道で刳舟（5号舟・図28）が出土（2004年）している。ほとんど破損していない細い形態で、舟首尾の平面形状はⅤ字型で、側面は弧状を示している。形態上では福井県三方町鳥浜貝塚で出土した刳舟と同類型式と見られる。樹種はスギ材と見られ、全長5.47m、幅50cm、深さ30cmを測る。

③ 彦根市松原内湖遺跡

松原内湖遺跡は、旧松原内湖の東北部にあたり、縄紋時代早期から平安時代にかけての豊富な遺物が検出する低湿地遺跡[註42]である。この遺跡から出土した刳舟は標高83m前後、現在の琵琶湖の平均水位より約1.4m低く、縄紋時代後・晩期の刳舟出土レベルと一致しており、旧内湖の汀線に相当する。そこに広がる旧内湖部分は、植物遺体を多く含んだ茶褐色スクモ層（腐植土）の堆積層である。出土する刳舟の多くは幹部を舟首とし、大木を半截した内部の刳り抜きは、焦燥痕跡から石器等での加工が考えられ、舟船体の厚みを約3cmに加工する技術をもっている。河川、湖など内陸部の刳舟の多くは舟船体を薄く仕上げる特徴を持っており、琵琶湖における縄紋時代の刳舟もその特徴が見られる。

松原内湖遺跡1986年出土の刳舟（1号舟・図29）は、全長5m、最大幅45cm、深さ7cmを測り、ほぼ完形である。縄紋時代晩期、標高82.9mの位置で出土している。

1986年出土の刳舟（2号舟）は、遺存全長1.61m、最大幅37cm、深さ推定4cmを測る。板状の残欠で、縄紋時代晩期以前、標高82.65mの位置で出土している。

1986年出土の刳舟（3号舟）は、遺存全長3.35m、最大幅36cm、深さ5cmを測る。刳舟の舟尾部舟底が遺存、縄紋時代後期から晩期と考えられる。

1987年出土の刳舟（4号舟・図30）は、全長約4.91m、幅約50cm、深さ18cmを測り、ほぼ完形であり、舟船体の厚みは約3cmのスギ材である。縄紋時代晩期と見られ、刳舟には3ヶ所の焦燥痕跡が見られ腐敗が進んでいる。

1987年出土の刳舟（5号舟）は、遺存全長1.87m、最大幅41cm、深さ11cmを測る。刳舟の舟尾部の遺存で、縄紋時代後期晩期と考えられる。

Ⅸ　近畿の刳舟

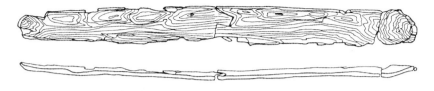

図29　滋賀県彦根市松原内湖遺跡出土第1号刳舟実測図

図30　滋賀県彦根市松原内湖遺跡出土第4号刳舟実測図

　1987年出土の刳舟（6号舟）は、遺存全長1.74m、最大幅38cm、深さ11cmを測る。刳舟の舟首部が遺存、縄紋時代後期から晩期と考えられる。

　1987年出土の刳舟（7号舟）は、推定遺存2.40m、推定幅31cmと見られる板状舟底部である。縄紋時代後期以前と考えられる。

　1987年出土の刳舟（8号舟・9号舟・10号舟）の残欠が見られる。時期は縄紋時代と見られるが不確定である。

　1991年出土の刳舟は、遺存全長5.48m、最大幅48cm、深さ10cmを測る。樹種はスギ材と見られ、中央部に数ヶ所の焦燥痕跡があり、厚さ2〜4cmと薄く、また非常に浅い状態の刳り抜きであることがわかる。縄紋時代後期[註43]と考えられる。

　1991年出土の刳舟は、遺存全長4.92m、幅60〜72cmを測る。刳舟（1991年）に近接した位置で出土した未製品である。樹種はヤマザクラの一木を原材としており、一部分に樹皮が遺存する。端部は斜めに削り落とされ、もう一方の端部は木口がほぼ真っ直ぐに切り落とされた状態で、端部から175cmの範囲内を部分的な焦燥痕跡をのこしながら加工している。材質による加工技術の未熟と見るが、刳舟以外の用途も考えられる。

　1986年度以後の松原内湖遺跡の調査では、縄紋時代前期から江戸時代ま

での遺物が確認されており、調査区が小扇状地端部にあたり、縄紋時代後・晩期の刳舟出土層位と一致する旧内湖の汀線に相当し、残片ではあるが舟船部分と考えられる木製品が出土 [註44] している。

木製品（40・7）は黒色粘土層上面から出土し、「舟の舳先にあたるが、中央に穿孔が認められることから、構造舟の可能性がある」と報告している。樹種はスギ材、縄紋時代と考えられる。木製品（16）は刳舟舟体の一部分と見られる。遺存長約1.01m、幅約36cmを測る。木製品（57・6）は茶褐色スクモ層から出土し、「丸木舟の舳先に相当し、加工痕が良好に残る」と報告している。木製品（71・3）は第2層から出土し、木製品に「構造舟の舳先にあたると考えられ、舷側に方形の穴が穿たれており、何かを固定する穴と思われる」と報告している。樹種はスギ材、弥生時代から古墳時代と推定している。木製品（72・1～3）は第2層から出土し、「このような構造舟に装着されたのではないかと考えられる波切り板で、中央を舟底状に刳り抜きその両側に溝を切り、二穴を穿つ。1・2はほぼ完形に近いが、3は側面の断片である。1は小型で長さ16.8cm、幅8.8cm、厚さ3.2cm、2は中型で長さ26cm、幅9cm、厚さ4.8cm、3は大型で長さ58cmを測る。大きさがかなり違うが、八尾市久宝寺南遺跡出土の竪板（波切り板）や県内では米原町入江内湖遺跡（行司町地区）出土資料に酷似している」と報告している。木製品（107・4～5）は、第1層から出土し、「丸木舟の舳先」と報告しており、ひとつは遺存長約38cm、最大幅約16cm。もうひとつは遺存長約46cm、最大幅約19cmの部材である。樹種はスギ材、縄紋時代と考えられる。木製品（142・1～4）は「丸木舟の断片である。2・4は舳先に相当するのか穿孔が認められる」と報告している。

④ 近江八幡市安土町下豊浦大中の湖南遺跡

近江八幡市安土町下豊浦に所在する大中の湖南遺跡 [註45] は、安土町の北西に大中の湖、西の湖、弁天内湖、伊庭内湖で構成する「中之湖」と呼ばれる内湖が存在した。水面積15.4km²を測り、長野県諏訪湖を上回る規模の内湖であった。内湖の形成は愛知川が東近江市付近で北流しているためと考えられ、安土町、近江八幡市の地域は、陸化が進まず低湿地地帯となっ

―176―

たと考えられている。この内湖群も1946年ころからの干拓事業により水田
化された。現在の琵琶湖から約5kmに位置する大中の湖南遺跡周辺は、かつ
て二重の内湖を形成しており、内湖沿岸部には縄紋時代早期に始まる数多
くの遺跡が確認されている。

　大中の湖南遺跡は、1966年に滋賀県教育委員会によって調査され、この
遺跡は弥生時代の水田遺構と大量の農工具が出土したことで知られる。こ
こで出土（1965年）した刳舟は弥生時代のものと考えられるが、「舟は発見
した時はすでに破砕乾損しておりよく実態がつかめなかったものの巾0.6米
前後の長大なものであった。今同似の例として近江八幡市元水茎内潮干拓
地で発見した縄紋時代後期の例を掲げておきたい」と報じている[註46]。

⑤ 東近江市神郷町地先斗西遺跡

　滋賀県のほぼ中央に位置する能登川町は、北から東にかけて愛知川、南
は繖山、西は大中の湖干拓地に愛知川の沖積地が広がる。東近江市神郷町
地先に所在する斗西遺跡は、愛知川左岸の自然堤防である微高地の標高88
〜96m上に位置し、弥生時代中期から古墳時代にかけての大集落遺跡が存
在する。ここでは低湿地での水稲耕作、内湖での漁撈など安定した生活環
境にあったことが想像され、ここから出土した刳舟は内湖から琵琶湖湖上
へと進出したことが窺われる。

　準構造舟船の舳先部分と見られる部材片（W118）の出土[註47]（SD02-2）は、
茶褐色粘土質（腐植土）に包含されており、「丸木舟のへさき部分である。
厚さ5cm、残存長54cm、深さ10cmを測り、内外面に刃幅6cm前後のハツリ痕
を多数残」している。樹種はスギ材。古墳時代前期から中期と考えられる。

　先に紹介した舳先部分と同層（SD02-2）から出土した準構造舟船と考え
られる部材片（W120）である。「厚さ1.2〜3.5cm、残存長104.5cm、深さ12cm
を測る。舟底面に3点とじ樺桜皮が遺存し、補修した跡がうかがえる。補修
痕は、およそ28cm間隔で0.8×2.5cmの補修孔が穿たれ」ている。底部の補修
痕跡と見るのか、舷側縁の綴じ痕跡と考えるのか疑問がのこる。底部の補
修痕跡とすると二材継ぎ、三材継ぎなどが考えられ、準構造舟船の造舟船
の上で貴重な資料となる。ただ綴じ痕跡を舷側縁と考えても片側の部材の

薄さは問題とならない。その例は元水茎遺跡出土刳舟に見られる。樹種は
スギ材。古墳時代前期から中期と考えられる。

　旧河道跡が大きく蛇行する調査区で木製品の一括投棄が見られると報
告 (註48) されている。木製品のなかには部材片も多く、刳舟のものである可
能性もある。その中の1点（W250）が第5層（SD01-5）西肩で出土しており、
舳先部分と見られる部材片である。樹木の中心部をはずした外皮側を利用
し、内底部の中央に四角い柄穴状と見られる痕跡が見られる。材質はクリ材、
古墳時代と考えられる。

⑥ 東近江市山路石田遺跡

　東近江市山路町に所在する石田遺跡は、瓜生川と躰光寺川に挟まれた微
高地の最西端部にあたる。弥生時代後期から古墳時代前期の遺構として、
三重の環濠と自然河道が検出されており、多くの土器や木製品が出土して
いる。広範囲な遺跡の調査区の北側で検出された。長さ約15m以上、幅約2
〜10.5m、深さ約1mの北河道の北肩部分は、比較的急勾配で木製品や自然
木が多く堆積していたと報告 (註49) され、その堆積層中層の暗黒褐色スクモ
混粘土から準構造舟船の竪壁板（W490）をはじめとした木製品が多く堆積
していた。

　この準構造舟船の部材については「丸木舟（刳舟）を底材として、舷側
板を継ぎ足したもの。W490は竪板部分で、船首に取り付けられたもの。下
部に舟底板と接合するためのホゾと、両側に舷側板と接合するための溝が
彫られている。久宝寺遺跡（大阪府）出土の準構造船と比較すると、松原
内湖（滋賀県）出土のものと同様に小型である。外洋よりも波の低い琵琶
湖（内湖）を航行するためと思われる」と報告している。樹種はスギ材、
横幅約20cm、縦幅38cmの竪板で古墳時代前期と考えられている。

⑦ 近江八幡市長命寺町地先長命寺湖底遺跡

　近江八幡市長命寺町地先に所在する長命寺湖底遺跡 (註50) は、琵琶湖に面
して大きく円弧を描く湾状の入浜があり、湖中にせり出すような形で標高
424.7mの長命寺山がそびえている。その長命寺山の南山麓に位置する琵琶

IX 近畿の刳舟

湖湖岸の長命寺港の湖底に位置する。また東には縄紋時代から弥生時代の土器が散布する大房湖岸遺跡があり、南には縄紋時代後期の刳舟が出土した元水茎遺跡がある。1982年の長命寺港改修工事に伴う試掘調査以後、遺構の確認はないものの多数の遺物が出土した。遺物は縄紋時代後・晩期の土器、弥生時代前・中期の土器、古墳時代、飛鳥時代の土師器、平安時代中期の須恵器、陶器に至る。刳舟（図31）の出土（1982年）は、縄紋時代晩期の刳舟が浜に保留されたかに見られる状態で出土しており、琵琶湖の現地表面の標高81.7m付近に汀線があったと推定される。また古墳時代の準構造舟船の舟首など計5艘分の舟船の部材が出土している。

長命寺湖底遺跡出土（1982年）の刳舟は、遺存全長46cm、幅30cmの舟首部とみられる。樹種はスギ材、縄紋時代晩期と推定される。

1982年出土の刳舟は、遺存全長99cm、幅28cmの舟首部とみられる。樹種はスギ材、縄紋時代晩期と推定される。

1982年出土の刳舟は、遺存全長99cm、幅34cmの舟底部とみられる。舟内に横梁帯が見られる。樹種はスギ材、縄紋時代晩期と推定される。

1983年出土の刳舟[註51]は、報告では、「これは、第VI層（暗灰褐色砂層）中から検出されたもので、縄紋時代晩期の滋賀里IV式の土器と伴に出土した。この層の上方には、砂礫層が厚く堆積しており、同層精査時に設定した内排水路によって、丸木舟の一部を破損していた。舟は、全長6.20m、幅60cm、深さ2cmを測り、径80cm以上の丸木を焼きながら刳り貫いて製作したと考えられ、舟の内側に焦痕や手斧痕を残していた」とある。この刳舟は中央部分で破損しており、刳舟の形態は折衷型とも考えられる。樹種はスギ材、縄紋時代晩期と推定される。

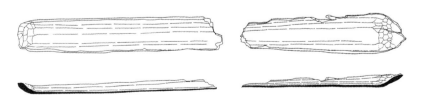

図31　滋賀県近江八幡市長命寺湖底遺跡出土刳舟実測図

第2部　研究史と各地の研究成果（各論）

　なお、報文には「注目をあびたのは、縄文時代晩期の丸木舟であった。
この舟は、全長6m、幅60cmを測るもので、大まかな形づくりの後、火中に
て整形し、仕上げとして磨きがかけられているようである。丸木舟を出土
した遺跡としては…滋賀県下では、近江八幡市元水茎遺跡、蒲生郡安土町
大中の湖南遺跡で合計7隻の丸木舟が出土している。今回の丸木舟は、縄文
時代晩期の遺物包含層より出土しており、滋賀里Ⅳ式の深鉢が年代を決定
する根拠になったが、この種の遺跡は、陸上での堆積と異なり、廃棄後に
水中での再堆積が加わるため、絶対的な年代には認め難い。また使用目的
として、漁業ないしは湖上交通の手段と説明したが、今回の調査では、切
り目石錘などの漁具に関係した遺物は一切出土しておらず、また、水上交
通の対象も、その構造から内湖周囲に限られたものであろう」と述べてい
るが、長命寺湖岸の地形が直接波を受けない入江であったことから繋留さ
れたと考えられている。

　1983年出土の刳舟部材片には、「第Ⅱ層（黄灰色砂層）中から、布留式土
器とともに準構造船の船首が出土」している。時期は古墳時代である。

⑧ 近江八幡市元水茎町元水茎遺跡

　近江八幡市元水茎町に所在する元水茎遺跡は、日野川が形成する広い平
野部の北端にあたる。岡山の南麓には水茎内湖といわれる東西3km、南北2.5
km規模の内湖があった。早くから干拓事業が実施され、その面影はとどめ
ないが、1964（昭和39）年に農業用水の工事中に刳舟が発見され、1965（昭
和40）年と、2回にわたる発掘調査[註52]が実施された。

　元水茎B遺跡出土（1964年）の刳舟は、砂嘴の丘陵縁下底で出土し、（西）
端は丸く削り上げられ、（東）端は左右に若干の切り込みがあり、端部を丸
く作るだけではあるが、僅かに隆起している点が特徴である。全長約6.90m、
（東）端幅約50cm、（西）端幅約56cm、深さ約15～11cmを削り、舟船体の厚
さ約5cmを測る。中央部を欠失している。縄紋時代後期と考えられる。

　1964年出土の刳舟は、砂嘴の丘陵縁下底で出土し、刳舟の状況は（東）舷側、
（南）端部を欠失し、（北）端部には一条の隆起横梁帯が確認されたといわ
れる。全長約7m、幅約50cm、縄紋時代後期と考えられる。

—180—

Ⅸ　近畿の刳舟

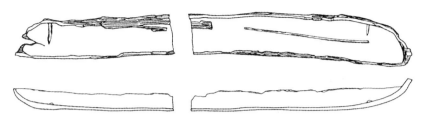

図32　滋賀県近江八幡市元水茎内湖遺跡出土第1号刳舟実測図

　元水茎A（C）遺跡出土（1965年）の刳舟（1号舟・図32）は、調査区北東隅、砂嘴の丘陵縁下底で出土している。刳舟の舷側外表は自然木の樹皮を剥いで調整し、舟船体は樹木に影響され彎曲している。舟底の横断面は曲形を呈して中央部を分断している。また舟内底部には、（南）端部（舟首）から約85cm、（北）端部（舟尾）から約70cmの2ヶ所に幅約5cm、高さ約2cmの隆起した横梁帯があり、舟内を三区分している。また舟内底部南に長さ約2.48m、直径3cmの自然木があり、棹とも考えられる。遺存全長約7.90（8.20）m、最大幅（南）端部1m、（北）端部幅約75cm、深さ約30〜55cm、舟船体の厚さ約5〜10cmを測る。縄紋時代後期と考えられる。

　1965年出土の刳舟（2号舟）は、調査区北西隅、砂嘴の丘陵縁下底で出土している。刳舟は樹木に影響され、（南）半分が僅かに彎曲しており、舟底の横断面は曲形を呈している。中央部で分断している。特徴的な点は舟底部から舷側縁にかけて薄くなる状況が見られる点である。全長約8.35m、（南）端部幅（舟首）約59cm、深さ15cm、（北）端部幅約50cm、深さ約15cm、舟船体の厚さ約2〜10cmを測る。比較的浅い舟底をもち、横梁帯はない。舟内部には彦崎KⅡ式縄文土器、（東）舷側部に石錘が見られた。縄紋時代後期と考えられる。

　1965年出土の刳舟（3号舟・図33）は、調査区南辺、砂嘴の丘陵縁下底で出土している。刳舟は（西）舷側部、（北）端部の欠失が見られ、舟底部から舷側縁にかけて薄くなる状況が見られ、舟底内部はほぼ平坦である特徴が見られる。遺存全長約5.60cm、（南）端部（舟首）幅約45cm、深さ約13cm、厚さ約2〜5cmを測る。舟内部から彦崎KⅡ式縄文土器が出土、縄紋時代後

—181—

第2部　研究史と各地の研究成果（各論）

図33　滋賀県近江八幡市元水茎内湖遺跡出土第3号刳舟実測図

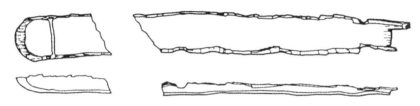

図34　滋賀県近江八幡市元水茎内湖遺跡出土第4号刳舟実測図

期と考えられる。

　1965年出土の刳舟（4号舟・図34）は、砂嘴の丘陵縁下底で出土している。舟船体は中央部で分断しているが、舟底内部は全体にほぼ平垣である。舷側縁は曲折しており、（北）端部に一条の隆起横梁帯がみられる。この刳舟も舟底部5cmから舷側縁3cmと薄くなる状況が見られる。遺存全長約5.60m、（南）端部幅約58cm、中央部54cm、深さ約17～20cmを測る。縄紋時代後期と考えられる。

　1965年出土の刳舟（5号舟）は、砂嘴の丘陵縁下底で出土している。舟底部部材片が出土し、現存全長約1.75cmを測る。縄紋時代後期と考えられる。

⑨　近江八幡市出町遺跡

　近江八幡市出町に所在する出町遺跡 [註53] は、八幡山の南西2km、旧黒橋川左岸中流域の沖積平野に立地する。現地形は標高89m前後に位置し、南から北へゆるやかな傾斜微高地に集落を形成している。1983年より土地区画整理事業に伴う調査から、掘立柱建物で構成する弥生時代中期と古墳時代前期の集落が存在することが確認されている。1989年の出町と音羽町にまたがる遺跡調査では、古墳時代前期の自然流路跡から刳舟の舳先が発見さ

—182—

れた。舳先は幅3mの自然流路で流木と一緒にまとまって出土している。長さ上辺57cm、下辺66.5cmで、幅17.5cm、高さ19cmを測る。先端より長さ38cm部分からV字状に刳り込まれている。舳先の角度は20度、縄を通したとみられる一辺3cmの四角形の穿孔が見られる。

⑩ 守山市赤野井地先赤野井湾遺跡

守山市赤野井地先に所在する赤野井湾遺跡は、琵琶湖東岸に位置し、草津市烏丸崎半島と、旧野州川の一支流である法竜川と境川に挟まれた地域である。法竜川河口には三角州が形成され、広大な湾内の湖底遺跡で、早くに縄紋時代早期の遺跡が発見されている。

琵琶湖（赤野井湾）補助河川環境整備工事に伴う調査で、弥生時代中期の集落や木製品を中心とする遺物が出土している。調査地の中央を流れる幅約30mの川が、南から北に向かう幅30mの川と合流して一条の川となり琵琶湖に流れる状況は、現在の南を流れる守山川と北西を流れる天神川と同じ状況である。縄紋時代晩期前半に遡ることが明らかとなり、その河川には後の弥生時代前期から中期前半ころの準構造舟船の部材が発見[註54]されている。

準構造舟船の舳先部分の出土（2003年）は、準構造舟船の刳舟の舟首にあたる部分で、上面には豎壁板あたりの痕跡、固定用溝の細工が見られる。遺存長約37cm、最大幅約16cm、最大高約7.5cmを測る。伴出遺物から弥生時代前期から中期にある。

赤野井浜遺跡の河道から出土（2003年）した準構造舟船の舷側板は、時期は不詳である。しかし遺存形態から刳舟舷側に取り付く舷側板前方部材であることがわかる。遺存長は1.07m、幅20cmを測る。前方下辺は欠損しているものの、前方の斜向辺と上部には豎壁板と繋がる綴じ穴が1ヶ所見られる。また後部下辺にも2ヶ所の綴じ穴が残っている。また遺存舷側中央部上辺には横梁を渡したとみられる彫り込み痕跡[註55]が見られる。

なお、古墳時代の流路からは舟形木製品の出土があり、実用の刳舟の出土と祭祀用具とする舟形木製品の関係も考え合わせると興味ある遺跡である。

⑪ 守山市古高町下長遺跡

　守山市古高町に所在する下長遺跡は、琵琶湖岸から約3.5kmの内陸部に位置する。中世以前は旧野州川主流とされる堺川の支流を水運路としていた地域と考えられ、内陸部へ物資の運搬に利用された可能性がある水路である。古墳時代前期の遺構で、旧河道有機質層から準構造舟船の部材片、舳先、サクラ樹皮で結合された舟底部と舷側板の結合部片、舟底部材片の3点が出土[註56]（1997年）している。いずれも樹種はスギ材と見られる。下長遺跡から出土した部材片（図35）は、舟底部と舷側板を結合した状態で出土したことに意味がある。特に舷側板には段状の削り込みと樹皮楔止めという結合方法から、これまでの準構造舟船における造舟船方法や構造についての一端を知る手がかりとなった。

　舳先は舟底部舟首にあったものである。別材で装着されたか否かは疑問をのこすが、ほぼ完形で出土している。現存長約64.5cmを測り、竪壁板が装着される部分の柄は34度の角度で削り出され、舳先部分と柄の接点に12×14mm角の方孔が穿たれており、部材の装着止めが窺える部材片である。

　結合部材片は現存長約93.5cm、両片幅は約7.9cmが遺存しており、舟首部分に装着される端部の角度は34度であり、出土した舳先と同じ角度に仕上げられていることから同一舟船体である可能性がある。舷側板は厚み1.2cm、舟底部上端の厚みは3cm、舟底部が厚いことがわかる。舟底部と舷側部の結

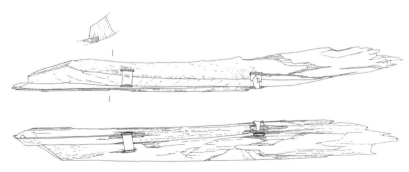

図35　滋賀県守山市下長遺跡出土刳舟部材サクラ皮縫き部分

合面は、幅1cm、深さ2.5cmの片溝L字状を削り込み、結合の強度を高める技法を取り入れている。さらに舟底部と舷側板の結合部細工のほかに、28.7cmの間をあけて2ヶ所に樹皮結合が見られる。幅2.4cmのサクラ樹皮を二重に巻き、舷側板柄と舟底部柄に楔をさらに打ち込んで固着している。結合部の充填物質は確認されていない。

舟体部部材片は現存長21.9cmを測り、出土部材片の対側部材片と考えられており、この部材片にも舟底部と舷側板の二材の間に片溝の削り込みによるL字状の細工がみられ、固着結合には樹皮を二重巻きにした上で柄穴に楔を打ち込む痕跡が遺存していると報告されている。

⑫ 大津市錦織遺跡

大津市錦織遺跡は大津宮比定地として調査 [註57] が進められた。1965年、国鉄湖西線の建設に伴う調査 [註58] で遺跡から多くの木製品と木器製作用の原材が出土し、それらの中に縄紋時代晩期のカシ製櫂の出土例があったが、舟船材の出土はない。

⑬ 中主町野田沼遺跡

野田沼遺跡は滋賀県南部の琵琶湖東岸に位置し、鈴鹿山脈を源とする旧野洲川北流と日野川の間に形成した沖積地は、旧須原沼、野田沼など内湖として所在した。調査された中主町大字須原の地域は縄紋時代から古墳時代にかけての集落跡の遺跡 [註59] と考えられている。

この地は1965年以後の圃場整備により水田となり、須原集落のあった須原沼を埋め立てた廃棄物処理場であったが、1957（昭和32）年ごろ、須田沼に流れる江口川を農業用水とする水門工事の際、埋没していた刳舟、土器などの発見があった。

刳舟については県立琵琶湖文化館に保管されているが、この刳舟は発掘調査して出土したものではなく、偶然の出土による。当時としては工事中であったにもかかわらず、比較的損傷を受けることなく、掘り出され管理されていたと報告している。発見された場所については正確な位置はわからないが、現在の蓮池の里第1処分場内北側水路らしい。また出土層は砂堆

第2部 研究史と各地の研究成果（各論）

砂層ではなく、砂泥か粘土層と推定され、刳舟は単独で胴部が切断された状態の舟首部分だけが出土している。

刳舟は芯材を刳り抜いた舟首（尾）舟底部分であり、平面形状は舟状に細長い先頭形である。遺存全長2.30m、幅54.4cm、深さ9cm、厚さ3～5cmを測る。樹種はスギ材であり、加工痕跡として、舟首先端部には細い溝状の掘り込み跡が見られ、鐇鉋などによる加工痕であり、焦燥痕跡はないようである。丁寧な加工が認められ、全体的に後世の摩耗痕跡があると見られる。また胴部の切断部分については、切断面は鋸の痕跡が認められないと報告され、舷側二方向からの切断加工がある。舟首部の切断から考えられることは複材の接合部材であるが、切断面からはいわゆる「印籠継ぎ」による加工、金属釘などの痕跡が認められず、複材式刳舟とは即断できない。いずれにしても刳舟とすると舷側にタナ板接合をする準構造舟船や、単材式刳舟を加工した二次的な転用材としたことも考えられる。

野田沼遺跡出土の刳舟は発掘調査によらず、伝聞から「黒っぽい素焼き」の中世土器伴出がその時期のよりどころとなっており、平安時代後期、12世紀段階の準構造舟船の舟首底刳り抜き部分と見られる。

⑭ 塩津浜遺跡

長浜市西浅井郡塩津浜地先の塩津浜遺跡（2015年）は、琵琶湖の最北端に位置する港であり、平安時代以後、築造されてきた港である。調査地からは平安時代後期、幅3.7mの道路遺構が発見され、その道路遺構の両側護岸には石材が積み上げられ、重要な港であることが分かる。護岸には側溝が認められ、その側溝の一部に架けられた踏み板があり、この踏み板として利用された板材が舟船の舷側板部分の可能性がある。

踏み板として利用された部材は、長さ2.05m、幅58cm、厚さ11cmを測る。この部材には釘穴が彫られ、「縫い釘」を打ち込んだ痕跡が3ヶ所に認められる。側面底部には釘穴が認められることから、板材と板材を繋ぎ合わせた痕跡と見られる。3ヶ所の間隔は長間52cm、短間38cmを組み合わせていたと考えられる。これまで発見されてきた舷側板との違いは、柄穴細工である「先彫り」の寸法が12×3cmによって「隠し釘」を使い板材を組み合わせ

—186—

る「構造船」の部材であることが分かる。部材の時期は12世紀、平安時代後期ころの遺物と見られ、針葉樹の板目材である。

(3) 刳舟の利用

琵琶湖における近年の湖岸内湖の調査から縄紋時代前期までに遡る刳舟の発見がある。少なくとも琵琶湖では遺跡から出土する刳舟が示すとおり、舟船を恒常的に利用していたことが窺える。また琵琶湖で出土する刳舟は大きく二つの時期に分けて考えることができる。ひとつは縄紋時代を通して造られたいわゆる刳舟である。もうひとつはそれ以後、大型の舟船にはならないが、複雑な構造を伴う準構造舟船である。刳舟については前述したように木工技術の進歩はあるが、より刳舟造舟船の伝統からは脱することができず、一木を用いて刳り抜く方法からの進歩は弥生時代を待たなければならなかった結果である。そして弥生時代に入ると、新たな造舟船技術と金属器がもたらされることで、刳舟からの脱却が見られる。それがいわゆる準構造舟船の造舟船であった。複雑多様な木材を利用するのは木工技術の進歩だけではなく、無駄のない木材利用への進歩でもあった。基本的な刳舟に付加する板材の加工技術の発達である。舟首、舟尾、舷側面に板材を付加して容積を増す構造が可能になったのである。このことは発掘され出土した舟船から、その時期が明らかに弥生時代を画期として区分される。しかも湖東地域のほぼ全域にわたって、刳舟から準構造舟船の出土例が見られることもそのことを明らかにしている。こうして琵琶湖が後に地方への物資運搬の管理から湖岸における港の整備によって、隣接する東西地域の交易流通への重要性が高まり、その役割は水運によって掌握されたことを物語っている。

(4) 琵琶湖の準構造舟船

日本における古代の造舟船技術は、本質的に刳舟造舟船の伝統から脱することができず、内湾の航行や、内水面である潟湖、河川で利用されていただけであろう。だが刳舟が各地の水域を利用し、積極的に水資源を利用するに適した水上運搬具であり、その造舟船技術は縄紋時代には成熟し、

第2部　研究史と各地の研究成果（各論）

漁撈活動の中に組み込まれる捕獲、採集、運搬という流通移動に刳舟が果たした役割は大きい。しかし、より利便性や効率性をいかした交易交流としての水上運搬具は金属器を待たねばならなかった。

琵琶湖東岸域では型式は小型ではあるが、全く舟釘の使用痕跡のない準構造舟船の部材片と考えられる木製遺物が、滋賀県米原町入江内湖遺跡、彦根市松原内湖遺跡、能登川町石田遺跡、守山市赤野井浜遺跡、下長遺跡などから出土している。

準構造舟船といえば、大阪府八尾市久宝寺遺跡 (註60) で出土した大型の良好な舟船材資料がある。しかしこの準構造舟船は、舟船の構造全体が遺存していたわけではなく、実際の資料ではあるが、まだ舟形埴輪の例などから全体の形態を推測するという域からは脱することはできない。

八尾市久宝寺遺跡の報告から出土した舟船材は、これまで出土したいわゆる刳舟ではなく、大型の舟船と見られる準構造舟船であることが明らかであるが、琵琶湖東岸域で出土する舟船材についても小型の準構造舟船と見られる部材片が出土する。この小型の準構造舟船も今のところ1艘全体が出土した例はなく、構造上において興味深い相違点が見られ、大阪府八尾市久宝寺遺跡出土の準構造舟船との比較から、その復元と全体的な準構造舟船の型式が考察されている。なかでも滋賀県守山市の下長遺跡と、赤野井湾遺跡からは相次いで準構造舟船の舟首部と舷側部の部材片が出土しており、横田洋三によってより具体的な準構造舟船の型式分析 (註61) がなされている。

守山市赤野井地先に所在する赤野井湾遺跡は、琵琶湖東岸に位置し、草津市烏丸崎半島と、旧野州川の一支流である法竜川と境川に挟まれた地域である。法竜川河口には三角州が形成され、広大な湾内の湖底遺跡で、早くは縄紋時代早期の遺跡が発見されている。

琵琶湖（赤野井湾）補助河川環境整備工事に伴う調査で、弥生時代中期の集落や木製品を中心とする遺物が出土している。調査地の中央を流れる幅約30mの川が、南から北に向かう幅30mの川と合流して一条の川となり琵琶湖に流れる状況は、現在の南を流れる守山川と北西を流れる天神川と同じ状況であり、縄紋時代晩期前半に遡ることが明らかとなり、その河川には、

IX 近畿の刳舟

後の弥生時代前期から中期前半ころの準構造舟船の部材（図36）が発見[註62]されている。準構造舟船の舳先部分の出土は、準構造舟船の刳舟の舟首にあたる部分で、上面には竪壁板のあたりに痕跡、固定用溝の細工が見られる。遺存長約37cm、最大幅約16cm、最大高約7.5cmを測る。伴出遺物から弥生時代前期から中期にあたる。

準構造舟船舷側板の時期は不詳である。しかし遺存形態から刳舟舷側に取り付く舷側板前方部材であることがわかる。遺存長は1.07m、幅20cmを測っている。前方下辺は欠損しているものの、前方の斜向辺と上部には、竪壁板と繋がる綴じ穴枘が1ヶ所見られる。また後部下辺にも2ヶ所の綴じ穴枘が残っている。また遺存舷側中央部上辺には、横梁を渡したとみられる彫り込み痕跡が見られる。なお、古墳時代の流路からは舟形木製品の出土が

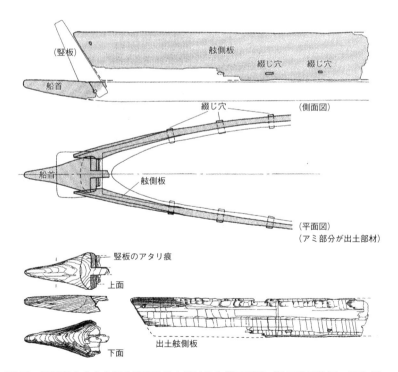

図36　滋賀県守山市赤野井浜遺跡出土部材片と復元形状（横田洋三作図一部改変）

—189—

あり、実用の刳舟の出土と祭祀用具とする舟形木製品との関係も考え合わせると興味ある遺跡である。

守山市古高町に所在する下長遺跡は、琵琶湖岸から約3.5kmの内陸部に位置する。中世以前は旧野州川主流とされる堺川の支流を水運路としていた地域と考えられ、内陸部への物資の運搬に利用された可能性がある水路である。古墳時代前期の遺構で、旧河道有機質層から準構造舟船の部材片、舳先、サクラ樹皮で結合された舟底部と舷側板の結合部片、舟底部材片の3点が出土している。いずれも樹種はスギ材と見られる。下長遺跡から出土した部材片（図37）は、舟底部と舷側板とが結合した状態で出土したことに意味がある。特に舷側板には段状の削り込みと樹皮楔止めという結合方法から、これまでの準構造舟船における造舟船方法や構造についての一端を知る手がかりとなった。

『万葉集』「辛荷の島を過ぐる時に山部宿禰赤人の作る歌一首」（巻6-942）

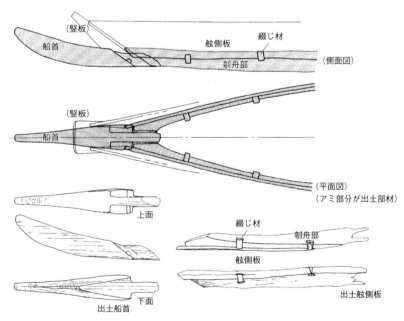

図37　滋賀県守山市下長遺跡出土部材片と復元形状（横田洋三作図一部改変）

IX 近畿の刳舟

に「味さはふ　妹が目離れて　敷栲の　枕も纏かず　櫻皮纏き　作れる舟
に　眞楫貫き　わが漕ぎ来れば　淡路の　野島も過ぎ　印南端辛荷の島の
　島の際ゆ　吾家を見れば、青山の　其處とも見えず　白雲も　千重にな
り来ぬ　漕ぎ廻むる　浦のことごと　行き隠る　島の崎崎　隈も置かず
思ひそわが来る　旅の日長み」と詠まれた山部赤人の歌にある「櫻皮纏き
作れる舟」とは、このような構造の舟船についてこれまで舷縁、舷側に枘
穴用の小孔がある場合、何らかの方法で結合、固着する方法が想定された。
刳舟の舷縁に枘穴を設け、舷側板を継ぐために樹皮留めして結合させる構
造の舟船であることは想像されており、『万葉集』で詠まれた「桜皮」を実
際に使用していたことなどを実証するまでには至っていなかったが、滋賀
県守山市下長遺跡[註63]で発見された「桜の樹皮で結合された船底部と舷側
板の結合部片」はそれを具体的な構造で明らかにしている。

　舳先は舟底部舟首にあったものである。別材に装着されたか否かは疑問
をのこすが、ほぼ完形で出土している。現存長約64.5cmを測り、竪壁板が装
着される部分の枘は34度の角度で削り出され、舳先部分と枘の接点に12×
14mm角の方孔が穿たれており、部材の挿着止めが窺える部材片である。

　結合部材片は現存長約93.5cm、両片幅は約7.9cmが遺存しており、舟首部
分に装着される端部の角度は34度であり、出土した舳先と同じ角度に仕上
げられていることから同一舟船体である可能性がある。舷側板の厚み1.2cm、
舟底部上端の厚みは3cm、舟底部が厚いことがわかる。舟底部と舷側部の結
合面は、幅1cm、深さ2.5cmの片溝L字状を削り込み、結合の強度を高める
技法を取り入れている。さらに舟底部と舷側板の結合部の細工のほかに、
28.7cmの間隔をあけて2ヶ所に樹皮結合が見られる。幅2.4cmのサクラ樹皮を
二重に巻き、舷側板枘穴と舟底部枘穴に、楔をさらに打ち込んで固着して
いる。結合部の充塡物質は確認されていない。

　舟体部部材片は現存長21.9cmを測り、出土部材片の対側部材片と考えられ
ており、この部材片にも舟底部と舷側板の二材の間に片溝の削り込みによ
るL字状の細工がみられ、固着結合には樹皮を二重巻きにした上で、枘穴に
楔を打ち込む痕跡が遺存していると報告されている。

　これらの遺跡から出土した準構造舟船の部材片は非常に小型である。八

—191—

尾市久宝寺遺跡の大型準構造舟船と比べると約3分の1のスケールである。しかし舟船の発展段階から見ると準構造舟船と呼べる舟船構造を示している。この小型の準構造舟船を大型準構造舟船が出現する以前の舟船と位置づけることができるか否かは疑問である。地域性によるものなのか、先端部の構造には少なからず相違が見られ、どのように理解するのかが今後の課題となる。

3 京都府の刳舟

(1) 日本海と京都

　日本列島をめぐる海流からの文化伝播を考える時、古代から海上交通路のあったことを否定することはできない。島嶼や岬などは古代から海上交通の目標となっていた所であり、海岸沿いの接点にあたる河川には、川沿いに遺跡が点在している地域が多くあることは注目され、そのことは考古学的知見から検証され説得力があり、海上交通路を考える上で重要な課題である。

　日本海はアジア大陸の東にあって、アジア大陸と日本列島の間を隔てる海がある。この海を流れる海流は、フィリピンあたりを源とする暖流のひとつで、流れの一部は東シナ海に流入するが、本流はいわゆる南西諸島に沿って太平洋側を北上する黒潮となる。日本海に流れ込む支流は、東シナ海を源としており、その一部はさらに支流となって、黒潮から分かれて対馬海峡を通って日本海に流入する対馬暖流になる。さらに津軽海峡から太平洋へ流出する津軽暖流と、宗谷海峡からオホーツク海へ流出する宗谷暖流となって流れている。その海流は黒潮本流では、流速3〜5knot・時速5,556〜9,260m、その幅約30海里（約50〜60km範囲内）では約2knot、秒速1m程度の流れといわれる。それに比べて対馬暖流は流速0.5〜1knot・時速926〜1,852mと推測されている。この海流を熟知しなければ渡海できない。

　黒潮本流側では、考古学資料に見られる刳舟の発見例が相次ぎ、伊豆諸島の考古学的・民俗学的研究の立場から遺物の交易や遺跡の交流における検討が加えられ、しかも実証するに恵まれた考古学資料から考察された研

—192—

究がある。また少なくとも同じように日本海側の地域にあってもこれまでかなり具体的な考古学資料、例えばヒスイやアスファルトといった交易品が各地で確認されている。ここでは刳舟だけに焦点を絞り、紹介してみよう。

① 舞鶴市字千歳浦入遺跡の刳舟

舞鶴市において、鳥浜貝塚で出土した刳舟と同じように高度な造舟船技術をもって加工されたと考えられるスギ材の刳舟（図38）が発見された。刳舟は完形な状態ではないものの、日本海での舟船交通路を考える上で貴重な資料(註64)を提供している。

若狭湾から東西に分かれて南へ湾入する舞鶴湾の北東部には湾を塞ぐように形成した大浦半島が位置し、湾口の最も狭いところである。その西縁の南に形成してのびる砂嘴を「松ヶ崎」と称している。そしてこの半島内側の西縁には入海が内湾し、穏やかな浦入湾を形成している。こうした平穏な入海は、外海の若狭湾が荒れ、内海の舞鶴湾に影響をおよぼした時、古代はもとより近世でも日待ち、潮待ちの港として利用された海上交通路の要所であったことは想像に難くない。いわゆる日本海側に形成された潟湖であったことは十分考えられ、しかもそれを裏付けるようにこの付近には嶋遺跡、大円生遺跡、千歳遺跡、千歳上遺跡など沿岸地域に遺跡が点在している。そしてこの地域に対面する由良川流域には桑飼下遺跡などの縄紋時代の遺跡も確認されている地域である。

舞鶴市字千歳に所在する浦入遺跡から1艘の刳舟（浦入遺跡群R地点）が

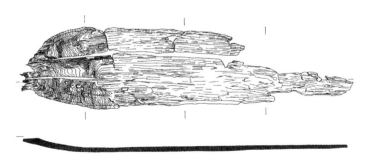

図38　京都府舞鶴市浦入遺跡群R地点出土刳舟実測図

第2部　研究史と各地の研究成果（各論）

発見されたが、浦入遺跡は広範囲に広がっていると考えられており、全体的には縄紋時代以後の遺物が出土して、この地が早くから開けていたところであることがわかる。また刳舟が出土した地点は、「松ヶ崎」と称される砂嘴が突き出す陸地部分にあたり、海にのびた砂嘴には嶋遺跡（浦入遺跡群M地点）が所在している。刳舟が出土した海岸部は、縄紋時代前期後半から中期にかけて砂層が堆積し、その各層から遺物が出土している。またこれらの出土遺物の中には、縄紋土器や石器類のほかに漁具類に関する碇石や海岸斜面に打ち込まれた杭跡が確認されており、舟船舶交流の拠点であったこともありえる。

　浦入遺跡群の調査は継続して行われており、縄紋時代以後の遺物、遺構が良好な状態で遺存していることが報じられている。例えば半島砂嘴では「縄文時代前期海進層である松ヶ崎礫層と砂堆の堆積環境」から「約4,000年前～約4,500年前の海面の低下、約4,000年前～約3,000年前の海面の上昇を確認し、海退期の泥炭層など」が確認されている。また特記すべきことは、「約6300年前に降灰したアカホ火山灰層を含む堆積層から、尖底の表裏縄文土器とともに大型の玦状耳飾りが出土」し、その玦状耳飾りは富山県産の蛇紋岩製と見られ、縄紋時代前期段階の直径6.6cmと大型のものであったことは注目できる。おそらく北陸ヒスイ文化圏との地域間交流を検討することが可能な資料となる。

　浦入遺跡発見の刳舟は、スギ材を刳り抜いて造られており、舳先と考えられる遺存長は4.06m、舟尾部分は腐蝕しておりすでに遺存していない。舟幅は土圧による変形で最大幅約1mの現状で出土しているが、刳舟の元の幅を考える場合約60cm内外が妥当であろう。また舟縁での厚さは約5cmを計測している。さらにこの刳舟の状況から舳先と考えられている部分を舟尾と見ると、鳥浜貝塚発見の第1号刳舟の舟尾部のような綱かけ痕跡のようにも考えられる。

　刳舟の造舟船については、表面は丁寧な調整が見られ、製作に伴う焦燥痕跡が確認されている。スギ材を使用しているのは若狭湾周辺でこれまで出土している刳舟、福井県鳥浜貝塚、ユリ遺跡などと共通しており、樹木の選択をスギ材に求める的確な特性を熟知している点にある。

—194—

Ⅸ　近畿の刳舟

　刳舟の遺存状況から全長を復元することは困難である。しかしこの地域
では先にも紹介した鳥浜貝塚出土の第1号刳舟がある。時期的には約5,500年
前の縄紋時代前期と考えられ、スギ材の刳舟としては舟首が一部欠けてい
るものの、1艘の刳舟としては全容の整った保存状態のよい舟である。この
刳舟にあわせて考えると、全長約7mまでと考えるのが相当である。浦入遺
跡で発見された刳舟は地理環境から考えて海上航行に利用されてはいたが、
外洋船ではない。吃水域、あるいは浦入湾内海の航行を主体とする刳舟で
ある。もちろん海上で利用された刳舟であることは確実な資料であるが、
外海に航行利用した刳舟であることを実証することは困難である。列島の
交易や渡海に伴う交易には舟船舶が不可欠であることはいうまでもない。
出土した刳舟が海上での使用を示すことが事実であったとしても、外海で
使用した可能性は少ないと考えている。

　刳舟の帰属時期については放射性炭素年代測定の分析結果が（B.P.5270±
90）を示し、縄紋時代前期中葉に遡ることが分かる。さらに発掘調査では、
出土層位の青灰色砂層下層から粗製深鉢（北白川Ⅱa式）を検出しており、
時期が確定できる資料となった。

　刳舟が検出された位置は丘陵を形成する洪積層に沿った傾斜上に位置し、
その海岸線はほとんど砂堆のない部分であったことが調査で明らかにされ
ている。海成砂層には杭が打ち込まれた状況が検出され、報告では構造物
である可能性を推測し、舟着き場いわゆる桟橋などを考えている。またこ
の施設らしいもののほかに碇石も検出されている。このように刳舟は汀線
と主軸を同じくして海岸線上に放置された状態にあり、報告でも「一見す
ると不要となって廃棄された」刳舟が漂着して、その位置に埋没したとも
考えている。これらのことを総合して考察すると、浦入湾の西岸が穏やか
な入江であったことが想像され、刳舟が半折して海岸汀線上に平行してあっ
た状態は、漂着したものであることが十分考えられる。しかし一方杭列と
も考えられる多くの杭が舟船の舟着き桟橋の遺構であったことも考えられ
る。それは穏やかな入江という状況が想定される理由があるからであるが、
生活住居跡などの状況がまだ十分に解明されていない点では説得力は少ない。

　浦入湾で発見された刳舟は、福井県三方上中郡若狭町鳥浜貝塚で発見さ

れた刳舟とかなり類似性がある。即断はできないが、浦入湾という海洋環境を考えると、吃水域や内海を航行していた刳舟であろうと考えられる。しかし鳥浜貝塚発見の刳舟のように河川沿いや潟湖で使用されていることが明らかな刳舟であっても、日本海側でこれまで紹介してきた多くの刳舟もまた日本海沿岸の吃水域を航行した可能性は十分ある。とりわけ浦入湾発見の刳舟が海域での発見であったために海上交易、交流を論じる上では不可欠な資料となったことには意味がある。

(2) 京都府内陸部の刳舟

京都府下ではこれまで内陸部で3艘の刳舟が知られている。

① 長岡京市神足雲宮遺跡

　長岡京市神足雲宮遺跡出土（1979年）の刳舟[註65]（図39）はクス材、現存長2.60m、現存幅40cm、弥生時代中期と推定される。小畑川左岸の扇状地15m範囲に遺跡が存在し、弥生時代の弥生土器標識遺跡として、前期でも古い様相を示す土器群を出土している。前期では河内や播磨地方から、中期では近江系の土器が搬入され、その交流が知られる。また土器だけでなく石器も豊富に出土し、前期では讃岐地方から、中期からは奈良二上山系のサヌカイトがもたらされている。これらの交易については瀬戸内地方から大阪湾経由で淀川を遡る海上河川交通が確立しており、文化の流れであ

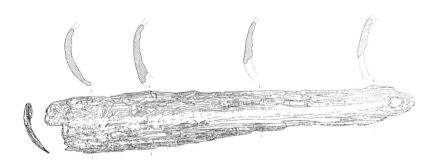

図39　京都府長岡京市雲宮遺跡出土刳舟実測図

る社会的変化に反映していることがうかがわれる。従ってこの遺跡での弥生時代の文化の流れという点では、物資を交易する舟船の存在が考えられる。雲宮遺跡の地理的条件や出土する遺物から交易・交流に舟船をぬきにしては考えられず、従ってこのような刳舟が出土したことはこの地域の具体的な交易が考えられる。

さて刳舟は完形ではない。出土した状況から半折したことが知られるが、推定全長5mが考えられる。木製品は片側半折で立体感がないが、舟底から舟縁に歪曲しており、報告によれば「木取りの方法が木材の中心を割り、左右均等の年輪層になるように調整されている」と見られる。刳り抜きの調整痕については不明であるが、おそらく弥生時代の木工技術により造舟船されたのであろう。完形でないために全容をうかがうことは不可能であるが、鰹節型の刳舟を推測できる型式と考えられる。

② 向日市森本町東土川西遺跡

向日市森本町東土川西遺跡出土（1979年）の刳舟[註66]（図40）は、クス材、遺存長3.70m、遺存幅50〜60cm、縄紋時代晩期と推定される。出土地点は桂川西岸の氾濫原に位置するが、遺跡は弥生時代後期から古墳時代初頭にかけて流れていたと考えられる幅約7m、深さ20cmの溝の下層付近で発見されている。この刳舟は完全な形ではなく、一部分を欠失している。刳舟全体に加工痕、あるいは調整した痕跡が明確には認められていないが、両舷側上端部分に平垣な加工面が見られる。その舟縁と考えられる舷側の厚さは6cmを計測している。一部分を欠失しているため完形ではないが鰹節型の刳舟と考えられる。

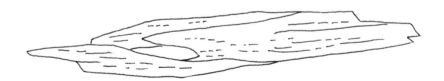

図40 京都府向日市東土川西遺跡出土刳舟略図

—197—

第2部 研究史と各地の研究成果（各論）

地形状況からは桂川や巨椋池、あるいは枚方や高槻付近まで入り込んでいた古大阪湾、あるいは大阪潟まで漕ぎ出して、魚類の捕獲に利用した刳舟であろうか。あるいは物資を搬入するということが具体的に予測できる資料である。

③ 相楽郡和束町和束川底遺跡

相楽郡和束町和束川底遺跡発見の刳舟は、1953年南山城大水害によって和束川が氾濫し堰堤が決壊したのちに、縄紋土器とともに古材の発見があり、刳舟ではないかと報じられたものである。現在不明。

(3) 刳舟の交易

日本海沿岸の広い範囲を海上の道を行き来したことは明らかである。例えばヒスイや黒曜石アスファルトなど特産地域が限定されるモノや、あるいは土器や油脂といったモノが交易されていたことは否定できない。

京都府舞鶴市で発見された刳舟や、その浦入遺跡群で出土した蛇紋岩製玦状耳飾りは、日本海沿岸地域における海上に交易交通路が形成していたことが考えられる。しかし刳舟の出土状況の分析だけでは外洋航海の問題についてせまることはかなり難しい。さらに刳舟の規模だけでは潟湖用なのか、海上用なのか不明であるが、間違いなく沿岸地域から発見される刳舟は海上に漕ぎ出すことも可能である。そしてこれまで発見された刳舟の多くは沿岸の潟湖（ラグーン）地域で出土したものが大半であったことがそれを裏付けている。

現時点では新しい事実を引き出せるわけではないが、日本海沿岸に発達した潟湖に刳舟が漁撈活動だけではなく、外洋に出る可能性のあることは十分論証できるようになってきたが、さらに刳舟や舟形木製品の構造上からも航海の問題を考察することは可能である。

日本海側での発掘調査による刳舟の出土例は、現存しないものも含めて僅かであり、その内訳は限られている。また刳舟の使用材は圧倒的にスギ材が多く数えられる。このことからスギ材は刳舟に適した材質であることや、加工材として利用しやすいことを証明している。また刳舟の規模について

—198—

検討してみると、6m前後の刳舟が多いことはこれまで出土している他地域の刳舟と類似している。述べてきたようにどの程度の刳舟を大型船と呼べるのか、その判定基準は理解できていない。福井県鳥浜貝塚で出土した刳舟の規模を基準にして、その複艘舟船で外洋航行できる可能性があるとすれば、6m前後の刳舟がひとつの規模であり、それが交易に用いられたと理解することができるかもしれない。

石塚尊俊が収集した刳舟の民俗資料から見ると、調査された26艘のうちの刳舟の材質について、明らかにスギ材を利用した舟は9艘であったが、おそらく他の舟材もスギを使用している。また刳舟の規模については、14艘の刳舟が6〜7m範囲内で造舟されていることが知られた。詳細な分析は譲るとして刳舟の規模は6m前後のものが一般的であり、その多くは普通2人乗り、沖乗りすることはほとんどないことを報告しているのは興味深いことである。

刳舟の構造に拘っているのは、外洋に出る舟船がどのようにして海流をのりきったのかということである。複艘舟船を形成したのか、準構造舟船が早い段階で造られていた可能性があるのか。例えば佐賀県腰岳の黒曜石が沖縄本島へ運ばれたことや、新潟県姫川のヒスイが各地に運ばれたという事実をどのように証明するのか。刳舟で約1,000km範囲内の航海を果たしていたことは考古学的に証明することはできないばかりか、推定することも難しいように思われる。

4　兵庫県の刳舟

① 長越遺跡

1971年以後、姫路バイパス建設工事によって調査された長越遺跡は、市川の分流である船場川右岸（西側）付近に位置している。船場川は市川本流から分かれて姫路市街地の手柄山東側を流れ、飾磨の海に注いでいるが、遺跡付近は比較的早期の段階から沖積層が堆積する平地であり、船場川を利用する安定した集落を形成していたと考えられる。

遺跡内には大溝と称される流路が流れ、その両岸には井堰を構築し、流水量を調整するなど人工的に利用して集落の生活の場を形成したものと見

られ、廃棄した土器、大量の木製品、自然木などが堆積している。この大溝堆積層の遺物は弥生時代後期後半から古墳時代前期のものであり、この木製品の中には舟船材が見られた。

報告(註67)では1点だけが紹介されているが、建築部材と判断される木製品の見直しによっては多くの舟船材があると見られる。部材（49）は、舟底部材（図41）と見られ、舷側縁の一部であり、遺存の長さ138cm、幅28.8cm、厚さ（最大）7.2cmを測る。クス材であり、その舷側部縁と見られる内側にあたる方はL字状の段となっており、幅約10cm、段幅約1.8cmを測る。さらに側縁部には28～30cm間隔で長方形枘穴が5.3～6.1cm×1.7～2.4cmを測り、3ヶ所が確認される。その内の1ヶ所には木栓が遺存していた。また1ヶ所の枘穴は1辺5cm×8cmを測る方形穴があり、この枘穴には梁材が通っていた可能性がある。枘穴に接して斜めの幅4.5cmの溝が彫り込まれており、この部分が舳艫部のいずれかであるとすると波除けの竪壁板、あるいは隔壁板が挿入される溝と考えられる。遺跡の大溝が埋められ湿地化していく段階の4世紀後半から5世紀前半時期の遺物と報告されている。

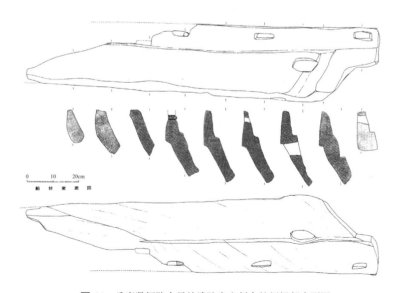

図41　兵庫県姫路市長越遺跡出土刳舟舷側縁部実測図

IX 近畿の刳舟

　また「複雑加工木製品」として紹介される部材（50）は、準構造舟船の豎壁板と見られる。大きさは上部が欠失しており、全体の規模は不明であるが、遺存長54cm、幅26.5cm、厚さ3.2cmを測る。部材の左右側辺に縦溝があり、幅3.5cm、長さ34.5cm、深さ11cmを測る。その下端幅約26cmには大きな抉り込みがあり、長さ11.7cm、幅約9cmを測っている。その外側には横溝の加工があり、幅4cm、深さ1cmを測る部材である。下端部中央にはサクラ樹皮が遺存する長さ2.3cm、幅0.6cmを測る木栓の入った長方形の細工があり、その横にも楕円形の長さ3cm、幅0.9cm、深さ1.2cmを測る枘穴がある。樹種はクス材である。

② 明石城武家屋敷跡東仲ノ町地区第4次調査

　1997年度の発掘調査は、阪神・淡路大震災後の復興事業として明石市東仲ノ町市街地再開発事業の計画により実施された明石城武家屋敷跡である。その第11区の調査から古墳時代の方形周溝墓と見られる溝があり、その溝に舟船材を伴った遺構（SD11089）が発見[註68]されている。遺構は刳舟（図42）の舟底部を棺として利用したものであり、全長約5.6m、幅約60cmの刳舟である。舳先部手前と見られる位置に舟板材を使った側板と仕切り板で囲い、一辺約1.78m×約57cmの箱状にした部分を作って板材の蓋で覆っている。さらに刳舟と見られる舟底部材、遺長約3mを蓋にしている。

　いずれも刳舟と見られ、板材も舟部材と見られるが、上下2艘を利用した舟棺葬であろう。遺物は微小金属片、須恵器・土師器片だけが出土し、人骨類は確認されていない。

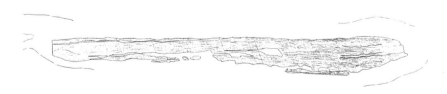

図42　兵庫県明石市明石城武家屋敷跡出土刳舟実測図

第2部　研究史と各地の研究成果（各論）

③ 神戸ハーバーランド遺跡

　1987年に調査された兵庫県神戸市中央区東川崎町に所在した神戸ハーバーランド遺跡である。旧湊川以西の海岸線は兵庫の津の存在が推定されており、周辺には平清盛が造営したという福原京関係の遺跡がある。調査区は桝状遺構と称される舟船材を再利用した枠組みである。開口部らしい遺構のため船入り遺構の可能性が考えられたが不明である。各辺は5.8m×2.5mを測り、部材は長い板材で4m余り、板材と板材の間には櫂などを杭とし、全体的な枠組みには部材を加工せずに板材を重ねた状態で枠組みを構成している。これらの部材のほとんどは近世の舟船廃材を再利用したと考えられる。砂堆に構成された桝状遺構は用途不明ではあるが、出土遺物から江戸時代末の遺構と見られる。

　報告書[註69]から出土部材を略紹介しておくと、部材（1）は遺存長3.48m、最大幅40cm、最大厚12cmを測る。部材は和舟船の舟底材航のようであるが別用途の材と見られ、先端部と思われる部分に柄があり、平釘が3本遺存する。部材（2）は遺存長4.16m、最大幅66cm、最大厚11cmを測る。1m間隔に8cm×4cmの柄があり、3ヶ所に木片が遺存している。板材には各所に柄が空けられている。部材（3）は遺存長4.03m、最大幅67cm、最大厚12cmを測る。板材には約10cm×3cmの柄が約15ヶ所、その柄内には釘を打ち込む穴がある。平面だけでなく側面にも柄がある。部材（4）は遺存長2.19m、最大幅32cm、最大厚9cmを測る。板材表面に縦11cm×横5.5cmの柄が7ヶ所、規則的に空けられており、側面にも小さな柄が空けられている。部材の樹種はすべてツガ材である。全体的に梁材など主要な舟船材とするには疑問があるとされ、報告では棚板部分の部材とする。

④ 栄根遺跡

　栄根遺跡は川西市栄根、栄町に所在する南部地域、猪名川が形成する東南部の沖積地に広がる弥生時代前期から平安時代にかけて営まれた集落跡である。1979年に調査され、東部には弥生時代後期から平安時代にかけての自然河川が検出されており、幅10mを超す河川で一時期には流れの激しかっ

—202—

たことが知られるが、この河川は北方の丘陵から流れ、南方の猪名川支流である最明寺川に合流していたと考えられる。

剞舟は河川に大量の土砂が堆積した時に埋没したと報告 [註70] している。舳先と見られる舟首を河川東岸に、舟尾方向は河川の流れに対して約45度の位置で下流に向けている。出土した遺存長は4.3m、幅は舳先部45cm、艫先部50cm、深さは舳先部約10cm、艫先部約17cmを測る。舟船体形状は箱型を呈し、舳先が反り返る状態にあると報じる。舳艫ともに開口しており、舟尾の艫は樹木根部に辺り、厚さは約4〜5cmと全体が一定した高度な加工技術である。舟底内部は平坦に仕上げ、舷側は艫部でほぼ垂直に立ち上がり、舳先部では「八」字状に広がりを呈しており、舷側縁も丁寧に調整されている。出土時には舟首尾はなく、一材を剞り抜く時点から複材式の可能性があるが、接合部である端部は僅かに薄い加工が見られると報じられ、舷側部両端には約5cmの枘穴がある。端部に舟先端部を接合し、枘穴に梁材を通したことが考えられる。このような箱型で複材式の剞舟という高度な造舟船技術は注目される。樹種は針葉樹（ヒノキ材？）と見られ、時期は古墳時代後期である。

⑤ 五反田遺跡

五反田遺跡は豊岡市祥雲寺に所在し、地形は日本海に向かって北流する円山川支流となる六方川から分流する鎌谷川が、西流する流域南岸に位置する遺跡である。1997年に調査 [註71] され、鎌谷川の沖積地に立地し、弥生時代中期から平安時代にかけて継続的な集落跡、生産遺物などが検出される。特に古墳時代中期の遺構では自然流路から畦畔を伴う水路や水田が検出されており、広範囲な開拓が見られ、また自然流路を利用した木製品の生産などが考えられる遺跡であることが理解される。

自然流路から出土する木製品は多様であり、どのように解するのかは今後の課題であろうが、剞舟の断片が2点出土している。部材（W46）は、舟首に近い底部材と見られ、遺存の長さ108.6cm、幅28.5cm、厚さ（最大）6.1cmを測る。スギ材であり、その状態は加工を伴うものではない。部材（W63）は、舟船の舷側部と見られる。遺存の長さ135cm、幅15.2cm、厚さ（最大）

—203—

第 2 部　研究史と各地の研究成果（各論）

3.3cmを測る。スギ材である。舷側縁は丸く加工が見られ、反対側中央部に
抉り加工が見られる。全体的な状態は加工を伴うものではない。部材は破
砕されたものが多く見られ、他にも剥舟材の可能性はある。いずれも時期
は古墳時代中期である。

⑥ 若王寺遺跡

　若王寺遺跡は尼崎市若王寺3丁目に所在し、1960年代に調査 [註72] が実施さ
れ、古墳時代の集落、製鉄遺跡として知られている。尼崎市が大阪平野の
西側、猪名川と武庫川によって形成された低地沖積地になり、周辺には多
くの遺跡が営まれる。この遺跡は尼崎市の北部、現在の海岸線から約6.2km
離れた位置にあるが、古墳時代には猪名川に内海が湾入し、海岸線に近い
遺跡であったことが知られる。2000年に発掘調査された遺構からは、掘立
柱建物14棟、井戸8基、古墳1基、柵列、溝、土坑などを検出し、古墳時代
後期に属している。

　遺構（C4.5区）から検出された井戸（SE06）の掘方は、上面での径（東西）
約1.1m、径（南北）約1.6mの長円形、ほぼ中心片寄りに井戸枠がある。井
戸枠は2枚の板材を組み合わせ、平面断面はほぼ長円形状になり、その一辺
は約90cmを測り、深さは約1.1mと見られ、底部は砂層である。この井戸か
らの出土遺物は須恵器、土師器が見られ、上面からは須恵器、勾玉がある。

　井戸枠部材（W4）は舟底材と見られる。幅88.5cm、長さ103.6cm、厚さ5.7
cmを測る。板材は比較的丁寧な手斧による調整が見られ、顕著な加工はな
く、上端は風化による損傷、節の円孔が見られるが、下端はほぼ平坦に切
断され、舷側は調整されている。部材（W5）は幅89.6cm、長さ104cm、厚さ6.5
cmを測る。板材は比較的丁寧な手斧による調整で、加工痕跡は認められず、
上端は風化による損傷、節目がある。下端は中央より左側に段差が認めら
れる切断痕跡がある。樹種はスギ材である。

⑦ 淡河萩原遺跡

　淡河萩原遺跡は神戸市北区淡河町萩原地区に所在し、1990年から淡河土
地改良区の発掘調査 [註73] が開始され、広範囲にわたる平安時代から鎌倉時

—204—

IX 近畿の刳舟

代にかけての中世遺跡であることが知られている。淡河町の中心を流れる淡河川によって形成された河岸段丘の台地上に遺跡が立地し、周囲を深い山々に囲まれている。

その第Ｖ次調査地は淡河萩原遺跡の西端に位置し、南部に東側から西側に流れる淡河川と、西部に北東側から南西側に流れる僧尾川によって形成された舌状の河岸段丘上に立地している。第8地区から検出された遺構には掘立柱建物跡4棟、井戸1基ほかが見られ、全体的には鎌倉時代から室町時代に属している。

その東端で検出された井戸（SE01）の掘方は、上面での径（東西）約2.75m、径（南北）約2.53mのほぼ円形、深さは円錐状約2.5mを測り、上面の中心僅か片寄りに井戸枠がある。円錐状に掘られた素掘坑の中には、下層に良好な状態の岩盤を掘り下げ、掘り窪めた部分に一辺約55cm、高さ30cm、厚さ3cmの板材を桝状に組んでいる。最上部には木製井戸枠があったはずであるが遺存していない。掘方上部には石組が見られ、最大石積井桁の直径は約1.6m、内径は約80cm、石組層は約42cmを測る。その下の中間には井戸枠部材の内側が六角形を呈しており、外側は円弧形である。従ってその部材は舟底部状であるが刳舟であるかは疑問がある。一材は一木を刳り抜き、両側を折れるような屈曲状態の舷側部のように丁寧な加工をしている。その井戸枠部材は平断面が「コの字形」となり、3枚の板材を組み合わせ、平面断面内側はほぼ六角形状になる。部材（24）は幅約82cm、長さ178cm、厚さ6cmを測る。部材は比較的丁寧な手斧による調整が見られ、顕著な加工はなく、上端は風化による損傷がある。また下端にはＶ字状の損傷、底部に柄溝が彫り込まれている。部材（25）は幅約83cm、長さ178cm、厚さ9cmを測る。部材は比較的丁寧な手斧による調整が見られ、顕著な加工はなく、下端は風化による損傷がある。部材（26）は幅約84cm、長さ185cm、厚さ4〜6cmを測る。部材は比較的丁寧な手斧による調整が見られ、顕著な加工はなく、上下端は風化による損傷がある。また下端部の両端には一辺約9cmの方形柄穴が見られ、原木時に材を運ぶ際の縄掛け孔の可能性がある。この部材にも底部に柄溝が彫り込まれており、先の部材とともに井戸底部に加工のあった可能性がある。この三部材が一木から刳り抜かれたものであるかは不詳

第2部　研究史と各地の研究成果（各論）

であるが、中世、鎌倉時代以後の舟底部加工に類似しており、舟船材の可能性がある。樹種は広葉樹と報告されている。井戸内から12世紀後半から13世紀初頭の須恵器、土師器などが出土し、鎌倉時代から室町時代に用いられたと考えられる。

⑧ 城崎町桃島出土舟様木製品

　兵庫県豊岡市城崎町桃島は兵庫県の東北部に位置し、中国山地の裾野が日本海の沿岸にまで迫る。中央部は豊岡盆地で縄紋時代中期から晩期に入海が干上がって形成したとあり、その間を円山川が北流し、津居山湾に注いでいる。桃島は、室町時代中頃には石清水八幡宮領であり、江戸時代には円山川の砂州や入江の新田開発が行われたが、地域では飲料水に恵まれなかったことが知られている。円山川下流の左岸に位置するが、その本流には支流である桃島川が注ぎ、途中に桃島池が形成され、その湖畔に半農半漁的な集落があった。

　桃島小字中河原の位置で桃島川河川災害復旧工事中に泥土と共に掘り出された（1977年）と報告[註74]される。桃島川の河床には厚さ30〜50cmの砂利層があり、さらに下層に粘土層が1.5m堆積しており、土砂採掘時に舟様木製品をとりあげた。

　報告書によれば舟様木製品は刳舟であるか否かの研究者による報文が収録されており、結論は出されていないが、遺物は客観的に刳舟と見られる。全体的には歪な形態であるが、舟状を整えている。舳先にあたる部分は丸木の原状を残し、加工痕跡が見られ、丸木樹心部である舟船体部は刳り抜かれている。また艫部には人為的な刳り抜き孔が舟底部にまで達している。内側の底部、舷側部の刳り抜き加工に関しては均一ではないが加工痕跡はあり、また外側の加工痕跡は荒さが目立つが底部には平底加工をしており、内外の外観に関しては刳舟と認められる。

　刳舟の遺存全長3.4m、幅48cm、深さ約34cmを測る。刳り抜き部全長2.65〜2.75m、幅36〜40cm、深さ15〜20cmを測る。刳舟としては小型式である。小型から刳舟と見ない考え方もあるが、その場合、舟形木槽とすることができる。歴史的に飲料水に恵まれなかったということがあり、その可能性は

—206—

ある。

　年代に関して考古学的に実証される資料はなく、また層位分析がなされず、出土したと見られる層からの共伴遺物が認められない。樹種はクス科タブノキの常緑高木。タブノキは暖地の海岸付近に自生し、高さは15mに達する樹木である。

⑨ 二葉町遺跡

　二葉町遺跡は兵庫県神戸市長田区二葉町に位置し、妙法寺川と苅藻川が運ぶ土砂が瀬戸内海の海流に戻された自然堤防を形成する地形である。特に平安時代末の平氏政権による大輪田の泊修築以後、周辺に集落が形成され、その遺跡も顕著に認められる。それらの集落跡には掘立柱建物、井戸、周辺部可耕地などとともに在地的な生活道具だけでなく、貿易陶磁器などに見られる対外的な交流と生産基盤の確立がある。

　阪神大震災後の再開発による遺跡調査[註75]が開始され、中世以前の遺構遺物の検出もあるが、11～13世紀以後の集落遺構が顕著に認められ、掘立柱建物に伴う井戸などが集中して検出される。平安時代末から鎌倉時代中頃までの集落跡は建物の重なりが多く、居住地をほとんど移住しないことが理解される。建物跡21棟、井戸14基などが認められる。

　1998年の調査から検出された井戸（SE306）の掘方は、上面での径約2mのほぼ円形、深さは円錐状約3.3mを測り、上面遺構から50cm下がった中心に井戸枠がある。井戸枠は一辺1.1mの方形に組んでおり、円錐状に掘られた素掘坑の中には、下層に良好な状態の刳り込んだ板材が立てられており、一木を刳り込んだと見られる舟底部材を切断して刳り面を合わせて円筒状にしている。また側辺を固定するために長さ23cm、幅20cm、厚さ3cmの楔形板材を差し込んでいる。井戸底は湧き水の粗砂層の水溜め部に曲物材2段が据えられている。

　転用刳舟舟底材（図43）は、三材となって検出されており、井戸上部は腐蝕により形状は不明であるが、井戸側壁として利用した時に舟底部の舟首部と舟尾部が下層側に設営したために刳舟の接合部が明らかにわかる資料となった。舟底舟首部（1）は長さ約2m、幅約80cm、深さ約45cmを測る。

第2部　研究史と各地の研究成果（各論）

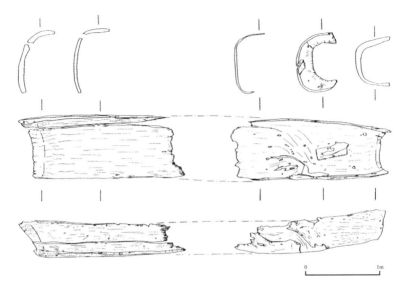

図43　兵庫県神戸市長田区二葉町遺跡出土刳舟実測図

　舟底部には補修痕跡と見られる長さ40cm、幅15cmの凹みがある。側縁部には楕円形穿孔と見られる枘穴が約40cm間隔で認められる。舟底舟尾部（2）は長さ約2m、幅約70cm、深さ約50cmを測る。舟首部と見られる部材と比較して節目や補修痕跡は認められず、舷側縁部には穿孔痕跡がある。またこの部材に接合する右舷側部分は長さ約2mがある。三材は1艘の舟底部と認められるが、切断された部分が腐蝕によって全体的な長さは不明である。舟首部、舟尾部の状況が明らかであるため舳先、艫部は発見されていないが接合状況が理解できる。全体的に釘穴（釘16ヶ所、釘穴45ヶ所）が多く、また舟釘が多用されている点から準構造舟船として舷側板、上部構造との接合状況が考えられる。側面の舟縁は約50cmの立ち上がりの深さが見られ、その上部に舷側板が取り付くと考えられる過渡的な舟船である。
　この舟底接合部分に部材を咬み合わせる、いわゆる「印籠継ぎ」接合などの細工がなく、多用される舟釘による接合補強では耐久性の問題が生じる。出土状況からは三部材接合をした準構造舟船として全体的な構造補強による舟船であった可能性があるが、どのような舟船であったのかという点は

—208—

不明であり、造舟船方法が注目される。さらに舟船材転用井戸であることから、井戸側補強とする板材がこの舟船を破砕する際に生じた材木片を再利用しているのが見られる。特徴のある板材は発見されていないようであるが、舳先、艫部材がなかったのは惜しまれる。使用樹種はクス材である。

　井戸内から出土した遺物は時期的に12世紀前半から13世紀中頃までと幅があり、井戸の廃絶は13世紀中頃、鎌倉時代と見られるが、井戸の築造に転用された舟船は12世紀前半以前には廃舟船していたと考えられ、中世の準構造舟船であると推測される。『一遍上人絵伝』絵図などから全長9m前後と推定されるが、複材式刳舟を考える上で貴重な実例資料を提供している。

⑩ 佃遺跡

　佃遺跡は瀬戸内海最大の島である淡路島の兵庫県淡路市浦小田に所在する。1972年のほ場整備事業に伴う分布調査[註76]で確認され、縄紋時代後期から中世にかけての遺跡が存在し、特に縄紋時代後期の遺物包含層は最大2m堆積しており、1991年に全面調査された。淡路島には縄紋時代の遺跡は約50ヶ所確認されているが、時期を継続する遺跡は少ないとはいえ、各地点には集落遺跡も点在している。

　調査された南区域の下層からは河川の水流の影響と考えられる崖面が形成しており、崖下は低湿地であり、この位置（N21区）から刳舟転用材とした「木道」が検出されている。刳舟は舟底部を上面にしており、木道の北側下部に木材（直径3cm、長さ59cm）があり、東側下部にも木材（直径7cm、長さ84cm）がある。南端には礫石があり、何らかの形で構築されていた可能性がある。この周辺は貯蔵穴が数多く存在し、土坑が14基検出された遺構である。木道は1ヶ所しか認められないが、低湿地の軟弱地盤の足場として貯蔵穴周辺には、複数が配置敷設されていたことも考えられる。刳舟全長を約6mと考えると、2～3ヶ所は木道施設として利用されていたと見られ、また液状化跡が検出されていることから災害などにより移動したと考えられる。

　木道に転用された部材は刳舟舟底部である。最大の長さ1.46m、幅42cm、厚さ3cmを測る。舟底部内側には僅かな彎曲があり、内側表面には刳り抜き加工時の焦燥痕跡が認められる。全体的な形状から前後いずれかに近い部

第2部　研究史と各地の研究成果（各論）

分と見られ、先端部の左右2ヶ所に約3cmの穿孔があり、刳舟の細工か、再利用時の細工とも考えられる。樹種はクス材である。

また中世遺構の井戸（SE001）から出土した部材の多くに刳舟転用材の加工痕跡が認められるが、樹種がモミ材、スギ材、ヒノキ材、クス材など舟船材であった用材を転用したものであることが指摘できる。

5　奈良県の舟船

（1）葬舟船考

人類は死をどのように受けとめてきたのであろう。快楽主義を説いたギリシアの唯物論哲学者エピクロス（紀元前341年頃～紀元前270年頃）は「死はわれわれにとって無である。なぜかというと、生きているあいだは死は存在しないし、死が存在するときはわれわれはもはや存在しないからである」と説いた。人間の死というものは、肉体から呼吸や体温が失われ、そして腐敗していくという現実を認識することによって、その死に伴って魂が肉体から分離するということを意識したはずである。しかし死後の存在については確実なことは何も知られていない。死後の世界の有無について人類は断定するべき標準を全くもたないし、全く存在しない。とはいうものの、死後の問題は無視されたわけではない。

生前における生活習俗を守ったか否かという生前の行動の善悪によって、死後の運命が決定され、死者の現世における地位は、死後の幸不幸をも決定するという観念は、世界の多くの地域で共通する。死後の霊魂が死の国に入るという他界観もまた多くの形態、形式こそ多種であるが認められている。

肉体が腐敗する現実は魂が分離しているに違いなく、ここであの世の存在が認識されたかも知れないのである。それが人類における死の概念の特色と見られる。そしてそのことによって死者への儀礼は様々な形、方法で重要視されながら遺体崇拝へと変化し、この時点からあの世に行き着くことを願い、どの民族においても埋葬方法に奇異、奇習といわれる風変わりな埋葬儀礼が執り行われる習俗風習が存在し、その儀礼の方法も多様である。

埋葬方法の中で舟船を伴う儀礼があるが、それは死者の国が海、あるい

—210—

Ⅸ　近畿の刳舟

は大河の向こうにあるという観念から、死者を舟船に乗せて流し、また舟船の形にした棺に入れ埋葬するという風習などがある。それを海上他界の観念と結びつけた形式としてとらえ、しかも太陽の舟船、天磐舟、天鳥舟の観念が強く現れていることも周知のとおりである。葬舟船を執り行う地域を大林太良『葬制の起源』[註77]（1977年）から引用するとポリネシアではサモア、ニウエ、フィジー、ニュージーランド、チャタム諸島。ミクロネシアではヤップ、ヌル、トビ、ソンゴソル、メリアル、ブル諸島。メラネシアではセント・ジョージア海峡、ニューブリテン島ガゼル半島東岸、ブカ、ブーゲンヴィル島海岸、カニエト。東南アジアではニコバル諸島、ニアス、スマトラ、セレベス、チモール。中国四川省、アッサム、インドネシア、ボルネオなどの海洋域で見られる点も注目できる。葬舟船の方法は、死者を小舟に収め、夕陽の沈む西方の海に流すという太陽信仰との結びつきを視野に入れたものや、ただ舟棺に死者を埋葬するという方法や霊魂の舟船としての模型をまつるなどの諸例がある。このように死者を舟船と関わらせ、海の彼方の国、死者の国へ送り出すという方法は、霊魂を他界へ運ぶ乗物としての舟船と、また霊魂を鳥によって太陽へ、あの世に送りとどけるという鳥と舟船を結びつけた思想、天鳥舟船の観念の分布は広い地域で見られる。

　葬送儀礼になぜ舟船が使われたのか。その起源は、約5千年前に統一国家を形成した古代エジプト王朝に求められよう。エジプトはナイル川沿岸に発展した代表的な古代都市であり、大河をはさんで生（都市、王宮、神殿、住居）の領域と、死（埋葬、墓域）の領域を東岸と西岸に分ける観念をつくりだしている。太陽神ラーは東岸から昇り西岸に沈む、それはまさに生と死の世界が瞬時も休まずくりかえされる現象として置き換えられた。大河はその生死を媒介する分割の象徴としてとらえ、そこに介在する乗物として舟船の周航と対比させたのである。エジプトにおいての他界観は現世と同じ日々を送ることができる世界を描いているのである。渡辺照宏『死後の世界』[註78]（1959年）によれば「死者が何かの形で生活を続けるとすれば、生前と同様に衣食住を必要とするであろうことに食物と飲物を欠くことはできないであろう。燈明や香も必要であろう。もしまた死者がこの世から去っ

—211—

第2部　研究史と各地の研究成果（各論）

て、どこか遠く離れたあの世に行くとすれば、旅行の仕度もなくてはなるまい。さらにまたもしその旅行が困難なものであるとすれば、いろいろの支持、ことに呪術的支持が必要であろう。あるいは死者の所有権の問題もあろう。たとえよそに行ってしまったにしても、死者の所有権をみだりに犯すことはできないはずだからである。あの世への旅についての思想が複雑になるにつれて、儀礼も一層煩雑になる。やがては肉体を離れた霊魂のあり方が問題になるであろう。このようにして死者の幸福のための儀礼形式が発展する」というのである。

エジプトでの信仰形態は死者が農耕神オシリスと同じ運命をもつとされており、すなわちオシリスはセトに殺されたが、イシスが死骸を腐らないように保存していたので、後に生きかえって天上の神々の仲間入りができたというものである。しかも儀礼によって、死者には舟船を使って旅行を企てる権利が得られるという。『死後の世界』（註79）渡辺照宏訳（1992年）には「正しいと認められた霊魂は神となり「オシリス」となり、「好き勝手な場所に行って精霊や神々の仲間入りをする」…「天上でラー神とともに世界を支配したり、太陽の船を漕いで旅をしたり」…」もできるその乗物こそが舟船であったと考えられるのである。

ところで舟船を古代人類はどのように意識し、認識していたのであろう。今日、飛行機は20世紀最大の大発明であるといわれている。私たちの身近な飛行機でさえ僅か100年前、1903年12月17日、ライト兄弟が人類最初の動力による飛行に成功した時点からはじまった。空を飛ぶということが日常的になった私たちは当然のごとく思っているが、人類特有の技術的進化は、古代における舟船の認識のそれと同じであったに違いないであろう。

人類は有史以前から経済活動のためだけではなく、新しい領域を求めて陸地から大河、さらに海域へ自然環境の変化に促され、舟船と航海技術を発達させ進出した歴史があった。しかしこの最も大きな発明は、有史以前にすでに起きており、そこから樹木を刳り抜いたり、草木を束ねたり、櫂や帆柱、舵などの付属物を次々に発明してきたのである。さらに後には、舟船体を板や木材で組み立てる構造船へと進歩させ、人類が芽生える初期から自由に舟船を繰ってきたのである。そのことの明らかな事実はエジプ

—212—

IX　近畿の刳舟

ト古王国時代（紀元前2680年頃～2180年頃）にはすでに葦舟が知られ、し
かも人類だけでは為し得られないと思われるその運搬具は、この地域の壁
画から、さらに紀元前3200年頃まで遡って考え出されたと見られるもので
もあった。

　古代における機動力ある運搬具は舟船であった。それは人類が想像する
以上の機能を有し、物を多量に牛馬より早く移動することができた舟船に
対して、観念的には理解できても、科学的には未知の部分であっただろう。
もしこの時期にこれ以上の機能と機動力を有する発明があったとしたら、
先人が鳥に変わるものを発明したとしたら、結果的にはそれが聖なる乗物
として選ばれたかも知れない。従って先人たちの夢と知恵と生命をかけて
存在した舟船に変わる他のものはなかったであろう。だからこそエジプト
の王たちは、地中海を縦横に航海できる舟船を建造したし、神や霊魂を乗
せるものにもそれに置き換え、利用したに違いない。

　エジプトでは壮大無比なネクロポリスをつくりだし、しかも特徴のある
墓域をつくりだしているが、なかでも葬舟船儀礼を伴う墓としては、エジ
プトの大ピラミッド、クフ王の葬舟船坑から発見された船がある。1954年
にカマール・マラーハによって発見されたこの船については、確証はない
が「太陽の船」[註80]と呼ばれている。クフ王の墓域周辺には、大船2隻と小
舟5艘の葬舟船坑が確認されており、いずれも実用可能性のある舟船である
といわれている。その葬舟船の理由は、述べてきたように霊魂を乗せあの
世へ運ぶ運搬具として表現されたためであろう。舟船は古代エジプトでは
ナイル川での交通手段としての乗物であり、初期王朝以前から葬舟船によ
る儀礼はあったと見られるが、エジプトでの木造船が建造される時期は第
四王朝になってから出現したものといわれている。エジプトには大型木造
船を建造できるだけの木材資源がなく、壁画にのこる舟船を見ても葦舟が
主であったのである。発見された木造船は、651の部分に解体され、その舟
船を納めていた溝は長さ31.2m、幅2.6m、深さ3.5mであり、ここに13層に積
み重ねて入れられていたという。その舟船体はほぼ全体が輸入されたレバ
ノン杉で建造されており、シェル・ファースト（舷側先行）造船法といわれ、
内部構造の組み立て前に舟船体外板を貼り合わせ、ロープで縫い合わせて

—213—

第2部　研究史と各地の研究成果（各論）

固定する方法である。また縦通材、龍骨はなく、甲板には2船室が設置されており、航行は船首から左右に5対の漕航櫂と、船尾左右に2本の大きい操舵用櫂を装備したものを用いている。1224部品からなる木造船はもともと全長43.6m、幅5.9m、深さ1.45m、全高7.9m、排水量94tのいわゆる板材縫合船である。古代の木造船としては世界最大規模のものであったことが知られている。

　こうした葬舟儀礼のあった事例はエジプトだけではなく、古代中国においても認められる。湖南省長沙の長沙馬王堆1号墳墓の発掘[註81]は、その出土品の保存状態が極めて良好であり、貴重な資料が多く出土したが、なかでも帛画の発見は、そこに描かれた死者の死後の世界と関係する神話伝説のひとつの世界がまとまった図像形式の中で開示されている。この帛画の内容については多くの文献資料紹介があり、詳細なことはさておき、馬王堆1号墳墓の帛画の内容は上中下三部分から描かれている。注目するのは中段である。両側に背中合わせの2匹の龍が、中央の璧の孔を縫って交差し、頭は天上に向け、尾は地下世界に達する。この龍を龍舟と解しているのは曽布川寛[註82]である。龍舟が天上界をめざし昇仙しようとする霊魂を運び、その行き着く先と関わっている。この昇仙図に示される死生観は『礼記』郊特牲[註83]に「魂気は天に帰し、形魄は地に帰す」とあるように死後の肉体を表現しており、しかも龍が霊魂の行き着く先にとどける舟船として描かれている点に注目したのである。すなわち龍は水に棲む神怪であり、水と関わりをもつことはいうまでもない。しかもその龍を舟船と看し、昇仙の乗物を果たす機能として表現していることにある。このような思想の影響をどこから求めたのかは課題ののこる点である。エジプトにおけるクフ王の葬舟船坑施設として「太陽の船」なる葬舟船が発見されたが、また中国河北省平山の戦国時代中期の中山王墓においても実際の舟船を副葬する葬舟船坑が発見されている。

(2)　巣山古墳の葬舟船

　海上他界観念として、古代日本に葬舟があったのか。かつて松岡静雄[註84]は、「わが国で棺をフネととなえる…葬の古語はハフリであるが、ハフリは

—214—

IX 近畿の刳舟

『流す』『放つ』という意味にも用いられたことは、『古事記』遠飛鳥宮〔允恭〕の段に『大君を島にハフラバ舟あまり、いかへり来むぞ』とあるによって明らかである。また『万葉集』巻一六怕しきものの歌の中に、おきつ国領君がしめ屋形、黄染のやかた、神の門わたる、とある屋形は舟の意であることは古来わかっていたが、冥界の主となるべき貴人の遺体を乗せた舟が幽邃な峡門をおもむろに流れて行くものすごい光景を叙したものであるとは今日までだれも気づかず、揣摩臆測をたくましゅうしていたのであった。隋書倭国伝の項下に『葬するに及び、屍を船上に置き陸地にこれを牽く』とあるのは必ずしも無稽の説ではない」と葬舟船を紹介する。

前期古墳時代以後の埋葬に用いられてきた木棺については、一般的には径60cm、長さ6m前後の大木を二つに割るいわゆる割竹型と称されるその型式は、内部を刳り抜いて蓋と身として用いる点に特徴がある。『日本書紀』巻第一神代上第八段[註85]に記載のあるマキを棺材とするこの木は、コウヤマキを使用し、葬舟船にはこの舟型の棺を用いており、しかもその痕跡をとどめる例などから見て、日本の木棺の中には、古代において使用していた刳舟を用い、またその全長が6m前後と近似値を示す点[註86]から、共通性のあることは指摘してきた。

古代の葬舟船と見られる発掘成果による舟船材（図44）の出土がある。しかしこれが葬舟船といえるのか、文献に記載される葬舟船なのかについてははっきりと断定できない点がある。奈良盆地西部に位置する奈良県北葛城郡広陵町三吉の馬見丘陵には、4世紀末〜5世紀初めにかけて大型古墳

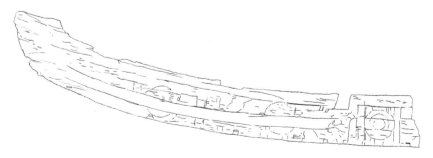

図44　奈良県広陵町巣山古墳出土準構造舟船部材略図

—215—

第2部　研究史と各地の研究成果（各論）

が造営され、この地域を馬見古墳群と称している。なかでも最大級の前方
後円墳は巣山古墳があり、全長約220m、後円部径約130m、高さ約19m、前
方部先端幅約112m、高さ約16.5mを測り、周濠外堤を伴う型の整った古墳
である。

　2006年、一般公開資料（註87）（2008年）によれば、この古墳の前方部墳丘北
東角から周濠北東隅までの周濠を横断する発掘区から、舟船材と見られる
部材片が出土した。この木材片は総数数十点と見られ、その出土状況は「周
濠北東隅には葺石が約2m施され、木製品は葺石裾付近に集中して出土」し、
「木棺は裏返った状態で周濠底から出土し、舟形木製品や建築部材は有機質
土内から出土し」たことが知られた。とりわけ木棺といわれた部材、舟船
材が注目されたが、舟船全体がまとまって出土したわけではない。その木
棺とは、「長持型木棺の蓋（約2分の1）、現存長約2.1m、幅約78cm、厚さ約
25cm、復元すると側面に各2箇所の縄掛け突起が付く。側面観は中央が高く
なり、両端は平たくなる。上面には文様があり、円文様—格子文様—直弧
文が重複している。円文様は鏡を表現していると思われる。表面に赤色顔
料が塗られていたらしい。材質はクスノキ」とある。復元全長は約4m、最
大幅約1mとしている。

　また舟形の木製品は、「全長約3.7m、幅45cm、厚さ5cm。おそらく両端が
反り上がって舟形を作る。上端には3箇所の切り込みがあり、角材が嵌め込
まれたと思われる。下端には長方形の小孔が並び、1個の孔には桜の皮や木
片が残り、背面の痕跡から5cm程の角材と繋いでいたことが推測される。裏
面には斜め方向に3〜5cmほどの角材を繋いでいたことが判る。下部にも柄
穴が2箇所見られる。表面には円文様と帯文様が彫刻されている。円文様は
方形区画の中に縦線で鏡を吊したように表現している。装飾古墳の中に同
様の文様がある。中央の文様以外の円文様は帯文様が上に描かれ重複文様
となっている。赤色顔料が塗られた痕跡が認められる。材質はスギ」と確
認されており、復元全長8.2mと見られる。

　三角形材木製品は「長さ1.8m、幅38cm、厚さ5cm。一端は細くなり柄となっ
ている。反対側の一辺には長方形の柄穴が5箇所ある。表面には円文様と帯
文様があり、舟形の木製品と関係のあることが判る。材質はクスノキ」と

報告している。

　日本における葬送儀礼の中で、古墳時代のそれについては観念的な究明でしかない。古墳の被葬者については、死という状態から古墳に埋葬されるまでの儀礼についてほとんど解っていないと思われる。その実体は、文献に記される殯、遺骸処理、運搬、埋納といった一連の儀礼がどのように執り行われたのかが今もって不明であり、古墳築造の問題とも関わり重要な点であろう。

　周濠から出土した舟船材はなぜ、解体あるいは破砕されたような状態で出土したのであろうか。考えられるひとつは「穢」であろう。死を未開や古代社会では全く物質的に考え、何か悪霊の仕業による禍または災とし、これを隔離し排除することになる。とはいえ遺骸を乗せた舟船を解体する理由とはならない。葬送儀礼の過程で死者を葬る、放棄する行為こそが葬送儀礼である。

　注目されるのは舟船に刻まれた紋様にある。同心円紋や直弧紋、帯紋などの構成は葬送に伴う紋様である以上、死者あるいは死後の世界と当然緊密に関係しているはずである。死者を送る行為ではあるけれど、死後の生活の背景的役割を担っているはずである。描かれたものにはすべて象徴的な内容をもっているはずであり、この紋様についても何を表しているのかを知ることなしに葬舟船の理解はあり得ないだろう。図像学的な理解によって、何を表現しているのかという意味の問題解決が重要である。従ってこの舟船には解体しなければならない理由があり、別の問題が所在しよう。

　ここで日本での原始的な葬制における風習として「殯」が重要な行為となる。それは埋葬前に仮に死者を安置する場所、すなわち喪屋を意味しており、喪屋では一定期間安置する。供膳や歌舞が伴い、死者の霊魂を鎮魂する行為とも関連し、重要な行為のひとつとなっている。

　日本における葬送儀礼「殯」の記事は、3世紀前半、弥生時代における中国の『三国志』魏書・倭人条 [註88] に「其の死するや、棺ありて槨なく、土を封りて冢を作る。始め死するや、喪を停むること十余日、時に当りて肉を食らわず、喪主、哭泣し、他人、就きて歌舞飲酒す。已に葬むれば、家を挙げて水中に詣りて澡浴し、以て練沐の如くす」とあることからも知ら

第 2 部　研究史と各地の研究成果（各論）

れる。

　また記紀神話における葬送儀礼に関する記事は、『古事記』上巻 [註89] には
「故、天若日子の妻、下照比売の哭く声、風の与響きて天に到りき。是に天
に在る、天若日子の父、天津国玉、神乃其の妻子聞きて、降り来て哭き悲
しみて、乃ち其処に喪屋を作りて、河鳫を岐佐理持と為、鷺を掃持と為、
翠鳥を御食人と為、雀を碓女と為、雉を哭女と為、如此行ひ定めて、日八
日夜八夜を遊びき」とある。また『日本書紀』巻第一神代上第五段 [註90] に
は「伊奘諾尊、其の妹を見まさむと欲して、乃ち殯斂の處に致す」とあり、
『日本書紀』巻第二神代下第九段 [註91] には「天稚彦が妻下照姫、哭き泣つ悲
哀びて、聲天に達ゆ。是の時に、天國玉、其の哭ぶ聲を聞きて、則ち夫の
天稚彦の已に死れたることを知りて、乃ち疾風を遣して、尸を挙げて天に
致さしむ。便ち喪屋を造りて殯す。即ち川鳫を以て、持傾頭者及び持帚者
とし、又雀を以て舂女とす。而して八日八夜、啼び哭き悲び歌ぶ」とある。
あるいは『日本書紀』允恭天皇四十二年 [註92] 「春正月の乙亥の朔戊子に、天
皇崩りましぬ。時に年若干。是に、新羅の王、天皇旣に崩りましぬと聞きて、
驚き愁へて、調の船八十艘、及び種種の樂人八十を貢上る。是、對馬に泊
りて、大きに哭る。筑紫に到りて、亦大きに哭る。難波津に泊りて、則ち皆、
素服る。悉に御調を捧げて、且種種の樂器を張へて、難波より京に至ま
でに、あるいは哭き泣ち、あるいは儛ひ歌ふ。遂に殯宮に參會ふ。」という
記事などが見られる。

　日本では文献で見たような死者に対する「殯」儀礼がある。弥生時代から
古墳時代にかけての殯儀礼には、一定期間、死者を地上に放置した。それが
古代における「死」の確認であり、確認して霊魂の昇天を意識し、そこには
目に見えない霊的な存在への関心があったと見ている。この殯儀礼は穢れの
三昧でもあるが、死者から遊離した霊魂だけを、死穢の場から神聖な場へ移
し鎮める葬送儀礼ということが重要視されるのだろう。『説文』 [註93] には、「殯。
死在棺、将遷葬柩、賓遇之」とあり、本来は祭祀行為と見られる。

　奈良県広陵町に所在する巣山古墳では、死者を黄泉の世界へ昇天させる
ための葬送施設としての「葬舟船」が出土したと考えられたが、その葬送
儀礼はどこで執り行われたのか、その位置については不明である。これま

—218—

IX　近畿の刳舟

でも「殯」の場所には何らかの構築痕跡、その遺構が認められたはずであるが、考古学的には断定できる殯所の喪屋は発見されていない。今回の巣山古墳の周濠から出土した部材を、「殯」を示す喪屋や葬舟船であったとすると、古墳の墳丘上で執り行われていた儀礼であった可能性は考えられなくはない。被葬者の死から古墳に埋葬されるまでの一連の葬送儀礼は、墳丘上の一定の場所で行われたと解釈しても問題はない。このことで「殯」儀礼の後、施設を解体して、周濠縁に沿って意図的に配置、あるいは埋設することで、墳丘で埋葬儀礼をしたという解釈は成り立ち、葬舟船や殯所の部材が発掘調査で整えば葬送儀礼の一連の行事があったことは証明されることになろう。

　日本では舟船を使っての葬舟船はないといわれてきた。しかし文献からは「喪船」があったとする記事が見られる。「喪船」とは何を意味するのか。被葬者を納めるために舟船を利用するという行為の意味とは何なのか。舟船は被葬者を運搬するためだけの用具として利用されたと解する理由の根拠を『古事記』中巻仲哀紀[註94] の記事に求められるが、この記事は一般の舟船を「喪船」として欺く話でありながら、実際は実用の舟船が葬送儀礼にも利用されたことを物語っている。しかし日本で被葬者である死者を舟船に乗せ、陸路を運搬するという祭祀がどのような理由でどこに求められるのか。翻って舟船がすでに天空、あの世に運ぶ運搬具であると解すると、その思想は大陸から伝わっていたとする根拠があるはずだが今のところ見い出せない。

　また実用の舟船で被葬者を運ぶことに利用し、あるいは棺転用するという理由により簡単に入手できるものなのだろうかという点である。今回、出土した準構造舟船は実用舟船であり、しかもその舟船全体に図像が彫刻され、かなり手が加えられているという事実がある。ここに象徴的に描かれている単一な図像から、何が解釈できるのかということであり、同心円紋は一般的には従来太陽として解釈されてきた。また中国では太陽にまつわる十日神話があり、この図を太陽信仰を現す天空の太陽の運行と解し、死者の霊魂の行き先を太陽と類推して、その霊魂が乗る舟船、乗物として葬送儀礼に利用されたと解釈できるのであれば、このような葬舟船と太陽

信仰の結びつく事例は多くあり、海上他界の観念とが明瞭に結びついている実例と考えてもいいのではないだろうか。

6 和歌山県の刳舟

(1) 笠嶋遺跡の刳舟の再検討

　本州の最南端、潮岬に位置する東牟婁郡串本町串本に所在する弥生時代後期集落遺跡の笠嶋遺跡は、地形的には中低山性の山地であるが海岸段丘が発達し、段丘の山腹傾斜は北から南に向かって比較的急峻な地形を呈し、地質は新第三系に属する熊野層群である。この串本町は、潮岬島と本州とを結ぶ陸繋砂州を形成している。さらにその潮岬半島は海蝕崖となって黒潮に接し、海岸は小石状の岩礫を敷き詰め、大小の島々にも波浪により海岸線の出入りの激しい状況が、紀伊半島の最南端部を占めている。

　潮岬島の外洋海蝕崖に接岸して荒流する黒潮本流は、最速3〜4knot（時速7〜8km）と考えられている。この強烈な海流はまた浸蝕力も大きく、潮岬半島の西岸を後退させ、それによって岩礫が汀線よりさらに沖合に沈積しており、砂嘴から砂丘を形成していく過程で、潮岬島を半島に形成し、海を東西に分割させることになった地域でもある。

　串本町での考古学的調査は、1960年の笠嶋遺跡にはじまる。この遺跡は潮岬台地にあったと見られる集落が、何らかの災害により海辺に崩落した遺跡と推定され、出土した遺物の大多数は木製品であった。その後の1961年にこれら木製品遺物は台風による被害を受け、正確な分析はほとんどなされなかったことは残念なことであった。しかし安井良三、石附喜三男の努力によって「正報告書」[注95] がまとめられその現状が明らかにされている。

　笠嶋遺跡から出土した大量の木製遺物についてはすでに分析は不可能と思われるが、報告による僅かな図面から今日に至る情報によって、少なくとも新たな解釈ができると思われる舟船部材の木製遺物がある。刳舟に関して当時の解釈とは違った見方を加え刳舟の実態に迫ってみよう。

　この遺跡で注目されるのは舟底材（図45）といわれるものである。「材質はクスノキ。柾目の木取りである。発掘調査の経過で述べたとおり、本遺

Ⅸ 近畿の刳舟

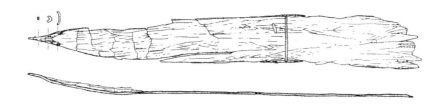

図45 和歌山県串本町笠嶋遺跡出土刳舟実測図

物はA2、A3区で発見されたものであり、船首部がブルドーザーの土圧で折損しているが本遺構ではもっとも重要な遺物の一つである。即ち、本例は構造船に属する船底材（敷）であり、従来、わが国では弥生式時代におけるこの種のものが発見されていない。これを発掘したとき、すでに艫部の一例が欠損していたので、完全な全長を計測し得ないが、現存長は4m20cmであった。幅は最大部で55cm、厚さは3〜4cmを計測しえた。船首部は細くとがり、最先端幅2cm。厚さ3cm。先端18cmのところからV字形の刳り込みがあり、同じく50cmのところで、刳りがなくなって、船底材の両縁になるようにつくられている。船底材の両縁は　形に面取りがしてある。これは舷側板を取り付けるために加工したものと考えられる。即ち、楠材の一枚板であるが船首部の刳り込み、船底材の両縁の加工は、いずれも舷側板の取り付けに必要な工作面の痕といえる。上述の計測値でわかるよう、本例は船首部が尖り、艫部が幅広い形をなした船底材であるが、わが国では発見された例がないので、その復元形式を速断することが困難である。しかし、船首部の形式からみると、いわゆる近代の和船にみられるような水押の取り付け部がない型式であると推定できる。この水押材がない船舶についてはいろいろ疑問があるが、幸いわれわれが調査した現代の漁船に、類例を求めることができた。例えば、京都府与謝郡伊根町亀島で使用されていた艫太船と呼ばれる漁船は水押しがなく、舷側板につながる船首板を直接、左右から合わして、いわゆる船首を形成している。もっとも、この種の船は近年、使用されていないようであるが、若狭湾一帯には、なお同種

—221—

第2部　研究史と各地の研究成果（各論）

の漁船が使われているとのことである。なお、この艫太船は全長8m余のものが普通らしいので、本遺跡出土の船底材から推定すると復元船の全長は、おそらく8m以内であるという推定がなりたつ」と報告しており、刳舟とするとかなり規模の大きな舟船と考えられ、7〜8m級の刳舟部材と考えられる。

笠嶋遺跡の刳舟は構造船ではなく単材の刳舟であると考えられる。最大幅55cm、全長8mの弥生時代の刳舟と見なした方が理解しやすい。また他にも舟船部材のあったことが考えられ、確かに平たい舟底材を主とする縫合船の存在も認められる可能性があるが、太平洋側黒潮流域で果たしてそのような舟船の使用が可能であったのか。見た限りの舟船部材からは内海航行に利用されたものが主であったと推測される。遺跡から出土した弥生時代の舟船材は各地に残る民俗資料の舟船部材機能と類似している点が多く、これらから解き明かされる舟船構造と形態についての類似点から解く必要がある。

7　三重県の刳舟

① 錦生小学校内遺跡

三重県名張市安部田は、宇陀川以西にあり、大和から伊賀に入る初瀬表街道の要衝であり、東大寺造営などにあたっては周辺から切り出された用材の集積地として宇陀川から木津川に運び出す拠点であった。

錦生小学校校舎増築による用地造成工事中に弥生土器や石棒が出土（1925年）している。遺物は上田三平によって報告されているが、当時、伊賀国名賀郡錦生大字安部田の宝泉寺山麓から土取運搬の際、地中約10cm地点から石棒を発見しているのを山口保太郎が保管、橋本由太郎から上田に連絡があったことによる。その際に刳舟様の木材を観察しており、「同地の人々が独木舟であろうと云って居る「埋れ木」をも実測したが独木舟であるか否かを判定する要素たる舳艫共に既に切り去られて破片もなく、如何なる形であったか明瞭でない。但し縁辺のある部分には確かに加工の徴候は認められる。石棒及び土器を使用した民族に極めて密接な関係ある事は確かである」と述べている[註96]。

—222—

IX　近畿の刳舟

　この刳舟に関して、発見時に工事関係者によって樹木が切断されている
ことに加えて、全体の形状が歪であることから舟船であるのか否か疑問視
する意見があったが、造成地から弥生時代の土器、石棒などの発見があっ
たため遺跡とされた。同時に出土した刳舟は1960（昭和35）年2月に名張市
文化財に指定、1996（平成8）年7月5日付指定解除されて錦生小学校（2014
年閉校）正面玄関に保管展示されていた。

　刳舟の形状は、遺存長2.625m、最大幅77.5cmを測る。幅が狭くなっている
部分を舳先と考えると、その全体約3分の1において金属工具などによる削
平された加工が見られる。その反対側は土取の際に切断された痕跡と見ら
れる。内側の刳り込みに関しては表面の削平状況から判断して人為的に空
洞に刳り抜く加工とは判断できず、あるいは自然腐蝕による可能性がある。
また外側の側面、底部には明確な人為的加工痕跡が認められず、樹皮を残し、
樹木には節痕跡がある。全体的な厚さはほぼ18cmと平均している。形状か
ら刳舟か、木槽に加工していた可能性がある。樹種はニレ属ニレ科とみられ、
落葉高木で堅い材質である。

② 菰野町出土刳舟

　三重県三重郡菰野、西菰野は、御在所岳の東麓に位置し、菰野三郷と称
される三ヶ村の集落は南に赤川が流れ金溪川に合流し、三滝川水系に属し
ている。赤川は自然災害による洪水を引き起こす河川でもあり、江戸時代
には「奥溜」という溜め池を築堤する大改修を行っている。赤川の呼称は
水沢扇状地と桜丘陵の地層から滲出する水が鉄分を含む赤褐色であること
からきている。

　三重郡西菰野赤川河川改修工事により赤川の河底堆積から古木が大量に
出土（1978年）し、その下層から刳舟加工痕跡が認められる木材が発見さ
れた。この刳舟に関しては発見時に工事関係者らが樹木を破損したが、舟
形の状態はほぼ認めることができる。

　刳舟の形状は、遺存長4.68m、最小幅60cm、最大幅72cmを測る。樹木から
見て加工状態にあったと見られ、内部を刳り抜く状況であり、人為的な加
工痕跡が認められる木材である。中央部に四角い刳り残しがあり、また舷

—223—

第 2 部　研究史と各地の研究成果（各論）

側縁が破損しているのは取り上げの際の損傷と見られる。状態から見て舟形状に仕上げる途中であり、刳舟にはなっていないので、木槽の加工ということも考えられる。樹種は不明であるがスギあるいはクス材ではないようである。

　この加工材は菰野郷土資料館に展示されていたが閉館、後に菰野町千種幼稚園に保管されている。出土時の調査はされておらず、時期は不明、舟船であるのか否かは疑問視されるが、菰野地域が山間の河川環境にあり、舟運利用などは考えられる。

〔註〕
1）大阪市文化財協会『大阪市平野区長原・瓜破遺跡発掘調査報告Ⅳ』1992 年
2）大阪市文化財協会「加美遺跡（KM95-14・15・16 次）発掘調査現地説明会資料—大阪市平野区加美東 3・6 丁目所在—」1996 年
　　桜井久之・宮本康治「加美遺跡の直弧文板」「葦火」66 号　大阪市文化財協会　1997 年
3）大阪府教育委員会『瓜破北遺跡Ⅱ』2013 年
4）高橋功一「高槻城下層出土の特殊な井戸枠」「高槻市文化年報—平成 2 年度—」高槻市教育委員会　1992 年
5）枚方市教育委員会「楠葉中之芝遺跡第 64 次調査現地説明会資料」2013 年
　　枚方市文化財研究調査会「枚方市文化財年報 34」2013 年
6）寝屋川市教育委員会『寝屋川市の指定文化財（第 2 集）』2001 年
7）寝屋川市教育委員会「失われた古代の港・歴史シンポジウム資料」1997 年
8）大阪府文化財センター『讃良郡条里遺跡（その 3）』2004 年
9）大阪府文化財センター『讃良郡条里遺跡Ⅷ』2009 年
10）大阪府文化財センター『讃良郡条里遺跡Ⅶ』2008 年
11）大阪府文化財センター『讃良郡条里遺跡Ⅸ』2009 年
12）四條畷市教育委員会・寝屋川市教育委員会・大阪府文化財センター『讃良郡条里遺跡』2015 年
13）大阪府教育委員会「蔀屋北遺跡出土井戸枠に転用された古墳時代の準構造船の部材現地公開資料」2004 年
　　大阪府教育委員会『蔀屋北遺跡発掘調査概要・Ⅱ』2005 年
　　大阪府教育委員会『蔀屋北遺跡発掘調査概要・Ⅵ』2007 年
　　大阪府教育委員会『蔀屋北遺跡Ⅰ』2010 年
14）大東市北新町遺跡調査会『北新町遺跡第 2 次発掘調査概要報告書』

IX 近畿の刳舟

1991 年
15）中央南幹線内西岩田瓜生堂遺跡調査会『西岩田遺跡』1971 年
16）大阪市文化財センター編『西岩田』大阪府教育委員会　1983 年
17）八尾南遺跡調査会『八尾南遺跡』1981 年
18）八尾市文化財調査研究会『太子堂遺跡』1993 年
19）八尾市文化財調査研究会『萱振遺跡』（報告 109）2008 年
20）八尾市文化財調査研究会『久宝寺遺跡第 29 次発掘調査報告書』
　　2003 年
21）大阪府文化財センター『久宝寺遺跡・竜華地区発掘調査報告書Ⅴ』
　　2003 年
22）藤井寺市教育委員会『石川流域遺跡群発掘調査報告ⅩⅤ』2000 年
23）大阪府文化財センター『はざみ山遺跡』2005 年
24）大阪府教育委員会『誉田白鳥遺跡発掘調査概要・Ⅱ』1973 年
25）羽曳野市遺跡調査会『野々上Ⅱ』1996 年
26）大阪府教育委員会『大堀城跡Ⅱ』1985 年
27）狭山池調査事務所『狭山池埋蔵文化財編』1998 年
28）堺市教育委員会『下田遺跡発掘調査概要報告―TSD-3・下田町―』
　　概要報告第 105 冊　2005 年
29）鳥浜貝塚研究グループ『鳥浜貝塚―縄文前期を主とする低湿地遺
　　跡の調査 1 ～ 5―』福井県教育委員会　1979 ～ 85 年
30）畠中清隆「鳥浜貝塚出土の丸木舟」『鳥浜貝塚―縄文前期を主とす
　　る低湿地遺跡の調査 3―』福井県教育委員会　1983 年
31）小野慶郎「苫小牧市勇払川埋没丸木舟発掘記」「北海道の文化」第
　　11 号　北海道文化財保護協会　1967 年
32）滋賀県埋蔵文化財センター「尾上浜遺跡出土の丸木舟が一般公開
　　に」1999 年
33）滋賀県教育委員会『琵琶湖岸・湖底遺跡分布調査概要Ⅰ』1973 年
34）原口正三編「石山貝塚概説」『研究論集 1』平安学園教育研究会
　　1956 年
35）島田貞彦『有史以前の近江』（滋賀県史蹟調査報告書 1）滋賀県保
　　勝会　1928 年
36）小江慶雄『琵琶湖底先史土器序説』学而堂書店　1950 年
　　小江慶雄「琵琶湖深湖底遺跡についての若干の考察」『西田先生頌寿
　　日本古代史論叢』吉川弘文館　1960 年
　　小江慶雄「水中考古学と将来への展望」「古代文化」第 17 巻第 2 号
　　古代学協会　1966 年
　　小江慶雄『水中考古学』綜芸社　1967 年
　　小江慶雄『海の考古学』新人物往来社　1971 年
　　小江慶雄『水中考古学とは何か』「歴史読本」第 20 巻第 15 号　新人
　　物往来社　1975 年

第 2 部　研究史と各地の研究成果（各論）

　小江慶雄『琵琶湖水底の謎』講談社　1975 年

37）松井章「粟津湖底遺跡の成果」「滋賀文化財教室シリーズ」第 73
　号　滋賀県文化財保護協会　1998 年

38）滋賀県埋蔵文化財センター「滋賀埋文ニュース」第 118 号　1990
　年
　滋賀県埋蔵文化財センター「滋賀埋文ニュース」第 227 号　1999 年

39）横田洋三「縄紋時代復元丸木舟（さざなみの浮舟）の実験航海」「紀
　要第 4 号」滋賀県文化財保護協会　1990 年

40）米原町教育委員会『入江内湖遺跡発掘調査報告書』　1987 年
　米原町教育委員会『入江内湖遺跡（行司町地区）発掘調査報告書』
　1988 年

41）滋賀県埋蔵文化財センター「滋賀埋文ニュース」第 265 号　2002
　年
　滋賀県埋蔵文化財センター「滋賀埋文ニュース」第 291 号　2004 年

42）滋賀県埋蔵文化財センター「滋賀埋文ニュース」第 85 号　1987 年
　滋賀県埋蔵文化財センター「保存処理ニュース」第 26 号　1987 年

43）滋賀県埋蔵文化財センター「滋賀埋文ニュース」第 140 号　1991
　年

44）滋賀県教育委員会『松原内湖遺跡発掘調査報告書Ⅱ』　1992 年

45）滋賀県教育委員会『芦刈遺跡・大中の湖南遺跡』　2005 年

46）水野正好「大中の湖南遺跡調査概要」『滋賀県文化財調査概要』第
　5 集　滋賀県教育委員会　1967 年

47）能登川町教育委員会『能登川埋蔵文化財調査報告書』第 10 集
　1988 年

48）能登川町教育委員会『能登川埋蔵文化財調査報告書』第 27 集
　1993 年

49）能登川町教育委員会『能登川町埋蔵文化財調査報告書』第 58 集
　2005 年

50）宮崎幹也『長命寺湖底遺跡発掘調査概要』滋賀県教育委員会　1984
　年

51）近藤滋「長命寺湖底遺跡発掘調査」『びわ湖と埋蔵文化財』（財）
　滋賀総合研究所　1984 年

52）水野正好『近江八幡市元水茎遺跡調査概要』滋賀県教育委員会
　1966 年
　水野正好「近江八幡市元水茎遺跡」『日本考古学年報』18　日本考古
　学協会　1970 年
　水野正好「琵琶湖水底と縄文人「えとのす」第 3 号　新日本教育図
　書　1975 年

53）近江八幡市教育委員会「出町道跡（Ⅱ）現地説明会資料」　1984 年
　角上寿行「出町遺跡の水田発見」「滋賀文化財だより」第 148 号　滋

—226—

賀県文化財保護協会　1990 年

近江八幡市教育委員会『近江八幡市埋蔵文化財発掘調査報告書 35』
1999 年

54）滋賀県教育委員会『湖岸堤天神川水門工事に伴う埋蔵文化財発掘
調査概要報告書　赤野井湾追跡』1986 年

滋賀県教育委員会『湖岸堤天神川水門工事に伴う埋蔵文化財発掘調
査概要報告書 2　赤野井湾遺跡』1987 年

55）滋賀県教育委員会「赤野井浜遺跡現地説明会資料」2004 年

56）岩崎茂「下長遺跡出土の木製品について」「滋賀文化財だより」第
238 号　滋賀県文化財保護協会　1997 年

57）大津市教育委員会『大津市南滋賀遺跡調査概法』1958 年

58）田辺昭三ほか『湖西線関係遺跡調査報告書』湖西線関係遺跡調査
団　1973 年

59）中主町教育委員会『野田沼遺跡―第 1 次発掘調査報告書―』2003
年

60）大阪文化財センター『久宝寺南（その 2）―久宝寺・加美遺跡の調
査―』1987 年

61）横田洋三「準構造船ノート」「紀要」第 17 号　（財）滋賀県文化財
保護協会　2004 年

62）滋賀県教育委員会『湖岸堤天神川水門工事に伴う埋蔵文化財発掘
調査概要報告書　赤野井湾遺跡』1986 年

滋賀県教育委員会『湖岸堤天神川水門工事に伴う埋蔵文化財発掘調
査概要報告書 2　赤野井湾遺跡』1987 年

63）岩崎茂「下長遺跡出土の木製品について」「滋賀文化財だより」第
238 号　滋賀県文化財保護協会　1997 年

64）石井清司ほか「海上で用いられた丸木舟」「京都府埋蔵文化財情報」
第 70 号　京都府埋蔵文化財調査研究センター　1998 年

京都府埋蔵文化財調査研究センター『京都府遺跡調査概報』第 85 冊
1998 年

65）笠原一彦「長岡京跡左京第 36 次発掘調査略報」「長岡京」第 18 号
長岡京跡発掘調査研究所　1980 年

長岡京市役所『長岡京市史』資料編 1　長岡京市史編さん委員会
1991 年

66）京都府向日市『向日市史』上巻　向日市史編さん委員会　1983 年

67）兵庫県教育委員会『播磨・長越遺跡―本文編―』文化財調査報告
書第 12 冊　1978 年

中村弘「播磨・長越遺跡出土の準構造船竪板について」「研究紀要」
第 1 号　兵庫県立考古博物館 2008 年

68）明石市教育委員会「明石侍通信」第 9 号　1998 年

明石市教育委員会『明石市文化財年報』平成 9 年度　明石市立文化

第 2 部　研究史と各地の研究成果（各論）

博物館　1999 年

69）兵庫県埋蔵文化財調査事務所『神戸ハーバーランド遺跡』文化財
調査報告第 52 冊　兵庫県文化協会　1987 年

70）川西市教育委員会『川西市栄根遺跡―第 8 ～ 11 次発掘調査概要―』
1983 年

71）兵庫県教育委員会埋蔵文化財調査事務所『五反田遺跡』文化財調
査報告第 227 冊　2002 年

72）兵庫県教育委員会埋蔵文化財調査事務所『尼崎市若王寺遺跡（本
文編）』文化財調査報告第 305 冊　2006 年

73）淡河萩原遺跡調査団『淡河萩原遺跡第Ⅲ・Ⅳ・Ⅴ次発掘調査報告書』
1999 年

74）城之崎町教育委員会『兵庫県城崎郡城崎町桃島出土舟様木製品―
所見報告―』文化財調査報告書第 4 集　1979 年

75）神戸市教育委員会『二葉町遺跡発掘調査報告書』2001 年

76）兵庫県教育委員会埋蔵文化財調査事務所『佃遺跡』1998 年

77）大林太良『葬制の起源』（角川選書 92）192 頁　角川書店　1977 年

78）渡辺照宏『死後の世界』（岩波新書 C152）17 頁　岩波書店　1959
年

79）フランソワ・グレゴワール　渡辺照宏訳『死後の世界』33 頁　白
水社　1992 年

80）吉村作治『吉村作治の古代エジプト講義録上』209 頁　講談社
1994 年

81）湖南省博物館　中国科学院考古研究所『長沙馬王堆一号漢墓』文
物出版社　1973 年

82）曽布川寛「崑崙山への昇仙」（中公新書 635）中央公論社　1981 年

83）『礼記』郊特牲「魂気帰于天、形魄帰于地、故祭求諸阴阳之義也。」

84）松岡静雄『太平洋民族誌』岩波書店　1941 年

85）『日本書紀』巻第 1 神代上「一書曰、素戔鳴尊曰、韓郷之嶋、是有金銀。
若使吾兒所御之國、不有浮寶者、未是佳也、乃拔鬚髯散之。即成杉。
又拔散胸毛。是成桧。尻毛是成柀。眉毛は成櫲樟。已而定其當用。
乃稱之曰、杉及櫲樟、此兩樹者、可以爲浮寶。桧可以爲瑞宮之材。
柀可以爲顯見蒼生奧津棄戸將臥之具。夫須閣八十木種、皆能播生。」

86）辻尾榮市「日本海域における交易交流の諸問題―刳舟の出土例か
ら―」『郵政考古紀要』第 26 号第 37 冊　大阪・郵政考古学会　1999
年

87）公開資料「巣山古墳（5 次調査）出土木製品」広陵町教育委員会
2006 年
公開資料「巣山古墳の喪船」広陵町教育委員会　2008 年

88）『魏書』倭人条「其死、有棺無槨、封土作冢。始死停喪十餘日、當
時不食肉、喪主哭泣、他人就歌舞飲酒、已葬、擧家詣水中澡浴、以

—228—

如練沐。」
89)『古事記』上巻神代「此時阿遲志貴高日子根神［自阿下四字以音。］到而、弔天若日子之喪時、自天降到、天若日子之父、亦其妻、皆哭云、我子者不死有祁理。［此二字以音。下效此。］我君者不死坐祁理云、取懸手足而哭悲也。其過所以者、此二柱神之容姿、甚能相似。故是以過也。於是阿遲志貴高日子根神、大怒曰、我者愛友故弔來耳。何吾比穢死人云而、拔所御佩之十掬劒、切伏其喪屋、以足蹶離遣。此者在美濃國藍見河之河上、喪山之者也。其持所切大刀名、謂大量、亦名謂神度劒。［度字以音。］故、阿治志貴高日子根神者、忿而飛去之時、其伊呂妹高比賣命、思顯其御名。」
90)『日本書紀』巻第1神代上「伊奘諾尊、欲見其妹、乃到殯斂之處。」
91)『日本書紀』巻第2神代下「天稚彦之妻下照姫、哭泣悲哀、聲達于天。是時、天國玉、聞其哭聲、則知夫天稚彦已死、乃遣疾風、擧尸致天。便造喪屋而殯之。卽以川鴈、爲持傾頭者及持帚者、〈一云、以鶏爲持傾頭者、以川鴈爲持帚者、〉又以雀爲舂女。〈一云、乃以川鴈爲持傾頭者、亦爲持帚者。以鴗爲尸者。以雀爲舂者。以鷦鷯爲哭者。以鵄爲造綿者。以烏爲宍人者。凡以衆鳥任事。〉而八日八夜、啼哭悲歌。」
92)『日本書紀』巻第13允恭紀「春正月乙亥朔戊子、天皇崩。…悉棒御調、且張種々楽器、自難波至于京、或哭泣、或舞歌。遂参会於殯宮也。」
93)『説文』「殯　死在棺、將遷葬柩、賓遇之。从歺从賓、賓亦聲。夏后殯於阼階、殷人殯於兩楹之閒、周人殯於賓階。」
94)『古事記』中巻仲哀紀「於是息長帯日賣命。於倭還上之時、因疑人心、一具喪船、御子載其喪船、先令言漏之御子既崩。」
95) 串本町教育委員会『南紀串本笠嶋遺跡—発掘調査報告—』笠嶋遺跡発掘調査報告書刊行会　1969年
96) 上田三平「伊賀国で発見された石棒と弥生式土器」「考古学雑誌」第16巻第2号　日本考古学会　1926年

第3部 〈附編〉舟・船舶関係資料一覧

第3部 〈附編〉舟・船舶関係資料一覧

X 舟船関係出土史料集成

　これまでに日本列島から考古史料として出土した舟船と、民俗史料に関する遺物の一覧集成である。舟船は海洋・河川・湖沼から遺存、出土した遺物が主であり、それらは生業や交易交流に関わってきた運搬具である。また祭祀に関わり、用いられたと思われる舟形模造品などを収載している。特に刳舟は生業に関わって各地域で遺存し、さらに出土する遺物には井戸枠などに再利用された舟船が、近年、各地の遺跡からその発見例が多く見られる。運搬具として出土する刳舟に関しての研究は、旧態依然として進んでいるわけではない。出土例から見ても、その構造など解明されるべきことが多くある。また考古史料に見られる舟形木製品や舟形埴輪などに見られる模造品、絵画線刻に見られる舟船に関しても祭祀との関わりがあるのか否か、その検討は十分尽くされているわけではない。ここに、今日に至るまで史料収集できた遺物に関して概括的に一覧集成を試みた。それらの型式学的な分類分析などに関しては逐一紹介できていないが、数多く蓄積されてきた遺物から、今後分析される素材として役立てるために、集積を試みて次の課題とした。それらは大まかに実物、模型、絵画史料に分類した。

　一覧作成にあたって、遺跡の出土地に関しては「平成の大合併」での合併特例法の改正により、多くの歴史的な地名の変更・消失がある。地名変更の追跡をしたが不明のものがあり、また大字・小字は省略している。出土情報については詳細な確認が得られない遺物、時期未確定や保管など把握できなかった遺物には、空欄あるいは「－」表示で統一している。遺物の計測は基本的に報告書などに従ったが、未確認の遺物などは出土時点での情報を基に記載したものがある。出土遺物の中には既出版物だけの記載、また本報告未出版・伝承などのものがある。出土遺跡名中（ ）は出土個体番号、［ ］は松本信広報告を示す。史料収集にあたっての文献資料は次章に参考文献として一括掲載した。

—232—

X　舟船関係出土史料集成（1 刳舟史料）

1　刳舟史料集成（出土遺跡・民俗史料を含む）

① 縄紋時代の刳舟

出土遺跡名・所蔵名	所在地（現・前出土地等）	保管（保存・所有・所蔵）	発掘発見年	計測（全長/幅/深/厚cm）	材質	型式	時期	特記項目
北海道の刳舟								
石狩紅葉山49号遺跡	石狩市花川	－	2001	45/22/－/4	－	－	縄紋時代中期末	舳先・低湿地
青森県の刳舟								
向田(18)遺跡	上北郡野辺地町	－	2001	35/32/－/－	ハリキリ	－	縄紋時代前期末～中期初	舳先・艫部破片？
岩手県の刳舟								
蕏内遺跡	盛岡市繋蕏内	－	1976～	－/－/－/－	－	－	縄紋時代後期～晩期	腰樹材
福島県の刳舟								
双子遺跡(1)	相馬郡新地町駒ヶ嶺字双子	－	－	243/63/－/－	マツ	－	縄紋時代後期	2艘
双子遺跡(2)	相馬郡新地町駒ヶ嶺字双子	－	－	370/30/－/－	マツ	－	縄紋時代後期	
茨城県の刳舟								
霞耕地出土刳舟[25]	石岡市関川霞耕地（旧新治郡関川村）	鹿島神社蔵	1926	545?/35/13/2.7	クリ	鰹節型	縄紋時代？	大場・清水調査
狸渕出土刳舟	筑波伊奈町狸渕小貝川	－	－	500/56/20/－	－	鰹節型	縄紋時代後期？	
下山川出土刳舟[22]	結城市結城下山川（旧結城村）	東京国立博物館漆工部	1915	845/71/45/2.2	クロマツ	鰹節型	縄紋時代？	
守谷沼出土刳舟[23]	結城郡守谷町守谷沼	－	1872	727/－/－/－	マツ	鰹節型	縄紋時代？	
守谷城跡丘陵下出土刳舟[24]	結城郡守谷町守谷沼城丘陵下	－	1927	636/100/－/6	マツ	鰹節型	縄紋時代？	寺院蔵・絵葉書
小谷沼出土刳舟[17]	北相馬郡内守谷村	東京大学人類学教室	1904	126/41/18/－	クリ	鰹節型	縄紋時代？	
栃木県の刳舟								
西山田遺跡	栃木市大平町西山田	－	1984	669/75/15/－	ハルニレ	－	縄紋時代後期	包含層
埼玉県の刳舟								
寿能泥炭層遺跡	さいたま市大宮区寿能町	－	1984	235?/45/－/4	スギ？	－	縄紋時代晩期	
膝子出土刳舟(1)	さいたま市見沼区膝子	旧大宮市教育委員会	1957	420/45/－/5	モミ？	－	縄紋時代後期	旧大宮市指定文化財14艘
膝子出土刳舟(2)	さいたま市見沼区膝子	旧大宮市教育委員会	1957	－/－/－/－	クリ	－	縄紋時代後期	旧大宮市指定文化財
膝子出土刳舟(3)	さいたま市見沼区膝子	旧大宮市教育委員会	1957	－/－/－/－	クリ	－	縄紋時代後期	安行Ⅱ式

第 3 部 〈附編〉舟・船舶関係資料一覧

出土遺跡名・所蔵名	所在地 (現・前出土地等)	保管 (保存・所有・所蔵)	発掘発見年	計測 (全長/幅/深/厚cm)	材質	型式	時期	特記項目
膝子出土刳舟 (4)	さいたま市見沼区膝子	旧大宮市教育委員会	1957	− / − / − / −	クリ	−	縄紋時代後期	
膝子出土刳舟 (5)	さいたま市見沼区膝子	旧大宮市教育委員会	1957	− / − / − / −	クリ	−	縄紋時代後期	
膝子出土刳舟 (6)	さいたま市見沼区膝子	旧大宮市教育委員会	1957	− / − / − / −	クリ	−	縄紋時代後期	
膝子出土刳舟 (7)	さいたま市見沼区膝子	旧大宮市教育委員会	1957	− / − / − / −	コナラ	−	縄紋時代後期	
膝子出土刳舟 (8)	さいたま市見沼区膝子	旧大宮市教育委員会	1957	− / − / − / −	−	−	縄紋時代後期	
膝子出土刳舟 (9)	さいたま市見沼区膝子	旧大宮市教育委員会	1958	− / − / − / −	−	−	縄紋時代後期	
膝子出土刳舟 (10)	さいたま市見沼区膝子	旧大宮市教育委員会	1958	− / − / − / −	−	−	縄紋時代後期	
大道東遺跡	さいたま市緑区三室字大道	−	1997	447 / 65 / − / 5〜14	ムクノキ	−	縄紋時代中期	一部破損
南鴻沼遺跡(1)	さいたま市中央区大戸	さいたま市教育委員会	−	400 / 50 / 20 / −	クリ	鰹節型	縄紋時代中期〜	水場遺構
南鴻沼遺跡(2)	さいたま市中央区大戸	さいたま市教育委員会	−	− / − / − / −	クリ	凹字型	縄紋時代中期〜	
四本竹遺跡	さいたま市緑区下山口新田四本竹	−	1990	92 / 50 / − / 3.5〜5	ムクノキ	−	縄紋時代早期〜前期	
平方出土刳舟	上尾市平方	−	−	− / − / − / −	クリ	−	縄紋時代後期	
赤山陣屋跡遺跡	川口市赤芝新田	川口市埋蔵文化財センター	1989	− / − / − / −	−	−	縄紋時代後期	
中老袋出土刳舟 (蓮沼遺跡)	川越市芳野村中老沼蓮沼	芳野中学校	1952	549 / 54 / 35 / −	カヤ	鰹節型	縄紋時代前期	川越城本丸展示
高尾河岸出土刳舟(1)・下沼遺跡	北本市高尾字下沼	石戸小学校	1964	462 / 50 / − / −	−	−	縄紋時代後期	荒川流域
高尾河岸出土刳舟(2)・下沼遺跡	北本市高尾字下沼	慶應義塾大学	1964	452 / 55 / − / −	−	−	縄紋時代後期	荒川流域
赤羽・伊奈氏屋敷跡遺跡(1)	北足立郡伊奈町小室	−	1984	370 / 60.45 / 8 / 5	ケヤキ	−	縄紋時代後期〜晩期	3艘？
赤羽・伊奈氏屋敷跡遺跡(2)	北足立郡伊奈町小室	−	1984	485 / 55.45 / 20 / −	カヤ	−	縄紋時代後期〜晩期	
赤羽・伊奈氏屋敷跡遺跡(3)	北足立郡伊奈町小室	−	−	− / − / − / −	カヤ	−	縄紋時代	
長右衛門新田出土刳舟[40-1]	北足立郡新田村大字長右衛門新田	草加市立歴史民俗資料館	1929	606 / 60 / 65 / 0.95	カヤ	鰹節型	縄紋時代後期？	横縊帯3ヶ所・小穴
長右衛門新田出土刳舟[40-2]	北足立郡新田村大字長右衛門新田	−	1929	− / − / − / −	クスノキ	−	縄紋時代？	綾瀬川

千葉県の刳舟

出土遺跡名・所蔵名	所在地 (現・前出土地等)	保管 (保存・所有・所蔵)	発掘発見年	計測 (全長/幅/深/厚cm)	材質	型式	時期	特記項目
畑町遺跡(1) [46]	千葉市畑町	武蔵野郷土館	1947	620 / 43 / 28 / 1.5	カヤ	鰹節型	縄紋時代後期	落合遺跡・焼痕
畑町遺跡(2) [47]	千葉市畑町	慶應義塾大学	1948	580 / 48 / 44 / 1.1	カヤ	鰹節型	縄紋時代後期	落合遺跡・舳突起
畑町遺跡(3) [48]	千葉市畑町	東洋大学	1948	348 / 52 / − / −	カヤ	鰹節型	縄紋時代後期	落合遺跡

X　舟船関係出土史料集成（1 刳舟史料）

出土遺跡名・所蔵名	所在地（現・前出土地等）	保管（保存・所有・所蔵）	発掘発見年	計測（全長/幅/深/厚cm）	材質	型式	時期	特記項目
畑町遺跡(4)	千葉市畑町	－	1951	－/－/－/－	カヤ	鰹節型	縄紋時代後期	落合遺跡
万力一番割出土刳舟[55]	旭市萬力萬力一番(旧古城村)	飯島清	1950	684/52/35/1.5	カヤ	鰹節型	縄紋時代末期	
沖田出土刳舟[45]	旭市鏑木沖田(旧古城村)	菅井周治	1940	660/61/45/3	カヤ	鰹節型	縄紋時代晩期	
米込西三番割出土刳舟[44]	旭市萬力米込西三番割(旧古城村)	－	1926	485/76/－/6	カヤ	鰹節型	縄紋時代晩期	舳・艫高
日の出町出土刳舟	旭市日の出神社下	－	1950	－/－/－/－	－	－	縄紋時代?	
清滝橋下遺跡	旭市清滝下	飯田源吉・古城中学校	1899	879/94/9/－	カヤ	鰹節型	縄紋時代	中央一寸角穴
琴田遺跡	旭市琴田地区	－	1987	－/－/－/－	－	－	縄紋時代	嚶鳴村出土
岡発戸沖出土刳舟[28]	我孫子市岡発戸沖(旧東葛飾郡)	海老澤豊三	1924	550/61/48.5/1.3	－	鰹節型	縄紋時代晩期	
雷下遺跡	市川市国分川西岸	千葉県教育振興財団	2013	720/50/－/－	ムクノキ	－	縄紋時代早期	舟底部
岩井出土刳舟[31]	柏市岩井	将門大明神	1924	306.6/68/9.7/7	－	割竹型	縄紋時代晩期	
鶯ノ谷出土刳舟[32]	柏市鶯の谷	東京大学人類学教室	1924	691/65.5/30.3/2.2	－	鰹節型	縄紋時代晩期	
寺崎出土刳舟	佐倉市寺崎広野	－	1955	694/55/－/－	－	鰹節型	縄紋時代	鹿島川
臼井出土刳舟	佐倉市臼井円能谷津	－	1951	－/－/－/－	－	－	縄紋時代?	
宮田下出土刳舟	匝瑳市吉田宮田下	八日市場市立第二中学校	1957	500?/45/－/3	－	－	縄紋時代後期	
宮田下泥炭遺跡	匝瑳市吉田宮田下	八日市場市	1985	399/43/－/9	クリ	鰹節型	縄紋時代後期	
矢摺泥炭遺跡	匝瑳市大堀矢摺	－	1984	317/45/－/－	クリ	鰹節型	縄紋時代後期	
多古田低地遺跡	匝瑳市飯塚多古田	－	1962	400?/70?/－/－	－	－	縄紋時代後晩期	
七間掘出土刳舟(1)	匝瑳市下出羽七間掘奥田新田	－	1955	345/58/－/－	－	－	縄紋時代後期	横梁帯
七間掘出土刳舟(2)	匝瑳市下出羽七間掘奥田新田	－	1955	800?/40?/50?/－	カヤ	鰹節型	縄紋時代	
七間掘出土刳舟(3)	匝瑳市下出羽七間掘奥田新田	－	1955	－/－/－/－	－	－	縄紋時代	
七間掘出土刳舟(4)	匝瑳市下出羽七間掘奥田新田	－	1955	－/－/－/－	－	－	縄紋時代	
七間掘出土刳舟(5)	匝瑳市下出羽七間掘奥田新田	－	1955	－/－/－/－	－	－	縄紋時代	
下沼出土刳舟	匝瑳市下出羽旧新田下沼	－	1955	425/43/－/－	カヤ	鰹節型	縄紋時代後期	千葉県指定文化財
米倉長割出土刳舟(1)	匝瑳市八日市場ホ大境	八日市場市第二中学校	1959	417/46/25/－	－	U字型	縄紋時代	
米倉長割出土刳舟(2)	匝瑳市八日市場ホ大境	交通博物館	－	－/－/－/－	－	－	縄紋時代	

第 3 部 　〈附編〉舟・船舶関係資料一覧

出土遺跡名・所蔵名	所在地（現・前出土地等）	保管（保存・所有・所蔵）	発掘発見年	計測（全長/幅/深/厚cm）	材質	型式	時期	特記項目
米倉長割出土刳舟(3)[53]	匝瑳市八日市場ホ大境	−	1949	421/40/16/2.5	カヤ	鰹節型	縄紋時代末期	横梁帯4ヶ所
米倉長割出土刳舟(4)	匝瑳市八日市場ホ大境	慶應義塾大学	1961	600/−/−/4	カヤ?	−	縄紋時代?	
米倉長割出土刳舟(5)[52]	匝瑳市八日市場ホ大境	匝瑳高校	1949	550/45.5/10/4.6	カヤ	鰹節型	縄紋時代末期	焦燥痕跡
米倉長割出土刳舟(6)	匝瑳市八日市場ホ大境	東京国立博物館	−	−/−/−/−	−	−	縄紋時代	
米倉長割出土刳舟(7)	匝瑳市八日市場ホ大境	慶應義塾大学	1955	347/42/20/−	クリ	鰹節型	縄紋時代?	横梁帯2ヶ所
米倉長割出土刳舟(8)	匝瑳市八日市場ホ大境	八日市場市立第二中学校	1957	−/−/−/−	−	−	縄紋時代	
米倉長割出土刳舟(9)[54]	匝瑳市八日市場ホ大境	慶應義塾大学	1949	250/33/17/2	カヤ	鰹節型	縄紋時代末期	
残し沼出土刳舟(1)[26]	匝瑳市米倉大境	東京大学工学部	1917	585/58/24/2.3	カヤ	鰹節型	縄紋時代後期	横梁帯2ヶ所
残し沼出土刳舟(2)	匝瑳市米倉大境	−	1962	487/55/−/−	−	−	縄紋時代後期	
亀田泥炭遺跡	匝瑳市城下亀田地先	−	−	55/22/44/−	カヤ	−	縄紋時代中期〜後期	
中野出土刳舟(1)	匝瑳市吉田中野	−	1975	−/−/−/−	−	−	縄紋時代?	
中野出土刳舟(2)	匝瑳市吉田中野	−	1953	−/−/−/−	−	−	縄紋時代?	
中野出土刳舟(3)	匝瑳市吉田中野	−	1957	512/52/40/−	−	U字型	縄紋時代?	
公崎下泥炭遺跡	匝瑳市公崎公崎下	−	−	−/−/−/−	−	−	縄紋時代?	
大部田泥炭遺跡	匝瑳市飯高大部田	−	−	−/−/−/−	−	−	縄紋時代?	
井戸田出土刳舟	匝瑳市大寺井戸田	大利根博物館	1963	−/−/−/−	−	U字型	縄紋時代?	
飯塚出土刳舟	匝瑳市飯塚鶴地土	−	1962	600?/50/−/−	カヤ	U字型	縄紋時代?	
水神下出土刳舟	匝瑳市春海水神下	−	1961	600?/−/−/−	カヤ	U字型	縄紋時代	
さんずい沼出土刳舟	匝瑳市横須賀さんずい沼	−	1962	−/−/−/−	−	−	縄紋時代	
笹曾根出土刳舟	匝瑳市高野登城台	−	1959	−/−/−/−	−	U字型	縄紋時代	
林崎出土刳舟	匝瑳市高林崎	市農協横須賀支所	1965	357/62/−/−	−	−	縄紋時代?	
安田出土刳舟	匝瑳市安田地先	−	−	−/−/−/−	−	−	縄紋時代晩期	
栢田出土刳舟	匝瑳市栢田関畑	−	−	−/−/−/−	−	−	縄紋時代?	
家徳出土刳舟[42]	東金市家徳(旧正気村)地先	−	−	620/60/15/4	クスノキ	鰹節型	縄紋時代晩期	
横須賀出土刳舟	松戸市横須賀一白	松戸市文化ホール	1958	557/45/−/−	カヤ	鰹節型	縄紋時代後期	

X 舟船関係出土史料集成（1 刳舟史料）

出土遺跡名・所蔵名	所在地 (現・前出土地等)	保管 (保存・所有・所蔵)	発掘 発見年	計測 (全長/幅/深/厚cm)	材質	型式	時期	特記項目
矢切出土刳舟	松戸市矢切	高野正一宅出土	－	－ / － / － / －	－	－	縄紋時代	
保品出土刳舟[61]	八千代市保品大江間(旧阿蘇村)	早稲田大学	－	655 / 50 / 33 / －	カヤ	鰹節型	縄紋時代	横梁帯4ヶ所・焦燥痕跡
加茂遺跡(1)[49-1]	南房総市加茂字神門	角田慶一宅	1938	200〜 / － / － / －	ムクノキ	－	縄紋時代前期	
加茂遺跡(2)[49-2]	南房総市加茂字神門	慶應義塾大学	1948	480 / 70 / 15 / 8	ムクノキ	割竹型	縄紋時代前期	2小孔
南祖低地遺跡	南房総市瀬戸南祖	－	－	－ / － / － / －	－	－	縄紋時代?	
駒込出土刳舟	大網白里市駒込才法池	－	－	－ / － / － / －	－	－	縄紋時代?	
手斧繋神社境内付近出土刳舟(1)[18-1]	館山市鉈切	－	1894	277 / 68 / 19.7 / －	クスノキ	鰹節型	縄紋時代?	館山市指定文化財
手斧繋神社境内付近出土刳舟(2)[18-2]	館山市鉈切	－	1984	－ / － / － / －	クスノキ	鰹節型	縄紋時代?	館山市指定文化財
南借当遺跡	香取郡多古町南借当	千葉県文化財センター	1988	490 / 98 / 39 / －	クリ	凹字型	縄紋時代	
島ノ間遺跡	香取郡多古町島七升	－	1978	745 / 75 / 30 / 4〜10	カヤ	鰹節型	縄紋時代中期	
丸山埋地遺跡(1)	香取郡多古町船越埋地	八日市場図書館	1960	437 / 75 / 35.5 / 6	カヤ	鰹節型	縄紋時代	
丸山埋地遺跡(2)	香取郡多古町船越埋地	八日市場図書館	1960	525 / 57 / 40 / 4	カヤ	鰹節型	縄紋時代	
中城下泥炭遺跡	香取郡多古町東部城ノ下	多古町教育委員会	1986	400 ? / 70 / － / 5	カヤ	半円	縄紋時代後期	
南玉造出土刳舟	香取郡多古町南玉造内野	多古中学校	1963	441 / 88 / 28 / 20〜22	カヤ	鰹節型	縄紋時代後期	
ゴーブケ沼遺跡	香取郡多古町南中	多古高校	1958	513 / 50 / － / －	－	鰹節型	縄紋時代晩期	
借当川遺跡	香取郡多古町東部字町田	－	－	－ / － / － / －	クリ	－	縄紋時代	
広川遺跡	香取郡多古町島広川	－	1958	－ / － / － / －	－	－	縄紋時代	
島出土刳舟(1)	香取郡多古町島	八日市場小学校	1958	645 / 60 / － / －	－	鰹節型	縄紋時代	
島出土刳舟(2)	香取郡多古町島	多古中学校	1975	－ / － / － / －	－	鰹節型	縄紋時代	横梁帯
島出土刳舟(3)	香取郡多古町島	匝瑳高校	1958	482 / 50 / － / －	カヤ	平底型	縄紋時代後期	
南部田遺跡	香取郡多古町船越南部田						縄紋時代?	
新谷2番遺跡	香取郡多古町多古新谷2番	－	1958	－ / － / － / －	－	－	縄紋時代?	
新谷3番遺跡	香取郡多古町多古新谷3番	－	1958	－ / － / － / －	－	－	縄紋時代?	
飯土井遺跡	香取郡多古町多古扇町	－	1958	－ / － / － / －	－	－	縄紋時代?	
儘作遺跡	香取郡多古町谷三倉儘作	－	1978	－ / － / － / －	－	－	縄紋時代?	

第3部　〈附編〉舟・船舶関係資料一覧

出土遺跡名・所蔵名	所在地（現・前出土地等）	保管（保存・所有・所蔵）	発掘発見年	計測（全長/幅/深/厚cm）	材質	型式	時期	特記項目
飯笹刳舟	香取郡多古町飯笹	-	-	670/80/-/-	カヤ	-	縄紋時代後期	
大台地先出土刳舟[41]	山武郡芝山町大台(旧二川村)	成田博物館	1943	464/-/-/-	カヤ	鰹節型	縄紋時代晩期	
高谷川低地遺跡	山武部芝山町山中	-	-	-/-/-/-	-	-	縄紋時代?	
高谷川B地点出土刳舟	山武郡横芝光町谷台西耕地	-	1953	459/61/31/-	カヤ	-	縄紋時代後期	
高谷川G地点出土刳舟	山武郡横芝光町谷台	慶應義塾大学	1954	263/43/27/-	-	半円型	縄紋時代	
谷台地先出土刳舟	山武郡横芝光町谷台	芝山はにわ博物館	-	-/-/-/-	-	鰹節型	縄紋時代	
古川出土刳舟	山武郡横芝光町古川	-	-	-/-/-/-	-	-	縄紋時代後期	
栗山川出土刳舟(1)	山武郡横芝光町宮川	東京国立博物館	1957	-/-/-/-	カヤ	箱角型	縄紋時代	
栗山川出土刳舟(2)	山武郡横芝光町傍示戸	-	-	-/-/-/-	-	-	縄紋時代	
栗山川出土刳舟(3)	山武郡横芝光町橋場	東京国立博物館	-	-/-/-/-	-	-	縄紋時代	
栗山川出土刳舟(4)	山武郡横芝光町篠本	多古中学校	-	-/-/-/-	-	-	縄紋時代	
川田出土刳舟(1)[43]	山武郡横芝光町川田	東京国立博物館	1953	570/70/35/2	オニグルミ	鰹節型	縄紋時代後期	軸櫨高
川田出土刳舟(2)	山武郡横芝光町東町地先	-	1923	-/-/-/-	-	-	縄紋時代	
木戸台出土刳舟	山武郡横芝光町木戸台	-	-	-/-/-/-	-	-	縄紋時代?	
木戸台低地遺跡	山武郡横芝光町木戸台字居合	-	-	-/-/-/-	-	-	縄紋時代?	
横芝川遺跡	山武郡横芝光町横芝川田	-	-	-/-/-/-	-	-	縄紋時代?	
川田出土刳舟(1)	山武郡横芝光町川田	-	-	-/-/-/-	-	-	縄紋時代?	
川田出土刳舟(2)	山武郡横芝光町川田	-	-	-/-/-/-	-	-	縄紋時代?	
神野刳舟	八千代市神野	-	-	353/65/-/-	モミ	-	縄紋時代	日本考古学研究所

東京都の刳舟

出土遺跡名・所蔵名	所在地（現・前出土地等）	保管（保存・所有・所蔵）	発掘発見年	計測（全長/幅/深/厚cm）	材質	型式	時期	特記項目
中里遺跡	北区上中里	北区教育委員会	1982	579/72/42/2～5	ムクノキ	鰹節型	縄紋時代中期	
袋低地遺跡(1)	北区赤羽北	-	-	-/-/-/-	トリネコ	-	縄紋時代後期	
袋低地遺跡(2)	北区赤羽北	-	-	-/-/-/-	トリネコ	-	縄紋時代後期	
袋低地遺跡(3)	北区赤羽北	-	-	-/-/-/-	ケヤキ	-	縄紋時代後期	
旧海軍省内刳舟	千代田区霞が関	-	1943	-/-/-/-	-	-	縄紋時代中期	伝承

X　舟船関係出土史料集成（1 刳舟史料）

出土遺跡名・所蔵名	所在地（現・前出土地等）	保　管（保存・所有・所蔵）	発掘発見年	計　測（全長/幅/深/厚cm）	材　質	型　式	時　期	特記項目
下宅部遺跡	東村山市多摩湖町	明治大学	1999	660 / 70〜80 / 50 / −	ケヤキ	−	縄紋時代後期	加工途中
東村山村流木 [M]	東村山市（石川）	−	−	− / − / − / −	ムクノキ	−	縄紋時代?	鳥居龍蔵

神奈川県の刳舟

出土遺跡名・所蔵名	所在地（現・前出土地等）	保　管（保存・所有・所蔵）	発掘発見年	計　測（全長/幅/深/厚cm）	材　質	型　式	時　期	特記項目
傳福寺裏遺跡	横須賀市久里浜	−	1982	304 / 37.5 / 26 / 4	−	−	縄紋時代前期	

山梨県の刳舟

出土遺跡名・所蔵名	所在地（現・前出土地等）	保　管（保存・所有・所蔵）	発掘発見年	計　測（全長/幅/深/厚cm）	材　質	型　式	時　期	特記項目
本栖湖	甲府市（上九一色村）	−	1967	962 / − / − / −	−	−	縄紋時代前期	

新潟県の刳舟

出土遺跡名・所蔵名	所在地（現・前出土地等）	保　管（保存・所有・所蔵）	発掘発見年	計　測（全長/幅/深/厚cm）	材　質	型　式	時　期	特記項目
青田遺跡	新発田市大字金塚治青田	新潟県立歴史博物館	2000	547 / 75 / 16 / −	トチノキ	U字型	縄紋時代晩期終末	横梁帯・塩津潟

富山県の刳舟

出土遺跡名・所蔵名	所在地（現・前出土地等）	保　管（保存・所有・所蔵）	発掘発見年	計　測（全長/幅/深/厚cm）	材　質	型　式	時　期	特記項目
小竹貝塚	富山市呉羽町北	−	−	260 / 46 / − / −	−	−	縄紋時代前期	
上久津呂中屋遺跡(1)	氷見市上久津呂	−	−	124 / − / − / −	スギ	−	縄紋時代早期〜前中期	舟底から舷側
上久津呂中屋遺跡(2)	氷見市上久津呂	−	−	90.3 / − / − / −	スギ	−	縄紋時代早期〜中期	舟首部

石川県の刳舟

出土遺跡名・所蔵名	所在地（現・前出土地等）	保　管（保存・所有・所蔵）	発掘発見年	計　測（全長/幅/深/厚cm）	材　質	型　式	時　期	特記項目
畝田・寺中遺跡	金沢市畝田西	−	−	− / − / − / −	−	−	縄紋時代後期〜弥生時代	井戸転用
三室トクサ遺跡	七尾市三室町	七尾市教育委員会	2001	530 / 60〜80 / 20 / 2〜5	モミ	U字型	縄紋時代前期〜中期	包含層

福井県の刳舟

出土遺跡名・所蔵名	所在地（現・前出土地等）	保　管（保存・所有・所蔵）	発掘発見年	計　測（全長/幅/深/厚cm）	材　質	型　式	時　期	特記項目
鳥浜貝塚1号	三方上中郡若狭町鳥浜	若狭三方縄文博物館	1981	608 / 63 / 〜26 / 3.5〜4	スギ	鰹節型	縄紋時代前期	円形焦燥痕跡
鳥浜貝塚2号	三方上中郡若狭町鳥浜	若狭三方縄文博物館	−	347 / 48 / − / 3.5〜4	スギ	−	縄紋時代後期	横梁帯
鳥浜貝塚(3)	三方上中郡若狭町鳥浜	−	1972	22.9 / 13.2 / − / 2.2	−	−	縄紋時代	(720JY076)
鳥浜貝塚(4)	三方上中郡若狭町鳥浜	−	1975	70.3 / 37 / − / 2.7	トチノキ	−	縄紋時代	(75MY001)
ユリ遺跡(夏浦地区)(1)	三方上中郡若狭町鳥浜	若狭三方縄文博物館	1990	522 / 51〜56 / 16 / 3〜5	スギ	鰹節型	縄紋時代中後期	横梁帯3ヶ所・平底
ユリ遺跡(2)	三方上中郡若狭町鳥浜	−	1990	490 / 48 / − / 7.5	スギ	鰹節型	縄紋時代中後末	横梁帯3ヶ所・平底
ユリ遺跡(3)	三方上中郡若狭町鳥浜	−	1990	580 / 30 / − / −	スギ	鰹節型	縄紋時代中後末	焦燥痕跡
ユリ遺跡(4)	三方上中郡若狭町鳥浜	−		544 / − / − / −	スギ	鰹節型	縄紋時代後期	平底
ユリ遺跡(5)	三方上中郡若狭町鳥浜	−		404 / − / − / −	スギ	鰹節型	縄紋時代後晩末	舟底半弧形

第3部 〈附編〉舟・船舶関係資料一覧

出土遺跡名・所蔵名	所在地（現・前出土地等）	保管（保存・所有・所蔵）	発掘発見年	計測（全長/幅/深/厚cm）	材質	型式	時期	特記項目
ユリ遺跡(6)	三方上中郡若狭町鳥浜	−	−	196 / − / − / −	スギ	鰹節型	縄紋時代後期	舟底半弧形
ユリ遺跡(7)	三方上中郡若狭町鳥浜	−	−	332 / − / − / −	スギ	鰹節型	縄紋時代後期	横梁帯2ヶ所・平底
ユリ遺跡(8)	三方上中郡若狭町鳥浜	−	−	404 / − / − / −	スギ	鰹節型	縄紋時代後期	舟底半弧形
ユリ遺跡(9)	三方上中郡若狭町鳥浜	−	−	440 / − / − / −	スギ	鰹節型	縄紋時代後期	平底

岐阜県の刳舟

出土遺跡名・所蔵名	所在地（現・前出土地等）	保管（保存・所有・所蔵）	発掘発見年	計測（全長/幅/深/厚cm）	材質	型式	時期	特記項目
谷汲村出土刳舟	揖斐郡揖斐川町	−	−	− / − / − / −	アスナロ	−	縄紋時代？	
末福遺跡(1)	揖斐郡揖斐川町谷汲深坂末福	−	1955	259 / 45 / 18 / −	クスノキ	鰹節型	縄紋時代後期	
末福遺跡(2)	揖斐郡揖斐川町谷汲深坂末福	−	−	350 / 43 / 23 / −	クスノキ	−	縄紋時代後期	

静岡県の刳舟

出土遺跡名・所蔵名	所在地（現・前出土地等）	保管（保存・所有・所蔵）	発掘発見年	計測（全長/幅/深/厚cm）	材質	型式	時期	特記項目
神明原・元宮川遺跡	静岡市駿河区大谷	静岡県埋蔵文化財調査研究所	1986	670 / 65 / 10 / −	クスノキ	鰹節型	縄紋時代晩期	大谷川

愛知県の刳舟

出土遺跡名・所蔵名	所在地（現・前出土地等）	保管（保存・所有・所蔵）	発掘発見年	計測（全長/幅/深/厚cm）	材質	型式	時期	特記項目
諸桑満成寺刳舟(5)	愛西市諸桑町	佐織町中央公民館	1992	50 / − / − / −	クスノキ	−	縄紋時代？〜弥生時代	満成寺所蔵
諸桑鈴木家刳舟(4)	愛西市諸桑町	佐織町中央公民館	1992	200 / − / − / −	クスノキ	−	縄紋時代？〜弥生時代	鈴木元右衛門所蔵

滋賀県の刳舟

出土遺跡名・所蔵名	所在地（現・前出土地等）	保管（保存・所有・所蔵）	発掘発見年	計測（全長/幅/深/厚cm）	材質	型式	時期	特記項目
長命寺湖底遺跡	近江八幡市長命寺町地先	−	1982	46 / 30 / − / −	スギ	−	縄紋時代晩期	横梁帯
長命寺湖底遺跡	近江八幡市長命寺町地先	−	1982	99 / 28 / − / −	スギ	−	縄紋時代晩期	
長命寺湖底遺跡	近江八幡市長命寺町地先	−	1982	99 / 34 / − / −	スギ	鰹節型	縄紋時代晩期	横梁帯
長命寺湖底遺跡	近江八幡市長命寺町地先	−	1983	620 / 60 / 15 / 2	スギ	折衷型	縄紋時代晩期	
元水茎B遺跡	近江八幡市元水茎町	−	1964	690 / 50〜56 / 11〜15 / 5	−	割竹型	縄紋時代後期	
元水茎B遺跡	近江八幡市元水茎町	−	1964	700 / 50 / − / −	−	割竹型	縄紋時代後期	横梁帯
元水茎A(C)遺跡	近江八幡市元水茎町	−	1965	790 / 75 / 30〜55 / 5〜10	−	割竹型	縄紋時代後期	横梁帯
元水茎A(C)遺跡	近江八幡市元水茎町	−	1965	835 / 59 / 15〜19 / 2〜10	−	割竹型	縄紋時代後期	横梁帯
元水茎A(C)遺跡	近江八幡市元水茎町	−	1965	560 / 45 / 13 / 2〜5	−	割竹型	縄紋時代後期	舟首欠
元水茎A(C)遺跡	近江八幡市元水茎町	−	1965	560 / 54〜58 / 17〜20 / −	−	割竹型	縄紋時代後期	横梁帯
元水茎A(C)遺跡	近江八幡市元水茎町	−	1965	175 / − / − / −	−	−	縄紋時代後期	

—240—

X　舟船関係出土史料集成（1 刳舟史料）

出土遺跡名・所蔵名	所在地 (現・前出土地等)	保管 (保存・所有・所蔵)	発掘 発見年	計測 (全長/幅/深/厚cm)	材質	型式	時期	特記項目
尾上浜遺跡	長浜市湖北町尾上浜	－	1989	515 / 55 / 30 / 3.5	スギ	鰹節型	縄紋時代後期	
松原内湖遺跡	彦根市松原矢倉川	－	1986	500 / 45 / － / 7	スギ	鰹節型	縄紋時代晩期	
松原内湖遺跡	彦根市松原矢倉川	－	1986	161 / 37 / － / 4	スギ	鰹節型	縄紋時代晩期	
松原内湖遺跡	彦根市松原矢倉川	－	1986	335 / 36 / － / 5	スギ	鰹節型	縄紋時代後期	
松原内湖遺跡	彦根市松原矢倉川	－	1987	491 / 50 / 18 / 3	スギ	鰹節型	縄紋時代晩期	
松原内湖遺跡	彦根市松原矢倉川	－	1987	187 / 41 / 11 / －	スギ	鰹節型	縄紋時代後期	
松原内湖遺跡	彦根市松原矢倉川	－	1987	174 / 38 / 11 / －	スギ	鰹節型	縄紋時代後期	
松原内湖遺跡	彦根市松原矢倉川	－	1987	240 / 31 / － / －	スギ	鰹節型	縄紋時代後期	
松原内湖遺跡	彦根市松原矢倉川	－	1987	－ / － / － / －	スギ	－	縄紋時代後期	
松原内湖遺跡	彦根市松原矢倉川	－	1987	－ / － / － / －	スギ	－	縄紋時代後期	
松原内湖遺跡	彦根市松原矢倉川	－	1987	－ / － / － / －	スギ	－	縄紋時代後期	
松原内湖遺跡	彦根市松原矢倉川	－	1991	548 / 48 / 10 / 2～4	スギ	鰹節型	縄紋時代後期	
松原内湖遺跡	彦根市松原矢倉川	－	1991	492 / 60～ / － / －	ヤマザクラ	－	縄紋時代後期	
松原内湖遺跡	彦根市松原矢倉川	－	1986	－ / － / － / －	スギ		縄紋時代	
松原内湖遺跡	彦根市松原矢倉川	－	1986	38 / 16 / － / －	スギ	－	縄紋時代	
松原内湖遺跡	彦根市松原矢倉川	－	1986	46 / 19 / － / －	スギ	－	縄紋時代	
入江内湖遺跡 (1)	米原市入江	－	2002	400 / 50 / 20 / －	モミ	鰹節型	縄紋時代中期	
入江内湖遺跡 (2)	米原市入江	－	2002	527 / 51 / 21 / －	モミ	割竹型	縄紋時代中期	
入江内湖遺跡 (3)	米原市入江	－	2002	359 / 48 / 10 / －	スギ	鰹節型	縄紋時代中期	
入江内湖遺跡 (4)	米原市入江	－	2004	570 / 50 / 20 / －	モミ	鰹節型	縄紋時代後期	
入江内湖遺跡 (5)	米原市入江	－	2004	547 / 50 / 30 / －	ヒノキ	鰹節型	縄紋時代前期	

京都府の刳舟

出土遺跡名・所蔵名	所在地	保管	発掘発見年	計測	材質	型式	時期	特記項目
浦入遺跡	舞鶴市千歳浦入	－	－	406 / 60 / － / 5～7	スギ	鰹節型	縄紋時代前期中葉	
東土川西遺跡	向日市森本	－	1979	370 / 50～60 / － / －	クスノキ	鰹節型	縄紋時代晩期	
和束川底遺跡	相楽郡和束町	－	1953	－ / － / － / －	－	－	縄紋時代後期	材木可能性

—241—

第3部 〈附編〉舟・船舶関係資料一覧

出土遺跡名・所蔵名	所在地 (現・前出土地等)	保管 (保存・所有・所蔵)	発掘 発見年	計測 (全長/幅/深/厚cm)	材質	型式	時期	特記項目
兵庫県の刳舟								
佃遺跡	淡路市浦字佃	兵庫県教育委員会	1991	146 / 42 / − / 3	クスノキ	−	縄紋時代後中期	木道転用・舟底部
鳥取県の刳舟								
島遺跡	鳥取市島	−	1952	66 / 60 / − / 3.5		U字型	縄紋時代後期	貝塚
東桂見遺跡	鳥取市東桂見	−	1990	105 / 50 / − / 3〜6	−		縄紋時代	
桂見遺跡(1)	鳥取市桂見八ツ割	−	1993	724 / 74 / 35 / −	スギ	鰹節型	縄紋時代後期	焦燥痕跡
桂見遺跡(2)	鳥取市桂見八ツ割	−	1995	641 / 46〜70 / 10 / −	スギ	鰹節型	縄紋時代後期	焦燥痕跡
青谷横木遺跡	鳥取市青谷町青谷		2015	626 / 68 / 20 / 3〜4		鰹節型	縄紋時代後期〜晩期	焦燥痕跡
井手脵遺跡	米子市淀江町福岡	−	−	124.7 / 13.8 / − / −	−		縄紋時代晩期	
栗谷遺跡	鳥取市福部町栗谷	−	−	300 / 90 / − / −	−		縄文時代後期	
島根県の刳舟								
佐太講武貝塚(1)	松江市鹿島町	−	−	93 / 28.6 / 8.2 / 4.1			縄紋時代前期〜晩期	
佐太講武貝塚(2)	松江市鹿島町	−	−	114.3 / 24.4 / 9.8 / 2.9			縄紋時代後期	
島根大学構内遺跡	松江市西川津町	島根県埋文調査センター展示室	−	604 / 57 / − / 2〜3	スギ	−	縄紋時代早末〜前期初	橋縄手地区
三田谷Ⅰ遺跡	出雲市上塩冶町	−	−	554 / 46〜50 / 15 / −	スギ	−	縄紋時代後期〜晩期	
沖手遺跡(1)	益田市久城町	島根県埋文調査センター展示室	2005	530 / 55 / − / −	クスノキ	−	縄紋時代後期〜晩期	
沖手遺跡(2)	益田市久城町	いにしえ学習館展示室	2005	313 / 36 / − / −	センダン	−	縄紋時代後期〜晩期	
徳島県の刳舟								
大津町出土刳舟	鳴門市大津町大幸	−	1989	240 / 50 / − / −	−	U字型	縄紋時代中期	
長崎県の刳舟								
伊木力遺跡	諫早市多良見町		1985	650 / 76 / − / 2.5〜5.5	広葉樹	−	縄紋時代前期	舟底のみ
沖縄県の刳舟								
前原遺跡	国頭郡宜野座村前原	宜野座村立博物館	1997	110 / − / − / −	−	鰹節型	縄紋後期時代〜弥生時代	軸先

—242—

X　舟船関係出土史料集成（1 刳舟史料）

② 弥生時代の刳舟

出土遺跡名・所蔵名	所在地（現・前出土地等）	保管（保存・所有・所蔵）	発掘発見年	計測（全長/幅/深/厚cm）	材質	型式	時期	特記項目
茨城県の刳舟								
大口船渡出土刳舟(1)	坂東市大口船渡	－	－	－/－/－/－	－	－	弥生時代後期	
大口船渡出土刳舟(2)	坂東市大口船渡	－	－	－/－/－/－	－	－	弥生時代後期	
天王峰遺跡刳舟	牛久市奥原町天王峰	－	－	600/50/－/－	マツ	－	弥生時代？	
群馬県の刳舟								
新保遺跡	高崎市新保町	－	－	－/－/－/－	－	－	弥生時代	田舟
日高遺跡	高崎市日高町	－	－	－/－/－/－	－	－	弥生時代後期	田舟？
千葉県の刳舟								
小野川出土刳舟[13]	香取市小野川	－	1934	583/80/35/1.8	－	割竹型	弥生時代中期	
北幸谷出土刳舟	東金市北幸谷	－	－	－/－/－/－	－	－	弥生時代中期	
坂田池遺跡	山武郡横芝光町坂田溜池	－	1935	－/－/－/－	－	－	弥生時代	
長野県の刳舟								
春山B遺跡	長野市若穂町綿内	長野県立歴史館	－	288.5/－/－/－	トチノキ	－	弥生時代後期	井戸転用（SK43）・田舟
箕輪遺跡	上伊那郡箕輪町	－	－	110/36/15/－	サワラ	箱型	弥生時代	田舟
新潟県の刳舟								
次第浜刳舟[12]	北蒲原郡聖籠町次第浜	清水園（新発田藩下屋敷）	1937	536/125/35/－	クスノキ	割竹型	弥生時代後期	
富山県の刳舟								
豊田大塚遺跡	富山市豊田本町	－	1988	－/－/－/－	－	－	弥生時代後期～終末	
石川県の刳舟								
南新保C遺跡	金沢市南新保町	－	－	172/28/－/12	キハダ	－	弥生時代中期～後期	舷側板
南新保D遺跡	金沢市西念	金沢市教育委員会	－	931.5/193.5/－/18	－	－	弥生時代後期～古墳時代前期	舟底部（E区2号堰）
猫橋遺跡(1)	加賀市八日市町	石川県教育委員会	－	147.7/24.1/－/3	－	－	弥生時代終末	軸櫨？（SK13）
猫橋遺跡(2)	加賀市八日市町	石川県教育委員会	－	73.6/27.2/－/5.9	－	－	弥生時代終末	軸櫨？（SK13）
猫橋遺跡(3)	加賀市八日市町	石川県教育委員会	－	76.4/33.5/－/5.1	－	－	弥生時代終末	舟底から舷側部

第3部 〈附編〉舟・船舶関係資料一覧

出土遺跡名・所蔵名	所在地(現・前出土地等)	保管(保存・所有・所蔵)	発掘発見年	計測(全長/幅/深/厚cm)	材質	型式	時期	特記項目
猫橋遺跡(4)	加賀市八日市町	石川県教育委員会	－	76.7/27.2/－/5.9	－	－	弥生時代終末	舟底から舷側部
猫橋遺跡(5)	加賀市八日市町	石川県教育委員会	－	－/－/－/－	－	－	弥生時代終末	舟底・舷側板?
猫橋遺跡(6)	加賀市八日市町	石川県教育委員会	－	158.7/23.1/－/3.2	－	－	弥生時代終末	舷側板(SK13)
猫橋遺跡(7)	加賀市八日市町	石川県教育委員会	－	114.4/12.5/－/2.3	－	－	弥生時代終末	舟材破片(SK13)
猫橋遺跡(8)	加賀市八日市町	石川県教育委員会	－	65.6/12.7/－/3.4	－	－	弥生時代終末	舟材破片(SK13)
猫橋遺跡(9)	加賀市八日市町	石川県教育委員会	－	56.2/9.35/－/3.6	－	－	弥生時代終末	舟材破片(SK13)

福井県の刳舟

出土遺跡名・所蔵名	所在地(現・前出土地等)	保管(保存・所有・所蔵)	発掘発見年	計測(全長/幅/深/厚cm)	材質	型式	時期	特記項目
下屋敷遺跡(1)	坂井市三国町加戸下屋敷	－	1985	350/－/－/－	－	－	弥生時代中期前半	2艘分
下屋敷遺跡(2)	坂井市三国町加戸下屋敷	－	1985	－/－/－/－	－	－	弥生時代中期前半	焦燥痕跡

静岡県の刳舟

出土遺跡名・所蔵名	所在地(現・前出土地等)	保管(保存・所有・所蔵)	発掘発見年	計測(全長/幅/深/厚cm)	材質	型式	時期	特記項目
登呂遺跡[15]	静岡市駿河区登呂	静岡市登呂博物館	1947	98/50/22/2.8	スギ	鰹節型	弥生時代後期	残欠
瀬名遺跡(1)	静岡市葵区瀬名丘陵長尾川	静岡県埋蔵文化財調査研究所	1989	636/－/32/－	スギ	準構造舟	弥生時代末期	
瀬名遺跡(2)	静岡市葵区瀬名丘陵長尾川	静岡県埋蔵文化財調査研究所	1989	412/－/37/－	スギ	準構造舟	弥生時代末期	
川合遺跡	静岡市葵区川合	－	－	43.6/21/－/－	－	準構造舟	弥生時代後期～古墳時代前期	舳先舟材
山木遺跡[16]	伊豆の国市韮山山木		1950	110/56/27/2.1	クスノキ	鰹節型	弥生時代後期	残欠
山木遺跡	伊豆の国市韮山山木	韮山中学校	1950	104/45/－/－	スギ	鰹節型	弥生時代後期	
沢田遺跡	沼津市沢田		－	－/－/－/－	スギ		弥生時代後期～古墳時代前期	
角江遺跡(1)	浜松市西区入野町神田川	静岡県埋蔵文化財調査研究所	1996	90/62/－/－	クリ	準構造舟	弥生時代中期	舳先部分(SR01)
角江遺跡(2)	浜松市西区入野町神田川	静岡県埋蔵文化財調査研究所	－	－/－/－/－	－	－	弥生時代後期	部材
梶子遺跡	浜松市中区南伊場町	－	－	－/－/－/－	－	－	弥生時代中期	A区SE04
登呂遺跡[14]	静岡市駿河区登呂	静岡市葵文庫	1943	－/－/－/－	スギ	－	弥生時代後期	田舟?

愛知県の刳舟

出土遺跡名・所蔵名	所在地(現・前出土地等)	保管(保存・所有・所蔵)	発掘発見年	計測(全長/幅/深/厚cm)	材質	型式	時期	特記項目
諸桑鈴木家刳舟(3)	愛西市諸桑町	佐織町中央公民館	1992	130/－/－/－	クスノキ	－	弥生時代	鈴木元右衛門所蔵
松河戸遺跡	春日井市松河戸町	－	－	－/－/－/－	－	－	弥生時代前期	櫂・田舟板材?

X 舟船関係出土史料集成 （1 刳舟史料）

出土遺跡名・所蔵名	所在地（現・前出土地等）	保管（保存・所有・所蔵）	発掘発見年	計測（全長 / 幅 / 深 / 厚 cm）	材質	型式	時期	特記項目
三重県の刳舟								
錦生小学校内遺跡	名張市安部田	錦生小学校	1925	262.5 / 77.5 / − / 18	ニレ	−	弥生時代	
滋賀県の刳舟								
大中の湖南遺跡	近江八幡市安土町下豊浦	−	1965	− / 60 / − / −	−	割竹型	弥生時代	
松原内湖遺跡	彦根市松原矢倉川	−	1986	− / − / − / −	スギ	−	弥生時代	(No.71-3)
松原内湖遺跡	彦根市松原矢倉川	−	−	16.8 / − / − / −	スギ	準構造舟	弥生時代後期〜古墳時代前期	竪壁板
赤野井湾遺跡	守山市赤野井地先	−	2003	37 / 16 / − / 7.5	スギ	準構造舟	弥生時代前期	
下長遺跡	守山市古高町	−	−	210.6 / − / − / −	スギ	−	弥生時代後期〜古墳時代前期	田舟
馬場遺跡	草津市下笠町	−	−	− / − / − / −	−	−	弥生時代〜	
京都府の刳舟								
北金岐遺跡	亀岡市大井町・千代川町	−	−	118.8 / − / − / −	−	−	弥生時代後期〜古墳時代前期	舳先舟材
雲ノ宮遺跡	長岡京市神足	−	1979	260 / 40 / − / −	スギ	鰹節型	弥生時代中期	
大阪府の刳舟								
東奈良遺跡(1)	茨木市東奈良	−	1974	− / − / − / −	モミ	鰹節型	弥生時代後期	舟棺葬
東奈良遺跡(2)	茨木市東奈良	−	1974	− / − / − / −	スギ	鰹節型	弥生時代後期	舟棺葬
東奈良遺跡(3)	茨木市東奈良	−	1974	200 / − / − / −	クスノキ	鰹節型	弥生時代後期〜古墳時代前期	H4区溝・？
西岩田遺跡	東大阪市西岩田	−	−	84.5 / 16 / 11 / −	コウヤマキ	−	弥生時代後期	田舟(W172)
三ツ島遺跡	門真市三ツ島	−	1962	1150 / 100 / 80 / −	ケヤキ	二股舟	弥生時代	
兵庫県の刳舟								
桃島出土舟状木製	豊岡市城崎町桃島	城崎町教育委員会	1979	340 / 48 / 34 / −	タブノキ	−	弥生時代後期〜古墳時代前期	
長越遺跡	姫路市飯田長越	兵庫県教育委員会	1971	138 / 28.8 / − / 7.2	クスノキ	準構造舟	弥生時代後期〜古墳時代前期	舟底部材
和歌山県の刳舟								
八反田遺跡	新宮市佐野	−	1992	460 / − / − / −	−	−	弥生時代	未完成？
笠嶋遺跡(1)	東牟婁郡串本町	無量寺蘆雪館	1990	420 / 55 / − / 3〜4	クスノキ	−	弥生時代後期	舟底
笠嶋遺跡(2)	東牟婁郡串本町	無量寺蘆雪館	1990	206 / 16 / − / 2	クスノキ	−	弥生時代後期	

第 3 部 〈附編〉舟・船舶関係資料一覧

出土遺跡名・所蔵名	所在地(現・前出土地等)	保管(保存・所有・所蔵)	発掘発見年	計測(全長/幅/深/厚cm)	材質	型式	時期	特記項目

鳥取県の刳舟

出土遺跡名・所蔵名	所在地(現・前出土地等)	保管(保存・所有・所蔵)	発掘発見年	計測(全長/幅/深/厚cm)	材質	型式	時期	特記項目
青谷上寺地遺跡	鳥取市青谷町	鳥取県埋蔵文化財センター	−	116.6/43.2/25.2/−	スギ	−	弥生時代後期〜古墳時代前期	4区(692)
青谷上寺地遺跡	鳥取市青谷町	−	−	131.2/14/6.2/−	スギ	−	弥生時代後期	4区(4533)
青谷上寺地遺跡	鳥取市青谷町	−	−	33.9/19.5/5.2/−	スギ	−	弥生時代前期後葉〜中期前葉	2区(6652)
青谷上寺地遺跡	鳥取市青谷町	−	−	121/41.3/9/−	−	−	弥生時代前期後葉〜中期前葉	2区(7068)
青谷上寺地遺跡	鳥取市青谷町	−	−	44.3/32.9/6.3/−	−	−	弥生時代中期後葉	7区(42226)
青谷上寺地遺跡	鳥取市青谷町	−	−	59/15.8/6.3/	−	−	弥生時代中期後葉	7区(43057)
青谷上寺地遺跡	鳥取市青谷町	−	−	81.6/33.9/7.1/−	−	−	弥生時代中期後葉	7区(44716)
青谷上寺地遺跡	鳥取市青谷町	−	−	62.3/16.9/23.1/	−	−	弥生時代中期後葉	7区(42865)
青谷上寺地遺跡	鳥取市青谷町	−	−	95.5/34.5/8.6/−	−	−	弥生時代中期中葉〜後葉	7区(43088)
青谷上寺地遺跡	鳥取市青谷町	−	−	146.1/35.3/11.5/	−	−	弥生時代中期中葉〜後葉	7区(42851)
青谷上寺地遺跡	鳥取市青谷町	−	−	100.9/30.8/11.5/	−	−	弥生時代中期中葉〜後葉	7区(36385)
青谷上寺地遺跡	鳥取市青谷町	−	−	227.7/22.2/14.5/−	−	−	弥生時代中期後葉	7区(42863)
青谷上寺地遺跡	鳥取市青谷町	−	−	38/26.8/6.7/−	−	−	弥生時代中期	5区(9273)
青谷上寺地遺跡	鳥取市青谷町	−	−	63/18/7.8/−	−	−	弥生時代中期後葉	C区(3993)
青谷上寺地遺跡	鳥取市青谷町	−	−	48.8/19.8/9.5/−	−	−	弥生時代後期〜古墳時代前期初	5区(16076)
青谷上寺地遺跡	鳥取市青谷町	−	−	20.7/16.3/9/−	−	−	弥生時代後期〜古墳時代前期初	8区(29111)
青谷上寺地遺跡	鳥取市青谷町	−	−	38.7/30.3/6.5/−	スギ	−	弥生時代後期〜古墳時代前期初	2区(6976)
青谷上寺地遺跡	鳥取市青谷町	−	−	81/17.5/6.6/−	−	−	弥生時代後期〜古墳時代前期初	2区(6214)
青谷上寺地遺跡	鳥取市青谷町	−	−	39.4/58/6.2/−	−	−	弥生時代後期〜古墳時代前期初	7区(36414)
青谷上寺地遺跡	鳥取市青谷町	−	−	151.9/39.2/8.4/−	−	−	弥生時代後期	2区(25050)
青谷上寺地遺跡	鳥取市青谷町	−	−	56/23.5/4.2/−	−	−	弥生時代中期中葉〜後葉	7区(42329)
青谷上寺地遺跡	鳥取市青谷町	−	−	64.3/24.1/5.1/−	−	−	弥生時代中期後葉	7区(43092)
青谷上寺地遺跡	鳥取市青谷町	−	−	106.7/10.7/4.2/−	−	−	弥生時代中期後葉	7区(42806)
青谷上寺地遺跡	鳥取市青谷町	−	−	156.5/29/7.6/−	−	−	弥生時代中期中葉〜後葉	7区(42855)

X 舟船関係出土史料集成 （1 刳舟史料）

出土遺跡名・所蔵名	所在地 (現・前出土地等)	保管 (保存・所有・所蔵)	発掘 発見年	計測 (全長/幅/深/厚cm)	材質	型式	時期	特記項目
青谷上寺地遺跡	鳥取市青谷町	－	－	114/25.3/11.5/－	－	－	弥生時代中期中葉～後葉	7区(43167)
青谷上寺地遺跡	鳥取市青谷町	－	－	53.5/13.7/4.5/－	－	－	弥生時代後期	3区(20723)
青谷上寺地遺跡	鳥取市青谷町	－	－	208.3/22/27.2/－	－	－	弥生時代後期	2区(25053)
青谷上寺地遺跡	鳥取市青谷町	－	－	196.3/14.6/2.8/－	－	－	弥生時代後期	4区(4573)
青谷上寺地遺跡	鳥取市青谷町	－	－	116.1/8.8/2.6/－	スギ	－	弥生時代後期	4区(3098)
目久美遺跡(1)	米子市目久美町	米子市教育文化事業団	－	216.6/33.5/10/－	シイ	－	弥生時代後期	
目久美遺跡(2)	米子市目久美町	米子市教育文化事業団	－	17.1/13/7.1/－	スギ	－	弥生時代後期	田舟
目久美遺跡(3)	米子市目久美町	米子市教育文化事業団	－	29.6/12.9/5.6/－	スギ	－	弥生時代後期	田舟
目久美遺跡(4)	米子市目久美町	米子市教育文化事業団	－	64.4/24/5/－	スギ	－	弥生時代後期	田舟
池ノ内遺跡(3)	米子市美吉	－	－	130/60/20/－	－	－	弥生時代中期	舟先穴・田舟

島根県の刳舟

出土遺跡名・所蔵名	所在地	保管	発掘発見年	計測	材質	型式	時期	特記項目
堀部第1遺跡	松江市鹿島町	－	1999	220/－/－/－	－	－	弥生時代前期	木棺転用
姫原西遺跡(1)	出雲市姫原町	－	－	106/－/－/－	－	－	弥生時代後期～古墳時代前期	腰掛
姫原西遺跡(2)	出雲市姫原町	－	－	－/－/－/－	－	－	弥生時代後期～古墳時代前期	腰掛
蔵小路西遺跡	出雲市渡橋町	－	－	－/－/－/－	－	－	弥生時代後期	包含層
海上遺跡	出雲市塩冶町	－	－	110.7/24.6/9.8/2.5	－	－	弥生時代中期	田舟

愛媛県の刳舟

出土遺跡名・所蔵名	所在地	保管	発掘発見年	計測	材質	型式	時期	特記項目
古照遺跡	松山市南江戸町	－	－	－/－/－/－	ムロクジ	－	弥生時代	

福岡県の刳舟

出土遺跡名・所蔵名	所在地	保管	発掘発見年	計測	材質	型式	時期	特記項目
今宿五郎江遺跡(1)	福岡市西区今宿	－	－	147/－/－/－	－	－	弥生時代後期	胴部片(SD50)
今宿五郎江遺跡(2)	福岡市西区今宿	－	－	74/40/－/－	－	－	弥生時代後期	
元岡遺跡	福岡市西区元岡	－	－	－/－/－/－	－	－	弥生時代後期～古墳時代前期	隔壁材
拾六町ツイジ遺跡	福岡市西区拾六町ツイジ	－	－	42.3/－/－/－	クスノキ	－	弥生時代前後	G3区
潤地頭給遺跡(1)	糸島市潤	伊都国博物館	－	150/82/－/3.5	スギ	U字型	弥生時代終末	井戸転用・舷側板(Ⅱ区)
潤地頭給遺跡(2)	糸島市潤	伊都国博物館	－	147/82/－/3.5	スギ	U字型	弥生時代終末	舟底部2材

—247—

第3部　〈附編〉舟・船舶関係資料一覧

出土遺跡名・所蔵名	所在地（現・前出土地等）	保管（保存・所有・所蔵）	発掘発見年	計測（全長/幅/深/厚cm）	材質	型式	時期	特記項目
潤地頭給遺跡(3)	糸島市潤	伊都国博物館	-	120/65/-/4.5	クスノキ	U字型	弥生時代終末	舟底部2材・舟尾？
潤地頭給遺跡(4)	糸島市潤	伊都国博物館	-	142/23/-/2.5	スギ	-	弥生時代終末	舟底部2材
上鑵子遺跡	糸島市有田	-	-	108/-/-/-	-	-	弥生時代中期	舟首？
延永ヤヨミ園遺跡	行橋市延永・吉国	-	-	-/-/-/-	-	-	弥生時代終末	井戸転用・竪壁板

佐賀県の刳舟

出土遺跡名・所蔵名	所在地（現・前出土地等）	保管（保存・所有・所蔵）	発掘発見年	計測（全長/幅/深/厚cm）	材質	型式	時期	特記項目
土生遺跡	小城市三日月町	-	1995	-/-/-/-	-	-	弥生時代中期	井戸転用？

長崎県の刳舟

出土遺跡名・所蔵名	所在地（現・前出土地等）	保管（保存・所有・所蔵）	発掘発見年	計測（全長/幅/深/厚cm）	材質	型式	時期	特記項目
小野町遺跡(1)	諫早市小野町	-	-	190/-/-/-	-	-	～弥生時代	
小野町遺跡(2)	諫早市小野町	-	-	110/-/-/-	-	-	～弥生時代	

熊本県の刳舟

出土遺跡名・所蔵名	所在地（現・前出土地等）	保管（保存・所有・所蔵）	発掘発見年	計測（全長/幅/深/厚cm）	材質	型式	時期	特記項目
明神山遺跡	阿蘇市阿蘇町	-	-	300～/70/-/-	-	-	弥生時代？	破片・2艘分

③ 古墳時代の刳舟

出土遺跡名・所蔵名	所在地（現・前出土地等）	保管（保存・所有・所蔵）	発掘発見年	計測（全長/幅/深/厚cm）	材質	型式	時期	特記項目

宮城県の刳舟

出土遺跡名・所蔵名	所在地（現・前出土地等）	保管（保存・所有・所蔵）	発掘発見年	計測（全長/幅/深/厚cm）	材質	型式	時期	特記項目
市川橋遺跡	多賀城市市川	宮城県教育委員会	1998	510/65/30～45/3～10	トチノキ	鰹節型	古墳時代後期	舟尾紐通孔（SD5093）
新山崎遺跡	石巻市蛇田	-	1996	-/-/-/-	-	-	古墳時代前期	井戸転用

山形県の刳舟

出土遺跡名・所蔵名	所在地（現・前出土地等）	保管（保存・所有・所蔵）	発掘発見年	計測（全長/幅/深/厚cm）	材質	型式	時期	特記項目
川原田遺跡	山形市宮町字川原田	-	-	130/37/-/-	-	-	古墳時代前期～	田舟

茨城県の刳舟

出土遺跡名・所蔵名	所在地（現・前出土地等）	保管（保存・所有・所蔵）	発掘発見年	計測（全長/幅/深/厚cm）	材質	型式	時期	特記項目
小通幸谷出土刳舟	牛久市小通幸谷	-	-	600/65/25/-	マツ	-	古墳時代？	
大宝池出土刳舟[19]	下妻市・大宝池（旧真壁郡）	大宝神社	1933	650/58/43/-	アカマツ	鰹節型	古墳時代	焦燥痕跡
曲田出土刳舟(1)[20]	常総市豊田曲田	-	1951	620？/50？/-/-	アカマツ	鰹節型	古墳時代	小見川改修工事
曲田出土刳舟(2)[20]	常総市豊田曲田	-	1951	624/30/-/-	マツ	鰹節型	古墳時代？	小見川改修工事
曲田出土刳舟(3)[21]	常総市豊田曲田小貝川右	-	1951	-/-/-/-	マツ	鰹節型	古墳時代	
三反田上河原遺跡	ひたちなか市字三反田	-	-	980/100/-/-	-	-	古墳時代前期	2艘
八間川旧堤防下出土刳舟	龍ヶ崎市川原代関	金竜寺	1953	626/65/35/-	アカマツ	凹字型	古墳時代	八間川

Ⅹ　舟船関係出土史料集成（1　刳舟史料）

出土遺跡名・所蔵名	所在地（現・前出土地等）	保管（保存・所有・所蔵）	発掘発見年	計測（全長/幅/深/厚cm）	材質	型式	時期	特記項目
群馬県の刳舟								
下田遺跡	太田市新田市	－	－	－/－/－/－	－	－	古墳時代中期	
三ッ寺Ⅰ遺跡	高崎市三ッ寺町	－	－	76/－/－/－	スギ	－	古墳時代後期	井戸転用
埼玉県の刳舟								
小敷田遺跡	行田市小敷田	－	1991	117.6/－/－/－	スギ	－	古墳時代前期(4C)	軸先舟材・準構造舟
中島出土刳舟[M-1]	南埼玉郡小室村	大山史前学研究所	－	504/40/21/3	マツ	鰹節型	古墳時代	破損
中島出土刳舟[M-2]	南埼玉郡小室中島	大山史前学研究所	－	－/－/－/－		鰹節型	古墳時代	
中島出土刳舟[M-3]	南埼玉郡小室中島	大山史前学研究所	－				古墳時代	
中島出土刳舟[M-4]	南埼玉郡小室中島	大山史前学研究所	－	－/－/－/－			古墳時代	
千葉県の刳舟								
岡発戸新田出土刳舟[29]	我孫子市岡発戸新田	八幡神社	1924	777/57/19.4/－	マツ	鰹節型	古墳時代	平底型
大寺山洞穴(1)	館山市沼大和田東	千葉大学	1995	330/92.5/－/－	スギ	鰹節型	古墳時代	梁材
大寺山洞穴(2)	館山市沼大和田東	千葉大学	1995	210/75/－/－	スギ	鰹節型	古墳時代	人骨3体分
大寺山洞穴(3)	館山市沼大和田東	千葉大学	1995	300/80?/－/－	スギ	鰹節型	古墳時代	隔壁
大寺山洞穴(4)	館山市沼大和田東	千葉大学	1995	300/80?/－/－	スギ	鰹節型	古墳時代	梁材
大寺山洞穴(5)	館山市沼大和田東	千葉大学	1995	300?/80?/－/－	スギ	鰹節型	古墳時代	
大寺山洞穴(6)	館山市沼大和田東	千葉大学	1995	300?/80?/－/－	スギ	鰹節型	古墳時代	
大寺山洞穴(7)	館山市沼大和田東	千葉大学	1995	300?/80?/－/4		鰹節型	古墳時代	隔壁溝
大寺山洞穴(8)	館山市沼大和田東	千葉大学	1995	300?/80?/－/－		鰹節型	古墳時代	
大寺山洞穴(9)	館山市沼大和田東	千葉大学	1995	300?/80?/－/－		鰹節型	古墳時代	
大寺山洞穴(10)	館山市沼大和田東	千葉大学	1995	300?/80?/－/－		鰹節型	古墳時代	
大寺山洞穴(11)	館山市沼大和田東	千葉大学	1995	280/72/20/5		鰹節型	古墳時代	隔壁材
大寺山洞穴(12)	館山市沼大和田東	千葉大学	1997	300?/80?/－/－		鰹節型	古墳時代	
丸山埋地遺跡(3)	香取郡多古町船越埋地	多古中学校	1956	530/50/－/－		－	古墳時代	鉄釘
於幾大縄場遺跡	山武郡横芝光町栗島橋	－	1963	500/65/－/－		箱角型	古墳時代	

第3部 〈附編〉舟・船舶関係資料一覧

出土遺跡名・所蔵名	所在地（現・前出土地等）	保管（保存・所有・所蔵）	発掘発見年	計測（全長/幅/深/厚cm）	材質	型式	時期	特記項目

東京都の刳舟

出土遺跡名・所蔵名	所在地（現・前出土地等）	保管（保存・所有・所蔵）	発掘発見年	計測（全長/幅/深/厚cm）	材質	型式	時期	特記項目
伊興遺跡	足立区東伊興	−	1995	− / − / − / −	スギ	−	古墳時代前期	井戸転用

神奈川県の刳舟

葉山町遺跡出土刳舟	三浦郡葉山町堀内		1967	278 / 37〜57 / 8〜17 / 10	クスノキ	U字型	古墳時代末〜8C初	

山梨県の刳舟

朝気遺跡	甲府市朝気	−	1986	80 / − / − / −	−	−	古墳時代	田舟

新潟県の刳舟

腰廻遺跡	阿賀野市山倉	−		− / − / − / −	−	−	古墳時代	井戸転用

富山県の刳舟

稲積川口遺跡	氷見市稲積	−	−	− / − / − / −	−	−	古墳時代	田舟

石川県の刳舟

出土遺跡名・所蔵名	所在地	保管	発掘発見年	計測	材質	型式	時期	特記項目
畝田西遺跡群(1)	金沢市畝田西	石川県教育委員会	−	32 / 11.7 / − / 3	スギ	準構造舟	古墳時代前期〜後期	3材
畝田西遺跡群(2)	金沢市畝田西	石川県教育委員会	−	41.6 / 15.6 / − / 2.2	スギ	−	古墳時代前期	竪壁板(T区SD20)
藤江C遺跡(1)	金沢市藤江北	石川県教育委員会	−	136.1 / 72.4 / − / 5.9	−	−	古墳時代後期	(B区SE7B001)
藤江C遺跡(2)	金沢市藤江北	石川県教育委員会	−	127.2 / 76.1 / − / 5.1	−	−	古墳時代後期	(B区SE7B001)
松梨遺跡(1)	小松市松梨町	小松市教育委員会	1992	98.5 / 61.6 / 28 / 3.4〜4.5	−	−	古墳時代中期	井戸転用・舳先
松梨遺跡(2)	小松市松梨町	小松市教育委員会	1992	96 / 56.2 / 23.5 / 6〜9	−	−	古墳時代中期	井戸転用・艫部
千代・能美遺跡(1)	小松市千代町・能美町	−	−	104.8 / 27.3 / − / 8.4	スギ	準構造舟	古墳時代前期	井戸転用
千代・能美遺跡(2)	小松市能美町	石川県教育委員会	−	99.2 / 22.5 / − / 4.5	スギ	準構造舟	古墳時代前期	舷側板
千代・能美遺跡(3)	小松市能美町	石川県教育委員会	−	74.7 / 23.4 / − / 4.1	スギ	準構造舟	古墳時代前期	舷側板
千代・能美遺跡(4)	小松市能美町	石川県教育委員会	−	101.85 / 21.9 / − / 2.95	スギ	準構造舟	古墳時代前期	舷側板
千代・能美遺跡(5)	小松市能美町	石川県教育委員会	−	56.9 / 10.3 / − / 9.6	スギ	準構造舟	古墳時代前期	腰掛
千代・能美遺跡(6)	小松市能美町	石川県教育委員会	−	75 / 20.3 / − / 4.6	スギ	準構造舟	古墳時代前期	舷側板？
千代・能美遺跡(7)	小松市能美町	石川県教育委員会	−	108.55 / 11.45 / − / 5.4	スギ	準構造舟	古墳時代前期	舟梁
千代・能美遺跡(8)	小松市能美町	石川県教育委員会	−	93.9 / 39.5 / − / 5.2	スギ	準構造舟	古墳時代前期	隔壁材

X 舟船関係出土史料集成 （1 刳舟史料）

出土遺跡名・所蔵名	所在地（現・前出土地等）	保管（保存・所有・所蔵）	発掘発見年	計測（全長 / 幅 / 深 / 厚cm）	材質	型式	時期	特記項目
大坂遺跡(1)	羽咋郡志賀町大坂	－	－	435 / 70 / 17 / 5.5	クスノキ	U字型	古墳時代後期	
大坂遺跡(2)	羽咋郡志賀町大坂	－	1941	170 / 65 / － / 6.5	スギ	割竹型	古墳時代後期	D地点
大坂遺跡(3)	羽咋郡志賀町大坂	－	－	180 / 11 / － / 2.5	スギ		古墳時代後期	
大坂遺跡(4)	羽咋郡志賀町大坂	－	－	263 / 13 / － / 2.5	スギ		古墳時代後期	
大坂遺跡(5)	羽咋郡志賀町大坂	－	－	353 / 21 / － / －	クリ	－	古墳時代後期	
大坂遺跡(6)	羽咋郡志賀町大坂	－	－	535 / 30 / － / 4.5	スギ	U字型	古墳時代後期	
大坂遺跡	羽咋郡志賀町大坂	田中昌利	1941	170 / 65 / － / －	スギ		古墳時代	
大坂神社刳舟	羽咋郡志賀町大坂	大坂神社		400 / 65 / － / －	クスノキ	平底型	古墳時代	大正年間・水田
黒氏遺跡	鹿島郡中能登町黒氏	－		94 / 16.5 / 6 / －	－	－	古墳時代	貫通孔有・田舟？

岐阜県の刳舟

出土遺跡名・所蔵名	所在地（現・前出土地等）	保管（保存・所有・所蔵）	発掘発見年	計測（全長 / 幅 / 深 / 厚cm）	材質	型式	時期	特記項目
米野遺跡	大垣市米野町	－	1995	80 / 40 / 14 / －	針葉樹	－	古墳時代前期	舳先加工

静岡県の刳舟

出土遺跡名・所蔵名	所在地（現・前出土地等）	保管（保存・所有・所蔵）	発掘発見年	計測（全長 / 幅 / 深 / 厚cm）	材質	型式	時期	特記項目
冷川・宮加三出土刳舟	静岡市清水区宮加三	清水市埋蔵文化財センター	1956	－ / － / － / －	－		古墳時代	
元島遺跡(1)	磐田市福田町豊浜	－	1998	81.3 / － / － / －	スギ	準構造舟	古墳時代前期	田舟有2艘
元島遺跡(2)	磐田市福田町豊浜	－	1998	131.2 / － / － / －	スギ	準構造舟	古墳時代前期	
花田出土刳舟[62]	小笠郡千浜村花面	建設省菊川工事事務所	1935	193 / 57 / 28 / 2	スギ		古墳時代	残欠・艫小穴
池ヶ谷遺跡	静岡市葵区北安東	－	－	122 / 43.4 / 18.7 / －	－		古墳時代初期	田舟

愛知県の刳舟

出土遺跡名・所蔵名	所在地（現・前出土地等）	保管（保存・所有・所蔵）	発掘発見年	計測（全長 / 幅 / 深 / 厚cm）	材質	型式	時期	特記項目
諸桑鈴木家刳舟(1)	愛西市諸桑町	佐織町中央公民館	1992	110 / － / － / －	クスノキ	－	古墳時代	鈴木元右衛門所蔵
諸桑鈴木家刳舟(2)	愛西市諸桑町	佐織町中央公民館	1992	70 / － / － / －	クスノキ	－	古墳時代	鈴木元右衛門所蔵

三重県の刳舟

出土遺跡名・所蔵名	所在地（現・前出土地等）	保管（保存・所有・所蔵）	発掘発見年	計測（全長 / 幅 / 深 / 厚cm）	材質	型式	時期	特記項目
西肥留遺跡	松阪市肥留町	－	－	－ / － / － / －	スギ	準構造舟	古墳時代後期	井戸転用
六大A遺跡(1)	多気郡明和町竹川	三重県埋蔵文化財センター	2000	153.3 / － / － / －	－	準構造舟	古墳時代(2C〜4C)	舷側材
六大A遺跡(2)	多気郡明和町竹川	三重県埋蔵文化財センター	2000	－ / － / － / －	スギ	準構造舟	弥生時代後期〜古墳時代前期	舟底
六大A遺跡(3)	多気郡明和町竹川	三重県埋蔵文化財センター	2000	－ / － / － / －	スギ	準構造舟	弥生時代後期〜古墳時代前期	舟底

第 3 部 〈附編〉舟・船舶関係資料一覧

出土遺跡名・所蔵名	所在地（現・前出土地等）	保管（保存・所有・所蔵）	発掘発見年	計測（全長/幅/深/厚cm）	材質	型式	時期	特記項目
六大A遺跡(4)	多気郡明和町竹川	三重県埋蔵文化財センター	2000	− / − / − / −	−	準構造舟	古墳時代中期	軸先材

滋賀県の刳舟

出土遺跡名・所蔵名	所在地（現・前出土地等）	保管（保存・所有・所蔵）	発掘発見年	計測（全長/幅/深/厚cm）	材質	型式	時期	特記項目
長命寺湖底遺跡	近江八幡市長命寺町地先	−	1983	− / − / − / −	−	準構造舟	古墳時代	
出町遺跡	近江八幡市出町・音羽町	−	1989	(57〜68.5 / 17.5 / 19)	−	−	古墳時代	
高橋南遺跡	長浜市高橋町	−	−	− / − / − / −	−	準構造舟	古墳時代前期	軸先・溝(C3027)
斗西遺跡(1)	東近江市神郷町	−	1987	54 / − / 10 / 5	スギ	準構造舟	古墳時代前期	
斗西遺跡(2)	東近江市神郷町	−	1987	104.5 / − / 12 / 1〜3	スギ	準構造舟	古墳時代前期	
斗西遺跡(3)	東近江市神郷町	−	1993	55.8 / 20.5 / − / 4	クリ	準構造舟	古墳時代前期	
石田遺跡	東近江市山路町	−	1999	− / − / − / −	スギ	準構造舟	古墳時代	竪壁板
松原内湖遺跡	彦根市松原矢倉川	−	1986	101 / 36 / − / −	−	−	古墳時代	(No.16)
松原内湖遺跡	彦根市松原矢倉川	−	1986	101 / 36 / − / −	スギ	−	古墳時代	(No.57-6)
松原内湖遺跡	彦根市松原矢倉川	−	1986	− / − / − / −	−	準構造舟	古墳時代	(No.72-1)
松原内湖遺跡	彦根市松原矢倉川	−	1986	− / − / − / −	−	準構造舟	古墳時代	(No.72-2)
松原内湖遺跡	彦根市松原矢倉川	−	1986	− / − / − / −	−	準構造舟	古墳時代	(No.72-3)
松原内湖遺跡	彦根市松原矢倉川	−	1986	− / − / − / −	−	−	古墳時代	(No.142-1)
松原内湖遺跡	彦根市松原矢倉川	−	1986	− / − / − / −	−	−	古墳時代	(No.142-2)
松原内湖遺跡	彦根市松原矢倉川	−	1986	− / − / − / −	−	−	古墳時代	(No.142-3)
松原内湖遺跡	彦根市松原矢倉川	−	1986	− / − / − / −	−	−	古墳時代	(No.142-4)
入江内湖遺跡	米原市入江	−	1987	− / − / − / 5	スギ	準構造舟	古墳時代前期	
入江内湖遺跡	米原市(行司町地区)	−	1988	45 / 10.2 / 14.4 / −	スギ	−	古墳時代	軸先材
入江内湖遺跡	米原市(行司町地区)	−	1988	− / − / − / −	スギ	−	古墳時代	(No.275)
入江内湖遺跡	米原市(行司町地区)	−	1988	− / − / − / −	スギ	−	古墳時代	(No.276)
入江内湖遺跡	米原市(行司町地区)	−	1988	− / − / − / −	スギ	−	古墳時代	(No.277)
入江内湖遺跡	米原市(行司町地区)	−	1988	− / − / − / −	スギ	−	古墳時代	(No.278)
入江内湖遺跡	米原市(行司町地区)	−	1988	− / − / − / −	スギ	−	古墳時代	(No.280)

X 舟船関係出土史料集成 （1 刳舟史料）

出土遺跡名・所蔵名	所在地 (現・前出土地等)	保管 (保存・所有・所蔵)	発掘 発見年	計測 (全長/幅/深/厚cm)	材質	型式	時期	特記項目
入江内湖遺跡	米原市(行司町地区)	－	1988	－ / － / － / －	スギ	－	古墳時代	(No.281)
入江内湖遺跡	米原市(行司町地区)	－	1988	－ / － / － / －	スギ	－	古墳時代	(No.282)
入江内湖遺跡	米原市(行司町地区)	－	1988	－ / － / － / －	スギ	－	古墳時代	(No.293)
入江内湖遺跡	米原市(行司町地区)	－	1988	60.4 / 24 / － / 5.4	スギ	－	古墳時代	竪壁板材 (No.294)
入江内湖遺跡	米原市(行司町地区)	－	1988	－ / － / － / －	スギ	－	古墳時代	(No.295)
入江内湖遺跡	米原市(行司町地区)	－	1988	－ / － / － / －	ヒノキ	－	古墳時代	(No.296)
入江内湖遺跡	米原市(行司町地区)	－	1988	－ / － / － / －	ヒノキ	－	古墳時代	(No.297)
入江内湖遺跡	米原市(行司町地区)	－	1988	25.2 / 11.1 / － / 5.9	ヒノキ	－	古墳時代	
赤野井湾遺跡	守山市赤野井地先	－	2003	107 / 20 / － / －	スギ	準構造舟	古墳時代？	
弘前遺跡(1)	守山市赤野井町・矢島町	－	2006	150 / 60 / － / 4	針葉樹	複材	古墳時代中期	井戸転用 (SE03)
弘前遺跡(2)	守山市赤野井町・矢島町	－	2006	160 / 70 / － / 5	針葉樹	複材	古墳時代中期	井戸転用 (SE03)
下長遺跡	守山市古高町	－	1997	64.5 / 10.5 / － / －	スギ	準構造舟	古墳時代前期	
下長遺跡	守山市古高町	－	1997	93.5 / 7.9 / － / －	スギ	準構造舟	古墳時代前期	桜樹皮
下長遺跡	守山市古高町	－	1997	21.9 / － / － / 3	スギ	準構造舟	古墳時代前期	桜樹皮

京都府の刳舟

出土遺跡名・所蔵名	所在地	保管	発掘発見年	計測	材質	型式	時期	特記項目
市田斉当坊遺跡(1)	久世郡久御山町	－	－	－ / － / － / －	－	－	古墳時代前期	井戸転用 (SEC67)
市田斉当坊遺跡(2)	久世郡久御山町	－	－	－ / － / － / －	－	－	古墳時代前期	井戸転用 (SEC108)

大阪府の刳舟

出土遺跡名・所蔵名	所在地	保管	発掘発見年	計測	材質	型式	時期	特記項目
加美遺跡(1)	大阪市平野区加美	大阪文化財研究所	1996	123.2 / 22.2 / － / 2.8	クスノキ	準構造舟	古墳時代前期	井戸転用
加美遺跡(2)	大阪市平野区加美	大阪文化財研究所	1996	92 / 16.7 / － / 2.9	クスノキ	準構造舟	古墳時代前期	井戸転用
瓜破遺跡(1)	大阪市平野区瓜破	－	1984	410～430 / 52～57 / － / －	スギ	準構造舟	古墳時代後期	井戸転用（Ⅰ区SE01)
瓜破遺跡(2)	大阪市平野区瓜破	－	1984	410～430 / 70～76 / － / －	スギ	準構造舟	古墳時代後期	井戸転用（Ⅰ区SE01)
瓜破遺跡(3)	大阪市平野区瓜破	－	1984	410～430 / 70～90 / － / －	スギ	準構造舟	古墳時代後期	井戸転用（Ⅰ区SE01)
瓜破北遺跡	大阪市平野区瓜破	－	2012	119 / 18.6 / － / 7.9	スギ	準構造舟	古墳時代中期～後期	舷側縁(No.45)
瓜破北遺跡	大阪市平野区瓜破	－	2012	89.3 / 12.2 / － / 8.1	スギ	準構造舟	古墳時代中期～後期	舷側縁(No.46)

—253—

第 3 部　〈附編〉舟・船舶関係資料一覧

出土遺跡名・所蔵名	所在地（現・前出土地等）	保管（保存・所有・所蔵）	発掘発見年	計測（全長/幅/深/厚cm）	材質	型式	時期	特記項目
瓜破北遺跡	大阪市平野区瓜破	－	2012	50 / 31 / － / 6.5	ヒノキ	準構造舟	古墳時代中期～後期	舷側縁(No47)
瓜破北遺跡	大阪市平野区瓜破	－	2012	66.1 / 35.5 / 64.5 / －	スギ	準構造舟	古墳時代中期～後期	舳先(No48)
瓜破北遺跡	大阪市平野区瓜破	－	2012	35.8 / 7.5 / 5.3 / －	スギ	準構造舟	古墳時代中期～後期	(No48)
瓜破北遺跡	大阪市平野区瓜破	－	2012	80.5 / 12.7 / － / 2.3	ヒノキ	準構造舟	古墳時代中期～後期	隔壁材(No49)
瓜破北遺跡	大阪市平野区瓜破	－	2012	94 / 17.1 / － / 4.7	コウヤマキ	準構造舟	古墳時代中期～後期	舷側飾板(No52)
脇浜遺跡	貝塚市脇浜	－	1986	－ / － / － / －	マツ？	－	古墳時代後期	柎材
下田遺跡(1)	堺市西区下田町	－	2002	91 / 49.5 / － / 5	スギ	準構造舟	古墳時代前期	井戸転用(SE547)
下田遺跡(2)	堺市西区下田町	－	2002	140 / 148 / － / －	スギ	準構造舟	古墳時代前期	井戸転用(SE547)
下田遺跡(3)	堺市西区下田町	－	2002	124 / 54 / － / －	スギ	準構造舟	古墳時代前期	井戸転用(SE547)
下田遺跡(4)	堺市西区下田町	－	2002	99 / 115 / － / －	スギ	準構造舟	古墳時代前期	井戸転用(SE547)
蔀屋北遺跡(1)	四條畷市蔀屋	－	2002	146.5 / 98 / － / 3	スギ	－	古墳時代中期～後期	舟底部(C2476)
蔀屋北遺跡(2)	四條畷市蔀屋	－	2002	152 / 113 / － / 32	スギ	－	古墳時代中期～後期	舟底部(C2476)
蔀屋北遺跡(3)	四條畷市蔀屋	－	2002	132 / 28 / － / 8	スギ	－	古墳時代中期～後期	舷側板(C2476)
蔀屋北遺跡(1)	四條畷市蔀屋	－	2002	147.6 / 25.4 / － / 4～5.3	スギ	－	古墳時代中期～後期	舷側板(C2549)
蔀屋北遺跡(2)	四條畷市蔀屋	－	2002	165 / 20.5 / － / 3.7～4	スギ	－	古墳時代中期～後期	舷側板(C2549)
蔀屋北遺跡(3)	四條畷市蔀屋	－	2002	153 / 46 / － / 3.7～5.8	スギ	－	古墳時代中期～後期	舟底部(C2549)
蔀屋北遺跡(4)	四條畷市蔀屋	－	2002	166.4 / 45.8 / － / 5.4～6.2	スギ	－	古墳時代中期～後期	舟底部(C2549)
蔀屋北遺跡(5)	四條畷市蔀屋	－	2002	171 / 44.8 / － / 2.2～4.3	スギ	－	古墳時代中期～後期	舟底部(C2549)
蔀屋北遺跡(1)	四條畷市蔀屋	－	2002	210 / 125 / － / 40	スギ	－	古墳時代	板材(A494)
蔀屋北遺跡(2)	四條畷市蔀屋	－	2002	214 / 120 / － / 40	スギ	－	古墳時代	板材(A494)
蔀屋北遺跡(1)	四條畷市蔀屋	－		100 / 20 / － / 7	スギ	－	古墳時代中期	舟底部(A1501)
蔀屋北遺跡(2)	四條畷市蔀屋	－	2002	120 / 20 / － / 8	スギ	－	古墳時代中期	舟底部(A1501)
蔀屋北遺跡(1)	四條畷市蔀屋	－	2002	263.5 / 55～90 / － / 29	モミ	－	古墳時代中期後半	舟底部(B131000)
蔀屋北遺跡(2)	四條畷市蔀屋	－	2002	249.5 / 55～80 / － / 24.5	モミ	－	古墳時代中期後半	舟底部(B131000)
蔀屋北遺跡(1)	四條畷市蔀屋	－	2002	190 / 94 / － / 6～12	スギ	－	古墳時代中期後半	舟底部(E090805)

—254—

X　舟船関係出土史料集成（1　刳舟史料）

出土遺跡名・所蔵名	所在地（現・前出土地等）	保管（保存・所有・所蔵）	発掘発見年	計測（全長/幅/深/厚cm）	材質	型式	時期	特記項目
蔀屋北遺跡(2)	四條畷市蔀屋	－	2002	200 / 96 / － / 6～12	スギ	－	古墳時代中期後半	舷側板(E090805)
蔀屋北遺跡(1)	四條畷市蔀屋	－	2002	228 / 74 / － / 6～10	スギ	－	古墳時代中期後半	舷側板(E090806)
蔀屋北遺跡(2)	四條畷市蔀屋	－	2002	220 / 30 / － / 7	スギ	－	古墳時代中期後半	舟底部(E090806)
蔀屋北遺跡(3)	四條畷市蔀屋	－	2002	220 / 38 / － / －	スギ	－	古墳時代中期後半	舷側板(E090806)
蔀屋北遺跡(4)	四條畷市蔀屋	－	2002	230 / 76 / － / 6～8	スギ	－	古墳時代中期後半	舟底部(E090806)
蔀屋北遺跡(1)	四條畷市蔀屋	－	2002	48 / 17.6 / － / 4.4	－	－	古墳時代	舷側板(F944)
蔀屋北遺跡(2)	四條畷市蔀屋	－	2002	70.4 / 20.8 / － / 3.2	－	－	古墳時代	舷側板(F944)
蔀屋北遺跡(1)	四條畷市蔀屋	－	2002	100 / 12 / － / 2.8	スギ	－	古墳時代中期後半	舷側板(大溝90001)
蔀屋北遺跡(2)	四條畷市蔀屋	－	2002	107 / 9.6 / － / －	スギ	－	古墳時代中期後半	舷側板(大溝90001)
蔀屋北遺跡(3)	四條畷市蔀屋	－	2002	55 / 14 / － / －	スギ	－	古墳時代中期後半	舷側板(大溝90001)
蔀屋北遺跡(4)	四條畷市蔀屋	－	－	57.6 / 19 / － / 3.2	スギ	－	古墳時代中期後半	舷側板(大溝90001)
蔀屋北遺跡(5)	四條畷市蔀屋	－	－	20.8 / 10 / － / －	スギ	－	古墳時代中期後半	舷側板(大溝90001)
蔀屋北遺跡(6)	四條畷市蔀屋	－	－	57.6 / 12.8 / － / 2	スギ	－	古墳時代中期後半	舟内材(大溝90001)
北新町遺跡(1)	大東市北新町	大東市	－	83.9 / 18.4 / 17.6 / 8	－	準構造舟	古墳時代	H-N区(SE34)
北新町遺跡(2)	大東市北新町	－	－	77.8 / 31.2 / 13.5 / 4.3	－	準構造舟	古墳時代	H-N区(SE34)
北新町遺跡(3)	大東市北新町	－	－	57.6 / 11.6 / － / 1.8	－	準構造舟	古墳時代	H-N区(SE34)
北新町遺跡(4)	大東市北新町	－	－	91.2 / 22 / 17.1 / 6	－	準構造舟	古墳時代	H-N区(SE34)
北新町遺跡(5)	大東市北新町	－	－	83.2 / 36.1 / 19.6 / 5.2	－	準構造舟	古墳時代	H-N区(SE34)
長保寺遺跡(1)	寝屋川市昭栄町・出雲町	寝屋川市	1987	240 / 135 / 42 / 10	スギ	－	古墳時代後期	舟底部(92-3)
長保寺遺跡(2)	寝屋川市昭栄町・出雲町	－	1987	240 / 136 / 40 / 11	スギ	－	古墳時代後期	舟底部(92-3)
讃良郡条里遺跡(1)	寝屋川市出雲町	－	1987	147 / 111 / 39 / 11.1	スギ	－	古墳時代中期	舟底部(Ⅲ-2)
讃良郡条里遺跡(2)	寝屋川市出雲町	－	1987	135 / 118 / 50 / 11	スギ	－	古墳時代中期	舟底部(Ⅲ-2)
讃良郡条里遺跡(1)	寝屋川市出雲町	－	1987	241 / 134 / 52 / 11	スギ	－	古墳時代後期	舟底部(Ⅲ-8)
讃良郡条里遺跡(2)	寝屋川市出雲町	－	1987	233 / 125 / 46 / 11	スギ	－	古墳時代後期	舟底部(Ⅲ-8)
讃良郡条里遺跡(1)	寝屋川市新家	－	2003	80 / 33 / － / 7.6	スギ	－	古墳時代中期～後期	(1610)

—255—

第3部　〈附編〉舟・船舶関係資料一覧

出土遺跡名・所蔵名	所在地（現・前出土地等）	保管（保存・所有・所蔵）	発掘発見年	計測（全長/幅/深/厚cm）	材質	型式	時期	特記項目
讃良郡条里遺跡(1)	寝屋川市新家	–	2003	46.2/16.2/–/3.3	スギ	–	古墳時代中期～後期	舷側板(1607)
讃良郡条里遺跡(1)	寝屋川市新家	–	2003	69.6/43.2/–/3.6	ヒノキ	–	古墳時代中期～後期	(1608)
讃良郡条里遺跡(1)	寝屋川市新家	–	–	79/8/–/–	スギ	–	古墳時代中期～後期	舷側？(1609)
讃良郡条里遺跡(1)	寝屋川市新家(四條畷市砂)	–	2015	35/35/–/5	スギ	–	古墳時代	井戸転用(No.81)
讃良郡条里遺跡(2)	寝屋川市新家(四條畷市砂)	–	2015	47/57/–/6	スギ	–	古墳時代	井戸転用(No.81)
讃良郡条里遺跡(3)	寝屋川市新家(四條畷市砂)	–	2015	52/56/–/6.5	スギ	–	古墳時代	井戸転用(No.81)
讃良郡条里遺跡(1)	寝屋川市新家(四條畷市砂)	–	2015	247/82/–/4～6	モミ	–	古墳時代	井戸転用(No.917)
讃良郡条里遺跡(2)	寝屋川市新家(四條畷市砂)	–	2015	225/80/–/4～6	モミ	–	古墳時代	井戸転用(No.917)
讃良郡条里遺跡(1)	寝屋川市新家(四條畷市砂)	–	2015	192/21/–/3～4	–	準構造舟	古墳時代	舷側板(No.2037)
讃良郡条里遺跡(1)	寝屋川市讃良東町	–	2004	231/114～125/–/10～15	スギ	–	古墳時代	舟底部(SE385)
讃良郡条里遺跡(2)	寝屋川市讃良東町	–	2004	230/95～105/–/5～15	スギ	–	古墳時代	舟底部(SE385)
讃良郡条里遺跡(1)	寝屋川市讃良東町	–	2004	156/62/–/–	–	–	古墳時代	舟底部(SE754)
讃良郡条里遺跡(2)	寝屋川市讃良東町	–	2004	146/58/–/–	–	–	古墳時代	舟底部(SE754)
讃良郡条里遺跡(3)	寝屋川市讃良東町	–	2004	144/60/–/–	–	–	古墳時代	舟底部(SE754)
讃良郡条里遺跡(1)	寝屋川市讃良東町	–	2009	214/56/–/–	スギ	–	古墳時代後期	舟底部(5-491)
讃良郡条里遺跡(2)	寝屋川市讃良東町	–	2009	216/62/–/–	スギ	–	古墳時代後期	舟底部(5-491)
讃良郡条里遺跡(3)	寝屋川市讃良東町	–	2009	214/58/–/–	スギ	–	古墳時代後期	舟底部(5-491)
讃良郡条里遺跡(4)	寝屋川市讃良東町	–	2009	218/68/–/–	スギ	–	古墳時代後期	舟底部(5-491)
讃良郡条里遺跡(5)	寝屋川市讃良東町	–	2009	31.2/8.8/–/–	スギ	–	古墳時代後期	舷側板(5-491)
讃良郡条里遺跡(6)	寝屋川市讃良東町	–	2009	31.2/9.2/–/–	スギ	–	古墳時代後期	舷側板(5-491)
讃良郡条里遺跡(7)	寝屋川市讃良東町	–	2009	41.6/9.6/–/–	スギ	–	古墳時代後期	舷側板(5-491)
讃良郡条里遺跡(8)	寝屋川市讃良東町	–	2009	40.8/8.8/–/–	スギ	–	古墳時代後期	舷側板(5-491)
讃良郡条里遺跡(9)	寝屋川市讃良東町	–	2009	55.2/26.4/–/–	スギ	–	古墳時代後期	舷側板(5-491)
讃良郡条里遺跡(10)	寝屋川市讃良東町	–	2009	53.6/27.2/–/–	スギ	–	古墳時代後期	舷側板(5-491)
讃良郡条里遺跡(11)	寝屋川市讃良東町	–	2009	88/23.2/–/–	スギ	–	古墳時代後期	舷側板(5-491)

Ⅹ　舟船関係出土史料集成（1　刳舟史料）

出土遺跡名・所蔵名	所在地（現・前出土地等）	保管（保存・所有・所蔵）	発掘発見年	計測（全長 / 幅 / 深 / 厚cm）	材質	型式	時期	特記項目
讃良郡条里遺跡（12）	寝屋川市讃良東町	－	2009	90.4 / 26 / － / －	スギ	－	古墳時代後期	舷側板(5-491)
西岩田遺跡(1)	東大阪市西岩田	－	1971	80 / 47～53 / － / 3.5	－	準構造舟	古墳時代前期	井戸転用
西岩田遺跡(2)	東大阪市西岩田	－	1971	80 / 38～41 / － / 4.5	－	準構造舟	古墳時代前期	井戸転用
西岩田遺跡(3)	東大阪市西岩田	－	1971	80 / 11 / － / 1	－	準構造舟	古墳時代前期	井戸転用
西岩田遺跡(4)	東大阪市西岩田	－	1971	80 / 11.5 / － / 3	－	準構造舟	古墳時代前期	井戸転用
西岩田遺跡(5)	東大阪市西岩田	－	1971	80 / 19 / － / 3.5	－	準構造舟	古墳時代前期	井戸転用
西岩田遺跡(6)	東大阪市西岩田	－	1971	80 / 18 / － / 3	－	準構造舟	古墳時代前期	井戸転用
西岩田遺跡(1)	東大阪市西岩田	－	1979	56.5 / 26 / － / 2.8	ヒノキ	準構造舟	古墳時代中期	井戸転用(4B)
西岩田遺跡(2)	東大阪市西岩田	－	1979	60 / 132 / － / 4	ヒノキ	準構造舟	古墳時代中期	井戸転用(4B)
西岩田遺跡(3)	東大阪市西岩田	－	1979	60 / 69 / － / 7.5	スギ	準構造舟	古墳時代中期	井戸転用(4B)
西岩田遺跡(4)	東大阪市西岩田	－	1979	50 / 50.5 / － / 9.5	スギ	準構造舟	古墳時代中期	井戸転用(4B)
西岩田遺跡	東大阪市西岩田	－	1979	35.8 / 9.45 / － / 1	モミ	準構造舟	古墳時代中期	舷側板・桜樹皮(W097)
西岩田遺跡	東大阪市西岩田	－	1979	32.8 / 19 / － / 2.5	クスノキ	準構造舟	古墳時代中期	杙状部材(W98)
西岩田遺跡	東大阪市西岩田	－	1979	29.9 / 21.5 / － / 2.4	モミ	準構造舟	古墳時代中期	杙状部材(W99)
新家遺跡	東大阪市荒本	－	－	－ / － / － / －	－	準構造舟？	古墳時代	舳先？・包含層
下ノ池古墳	藤井寺市青山	－	1996	250～ / 170 / － / 15	スギ	－	古墳時代	刳舟(HM96-22区)
八尾南遺跡(1)	八尾市木ノ本・若林川	－	－	99 / 31～39 / － / 5	－	準構造舟	古墳時代前期	舟底部(D1地区SE9)
八尾南遺跡(2)	八尾市木ノ本・若林川	－	－	95 / 42 / － / 3.2	－	－	古墳時代前期	舷側板(D1地区SE9)
八尾南遺跡(3)	八尾市木ノ本・若林川	－	－	101 / 33.6 / － / 5	－	－	古墳時代前期	舟底部(D1地区SE9)
八尾南遺跡(4)	八尾市木ノ本・若林川	－	－	114 / 52 / － / 5.4	－	－	古墳時代前期	舟底部(D1地区SE9)
八尾南遺跡(5)	八尾市木ノ本・若林川	－	－	104 / 9.3 / － / 4	－	－	古墳時代前期	(D1地区SE9)
八尾南遺跡(6)	八尾市木ノ本・若林川	－	－	80 / 11 / － / 3.6	－	－	古墳時代前期	(D1地区SE9)
萱振遺跡(1)	八尾市緑ヶ丘	－	1992	103 / 65 / － / 1～4	－	－	古墳時代前半	舷側板(SE302)
萱振遺跡(2)	八尾市緑ヶ丘	－	1992	94 / 75 / － / 1～4	－	－	古墳時代前半	舷側板(SE302)
萱振遺跡(3)	八尾市緑ヶ丘	－	1992	100 / 125 / － / 1～6	－	－	古墳時代前半	舷側板(SE302)

第 3 部 〈附編〉舟・船舶関係資料一覧

出土遺跡名・所蔵名	所在地 (現・前出土地等)	保管 (保存・所有・所蔵)	発掘発見年	計測 (全長/幅/深/厚cm)	材質	型式	時期	特記項目
久宝寺遺跡(1)	八尾市亀井(渋川)	－	1999	91/33〜46/－/4〜7.5	スギ	－	古墳時代中期	竪壁板？(SE4001)
久宝寺遺跡(2)	八尾市亀井(渋川)	－	1999	105/56.5/－/3〜7	スギ	－	古墳時代中期	(SE4001)
久宝寺遺跡(3)	八尾市亀井(渋川)	－	1999	102/42.8/－/3〜5	スギ	－	古墳時代中期	(SE4001)
久宝寺遺跡(4)	八尾市亀井(渋川)	－	1999	77/10/－/2.5	スギ	－	古墳時代中期	舷側板？(SE4001)
久宝寺遺跡(5)	八尾市亀井(渋川)	－	1999	69.8/10/－/2.5〜3	スギ	－	古墳時代中期	舷側板？(SE4001)
久宝寺遺跡1号墳2号	八尾市亀井地区	－	2001	317/38/－/8	スギ	－	古墳時代前期	刳舟
久宝寺遺跡	八尾市神武町	－	1983	294.3/123/36/－	スギ	準構造舟	古墳時代前期	
久宝寺遺跡	八尾市神武町(大阪市平野区)	－	1992	－/－/－/－	－	－	古墳時代前期	井戸転用(KH91-13・SE201)
小阪合遺跡	八尾市南小阪合町	－	1996	－/－/－/－	－	－	古墳時代前期	井戸転用(SE321)
寺田遺跡	和泉市寺田町	－	－	－/－/－/－	－	－	古墳時代中期	井戸転用(1726)
島田遺跡	豊中市庄内栄町	－	－	－/－/－/－	－	－	古墳時代前期	井戸転用(SE2)

兵庫県の刳舟

出土遺跡名・所蔵名	所在地 (現・前出土地等)	保管 (保存・所有・所蔵)	発掘発見年	計測 (全長/幅/深/厚cm)	材質	型式	時期	特記項目
明石東仲ノ町遺跡(1)	明石市東仲ノ町	明石市教育委員会	1997	560/60/－/－	－	－	古墳時代	舟底部材(SD11089)
明石東仲ノ町遺跡(1)	明石市東仲ノ町	明石市教育委員会	1997	300/60/－/－	－	－	古墳時代	舟底部材(SD11089)
若王寺遺跡(1)	尼崎市若王子	－	2000	103.6/88.5/－/5.7	スギ	U字型	古墳時代後期	舟底部(SE06)
若王寺遺跡(2)	尼崎市若王子	－	2000	104/89.6/－/6.5	スギ	－	古墳時代後期	舷側板？(SE06)
栄根遺跡	川西市栄根・栄町	川西市教育委員会	1979	430/45〜50/10〜17/4〜5	ヒノキ？	箱型	古墳時代後期	
五反田遺跡(1)	豊岡市祥雲寺	－	1997	108.6/28.5/－/6.1	スギ	－	古墳時代中期	舟底部(W46)
五反田遺跡(2)	豊岡市祥雲寺	－	1997	135/15.2/－/3.3	スギ	－	古墳時代中期	舷側部(W63)

奈良県の刳舟

出土遺跡名・所蔵名	所在地 (現・前出土地等)	保管 (保存・所有・所蔵)	発掘発見年	計測 (全長/幅/深/厚cm)	材質	型式	時期	特記項目
巣山古墳(1)	北葛城郡広陵町三吉	広陵町教育委員会	2006	210/78/－/25	クスノキ	準構造舟	古墳時代中期	竪壁板
巣山古墳(2)	北葛城郡広陵町三吉	広陵町教育委員会	2006	370/45/－/5	スギ	準構造舟	古墳時代中期	舷側板・赤色顔料
巣山古墳(3)	北葛城郡広陵町三吉	広陵町教育委員会	2006	180/38/－/5	クスノキ	準構造舟	古墳時代中期	舷側板部材

岡山県の刳舟

出土遺跡名・所蔵名	所在地 (現・前出土地等)	保管 (保存・所有・所蔵)	発掘発見年	計測 (全長/幅/深/厚cm)	材質	型式	時期	特記項目
百間川米田遺跡	岡山市中区米田	－	－	－/－/－/－	－	－	古墳時代前期	井戸転用(SE114)

X 舟船関係出土史料集成（1 刳舟史料）

出土遺跡名・所蔵名	所在地 （現・前出土地等）	保管 （保存・所有・所蔵）	発掘 発見年	計測 （全長/幅/深/厚cm）	材質	型式	時期	特記項目

鳥取県の刳舟

出土遺跡名・所蔵名	所在地	保管	発掘発見年	計測	材質	型式	時期	特記項目
塞ノ谷遺跡	鳥取市高住	－	1973	－ / － / － / －	－	－	古墳時代	田舟

島根県の刳舟

出土遺跡名・所蔵名	所在地	保管	発掘発見年	計測	材質	型式	時期	特記項目
稗田遺跡(1)	松江市鹿島町佐陀本郷	－	1994	240 / 13〜15 / － / －	スギ	準構造舟	古墳時代前期(4C)	舷側板
稗田遺跡(2)	松江市鹿島町佐陀本郷	－	－	80〜85 / 14 / － / －	スギ	準構造舟	古墳時代前期(4C)	腰掛
稗田遺跡(3)	松江市鹿島町佐陀本郷	－	－	156.4 / 24 / － / 2.4	－	準構造舟	古墳時代前期(4C)	(№132)
稗田遺跡(4)	松江市鹿島町佐陀本郷	－	－	83.3 / 7.3 / － / 4.2	－	準構造舟	古墳時代前期(4C)	(№133)
稗田遺跡(5)	松江市鹿島町佐陀本郷	－	－	62.1 / 8.5 / － / 1.8	－	準構造舟	古墳時代前期(4C)	(№134)
西川津遺跡(1)	松江市西川津町	－	－	－ / － / － / －	－	－	古墳時代	腰掛
西川津遺跡(2)	松江市西川津町	－	－	70 / － / － / －	スギ	－	古墳時代前期	舳先
向小紋神田遺跡	松江市竹矢町	－	－	－ / － / － / －	－	準構造舟	古墳時代中期	舳先？
猪目洞窟遺跡[63](1)	出雲市猪目町	－	1948	72 / 14 / － / 3.6	スギ？	－	古墳時代	4材
猪目洞窟遺跡[63](2)	出雲市猪目町	－	1948	205 / 48 / － / 4.5	スギ？	U字型	古墳時代	柄7ヶ所
猪目洞窟遺跡[63](3)	出雲市猪目町	－	1948	210 / 52 / － / 4.5	スギ？	U字型	古墳時代	柄5ヶ所
猪目洞窟遺跡[63](4)	出雲市猪目町	－	1948	211 / 51 / － / 4.8	スギ？	U字型	古墳時代	柄5ヶ所
五反配遺跡	出雲市大社町杵築東	－	－	－ / － / － / －	－	－	古墳前期	竪壁板
井原遺跡	出雲市白枝町	－	2000	－ / － / － / －	－	準構造舟	古墳時代中期	井戸転用

高知県の刳舟

出土遺跡名・所蔵名	所在地	保管	発掘発見年	計測	材質	型式	時期	特記項目
北ノ丸遺跡(1)	土佐市新居上ノ村	－	－	92.3 / 12.3 / － / 2.7	ヒノキ	－	古墳時代〜中世	舷側板・手斧削跡(1)
北ノ丸遺跡(2)	土佐市新居上ノ村	－	－	108.3 / 15 / － / －	スギ	－	古墳時代〜中世	舷側板・(83)
北ノ丸遺跡(3)	土佐市新居上ノ村	－	－	148 / 20 / － / －	ヒノキ	－	古墳時代〜中世	舷側板・(81)
北ノ丸遺跡(4)	土佐市新居上ノ村	－	－	48.3 / 35 / － / －	ヒノキ	－	古墳時代	
北ノ丸遺跡(5)	土佐市新居上ノ村	－	－	－ / － / － / －	－	－	古墳時代〜中世	舷側板・(67)
居徳遺跡群	土佐市高岡町	－	－	131.4 / 32.1 / 27 / －	スギ	－	古墳時代前期〜中期	舳先(SR3)
安芸橋遺跡[10]	南国市国分川	堀内造	－	－ / － / － / －	クスノキ	－	古墳時代中期	

—259—

第 3 部 〈附編〉舟・船舶関係資料一覧

出土遺跡名・所蔵名	所在地（現・前出土地等）	保管（保存・所有・所蔵）	発掘発見年	計測（全長/幅/深/厚cm）	材質	型式	時期	特記項目
八田遺跡[11]	吾川郡いの町（奥田川）	八田村観音	－	273 / 75.7 / － / －	ヒノキ	－	古墳時代後期	

宮崎県の刳舟

出土遺跡名・所蔵名	所在地（現・前出土地等）	保管（保存・所有・所蔵）	発掘発見年	計測（全長/幅/深/厚cm）	材質	型式	時期	特記項目
恒富出土刳舟	延岡市恒富	鳥居人類学研究所	1926	478 / 236 / 55～62 / －	クスノキ	平底型	古墳時代	刳舟？

④ その他の刳舟（民俗史料を含む）

出土遺跡名・所蔵名	所在地（現・前出土地等）	保管（保存・所有・所蔵）	発掘発見年	計測（全長/幅/深/厚cm）	材質	型式	時期	特記項目
札幌市K483遺跡	札幌市北区	北海道埋蔵文化財センター	－	－ / － / － / －	－	－	近世アイヌ期	舳先？
北海道大学総合博物館	札幌市北区北10条西	北海道大学	－	848 / 58.5 / 27 / －	カツラ	－	現代	千歳・蘭越製作
北海道大学総合博物館	札幌市北区北10条西	北海道大学	－	780 / 53 / 26 / －	カツラ	－	現代（明治期）	石狩・製作不明
札幌K39遺跡	札幌市中央区北11条西	－	－	41 / － / － / －	シナノキ属	板綴舟	擦文文化期(9C)	舳先(6g層)
札幌K39遺跡	札幌市中央区北11条西	－	－	82.5 / － / － / －	ヤチダモ	板綴舟	擦文文化期(12C)	舳先
札幌K39遺跡	札幌市中央区北11条西	－	－	261 / － / － / －	シナノキ	板綴舟	擦文文化期(12C)	舳先・舷側ほか(5a層)
北海道大学植物園北方民族資料館刳舟	札幌市中央区北3条西	北海道大学	1926	605 / 49 / 18 / 2	ドロノキ	鰹節型	大正時代末	椎久年蔵作・重要有形民俗文化財
北海道大学バチェラー記念館刳舟	札幌市中央区北3条西	北海道大学	－	344 / 51 / 30 / 3.5	セン	鰹節型	－	
北海道開拓記念館刳舟	札幌市厚別区	北海道開拓記念館	－	746 / 48 / 23.5 / 4	カツラ	鰹節型	－	
北海道開拓記念館収蔵庫刳舟	札幌市厚別区	北海道開拓記念館収蔵庫	－	605 / － / 30 / 6	カツラ	鰹節型	－	常呂町日吉使用
北海道立北方民族物館刳舟	網走市字潮見	北海道立北方民族博物館	－	466 / － / － / －	ハコヤナギ？	平底型	－	民俗例・ニブフ（HA0287）
網走市立郷土博物館刳舟	網走市横町	網走市立郷土博物館	1935	428 / 34 / 27 / 6	カツラ	鰹節型	1935年出土	網走川発見
ママチ川出土刳舟	千歳市朝日町	千歳市埋蔵文化財管理センター	1970	728 / 57.5 / 26 / 2～5	ドロヤナギ	折衷型	1667年以前	
根志越出土刳舟	千歳市根志越	千歳市埋蔵文化財管理センター	1983	140？ / 70？ / 35 / 2	ヤチダモ	－	－	
根志越出土刳舟	千歳市根志越	千歳市埋蔵文化財管理センター	1983	140？ / 60？ / 25 / 2	カツラ	－	1739年以前	
根志越出土刳舟	千歳市根志越	千歳市埋蔵文化財管理センター	1983	664？ / 64 / 25 / 2～3	ヤチダモ	－	1739年以前	
千歳オサツ2遺跡	千歳市長部	－	－	－ / － / － / －	－	－	擦文文化期～アイヌ期	舷側板3ほか（Ⅲ層）
千歳オサツ2遺跡	千歳市長部	－	－	－ / － / － / －	－	－	近世アイヌ期	先・底敷（ⅠB層）
千歳市美々8遺跡	千歳市美々	北海道埋蔵文化財センター	1990	45 / － / － / 1.8	カツラ	板綴型	中世アイヌ期	舷側板（IB2層）

—260—

Ⅹ　舟船関係出土史料集成（1 刳舟史料）

出土遺跡名・所蔵名	所在地（現・前出土地等）	保管（保存・所有・所蔵）	発掘発見年	計測（全長/幅/深/厚cm）	材質	型式	時期	特記項目
千歳美々8遺跡	千歳市美々	−	−	− / − / − / −	−	板綴舟	近世アイヌ期	軸先3・舷側4・部材7(OB層)
千歳美々8遺跡	千歳市美々	−	−	− / − / − / −	−	板綴舟	近世アイヌ期	軸先1・舷側24・部材21(OB層)
千歳美々8遺跡	千歳市美々	−	−	103.8/ − / − / −	−	板綴舟	近世アイヌ期	軸先3・舷側13・部材6(IB1層)
千歳ユカンボシC15遺跡	千歳市長都	−	−	− / − / − / −	−	板綴舟	擦文文化後期～中世7期	軸先(IB2層)
千歳ユカンボシC15遺跡	千歳市長都	−	−	104.7/ − / − / −	シナノキ属	板綴舟	擦文文化期(10C～13C)	軸先ほか27(IB1層)
千歳ユカンボシC15遺跡	千歳市長都	−	−	70.9/ − / − / −	シナノキ属	板綴舟	擦文文化期(10C～13C)	軸先2
千歳ユカンボシC15遺跡	千歳市長都	−	−	70.5/ − / − / −	トネリコ属	板綴舟	擦文文化期(10C～13C)	部材3
千歳ユカンボシC15遺跡	千歳市長都	−	−	123.2/ − / − / −	シナノキ属	板綴舟	擦文文化期(10C～13C)	舷側4
千歳ユカンボシC15遺跡	千歳市長都	−	−	156.2/ − / − / −	ハリギリ	板綴舟	擦文文化期(10C～13C)	舷側6
千歳ユカンボシC15遺跡	千歳市長都	−	−	157.5/ − / − / −	ハリギリ	板綴舟	擦文文化期(10C～13C)	舷側7
沼の端出土刳舟(1)	苫小牧市字沼の端勇払川畔	苫小牧市博物館	1966	903/94/30/ −	カツラ	鰹節型	1667年以前	
沼の端出土刳舟(2)	苫小牧市字沼の端勇払川畔	苫小牧市博物館	1966	785/74/30/ −	カツラ	鰹節型	1667年以前	舷側32小穴・板綴舟
沼の端出土刳舟(3)	苫小牧市字沼の端勇払川畔	苫小牧市博物館	1966	650/74/30/ −	カツラ	イタオマチブ	1667年以前	舷側40小穴・板綴舟
沼の端出土刳舟(4)	苫小牧市字沼の端勇払川畔	苫小牧市博物館	1966	740/73/35/4	カツラ	鰹節型	1667年以前	
沼の端出土刳舟(5)	苫小牧市字沼の端勇払川畔	苫小牧市博物館	1966	766/72/27/3	ヤチダモ	イタオマチブ	1667年以前	板綴舟
厚岸湖東梅地区出土剥舟	厚岸郡厚岸湖東梅地区	厚岸町郷土館	1978	607/60？/18/1～2	ハリギリ	カリンバチブ	−	準構造舟
厚岸湖東梅地区出土剥舟	厚岸郡厚岸湖東梅地区	厚岸町郷土館	1967	165/32/14/2	ハリギリ	−	−	先端角形・舷側欠
厚岸湖ホロニタイ地区出土剥舟	厚岸郡厚岸湖ホロニタイ地区	厚岸町海洋記念館	1987	566/56？/23/ −	ハリギリ	板綴型	−	板綴舟
赤平市郷土館剥舟	赤平市浜益川	赤平市郷土館	1926	415/54/28/4	−	鰹節型	大正時代	浜益川使用・和人作
旭川市民生活館剥舟	旭川市緑町	旭川市民生活館	1990	595/48/46/4～11	カツラ	鰹節型	1990年製	旭川市村政施行100年記念
旭川市博物館剥舟	旭川市神楽3条	旭川市博物館	1964	682/37/24.5/6	エゾマツ	鰹節型	1964年製	
旭川市博物館嵐山分館剥舟(1)	旭川市鷹栖町字近文	旭川市博物館嵐山分館	1964	663/43/30/4	エゾマツ	鰹節型	1964年製	門野ハウトムティ他作
旭川市博物館嵐山分館剥舟(2)	旭川市鷹栖町字近文	旭川市博物館嵐山分館	1964	567/43/29/5	エゾマツ	鰹節型	1964年製	門野ハウトムティ他作
川村カ子ト・アイヌ記念館剥舟	旭川市北門町	アイヌ記念館	1957	563/50/37/2.5	ヤチダモ	鰹節型	1957年製	門野ナンケ他作
川村カ子ト・アイヌ記念館剥舟	旭川市北門町	アイヌ記念館	1957	603/50/35/4	ヤチダモ	鰹節型	1957年製	門野ハウトムティ他作

第 3 部 〈附編〉舟・船舶関係資料一覧

出土遺跡名・所蔵名	所在地（現・前出土地等）	保管（保存・所有・所蔵）	発掘発見年	計測（全長/幅/深/厚cm）	材質	型式	時期	特記項目
川村カ子ト・アイヌ記念館刳舟	旭川市北門町	アイヌ記念館	1983	664/54/25.5/6	カツラ	鰹節型	1983年製	貝沢貢男作
(株)北島刳舟	旭川市豊岡一条	(株)北島玄関脇	1970	498/46/20/5.5	タモ	鰹節型	1970年製	石山長次郎作
恵庭市郷土資料館刳舟	恵庭市南島松	恵庭市郷土資料館	1978	725/40/31/5	カツラ	鰹節型	1978年製	栃木政吉作
東京大学文学部常呂研究所陳列館刳舟	北見市常呂町	東京大学常呂研究室資料陳列館	1943	504/40/27/6	シコロ	鰹節型	1943年製	布施ハウポロ作
釧路市阿寒湖	釧路市阿寒湖	－	－	－/－/－/－	シナノキ	－	－	
千歳市蘭越刳舟	千歳市南越	ウタリ協会・生活館	1985	746/44/25/4	カツラ	鰹節型	1985年製	中本陽三他作
市立函館博物館収蔵庫刳舟(1)	函館市末広町	市立函館博物館収蔵庫	1966	648/53/24/3	セン	鰹節型	1966年製	椎久キミ寄贈(No.757)
市立函館博物館収蔵庫刳舟(2)	函館市末広町	市立函館博物館収蔵庫	1966	636/58/23.5/2.5	－	鰹節型	1966年製	椎久キミ寄贈(No.758)
市立函館博物館収蔵庫刳舟(3)	函館市末広町	市立函館博物館収蔵庫	－	－/－/－/－	－	トントチプ	－	皮舟
厚岸町B&G海洋センター刳舟(1)	厚岸郡厚岸町	厚岸町B&G海洋センター	1968	570/67/－/－	ハリギリ	イタオマチプ?	－	舟底のみ
厚岸町B&G海洋センター刳舟(2)	厚岸郡厚岸町	厚岸町B&G海洋センター	1968	560/－/18/－	ハリギリ	イタオマチプ	－	遺存40%
厚岸町B&G海洋センター刳舟(3)	厚岸郡厚岸町	厚岸町B&G海洋センター	1968	214/－/－/－	ハリギリ	イタオマチプ	－	遺存10%
月形町行刑資料館刳舟	樺戸郡月形町新田月ヶ湖	月形町行刑資料館	1977	715/62/30/6	ヤチダモ	鰹節型	明治時代	月ヶ湖発掘
札比内出土刳舟	樺戸郡月形町字札比内	美唄市郷土資料館	1978	553/70/6/1～6	ヤチダモ	鰹節型	明治時代	月形町発見
新十津川町開拓記念館刳舟	樺戸郡新十津川町	新十津川町開拓記念館	1943	590/36/25.5/4	カツラ	鰹節型	1943年製	今泉ウヌサンクル他作
糖平湖畔ひがし大雪博物館刳舟	河東郡上士幌町	糖平湖ひがし大雪博物館	－	450/95/25/－	－	ヤッチプ	現代	辻秀子復元
釧路市立博物館刳舟	川上郡標茶町	釧路市立博物館	－	490/50/30/－	セン	鰹節型	－	標茶町製作
釧路市立博物館刳舟	釧路郡釧路町	釧路市立博物館	－	650/60/28/－	カツラ	鰹節型	－	釧路町製作
平取町立二風谷アイヌ文化博物館刳舟	沙流郡平取町二風谷	二風谷アイヌ博物館	1978	796/71/33/7	カツラ	鰹節型	1978年製	萱野茂他作・板綴舟
平取町立二風谷アイヌ文化博物館刳舟	沙流郡平取町	二風谷アイヌ博物館	1973?	635/52/42?/－	カツラ	－	1973年?	
平取町二風谷アイヌ文化博物館刳舟	沙流郡平取町	－	－	675/110/60/－	－	ヤラチプ	－	樹皮舟
北海道大学マンロー記念館	沙流郡平取町二風谷	北海道大学マンロー記念館	－	648/－/－/－	－	ヤラチプ	－	樹皮舟
白老ポロトコタン刳舟(1)	白老郡白老町字白老	白老ポロト	1985	612/47/34/6	カツラ	鰹節型	1985年製	野本亀雄他作
白老ポロトコタン刳舟(2)	白老郡白老町字白老	白老ポロト	1985	617/40/30/5	カツラ	鰹節型	1985年製	先端穴・舳(2)艫(1)
白老ポロトコタン刳舟(3)	白老郡白老町字白老	白老ポロト	1975	757/41/30/5	カツラ	鰹節型	1975年製	野本亀雄他作

X　舟船関係出土史料集成（1 刳舟史料）

出土遺跡名・所蔵名	所在地（現・前出土地等）	保管（保存・所有・所蔵）	発掘発見年	計測（全長/幅/深/厚cm）	材質	型式	時期	特記項目
白老ポロトコタン刳舟(4)	白老群白老町字白老	白老ポロト	1975	622 / 47 / 28 / 5	カツラ	鰹節型	1975年製	
白老ポロトコタン刳舟(5)	白老群白老町字白老	白老ポロト	－	540 / － / － / －	ナラ	鰹節型	現代	
白老ポロトコタン刳舟(6)	白老群白老町字白老	白老ポロト	－	－ / － / － / －	カツラ	箱型	現代	
鏡沼海浜公園刳舟	天塩郡天塩町更岸	鏡沼海浜公園管理棟	1985	520 / 39.5 / 28 / 5	セン	鰹節型	1985年製	広瀬何某作
浦幌町立郷土博物館刳舟	十勝郡浦幌町	浦幌町教育委員会	1968	－ / － / － / －	－	－	－	－
幕別町蝦夷文化考古館刳舟	中川郡幕別町	幕別町蝦夷文化考古館	1870	588 / 35.5 / 26.5 / 5	カシワ	鰹節型	明治時代	吉田菊太郎寄贈
静内町アイヌ民俗資料館刳舟	日高郡新ひだか町	静内町アイヌ民族資料館	1963	590 / 43 / 24 / 3	カツラ	鰹節型	1963年製	金丸継夫作
静内町シャクシャイン記念館刳舟	日高郡新ひだか町	静内町シャクシャイン記念館	1961	574 / 45 / 27 / 4	カツラ	鰹節型	1961年製	金丸継夫作
八雲町郷土資料館刳舟(1)	二海郡八雲町	八雲町郷土資料館	－	650 / 50 / 23 / 4	マツ	鰹節型	1945年代？	椎久年蔵作
八雲町郷土資料館刳舟(2)	二海郡八雲町	八雲町郷土資料館	1949	623 / 45.5 / 21.8 / 18.5	カツラ	－	1949年製	十島節郎作
八雲町郷土資料館刳舟(3)	二海郡八雲町	八雲町郷土資料館	－	－ / － / － / －	－	－	－	和人作
長万部町郷土資料室刳舟	山越郡長万部町	長万部町郷土資料室	1975	584 / 86.5 / 28.8 / 5	マツ	鰹節型	－	大浜海岸発見
長沼町郷土資料館刳舟	夕張郡長沼町東2線南5号	長沼町郷土資料館	1972	550 / － / － / －	ヤチダモ	鰹節型	明治時代	長沼町発掘
厚真町郷土資料館刳舟	勇払郡厚真町	厚真町郷土資料館	－	556 / 40 / 27 / 5	ナラ	割竹型	明治時代	町指定文化財・三宅芳一寄贈
厚真町上野地区刳舟	勇払郡厚真町字上野	苫小牧駒沢大学	2007	663 / 60～70 / 25 / －	カツラ	鰹節型	アイヌ文化期(15C)	

青森県の刳舟

出土遺跡名・所蔵名	所在地（現・前出土地等）	保管（保存・所有・所蔵）	発掘発見年	計測（全長/幅/深/厚cm）	材質	型式	時期	特記項目
青森県立郷土館刳舟	青森市本町	青森県立郷土館	1923	－ / － / － / －	ブナ	－	－	民俗例・泊マルキブネ(1963指定)
小河原沼出土刳舟(1)[50]	上北郡甲地村舟ヶ沢小河原沼	成田券治	－	730 / 54 / 38 / 1.2	アカマツ	－	奈良時代	軸先板状・櫓穴
小河原沼出土刳舟(2)	上北郡甲地村舟ヶ沢小河原沼	－	－	－ / － / － / －	－	－	－	民俗例・泊マルキブネ(1963指定)
小河原沼出土刳舟(3)	上北郡甲地村舟ヶ沢小河原沼	－	－	－ / － / － / －	－	－	－	
野牛発見刳舟[51]	下北郡東通村宇野牛	慶應義塾大学	1939	315 / 48 / － / －	ハリキリ	－	奈良時代、近代かか	櫓部小穴・漂着
荒川村出土刳舟[27]	東津軽郡荒川村	東京大学人類学教室	1922	736 / 109 / 48 / 2.2	スギ	－	奈良時代	舷側小穴

岩手県の刳舟

出土遺跡名・所蔵名	所在地（現・前出土地等）	保管（保存・所有・所蔵）	発掘発見年	計測（全長/幅/深/厚cm）	材質	型式	時期	特記項目
朴島出土刳舟	北上市朴島	慶應義塾大学	1950	122 / 47 / － / －	クリ	－	－	
碧祥寺博物館刳舟	和賀郡西和賀町	碧祥寺博物館	－	－ / － / － / －	－	－	－	民俗例・沢内マルキブネ(1964指定)

第3部　〈附編〉舟・船舶関係資料一覧

出土遺跡名・所蔵名	所在地（現・前出土地等）	保管（保存・所有・所蔵）	発掘発見年	計測（全長/幅/深/厚cm）	材質	型式	時期	特記項目

宮城県の刳舟

出土遺跡名・所蔵名	所在地（現・前出土地等）	保管（保存・所有・所蔵）	発掘発見年	計測（全長/幅/深/厚cm）	材質	型式	時期	特記項目
沼向遺跡	仙台市宮城野区中野字沼向	－	－	100？/ － / － / －	－	－	飛鳥時代(7C末～8C初)	井戸転用・2材
上沼村出土刳舟(1)[56]	登米市中田町上沼八幡山地蔵沼	佐沼高校	1947	348 / 48 / － / －	コナラ	割竹型	奈良時代	舷側横小穴・横梁帯
上沼村出土刳舟(2)[57]	登米市中田町上沼八幡山地蔵沼	上沼小学校	1947	445 / 45 / － / －	ミズナラ	割竹型	奈良時代	冠木地蔵沼出土
稲井出土刳舟[58]	牡鹿郡稲井	斉藤報恩会博物館	－	523 / 53 / 18 / －	ナラ	－	－	稲井沼出土

秋田県の刳舟

出土遺跡名・所蔵名	所在地（現・前出土地等）	保管（保存・所有・所蔵）	発掘発見年	計測（全長/幅/深/厚cm）	材質	型式	時期	特記項目
秋田県立博物館刳舟	秋田市金足鳰崎後山	秋田県立博物館	－	－ / － / － / －	－	－	－	民俗例・能代マルキブネ3艘
秋田県立博物館刳舟	秋田市金足鳰崎後山	秋田県立博物館	－	1377 / 105 / 36 / －	－	－	－	民俗例・米代川マルキブネ
秋田県立博物館刳舟	秋田市金足鳰崎後山	秋田県立博物館	－	－ / － / － / －	－	－	－	民俗例・男鹿マルキ・カワサキ2艘
秋田県立博物館刳舟	秋田市金足鳰崎後山	秋田県立博物館	－	435 / 121 / 42 / －	－	－	－	民俗例・由利地区テンマ2艘
秋田県立博物館刳舟	秋田市金足鳰崎後山	秋田県立博物館	－	672 / 100 / 37 / －	－	－	－	民俗例・八森町イソブネ
秋田県立博物館刳舟	秋田市金足鳰崎後山	秋田県立博物館	－	－ / － / － / －	－	－	－	民俗例・西目町カワサキ
秋田県立博物館刳舟	秋田市金足鳰崎後山	秋田県立博物館	－	732 / 197 / 65 / －	－	－	－	民俗例・由利地区カワサキ
秋田県立博物館刳舟	秋田市金足鳰崎後山	秋田県立博物館	－	700 / 193 / 127 / －	－	－	－	民俗例・由利地区ハタハタブネ
秋田県立博物館刳舟	秋田市金足鳰崎後山	秋田県立博物館	－	1010 / 189 / 62 / －	－	－	－	民俗例・ムダマ
秋田県立博物館刳舟	秋田市金足鳰崎後山	秋田県立博物館	－	896 / 158 / 63 / －	－	－	－	民俗例・ムダマ
秋田県立博物館刳舟	秋田市金足鳰崎後山	秋田県立博物館	－	760 / 155 / 57 / －	－	－	－	民俗例・ムダマ
雪国民俗館刳舟	秋田市下北手桜守沢	ノースアジア大学	－	253.5 / 68 / 27.5 / －	スギ	－	－	民例・大沼・キッツ(1964指定)
北磯歴史民俗資料収蔵庫刳舟	男鹿市脇本	北磯歴史民俗資料収蔵庫	－	－ / － / － / －	－	－	－	民俗例・テント・カワサキ9艘
北磯歴史民俗資料収蔵庫刳舟	男鹿市脇本	北磯歴史民俗資料収蔵庫	－	－ / － / － / －	－	－	－	民俗例・エグリブネ3艘
北磯歴史民俗資料収蔵庫刳舟	男鹿市脇本	北磯歴史民俗資料収蔵庫	－	－ / － / － / －	－	－	－	民俗例・ハコブネ1艘
男鹿市民文化会館刳舟	男鹿市船川港	男鹿市民文化会館収蔵庫	1951	636 / 88 / 59.5 / －	－	－	－	民俗例・エグリブネ
八郎潟漁撈具収蔵庫刳舟	潟上市昭和大久保	八郎潟漁撈具収蔵庫	1965	1178 / 114 / 57 / －	アスナロ	複材式	平安時代末	民俗例・潟舟（チキリ有）
十文字町資料	横手市十文字町	秋田県立博物館	－	596 / 319 / 100 / －	－	刳抜型	－	民俗例・田舟
十文字町資料	横手市十文字町	秋田県立博物館	－	755 / 455 / 165 / －	－	箱型	－	民俗例・田舟

—264—

X　舟船関係出土史料集成（1 刳舟史料）

出土遺跡名・所蔵名	所在地（現・前出土地等）	保管（保存・所有・所蔵）	発掘発見年	計測（全長/幅/深/厚cm）	材質	型式	時期	特記項目
洲崎遺跡刳舟(1)	南秋田郡井川町洲崎	秋田県埋蔵文化財センター	1998	112/73/38/5～9	スギ	凹字型	鎌倉時代(13C～16C)	井戸転用(SE582)
洲崎遺跡刳舟(2)	南秋田郡井川町洲崎	−	1998	116/72.5/37.2～42/4～6	−	−	−	
洲崎遺跡刳舟(3)	南秋田郡井川町洲崎	−	1998	102/87/32/6～7	スギ	U字型	鎌倉時代(13C～16C)	井戸転用(SE587)
洲崎遺跡刳舟(4)	南秋田郡井川町洲崎	−	1998	91/91/40/7～9	−	−	−	
洲崎遺跡刳舟(5)	南秋田郡井川町洲崎	−	1998	76/68/32/3.5～7.5	スギ	凹字型	鎌倉時代(13C～16C)	井戸転用(SE295)
洲崎遺跡刳舟(6)	南秋田郡井川町洲崎	−	1998	130/124/54/4.8～8.4	スギ	U字型	鎌倉時代(13C～16C)	井戸転用(SE04)
洲崎遺跡刳舟(7)	南秋田郡井川町洲崎		1998	124/128/56/8～9	スギ	−	−	
中谷地遺跡(1)	南秋田郡五城目町		1998	115/45.6/20/−	−	−	奈良時代～平安時代(8C後半～9C)	田舟(No.690)
中谷地遺跡(2)	南秋田郡五城目町		1998	93/28/−/8	−	−	奈良時代～平安時代(8C後半～9C)	舳先(No.1157)

山形県の刳舟

出土遺跡名・所蔵名	所在地（現・前出土地等）	保管（保存・所有・所蔵）	発掘発見年	計測（全長/幅/深/厚cm）	材質	型式	時期	特記項目
南興野遺跡(1)	酒田市新青渡字大坪		1986	227.6/113.8/74/−		−	平安時代(10C後葉)	井戸転用
南興野遺跡(2)	酒田市新青渡字大坪		1986	220.6/132.8/74/−		−	平安時代(10C後葉)	井戸転用
生石4遺跡(1)	酒田市生石	−		591/40/−/−	スギ		奈良時代～平安時代	溝RW11
生石4遺跡(2)	酒田市生石	−		50/50/−/3～4	スギ		奈良時代～平安時代	井戸転用(SE2)
手蔵田遺跡(1)	酒田市手蔵田字村上	−		153/67/−/−			平安時代	井戸転用(SE584)
手蔵田遺跡(2)	酒田市手蔵田字村上	−		133/79/−/−			平安時代	井戸転用(SE584)
鳥越出土刳舟	新庄市鳥越	鳥越八幡	−	−/−/−/−	ケヤキ			2艘
藤島町出土刳舟[33]	鶴岡市藤島字古楯	東田川文化記念館	1932	1145/124/45～55/5～9	スギ	U字型	安土桃山時代	堅穴15ヶ所・鉄釘
到道博物館刳舟	鶴岡市家中新町	到道博物館	−	−/−/−/−				民俗例・常設9艘・収庫18艘
到道博物館刳舟	鶴岡市家中新町	到道博物館	−	1505/320/−/−				民俗例・庄内浜オオブネ
到道博物館刳舟	鶴岡市家中新町	到道博物館	−	813/117/64/−				民俗例・飛鳥マブネ3艘
中田浦遺跡(1)	鮑海郡遊佐町	−		140.6/56/−/−			平安時代(9C後半)	井戸転用(SE15)A区
中田浦遺跡(2)	鮑海郡遊佐町	−		137.5/50/−/−			平安時代(9C後半)	井戸転用(SE15)A区
中田浦遺跡(3)	鮑海郡遊佐町	−		131/43.7/−/−			平安時代(9C後半)	井戸転用(SE15)A区
中田浦遺跡(4)	鮑海郡遊佐町	−		122/43.7/−/−			平安時代(9C後半)	井戸転用(SE15)A区

第3部 〈附編〉舟・船舶関係資料一覧

出土遺跡名・所蔵名	所在地（現・前出土地等）	保管（保存・所有・所蔵）	発掘発見年	計測（全長/幅/深/厚cm）	材質	型式	時期	特記項目
中田浦遺跡(5)	飽海郡遊佐町	－	－	140.6 / 51.6 / － / －	－	－	平安時代（9C後半）	井戸転用（SE15)A区
中田浦遺跡(6)	飽海郡遊佐町	－	－	137.5 / 34.4 / － / －	－	－	平安時代（9C後半）	井戸転用（SE15)A区
中田浦遺跡(7)	飽海郡遊佐町	－	－	134 / 25 / － / －	－	－	平安時代（9C後半）	井戸転用（SE15)A区
中田浦遺跡(8)	飽海郡遊佐町	－	－	112.5 / 50 / － / －	－	－	平安時代（9C後半）	井戸転用（SE15)A区
大在家遺跡	東置賜郡高畠町	－	－	－ / － / － / －	－	－	飛鳥時代（7C〜9C）	田舟

福島県の刳舟

出土遺跡名・所蔵名	所在地（現・前出土地等）	保管（保存・所有・所蔵）	発掘発見年	計測（全長/幅/深/厚cm）	材質	型式	時期	特記項目
矢王遺跡	会津若松市高野町	－	－	253 / 57 / － / 5	スギ	－	奈良時代〜平安時代	井戸転用（A1・SE1)
猪苗代湖刳舟	耶麻郡猪苗代町	－	－	－ / － / － / －	コナラ	－	－	民俗例
井田川浦刳舟	南相馬市小高区	－	－	－ / － / － / －	スギ	折衷型	明治時代	民俗例・ドンボブネ
福浦村刳舟	双葉郡福浦村	－	－	－ / － / － / －	スギ	－	現代	民俗例・井田川浦使用

茨城県の刳舟

出土遺跡名・所蔵名	所在地（現・前出土地等）	保管（保存・所有・所蔵）	発掘発見年	計測（全長/幅/深/厚cm）	材質	型式	時期	特記項目
榎浦干拓地出土刳舟	稲敷市榎浦干拓地	－	－	－ / － / － / －	マツ	－	－	
岡堰小貝川底出土刳舟	取手市岡堰小貝川底	－	1978	1097 / 80 / 25 ? / －	－	－	－	
大曲小貝川底出土刳舟	取手市大曲小貝川底	－	1978	850 ? / 63 / 24 / －	ハリギリ	凹字型	－	
高須出土刳舟	取手市高須小貝川底	－	－	－ / － / － / －	－	－	－	埋没
細野出土刳舟(1)	常総市豊岡町細野	－	－	－ / － / － / －	マツ	－	－	
細野出土刳舟(2)	常総市豊岡町細野	－	－	－ / － / － / －	ハリギリ	－	－	

群馬県の刳舟

出土遺跡名・所蔵名	所在地（現・前出土地等）	保管（保存・所有・所蔵）	発掘発見年	計測（全長/幅/深/厚cm）	材質	型式	時期	特記項目
日高遺跡	高崎市日高町	－	－	－ / － / － / －	サイカチ	－	－	

埼玉県の刳舟

出土遺跡名・所蔵名	所在地（現・前出土地等）	保管（保存・所有・所蔵）	発掘発見年	計測（全長/幅/深/厚cm）	材質	型式	時期	特記項目
一本木出土刳舟	川越市古谷本郷字一本木	－	1960	622 / 60 / 18 / －	モミ	－	－	
伊奈村出土刳舟[M]	北足立郡伊奈町	－	－	－ / － / － / －	－	－	－	
下戸田出土刳舟[M]	戸田市下戸田	－	－	300 ? / 30 ? / － / －	マツ	－	－	戸田競艇場付近
染谷出土刳舟(1)	北足立郡美園村染谷	－	－	－ / － / － / －	カヤ	－	－	
染谷出土刳舟(2)	北足立郡美園村染谷	－	－	－ / － / － / －	カヤ	－	－	

X　舟船関係出土史料集成（1　刳舟史料）

出土遺跡名・所蔵名	所在地（現・前出土地等）	保管（保存・所有・所蔵）	発掘発見年	計測（全長/幅/深/厚cm）	材質	型式	時期	特記項目
染谷出土刳舟(3)	北足立郡美園村染谷	－	－	－/－/－/－	カヤ	－	－	
染谷出土刳舟(4)	北足立郡美園村染谷	－	－	－/－/－/－	クリ	－	－	
蓮田出土刳舟	蓮田市蓮田	国学院大学	－	－/－/－/－	アカマツ	－	－	
元荒川川底出土刳舟[60]	さいたま市岩槻区岩槻	金井益二郎	1951	843/67/24/2.8	アカマツ	折衷型	－	艪3段

千葉県の刳舟

出土遺跡名・所蔵名	所在地（現・前出土地等）	保管（保存・所有・所蔵）	発掘発見年	計測（全長/幅/深/厚cm）	材質	型式	時期	特記項目
利根川流域刳舟	香取市佐原	千葉県立中央博物館大利根分館	－	－/－/－/－	－	サッパ	現代	民俗例・サッパ
利根川流域刳舟	野田市関宿三軒家	千葉県立関宿城博物館	－	－/－/－/－	－	サッパ	現代	民俗例・サッパ

東京都の刳舟

出土遺跡名・所蔵名	所在地（現・前出土地等）	保管（保存・所有・所蔵）	発掘発見年	計測（全長/幅/深/厚cm）	材質	型式	時期	特記項目
東京大学所蔵刳舟[64]	目黒区駒場	東京大学人類学数室	－	－/－/－/－	ラワン	－	－	南洋産

神奈川県の刳舟

出土遺跡名・所蔵名	所在地（現・前出土地等）	保管（保存・所有・所蔵）	発掘発見年	計測（全長/幅/深/厚cm）	材質	型式	時期	特記項目
山西宮上出土刳舟	足柄下郡下中村山西宮上	川匂神社	－	－/－/－/－	スギ	－	－	国学院大学資料
上府中村出土刳舟	足柄下郡上府中村千代	富田千春	1952	155/30/－/－	スギ	－	－	慶應義塾大学資料

山梨県の刳舟

出土遺跡名・所蔵名	所在地（現・前出土地等）	保管（保存・所有・所蔵）	発掘発見年	計測（全長/幅/深/厚cm）	材質	型式	時期	特記項目
山中湖宮ノ前発見刳舟[36]	南都留郡山中湖村	山中ホテル	1930	624/55/42/1.3	ケヤキ	－	－	舳艫高
河口湖河口村出土刳舟[37]	南都留郡富士河口湖町	浅間神社	－	550/30/7/5	ツガ	割竹型	－	鉄釘
河口湖北岸出土刳舟[38]	南都留郡富士河口湖町	浅間神社	－	555/50/10/7.7	ツガ	割竹型	－	
西湖西北岸出土刳舟[35]	南都留郡富士河口湖町	西湖東南岸文化洞	1924	615/75/51/1.5	ツガ	－	－	艪1段・鉄釘
西湖東南岸出土刳舟[39]	南都留郡富士河口湖町	西湖村	1925	600/80/30/－	イバラ	－	－	先端板状
西湖長崎出土刳舟	南都留郡富士河口湖町	－	1956	728/78/－/－	－	－	－	
本栖湖東岸出土刳舟[34]	南都留郡富士河口湖町	－	1927	951/120/75/1.6	コナラ	－	－	鉄釘
西湖湖底	南都留郡富士河口湖町	－	1982	1120/－/－/－	－	－	－	

長野県の刳舟

出土遺跡名・所蔵名	所在地（現・前出土地等）	保管（保存・所有・所蔵）	発掘発見年	計測（全長/幅/深/厚cm）	材質	型式	時期	特記項目
木崎湖湖畔出土刳舟(1)	北安曇郡平村木崎湖	松本市立博物館	1949	245/48/－/3～6	アオナシ	割竹型	－	
木崎湖湖畔出土刳舟(2)	北安曇郡平村木崎湖	宮下豪夫	1954	263/67/－/－	クリ	割竹型	－	
木崎湖湖畔出土刳舟(3)	北安曇郡平村木崎湖	－	1954	－/－/－/－	クリ	－	－	

第3部 〈附編〉 舟・船舶関係資料一覧

出土遺跡名・所蔵名	所在地(現・前出土地等)	保管(保存・所有・所蔵)	発掘発見年	計測(全長/幅/深/厚cm)	材質	型式	時期	特記項目
木崎湖湖畔出土刳舟(4)	北安曇郡平村木崎湖	-	1954	-/-/-/-	クリ	-	-	
木崎湖刳舟	北安曇郡平村木崎湖	田中阿歌麿確認	-	545/91/45/3	-	-	近代	民俗例・リュウセン
青木湖刳舟破片	大町市平青木	田中阿歌麿	-	-/-/-/-	-	割竹型	近代	民俗例・トッコ
青木湖刳舟	大町市平青木	田中阿歌麿確認	-	-/-/-/-	-	-	近代	民俗例・リュウセン
中綱湖刳舟	大町市北部	田中阿歌麿確認	-	-/-/-/-	-	-	近代	民俗例・リュウセン

新潟県の刳舟

出土遺跡名・所蔵名	所在地(現・前出土地等)	保管(保存・所有・所蔵)	発掘発見年	計測(全長/幅/深/厚cm)	材質	型式	時期	特記項目
駒首潟遺跡	新潟市江南区東早通	-	-	246/51/-/-	スギ	-	-	
小丸山遺跡	新潟市江南区大江山	新潟市埋蔵文化財センター	-	67/-/-/-	-	-	平安時代(9C~10C)	井戸転用・チキリ
亀田郷(土地改良区)田舟	新潟市江南区東早通	亀田郷土地改良区芦沼館	-	315/43/-/-	-	-	昭和30年代	民俗例・キッツォ
亀田郷田舟	新潟市江南区東早通	亀田郷土地改良区芦沼館	-	150/40/20/-	-	-	-	民俗例・全5点収蔵
蒲原地域田舟	新潟市江南区沢梅	北方文化博物館	-	-/-/-/-	-	刳抜型	大正時代	民俗例
下前川原遺跡(1)	新潟市北区三ッ森川原	-	-	275/78/40/2~4	-	U字型	鎌倉時代(13C)	井戸転用
下前川原遺跡(2)	新潟市北区三ッ森川原	-	-	224/70~78/44/2~3	-	U字型	鎌倉時代(13C)	井戸転用
下前川原遺跡(3)	新潟市北区三ッ森川原	-	-	223/70~79/50/2~3	-	U字型	鎌倉時代(13C)	井戸転用
豊栄町田舟	新潟市北区嘉山	新潟市北区郷土博物館	-	330/50/29/-	-	-	-	民俗例・クリブネ
福島潟(復元)刳舟	新潟市北区新鼻	中川造船鉄工所	-	730/98/31/-	-	-	-	民俗例・ハンリョウ
山木戸遺跡(1)	新潟市東区山木戸	新潟市教育委員会	-	89/78/45/2~4	-	平底型	鎌倉時代(14C中)	釘穴・タタラ(SE14)
山木戸遺跡(2)	新潟市東区山木戸	新潟市教育委員会	-	91/72/43/2~4	-	平底型	鎌倉時代(14C中)	
緒立C遺跡	新潟市西区黒鳥	-	-	-/-/-/-	-	-	-	井戸転用
内野浜(上・中越)刳舟	新潟市西区木場	旧木場小学校(閉校)	-	-/-/-/-	-	-	-	民俗例・ドブネ
板井(西区)田舟	新潟市西区板井	新潟市歴史博物館	-	280/70/27/-	-	-	-	民俗例・キッツォ
黒崎町木場田舟	新潟市西区緒立流通	黒崎常民文化史料館	-	180/90/39/-	-	-	-	民俗例・オシアゲフネ
馬場屋敷遺跡	新潟市南区庄瀬	-	-	-/-/-/-	-	-	江戸時代(19C)	井戸転用
川根A遺跡	新潟市秋葉区川根	北方文化博物館	-	797/87.8/-/-	-	-	-	井戸転用
沖ノ羽遺跡	新潟市秋葉区	-	-	245/-/-/-	-	-	平安時代(9C)	井戸転用

X　舟船関係出土史料集成（1 刳舟史料）

出土遺跡名・所蔵名	所在地（現・前出土地等）	保管（保存・所有・所蔵）	発掘発見年	計測（全長/幅/深/厚cm）	材質	型式	時期	特記項目
山谷北遺跡	新潟市秋葉区山谷町	新潟市埋蔵文化財センター	－	400/60/-/-	広葉樹	－	不明	
大沢谷内遺跡	新潟市秋葉区天ヶ沢新田	－	－	-/-/-/-	－	－	奈良時代(7C後～9C)	井戸転用
島屋野潟田舟	新潟市中央区女池	新潟市歴史博物館	－	364/69.3/32/-	－	－	－	民俗例・キツツォ
新潟浜刳舟	新潟市中央区信濃川河口	新潟市歴史博物館	－	804/110/60/-	－	－	大正時代	民俗例・チョロ
横越村田舟	新潟市横越村	－	－	-/-/-/-	－	－	－	民俗例・クリブネ
石花の浦刳舟	佐渡市石花	－	1963	165/36/-/-	－	－	－	馬場遺跡付近
半ノ木遺跡	三条市岡野新田	三条市教育委員会	1972	114/-/-/-	－	－	平安時代(9C)	井戸転用
下田郷(五十嵐川流域)刳舟	三条市下田村	三条市下田郷資料館	－	-/-/-/-	－	－	－	民俗例・キツツォ
住吉遺跡	新発田市中島字住吉	－	－	-/-/-/-	－	－	鎌倉時代(13C～14C前半)	井戸転用
曽根遺跡	新発田市竹俣万代	－	－	-/-/-/-	－	－	平安時代(9C)	井戸転用・チキリ
木崎山遺跡	上越市吉川区	－	－	84/-/-/-	－	－	平安時代	カスガイ
古川遺跡(1)	上越市吉川区大乗寺	－	－	158/74/42/4.5～7.5	－	U字型	平安時代(10C～11C)	井戸枠転用(SE14)・横梁帯
古川遺跡(2)	上越市吉川区大乗寺	－	－	132/86/47.5/3.5～4	－	U字型	－	
夷浜刳舟	上越市夷浜	新潟市歴史博物館	－	1000/145/60/-	－	－	－	民俗例・ドブネ
土底浜(上・中越)刳舟	上越市大潟区土底浜	上越市水族博物館	－	1100/130/50/4～5	－	－	明治34年	民俗例・ドブネ・佐藤亀作
土底浜(上・中越)刳舟	上越市大潟区土底浜	上越市大潟地区公民館	－	-/-/-/-	－	－	大正・昭和期	民俗例・ドブネ・2艘
大潟町田舟	上越市大潟区土底浜	上越市大潟地区公民館	－	-/-/-/-	－	－	－	民俗例・タブネ
大潟地区田舟	上越市大潟地区	上越市大潟地区公民館	－	-/-/-/-	－	－	－	民俗例・タブネ
蔵ノ坪遺跡	胎内市大字船戸字蔵ノ坪	新潟県教育委員会	2001	100/32/15/9.2	スギ	－	平安時代	SD264
野地遺跡	胎内市八幡	－	－	-/-/-/-	－	－	不明	
門新遺跡	長岡市上桐	－	－	-/-/-/-	－	－	平安時代(10C)	
中蒲原郡小合村刳舟[59]	中蒲原郡小合村川根	丸山泰一郎	1951	807/95/43/-	スギ	V字型	－	
五分一刳舟	長岡市泊五分一	－	－	-/-/-/-	トチノキ	－	近代？	
硲田刳舟	長岡市泊硲田	－	－	-/-/-/-	トチノキ	－	近代？	
中・西頸城地方刳舟	糸魚川市横町	糸魚川公民館	－	1001/130/60/-	－	－	昭和24年	民俗例・ドブネ・永越猪之松

第3部 〈附編〉舟・船舶関係資料一覧

出土遺跡名・所蔵名	所在地（現・前出土地等）	保管（保存・所有・所蔵）	発掘発見年	計測（全長/幅/深/厚cm）	材質	型式	時期	特記項目
藤塚浜刳舟	新発田市藤塚浜	紫雲寺漁村民俗資料館	－	560 / 180 / 70 / －	－	－	－	民俗例・サンパ・3艘
寺泊田舟	長岡市寺泊（大河津分水河口）	新潟市歴史博物館	－	906.5 / 82.5 / 60.5 / －	－	二枚棚	－	民俗例・マルキ
三面川朝日村刳舟（復元）	村上市岩崩	奥三面歴史交流館	－	－ / － / － / －	トチノキ	－	1982年	民俗例・クリブネ
三面川朝日村刳舟	村上市	村上市郷土資料館おしゃぎり会館	－	－ / － / － / －	－	－	現代	民俗例・クリブネ
亀塚浜刳舟	北蒲原郡聖籠町位守町	聖籠町位守山史跡公園	－	－ / － / － / －	－	－	－	民俗例・サンパ
聖籠町田舟	北蒲原郡聖籠町網代浜	聖籠町民俗資料館	－	260 / 76 / 28 / －	－	－	－	民俗例・タブネ
刈羽村田舟	刈羽郡刈羽村	刈羽村民俗資料収納庫	－	－ / － / － / －	－	－	－	民俗例・タブネ
田上町田舟	南蒲原郡田上町大字田上	田上町歴史民俗資料館	－	320 / 45 / 25 / －	－	－	－	民俗例・クリブネ
石船戸東遺跡(1)	阿賀野市大字百津	新潟県埋蔵文化財調査事業団	2016	207～/ － / － / －	－	凹字型	鎌倉時代（13C後半）	井戸転用
石船戸東遺跡(2)	阿賀野市大字百津	新潟県埋蔵文化財調査事業団	2016	207～/ － / － / －	－	凹字型	鎌倉時代（13C後半）	井戸転用

富山県の刳舟

出土遺跡名・所蔵名	所在地（現・前出土地等）	保管（保存・所有・所蔵）	発掘発見年	計測（全長/幅/深/厚cm）	材質	型式	時期	特記項目
東木津遺跡	高岡市木津	－	2001	430 / 20～50 / － / 5	－	－	奈良時代～平安時代	
鞍川D遺跡(1)	氷見市鞍川	－	2003	166.8 / 102 / 68.8 / 60	スギ	－	平安時代～鎌倉時代	井戸転用
鞍川D遺跡(2)	氷見市鞍川	－	2003	178.4 / 96.8 / 60 / 50	スギ	－	平安時代～鎌倉時代	井戸転用
中尾新保谷内遺跡	氷見市中尾字寺尾	－	－	72 / 90 / 50 / －	スギ	－	平安時代（12C～13C）	井戸転用

石川県の刳舟

出土遺跡名・所蔵名	所在地（現・前出土地等）	保管（保存・所有・所蔵）	発掘発見年	計測（全長/幅/深/厚cm）	材質	型式	時期	特記項目
白江梯川遺跡(1)	小松市白江町	石川県教育委員会	－	136 / 66 / － / 6	－	－	平安時代後期	井戸転用（第15号）
白江梯川遺跡(2)	小松市白江町	石川県教育委員会	－	128 / 68 / － / 6	－	－	平安時代後期	井戸転用（第15号）
白江梯川遺跡(1)	小松市白江町	石川県教育委員会	－	222.4 / 81 / － / 7.2	－	－	中世	井戸転用（第20号）
白江梯川遺跡(2)	小松市白江町	石川県教育委員会	－	226.8 / 58 / － / 7	－	－	中世	井戸転用（第20号）
白江梯川遺跡(3)	小松市白江町	石川県教育委員会	－	224.2 / 76.6 / － / 7.6	－	－	中世	井戸転用（第20号）
白江梯川遺跡(4)	小松市白江町	石川県教育委員会	－	217.6 / 77.4 / － / 5.6	－	－	中世	井戸転用（第20号）
佐々木遺跡(1)	小松市佐々木町	小松市教育委員会	－	227.2 / 75.6 / 37.6 / 2～5	スギ	U字型	平安時代（10C前～中）	井戸転用（SE02）
佐々木遺跡(2)	小松市佐々木町	小松市教育委員会	－	233.4 / 85.6 / 43.6 / 2～5	スギ	U字型	平安時代（10C前～中）	井戸転用（SE02）
額見町遺跡(1)	小松市額見町	小松市教育委員会	－	159 / 94 / 11 / －	スギ？	－	平安時代	井戸転用・艫部（SE03）

X　舟船関係出土史料集成（1　刳舟史料）

出土遺跡名・所蔵名	所在地（現・前出土地等）	保管（保存・所有・所蔵）	発掘発見年	計測（全長/幅/深/厚cm）	材質	型式	時期	特記項目
額見町遺跡(2)	小松市額見町	小松市教育委員会	－	178/100～106/12～13/－	スギ？	－	平安時代	井戸転用・舳先(SE03)
能登国分寺	七尾市国分町り部	七尾市教育委員会	－	－/－/－/－			平安時代末期	井戸転用(SEI)
三引遺跡	七尾市三引町	七尾市教育委員会	－	46.3/26.1/－/15.9			奈良時代～中世	自然河道
雨谷遺跡	羽咋郡志賀町雨谷			－/－/－/－				福野潟
波並刳舟	鳳珠郡能登町波並	能登町真脇遺跡縄文館	1998	1430/210/90/17～18			1963年	民俗例・ドブネ
宇出津刳舟	鳳珠郡能登町宇出津	能登町歴史民俗資料館		－/－/－/－			－	民俗例・ドブネ

福井県の刳舟

出土遺跡名・所蔵名	所在地（現・前出土地等）	保管（保存・所有・所蔵）	発掘発見年	計測（全長/幅/深/厚cm）	材質	型式	時期	特記項目
和田防町遺跡(1)	福井市和田中町	－	1986	175/113/21/－			奈良時代	井戸転用
和田防町遺跡(2)	福井市和田中町	－	1986	172/113/18/－			奈良時代	井戸転用

静岡県の刳舟

出土遺跡名・所蔵名	所在地（現・前出土地等）	保管（保存・所有・所蔵）	発掘発見年	計測（全長/幅/深/厚cm）	材質	型式	時期	特記項目
巴川遺跡	静岡市北脇新田	清水市埋蔵文化財センター	1990	515/127/64/9～13	クスノキ	凹字型	中・近世	
長崎遺跡	静岡市清水区長崎新田			－/－/－/－			－	
曲金遺跡	静岡市駿河区曲金			－/－/－/－			－	田舟？
岳美遺跡	静岡市葵区北安東			－/－/－/－			平安時代	田舟
梶子北遺跡	浜松市中区西伊場町	－		－/－/－/－			奈良時代中期	井戸転用(SE305)6点

愛知県の刳舟

出土遺跡名・所蔵名	所在地（現・前出土地等）	保管（保存・所有・所蔵）	発掘発見年	計測（全長/幅/深/厚cm）	材質	型式	時期	特記項目
諸桑村出土刳舟[1]	愛西市諸桑町	満成寺	1838	2100/180/－/－	クスノキ	鰹節型	奈良時代	『尾張名所図会』
諸桑満成寺刳舟(6)	愛西市諸桑町	佐織町中央公民館	1938	残欠/－/－/－	クスノキ		奈良時代	舳先・秘仏

三重県の刳舟

出土遺跡名・所蔵名	所在地（現・前出土地等）	保管（保存・所有・所蔵）	発掘発見年	計測（全長/幅/深/厚cm）	材質	型式	時期	特記項目
筋違遺跡	松阪市嬉野新屋庄町筋違	－	－	－/－/－/－			奈良時代	溝(SD27)
菰野町出土刳舟	四日市市西菰野赤川	菰野町千種幼稚園	1978	468/60～72/－/－	スギ			
海の博物館刳舟	鳥羽市浦村町大吉	南勢町田曽浦宿田曽中学校	1955	－/－/－/－			近代	パプアニューギニア(No.1086)
海の博物館刳舟	鳥羽市浦村町大吉	南勢町田曽浦宿田曽中学校	1955	－/－/－/－			近代	パプアニューギニア(No.1885)
海の博物館刳舟	鳥羽市浦村町大吉	志摩市志摩町和具 田辺勇輔	1985	－/－/－/－	スギ		近代	太平洋上(No.34210)
海の博物館刳舟	鳥羽市浦村町大吉	志摩市志摩町和具 田辺勇輔	1975	－/－/－/－			近代	フィリピン・マジョロ島(No.34211)

第3部 〈附編〉舟・船舶関係資料一覧

出土遺跡名・所蔵名	所在地（現・前出土地等）	保管（保存・所有・所蔵）	発掘発見年	計測（全長/幅/深/厚cm）	材質	型式	時期	特記項目

滋賀県の刳舟

出土遺跡名・所蔵名	所在地	保管	発掘発見年	計測	材質	型式	時期	特記項目
野田沼遺跡	野洲市須原	－	1957	230 / 54.4 / 9 / 3～5	スギ	準構造舟	平安時代後期	舟首底部
塩津港遺跡	長浜市西浅井町塩津浜地先	－	2015	205 / 58 / － / 11	針葉樹	－	平安時代後期	舷側板

京都府の刳舟

出土遺跡名・所蔵名	所在地	保管	発掘発見年	計測	材質	型式	時期	特記項目
若狭湾刳舟	舞鶴市田井	京都府立丹後郷土資料館	－	670 / 90 / 43 / 5～6	スギ	平底型	中世？	宮津水産試験場
丹後町間人刳舟	京丹後市丹後町間人	－		480 / 96 / － / －	－	－	現代	民俗例・チョキ
久美浜町湊刳舟	京丹後市久美浜町	－		493 / 91.5 / － / －	－	－	現代	民俗例・マルコ
溝尻刳舟	宮津市溝尻			－ / － / － / －	－	－	明治後期	民俗例・トモブト
巨椋池刳舟	久世郡久御山町	久御山町公民館		482 / 119.5 / 23 / －	－	－	－	民俗例・ヒトカワ
伊根町刳舟	与謝郡伊根町	－		840 / 240 / 120 / －	－	－	明治後期	民俗例・ダイアミ舟
伊根町刳舟	与謝郡伊根町	伊根漁業協同組合		754 / 106 / 57 / －	－	－	現代	民俗例・トモブト
伊根町刳舟	与謝郡伊根町	伊根漁業協同組合		515 / 113 / 50 / －	－	－	現代	民俗例・チョロ
北金岐遺跡	亀岡市大井町北金岐			120 / － / 20 / －	－	－	弥生時代後期	溝・田舟

大阪府の刳舟

出土遺跡名・所蔵名	所在地	保管	発掘発見年	計測	材質	型式	時期	特記項目
船出町遺跡	大阪市浪速区難波中	－	1878	1150 / 120 / 55 / －	クスノキ	複材	奈良時代	鼬川跡・準構造舟？
豊里菅原遺跡	大阪市東淀川区豊里	－	1937	450～ / 99～ / － / －	スギ	複材	奈良時代末期	
船津橋遺跡	大阪市福島区下福島	大阪市	1930	632 / 115 / 25 / －	ラワン	単材	－	
加美遺跡	大阪市平野区加美西口	－	1935	116 / 34 / － / －	クスノキ	単材	奈良時代	
長原遺跡	大阪市平野区長原	－		－ / － / － / －	－	－	飛鳥時代後期	(SE601)
宰相山遺跡	大阪市天王寺区真田山	－	1938	406 / 70 / 30 / －	クスノキ	単材	奈良時代	
大阪市港区	大阪市港区天保町	－	1922	－ / － / － / －	クスノキ	複材	－	
今福西遺跡	大阪市城東区今福西	－	1917	1346 / 189 / 81 / －	クスノキ	複材	奈良時代	準構造舟？
大今里遺跡	大阪市東成区大今里	大阪市	1955	1021 / 114 / 56 / －	クスノキ	複材	奈良時代末期	
船津橋遺跡	大阪市福島区船津橋	－	1929	642 / 127 / － / －	クスノキ	単材	奈良時代	
天神橋遺跡	大阪市北区菅原町	－	1932	775 / 38 / 67 / －	クスノキ	平底箱型	奈良時代	

—272—

Ⅹ　舟船関係出土史料集成（1 刳舟史料）

出土遺跡名・所蔵名	所在地（現・前出土地等）	保管（保存・所有・所蔵）	発掘発見年	計測（全長/幅/深/厚cm）	材質	型式	時期	特記項目
鷺州遺跡	大阪市北区大淀中	－	1932	1170 / 177 / － / －	クスノキ	割竹型	奈良時代	
八ヶ新田遺跡	大東市八ヶ新田	－	1971	1500 / 70 / － / －	ハリギリ	－	－	原木可能性
高槻城三ノ丸跡	高槻市城内町	高槻市	－	148.5～150.5 / 28～45 / － / 5～6.7	スギ	－	奈良時代(8C後半～9C)	部材16枚・焦燥痕跡
讃良郡条里遺跡(1)	寝屋川市高宮・小路地区	－	2002	74.8 / 34.4 / － / 4.8	スギ	－	平安時代前期	(SE13)
讃良郡条里遺跡(2)	寝屋川市高宮・小路地区	－	2002	82.4 / 23.8 / － / 7.8	スギ	－	平安時代前期	(SE13)
讃良郡条里遺跡(3)	寝屋川市高宮・小路地区	－	2002	83 / 39 / － / 9.5	スギ	－	平安時代前期	舟底部(SE13)
讃良郡条里遺跡(4)	寝屋川市高宮・小路地区	－	2002	67 / 9 / － / 4.8	スギ	－	平安時代前期	(SE13)
讃良郡条里遺跡(5)	寝屋川市高宮・小路地区	－	2002	79.6 / 29.6 / － / 5.8	ヒノキ	－	平安時代前期	(SE13)
讃良郡条里遺跡(6)	寝屋川市高宮・小路地区	－	2002	75.4 / 24 / － / 5	スギ	－	平安時代前期	(SE13)
誉田白鳥遺跡(1)	羽曳野市誉田	－	1972	－ / 110 / － / 9			奈良時代後期	舟底部(C・SE4713)
誉田白鳥遺跡(2)	羽曳野市誉田	－	1972	158.6 / 51～57 / － / 7.3			奈良時代後期	舟底部(C・SE4713)
野々上遺跡(1)	羽曳野市野々上	－	1992	500 / 104 / － / －			奈良時代(8C前半)	舟底部(SE01)
野々上遺跡(2)	羽曳野市野々上	－	1992	328 / 128 / － / －			奈良時代(8C前半)	舟底部(SE01)
西堤遺跡	東大阪市西堤	－	1968	650～ / － / － / －	クスノキ	単材	－	
楠葉中之芝遺跡(1)	枚方市楠葉中之芝	枚方市文化財研究調査会	2012	258 / 106 / － / －	スギ	－	鎌倉時代前半	舟底部
楠葉中之芝遺跡(2)	枚方市楠葉中之芝	枚方市文化財研究調査会	2012	216 / 93.6 / － / －	スギ	－	鎌倉時代前半	舟底部
はざみ山遺跡(1)	藤井寺市藤井寺公園	－	2002	53.5 / 28.5 / － / －	スギ	－	飛鳥時代後半	舟底部？(SE142)
はざみ山遺跡(2)	藤井寺市藤井寺公園	－	2002	89.3 / 34.5 / － / －	スギ	－	飛鳥時代後半	(SE142)
はざみ山遺跡(3)	藤井寺市藤井寺公園	－	2002	55.9 / 39.2 / － / －	スギ	－	飛鳥時代後半	(SE142)
はざみ山遺跡(4)	藤井寺市藤井寺公園	－	2002	87 / 28 / － / －	スギ	－	飛鳥時代後半	(SE142)
はざみ山遺跡(5)	藤井寺市藤井寺公園	－	2002	207 / 84.5 / － / 8.3	スギ	－	飛鳥時代後半	舟底部？(SE142)
はざみ山遺跡(6)	藤井寺市藤井寺公園	－	2002	223 / 85.7 / － / 12	スギ	－	飛鳥時代後半	舟底部？(SE142)
はざみ山遺跡(1)	藤井寺市藤井寺公園	－	2002	250 / 60 / － / 8	スギ	－	飛鳥時代後半	(SE405)
はざみ山遺跡(2)	藤井寺市藤井寺公園	－	2002	250 / 35 / － / 8	スギ	－	飛鳥時代後半	舷側板？(SE405)
はざみ山遺跡(3)	藤井寺市藤井寺公園	－	2002	260 / 35 / － / －	スギ	－	飛鳥時代後半	(SE405)

—273—

第 3 部 〈附編〉舟・船舶関係資料一覧

出土遺跡名・所蔵名	所在地（現・前出土地等）	保管（保存・所有・所蔵）	発掘発見年	計測（全長／幅／深／厚cm）	材質	型式	時期	特記項目
はざみ山遺跡(4)	藤井寺市藤井寺公園	－	2002	255 / 52 / － / －	スギ	－	飛鳥時代後半	(SE405)
はざみ山遺跡(5)	藤井寺市藤井寺公園	－	2002	35.6 / 15 / － / －	スギ	－	飛鳥時代後半	(SE405)
はざみ山遺跡(6)	藤井寺市藤井寺公園	－	2002	42.8 / 24 / － / －	スギ	－	飛鳥時代後半	(SE405)
はざみ山遺跡(7)	藤井寺市藤井寺公園	－	2002	34 / 19.6 / － / －	スギ	－	飛鳥時代後半	(SE405)
大堀城跡遺跡(1)	松原市大堀町	－	－	261 / 98 / － / 10	－	－	平安時代前期	舟底部(A-3)
大堀城跡遺跡(2)	松原市大堀町	－	－	259 / 84 / － / 12	－	－	平安時代前期	舟底部(A-3)
大堀城跡遺跡(3)	松原市大堀町	－	－	95 / 32 / － / －	－	－	平安時代前期	(A-3)
萱振遺跡(1)	八尾市萱振	－	1982	140 / 140 / 50 / －	－	－	奈良時代	舷側板
萱振遺跡(2)	八尾市萱振	－	1982	140 / 140 / 50 / －	－	－	奈良時代	舷側板
太子堂遺跡(1)	八尾市東太子	－	1983	129 / 74 / － / 9	－	－	奈良時代	舟底部(SE201)
太子堂遺跡(2)	八尾市東太子	－	1983	113 / 50 / － / 10	－	－	奈良時代	舟底部(SE201)
太子堂遺跡(3)	八尾市東太子	－	1983	155 / 65.5 / － / －	－	－	奈良時代	舟底部(SE201)
太子堂遺跡(1)	八尾市東太子	－	1983	172.4 / 38 / － / 6.5	－	－	奈良時代	舟底部(SE202)
太子堂遺跡(2)	八尾市東太子	－	1983	162 / 58.6 / － / －	－	－	奈良時代	舟底部(SE202)
太子堂遺跡(3)	八尾市東太子	－	1983	155 / 60 / － / －	－	－	奈良時代	舟底部(SE202)
久宝寺遺跡(1)	八尾市亀井(渋川)	－	1999	83 / 64 / － / －	スギ	－	奈良時代前半	舟底部？(SE3003)
久宝寺遺跡(2)	八尾市亀井(渋川)	－	1999	89 / 48 / － / －	スギ	－	奈良時代前半	舟底部？(SE3003)
久宝寺遺跡(3)	八尾市亀井(渋川)	－	1999	80 / 57 / － / －	スギ	－	奈良時代前半	舟底部？(SE3003)
久宝寺遺跡(4)	八尾市亀井(渋川)	－	1999	87 / 52 / － / －	スギ	－	奈良時代前半	(SE3003)
久宝寺遺跡(5)	八尾市亀井(渋川)	－	1999	92 / 59 / － / －	スギ	－	奈良時代前半	(SE3003)
久宝寺遺跡(6)	八尾市亀井(渋川)	－	1999	82 / 55 / － / －	スギ	－	奈良時代前半	(SE3003)
東弓削遺跡	八尾市都塚	八尾市文化財調査研究会	2017	－ / 60～100 / － / 10～14	－	U字型	－	井戸転用
奄美大島刳舟	豊中市服部緑地	日本民家集落博物館	－	－ / － / － / －	－	－	現代	民俗例・サバ二

兵庫県の刳舟

出土遺跡名・所蔵名	所在地（現・前出土地等）	保管（保存・所有・所蔵）	発掘発見年	計測（全長／幅／深／厚cm）	材質	型式	時期	特記項目
二葉町遺跡(1)	神戸市長田区二葉町	神戸市埋蔵文化財センター	1996	200 / 80 / 45 / －	クスノキ	－	鎌倉時代(13C中)	井戸転用(SE306)

X　舟船関係出土史料集成（1 刳舟史料）

出土遺跡名・所蔵名	所在地（現・前出土地等）	保管（保存・所有・所蔵）	発掘発見年	計測（全長 / 幅 / 深 / 厚cm）	材質	型式	時期	特記項目
二葉町遺跡(2)	神戸市長田区二葉町	神戸市埋蔵文化財センター	1996	200 / 70 / 50 / −	クスノキ	−	鎌倉時代（13C中）	井戸転用（SE306）
神戸ハーバーランド遺跡(1)	神戸市中央区東川崎町	−	1907	348 / 40 / − / 12	トガ	和船	江戸時代末	和船舟底部
神戸ハーバーランド遺跡(2)	神戸市中央区東川崎町	−	1907	416 / 66 / − / 11	トガ	和船	江戸時代末	和船板材
神戸ハーバーランド遺跡(3)	神戸市中央区東川崎町	−	1907	403 / 67 / − / 12	トガ	和船	江戸時代末	和船板材
神戸ハーバーランド遺跡(4)	神戸市中央区東川崎町	−	1907	219 / 32 / − / 9	トガ	和船	江戸時代末	和船板材
淡河萩原遺跡(1)	神戸市北区淡河町	−	1990	178 / 82 / − / 6	広葉樹	−	平安時代（12C〜13C）	舟底部（SE01）
淡河萩原遺跡(2)	神戸市北区淡河町	−	1990	178 / 83 / − / 9	広葉樹	−	平安時代（12C〜13C）	舟底部（SE01）
淡河萩原遺跡(3)	神戸市北区淡河町	−	1990	185 / 84 / − / 4〜6	広葉樹	−	平安時代（12C〜13C）	舟底部（SE01）
佃遺跡	淡路市浦	−	1991	− / − / − / −	−	−	中世	刳舟転用（SE001）

鳥取県の刳舟

出土遺跡名・所蔵名	所在地（現・前出土地等）	保管（保存・所有・所蔵）	発掘発見年	計測（全長 / 幅 / 深 / 厚cm）	材質	型式	時期	特記項目
青谷上寺地遺跡	鳥取市青谷町	−	−	46 / 24.2 / 5.4 / −	−	−	−	(50854)
青谷上寺地遺跡	鳥取市青谷町	−	−	31.4 / 22.4 / 6.6 / −	−	−	−	(50774)
青谷上寺地遺跡	鳥取市青谷町	−	−	142 / 27.5 / 18.2 / −	−	−	−	(50853)
青谷上寺地遺跡	鳥取市青谷町	−	−	32.1 / 12.8 / 5.6 / −	−	−	−	(50761)
青谷上寺地遺跡	鳥取市青谷町	−	−	25.7 / 12.9 / 5.6 / −	−	−	−	(50777)
青谷上寺地遺跡	鳥取市青谷町	−	−	21.8 / 22.9 / 8.9 / −	−	−	−	7区(42324)
青谷上寺地遺跡	鳥取市青谷町	−	−	112.9 / 25 / 9 / −	−	−	−	7区(42323)
青谷上寺地遺跡	鳥取市青谷町	−	−	122.5 / 36.7 / 26.3 / −	−	−	−	7区(44127)
青谷上寺地遺跡	鳥取市青谷町	−	−	305.8 / 25.5 / 9.5 / −	−	−	−	(50860)

岡山県の刳舟

出土遺跡名・所蔵名	所在地（現・前出土地等）	保管（保存・所有・所蔵）	発掘発見年	計測（全長 / 幅 / 深 / 厚cm）	材質	型式	時期	特記項目
鹿田遺跡(1)	岡山市北区鹿田町	岡山大学	−	164 / 84 / 44 / 6	コウヤマキ	U字型	奈良時代（8C後半〜9C）	井戸転用
鹿田遺跡(2)	岡山市北区鹿田町	岡山大学	−	165 / 62 / 41 / 5	コウヤマキ	U字型	奈良時代（8C後半〜9C）	井戸転用
鹿田遺跡(3)	岡山市北区鹿田町	岡山大学	−	240 / 100 / 49 / 10〜11	スギ	U字型	奈良時代（8C後半）	井戸転用
鹿田遺跡(4)	岡山市北区鹿田町	岡山大学	−	235 / 90 / 40 / 6〜8	スギ	U字型	奈良時代（8C後半）	井戸転用
菅生小学校裏山遺跡	倉敷市西坂	−	−	− / − / − / −	−	−	奈良時代？	(SE1)

第3部　〈附編〉舟・船舶関係資料一覧

出土遺跡名・所蔵名	所在地(現・前出土地等)	保管(保存・所有・所蔵)	発掘発見年	計測(全長/幅/深/厚cm)	材質	型式	時期	特記項目

広島県の刳舟

出土遺跡名・所蔵名	所在地(現・前出土地等)	保管(保存・所有・所蔵)	発掘発見年	計測(全長/幅/深/厚cm)	材質	型式	時期	特記項目
七宝遺跡	三原市沼田東町七宝	三原市歴史民俗資料館	－	－ / － / － / －	ムクノキ	－	中世？	
草戸千軒町遺跡(1)	福山市草戸町	広島県立歴史博物館	－	287 / 17 / － / 5	－	－	室町時代	SX3491(269)
草戸千軒町遺跡(2)	福山市草戸町	－	－	288 / 36 / － / 7	－	－	室町時代	SX3491(270)
草戸千軒町遺跡(3)	福山市草戸町	－	－	90？/ － / － / 2	－	－	室町時代(15C中～16C初)	SE4470
草戸千軒町遺跡(4)	福山市草戸町	広島県立歴史博物館	1982	105 / 83 / 35 / 10～12	クスノキ	U字型	鎌倉時代(13C後半)	SE1900
草戸千軒町遺跡(5)	福山市草戸町	－	1982	103 / 76 / 29 / 6～8	クスノキ	U字型	鎌倉時代(13C後半)	SE1900
草戸千軒町遺跡(6)	福山市草戸町	－	1982	119 / 64 / 25 / 8～	クスノキ	U字型	鎌倉時代(13C後半)	SE1900

山口県の刳舟

出土遺跡名・所蔵名	所在地(現・前出土地等)	保管(保存・所有・所蔵)	発掘発見年	計測(全長/幅/深/厚cm)	材質	型式	時期	特記項目
江崎出土刳舟	萩市江崎	山口県立博物館収蔵庫	1958	697 / 83 / － / －	モミ	鰹節型	－	横梁帯3ヶ所

徳島県の刳舟

出土遺跡名・所蔵名	所在地(現・前出土地等)	保管(保存・所有・所蔵)	発掘発見年	計測(全長/幅/深/厚cm)	材質	型式	時期	特記項目
三谷遺跡[M](1)	徳島市水道三谷濾過池	－	1925	1300 / 151 / 90 / －	クスノキ	－	－	自然木？
三谷遺跡[M](2)	徳島市水道三谷濾過池	－	1925	1390 / 90 / 12～18 / －	クスノキ	－	－	自然木？

愛媛県の刳舟

出土遺跡名・所蔵名	所在地(現・前出土地等)	保管(保存・所有・所蔵)	発掘発見年	計測(全長/幅/深/厚cm)	材質	型式	時期	特記項目
平田七反地遺跡(1)	松山市平田町	愛媛県埋蔵文化財センター	1997	115.1 / － / － / 6.2	クスノキ	U字型	平安時代	井戸転用(b2区SE1)
平田七反地遺跡(2)	松山市平田町	愛媛県埋蔵文化財センター	1997	153.1 / 69.1 / － / 5.9	クスノキ	U字型	平安時代	井戸転用(b2区SE1)
平田七反地遺跡(3)	松山市平田町	愛媛県埋蔵文化財センター	1997	113.1 / － / － / 5.8	クスノキ	U字型	平安時代	井戸転用(b2区SE1)

高知県の刳舟

出土遺跡名・所蔵名	所在地(現・前出土地等)	保管(保存・所有・所蔵)	発掘発見年	計測(全長/幅/深/厚cm)	材質	型式	時期	特記項目
北ノ丸遺跡(5)	土佐市新居上ノ村	－	－	108.6 / 14.3 / － / 2.7	ヒノキ	－	－	舷側板・手斧削跡(2)

福岡県の刳舟

出土遺跡名・所蔵名	所在地(現・前出土地等)	保管(保存・所有・所蔵)	発掘発見年	計測(全長/幅/深/厚cm)	材質	型式	時期	特記項目
博多遺跡群(1)	福岡市博多区網場町	福岡市教育委員会	1985	384 / 32 / － / 6	スギ？	－	江戸時代	舷側板(65)
博多遺跡群(2)	福岡市博多区網場町	福岡市教育委員会	1985	568 / 56 / － / 6	スギ？	－	江戸時代	舷側板(66)

佐賀県の刳舟

出土遺跡名・所蔵名	所在地(現・前出土地等)	保管(保存・所有・所蔵)	発掘発見年	計測(全長/幅/深/厚cm)	材質	型式	時期	特記項目
二夕子出土刳舟	唐津市二夕子	唐津市歴史民俗資料館	－	520 / 90 / － / －	ワラン	－	近代・現代	西唐津築港

X　舟船関係出土史料集成（1　刳舟史料）

出土遺跡名・所蔵名	所在地（現・前出土地等）	保管（保存・所有・所蔵）	発掘発見年	計測（全長/幅/深/厚cm）	材質	型式	時期	特記項目

長崎県の刳舟

出土遺跡名・所蔵名	所在地（現・前出土地等）	保管（保存・所有・所蔵）	発掘発見年	計測（全長/幅/深/厚cm）	材質	型式	時期	特記項目
唐比遺跡(1)	諫早市森山町	－	1974	446 / 83 / 38 / 10	－	－	－	
唐比遺跡(2)	諫早市森山町	－	1982	240 / 110 / 30 / －	クスノキ	－	－	舟尾部まで

熊本県の刳舟

出土遺跡名・所蔵名	所在地（現・前出土地等）	保管（保存・所有・所蔵）	発掘発見年	計測（全長/幅/深/厚cm）	材質	型式	時期	特記項目
西合志村出土刳舟[M]	合志市	－	－	－ / － / － / －	－	－	－	舟状材？

鹿児島県の刳舟

出土遺跡名・所蔵名	所在地（現・前出土地等）	保管（保存・所有・所蔵）	発掘発見年	計測（全長/幅/深/厚cm）	材質	型式	時期	特記項目
鹿児島県立博物館刳舟	鹿児島市城山町	鹿児島県立博物館	－	－ / － / － / －	－	－	近代	民俗例・スブネ
奄美宇検村刳舟	鹿児島市城山町	鹿児島県歴史資料センター黎明館	－	715 / － / － / －	イジュ(ツバキ科)	U字型	現代	民俗例・スブネ
種子島刳舟	鹿児島市城山町	鹿児島県歴史資料センター黎明館	－	627 / － / － / －	ヤクタネゴヨウマツ	折衷型	現代	民俗例・マルキブネ
奄美刳舟	奄美市名瀬長浜町	奄美市立奄美博物館	－	－ / － / － / －	－	－	近代	民俗例・大島型スブネ
奄美刳舟	奄美市名瀬長浜町	奄美市立奄美博物館	1986	－ / － / － / －	－	折衷型	近代	民俗例・海老原金蔵作
奄美刳舟	奄美市名瀬長浜町	奄美市立奄美博物館	－	－ / － / － / －	－	－	近代	民俗例・イタッケ
奄美刳舟	奄美市名瀬安勝町	県立大島高校	－	－ / － / － / －	－	鰹節型	近代	民俗例・スブネ
奄美刳舟	奄美市名瀬安古田町	県立奄美図書館	－	－ / － / － / －	－	鰹節型	近代	民俗例・スブネ
奄美刳舟	奄美市住用町大字山間	原野農芸博物館	－	－ / － / － / －	－	－	近代	民俗例・イタッケ
奄美住用村刳舟	奄美市住用町大字山間	原野農芸博物館蔵	－	－ / － / － / －	－	－	近代	民俗例・アイノコ
奄美住用村見里刳舟	奄美市住用町見里内海	住用村公民館・川畑実安	－	580 / 55.5 / 43 / －	－	折衷型	近代	民俗例・クリブネ
奄美住用村戸玉刳舟	奄美市住用町戸玉	－	－	－ / － / － / －	－	－	近代	民俗例・イタッケ
奄美住用村刳舟	奄美市住用町	村立東城小中学校	－	－ / － / － / －	－	鰹節型	近代	民俗例・大島型スブネ
奄美笠利町刳舟	奄美市笠利町	町立歴史民俗資料館	－	－ / － / － / －	－	－	近代	民俗例・アイノコ
奄美笠利町刳舟	奄美市笠利町	町立歴史民俗資料館	－	456 / 36 / 36 / －	－	鰹節型	近代	民俗例・大島型スブネ
奄美宇検村刳舟	大島郡宇検村須古	須古公民館	－	－ / － / － / －	－	箱型	近代	民俗例・スブネ
奄美伊仙町刳舟	大島郡伊仙町	岩井記念博物館	－	－ / － / － / －	－	箱型	近代	民俗例・大和村スブネ
奄美大和村湯湾釜刳舟	大島郡大和村湯湾釜	大和村役場・宮真幸所有	－	500 / 47 / 37 / －	－	折衷型	近代	民俗例・クリブネ
奄美大和村名音刳舟	大島郡大和村名音	福山常一所有	－	580 / 53 / 33 / －	－	折衷型	近代	民俗例・クリブネ

第 3 部　〈附編〉舟・船舶関係資料一覧

出土遺跡名・所蔵名	所在地(現・前出土地等)	保管(保存・所有・所蔵)	発掘発見年	計測(全長/幅/深/厚cm)	材質	型式	時期	特記項目
トカラ刳舟	鹿児島郡十島村大字中之島	十島村歴史民俗資料館	－	－/－/－/－	－	－	近代	民俗例

沖縄県の刳舟

出土遺跡名・所蔵名	所在地(現・前出土地等)	保管(保存・所有・所蔵)	発掘発見年	計測(全長/幅/深/厚cm)	材質	型式	時期	特記項目
石川川流域刳舟	うるま市石川	石川市立歴史民俗資料館	－	－/－/－/－	－	折衷型	現代	民俗例・サバニ
与那城刳舟	うるま市与那城中央	うるま市歴史民俗資料館	－	－/－/－/－	－	鰹節型	現代	民俗例・マーキブニ
屋我地島刳舟	名護市屋我	沖縄県立博物館	－	－/－/－/－	－	－	現代	民俗例・サバニ
今帰仁刳舟	国頭郡今帰仁村	沖縄県立博物館	－	633/－/－/－	－	鰹節型	現代	民俗例・サバニ(マルカンニ)
西表島刳舟	八重山郡竹富町	琉球大学資料館風樹館	－	－/－/－/－	－	－	近代	民俗例
西表島刳舟	八重山郡竹富町	石垣市立八重山博物館	－	－/－/－/－	－	鰹節型	近代	民俗例

2　舟形模造品集成

①-1 舟形木製品（出土遺物）

出土遺跡名・所蔵名	所在地	計測(全長/幅/深/厚cm)	材質	時期	特記項目

北海道

出土遺跡名・所蔵名	所在地	計測(全長/幅/深/厚cm)	材質	時期	特記項目
石狩紅葉山49号遺跡(1)	石狩市花川	108/40/9.5/0.7～1.7	ハリギリ	古墳時代中期	舟形容器
石狩紅葉山49号遺跡(2)	石狩市花川	40～50/－/－/－	－	縄紋時代	舟形容器
石狩紅葉山49号遺跡(3)	石狩市花川	40～50/－/－/0.1～0.5	－	縄紋時代	舟形容器
江別太遺跡	江別市東野幌	55/8.5/－/0.3	ニレ	縄紋時代晩期末～続縄紋文化期中葉	包含層／舟形容器
小忍路土場遺跡	小樽市蘭島	37.5/－/－/－	－	縄紋時代後期	舟形容器
広瀬遺跡(1)	北見市端野町	24.5/－/－/－	－	擦文文化期(12C)	舟形容器
広瀬遺跡(2)	北見市端野町	22/－/－/－	－	擦文文化期(12C)	舟形容器
千歳美々8遺跡	千歳市美々	－/－/－/－	ハンノキ	近世アイヌ期	(0B層)
千歳ユカンボシC15遺跡(1)	千歳市長部	－/－/－/－	オニグルミ	擦文文化後期	(1B3層)
千歳ユカンボシC15遺跡(2)	千歳市長部	－/－/－/－	ノリウツギ	擦文文化後期	(1B3層)
楠遺跡	中川郡美深町	50/－/－/－	－	擦文文化期(12C)	舟形容器
松法川北岸遺跡	目梨郡羅臼町松法町	18.2/6.4/2.2/－	－	トビニタイ文化期	櫂出土／2点

青森県

出土遺跡名・所蔵名	所在地	計測(全長/幅/深/厚cm)	材質	時期	特記項目
岩瀬小谷(4)遺跡	青森市岩瀬小谷	－/－/－/－	－	縄紋時代前・中期後葉	2点

宮城県

出土遺跡名・所蔵名	所在地	計測(全長/幅/深/厚cm)	材質	時期	特記項目
鴻ノ巣遺跡	仙台市岩切鴻ノ巣	10.9/2.2/1.5/－	－	鎌倉時代～室町時代	貫通孔(櫨)(SE4)
山王遺跡(1)	多賀城市山王	25.4/－/－/－	－	古墳時代中期	貫通孔有(SD102)
山王遺跡(2)	多賀城市山王	29.1/－/－/－	－	古墳時代中期	貫通孔有(SE02)
新田遺跡(1)	多賀城市山王	21.8/－/－/－	－	鎌倉時代～室町時代	土壙(K28)
新田遺跡(2)	多賀城市山王	19.5/－/－/－	－	鎌倉時代～室町時代	土壙(K49)
市川橋遺跡(1)	多賀城市市川立石	－/－/－/－	－	平安時代(9C前半)	河川(SX1600)
市川橋遺跡(2)	多賀城市市川立石	－/－/－/－	－	平安時代(9C前半)	河川(SX1600)
市川橋遺跡(3)	多賀城市市川立石	－/－/－/－	－	平安時代(9C前半)	河川(SD5021)

—278—

X　舟船関係出土史料集成（1 刳舟史料 - 2 舟形模造品）

出土遺跡名・所蔵名	所在地	計測(全長/幅/深/厚cm)	材質	時期	特記項目
秋田県					
後城遺跡	秋田市寺内字後城	11 / - / - / -	-	鎌倉時代(13C～16C)	
秋田城跡	秋田市寺内	- / - / - / -	-	奈良時代(8C末～9C初)	第54次(SG1013)
小谷地遺跡	男鹿市脇本小谷地	28 / 3 / 3 / -	-	平安時代	祭祀(舷側・底部小孔)
脇本城跡	男鹿市脇本字七沢外	18.7 / - / - / -	-	室町時代(15C後半～17C前半)	5点
山形県					
藤治屋敷遺跡	山形市大字中野	25.9 / 4.7 / - / -	-	古墳時代前期	河川跡(SG213)
三条遺跡	寒河江市寒河江	- / - / - / -	-	中世	河川跡(SG323)
生石2遺跡	酒田市生石	49.1 / 9.9 / 5.5 / -	-	平安時代初期	刳舟型(SD100)
土崎遺跡	酒田市土崎	- / - / - / -	-	平安時代	
上高田遺跡	飽海郡遊佐町	- / - / - / -	-	平安時代(9C中～)	河川跡(SG2)
小山崎遺跡	飽海郡遊佐町	36.4 / 10.4 / 7 / -	-	縄紋時代後期	
福島県					
矢玉遺跡(1)	会津若松市高野町	30.4 / 4 / - / 0.4	ケヤキ?クリ?	奈良時代～平安時代	(SD08/167-6)
矢玉遺跡(2)	会津若松市高野町	24.3 / 3.3 / - / 0.3	ケヤキ?クリ?	奈良時代～平安時代	(SD08/169-1)
連郷B遺跡	いわき市大久保町	- / - / - / -	-	縄紋時代晩期終末～中世	
栃木県					
下野国府跡	栃木市田村町宮地	17.8 / 2.8 / - / -	-	奈良時代(8C前半)	溝(SD111)
群馬県					
元総社寺田遺跡	前橋市元総社町	56.7 / 5.7 / 5 / -	-	古墳時代前期(4C末～5初)	準構造舟・舳先穴
埼玉県					
大谷後遺跡	さいたま市見沼区大谷	- / - / - / -	-	弥生時代末期	大宮市立博物館
小敷田遺跡	行田市大字小敷田	34.3 / - / - / -	-	古墳時代前期	舳先横孔
城北遺跡	深谷市藤野木	23.5 / - / - / -	-	古墳時代後期	
今井川越田遺跡	本庄市今井字川越田	- / - / - / -	-	古墳時代後期	鬼高式土器(川跡)
千葉県					
常代遺跡	君津市常代	27.6 / - / - / -	-	弥生時代中期	久留里城跡資料館
郡遺跡第	君津市郡字下赤磯	- / - / - / -	-	古墳時代(5C後半～6C後半)	第3・12地点／2点
菅生遺跡	木更津市菅生字長町	- / - / - / -	-	弥生時代中期～古墳時代後期	
大寺山洞穴遺跡	館山市沼	- / - / - / -	-	縄紋時代後期	
下ノ坊遺跡	安房郡鋸南町	- / - / - / -	-	鎌倉時代～室町時代(13C後半～15C前半)	居館跡井戸
東京都					
伊興遺跡	足立区伊興町	- / - / - / -	-	古墳時代前期	
馬場遺跡	北区豊島	9.7 / 2.2 / 1.3 / -	-	古墳時代前期	平底型・準構造舟
神奈川県					
鶴岡八幡宮境内(1)	鎌倉市雪ノ下	10.8 / 1.2 / 1.4 / -	-	鎌倉時代～室町時代	貫通孔有(舷側)
鶴岡八幡宮境内(2)	鎌倉市雪ノ下	13.7 / 1.7 / 1 / -	-	室町時代	方形堅穴状遺構
蔵屋敷東遺跡	鎌倉市御成町	- / - / - / -	-	鎌倉時代	
千葉地遺跡(1)	鎌倉市御成町	11.6 / 2.5 / 1.9 / -	-	鎌倉時代～室町時代	土壙(220)

第 3 部 　〈附編〉舟・船舶関係資料一覧

出土遺跡名・所蔵名	所 在 地	計 測 (全長 / 幅 / 深 / 厚 cm)	材 質	時 期	特記項目
千葉地遺跡(2)	鎌倉市御成町	21.7 / 3 / 1.4 / −	−	鎌倉時代〜	貫通孔有(底部)・土壙(409)
千葉地東遺跡(1)	鎌倉市御成町	15.5 / − / − / −	−	鎌倉時代〜室町時代(13C〜14C)	溝(12)
千葉地東遺跡(2)	鎌倉市御成町	10 / − / − / −	−	鎌倉時代〜室町時代	貫通孔有・土壙(13)
千葉地東遺跡(3)	鎌倉市御成町	16.1 / − / − / −	−	鎌倉時代〜室町時代	貫通孔有(中央)・土壙(29)
千葉地東遺跡(4)	鎌倉市御成町	11.3 / − / − / −	−	鎌倉時代〜室町時代	貫通孔有
千葉地東遺跡(5)	鎌倉市御成町	16.5 / − / − / −	−	鎌倉時代〜室町時代	貫通孔有・河川
千葉地東遺跡(6)	鎌倉市御成町	16.4 / − / − / −	−	鎌倉時代〜室町時代	包含層

長野県

出土遺跡名・所蔵名	所 在 地	計 測 (全長 / 幅 / 深 / 厚 cm)	材 質	時 期	特記項目
恒川A遺跡	飯田市座光寺恒川	24 / 4.4 / 1.6 / −	−	奈良時代〜平安時代	湿地

新潟県

出土遺跡名・所蔵名	所 在 地	計 測 (全長 / 幅 / 深 / 厚 cm)	材 質	時 期	特記項目
馬場屋敷下層遺跡	新潟市南区庄瀬	14 / 2.3 / 1.8 / −	−	鎌倉時代	貫通孔有
大沢谷内遺跡	新潟市秋葉区天ヶ沢新田	− / − / − / −	−	飛鳥時代〜平安時代(7C後半〜9C)	祭祀
的場遺跡	新潟市西区の場流通	− / − / − / −	−	奈良時代〜平安時代(8C〜10C前)	祭祀
小坂居付遺跡	新潟市南区小坂字居付	− / − / − / −	−	鎌倉時代〜室町時代	集落生産
六反田南遺跡	糸魚川市大字大和川	− / − / − / −	−	古墳時代後期	
山岸遺跡	糸魚川市田伏字山キシ地先	− / − / − / −	−	平安時代末〜鎌倉時代	2点
馬越遺跡	加茂市大字下条	− / − / − / −	−	平安時代	祭祀
千種遺跡	佐渡市貝塚	54 / 7.5 / 3.5 / −	−	弥生時代後期	包含層
泉遺跡	佐渡市貝塚	55.5 / 7.4 / 7.5 / −	−	弥生時代後期	包含層
蔵王遺跡	佐渡市新穂	19.5 / 3.5 / 2 / −	−	弥生時代後期〜古墳時代前期	祭祀
曽根遺跡	新発田市竹俣万代	23.2 / 8.9 / 4 / −	−	平安時代	貫通孔有
一之口遺跡(1)	上越市木田一之口	35.8 / 9.6 / 6.4 / −	−	平安時代(11C後半)	河川跡
一之口遺跡(2)	上越市木田一之口	22 / 4.4 / 3.8 / −	−	平安時代(11C後半)	河川跡
延命寺遺跡	上越市大字下野田	− / − / − / −	−	奈良時代〜	4点
越前遺跡	上越市大字寺	− / − / − / −	−	奈良時代〜平安時代(8C後半〜10C初)	
舟戸桜田遺跡	胎内市船戸	− / − / − / −	−	奈良時代〜平安時代(8C〜10C初)	
大館跡	村上市村上	− / − / − / −	−	中世	居館跡

富山県

出土遺跡名・所蔵名	所 在 地	計 測 (全長 / 幅 / 深 / 厚 cm)	材 質	時 期	特記項目
下老子笹川遺跡	高岡市福岡町一歩二歩	− / − / − / −	−	弥生時代中期	
中保B遺跡	高岡市中保地内	− / − / − / −	−	奈良時代(8C中〜9C中)	箱型
東木津遺跡	高岡市和田	− / − / − / −	−	平安時代(9C後半)	
赤田Ⅰ遺跡	射水市青井谷	− / − / − / −	−	平安時代(9C後半〜11C)	数点 ?
北高木遺跡	射水市北高木	− / − / − / −	−	奈良時代〜平安時代(8C後半〜11C)	10数点
小杉丸山遺跡	射水市流通センター	− / − / − / −	−	飛鳥時代(7C後半〜)	

石川県

出土遺跡名・所蔵名	所 在 地	計 測 (全長 / 幅 / 深 / 厚 cm)	材 質	時 期	特記項目
普正寺遺跡(1)	金沢市普正寺町	8.7 / 2.4 / 1.2 / −	−	室町時代前期	河川跡
普正寺遺跡(2)	金沢市普正寺町	18.8 / 3.6 / 2 / −	−	室町時代前期	貫通孔有
普正寺遺跡(3)	金沢市普正寺町	13.1 / 6.6 / 1 / −	−	中世	(B区)
普正寺高畠遺跡	金沢市普正寺町	11.2 / 3.7 / 1.6 / −	−	室町時代(15C〜16C)	

X 舟船関係出土史料集成（2 舟形模造品）

出土遺跡名・所蔵名	所在地	計測 (全長/幅/深/厚cm)	材質	時期	特記項目
二口六丁遺跡(1)	金沢市六丁町	64.6 / 11.3 / 4.5 / －	－	古墳時代前期	大溝
二口六丁遺跡(2)	金沢市六丁町	24 / 2.8 / 0.9 / －	－	古墳時代前期	大溝
上荒屋遺跡	金沢市上荒屋	14.4 / 2.6 / 1.3 / －	－	古墳時代～中世？	(SD40)
西念・南新保遺跡(1)	金沢市南新保町	48 / 5.8 / 2.2 / －	スギ	弥生時代後期	(P区SD22)／3点
西念・南新保遺跡(2)	金沢市南新保町	12 / 3.8 / 1.7 / －	スギ	弥生時代後期	(H区SD01)
西念・南新保遺跡(3)	金沢市南新保町	166.5 / 38 / 24.5 / －	－	奈良時代～平安時代	(P区SD21C)
畝田遺跡	金沢市畝田西	20.8 / 4.1 / 1.5 / －	ヒノキ	弥生時代後期～古墳時代前期	(SD05)
畝田西遺跡群(1)	金沢市畝田西	19.2 / 3.5 / 1 / －	スギ	中世	(L2区SD08)ほか／9点
畝田西遺跡群(2)	金沢市畝田西	20.9 / 4.9 / 2 / －	ヒノキ	奈良時代	
畝田西遺跡群(3)	金沢市畝田西	21 / 3.6 / 2.6 / －	スギ	奈良時代	
畝田西遺跡群(4)	金沢市畝田西	30.4 / 3.5 / 1 / －	スギ	古墳時代中期～後期	
畝田西遺跡群(5)	金沢市畝田西	28.4 / 2.6 / 8 / －	クロベ	古墳時代中期～後期	
畝田西遺跡群(6)	金沢市畝田西	29.8 / 5 / 1 / －	スギ	古墳時代中期～後期	
藤江C遺跡	金沢市藤江北	15.2 / 3 / 2.3 / －	－	古墳時代前期～	(NR401・自然河道)
大友西遺跡(1)	金沢市大友町	23.3 / 2.7 / 0.9 / －	－	弥生時代終末	(SD01)／3点
大友西遺跡(2)	金沢市大友町	39.7 / 2.6 / 1.2 / －	スギ	弥生時代終末	(SD01)
大友西遺跡(3)	金沢市大友町	41.4 / 2.6 / 1 / －	ヒノキ	弥生時代終末	(SD01)
戸水大西遺跡Ⅰ(1)	金沢市戸水町	13.6 / 4.1 / 2 / －	スギ	平安時代	(SD30・TK117)／7点
戸水大西遺跡Ⅰ(2)	金沢市戸水町	18.2 / 2.6 / 2.5 / －	スギ	平安時代	(SD30・TK190)
戸水大西遺跡Ⅰ(3)	金沢市戸水町	17.5 / 3.3 / 1.2 / －	スギ	平安時代	(SD30・TK47)
戸水大西遺跡Ⅰ(4)	金沢市戸水町	19.1 / 3.5 / 1.2 / －	－	平安時代	
戸水ホコダ遺跡	金沢市戸水町	－ / － / － / －	－	弥生時代後期～古墳時代前期	溝(SD21)
近岡遺跡(1)	金沢市近岡町	26.4 / 2.2 / 0.8 / －	スギ	弥生時代後期～古墳時代前期	3点
近岡遺跡(2)	金沢市近岡町	49.7 / 8.5 / 1.6 / －	スギ	弥生時代後期～古墳時代前期	
近岡遺跡(3)	金沢市近岡町	24.8 / 4 / 0.7 / －	－	弥生時代後期～古墳時代前期	
近野遺跡(1)	金沢市神野町	8.1 / 2.7 / 1.7 / －	－	奈良時代～平安時代	(SD329)／2点
近野遺跡(2)	金沢市神野町	19.3 / 1.8 / 0.5 / －	－	弥生時代後期～古墳時代前期	(SD323)
梅田B遺跡	金沢市梅田町	50.9 / 9.6 / 3.55 / －	スギ	弥生時代後期	(1区SD107)
上荒屋遺跡	金沢市上荒屋	14.5 / 2.5 / 1.1 / －	－	平安時代	(C9区下層SD40)
駅西本町1丁目遺跡	金沢市駅西本町	20.4 / 3.7 / 2 / －	－	弥生時代後期	(川跡)
花園八幡遺跡	金沢市花園八幡町	10.8 / 3.7 / 1.5 / －	－	古墳時代中期	(F区SX01)
磯部カンダ遺跡(1)	金沢市磯部町地内	5.9 / 2.1 / 1.2 / －	－	平安時代	(SD16)／2点
磯部カンダ遺跡(2)	金沢市磯部町地内	7.2 / 3.6 / 1.7 / －	－	平安時代	(SD16)
堅田B遺跡(1)	金沢市堅田町地内	18 / 2.1 / 1.3 / －	－	鎌倉時代～室町時代	5点
堅田B遺跡(2)	金沢市堅田町町内	21.7 / 3.1 / 1.4 / －	スギ	鎌倉時代～室町時代	
堅田B遺跡(3)	金沢市堅田町町内	13.7 / 2 / 1 / －	スギ	鎌倉時代～室町時代	
堅田B遺跡(4)	金沢市堅田町町内	21.8 / 5.5 / 1.9 / －	－	鎌倉時代～室町時代	
堅田B遺跡(5)	金沢市堅田町町内	18.7 / 4.3 / 2.2 / －	－	鎌倉時代～室町時代	
中屋サワ遺跡(1)	金沢市いなほ	21.9 / 4.4 / 2 / －	－	奈良時代～平安時代	(SD65)／2点
中屋サワ遺跡(2)	金沢市いなほ	19.4 / 3.8 / 3 / －	－	奈良時代～平安時代	
千田遺跡	金沢市千田	－ / － / － / －	－	弥生時代後期	(SD26)
田尻シンベイダン遺跡	加賀市田尻町	14.6 / 2.5 / 1.6 / －	－	平安時代後期	大溝(01)
指江B遺跡	かほく市指江	19.5 / 2.8 / 2.55 / －	スギ	古墳時代～中世	(Ⅰ区河道)
千代・能美遺跡(1)	小松市能美町	12.5 / 2.8 / 1 / －	スギ	古墳時代前期	6点
千代・能美遺跡(2)	小松市能美町	16.6 / 4.5 / 1.95 / －	モミ	古墳時代前期	
千代・能美遺跡(3)	小松市能美町	17.65 / 4.3 / 2.3 / －	スギ	古墳時代前期	
千代・能美遺跡(4)	小松市能美町	15.2 / 2.4 / 0.8 / －	スギ	古墳時代前期	
千代・能美遺跡(5)	小松市能美町	40 / 3.55 / 2.4 / －	スギ	古墳時代前期	
千代・能美遺跡(6)	小松市能美町	35.7 / 11.3 / 6.1 / －	スギ	古墳時代前期	
八日市地方遺跡(1)	小松市八日市地方町	41.6 / 8.4 / 4.1 / －	－	弥生時代中期～	舳先穴

—281—

第 3 部 〈附編〉舟・船舶関係資料一覧

出土遺跡名・ 所蔵名	所在地	計測 (全長/幅/深/厚cm)	材質	時期	特記項目
八日市地方遺跡(2)	小松市八日市地方町	20.3 / 3.6 / 2 / −	−	弥生時代中期～	舳先穴
八日市地方遺跡(3)	小松市八日市地方町	11.6 / 2.2 / 1.1 / −	−	弥生時代中期～	舳先穴
八日市地方遺跡(4)	小松市八日市地方町	21.2 / 2.2 / 1.5 / −	−	弥生時代中期～	舳先穴
八日市地方遺跡(5)	小松市八日市地方町	16.3 / 2.9 / 3.5 / −	−	弥生時代中期～	舳先穴
八日市地方遺跡(6)	小松市八日市地方町	30.7 / 5.9 / 3.5 / −	−	弥生時代中期～	舳先穴
八日市地方遺跡(7)	小松市八日市地方町	26.1 / 3.9 / 1.7 / −	−	弥生時代中期～	舳先穴
八日市地方遺跡(8)	小松市八日市地方町	10.5 / 4 / 1.7 / −	−	弥生時代中期～	舳先穴
八日市地方遺跡(9)	小松市八日市地方町	12.1 / 5.2 / 4.4 / −	−	弥生時代中期～	舳先穴
八日市地方遺跡(10)	小松市八日市地方町	21.4 / 5.8 / 3.2 / −	−	弥生時代中期～	舳先穴
八日市地方遺跡(11)	小松市八日市地方町	26.5 / 4.9 / 3.2 / −	−	弥生時代中期～	舳先穴
八日市地方遺跡(12)	小松市八日市地方町	15.7 / 5.7 / 2.7 / −	−	弥生時代中期～	舳先穴
八日市地方遺跡(13)	小松市八日市地方町	16.4 / 6.4 / 3.4 / −	−	弥生時代中期～	舳先穴
飯田町遺跡	珠洲市飯田	36.2 / 6.2 / 4.3 / −	−	中世	溝(No.76)
小島西遺跡(1)	七尾市小島町	26.7 / 6.4 / 4.1 / −	モミ	奈良時代～平安時代	下層3・4層／9点
小島西遺跡(2)	七尾市小島町	28.4 / 3.9 / 3.8 / −	モミ	奈良時代～平安時代	
小島西遺跡(3)	七尾市小島町	39.5 / 9.8 / 5.5 / −	モミ	奈良時代～平安時代	
小島西遺跡(4)	七尾市小島町	28 / 3.9 / 3.4 / −	モミ	奈良時代～平安時代	
小島西遺跡(5)	七尾市小島町	31.8 / 7.5 / 3.7 / −	モミ	奈良時代～平安時代	
小島西遺跡(6)	七尾市小島町	23.9 / 9.3 / 4.1 / −	モミ	奈良時代～平安時代	
小島西遺跡(7)	七尾市小島町	31.8 / 7.6 / 5.9 / −	モミ	奈良時代～平安時代	
小島西遺跡(8)	七尾市小島町	23.7 / 5 / 2.4 / −	−	古墳時代中期	
小島西遺跡(9)	七尾市小島町	24.1 / 5.5 / 3 / −	−	古墳時代中期	
上町カイダ遺跡(1)	七尾市中島町	19.4 / 2.6 / 1.8 / −	スギ	中世	15点
上町カイダ遺跡(2)	七尾市中島町	17.6 / 3.9 / 0.3 / −	スギ	中世	
上町カイダ遺跡(3)	七尾市中島町	24.9 / 4.9 / 0.7 / −	スギ	中世	
上町カイダ遺跡(4)	七尾市中島町	18 / 4.2 / 0.7 / −	スギ	中世	
上町カイダ遺跡(5)	七尾市中島町	11.3 / 5.8 / 2.2 / −	スギ	中世	
上町カイダ遺跡(6)	七尾市中島町	13 / 5.6 / 0.4 / −	スギ	中世	
上町カイダ遺跡(7)	七尾市中島町	49.3 / 3.8 / 0.8 / −	スギ	中世	
上町カイダ遺跡(8)	七尾市中島町	22.1 / 2.8 / 0.6 / −	スギ	中世	
上町カイダ遺跡(9)	七尾市中島町	12.3 / 2.6 / 0.6 / −	スギ	中世	
上町カイダ遺跡(10)	七尾市中島町	13 / 2.4 / 0.4 / −	スギ	中世	
上町カイダ遺跡(11)	七尾市中島町	16.4 / 2.2 / 0.4 / −	スギ	中世	
上町カイダ遺跡(12)	七尾市中島町	13.3 / 1.4 / 0.8 / −	スギ	中世	
上町カイダ遺跡(13)	七尾市中島町	8.6 / 2 / 1.7 / −	スギ	中世	
上町カイダ遺跡(14)	七尾市中島町	14.3 / 1.6 / 0.8 / −	スギ	鎌倉時代	
上町カイダ遺跡(15)	七尾市中島町	8.1 / 4.4 / 2 / −	スギ	鎌倉時代	
三引遺跡	七尾市田鶴浜町	12.4 / 3.7 / 1.2 / −	スギ	奈良時代～平安時代	(12区)
横江庄遺跡	白山市横江町	11 / 5.9 / 1.6 / −	−	平安時代	
富永ほじ川遺跡	白山市宮永町	10.3 / 3.2 / 2.3 / −	−	鎌倉時代(13C～14C)	(SE01)
四柳白山下遺跡	羽咋市四柳町地内	11.8 / 3.4 / 1.4 / −	−	奈良時代	(SD13-33)
徳前C遺跡	鹿島郡中能登町(島町)	94 / 16.5 / 6 / −	サクラ	弥生時代後期	
武部ショウブダ遺跡	鹿島郡中能登町武部	12 / 3.3 / 1.1 / −	−	平安時代	
北吉田ホシナ遺跡	羽咋郡志賀町	60.8 / 6.2 / 3 / −	−	弥生時代	
貝田遺跡(1)	羽咋郡志賀町	13 / 5.2 / 3.4 / −	−	中世	(6区)
貝田遺跡(2)	羽咋郡志賀町	22.8 / 4.8 / 2.6 / −	−	中世	(3区)
白山橋遺跡(1)	鳳珠郡穴水町丈町	18.6 / − / − / −	−	鎌倉時代～室町時代 (13C後～14C前)	(SE01)／8点
白山橋遺跡(2)	鳳珠郡穴水町丈町	16.4 / − / − / −	−	鎌倉時代～室町時代	(SE01)
白山橋遺跡(3)	鳳珠郡穴水町丈町	6.9 / − / − / −	−	鎌倉時代～室町時代	祭祀・貫通孔有

X 舟船関係出土史料集成 (2 舟形模造品)

出土遺跡名・ 所蔵名	所在地	計測 (全長 / 幅 / 深 / 厚 cm)	材質	時期	特記項目
白山橋遺跡(4)	鳳珠郡穴水町丈町	10.4 / − / − / −	−	鎌倉時代〜室町時代	祭祀
白山橋遺跡(5)	鳳珠郡穴水町丈町	25.6 / − / − / −	−	鎌倉時代〜室町時代	祭祀
白山橋遺跡(6)	鳳珠郡穴水町丈町	6.1 / − / − / −	−	鎌倉時代〜室町時代	祭祀
白山橋遺跡(7)	鳳珠郡穴水町丈町	17.4 / − / − / −	−	鎌倉時代〜室町時代	祭祀
白山橋遺跡(8)	鳳珠郡穴水町丈町	24.5 / − / − / −	−	鎌倉時代〜室町時代	祭祀
道下元町B遺跡	輪島市門前町道下地内	18.6 / 3.2 / 2 / −	−	鎌倉時代〜室町時代	
大町・縄手遺跡	鳳珠郡穴水町	18.2 / 1.2 / 1.3 / −	スギ	中世	

福井県

出土遺跡名・所蔵名	所在地	計測	材質	時期	特記項目
一乗谷朝倉氏遺跡(1)	福井市城戸ノ内町	14.8 / 4.3 / − / −	−	室町時代後期(15C後半〜16C)	16点
一乗谷朝倉氏遺跡(2)	福井市城戸ノ内町	25.7 / 4.9 / − / −	−	室町時代	貫通孔(中央)
一乗谷朝倉氏遺跡(3)	福井市城戸ノ内町	23 / 1.7 / − / −	−	室町時代	
一乗谷朝倉氏遺跡(4)	福井市城戸ノ内町	20.9 / 3.6 / − / −	−	室町時代	貫通孔(中央)
一乗谷朝倉氏遺跡(5)	福井市城戸ノ内町	18.2 / 5.4 / − / −	−	室町時代	貫通孔(中央)
一乗谷朝倉氏遺跡(6)	福井市城戸ノ内町	15.5 / 4.8 / − / −	−	室町時代	貫通孔(中央・爐)
一乗谷朝倉氏遺跡(7)	福井市城戸ノ内町	12.7 / 2.4 / − / −	−	室町時代	貫通孔(中央)
一乗谷朝倉氏遺跡(8)	福井市城戸ノ内町	10.7 / 1.8 / − / −	−	室町時代	
一乗谷朝倉氏遺跡(9)	福井市城戸ノ内町	10.4 / 1.6 / − / −	−	室町時代	
一乗谷朝倉氏遺跡(10)	福井市城戸ノ内町	10.2 / 3 / − / −	−	室町時代	貫通孔(中央)
一乗谷朝倉氏遺跡(11)	福井市城戸ノ内町	9.6 / 5 / − / −	−	室町時代	貫通孔(中央)
一乗谷朝倉氏遺跡(12)	福井市城戸ノ内町	9 / 1.6 / − / −	−	室町時代	貫通孔(中央)
一乗谷朝倉氏遺跡(13)	福井市城戸ノ内町	4 / 1.2 / − / −	−	室町時代	貫通孔(中央)
一乗谷朝倉氏遺跡(14)	福井市城戸ノ内町	13 / 2.8 / 2.3 / −	−	室町時代	(第40次)
一乗谷朝倉氏遺跡(15)	福井市城戸ノ内町	48.5 / 14.6 / 9.2 / −	−	室町時代	貫通孔(軸・底中央)
一乗谷朝倉氏遺跡(16)	福井市城戸ノ内町	23.2 / 10.1 / 3.8 / −	−	室町時代	(第49次)
田名遺跡	三方上中郡若狭町	7.2 / 2.3 / − / −	スギ	平安時代	底部扁平
角谷遺跡	三方上中郡若狭町	23 / 7.6 / 3 / −	スギ	平安時代	底部U字

岐阜県

出土遺跡名・所蔵名	所在地	計測	材質	時期	特記項目
荒尾南遺跡	大垣市桧町字川西	− / − / − / −	−	弥生時代中期〜古墳時代前半	溝(SD05) / 2点
米野遺跡	大垣市米野町	− / − / − / −	−	弥生時代末〜古墳時代初	大溝(SD01)

静岡県

出土遺跡名・所蔵名	所在地	計測	材質	時期	特記項目
神明原・元宮川遺跡	静岡市駿河区大谷地先	− / − / − / −	−	弥生時代末〜平安時代	大谷川 / 3点
登呂遺跡(1)	静岡市駿河区登呂	23.5 / 5.4 / 2.5 / −	−	弥生時代後期	
登呂遺跡(2)	静岡市駿河区登呂	21.5 / 3.6 / 1.9 / −	−	弥生時代後期	
小黒遺跡(1)	静岡市駿河区小黒	60.2 / 7 / − / −	−	弥生時代後期	4点
小黒遺跡(2)	静岡市駿河区小黒	42.5 / 19.5 / − / −	−	弥生時代後期	
小黒遺跡(3)	静岡市駿河区小黒	26.7 / 4.5 / − / −	−	弥生時代後期	
汐入遺跡(1)	静岡市駿河区宮竹	55 / 7 / − / −	−	弥生時代後期	
汐入遺跡(2)	静岡市駿河区宮竹	20 / 9 / − / −	−	弥生時代後期	
長崎遺跡	静岡市清水区長崎	44.9 / 6.3 / 5.3 / −	−	弥生時代後期	5点
川合遺跡(1)	静岡市葵区川合	− / − / − / −	−	古墳時代中期	自然流路(SR1101) / 2点
川合遺跡(2)	静岡市葵区川合	38.3 / 4.9 / − / −	−	弥生時代後期〜古墳時代前半	準構造舟 (SR12601) / 10点
川合遺跡(3)	静岡市葵区川合	52.9 / 7 / − / −	−	古墳時代中期後半(5C)	準構造舟(SR12601)
川合遺跡(4)	静岡市葵区川合	34.5 / 5.9 / − / −	−	古墳時代中期後半	準構造舟(SR12601)
池ヶ谷遺跡	静岡市葵区北安東	− / − / − / −	−	奈良時代	
上土遺跡	静岡市葵区立石	− / − / − / −	−	中世	

第 3 部 〈附編〉舟・船舶関係資料一覧

出土遺跡名・所蔵名	所在地	計測 (全長／幅／深／厚cm)	材質	時期	特記項目
飯田遺跡	静岡市清水区下野緑町	− / − / − / −	−	平安時代	
山木遺跡(1)	伊豆の国市山木	30 / 6.2 / 3.8 / −	−	弥生時代後期	4点
山木遺跡(2)	伊豆の国市山木	40.6 / 4.2 / 2.7 / −	−	弥生時代後期	
宮下遺跡(1)	伊豆の国市台	30 / 3 / 2.5 / −	−	弥生時代中期	包含層
宮下遺跡(2)	伊豆の国市台	50 / 5 / 4 / −	−	弥生時代中期	貫通孔有(軸)・包含層
洞遺跡	伊豆の国市洞	75 / 7.6 / 4.4 / −	−	弥生時代	鰹節型
堝の上遺跡	伊豆の国市堝の上	90 / − / − / −	−	弥生時代後期	貫通孔有(軸)
御殿・二之宮遺跡	磐田市御殿・二之宮	13 / − / − / −	−	奈良時代～平安時代前期	貫通孔有／4点
雌鹿塚遺跡	沼津市浮島沼	− / − / − / −	−	弥生時代後期	3点
城山遺跡(1)	浜松市南区若林町	12 / 4 / 3.5 / −	−	奈良時代	3点
城山遺跡(2)	浜松市南区若林町	21.2 / 2 / 1.1 / −	−	奈良時代	
鳥居松遺跡	浜松市中区森田町	− / − / − / −	−	弥生時代～奈良時代	2点
瀬名遺跡(1)	浜松市東区恒武町	32.4 / − / − / −	−	弥生時代後期～古墳時代前期	(5区10層)／6点
瀬名遺跡(2)	浜松市東区恒武町	30 / − / − / −	−	弥生時代後期～古墳時代前期	(10区31層)
瀬名遺跡(3)	浜松市東区恒武町	52.3 / − / − / −	−	弥生時代後期～古墳時代前期	(10区30b層)
瀬名遺跡(4)	浜松市東区恒武町	30.2 / − / − / −	−	奈良時代～平安時代	祭祀・自然流路(9区)
瀬名遺跡(5)	浜松市東区恒武町	14 / − / − / −	−	古墳時代中期	自然流路(2・3区)
瀬名遺跡(6)	浜松市東区恒武町	10.2 / − / − / −	−	奈良時代～平安時代	小流路(10区)
山ノ花遺跡(1)	浜松市東区恒武町	31.6 / − / − / −	スギ	古墳時代中期(5C)	浜松市博物館
山ノ花遺跡(2)	浜松市東区恒武町	54.8 / − / − / −	ヒノキ	古墳時代中期(5C)	浜松市博物館
恒武西宮・西浦遺跡	浜松市東区恒武町	− / − / − / −	−	古墳時代中期～後期	流水路(SR45)
角江遺跡(1)	浜松市西区入野町	59.2 / − / − / −	ヒノキ	弥生時代中期	自然流路(SR01)／7点
角江遺跡(2)	浜松市西区入野町	28.5 / 5.7 / 2.8 / −	ヒノキ	弥生時代中期	自然流路(SR01)
角江遺跡(3)	浜松市西区入野町	− / − / − / −	スギ	弥生時代中期	自然流路(SR01)
角江遺跡(4)	浜松市西区入野町	− / − / − / −	サカキ	弥生時代中期	自然流路(SR01)
角江遺跡(5)	浜松市西区入野町	− / − / − / −	クロベ？	弥生時代中期	自然流路(SR01)
角江遺跡(6)	浜松市西区入野町	17.4 / − / − / −	タブノキ	弥生時代後期	自然流路(SR01)
角江遺跡(7)	浜松市西区入野町	− / − / − / −	ヒノキ	弥生時代中期	自然流路(SR01)
伊場遺跡	浜松市伊場町	− / − / − / −	−	古墳時代後期～(7C後半)	64点
国鉄浜松工場内遺跡	浜松市伊場町	− / − / − / −	−	弥生時代後期	溝(YT4)
梶子遺跡	浜松市中区南伊場町	− / − / − / −	−	弥生時代	
梶子北遺跡(1)	浜松市中区南伊場町	− / − / − / −	−	弥生時代中期～奈良時代	(SX10南)
梶子北遺跡(2)	浜松市中区南伊場町	− / − / − / −	−	弥生時代中期～奈良時代	旧河川／4点
梶子北遺跡(3)	浜松市中区南伊場町	− / − / − / −	−	弥生時代中期～奈良時代	井戸(SE203)
坂尻遺跡	袋井市国本	11.9 / 1.2 / − / −	−	奈良時代	溝(SD02)
御子ヶ谷遺跡	藤枝市瀬古御子ヶ谷	7.1 / 2.9 / 1.2 / −	−	奈良時代～平安時代初(8C前半～9C)	包含層
中島西原田遺跡(1)	三島市中島	21.7 / 1.7 / 1.8 / −	−	中世	御殿川流域遺跡
中島西原田遺跡(2)	三島市中島	17.9 / 3.7 / 1.7 / −	−	中世	(4区L6)
八反畑前田遺跡(1)	三島市反畑	38.9 / 4.8 / 2.7 / −	−	中世	(4区L18)
八反畑前田遺跡(2)	三島市反畑	35.8 / 7.6 / 1.9 / −	−	中世	軸先穴(4区L18)
箱根田遺跡	三島市安久	− / − / − / −	−	奈良時代～平安時代	三島市郷土資料館
道場田遺跡(1)	焼津市小川	11.6 / 4.5 / 2.8 / −	−	室町時代	包含層
道場田遺跡(2)	焼津市小川	13.8 / 3.8 / 2.3 / −	−	室町時代	包含層
小川城遺跡(1)	焼津市小川	17 / 5.2 / 4 / −	−	室町時代(15C後半～16C前半)	7点
小川城遺跡(2)	焼津市小川	12.7 / 5.9 / 2.3 / −	−	室町時代	
小川城遺跡(3)	焼津市小川	30.1 / 6.8 / 4 / −	−	室町時代	
小川城遺跡(4)	焼津市小川	13.2 / 7 / 3.2 / −	−	室町時代	
小川城遺跡(5)	焼津市小川	13.5 / 3.1 / 2.5 / −	−	室町時代	
小川城遺跡(6)	焼津市小川	9.8 / 2.7 / 2 / −	−	室町時代	(SE03)

—284—

X　舟船関係出土史料集成　（2 舟形模造品）

出土遺跡名・所蔵名	所在地	計測(全長/幅/深/厚cm)	材質	時期	特記項目
小川城遺跡(7)	焼津市小川	17.7/5.3/3/-	-	室町時代	
日野遺跡	賀茂郡南伊豆町	-/-/-/-	-	古墳時代中期～後期	水田跡

愛知県

出土遺跡名・所蔵名	所在地	計測(全長/幅/深/厚cm)	材質	時期	特記項目
志賀公園遺跡	名古屋市北区中丸町	-/-/-/-	-	古墳時代末期	
中狭間遺跡	安城市桜井町	-/-/-/-	-	古墳時代前期	溝(540111)
勝川遺跡	春日井市勝川町・長塚町	-/-/-/-	ヒノキ	飛鳥時代(7C末～8C後半)	(SX04)
朝日遺跡	清須市貝殻山	23.5/-/-/-	-	弥生時代後期	(SD22)貝殻山貝塚資料館
山崎遺跡(1)	田原市野田町字東山崎	-/-/-/-	-	古墳時代末期	
山崎遺跡(2)	田原市野田町字東山崎	-/-/-/-	-	古墳時代末期	
篠束遺跡(1)	豊川市小坂井町	24/-/-/-	-	弥生時代中期	包含層
篠束遺跡(2)	豊川市小坂井町	25/-/-/-	-	弥生時代中期	包含層
普門寺行場跡	豊橋市雲谷町ナベ山下	-/-/-/-	-	鎌倉時代	豊橋市美術博物館

三重県

出土遺跡名・所蔵名	所在地	計測(全長/幅/深/厚cm)	材質	時期	特記項目
北堀池遺跡(1)	伊賀市大内町北堀池	56.1/10.4/4/-	ヒノキ	古墳時代前期	貫通孔有(大溝)
北堀池遺跡(2)	伊賀市大内町北堀池	40.5/9.2/4.9/-	ヒノキ	古墳時代前期	
柚井遺跡	桑名市京町	-/-/-/-	-	平安時代	
河田宮ノ北遺跡	鈴鹿市河田町	-/-/-/-	-	古墳時代前期後半～後期	水場祭祀
四日市代官所跡	四日市市北町	-/-/-/-	-	江戸時代	

滋賀県

出土遺跡名・所蔵名	所在地	計測(全長/幅/深/厚cm)	材質	時期	特記項目
上高砂遺跡	大津市高砂町	27/6/-/-	-	古墳時代	祭祀・自然流路
南滋賀遺跡	大津市南志賀	-/-/-/-	-	古墳時代後期	
長命寺湖底遺跡	近江八幡市長命寺町	33/7/-/-	-	古墳時代中期	包含層
出町遺跡	近江八幡市出町	90/18/-/-	-	古墳時代前期	
中沢遺跡	草津市渋川	61.2/7.5/3.6/-	-	弥生時代後期	自然流路(SD03)
草津川関連遺跡	草津市矢橋町	17.7/3.3/1.9/-	-	弥生時代～	旧河川
柳遺跡	草津市青地町	-/-/-/-	-	弥生時代後期～	溝／4点
青冷寺遺跡	高島市永田	28.8/4.1/3.2/-	-	鎌倉時代	河底部
針江遺跡	高島市新旭町針江	42.4/10.8/-/-	-	弥生時代中期～	準構造舟
森浜遺跡	高島市新旭町森浜	53.2/15.5/8.4/-	-	古墳時代前期～中期	包含層
上御殿遺跡	高島市安曇川町	-/-/-/-	-	奈良時代～平安時代初	2点
尾上湖岸遺跡	長浜市湖北町尾上	-/-/-/-	-	平安時代(9C)	包含層
塩津港遺跡	長浜市塩津港	-/-/-/-	-	平安時代末	2点
神宮寺遺跡(1)	長浜市平方町字宮の東	15.6/2.7/2.0～1.5/-	-	古墳時代前期初～後期	祭祀・準構造舟／5点
神宮寺遺跡(2)	長浜市平方町字宮の東	24.7/6/2.2～4.2/-	-	古墳時代前期初～後期	舟尾四角
神宮寺遺跡(3)	長浜市平方町字宮の東	24.3/5.4/2.5/-	-	古墳時代後期	自然流路
神宮寺遺跡(4)	長浜市平方町字宮の東	-/-/-/-	-	古墳時代後期	底部破片
神宮寺遺跡(5)	長浜市平方町字宮の東	-/-/-/-	-	古墳時代後期	細破片
大戌亥・鴨田遺跡	長浜市八幡東町	-/-/-/-	-	弥生時代後期後半～古墳時代初頭	先端部朱
塚町遺跡	長浜市平方町	-/-/-/-	-	弥生時代	
川崎遺跡	長浜市八幡中山町	-/-/-/-	-	弥生時代	
十里町遺跡	長浜市十里町字十五町	-/-/-/-	-	縄紋時代～	
柿堂遺跡	東近江市今町	26/10.9/4.7/-	-	奈良時代～平安時代	河川(SR2)
斗西遺跡1-(1)	東近江市神郷町	22.6/-/3.8/-	スギ	古墳時代前期～中期	祭祀・自然流路(W112)／7点
斗西遺跡1-(2)	東近江市神郷町	62.4/-/5/-	ヒノキ	古墳時代前期～中期	祭祀・自然流路(W113)
斗西遺跡1-(3)	東近江市神郷町	60.7/-/4.5/-	-	古墳時代前期	(SD02/W114)

第3部 〈附編〉舟・船舶関係資料一覧

出土遺跡名・所蔵名	所在地	計測（全長/幅/深/厚cm）	材質	時期	特記項目
斗西遺跡1-(4)	東近江市神郷町	35.8 / - / - / -	スギ	古墳時代	(SD02/W115)
斗西遺跡1-(5)	東近江市神郷町	78.2 / - / 2.8 / -	スギ	古墳時代後期	(SD02/W116)
斗西遺跡1-(6)	東近江市神郷町	25 / 13.3 / - / -	カシ	古墳時代前期～中期	祭祀(SD02/W117)
斗西遺跡1-(7)	東近江市神郷町	26.3 / - / 2.5 / -	スギ	古墳時代前期～中期	祭祀・自然流路(W156)
斗西遺跡(1)	東近江市神郷町	29 / 12.7 / 6.2 / -	ヒノキ	古墳時代前期	祭祀(SD01/W262)
斗西遺跡(2)	東近江市神郷町	27 / 6.3 / 2.7 / -	ヒノキ	古墳時代中期	(SD01/W263)
斗西遺跡(3)	東近江市神郷町	38.5 / 5.6 / 3.2 / -	スギ	古墳時代前期	(SD01/W264)
斗西遺跡(4)	東近江市神郷町	10.4 / 2.7 / 0.9 / -	スギ	奈良時代	祭祀(SD01/W265)
斗西遺跡(5)	近江市神郷町	10.8 / 1.5 / 1.6 / -	ヒノキ	平安時代前期	祭祀(SD01/W266)
斗西遺跡(6)	東近江市神郷町	24.6 / 2.4 / 1.7 / -	スギ	古墳時代前期	自然河川(W267)
斗西遺跡(7)	東近江市神郷町	21.5 / 6.2 / 3.2 / -	スギ	平安時代前期	祭祀(SD01/W268)
石田遺跡	東近江市林町	- / - / - / -	-	古墳時代	2点
松原内湖遺跡(1)	彦根市松原町地先	36.8 / 4.6 / 2.8 / -	ヒノキ	古墳時代初期	(T4-2層)／4点
松原内湖遺跡(2)	彦根市松原町地先	33.6 / 6.2 / 2.4 / -	スギ	古墳時代	(T5-1層)
松原内湖遺跡(3)	彦根市松原町地先	28.8 / 3.5 / 1.2 / -	-	古墳時代	(T5-1層)
松原内湖遺跡(4)	彦根市松原町地先	37.2 / 4.4 / 2.8 / -	-	弥生時代	(T5-2層)
入江内湖遺跡(1)	米原市下多良	26.3 / 4 / 2.2 / -	ヒノキ	古墳時代前期～中期	貫通孔有／10点
入江内湖遺跡(2)	米原市下多良	25.6 / 3.5 / 3 / -	スギ	古墳時代前期～中期	
入江内湖遺跡(3)	米原市下多良	22.7 / 7.7 / 3.8 / -	スギ	古墳時代前期～中期	
入江内湖遺跡(4)	米原市下多良	32.1 / 8.6 / 4.3 / -	スギ	古墳時代前期～中期	
入江内湖遺跡(5)	米原市下多良	26.7 / 3.1 / 2.9 / -	-	古墳時代前期～中期	
入江内湖遺跡(6)	米原市下多良	25.2 / 5.7 / 2 / -	-	古墳時代前期～中期	
入江内湖遺跡(7)	米原市下多良	27.7 / 4.3 / 3 / -	-	古墳時代前期～中期	
入江内湖遺跡(8)	米原市下多良	- / 5.6 / 1.6 / -	スギ	古墳時代前期	
入江内湖遺跡(9)	米原市下多良	52.4 / 12 / 4.4 / -	-	古墳時代前期	
入江内湖遺跡(10)	米原市下多良	48 / 8 / 3.6 / -	スギ	古墳時代前期	
赤野井湾遺跡(1)	守山市赤野井地先	17.3 / 7.5 / 4.9 / -	-	古墳時代後期	溝(SD01)
赤野井湾遺跡(2)	守山市赤野井地先	23.1 / 5 / 1.9 / -	-	古墳時代後期	貫通孔有(SD05)
赤野井湾遺跡(3)	守山市赤野井地先	30 / 6.3 / 4.3 / -	-	古墳時代後期	溝(SD03)
赤野井湾遺跡(4)	守山市赤野井地先	26.2 / 6.3 / 5.2 / -	-	古墳時代前期	貫通孔有(W29)
服部遺跡	守山市服部町	- / - / - / -	-	古墳時代前期	旧河道(A)
下長遺跡(1)	守山市古高町北八重	18.9 / 3 / 1.2 / -	-	古墳時代前期～中期	旧河道／7点
下長遺跡(2)	守山市古高町北八重	37.6 / 6 / 2.5 / -	-	古墳時代前期～中期	旧河道
下長遺跡(3)	守山市古高町北八重	10 / 2.6 / 1.3 / -	-	古墳時代前期～中期	旧河道
下長遺跡(4)	守山市古高町北八重	17.3 / 3.28 / 2.38 / -	-	古墳時代前期～中期	旧河道
下長遺跡(5)	守山市古高町北八重	37.31 / 5.37 / 2.38 / -	-	古墳時代前期～中期	旧河道(W74)
下長遺跡(6)	守山市古高町北八重	11.04 / 1.19 / 0.59 / -	-	古墳時代前期～中期	旧河道(W121)
下長遺跡(7)	守山市古高町北八重	25.07 / 5.22 / 1.19 / -	-	古墳時代前期～中期	旧河道(W384)
十里遺跡	栗東市十里地先	- / - / - / -	-	弥生時代後期～古墳時代前期	溝
西河原森ノ内遺跡	野洲市西河原地先	27.4 / - / - / -	-	奈良時代前期	溝(2201)
湯ノ部遺跡	野州市中主町西河原	- / - / - / -	-	奈良時代	

京都府

出土遺跡名・所蔵名	所在地	計測（全長/幅/深/厚cm）	材質	時期	特記項目
平安京跡右京四条一坊	京都市中京区壬生坊主町	13.5 / 2.4 / 3 / -	-	平安時代(9C)	土壙(SK03)
平安京跡右京三条一坊六町	京都市中京区西ノ小倉町	- / - / - / -	-	平安時代前期	池(250)
平安京跡右京八条二坊	京都市下京区七条石町	- / - / - / -	-	平安時代	
鳥羽難波宮跡東殿地区(1)	京都市伏見区竹田	17.4 / 3.2 / 1.7 / -	-	鎌倉時代～室町時代	(SX10)
鳥羽難波宮跡東殿地区(2)	京都市伏見区竹田	10 / 2 / 0.8 / -	-	鎌倉時代～室町時代	(SX10)
鳥羽難波宮跡東殿地区(3)	京都市伏見区竹田	10.8 / 2.4 / 1.8 / -	-	鎌倉時代～室町時代	貫通孔有(SD05)
水垂遺跡	京都市伏見区淀水垂町	- / - / - / -	-	平安時代	河川

—286—

X 舟船関係出土史料集成 (2 舟形模造品)

出土遺跡名・所蔵名	所在地	計測 (全長/幅/深/厚cm)	材質	時期	特記項目
古殿遺跡(1)	京丹後市峰山町古殿	37.2 / 10.2 / 5.5 / −	−	弥生時代終末～古墳時代前期	包含層
古殿遺跡(2)	京丹後市峰山町古殿	36.3 / − / − / −	−	古墳時代前期	貫通孔有(軸)
古殿遺跡(3)	京丹後市峰山町古殿	50.3 / − / − / −	−	古墳時代前期	
正垣遺跡(1)	京丹後市大宮町	38.1 / − / − / −	−	弥生時代後期	(SD05)
正垣遺跡(2)	京丹後市大宮町	14.9 / − / − / −	−	弥生時代後期	
浅後谷南遺跡	京丹後市網野町公庄	− / − / − / −	−	古墳時代(4C後半)	
海印寺跡(1)	長岡京市奥海印寺明神前	13 / 2.5 / − / −	−	中世(9C中以後)	祭祀
海印寺跡(2)	長岡京市奥海印寺明神前	12 / 2.5 / − / −	−	中世	祭祀・帆柱跡
石本遺跡(1)	福知山市上天津石本	20 / 5 / 3.5 / −	−	古墳時代後期(6C後半～7C前)	水路跡・下層
石本遺跡(2)	福知山市上天津石本	− / − / − / −	−	古墳時代後期(6C後半～7C前)	
長岡京跡左京二条東二坊	向日市鶏冠井町	− / − / − / −	−	奈良時代末期	溝(FZN-2地区)
長岡京跡左京二条六坊六町	向日市鶏冠井町	9.3 / 1.9 / 0.9 / −	−	奈良時代	溝(SD1301)
長岡京跡	向日市上植野町五ノ坪	31.5 / − / − / −	−	奈良時代	
久田美遺跡(1)	舞鶴市久田美	− / − / − / −	−	鎌倉時代	
久田美遺跡(2)	舞鶴市久田美	− / − / − / −	−	鎌倉時代	

大阪府

出土遺跡名・所蔵名	所在地	計測 (全長/幅/深/厚cm)	材質	時期	特記項目
難波宮跡	大阪市中央区法円坂	7.1 / 1.6 / 1.1 / −	−	古墳時代後期(7C中)	土杭(SK10043)
難波宮跡	大阪市中央区法円坂	18 / 7.2 / 2.2 / −	−	近世初頭	貫通孔有溝(SD9361)
難波宮跡	大阪市中央区法円坂	21 / 5 / 4 / −	−	飛鳥時代	包含層(6b層)(No.543)
住友銅吹所跡	大阪市中央区島之内	17 / 4.1 / 3 / −	−	飛鳥時代	18点(No.77)
住友銅吹所跡	大阪市中央区島之内	21.4 / 4 / 4.6 / −	−	飛鳥時代	(No.74)
住友銅吹所跡	大阪市中央区島之内	15.1 / 4.2 / 1.6 / −	−	飛鳥時代	(No.75)
住友銅吹所跡	大阪市中央区島之内	20 / 4.8 / 2.8 / −	−	飛鳥時代	(No.76)
住友銅吹所跡	大阪市中央区島之内	18.8 / 4 / 3.7 / −	−	飛鳥時代	(No.77)
住友銅吹所跡	大阪市中央区島之内	17.1 / 4 / 3.8 / −	−	飛鳥時代	(No.78)
住友銅吹所跡	大阪市中央区島之内	22.4 / 3 / 3.5 / −	−	飛鳥時代	(No.79)
住友銅吹所跡	大阪市中央区島之内	16 / 2.8 / 2 / −	−	飛鳥時代	(No.80)
住友銅吹所跡	大阪市中央区島之内	21.8 / 4 / 1.3 / −	−	飛鳥時代	(No.81)
住友銅吹所跡	大阪市中央区島之内	22.7 / 2.4 / 1.4 / −	−	飛鳥時代	(No.82)
住友銅吹所跡	大阪市中央区島之内	15.2 / 3.5 / 2.1 / −	−	飛鳥時代	(No.83)
住友銅吹所跡	大阪市中央区島之内	19.2 / 3.6 / 0.9 / −	−	飛鳥時代	(No.84)
住友銅吹所跡	大阪市中央区島之内	21.5 / 3.5 / 1.7 / −	−	飛鳥時代	(No.85)
大阪城三の丸跡(1)	大阪市中央区京橋前之町	15.4 / 3.5 / 1.7 / −	−	安土桃山時代～江戸時代	土壙(SK01)
大阪城三の丸跡(2)	大阪市中央区京橋前之町	15.1 / 2.4 / 1.7 / −	−	安土桃山時代	貫通孔有(SK01)
大阪城三の丸跡(3)	大阪市中央区京橋前之町	13.9 / 2.1 / 1.6 / −	−	安土桃山時代	貫通孔有(SK01)
大阪城三の丸跡(4)	大阪市中央区京橋前之町	11.4 / 2.8 / 1.1 / −	−	安土桃山時代	貫通孔有(SK01)
大阪城三の丸跡(5)	大阪市中央区京橋前之町	13.3 / 1.5 / 2 / −	−	安土桃山時代	貫通孔有(SK01)
大阪城三の丸跡(6)	大阪市中央区京橋前之町	12.4 / 2.9 / 1.8 / −	−	安土桃山時代	未製品？(SK01)
大阪城三の丸跡(7)	大阪市中央区京橋前之町	11 / 1.4 / 1.2 / −	−	安土桃山時代	土壙(SK01)
大阪城三の丸跡(8)	大阪市中央区京橋前之町	9.6 / 1.5 / 0.6 / −	−	安土桃山時代	土壙(SK01)
大阪城三の丸跡(9)	大阪市中央区京橋前之町	12.1 / 3 / 1.7 / −	−	安土桃山時代	貫通孔有・包含層
大阪城三の丸跡(10)	大阪市中央区大手前之町	23.7 / 7.1 / 4.9 / −	−	室町時代末期～安土桃山時代前期	土壙(SK02)
大阪城三の丸跡(11)	大阪市中央区大手前之町	10.2 / 3.5 / 1.5 / −	−	室町時代～安土桃山時代	朱塗り・土壙(SK02)
大阪城三の丸跡(12)	大阪市中央区大手前之町	13.9 / 1.9 / 2 / −	−	室町時代～安土桃山時代	貫通孔有・包含層
大阪城三の丸跡(13)	大阪市中央区大手前之町	26.8 / 1.9 / 1 / −	−	室町時代～安土桃山時代	朱塗り・包含層
大坂城下跡	大阪市中央区大手前	14.6 / 5.6 / 3.5 / −	−	安土桃山時代後期	(No.38)
池上遺跡(1)	和泉市池上町	16 / 9 / 7 / −	−	弥生時代	溝(SF075)
池上遺跡(2)	和泉市池上町	30 / 6.5 / 5.5 / −	−	弥生時代	溝(SF075)

第3部 〈附編〉舟・船舶関係資料一覧

出土遺跡名・所蔵名	所在地	計測 (全長/幅/深/厚cm)	材質	時期	特記項目
池上遺跡(3)	和泉市池上町	17.5 / 7 / 2.5 / −	−	弥生時代	貫通孔有・溝(SF074)
古池遺跡(1)	泉大津市東豊中町	25.3 / 3.8 / 3.3 / −	−	古墳時代中期(6C初)	旧河川
古池遺跡(2)	泉大津市東豊中町	31.8 / 3.5 / 1.6 / −	−	古墳時代中期(6C初)	畦畔
脇浜遺跡	貝塚市脇浜	− / − / − / −	−	奈良時代	流水路(880R)
船橋遺跡	柏原市古町	39.5 / 4 / 3.5 / −	−	弥生時代	旧河川
高井田遺跡	柏原市高井田	15.7 / 3.7 / 0.9 / −	−	飛鳥時代(7C〜8C)	
下田遺跡	堺市西区下田町	14.8 / − / − / −	ツバキ	弥生時代後期〜古墳時代前期	溝(1108)
はざみ山遺跡	藤井寺市野中	26.2 / 4.6 / 2.6 / −	ケヤキ	飛鳥時代	祭祀・貫通孔有・溝(SD7780)
讃良郡条里遺跡(1)	寝屋川市新家地先	− / − / − / −	クルミ属	古墳時代	(3-286土壙・10)
讃良郡条里遺跡(2)	寝屋川市新家地先	− / − / − / −	クルミ属	古墳時代	(3-286土壙・11)
讃良郡条里遺跡(3)	寝屋川市新家地先	− / − / − / −	クルミ属	古墳時代	(3-286土壙・12)
讃良郡条里遺跡(4)	寝屋川市新家	34.8 / 6 / 3.9 / −	ヤナギ属	古墳時代中期〜後期	祭祀形式・流路(1-4)
蔀屋北遺跡(1)	寝屋川市新家地先	21.8 / − / − / −	−	古墳時代	(090001-332)
蔀屋北遺跡(2)	寝屋川市新家地先	21.4 / − / − / −	−	古墳時代	(090001-333)
蔀屋北遺跡(3)	寝屋川市新家地先	− / − / − / −	−	古墳時代	(No.663-10)
蔀屋北遺跡(4)	寝屋川市新家地先	− / − / − / −	−	古墳時代	(No.663-11)
蔀屋北遺跡(5)	寝屋川市新家地先	− / − / − / −	−	古墳時代	(No.663-12)
蔀屋北遺跡(6)	四條畷市砂	42 / − / − / −	−	古墳時代	(No.686-01)
貝掛遺跡	阪南市貝掛	− / − / − / −	−	江戸時代	
新家遺跡	東大阪市新家東町	67.1 / 8.9 / − / −	−	弥生時代後期	包含層
西岩田遺跡	東大阪市西岩田	68.1 / 7.7 / 4.8 / −	−	弥生時代後期	貫通孔有・包含層／2点
若江遺跡	東大阪市若江本町	6.6 / 2.3 / 1.5 / −	−	室町時代末期(16C後期)	溝(22)
挟山遺跡	藤井寺市野中	− / − / − / −	−	古墳時代前期	大溝(SD7780)
久宝寺遺跡(1)	八尾市神武町	37 / − / − / −	サカキ	弥生時代後期	軸櫨・河道(E区)
久宝寺遺跡(2)	八尾市神武町	17.2 / − / − / −	−	弥生時代後期〜古墳時代	溝(1区SD45)
久宝寺遺跡(3)	八尾市亀井・久宝寺	61.8 / − / − / −	スギ	古墳時代前期	舟形容器・自然流路(NR4001)
萱振遺跡	八尾市萱振町	31.5 / 5.8 / 0.9〜1.9 / −	−	古墳時代	井戸(SE4003)

兵庫県

出土遺跡名・所蔵名	所在地	計測 (全長/幅/深/厚cm)	材質	時期	特記項目
玉津田中遺跡	神戸市西区玉津田中	− / − / − / −	−	古墳時代中期	
片引遺跡	朝来市和田山町筒江	35 / 12 / 4 / −	−	古墳時代前期	貫通孔有・自然流路
大物遺跡	尼崎市大物町	− / − / − / −	−	中世	中世港
田井A遺跡	淡路市志筑	− / − / − / −	−	古墳時代	旧河川・祭祀
但馬国分寺	豊岡市日高町国分寺	− / − / − / −	−	奈良時代〜平安時代(8C後半)	(A区SD02)
祢布ヶ森遺跡	豊岡市日高町	− / − / − / −	−	平安時代(9C初)	旧河道
入佐川遺跡(1)	豊岡市出石町宮内	23.6 / − / − / −	スギ	室町時代	祭祀(2区-60)
入佐川遺跡(2)	豊岡市出石町宮内	26.2 / − / − / −	スギ	室町時代	祭祀(2区-75)
入佐川遺跡(3)	豊岡市出石町宮内	22.4 / − / − / −	スギ	古墳時代〜古代	祭祀(3区-131)
砂入遺跡	豊岡市出石町	− / − / − / −	−	奈良時代〜平安時代	
袴狭遺跡	豊岡市出石町	− / − / − / −	−	古墳時代〜奈良時代	包含層
辻井遺跡(1)	姫路市辻井東藤ノ木	12.5 / 3.2 / 1.7 / −	−	古墳時代後期〜奈良時代	旧河川／7点
辻井遺跡(2)	姫路市辻井東藤ノ木	17 / 3.5 / 2.5 / −	−	古墳時代後期〜奈良時代	
辻井遺跡(3)	姫路市辻井東藤ノ木	28.5 / 5.5 / 4.5 / −	−	古墳時代後期〜奈良時代	
辻井遺跡(4)	姫路市辻井東藤ノ木	17.5 / 3.5 / 3 / −	−	古墳時代後期〜奈良時代	
辻井遺跡(5)	姫路市辻井東藤ノ木	16.1 / 3.4 / 1.9 / −	−	古墳時代後期〜奈良時代	
辻井遺跡(6)	姫路市辻井東藤ノ木	11.3 / 2.2 / 2.5 / −	−	古墳時代後期〜奈良時代	
丁柳ヶ瀬遺跡	姫路市勝原区丁	− / − / − / −	−	弥生時代前期	自然流路(SX02)

X　舟船関係出土史料集成（2 舟形模造品）

出土遺跡名・所蔵名	所在地	計測 (全長 / 幅 / 深 / 厚cm)	材質	時期	特記項目
奈良県					
平城京跡東院(1)	奈良市佐紀町	55.8 / 11.3 / 5.5 / －	－	奈良時代(8C後半～9C前半)	貫通孔有・園池(SG5800)
平城京跡東院(2)	奈良市佐紀町	31.5 / 1.5 / 1.1 / －	－	奈良時代	貫通孔有・二条大路 北側溝(SD1250)
平城京跡左京三条二坊	奈良市北新町	34.6 / 8.7 / 4 / －	－	古墳時代中期～後期	溝(SD881)／2点
北出遺跡	宇陀市榛原	30 / － / － / －	－	弥生時代	
谷遺跡	宇陀市榛原	－ / － / － / －	－	弥生時代後期～古墳時代中期	自然流路／2点
藤原宮跡大極殿北方	橿原市醍醐当ノ坪	11.4 / 4 / 4.3 / －	－	古墳時代末期	大溝(SD1901)
藤原宮跡内裏東外郭	橿原市高殿町鮫型	15.5 / 1.9 / 1.3 / －	－	古墳時代末期	大溝(SD105)
藤原京五条四坊	橿原市小房町	15.4 / 5 / － / －	－	古墳時代末期	東側溝
纒向遺跡(1)	桜井市辻	41 / 9.6 / 4 / －	－	古墳時代前期	貫通孔有・土壙(4号)
纒向遺跡(2)	桜井市辻	16.4 / 3.3 / 1.6 / －	－	古墳時代前期	南溝
纒向遺跡(3)	桜井市辻	28.5 / 2.2 / 1.7 / －	－	古墳時代前期	土壙
纒向遺跡(4)	桜井市辻	－ / － / － / －	－	古墳時代前期	大溝(V14)
纒向遺跡(5)	桜井市太田	－ / － / － / －	－	古墳時代前期	東土壙
勝山古墳	桜井市東田字勝山	－ / － / － / －	－	弥生時代末期	周濠
唐古遺跡	磯城郡田原本町	51.2 / 12 / 6.6 / －	－	弥生時代	
石神遺跡	高市郡明日香村	－ / － / － / －	－	飛鳥時代	祭祀(第18次)
飛鳥京跡苑池北池	高市郡明日香村岡	－ / － / － / －	－	飛鳥時代	
和歌山県					
立野遺跡	西牟婁郡すさみ町	－ / － / － / －	クスノキ	弥生時代前期	舟形容器ほか／3点
笠嶋遺跡	東牟婁郡串本町笠嶋	31.5 / 7.2 / 3.8 / －	クスノキ	弥生時代後期	泥炭層
鳥取県					
青谷上寺地遺跡(1)	鳥取市青谷町青谷吉川	36.6 / － / － / －	－	弥生時代	9点
青谷上寺地遺跡(2)	鳥取市青谷町青谷吉川	43 / － / － / －	－	弥生時代中期～古墳時代前期	祭祀
青谷上寺地遺跡(3)	鳥取市青谷町青谷吉川	96.7 / － / － / －	－	弥生時代前期～中期	蓋有
塞ノ谷遺跡	鳥取市良田町塞ノ谷	－ / － / － / －	－	古墳時代中期	水路
前田遺跡	鳥取市河原町	8.9 / 1.5 / 1 / －	－	室町時代(15C)	井戸(SE1)
秋里遺跡(1)	鳥取市秋里	18.3 / 5.9 / 3.7 / －	－	古墳時代後期	舟尾段(BⅠ区SE01)
秋里遺跡(2)	鳥取市秋里	13.6 / 3.3 / 2.2 / －	－	古墳時代後期	準構造舟(BⅡ区SE02)
岩吉遺跡	鳥取市岩吉	19.4 / － / － / －	－	古墳時代中期	溝(SD03)／2点
池ノ内遺跡(1)	米子市美吉	23.5 / 7.6 / 2.5 / －	－	弥生時代	畦跡
池ノ内遺跡(2)	米子市美吉	37 / 10 / 4.7 / －	－	古墳時代	包含層
浦富遺跡	岩美郡岩美町浦富	－ / － / － / －	－	古墳時代	
島根県					
タテチョウ遺跡	松江市西川津町橋本	20 / 7.5 / 2.1 / －	－	弥生時代	包含層
西川津遺跡	松江市西川津町毎崎	5 / － / － / －	－	弥生時代中期	準構造舟
才ノ峠遺跡	松江市竹矢町才ノ峠	22.2 / 6.3 / 1.9 / －	－	飛鳥時代(7C後半～9C)	溝(SD01)
海上遺跡	出雲市塩冶町	－ / － / － / －	－	弥生時代中期	
三田谷Ⅰ遺跡(1)	出雲市上塩冶町	－ / － / － / －	－	古墳時代	
三田谷Ⅰ遺跡(2)	出雲市上塩冶町	－ / － / － / －	－	古墳時代	
姫原西遺跡	出雲市姫原町	31.7 / － / － / －	－	弥生時代後期～古墳時代前期	
山持遺跡	出雲市西林木町	－ / － / － / －	スギ	奈良時代(8C後半～9C初)	
岡山県					
百間川原尾島遺跡	岡山市中区原尾島	14.7 / 3 / 1.2 / －	－	古墳時代	溝(73)

—289—

第 3 部 〈附編〉舟・船舶関係資料一覧

出土遺跡名・所蔵名	所 在 地	計 測 (全長／幅／深／厚cm)	材 質	時 期	特記項目
南方遺跡	岡山市北区国体町	－／－／－／－	－	弥生時代中期	旧河道
上東遺跡	倉敷市上東	26.2／－／－／－	－	弥生時代後期	土杭(P2)
下市瀬遺跡(1)	真庭市下市瀬	24／3.7／3.8／－	－	奈良時代～平安時代	祭祀／7点
下市瀬遺跡(2)	真庭市下市瀬	26.5／7／6.5／－	－	奈良時代～平安時代	貫通孔有・(D区)

広島県

出土遺跡名・所蔵名	所 在 地	計 測 (全長／幅／深／厚cm)	材 質	時 期	特記項目
草戸千軒町遺跡(1)	福山市草戸町	18.9／4.6／3.6／－	－	鎌倉時代～室町時代	溝(SD410)／26点
草戸千軒町遺跡(2)	福山市草戸町	26／5.5／5.2／－	－	鎌倉時代～室町時代	両舷、底、多数貫通孔・井戸(SE1670)
草戸千軒町遺跡(3)	福山市草戸町	35.5／5.9／2.1／－	－	鎌倉時代～室町時代	艪部中央貫通孔・池(SG1710)
草戸千軒町遺跡(4)	福山市草戸町	19.8／5／0.5／－	－	鎌倉時代～室町時代	3ヶ所貫通孔・池(SG1790)
草戸千軒町遺跡(5)	福山市草戸町	17.5／6.5／5.5／－	－	鎌倉時代～室町時代	池(SG1790)
草戸千軒町遺跡(6)	福山市草戸町	14.3／2.6／1.2／－	－	鎌倉時代～室町時代	貫通孔・池(SG1791)
草戸千軒町遺跡(7)	福山市草戸町	10.4／1.6／1.1／－	－	鎌倉時代～室町時代	溝・(SD1920)
草戸千軒町遺跡(8)	福山市草戸町	5.9／1.4／0.4／－	－	鎌倉時代～室町時代	貫通孔有・池(SG2740)
草戸千軒町遺跡(9)	福山市草戸町	18.4／4.5／0.4／－	－	鎌倉時代～室町時代	貫通孔有・池(SG2740)
草戸千軒町遺跡(10)	福山市草戸町	14.2／2.6／0.2／－	－	鎌倉時代～室町時代	貫通孔有・池(SG2810)
草戸千軒町遺跡(11)	福山市草戸町	19.7／3.5／0.2／－	－	鎌倉時代～室町時代	貫通孔有・池(SG2741)
草戸千軒町遺跡(12)	福山市草戸町	7.7／2.5／1.3／－	－	鎌倉時代～室町時代	池(SG2741)
草戸千軒町遺跡(13)	福山市草戸町	8.7／3／1.4／－	－	鎌倉時代～室町時代	池(SG3060)
草戸千軒町遺跡(14)	福山市草戸町	10.5／2.7／1.8／－	－	鎌倉時代～室町時代	舳艪・(SD3190)
草戸千軒町遺跡(15)	福山市草戸町	11.7／3／1.1／－	－	鎌倉時代～室町時代	貫通孔(中央・艪)・(SD3190)
草戸千軒町遺跡(16)	福山市草戸町	11.3／2.1／1.7／－	－	室町時代	
草戸千軒町遺跡(17)	福山市草戸町	6／1.4／0.9／－	－	室町時代	
草戸千軒町遺跡(18)	福山市草戸町	10.9／3.7／3.6／－	－	室町時代	
草戸千軒町遺跡(19)	福山市草戸町	25.4／5.5／4.1／－	－	室町時代	
草戸千軒町遺跡(20)	福山市草戸町	16／4／3.4／－	－	室町時代	

徳島県

出土遺跡名・所蔵名	所 在 地	計 測 (全長／幅／深／厚cm)	材 質	時 期	特記項目
庄遺跡	徳島市庄町	16.4／3.2／3／－	－	平安時代中期～末期時代	貫通孔有・水路(SD02)
観音寺遺跡	徳島市国府町観音寺	－／－／－／－	－	奈良時代～平安時代	14点
立江・馬淵遺跡	小松島市立江町	－／－／－／－	－	奈良時代～平安時代	

香川県

出土遺跡名・所蔵名	所 在 地	計 測 (全長／幅／深／厚cm)	材 質	時 期	特記項目
天満宮西遺跡	高松市松縄町	－／－／－／－	コウヤマキ	弥生時代中期	(KTAK14)
井手東Ⅰ遺跡(1)	高松市松縄町	－／－／－／－	コナラ	弥生時代中期	(SD06/KTAK4)
井手東Ⅰ遺跡(2)	高松市松縄町	－／－／－／－	サカキ	弥生時代中期	(SD06/KTAK140)
下川津遺跡	坂出市下川津	27.5／5／5.5／－	－	古墳時代後期～飛鳥時代	貫通孔有・自然河川(SX02)／9点
金蔵寺下所遺跡(1)	善通寺市金蔵寺町下所	16.3／4.2／4.2／－	－	奈良時代	自然河川(SX8301)／7点
金蔵寺下所遺跡(2)	善通寺市金蔵寺町下所	18.2／4／4.4／－	－	奈良時代	自然河川(SX8301)

愛媛県

出土遺跡名・所蔵名	所 在 地	計 測 (全長／幅／深／厚cm)	材 質	時 期	特記項目
福音寺遺跡	松山市福音寺町	62.6／－／－／－	－	弥生時代後期～古墳時代	旧河川

高知県

出土遺跡名・所蔵名	所 在 地	計 測 (全長／幅／深／厚cm)	材 質	時 期	特記項目
芳原城跡	高知市春野町芳原西分	17.2／5／3.4／－	－	室町時代(15C後半)	包含層
坂本遺跡	四万十市坂本	29.7／9.6／－／－	－	室町時代(15C)	(SD1)帆舟？

X 舟船関係出土史料集成 (2 舟形模造品)

出土遺跡名・所蔵名	所在地	計測 (全長/幅/深/厚cm)	材質	時期	特記項目
具同中山遺跡群	四万十市具同	16.6 / - / - / -	スギ	古墳時代前期(4C)	
西鴨地遺跡	土佐市西鴨地字バデン	- / - / - / -	-	弥生時代～古代	舟形容器
居徳遺跡群(1)	土佐市高岡町	18.8 / 4.1 / 1.5 / -	スギ	古墳時代前期～中期	自然流路(SR1)
居徳遺跡群(2)	土佐市高岡町	42.9 / 18.7 / 5.3 / -	ヒノキ	古墳時代前期～中期	自然流路(SR3)
居徳遺跡群(3)	土佐市高岡町	56.8 / 7.9 / 4.6 / -	-	古墳時代	(4B区ⅢB2)
居徳遺跡群(4)	土佐市高岡町	32 / 5.8 / 2.1 / -	-	古墳時代	準構造舟(4A区Ⅲ)
居徳遺跡群(5)	土佐市高岡町	18.8 / 4.1 / 1.5 / -	-	古墳時代	

福岡県

出土遺跡名・所蔵名	所在地	計測 (全長/幅/深/厚cm)	材質	時期	特記項目
拾六町ツイジ遺跡(1)	福岡市西区拾六町	27.7 / 8.8 / 4.4 / -	-	弥生時代後期	舷側貫通孔・土壙(3号)
拾六町ツイジ遺跡(2)	福岡市西区拾六町	30.4 / 5.6 / 3.8 / -	-	古墳時代中期	舷側貫通孔・包含層
拾六町ツイジ遺跡(3)	福岡市西区拾六町	38 / 10 / 10.9 / -	-	古墳時代	中央(内)段
拾六町ツイジ遺跡(4)	福岡市西区拾六町	17.4 / 1.4 / 2.7 / -	-	古墳時代	包含層
吉武樋渡遺跡	福岡市西区吉武	58.3 / 11.6 / 9 / -	-	弥生時代中期末	木釘痕／溝(SD02)
今宿五郎江遺跡(1)	福岡市西区今宿五郎江	48.8 / 13 / 7.5 / -	-	弥生時代後期初	(欠)・溝(SD100)
今宿五郎江遺跡(2)	福岡市西区今宿五郎江	41.5 / 11.8 / 8.2 / -	-	弥生時代後期初	(欠)・溝(SD100)
元岡・桑原遺跡群(1)	福岡市西区元岡	23.7 / - / - / -	-	飛鳥時代(7C末～8C後半)	(SX001)／24点
元岡・桑原遺跡群(2)	福岡市西区元岡	16.2 / - / - / -	-	飛鳥時代(7C末～8C後半)	(SX001)
元岡・桑原遺跡群(3)	福岡市西区元岡	18.2 / - / - / -	-	飛鳥時代(7C末～8C後半)	(SX001)
元岡・桑原遺跡群(4)	福岡市西区元岡	21 / - / - / -	-	飛鳥時代(7C末～8C後半)	(SX001)
元岡・桑原遺跡群(5)	福岡市西区元岡	20.5 / - / - / -	-	飛鳥時代(7C末～8C後半)	(SX001)
元岡・桑原遺跡群(6)	福岡市西区元岡	22.3 / - / - / -	-	飛鳥時代(7C末～8C後半)	(SX001)
元岡・桑原遺跡群(7)	福岡市西区元岡	19.6 / - / - / -	-	飛鳥時代(7C末～8C後半)	(SX001)
元岡・桑原遺跡群(8)	福岡市西区元岡	22.7 / - / - / -	-	飛鳥時代(7C末～8C後半)	(SX001)
元岡・桑原遺跡群(9)	福岡市西区元岡	17.5 / - / - / -	-	飛鳥時代(7C末～8C後半)	(SX001)
元岡・桑原遺跡群(10)	福岡市西区元岡	21.5 / - / - / -	-	飛鳥時代(7C末～8C後半)	(SX001)
元岡・桑原遺跡群(11)	福岡市西区元岡	17 / - / - / -	-	飛鳥時代(7C末～8C後半)	(SX001)
元岡・桑原遺跡群(12)	福岡市西区元岡	11.7 / - / - / -	-	飛鳥時代(7C末～8C後半)	(SX001)
元岡・桑原遺跡群(13)	福岡市西区元岡	10.3 / - / - / -	-	飛鳥時代(7C末～8C後半)	(SX001)
元岡・桑原遺跡群(14)	福岡市西区元岡	8.4 / - / - / -	-	飛鳥時代(7C末～8C後半)	(SX001)
元岡・桑原遺跡群(15)	福岡市西区元岡	10.8 / - / - / -	-	飛鳥時代(7C末～8C後半)	(SX001)
元岡・桑原遺跡群(16)	福岡市西区元岡	16.3 / - / - / -	-	飛鳥時代(7C末～8C後半)	(SX001)
元岡・桑原遺跡群(17)	福岡市西区元岡	19.8 / - / - / -	-	飛鳥時代(7C末～8C後半)	(SX001)
元岡・桑原遺跡群(18)	福岡市西区元岡	15.2 / - / - / -	-	飛鳥時代(7C末～8C後半)	(SX001)
元岡・桑原遺跡群(19)	福岡市西区元岡	12.9 / - / - / -	-	飛鳥時代(7C末～8C後半)	(SX001)
元岡・桑原遺跡群(20)	福岡市西区元岡	11.5 / - / - / -	-	飛鳥時代(7C末～8C後半)	(SX001)
元岡・桑原遺跡群(21)	福岡市西区元岡	18.8 / - / - / -	-	飛鳥時代(7C末～8C後半)	(SX001)
元岡・桑原遺跡群(22)	福岡市西区元岡	19.3 / - / - / -	-	飛鳥時代(7C末～8C後半)	(SX001)
元岡・桑原遺跡群(23)	福岡市西区元岡	17.1 / - / - / -	-	飛鳥時代(7C末～8C後半)	(SX001)
元岡・桑原遺跡群(24)	福岡市西区元岡	16.3 / - / - / -	-	飛鳥時代(7C末～8C後半)	(SX123)
高畑遺跡(1)	福岡市博多区板付	15.3 / 0.4 / 2.7 / -	-	奈良時代～平安時代	溝(SD01)
高畑遺跡(2)	福岡市博多区板付	33.3 / - / - / -	-	古墳時代(5C)	貫通孔有
高畑遺跡(3)	福岡市博多区板付	13.3 / - / - / -	-	古墳時代(5C)	
井相田C遺跡	福岡市博多区井相田	20.4 / - / - / -	-	奈良時代(8C後半)	溝(SD01)
博多遺跡群(1)	福岡市博多区冷泉町	26.7 / 6.7 / - / -	-	中世末～近世初	先端貫通孔有
博多遺跡群(2)	福岡市博多区冷泉町	15.6 / 5 / - / -	-	中世末～近世初	帆柱穴
博多遺跡群(3)	福岡市博多区冷泉町	8.3 / 3.9 / - / -	-	中世末～近世初	貫通孔(中央・櫨)
須玖永田遺跡(1)	春日市日の出町	21.5 / - / - / -	-	弥生時代後期	井戸(2号)
須玖永田遺跡(2)	春日市日の出町	13.6 / - / - / -	-	弥生時代後期	井戸(2号)

第 3 部 〈附編〉舟・船舶関係資料一覧

出土遺跡名・所蔵名	所 在 地	計 測 (全長／幅／深／厚cm)	材 質	時 期	特記項目
太宰府条坊跡右7条7坊推定地(1)	太宰府市太宰府町古賀	35.7 / 6.2 / 2.5 / −	−	奈良時代(8C前半〜中)	溝(SD001)／4点
太宰府条坊跡右7条7坊推定地(2)	太宰府市太宰府町古賀	18.4 / 4 / 2.5 / −	−	奈良時代(8C前半〜中)	溝(SD001)
太宰府条坊跡右7条7坊推定地(3)	太宰府市太宰府町古賀	21.6 / 7 / 4.6 / −	−	奈良時代(8C前半〜中)	溝(SD001)
太宰府条坊跡右7条7坊推定地(4)	太宰府市太宰府町古賀	− / − / − / −	−	奈良時代(8C前半〜中)	
太宰府条坊跡右6条1・2坊推定地	太宰府市観世音寺不丁	4.8 / 3.1 / 2.7 / −	−	奈良時代(8C前半)	溝(SD2340)
観世音寺北面築地推定地	太宰府市観世音寺	14 / 1.8 / 1.5 / −	−	室町時代	園池(SG2130)
東下田遺跡	糸島市東下田	23.8 / 6.5 / 4.9 / −	−	鎌倉時代〜室町時代	井戸(Ⅲ区3号)

佐賀県

出土遺跡名・所蔵名	所 在 地	計 測 (全長／幅／深／厚cm)	材 質	時 期	特記項目
菜畑遺跡	唐津市菜畑	16.5 / 4.9 / − / −	クスノキ	弥生時代中期	包含層／7点
辻ノ尾遺跡	唐津市見借	46.3 / 9.3 / 7.9 / −	クスノキ	平安時代〜鎌倉時代	包含層／2点
中原遺跡(1)	唐津市中原	30.5 / − / − / −	マツ	奈良時代	(2区SD256)
中原遺跡(2)	唐津市中原	23.8 / − / − / −	スギ	奈良時代	(2区SD256)
中原遺跡(3)	唐津市中原	8.1 / − / − / −	スギ	奈良時代	(2区SD256)
中原遺跡(4)	唐津市中原	14.8 / − / − / −	スギ	奈良時代	(2区SD256)
石木遺跡	小城市三日月町石木	45.5 / 6.8 / 6.3 / −	−	古墳時代	河川(SX006)
吉野ヶ里遺跡(1)	神埼市神埼町鶴	49 / 7.2 / − / −	カヤ	弥生時代中期	祭祀(SD40)
吉野ヶ里遺跡(2)	神埼市神埼町鶴	30 / 8.6 / − / −	アカガシ	弥生時代後期	祭祀
湯崎東遺跡	杵島郡白石町	− / − / − / −	−	弥生時代後期	集落

長崎県

出土遺跡名・所蔵名	所 在 地	計 測 (全長／幅／深／厚cm)	材 質	時 期	特記項目
原の辻遺跡	壱岐市芦辺町	62 / 13.3 / 9.5 / −	−	弥生時代後期〜古墳初頭	旧河川(SD05)

①-2 舟形木製品 (民俗(刳舟含)・模造品)

北海道

出土遺跡名・所蔵名	所 在 地	計 測 (全長／幅／深／厚cm)	材 質	時 期	特記項目
北海道開拓記念館	札幌市厚別区厚別町小野幌	29 / − / − / −	−	近代(1942以前)	民俗(27143)
北海道開拓記念館	札幌市厚別区厚別町小野幌	77.5 / − / − / −	−	近代(1931)	民俗(45186)
北海道開拓記念館	札幌市厚別区厚別町小野幌	39.6 / − / − / −	−	近代(1942以前)	民俗(27122)
北海道開拓記念館	札幌市厚別区厚別町小野幌	32.5 / − / − / −	−	近代(1942以前)	民俗(27120)
北海道開拓記念館	札幌市厚別区厚別町小野幌	26.6 / − / − / −	−	近代(1942以前)	民俗(27121)
北海道立北方民族博物館	網走市字潮見	57 / − / − / −	−	近代(1935)	民俗(E241)
北海道立北方民族博物館	網走市字潮見	27.7 / − / − / −	−	近代(1935)	民俗(E239)
北海道立北方民族博物館	網走市字潮見	154 / − / − / −	−	近代(1954)	民俗(E1173)
北海道立北方民族博物館	網走市字潮見	79 / − / − / −	−	近代(1938)	民俗(E196)
北海道立北方民族博物館	網走市字潮見	79.3 / − / − / −	−	近代(1956)	民俗(E195)
北海道立北方民族博物館	網走市字潮見	48 / − / − / −	−	近代(1938)	民俗(E12)
北海道立北方民族博物館	網走市字潮見	40.8 / − / − / −	−	近代(1959)	民俗(E13)
北海道立北方民族博物館	網走市字潮見	38.2 / − / − / −	−	近代	民俗(P0002)
北海道大学北方生物学フィールド科学センター植物園	札幌市中央区北3条西	389 / 53 / 30 / −	−	1935	民俗・札幌発寒川右岸出土(No.7109)
北海道大学北方生物学フィールド科学センター植物園	札幌市中央区北3条西	278 / 60.5 / 31 / −	樹皮舟	1937	民俗・新十津川樺梅次郎(No.7110)

—292—

X　舟船関係出土史料集成（2 舟形模造品）

出土遺跡名・所蔵名	所在地	計測 (全長／幅／深／厚cm)	材質	時期	特記項目
北海道大学北方生物園フィールド科学センター植物園	札幌市中央区北3条西	37.5 / 10 / 9 / －	－	1937	民俗・イナウ村新十津川樺梅次郎(No.9632)
北海道大学北方生物園フィールド科学センター植物園	札幌市中央区北3条西	28.8 / 8.9 / 4.6 / －	サクラ	1884	民俗・千歳(No.9633)
北海道大学北方生物園フィールド科学センター植物園	札幌市中央区北3条西	43.7 / 23.5 / 13.4 / －	カバ	1937	民俗・新十津川樺梅次郎(No.9634)
北海道大学北方生物園フィールド科学センター植物園	札幌市中央区北3条西	32 / 6.1 / 4.8 / －	－	1884	民俗・千歳(No.10626)
北海道大学北方生物園フィールド科学センター植物園	札幌市中央区北3条西	69.4 / 13 / 8 / －	－	1879	民俗・サハリン(No.10882)
北海道大学北方生物園フィールド科学センター植物園	札幌市中央区北3条西	31.2 / 6 / 5.5 / －	－	－	民俗・(No.10883)
北海道大学北方生物園フィールド科学センター植物園	札幌市中央区北3条西	49.5 / 14.8 / 14.8 / －	－	1879	民俗・(No.10884)
北海道大学北方生物園フィールド科学センター植物園	札幌市中央区北3条西	87.5 / 25 / 17 / －	サクラ・イラクサ綴	－	民俗・(No.32535)
北海道大学北方生物園フィールド科学センター植物園	札幌市中央区北3条西	74 / 15.8 / 16 / －	－	明治期	民俗・樺太(No.32536)
北海道大学北方生物園フィールド科学センター植物園	札幌市中央区北3条西	82.7 / 23.8 / 17.2 / －	イラクサ綴	明治期	民俗・(No.32537)
北海道大学北方生物園フィールド科学センター植物園	札幌市中央区北3条西	605 / 49 / 20 / －	－	大正末期	民俗・八雲権久トヨリタケ・重要民文指定
北海道大学北方生物園フィールド科学センター植物園	札幌市中央区北3条西	399 / 51 / 53 / －	－	1937	民俗・新十津川樺梅次郎(No.32539)
北海道大学北方生物園フィールド科学センター植物園	札幌市中央区北3条西	853 / 50 / 42.5 / －	－	明治期	民俗・千歳(No.32540)
北海道大学北方生物園フィールド科学センター植物園	札幌市中央区北3条西	797 / 48 / 47 / －	－	明治期	民俗・石狩(No.32541)
北海道大学北方生物園フィールド科学センター植物園	札幌市中央区北3条西	473 / 55 / 62 / －	－	明治期	民俗・(No.32542)
北海道大学北方生物園フィールド科学センター植物園	札幌市中央区北3条西	345 / 59.8 / 47 / －	－	明治期	民俗・(No.32543)
北海道大学北方生物園フィールド科学センター植物園	札幌市中央区北3条西	539 / 102.2 / 85 / －	－	明治期	民俗・(No.32544)
北海道大学北方生物園フィールド科学センター植物園	札幌市中央区北3条西	24.5 / 43 / 3.5 / －	－	明治期	民俗・舳艫穿孔(No.32987)
北海道大学北方生物園フィールド科学センター植物園	札幌市中央区北3条西	36.8 / 5.7 / 8.3 / －	－	明治期	民俗・旭川近文(No.34680)
北海道大学北方生物園フィールド科学センター植物園	札幌市中央区北3条西	23.4 / 1.7 / － / －	－	明治期	民俗・旭川近文(No.34680)
北海道大学北方生物園フィールド科学センター植物園	札幌市中央区北3条西	27 / 2.1 / 1.7 / －	－	明治期	民俗・旭川近文(No.34680)
北海道大学農学部博物館	－	24.1 / 4.3 / 3.2 / －	－	現代	民俗
北海道大学農学部博物館	－	36.9 / 5.6 / 4.5 / －	－	現代	民俗
北海道大学農学部博物館	－	69.2 / 12.3 / 8 / －	－	現代	民俗
北海道大学農学部博物館	－	32 / 6.1 / 2.6 / －	－	現代	民俗
北海道大学農学部博物館	－	43.6 / 23 / 15 / －	－	現代	民俗
北海道大学農学部博物館	－	29 / 8.7 / 4 / －	－	現代	民俗
北海道大学農学部博物館	－	37 / 9.6 / 0.87 / －	－	現代	民俗
北海道大学農学部博物館	－	31.2 / 6.2 / 5.3 / －	－	現代	民俗

第 3 部 〈附編〉舟・船舶関係資料一覧

出土遺跡名・所蔵名	所在地	計測(全長/幅/深/厚cm)	材質	時期	特記項目
市立函館博物館	函館市青柳町	34 / − / − / −	−	近代	民俗(1903)
市立函館博物館	函館市青柳町	68.4 / − / − / −	−	近代	民俗
市立函館博物館	函館市青柳町	82.2 / − / − / −	−	近代(1884)	民俗(静内)
市立函館博物館	函館市青柳町	82 / − / − / −	−	近代(1884)	民俗(静内)
室蘭市民俗資料館	室蘭市陣屋町	46.2 / 7.9 / 3.9 / −	カツラ	昭和中期	民俗
白老アイヌ博物館	白老郡白老町若草町	46.8 / 4.6 / 2.3 / −	−	昭和初期	民俗・貝沢勘太郎作

新潟県

出土遺跡名・所蔵名	所在地	計測(全長/幅/深/厚cm)	材質	時期	特記項目
(財)痴娯の家(岩下庄司コレクション)	柏崎市青海川	56 / 10 / 3 / −		現代	民俗
(財)痴娯の家(岩下庄司コレクション)	柏崎市青海川	47 / 12.5 / 2.6 / −		現代	民俗
(財)痴娯の家(岩下庄司コレクション)	柏崎市青海川	52 / 14 / − / −		現代	民俗
(財)痴娯の家(岩下庄司コレクション)	柏崎市青海川	58 / 14 / − / −		現代	民俗
(財)痴娯の家(岩下庄司コレクション)	柏崎市青海川	42 / 11 / − / −		現代	民俗
(財)痴娯の家(岩下庄司コレクション)	柏崎市青海川	44 / 11 / − / −		現代	民俗
(財)痴娯の家(岩下庄司コレクション)	柏崎市青海川	38 / 9 / − / −		現代	民俗

東京都

出土遺跡名・所蔵名	所在地	計測(全長/幅/深/厚cm)	材質	時期	特記項目
東京大田区立郷土博物館	大田区南馬込	100 / 17 / 14 / −		現代	民俗・平林作蔵作
東京大田区立郷土博物館	大田区南馬込	113 / 22 / 17 / −		現代	民俗・平林作蔵作

広島県

出土遺跡名・所蔵名	所在地	計測(全長/幅/深/厚cm)	材質	時期	特記項目
広島市交通科学館	広島市安佐南区長楽寺	30 / 12.5 / 18 / −		現代	民俗・準構造舟

山口県

出土遺跡名・所蔵名	所在地	計測(全長/幅/深/厚cm)	材質	時期	特記項目
赤間神宮宝物館	下関市阿弥陀寺町	− / − / − / −	−	現代	民俗

福岡県

出土遺跡名・所蔵名	所在地	計測(全長/幅/深/厚cm)	材質	時期	特記項目
福岡市立少年科学文化会館	福岡市中央区舞鶴	41.5 / 10 / 3.5 / −	−	現代	民俗

② 舟形土製品

北海道

出土遺跡名	所在地	計測(全長/幅/深cm)	時期	特記項目
暁遺跡	帯広市西八南	4.7 / 3.1 / 1.1	縄紋時代晩期	
千歳キウス4遺跡	千歳市中央	− / − / −	縄紋時代後期	
苫小牧タプコプ遺跡	苫小牧市植苗	− / − / −	続縄紋文化期	恵山式期
弁天貝塚(1)	根室市弁天島	− / − / −	オホーツク文化期	西貝塚
弁天貝塚(2)	根室市弁天島	− / − / −	オホーツク文化期	堅穴9号
戸井貝塚	函館市戸井町浜町	20 / 3.5 / −	縄紋時代後期	
石倉貝塚	函館市石倉	− / − / −	縄紋時代後期	
オンコロマナイ貝塚	稚内市宗谷村清浜	6.9 / 3.2 / 2.6	オホーツク文化期	端部孔
大昭寺境内	磯谷郡磯谷村	15 / − / −	縄紋時代晩期	一部欠損

X 舟船関係出土史料集成 (2 舟形模造品)

出土遺跡名	所 在 地	計 測 (全長／幅／深 cm)	時 期	特記項目
亦稚貝塚	利尻郡利尻町沓形本町	8.2 / 3.6 / 3	オホーツク文化期	端部孔
香深井A遺跡(1)	礼文郡礼文町	7.3 / 3.9 / 2.7〜3.7	オホーツク文化期	
香深井A遺跡(2)	礼文郡礼文町	8.4 / 3.8 / 4.3	オホーツク文化期	鱸部孔
香深井A遺跡(3)	礼文郡礼文町	4.3 / 4.6 / 4.1	オホーツク文化期	一部欠損

宮城県

出土遺跡名	所 在 地	計 測	時 期	特記項目
宝ヶ峰遺跡	桃生郡可前町前谷地	7.2 / 3.5 / 2.2	縄紋時代晩期	内側突起／3点

福島県

出土遺跡名	所 在 地	計 測	時 期	特記項目
一丁田遺跡	いわき市常磐長孫町	7.8 / 4.3 / 3	奈良時代(8C中〜後)	櫂形出土
砂畑・荒田目条里遺跡	いわき市平荒田目	− / − / −	古墳時代？	
新地町山中遺跡	相馬市新地町	6.4 / 2.5 / 1	古墳時代前期	
山崎遺跡	岩瀬郡天栄村大字大里	4.2 / 2.7 / 1.8	古墳時代後期	一部欠損
陳場沢遺跡B地点(1)	双葉郡双葉町	8.9 / 4.5 / 2.6	奈良時代(8C中〜後)	
陳場沢遺跡B地点(2)	双葉郡双葉町	4.3 / − / −	奈良時代	

茨城県

出土遺跡名	所 在 地	計 測	時 期	特記項目
姥ヶ谷津遺跡	坂東市幸田地区	20 ? − / − /	古墳時代(4C)	

栃木県

出土遺跡名	所 在 地	計 測	時 期	特記項目
欠ノ上遺跡	さくら市貴連川町	− / − / −	古墳時代	
藤岡神社遺跡	栃木市藤岡町	− / − / −	縄紋時代後期〜晩期	7点

群馬県

出土遺跡名	所 在 地	計 測	時 期	特記項目
下田遺跡	太田市牛沢町	14.3 / 4.5 / 3.6	古墳時代前期	一部欠損
米沢中遺跡	太田市米沢	− / − / −	−	

埼玉県

出土遺跡名	所 在 地	計 測	時 期	特記項目
明花向遺跡	さいたま市南区大谷口	6.5 / 2.1 / 1.7	縄紋時代早期	

千葉県

出土遺跡名	所 在 地	計 測	時 期	特記項目
打越遺跡	富津市下飯野	5 ? / − / −	弥生時代後期〜古墳時代前期	

長野県

出土遺跡名	所 在 地	計 測	時 期	特記項目
梨久保遺跡	岡谷市長地横川	6 / − / −	縄紋時代中期	

新潟県

出土遺跡名	所 在 地	計 測	時 期	特記項目
千石原遺跡	長岡市字千石原	− / − / −	縄紋時代中期	

富山県

出土遺跡名	所 在 地	計 測	時 期	特記項目
小杉流通事務団地内№16遺跡	射水市小杉町	− / − / −	奈良時代	

石川県

出土遺跡名	所 在 地	計 測	時 期	特記項目
藤江B遺跡	金沢市藤江北	5.8 ? / − / −	古墳時代前期	
白江梯川遺跡(1)	小松市白江町	7.2 / − / −	弥生時代末〜古墳時代初頭	端部孔
白江梯川遺跡(2)	小松市白江町	4.3 / − / −	弥生時代末〜古墳時代初頭	
漆町遺跡(1)	小松市漆町	13.7 / 4.6 / −	古墳時代中期	土坑№114
漆町遺跡(2)	小松市漆町	5.8 / − / −	古墳時代中期	土坑№332A
漆町遺跡(3)	小松市漆町	28.7 / 12 / −	古墳時代中期	大溝№1
漆町遺跡(4)	小松市漆町	8.4 ? / − / −	古墳時代中期	一部欠損

—295—

第 3 部 　〈附編〉舟・船舶関係資料一覧

出土遺跡名	所 在 地	計　測 (全長 / 幅 / 深cm)	時　期	特記項目
漆町遺跡(5)	小松市漆町	6.4？/ - / -	古墳時代中期	一部欠損
漆町遺跡(6)	小松市漆町	6.8？/ - / -	古墳時代中期	一部欠損
漆町遺跡(7)	小松市漆町	19.2？/ - / -	古墳時代中期	一部欠損
三室まどかけ遺跡	七尾市三室町	8.3 / 5.4 / 1.4	弥生時代中期～後期	
太田ニシカワダ遺跡	羽咋市太田町	- / - / -	古墳時代前期前半	
滝谷八幡社遺跡	羽咋市滝谷町	7.6 / 5.3 / 2.9	古墳時代前期	
久江C遺跡	鹿島郡中能登町	6？/ - / -	弥生時代後期～古墳時代前期前半	破片

福井県

出土遺跡名	所 在 地	計　測 (全長 / 幅 / 深cm)	時　期	特記項目
みくに龍翔館所蔵	坂井市三国町緑ヶ丘	19.3 / 7.4 / 2.4	-	

静岡県

出土遺跡名	所 在 地	計　測 (全長 / 幅 / 深cm)	時　期	特記項目
坂上遺跡(1)	浜松市北区都田町	13.6 / 5.5 / 4.6	古墳時代後期	包含層
坂上遺跡(2)	浜松市北区都田町	9.4 / 5.7 / 2.8	古墳時代後期	包含層
坂上遺跡(3)	浜松市北区都田町	5.5 / 2.3 / 1.8	古墳時代後期	包含層
坂上遺跡(4)	浜松市北区都田町	3.6 / 2 / 2.1	古墳時代後期	一部欠損
角江遺跡	浜松市西区入野町	- / - / -	弥生時代	
安久川崎原遺跡	三島市安久	4.5 / - / -	古墳時代中期	

京都府

出土遺跡名	所 在 地	計　測 (全長 / 幅 / 深cm)	時　期	特記項目
三宅遺跡	綾部市豊里町三宅	- / - / -	古墳時代	

大阪府

出土遺跡名	所 在 地	計　測 (全長 / 幅 / 深cm)	時　期	特記項目
東奈良遺跡	茨木市東奈良	3.4 / - / -	弥生時代中期	舟首欠損
大庭寺遺跡	堺市西区小代地区	9 / 5.5 / 6	古墳時代中期前半	窯No232
深井清水町遺跡	堺市中区深井清水町	4.1 / 1.95 / 1.8	古墳時代末	一部穿孔
西大井遺跡	藤井寺市西大井	10 / 3.4 / 2	弥生時代末期	
田井中遺跡	八尾市田井中	5.8 / 2.2 / -	古墳時代前期	一部欠損

兵庫県

出土遺跡名	所 在 地	計　測 (全長 / 幅 / 深cm)	時　期	特記項目
貴船神社遺跡(1)	淡路市野島	- / - / -	古墳時代前期～後期	
貴船神社遺跡(2)	淡路市野島	- / - / -	古墳時代前期～後期	

奈良県

出土遺跡名	所 在 地	計　測 (全長 / 幅 / 深cm)	時　期	特記項目
室宮山古墳	生駒郡斑鳩町	9.3 / - / -	古墳時代中期	

鳥取県

出土遺跡名	所 在 地	計　測 (全長 / 幅 / 深cm)	時　期	特記項目
秋里遺跡(1)	鳥取市秋里	8.5 / 4.6 / 2.8	古墳時代前期～中期	一部欠損
秋里遺跡(2)	鳥取市秋里	8.2 / - / -	古墳時代前期～中期	一部欠損
秋里遺跡(3)	鳥取市秋里	4.5 / - / -	古墳時代前期～中期	一部欠損
秋里遺跡(4)	鳥取市秋里	8.2 / - / -	古墳時代前期～中期	一部欠損
秋里遺跡(5)	鳥取市秋里	12 / - / -	古墳時代前期～中期	一部欠損
秋里遺跡(6)	鳥取市秋里	11.8 / - / -	古墳時代前期～中期	一部欠損
福市遺跡	米子市福市吉塚	15.8 / 6 / 2.6	古墳時代前期	一部穿孔

島根県

出土遺跡名	所 在 地	計　測 (全長 / 幅 / 深cm)	時　期	特記項目
布田遺跡	松江市竹矢町	- / - / -	弥生時代前中～古墳時代中期	一部欠損
中野清水遺跡(1)	出雲市中野町	- / - / -	古墳時代	半分欠損
中野清水遺跡(2)	出雲市中野町	- / - / -	古墳時代	半分欠損

X 舟船関係出土史料集成 (2 舟形模造品)

出土遺跡名	所在地	計測 (全長/幅/深cm)	時期	特記項目
岡山県				
百間川原尾島遺跡	岡山市中区原尾島	9 / 4.5 / 2.3	弥生時代後期	波線刻?
門前池遺跡	赤磐市山陽町能崎	12 / 3.2 / 1.7	弥生時代中期	艫部欠損
上東遺跡	倉敷市上東西鬼川市	16.4 / 6.4 / 6	弥生時代後期	包含層
足守川矢部南向遺跡	倉敷市矢部	7 / 1.5 / 2	弥生時代後期後半	一部欠損
月の輪古墳	久米郡美咲町	23.2 / 5.6 / 7	古墳時代中期	線刻
広島県				
古市2号墳	東広島市	10.6 / 3.2 / 1.6	古墳時代中期	
中屋遺跡B地点	東広島市豊栄町安宿	- / - / -	古墳時代前期	
三ッ城古墳群	東広島市西条中央	- / - / -	古墳時代(5C)	
守山遺跡(1)	世羅郡世羅町	- / - / -	古墳時代後期	
守山遺跡(2)	世羅郡世羅町	- / - / -	古墳時代後期	
山口県				
吉永遺跡(1)	下関市豊浦町	22.4 / 8 / 4.8	弥生時代	
吉永遺跡(2)	下関市豊浦町	17 / 5 / 4.8	弥生時代	
香川県				
大浦浜遺跡(1)	坂出市櫃石島	7.2 / 2.9 / 2.9	古墳時代	包含層
大浦浜遺跡(2)	坂出市櫃石島	8.1 / 4.7 / 2.6	古墳時代	端部孔
大浦浜遺跡(3)	坂出市櫃石島	6.3 / 2.7 / 3.7	古墳時代	一部欠損
大浦浜遺跡(4)	坂出市櫃石島	5.2 / 3.4 / 3.9	古墳時代	一部欠損
大浦浜遺跡(5)	坂出市櫃石島	5.1 / 2.7 / 2.3	古墳時代	一部欠損
大浦浜遺跡(6)	坂出市櫃石島	6.3 / 4.4 / 6.2	古墳時代	一部欠損
大浦浜遺跡(7)	坂出市櫃石島	5.5 / 2.7 / 3.5	古墳時代	包含層・欠損
大浦浜遺跡(8)	坂出市櫃石島	5.3 / 2.2 / 2.6	古墳時代	包含層
大浦浜遺跡(9)	坂出市櫃石島	4.8 / 2.8 / 3.9	古墳時代	一部欠損
大浦浜遺跡(10)	坂出市櫃石島	4.9 / 3.2 / 3.5	古墳時代	端部孔
大浦浜遺跡(11)	坂出市櫃石島	5.7 / 3.9 / 3.5	古墳時代	一部欠損
大浦浜遺跡(12)	坂出市櫃石島	4.1 / 2.1 / 4.5	古墳時代	端部孔
大浦浜遺跡(13)	坂出市櫃石島	4.3 / 2.9 / 1.9	古墳時代	穿孔なし
大洲浜遺跡(1)	坂出市与島	1.3 / 4.8 / 3.7	古墳時代	端部孔
大洲浜遺跡(2)	坂出市与島	7 / 5 / 2.9	古墳時代	一部欠損
仲村廃寺	善通寺市善通寺町	8.9 / 3.9 / 2.5	古墳時代中期	一部欠損
善通寺市旧練兵場遺跡	善通寺市仙遊町	- / - / -	弥生時代後期(1C~3C)	
東風浜遺跡	三豊市詫間町粟島	7 / 4.1 / 2.6	古墳時代	
竹田遺跡(1)	三豊市豊中町	- / - / -	古墳時代後期~奈良時代	
竹田遺跡(2)	三豊市豊中町	- / - / -	古墳時代後期~奈良時代	
愛媛県				
文京遺跡	松山市文京町	- / - / -	弥生時代中期~後期初頭	
高橋湯ノ窪遺跡	今治市高橋	- / - / -	弥生時代後期	祭祀
福岡県				
小田道遺跡	朝倉市平塚小田道	- / - / -	弥生時代	
大分県				
下郡遺跡群	大分市下郡	- / - / -	弥生時代	

第3部 〈附編〉舟・船舶関係資料一覧

出土遺跡名	所在地	計測 (全長/幅/深cm)	時期	特記項目
北方下角遺跡	大分郡狭間町	12？/ - / -	弥生時代終末	住居跡

③ 舟形石製品

出土遺跡名	所在地	計測 (残長/幅/深cm)	時期	特記項目

北海道

釜谷遺跡	上磯郡木古内町	8.5/ - / -	縄紋時代前期	珪藻質泥岩

青森県

鮫島遺跡	八戸市鮫町冷水	- / - / -	縄紋時代中期	軽石
牛潟遺跡	つがる市牛潟	57/18/ -	縄紋時代前期	

大阪府

我孫子遺跡	大阪市住吉区我孫子町	- / - / -	-	
北浜神社	堺市浜寺町	12.8/4.6/4.4	古墳時代	
大仙陵	堺市堺区大仙町	- / - / -	古墳時代	

奈良県

若草山山頂	奈良市春日野町	14.4/9.6/6.4	古墳時代	未貫通孔

福岡県

沖ノ島1号遺跡	宗像市大島沖ノ島	- / - / -	奈良時代～平安時代	108点
沖ノ島3号遺跡	宗像市大島沖ノ島	- / - / -	奈良時代～平安時代	2点
沖ノ島4号遺跡	宗像市大島沖ノ島	- / - / -	古墳時代後期	19点
宗像神社中津宮	宗像市大島中西	- / - / -	古墳時代後期	1点
宗像神社辺津宮	宗像市田島上殿	- / - / -	古墳時代後期	3点(下高宮)
大島御嶽山遺跡	宗像市大島	- / - / -	平安時代(8C～9C)	6点(滑石)

鹿児島県

春日町遺跡	鹿児島市春日町5番地	8/5/ -	縄紋時代	軽石
草野貝塚(1)	鹿児島市上福元町	11.3/6.4/2.7	縄紋時代後期	67点(軽石)
草野貝塚(2)	鹿児島市上福元町	7/3.9/2.8	縄紋時代後期	軽石
草野貝塚(3)	鹿児島市上福元町	10.9/7.2/4.2	縄紋時代後期	軽石箱型
草野貝塚(4)	鹿児島市上福元町	9.5/6.3/1.6～3.9	縄紋時代後期	軽石軸先
草野貝塚(5)	鹿児島市上福元町	9.2/6.5/3.1	縄紋時代後期	軽石穿孔
草野貝塚(6)	鹿児島市上福元町	11.6/6.4/1.1	縄紋時代後期	軽石側孔
草野貝塚(7)	鹿児島市上福元町	9.9/4.6/2.5	縄紋時代後期	軽石
草野貝塚(8)	鹿児島市上福元町	11/5.5/1.4	縄紋時代後期	軽石
草野貝塚(9)	鹿児島市上福元町	14.6/5.3/2.4	縄紋時代後期	軽石軸先
草野貝塚(10)	鹿児島市上福元町	14.6/5.3/2.4	縄紋時代後期	軽石
西船子遺跡	鹿児島市喜々瀬々串町	12.4/6.2/ -	縄紋時代晩期	軽石底部孔
大龍遺跡	鹿児島市大龍	8.2/8/3.4	江戸時代	軽石軸先
若宮遺跡	鹿児島市池之上町	- / - / -	縄紋時代後期	破片
野畑遺跡	指宿市喜入町	11.6/ - / -	古墳時代初頭	包含層
尾長谷迫遺跡	指宿市西方尾長谷川迫	4.9/3/1.4	古墳時代	軽石
橋牟礼川遺跡	指宿市十二町字下里	8.3/5.1/ -	古墳時代	軽石
南円波遺跡	指宿市十二町南円波	- / - / -	古墳時代	軽石
柊原貝塚	垂水市柊原	- / - / -	縄紋時代後期	軽石

X　舟船関係出土史料集成（2 舟形模造品 - 3 舟形埴輪）

④ 舟形金属品

出土遺跡名	所在地	計測 (残長/幅/深cm)	時　期	特記項目

石川県

出土遺跡名	所在地	計測	時期	特記項目
寺家遺跡	羽咋市寺上町・柳田町	6.7 / 1.8 / 1	平安時代(8C後半～9C後半)	鉄板

福岡県

出土遺跡名	所在地	計測	時期	特記項目
沖ノ島1号祭祀遺跡	宗像市大島	－ / － / －	奈良時代～平安時代	銅板

⑤ 舟形骨製品

出土遺跡名	所在地	計測 (残長/幅/深cm)	時　期	特記項目

北海道

出土遺跡名	所在地	計測	時期	特記項目
弁天島貝塚	根室市弁天島	5.8 / 1 / 1.4	オホーツク文化期	ドド犬歯

3　舟形埴輪集成

① 舟形埴輪

古墳はそれぞれ、前（前方後円墳）・円（円墳）・方（方墳）・帆立（帆立見式古墳）・方周（方形周溝墓）を示す。

出土遺跡名	所在地	古墳	計測 (全長/幅/深cm)	時　期	特記項目

茨城県

出土遺跡名	所在地	古墳	計測	時期	特記項目
舟塚古墳	小美珠玉市上玉里	前	－ / － / －	古墳時代(6C前半)	不明

栃木県

出土遺跡名	所在地	古墳	計測	時期	特記項目
鶏塚古墳	真岡市京泉	円	25.6 / － / －	古墳時代後期後半	

神奈川県

出土遺跡名	所在地	古墳	計測	時期	特記項目
瀬戸ヶ谷古墳	横浜市保土谷区	前	－ / － / －	古墳時代前期	

長野県

出土遺跡名	所在地	古墳	計測	時期	特記項目
殿村遺跡	飯田市川路5区	－	78 / 25 / 13.5	古墳時代(5C末～6C初)	分離型

福井県

出土遺跡名	所在地	古墳	計測	時期	特記項目
六呂瀬山1号墳	坂井市丸岡町上久米田	前	－ / － / －	古墳時代(4C後半)	

静岡県

出土遺跡名	所在地	古墳	計測	時期	特記項目
堂山2号墳	磐田市東貝塚西原	円	－ / － / －	古墳時代(5C中)	分離型

三重県

出土遺跡名	所在地	古墳	計測	時期	特記項目
宝塚1号墳(1)	松阪市宝塚町	前	140 / 25 / 67～67.5	古墳時代中期	
宝塚1号墳(2)	松阪市宝塚町	前	33 / 28 / 21	古墳時代中期	

滋賀県

出土遺跡名	所在地	古墳	計測	時期	特記項目
服部19号墳	守山市服部町	方	－ / － / －	古墳時代中期	
安養寺古墳群(4号墳)	栗東市安養寺	方	115 / 27 / 23	古墳時代(5C初め)	新開4号墳
大塚山古墳	野洲市辻町	前	－ / － / －	古墳時代(5C前半)	

—299—

第 3 部　〈附編〉舟・船舶関係資料一覧

出土遺跡名	所 在 地	古墳	計 測 (全長 / 幅 / 深cm)	時 期	特記項目
京都府					
ニゴレ古墳	京丹後市弥栄町	方	82.5 / 17.5 / 8.8	古墳時代(5C中)	分離型
大阪府					
長原高廻り1号墳	大阪市平野区長吉	方	99.5 / 12 / 46.6	古墳時代(5C前半)	
長原高廻り2号墳	大阪市平野区長吉	円	128.5 / 26.1 / 37.2	古墳時代(4C後葉)	分離型
長原遺跡	大阪市平野区長吉	方周	40 / − / −	古墳時代(5C中)	
菩提池西3号墳	和泉市鶴山台	方	110 / 22 / 37	古墳時代(4C末前後〜5C初)	分離型
菩提池西遺跡	和泉市鶴山台	−	− / − / −	古墳時代(4C末前後〜5C初)	分離型
玉手山古墳群10地区	柏原市国分	−	95 / − / −	古墳時代(5C中)	
陶邑・伏尾遺跡A地区	堺市中区伏尾・平井	方	12 / − / −	古墳時代中期	
大園遺跡	高石市綾園	−	− / − / −	古墳時代前期	分離型
塚廻り古墳	高槻市土室	方	− / − / −	古墳時代中期	舳先ほか
五手治古墳	羽曳野市野々上	円	15 / 9 / 7	古墳時代(4C後半)	舟底部のみ
野々上遺跡	羽曳野市野々上	−	− / − / −	古墳時代前期	分離型
皿池古墳	東大阪市河内町	方	67.1 / 17.4 / 28	古墳時代中期	分離型
岡ミサンザイ古墳付近	藤井寺市藤井寺	−	33 / − / −	古墳時代(4C末)	
鞍塚古墳	藤井寺市沢田	−	27 / − / −	古墳時代(5C中葉)	赤色顔料
林遺跡	藤井寺市林	−	70 / 10 / 30	古墳時代中期	
岡古墳	藤井寺市岡	方	150 / 30 / 45	古墳時代(5C初)	分離型
土師の里遺跡	藤井寺市道明寺	方	104.8 / 18 / 26.4	古墳時代中期	
中田遺跡	八尾市八尾木北	円	35 / 7.8 / 8	古墳時代(4C後半)	分離型
寛弘寺古墳(5号墳)	南河内郡河南町	前	100 / − / 30	古墳時代(4C末〜7C)	分離型
兵庫県					
高津橋大塚遺跡	神戸市西区玉津町高津橋	−	− / − / −	古墳時代中期	
蟻無山1号墳	赤穂市有年原	帆立	− / − / −	古墳時代(5C)	
池田古墳	朝来市和田山町平野	前	− / − / −	古墳時代中期	
奈良県					
伝法草寺町出土	奈良市法華寺町	−	35 / − / −	古墳時代(4C末)	
伝大和3号墳	奈良市法華寺町	方	− / − / −	古墳時代中期	
平城宮跡東南隅出土	奈良市佐紀町	−	32 / − / −	古墳時代(5C後半)	
平城宮跡東院	奈良市佐紀町	−	− / − / −	古墳時代中期	舟中央部か
ヒシアゲ古墳	奈良市佐紀町	前	− / − / −	古墳時代中期	宮内庁
鶯塚古墳	奈良市春日野町	前	− / − / −	古墳時代(5C)	若草山
平城京左京二条五坊五坪	奈良市法蓮町	−	− / − / −	古墳時代中期	
南浦出屋敷遺跡	橿原市南浦町	−	33.2 / 13 / 10.7	古墳時代	分離型
四分遺跡	橿原市四分町	−	− / − / −	古墳時代	
寺口和田1号墳	葛城市寺口字和田	円	113 / 23 / 53	古墳時代(5C中〜前半)	
南六條北ミノ遺跡	天理市南六条町	−	− / − / −	古墳時代(4C後半)	
慈光院裏山1号墳	大和郡山市小泉町	方	47〜48 / 15 / 15	古墳時代(5C後半)	
巣山古墳	北葛城郡広陵町	前	− / − / −	古墳時代中期	分離型
一本松2号墳	北葛城郡川合町佐味	方	− / − / −	古墳時代中期	
和歌山県					
鳴神団地古墳	和歌山市鳴神	−	− / − / −	古墳時代(6C)	

—300—

X 舟船関係出土史料集成 (3 舟形埴輪)

出土遺跡名	所在地	古墳	計測 (全長/幅/深cm)	時期	特記項目

香川県

出土遺跡名	所在地	古墳	計測	時期	特記項目
中間西井坪遺跡	高松市中間町西井坪	円	29 / 11 / 8.4	古墳時代前期末	焼成土杭

福岡県

出土遺跡名	所在地	古墳	計測	時期	特記項目
堤当正寺古墳	朝倉市大字堤字当正寺	前	31 / - / -	古墳時代中期	
沖出古墳	嘉麻市大隈町	前	- / - / -	古墳時代(4C終)	

大分県

出土遺跡名	所在地	古墳	計測	時期	特記項目
大在古墳	大分市大在	円	- / - / -	古墳時代中期	破片
亀塚古墳	大分市里	前	12(90) / - / -	古墳時代(5C初)	分離型

宮崎県

出土遺跡名	所在地	古墳	計測	時期	特記項目
下北方13号墳(1)	宮崎市下北方字越ヶ迫	前	20 / - / -	古墳時代(6C初)	舟首部か
下北方13号墳(2)	宮崎市下北方字越ヶ迫	前	- / - / -	古墳時代(6C初)	舟尾部か
西都170(旧110号)号墳	西都市西都原	円	101.2 / 19 / 39	古墳時代(5C後半)	

② 舟絵画埴輪

古墳はそれぞれ、前(前方後円墳)・円(円墳)・方(方墳) を示す。

出土遺跡名	所在地	時期	古墳規模(m)	特記項目

京都府

出土遺跡名	所在地	時期	古墳規模(m)	特記項目
上人ヶ平5号墳	木津川市洲見台	古墳時代中期	円(22)	
神明山古墳(1)	京丹後市丹後町	古墳時代前期	前(190)	舳艫か
神明山古墳(2)	京丹後市丹後町	古墳時代前期	-	舳艫か
久津川車塚古墳(1)	城陽市平川東塚	古墳時代中期	前(184)	
久津川車塚古墳(2)	城陽市平川東塚	古墳時代中期	-	
梶塚古墳	城陽市平川鍛冶塚	古墳時代中期	方(64)	
雁子岳2号墳(1)	長岡京市栗生	古墳時代中期前半	前(36)	帆・櫂
雁子岳2号墳(2)	長岡京市栗生	古墳時代中期前半	-	
鞍岡山3号墳	相楽郡精華町大字下狛	古墳時代前期末~中期	円(40)	

大阪府

出土遺跡名	所在地	時期	古墳規模(m)	特記項目
土師遺跡	堺市北区百舌鳥陵南町	古墳時代中期	-	
今城塚古墳	高槻市郡家新町	古墳時代後期	前(190)	
川西4号墳	高槻市郡家新町	古墳時代後期	円(14)	
新池遺跡	高槻市上土室	古墳時代後期	-	窯跡
栗塚古墳	羽曳野市誉田	古墳時代中期	方(43)	

奈良県

出土遺跡名	所在地	時期	古墳規模(m)	特記項目
ウワナベ古墳	奈良市法華寺町字宇和那辺	古墳時代中期	前(270)	
東殿塚古墳(1)	天理市中山町殿塚	古墳時代前期	前(140)	葬舟
東殿塚古墳(2)	天理市中山町殿塚	古墳時代前期	-	葬舟
東殿塚古墳(3)	天理市中山町殿塚	古墳時代前期	-	葬舟
唐古・鍵遺跡	磯城郡田原本町	古墳時代中期	-	

広島県

出土遺跡名	所在地	時期	古墳規模(m)	特記項目
相方古墳	福山市新市町	古墳時代	-	櫂6本

第3部 〈附編〉舟・船舶関係資料一覧

出土遺跡名	所在地	時期	古墳規模（m）	特記項目

山口県

常森1号墳	下松市大字末武	古墳時代中期	円(16)	舳艫か

福岡県

沖出古墳	嘉麻市大隈町	古墳時代(4C)	前(68)	

大分県

亀塚古墳	大分市大字里字大塚	古墳時代中期	前(116)	

4　舟絵画史料集成

① 土器線刻絵画

出土遺跡名	所在地	位置構成	時期	特記項目

北海道

恵庭ユカンボシE7遺跡	恵庭市戸磯	舟	続縄紋文化期(6C前半)	深鉢土器
千歳ユカンボシC15遺跡	千歳市長部	舟	続縄紋文化期(9C前半)	須恵器壺
弁天島貝塚	根室市弁天島	舟	オホーツク文化期	深鉢土器
香深井A遺跡	礼文郡礼文町	舟とクジラ	オホーツク文化期	捕鯨

宮城県

里浜貝塚台囲地点	東松島市宮戸	人と舟	縄紋時代前期初～	貝塚

埼玉県

篠山遺跡	さいたま市篠山	舟	弥生時代	壺肩部
中道・岡台遺跡	朝霞市岡	舟	弥生時代後期末～古墳時代初期	壺形土器

千葉県

天神台遺跡	市原市村上天神台	舟	弥生時代中期～終末	壺形・三角帆
鹿島台遺跡	君津市六手	舟	古墳時代中期	須恵器
富士見台遺跡	富津市湊富士見台	舟	弥生時代	三角帆

山梨県

桂野遺跡	御坂町上里駒	魚	縄紋時代中期初	深鉢形・2匹

石川県

西念・南新保遺跡	金沢市西念町・南新保町	舟？	弥生時代後期	

岐阜県

荒尾南遺跡	大垣市桧町地内	準構造舟	弥生時代後期	壺形土器

静岡県

三和町遺跡	浜松市南区三和町	舟	弥生時代後期中～後半	壺形・三角帆

愛知県

北道手遺跡	一宮市光明寺	舟	弥生時代中期前半	壺形土器

X　舟船関係出土史料集成（3 舟形埴輪 - 4 舟絵画史料）

出土遺跡名	所 在 地	位置構成	時　期	特記項目
三重県				
小谷赤坂遺跡	松阪市嬉野天花寺町	準構造舟	弥生時代後期	壷形土器
三雲町採集品	松阪市	舟	古墳時代前期初	土器口縁部
滋賀県				
鴨田遺跡	長浜市大戌亥町	網に掛かった魚	弥生時代末期～古墳時代初頭	周溝
大阪府				
東奈良遺跡	茨木市東奈良	舟	弥生時代	壷形土器
小阪合遺跡	八尾市山本町	舟	弥生時代中期	手焙型土器
奈良県				
坪井遺跡	橿原市常磐町	舟	弥生時代後期	櫂10数本
清水風遺跡(1)	天理市庵治町	舟	弥生時代中期後半	櫂25本以上
清水風遺跡(2)	天理市	舟	弥生時代中期	櫂4本以上
唐古遺跡	磯城郡田原本町	舟	弥生時代中期	櫂5本
唐古・鍵遺跡	磯城郡田原本町	舟	弥生時代中期(1C後半)	持衰？
鳥取県				
稲吉角田遺跡	米子市淀江町	舟	弥生時代中期中葉	舳艫に櫂
妻木晩田遺跡	西伯郡大山町妻木	舟	弥生時代	土器
茶畑山道遺跡	西伯郡大山町	舟	弥生時代中期	土器
岡山県				
加茂A遺跡	岡山市北区加茂	舟	弥生時代後期後半～古墳時代初期	土師器壷・櫂
津寺遺跡	岡山市北区津寺	舟	古墳時代初期	壷形土器頚部
城遺跡	倉敷市味野	舟	弥生時代中期後半	壷形土器・櫂
広島県				
土森遺跡	三次市三良坂町	舟	弥生時代中期後半	土器壷
御領遺跡	福山市神辺町御領	舟	弥生時代後期後半	土器縁部
山口県				
明地遺跡	熊毛郡田布施町大字大波野	舟	弥生時代中期～後期	土器
愛媛県				
樽味高木遺跡	松山市樽味	舟	弥生時代後期	壷形土器
文京遺跡	松山市文京	舟	弥生時代中期末～後期初	第12次SC49
新谷森ノ前遺跡	今治市新谷	舟	弥生時代後期前半	鉢形土器
下経田遺跡	今治市朝倉下甲	舟	古墳時代初頭	鉢形土器
高知県				
田村遺跡群	南国市田村	舟？	弥生時代	
福岡県				
津古2号墳	小郡市津古	舟	古墳時代(4C前半)	土師器壷
貫川遺跡	北九州市小倉南区	舟	縄紋時代早期～	
前田遺跡	太宰府市大字向佐野	舟	弥生時代後期	
夜臼・三代地区遺跡群	糟屋郡新宮町三代	舟？	弥生時代	甕

第 3 部 〈附編〉 舟・船舶関係資料一覧

出土遺跡名	所 在 地	位置構成	時　期	特記項目

長崎県

出土遺跡名	所 在 地	位置構成	時　期	特記項目
カラカミ遺跡（1）	壱岐市勝本町	舟	弥生時代後期	櫂8本以上
カラカミ遺跡（2）	壱岐市勝本町	舟	弥生時代	
原の辻遺跡	壱岐市芦辺町	舟とクジラ	弥生時代中期	クジラ

鹿児島県

出土遺跡名	所 在 地	位置構成	時　期	特記項目
南円波遺跡	指宿市十二町南円波	帆舟	古墳時代（5C〜6C）	
原田遺跡	指宿市十二町原田	帆舟	古墳時代（4C末〜6C初）	

② 木板線刻絵画

出土遺跡名	所 在 地	位置構成	時　期	特記項目

石川県

出土遺跡名	所 在 地	位置構成	時　期	特記項目
八日市地方遺跡	小松市日の出町	舟	弥生時代中期後半	琴天板

兵庫県

出土遺跡名	所 在 地	位置構成	時　期	特記項目
袴狭遺跡	豊岡市出石町袴狭	舟団	古墳時代前期	10艘以上

鳥取県

出土遺跡名	所 在 地	位置構成	時　期	特記項目
青谷上寺地遺跡	鳥取市青谷町	舟とサメ	弥生時代中期後半	5艘

長崎県

出土遺跡名	所 在 地	位置構成	時　期	特記項目
門前遺跡	佐世保市愛宕町・中里町	魚	弥生時代後期（1〜2C）	透かし彫り

③ 石製線刻絵画

出土遺跡名	所 在 地	位置構成	時　期	特記項目

北海道

出土遺跡名	所 在 地	位置構成	時　期	特記項目
春日町遺跡	函館市春日町	舟形	縄紋時代前期	15.9cm
落部遺跡	二海郡八雲町	魚形	続縄紋文化期前半	海岸段丘

青森県

出土遺跡名	所 在 地	位置構成	時　期	特記項目
大面遺跡	平川市碇ヶ関村古懸字大面	漁撈	縄紋時代前〜後期	海岸段丘

宮城県

出土遺跡名	所 在 地	位置構成	時　期	特記項目
南境貝塚	石巻市南境字妙見	舟形	縄紋時代中期	砂岩・6.9cm

秋田県

出土遺跡名	所 在 地	位置構成	時　期	特記項目
矢島遺跡	由利本荘市矢島町前杉	魚形	縄紋時代中期	
新沢平遺跡	由利本荘市鳥海町	漁撈	縄紋時代後〜晩期	粘板岩石錘

福島県

出土遺跡名	所 在 地	位置構成	時　期	特記項目
薄磯貝塚	いわき市平薄磯	－	縄紋時代晩期	

山口県

出土遺跡名	所 在 地	位置構成	時　期	特記項目
小浜山遺跡	長門市白潟	－	弥生時代後期〜古墳時代	玄武岩

X　舟船関係出土史料集成（4 舟絵画史料 - 5 装飾古墳史料）

④ 金属線刻絵画

出土遺跡名	所 在 地	位置構成	時　期	特記項目

福井県

出土遺跡名	所 在 地	位置構成	時　期	特記項目
井ノ向1号銅鐸	坂井市春江町井ノ向	－	弥生時代中期	銅鐸・5ヶ所

⑤ 骨製線刻絵画

出土遺跡名	所 在 地	位置構成	時　期	特記項目

北海道

出土遺跡名	所 在 地	位置構成	時　期	特記項目
モヨロ貝塚	網走市北1条東	舟	オホーツク文化期	針入
栄浦第二遺跡	北見市常呂町	釣針とエイ	オホーツク文化期	角器
弁天島貝塚	根室市弁天島	舟とクジラ	オホーツク文化期	鳥骨
弁天島遺跡(1)	根室市弁天島	舟	オホーツク文化期	鹿角製装飾杖
弁天島遺跡(2)	根室市弁天島	舟	オホーツク文化期	鹿角製装飾杖
弁天島遺跡(3)	根室市弁天島	舟	オホーツク文化期	鹿角製装飾杖
オンネモト遺跡	根室市温根元	舟	オホーツク文化期	鹿角製装飾杖
トーサムポロ遺跡	根室市豊里	舟	オホーツク文化期	針入
亦稚貝塚	利尻郡利尻町杏形本町	クジラ	オホーツク文化期	トナカイ製
鈴谷貝塚	樺太	舟とクジラ	オホーツク文化期	針入

5　装飾古墳史料集成

① 線刻壁画

古墳・位置構成はそれぞれ、前（前方後円墳）・円（円墳）・方（方墳）・横（横穴）・横石（横穴式石室）を示す。

出土遺跡名	所 在 地	古　墳	位置構成	方　法	時　期	特記項目

宮城県

出土遺跡名	所 在 地	古　墳	位置構成	方　法	時　期	特記項目
高岩18号横穴墓	大崎市鹿島台町56番屋敷	－	横・玄室	線刻・彩色	古墳時代	

茨城県

出土遺跡名	所 在 地	古　墳	位置構成	方　法	時　期	特記項目
幡6号横穴墓	常陸太田市幡町	－	横・玄室右側壁	線刻	古墳時代(7C後半)	帆・櫂
権現山横穴2号墓	水戸市下国井町字権現山	－	横・玄室奥壁	線刻	古墳時代	

埼玉県

出土遺跡名	所 在 地	古　墳	位置構成	方　法	時　期	特記項目
地蔵塚古墳	行田市若小玉	方	横石・玄室左側壁	線刻	古墳時代(6C後)半	櫂

千葉県

出土遺跡名	所 在 地	古　墳	位置構成	方　法	時　期	特記項目
大満第1群1号横穴墓	富津市大満	－	横・左・右側壁	線刻	古墳時代(8C初頭)	帆・網
大満第1群2号横穴墓	富津市岩坂・天満	－	横・天井中央	線刻	古墳時代(8C初頭)	準構造舟
亀田大作谷1号横穴墓	富津市亀田	－	横・玄室	線刻	古墳時代	舟？
内田5号横穴墓(鹿島)	富津市大佐和町	－	横・玄室	線刻	古墳時代(6C～7C)	
内田8号横穴墓(鹿島)	富津市大佐和町	－	横・奥・左・右側壁	線刻	古墳時代(6C～7C)	帆
水神谷I群横穴墓	富津市岩坂	－	横・玄室右側壁	線刻	古墳時代	
表3号横穴墓	富津市相野谷字表	－	横・玄室	線刻	古墳時代	
障子ヶ谷18号横穴墓	富津市相野谷字障子ヶ谷	－	横・玄室	線刻	古墳時代	
胡摩伝3号横穴墓	君津市浜子胡摩伝	－	横・玄室	線刻	古墳時代(7C)	

第 3 部 〈附編〉舟・船舶関係資料一覧

出土遺跡名	所在地	古墳	位置構成	方法	時期	特記項目
中尾石神3号横穴墓	木更津市伊豆島中尾石神	－	横・玄室奥・右左側壁・帆柱	線刻	古墳時代(7C中)	
池之内横穴1号墓	南房総市池之内向根	－	玄室右壁	線刻	古墳時代	
在戸11号横穴墓	南房総市池ノ内在戸	－	横・玄室右側壁	線刻	古墳時代(7C)	
根方4号横穴墓	いすみ市根方	－	横・玄室	線刻	古墳時代(7C)	
千代丸・力丸31号横穴墓	長生郡長柄町力丸籾ヶ谷	－	横・玄室	線刻	古墳時代	
徳増横穴群13号墓	長生郡長柄町	－	横・玄室	線刻	古墳時代(7C前半～中葉)	

埼玉県

出土遺跡名	所在地	古墳	位置構成	方法	時期	特記項目
地蔵塚古墳	行田市若小玉	方	玄室左側壁	線刻	古墳時代(6C後半～7C中)	櫂

神奈川県

出土遺跡名	所在地	古墳	位置構成	方法	時期	特記項目
七石山12号横穴墓	横浜市戸塚区小菅ヶ谷町	－	横・玄室	線刻	古墳時代後期	
熊ヶ谷2号横穴墓	横浜市青葉区奈良町	－	横・玄室左壁	線刻	古墳時代後期	棹
久地西前田1-2号横穴墓	川崎市久地西	－	横・玄室左壁	線刻	古墳時代後期	
万田宮ノ入8号横穴墓	平塚市万田字宮ノ入	－	横・玄室右壁	線刻	古墳時代後期	
洗馬谷第2横穴墓	鎌倉市関谷	－	横・玄室	線刻	古墳時代(7C～8C)	
大日ヶ窪1号横穴墓	中郡二宮町一色	－	横・玄室奥壁	線刻	古墳時代後期	
大日ヶ窪9号横穴墓	中郡二宮町一色	－	横・玄室天井・右壁	線刻	古墳時代後期	
堂後下9号横穴墓	中郡大磯町	－	横・玄室側壁	線刻	古墳時代後期	帆
堂後下12号横穴墓	中郡大磯町	－	横・玄室右壁	線刻	古墳時代後期	

石川県

出土遺跡名	所在地	古墳	位置構成	方法	時期	特記項目
岩坂藤瀬山1号横穴墓	珠洲市岩坂藤瀬山	－	横・玄室左側壁	線刻	古墳時代後期	2艘
岩坂藤瀬山3号横穴墓	珠洲市岩坂藤瀬山	－	横・玄室奥壁	線刻	古墳時代後期	櫂・帆
岩坂向林1号横穴墓	珠洲市岩坂	－	横・玄室奥壁	線刻	古墳時代後期	帆
谷崎3号横穴墓	珠洲市宝立町春日野谷崎	－	横・玄室奥壁	線刻	古墳時代後期	帆
鵜島1号横穴墓	珠洲市南黒丸鵜島	－	横・玄室奥壁	線刻	古墳時代後期	帆
聖川寺山3号横穴墓	羽咋郡宝達志水町	－	横・玄室奥左側壁	線刻	古墳時代(6C末)	2艘

大阪府

出土遺跡名	所在地	古墳	位置構成	方法	時期	特記項目
高井田第2支群12号横穴墓	柏原市高井田	－	横・玄室奥壁	線刻	古墳時代後期	帆・舵?
			羨道右壁	線刻	古墳時代後期	帆・網
高井田第2支群27号横穴墓	柏原市高井田	－	横・玄室左壁	線刻	古墳時代後期	
高井田第3支群5号横穴墓	柏原市高井田	－	横・左側壁	線刻	古墳時代後期	櫂
			羨道右壁	線刻	古墳時代後期	櫂・棺?
北峯1号墳	柏原市田辺	円	横石・玄室側壁	線刻	古墳時代(6C末)	

兵庫県

出土遺跡名	所在地	古墳	位置構成	方法	時期	特記項目
緑ヶ丘2号墳	相生市緑ヶ丘	－	横・玄室奥壁	線刻	古墳時代(6C末)	魚のみ

鳥取県

出土遺跡名	所在地	古墳	位置構成	方法	時期	特記項目
鷺山古墳	鳥取市国府町町屋	円	横石・玄室左・右側壁	線刻	古墳時代(6C終末)	9ヶ所
美歎41号墳	鳥取市国府町美歎	円	横石・玄室右側壁	線刻	古墳時代	
美歎43号墳	鳥取市国府町美歎	前	横石・玄室奥・右側壁	線刻	古墳時代	
宮下22号墳	鳥取市国府町宮下	円	横石・茨石右側壁・天井石・玄室左・右側壁	線刻	古墳時代(6C終末～)	複数
空山15号墳	鳥取市久末	円	横石・玄室右側壁	線刻	古墳時代(6C末～7C前)	帆・楼
空山16号墳	鳥取市久末	円	横石・玄室左側壁	線刻	古墳時代(6C末～7C前)	帆

—306—

Ⅹ　舟船関係出土史料集成（5 装飾古墳史料）

出土遺跡名	所在地	古墳	位置構成	方法	時期	特記項目
阿古山22号墳	鳥取市青谷町青谷	－	横石・玄室左・右側壁・玄室外	線刻	古墳時代後期	9ヶ所
吉川43号墳	鳥取市青谷町吉川	－	横石・玄室右側壁	線刻	古墳時代	帆
坊ヶ塚古墳	鳥取市広岡	円	横石・玄室	線刻	古墳時代	広岡11号墳
宮下19号古墳	鳥取市国府町宮下	円	横石・玄室側壁	線刻	古墳時代	
栃本4号墳	鳥取市国府町栃本	－	横石・玄室左側壁	線刻	古墳時代	
上野山6号墳	鳥取市福部町左近	円	横石・玄室奥壁・左右側壁	線刻	古墳時代	
長者ヶ平古墳	米子市淀江町福岡	前	横石・羨道右側壁	線刻	古墳時代(6C中)	
西穂波9号墳	東伯郡北栄町六尾	－	横石・玄室奥壁・右側壁	線刻	古墳時代後期	2ヶ所
西穂波27号墳	東伯郡北栄町六尾	円	横石・玄室奥・左・右側壁	線刻	古墳時代後期	

島根県

出土遺跡名	所在地	古墳	位置構成	方法	時期	特記項目
十王免1号横穴墓	松江市山代町十王免	－	横・玄室	線刻	古墳時代	
狐谷12号横穴墓	松江市山代町狐谷	－	横・玄室両側壁	線刻	古墳時代	

香川県

出土遺跡名	所在地	古墳	位置構成	方法	時期	特記項目
宮ヶ尾古墳	善通寺市善通寺町宮が尾	円	横・玄室奥壁	線刻	古墳時代(6C後半)	櫂・舵
興昌寺山1号墳	観音寺市八幡町	円	横・玄室・羨道	線刻	古墳時代	
岡5号墳	観音寺市大麻町	円	横・玄室・羨道	線刻	古墳時代	
サグノクチ1号墳	坂出市加茂町	円	横・玄室奥壁	線刻	古墳時代(6C後半)	2艘
山ノ神2号墳	坂出市加茂町山ノ神	円	横石・側壁	線刻	古墳時代(7C初)	
揚原山古墳	坂出市高屋町	円	横石・羨道	線刻	古墳時代(7C初)	

福岡県

出土遺跡名	所在地	古墳	位置構成	方法	時期	特記項目
剣塚古墳	福岡市博多区竹下	前	横石・側壁	線刻・彩色(赤)	古墳時代(6C中)	舟多数
狐塚古墳	朝倉市入地	円	横石・後室奥・左・右壁	線刻	古墳時代(7C前半)	
黒部6号墳	豊前市松江	円	横石・玄室左側壁・左玄門	線刻	古墳時代(7C中)	複数舟
羅漢山横穴墓	中間市垣生	－	横・前室右則壁	線刻	古墳時代	帆・廻船
土居ノ内横穴墓	中間市土居垣生字土居ノ内	－	横・奥壁	線刻	古墳時代後期	
瀬戸口14号横穴墓	中間市垣生字瀬戸口	－	横・玄室側壁	線刻・彩色(赤)	古墳時代(7C)	
倉永古墳	大牟田市大字倉永字井木山	円	横石	線刻	古墳時代(6C後半)	
花立山穴観音古墳	小郡市干潟	前	横石・玄室	線刻	古墳時代(6C末)	舟?
稲荷山18号横穴墓	八女市立花町北山地区	－	横・羨門左側壁	線刻	古墳時代(6C後半)	舟

佐賀県

出土遺跡名	所在地	古墳	位置構成	方法	時期	特記項目
古賀山4号横穴墓	多久市東多久町	－	横・側壁	線刻	古墳時代(7C前半)	
天山1号墳	多久市東多久町	円	横・側壁	線刻	古墳時代(6C末〜7C)	帆舟
北の森古墳	多久市東多久町	円	横石	線刻	古墳時代6(C末〜7C初)	帆舟
勇猛寺古墳	武雄市北方町	前	横石・石室玄室奥壁	線刻	古墳時代(7C前半)	
湯崎2号墳	杵島郡白石町大字湯崎	円	横石	線刻	古墳時代(6C末)	
妻山4号墳	杵島郡白石町大字馬洗	円	横石・玄室	線刻	古墳時代(6C末〜7C初)	舟に乗る人物

長崎県

出土遺跡名	所在地	古墳	位置構成	方法	時期	特記項目
長戸鬼塚古墳	諫早市小長井町	円	横石・前室左側壁	線刻	古墳時代(7C前半)	帆・櫂・クジラ漁

第3部 〈附編〉舟・船舶関係資料一覧

出土遺跡名	所 在 地	古墳	位置構成	方 法	時 期	特記項目
善神さん古墳	諫早市高来町	−	横石・玄室中央	線刻	古墳時代後期	
双六古墳	壱岐市勝本町	前	横石・前室右側壁	線刻	古墳時代(6C後半)	舵
尾越古墳	壱岐市郷ノ浦町	−	横石・後室左側壁	線刻	古墳時代(7C前半)	櫂
鬼屋久保(窪)古墳	壱岐市郷ノ浦町	円	横石・袖石南側左側壁	線刻	古墳時代(7C末)	クジラ漁
大米古墳	壱岐市郷ノ浦町	円	横石・前室左側壁	線刻	古墳時代(6C末)	帆・クジラ漁
兵瀬古墳	壱岐市芦辺町	円	横石・前室左側壁	線刻	古墳時代(6C末)	帆
百田頭5号墳	壱岐市芦辺町		横石・羨道部	線刻	古墳時代(6C末〜7C初)	帆
釜蓋3号墳	壱岐市芦辺町国分本村	円	横石・前室壁	線刻	古墳時代	舟？
釜蓋5号墳	壱岐市芦辺町国分本村	円	横石・中室壁	線刻	古墳時代	舟？
釜蓋6号墳	壱岐市芦辺町国分本村		横石・玄室左側壁	線刻	古墳時代	帆

熊本県

出土遺跡名	所 在 地	古墳	位置構成	方 法	時 期	特記項目
千金甲3号墳	熊本市西区小島下町	円	横石・奥壁	線刻・彩色(赤・緑)	古墳時代(6C後半)	
古城横穴46号墳	熊本市中央区古城町	−	横・玄室	線刻	古墳時代(6C後半〜7C後半)	
大鼠蔵東籠1号古墳	八代市鼠蔵町	−	横・石棺・右側壁	線刻	古墳時代(4C後半〜6C)	箱式
塚原1号墳	宇城市不知火町	円	横石・玄室右側壁	線刻	古墳時代(6C末)	帆・櫂
桂原1号墳	宇城市不知火町	円	横石・玄室奥壁・左側壁・右側壁・南側壁・右棚上面・茨道左側壁	線刻・彩色(白・黒)	古墳時代(6C後半)	6ヶ所
桂原2号墳	宇城市不知火町	−	横石・茨道左側壁	線刻	古墳時代(7C)	帆
鬼の岩屋古墳	宇城市不知火町鬼の岩屋	円	横石・奥壁	線刻	古墳時代(6C中〜後半)	
城迫問2号横穴墓	玉名市溝ノ上城迫問		横・右側壁	線刻	古墳時代	
永安寺東古墳	玉名市玉名永安寺	円	横石・前室左側壁	線刻・彩色(赤)	古墳時代(6C後半)	2ヶ所
石貫ナギノ12号横穴墓	玉名市大字石貫字ナギノ	−	横・石屋形屋根	線刻	古墳時代	
石貫古城Ⅱ13号横穴墓	玉名市石貫	−	横・玄室奥・左側・右側壁	線刻	古墳時代	9ヶ所
宇土城三の丸跡石垣	宇土市神馬町		石垣転用石材	線刻	古墳時代	宇土古墳？
城塚古墳	宇土市城塚町	円	横石・玄室左側壁	線刻	古墳時代(7C？)	
梅咲山古墳	宇土市笹原町	円	横石・玄室右側壁	線刻	古墳時代(6C末〜7C)	櫂
仮又古墳	宇土市恵塚町	円	横石・玄室左側壁	線刻	古墳時代(7C前半〜中)	帆
ヤンボシ塚古墳	宇土市上網田町	円	横石・玄門左袖石内壁	線刻	古墳時代(5C後半)	帆
椿原古墳	宇土市椿原町	方	横石・羨道左側壁	線刻	古墳時代(7C)	
東畑古墳(鬼の岩屋)	宇土市恵塚町東畑	円	横石・羨道左側壁	線刻	古墳時代(6C後半)	
網田上山1号墳	宇土市上網田町上山	−	横石・−・−	線刻	古墳時代(6C後半〜7C)	帆・櫂
大原9号墳	玉名郡袋明町野口	−	−・箱式石棺	線刻	古墳時代	舟？

大分県

出土遺跡名	所 在 地	古墳	位置構成	方 法	時 期	特記項目
伊美鬼塚古墳	国東市国見町	円	横石・玄室奥・左側壁	線刻	古墳時代(7C前半)	帆・櫂

宮崎県

出土遺跡名	所 在 地	古墳	位置構成	方 法	時 期	特記項目
蓮ヶ池53号横穴墓	宮崎市大字芳土	−	横・玄室右側壁	線刻	古墳時代(7C前)	

—308—

X 舟船関係出土史料集成（5 装飾古墳史料）

② 彩色壁画

古墳・位置構成はそれぞれ、前（前方後円墳）・円（円墳）・方（方墳）・横（横穴）・横石（横穴式石室）を示す。

出土遺跡名	所 在 地	古 墳	位置構成	方 法	時 期	特記項目
茨城県						
花園3号墳	桜川市花園	方	横石・玄室右側壁	彩色(赤・黒・白)	古墳時代	
船玉古墳	筑西市船玉地内	方	横石・玄室左側壁	彩色(赤・白)	古墳時代(6C末～7C初)	
虎塚古墳	ひたちなか市中根字指渋	前	横石・玄室左側壁	彩色(赤)	古墳時代(7C初)	
鳥取県						
梶山古墳	鳥取市国府町	－	横石・玄室	彩色	古墳時代後期	魚のみ
福岡県						
珍敷塚古墳	うきは市吉井町	円	横石・後室奥壁	彩色(赤・青)	古墳時代(6C後半)	
日ノ岡古墳	うきは市吉井町	前	横石・玄室右側壁	彩色(赤)	古墳時代(6C前半)	
原古墳	うきは市吉井町	円	横石・玄室奥壁	彩色(赤)	古墳時代(6C後半)	
鳥船古墳	うきは市吉井町	円	横石・玄室奥壁	彩色(赤)	古墳時代(6C後半)	
五郎山古墳	筑紫野市原田	円	横石・後室奥・左・右壁・前室右側壁	彩色(赤・黒・緑)	古墳時代(6C後半)	
西館古墳	久留米市田主丸町益生田	円	横石・奥壁	彩色	古墳時代(6C後半)	
中原狐塚古墳	久留米市田主丸町	円	横石	彩色(赤・緑・青)	古墳時代(6C後半)	
寺徳古墳	久留米市田主丸町	円	横石・後室・前室	彩色(赤・黄・青)	古墳時代(6C後半)	舟？
隈3号墳	久留米市田主丸町	円	横石	彩色？	古墳時代(6C末)	舟？
下馬場古墳	久留米市草野町	円	後室右側壁	彩色(赤・青)	古墳時代(6C後半)	
若宮古墳	久留米市草野町	円	横石	彩色(赤)	古墳時代	舟？
萩ノ尾古墳	大牟田市東萩尾町	円	横石・後室奥壁	彩色(赤)	古墳時代(6C後半)	
竹原古墳	宮若市竹原	円	横石・後室奥壁	彩色(赤・黒)	古墳時代(6C後半)	
観音塚古墳	朝倉郡筑前町	円	横石・玄室奥壁	彩色(赤)	古墳時代(7C前半)	
佐賀県						
太田古墳	鳥栖市田代本町	円	横石・後室奥・左・右壁	彩色(赤・緑)	古墳時代(6C前半)	
熊本県						
千金甲1号墳	熊本市西区小島下町	円	横石・奥壁切石	浮彫・彩色(赤・青・黄)	古墳時代(6C初)	
桜ノ上I1号横穴墓	山鹿市鹿央町	－	横・奥壁床仕切り	浮彫	古墳時代(6C末～)	
桜ノ上I2号横穴墓	山鹿市鹿央町	－	横・奥床仕切り	浮彫	古墳時代	
桜ノ上I4号横穴墓	山鹿市鹿央町	－	横・奥床仕切り	浮彫	古墳時代	
桜ノ上I5号横穴墓	山鹿市鹿央町	－	横・奥床仕切り	浮彫	古墳時代	
桜ノ上I6号横穴墓	山鹿市鹿央町岩原大野原	－	横・奥・左・右床仕切り	浮彫・彩色(赤・白)	古墳時代	
岩原I14号横穴墓	山鹿市鹿央町	－	横・奥・左・右床仕切り	浮彫・彩色(赤)	古墳時代	3ヶ所
岩原I23号横穴墓	山鹿市鹿央町	－	横・奥壁・左・右床仕切り	浮彫	古墳時代	3ヶ所
岩原I32号横穴墓	山鹿市鹿央町	－	横・奥床仕切り	浮彫	古墳時代	
岩原I38号横穴墓	山鹿市鹿央町	－	横・奥壁・左・右床仕切り	浮彫	古墳時代	3ヶ所
岩原I39号横穴墓	山鹿市鹿央町	－	横・奥壁・左・右床仕切り	浮彫	古墳時代	3ヶ所

第 3 部　〈附編〉舟・船舶関係資料一覧

出土遺跡名	所在地	古墳	位置構成	方法	時期	特記項目
岩原Ⅱ3号横穴墓	山鹿市鹿央町	－	横・奥壁床仕切り	浮彫・彩色(赤)	古墳時代	
岩原Ⅳ3号横穴墓	山鹿市鹿央町大字岩原塚原	－	横・－	半浮彫・彩色(赤)	古墳時代	舟？
長岩46号横穴墓	山鹿市志々岐	－	横・奥床仕切り・左外壁	浮彫・彩色(赤)	古墳時代(6C前半)	2ヶ所
長岩108号横穴墓	山鹿市志々岐	－	横・外壁	浮彫・彩色(赤)	古墳時代(6C前半)	
浦田1号横穴墓	山鹿市小原	－	横・奥床仕切り	浮彫	古墳時代	
浦田3号横穴墓	山鹿市小原	－	横・奥床仕切り	浮彫	古墳時代	
大塚13号横穴墓	山鹿市小原	－	横・奥床仕切り	浮彫	古墳時代(6C～7C)	
大塚39号横穴墓	山鹿市小原	－	横・左・右側壁・右外壁・奥床仕切り	浮彫・彩色(赤)	古墳時代	4ヶ所
大塚41号横穴墓	山鹿市小原	－	横・右外壁	浮彫・彩色(赤)	古墳時代	
大塚51号横穴墓	山鹿市小原	－	横・奥床仕切り	浮彫	古墳時代	
大塚53号横穴墓	山鹿市小原	－	横・奥・右・左床仕切り	浮彫	古墳時代	
大塚54号横穴墓	山鹿市小原	－	横・奥床仕切り	浮彫	古墳時代	
大塚55号横穴墓	山鹿市小原	－	横・奥床仕切り	浮彫	古墳時代	
大塚75号横穴墓	山鹿市小原	－	横・奥床仕切り	浮彫	古墳時代	
大塚91号横穴墓	山鹿市小原	－	横・奥床仕切り	浮彫	古墳時代	
大塚93号横穴墓	山鹿市大字小原字大塚	－	横・奥床仕切り	浮彫	古墳時代	櫓突起
弁慶ヶ穴古墳	山鹿市熊入町	円	横石・羨道左奥壁・前室右入口側壁・前室右側壁・前室左側壁・第2次門右壁・第2次門左壁	浮彫・彩色(赤・白)	古墳時代(6C後半)	11ヶ所
城迫間3号横穴墓	玉名市溝ノ上城迫間	－	横・奥床仕切り	浮彫	古墳時代	
城迫間4号横穴墓	玉名市溝ノ上城迫間	－	横・奥床仕切り	浮彫	古墳時代	
原10号横穴墓	玉名市富尾	－	横・奥・左・右床仕切り	浮彫	古墳時代(6C後半)	
石貫ナギノ6号横穴墓	玉名市大字石貫字ナギノ	－	横・奥・左・右床仕切り	浮彫	古墳時代(5C末～6C)	
石貫ナギノ9号横穴墓	玉名市大字石貫字ナギノ	－	横・奥床仕切り	浮彫	古墳時代	
石貫ナギノ16号横穴墓	玉名市大字石貫字ナギノ	－	横・左・右床仕切り	浮彫	古墳時代	
石貫ナギノ17号横穴墓	玉名市大字石貫字ナギノ	－	横・左・右床仕切り	浮彫	古墳時代	
石貫ナギノ28号横穴墓	玉名市大字石貫字ナギノ	－	横・奥床仕切り	浮彫	古墳時代	
石貫ナギノ29号横穴墓	玉名市大字石貫字ナギノ	－	横・奥・左・右床仕切り	浮彫	古墳時代	
石貫ナギノ30号横穴墓	玉名市大字石貫字ナギノ	－	横・奥床仕切り	浮彫	古墳時代	
石貫ナギノ39号横穴墓	玉名市大字石貫字ナギノ	－	横・奥床仕切り	浮彫	古墳時代	
石貫ナギノ40号横穴墓	玉名市大字石貫字ナギノ	－	横・奥床仕切り	浮彫	古墳時代	
石貫ナギノ43号横穴墓	玉名市大字石貫字ナギノ	－	横・奥・左・右床仕切り	浮彫	古墳時代	
石貫ナギノ45号横穴墓	玉名市大字石貫字ナギノ	－	横・奥・左・右床仕切り	浮彫・彩色(赤)	古墳時代	
石貫古城Ⅰ16号横穴墓	玉名市石貫	－	横・玄室床仕切り	浮彫	古墳時代(6C)	
石貫穴観音1号横穴墓	玉名市石貫安世寺	－	横・玄室奥仕切り	浮彫・彩色(赤・白)	古墳時代(6C前半)	
石貫穴観音2号横穴墓	玉名市石貫安世寺	－	横・玄室左・右床仕切り	浮彫・彩色(赤・白)	古墳時代(6C前半)	2ヶ所
石貫穴観音3号横穴墓	玉名市石貫安世寺	－	横・奥・左・右床仕切り	浮彫・彩色(赤)	古墳時代(6C前半)	3ヶ所

—310—

X 舟船関係出土史料集成 (5 装飾古墳史料 - 6 洞窟・岩盤史料)

出土遺跡名	所在地	古墳	位置構成	方法	時期	特記項目

大分県

出土遺跡名	所在地	古墳	位置構成	方法	時期	特記項目
穴観音古墳	日田市内河町	円	横石・前室左・右側壁	彩色(赤・緑)	古墳時代(6C前半)	
ガランドャ1号古墳	日田市石井町	円	横石・後室奥壁	彩色(赤・緑)	古墳時代(6C後半)	
水雲A号横穴墓	宇佐市院内町	－	横・入口左右	彩色(赤)	古墳時代(6C末)	舟?
水雲D号横穴墓	宇佐市院内町	－	横・入口左右	彩色(赤)	古墳時代(6C末)	舟?
鬼ヶ城古墳	玖珠郡玖珠町鬼ヶ城	円	横石・玄室前室間左袖石	彩色	古墳時代(7C初)	

6 洞窟・岩盤史料集成

出土遺跡名	所在地	位置構成	時期	特記項目

北海道

出土遺跡名	所在地	位置構成	時期	特記項目
フゴッペ洞穴	余市郡余市市栄町畚部	岩壁	続縄紋文化期	洞窟内

鹿児島

出土遺跡名	所在地	位置構成	時期	特記項目
徳之島母間(第1の石)岩盤	大島郡徳之島町大字母間	岩盤	近世	舟画?
徳之島馬根岩盤	大島郡伊仙町大字馬根	岩盤	近世	帆舟
徳之島戸森(1)岩盤	大島郡天城町大字平土野	岩盤	近世	帆舟9ヶ所
徳之島戸森(2)岩盤	大島郡天城町大字平土野	岩盤	近世	帆舟10ヶ所
徳之島戸森(3)岩盤	大島郡天城町大字平土野	岩盤	近世	帆舟6ヶ所

第3部 〈附編〉舟・船舶関係資料一覧

XI 舟船関係文献資料目録

　これまでに出土し、発見された舟船史料の報告が掲載されている文献資料目録である。この文献資料は、先の舟船出土史料の出典根拠となる文献ではあるが、それらの根拠に対応する文献番号は付してはしていない。すでに出土史料に関わる検討が他分野に広がり、数多く蓄積されており、文献資料の検索に利便性をめざして収載したものである。従って民俗関係、歴史関係、船舶工学関係などを含めており、この一覧では時代的、地域的な区分はせず、著者・編集者を五十音別に配列し、舟船史料に関わる文献を、それぞれの区分に従って配列したものである。日本列島の舟船に関わる諸問題や、諸外国と関わる文献も一部収載している。

　なお区分に関しては、舟船関係の遺物区分に関わる調査報告書、歴史・民俗を含む文献資料と、湊津、水運、航海、水中考古学、漂流、水軍、舟大工、造船、船具などの舟船に関わる文献資料を併せて収集している。

　一覧作成にあたって、文献資料の記載は主表題から順に表記した。調査報告書に関しては表記の一部を省略した資料がある。資料一覧はX章の遺物区分に従い収集しており、各区分において重複する著書、調査報告書、研究誌がある。都道府県史・市史関係の収集は最小限とし、基本的には収録していない。なお資料の記載は、著書・調査報告書類は『　』とし、研究誌・年報・紀要・雑誌・パンフレット類は「　」とした。

〈目録の構成〉

1　刳舟・舟船・漁舟船関係文献資料 ……………………………………… 313
2　絵画・線刻（土器・古墳・その他）関係文献資料 …………………… 352
3　舟形（木製・土製・石製・金属）関係文献資料 ……………………… 366
4　埴輪（舟形・線刻）関係文献資料 ……………………………………… 384
5　湊津（船着き場・港湾）・水運・航海（海事・航海術）関係文献資料… 388
6　水中考古学・漂流（外交）・水軍（海賊）関係文献資料……………… 419
7　舟大工・造船・船具関係文献資料 ……………………………………… 431

—312—

XI　舟船関係文献資料目録（1 刳舟・舟船・漁舟船関係）

1　刳舟・舟船・漁舟船関係文献資料

相川町教育委員会『馬場遺跡』相川町教育委員会　1983年

アイヌ文化振興・研究推進機構「綴るイタオマチプ［板綴り舟］」『アイヌ生活文化再現マニュアル』
　　アイヌ文化振興・研究推進機構　2002年

アイヌ文化保存対策協議会「交通」『アイヌ民族誌』第一法規出版　1969年

会津若松市教育委員会『矢玉遺跡―若松北部地区県営ほ場整備発掘調査報告書Ⅰ―』文化財調
　　査報告書第61号　会津若松市教育委員会　1999年

青木栄一・山田迪生『船―航海のあゆみ―』小学館の学習百科図鑑17　小学館　1977年

赤木克視「古代の船を発掘する―久宝寺遺跡出土の準構造船について―」『古代の船』福岡市立
　　歴史資料館　1988年

明石市立文化博物館「明石城武家屋敷跡東仲ノ町地区第4次」『明石市文化財年報―平成9年度―』
　　明石市教育委員会　1999年

赤塚亨「青田遺跡―川べりに築かれた縄文晩期終末の集落跡―」『埋文にいがた』No.33　新潟県
　　埋蔵文化財調査事業団　2000年

赤羽正春「新潟県下越地方の川舟について(1)」『民具マンスリー』第12巻11号　神奈川大学日本
　　常民文化研究所　1980年

赤羽正春「新潟県下越地方の川舟について(2)―川舟の製作と諸問題―」『民具マンスリー』第13
　　巻4号　神奈川大学日本常民文化研究所　1980年

赤羽正春「新潟県川舟造船技術の系譜―川舟から海船へ―」『民具マンスリー』第14巻9号　神奈
　　川大学日本常民文化研究所　1981年

赤羽正春「雄物川の川舟とその技術」『民具マンスリー』第15巻第12号　神奈川大学日本常民文
　　化研究所　1983年

赤羽正春「越後カワサキ船について」『民具研究』第48号　日本民具学会　1983年

赤羽正春「操船技術の一方法―舫(1)―」『民具マンスリー』第19巻第3号　神奈川大学日本常民
　　文化研究所　1986年

赤羽正春「タラ漁漁の展開と二枚棚漁船の導入―北陸地方ドブネ型刳船と棚構造の船―」『海と
　　民具―日本民具学会論集1―』雄山閣出版　1987年

赤羽正春「ドブネ・マルキ・サンパ・カワサキの北進と出稼ぎ漁業」『東北の民俗―海と川と人―』
　　慶友社　1988年

赤羽正春「川舟・海船の技術的系譜編年表作成の試み(1)―接合材、チキリ、ウルシの技術―」『民
　　具マンスリー』第22巻第11号　神奈川大学日本常民文化研究所　1990年

赤羽正春「川舟・海船の技術的系譜編年表作成の試み(2)―船材の組み方と潜在的技術―」『民具
　　マンスリー』第23巻第7号　神奈川大学日本常民文化研究所　1990年

赤羽正春「川舟・海船の技術的系譜編年表作成の試み(3)―鉄釘の展開―」『民具マンスリー』第
　　24巻第3号　神奈川大学日本常民文化研究所　1991年

赤羽正春『越後荒川をめぐる民俗誌―鮭・水神・丸木舟―』アペックス　1991年

赤羽正春『日本海漁業と漁船の系譜』慶友社　1998年

赤羽正春「南北船の系譜」国際常民文化研究叢書第5巻　神奈川大学国際常民文化研究機構
　　2014年

赤星直忠「葉山町出土の丸木舟」『横須賀考古学会年報』第12冊　横須賀考古学会　1967年

赤星直忠・大塚真弘「横須賀市久里浜公福寺裏遺跡の調査」『神奈川県遺跡調査研究発表会』発表
　　要旨・神奈川県遺跡調査研究発表会　準備委員会　1982年

秋田県教育委員会『脇本埋没家屋第一次調査概報』秋田県教育委員会　1965年

秋田県教育委員会『秋田の漁労用具調査報告』秋田県文化財調査報告書第57集　秋田県教育委
　　員会　1978年

—313—

第3部 〈附編〉舟・船舶関係資料一覧

秋田県教育委員会「秋田県立博物館収蔵資料(民俗)米代川の舟」『教育秋田』373号　秋田県教育委員会　1980年

秋田県教育委員会『秋田県の木造船―秋田県指定有形民俗文化財「県内木造船資料」―』文化財収録作成調査報告書第252集　秋田県教育委員会　1995年

秋田県埋蔵文化財センター『洲崎遺跡―県営ほ場整備事業(浜井川地区)に係る埋蔵文化財発掘調査報告書―』調査報告書第303集　秋田県教育委員会　2000年

秋田県埋蔵文化財センター『中谷地遺跡―日本海沿岸自動車道路建設事業に係る埋蔵文化財発掘調査報告書―』調査報告書第316集　秋田県教育委員会　2001年

秋田県埋蔵文化財センター『小谷地遺跡―地方道路交付金事業主要地方道男鹿琴丘線建設事業に係る埋蔵文化財発掘調査報告書―』調査報告書第472集　秋田県教育委員会　2011年

阿蘇町教育委員会『阿蘇町遺跡地図―阿蘇町遺跡詳細分布調査―』調査報告第5集　阿蘇町教育委員会　2000年

足立克巳「弥生時代の舟―出雲市姫原西遺跡の資料から―」『八雲立つ風土記の丘』№177　島根県立八雲立つ風土記の丘　2004年

足立倫行「縄文丸木舟に乗って未知の航海へ」『海洋ニッポン―未知の領域に挑む人びと―』岩波書店　2000年

安達裕之『異様の船―洋式船導入と鎖国体制―』平凡社選書157　平凡社　1995年

安達裕之「日本の船の発達史への一考察」『海事史研究』第54号　日本海事学会　1997年

安達裕之「日本の船―和船編―」日本海事科学振興財団船の科学館　1998年

安達裕之「日本船舶史の流れ」『「船」からみた四国―近世～近現代の造船・海防・海事都市―』岩田書院　2015年

阿南亨「古墳時代の帆船小考」『別府大学文化財学論集』1　後藤宗俊先生古希記念論集刊行会　2011年

阿部正巳「山形県藤島町発掘の丸木舟」『考古学雑誌』第27巻第7号　考古学会　1937年

甘粕健・早乙女雅博「先史・原始時代の交通」『講座・日本技術の社会史　交通・運輸』第8巻　日本評論社　1985年

網谷克彦「鳥浜貝塚出土の木製品の形態分類」『鳥浜貝塚研究』第1号　福井県立若狭歴史民俗資料館　1996年

五十嵐清治『日本の船の研究』調べ学習日本の歴史第15　ポプラ社　2001年

生田滋「東アジアの船」『日本古代文化の探究・船』社会思想社　1975年

池田哲士「最近発掘された宋代の外洋船」『海事史研究』第28号　日本海事学会　1977年

池田勝『船の構造』海文堂　1971年

池田良穂『ダイナミック図解船のしくみパーフェクト事典―知っておきたい基本構造から最新技術まで―』ナツメ社　2014年

池野茂「琉球山原船水運を担った船舶を中心に」『九州水上交通史』日本水上交通史論集第5巻　文献出版　1993年

石井清司・田代弘「海上で用いられた丸木舟―浦入遺跡群R地点出土の縄文時代前期の丸木舟―」『京都府埋蔵文化財情報』第70号　京都府埋蔵文化財調査研究センター　1998年

石井謙治『日本の船』東京創元社　1957年

石井謙治「二瓦について(上)―平安・鎌倉時代の船舶構造の一考察―」『歴史地理』第90巻第3号　日本歴史地理学会　1962年

石井謙治「帆について(上)―特に商船の積石数と帆端数との関係について―」『海事史研究』創刊号　日本海事学会　1963年

石井謙治「帆について(下)―特に商船の積石数と帆端数との関係について―」『海事史研究』第2号　日本海事学会　1964年

石井謙治「二瓦について(下)―平安・鎌倉時代の船舶構造の一考察―」『歴史地理』第90巻第4号　日本歴史地理学会　1964年

XI 舟船関係文献資料目録（1 刳舟・舟船・漁舟船関係）

石井謙治「北国地方における廻船の発達—とくにハガセ船・北国船・弁才船について—」『日本海海運史の研究』福井県郷土誌懇談会　1967年

石井謙治「和船の変遷」『月刊文化財』第111号　第一法規出版　1972年

石井謙治・上野喜一郎「日本の船—古代から現代まで—」『文藝春秋デラックス—ロマンの世界「海と船と日本人」—』第2巻第8号　文藝春秋　1975年

石井謙治「二瓦考—平安・鎌倉時代の船舶構造の一考察—」『海事史研究』第27号　日本海事史学会　1976年

石井謙治「朱印船大航海時代の日本船の花形」『季刊自然と文化—海は生きているか？—』夏季号　観光資源保護財団　1977年

石井謙治「江戸時代の帆船航海」『自然』1980年7月号（413号）　中央公論社　1980年

石井謙治「「早船木割法」と「早船之木割」」『海事史研究』第37号　日本海事史学会　1981年

石井謙治「和船の歴史」『季刊自然と文化—和船—』春季号　観光資源保護財団　1982年

石井謙治「日本の古代船(2)」『太平洋学会誌』第14号　太平洋学会　1982年

石井謙治「複材刳船の考察—とくに閂式嵌接法に関連して—」『稲・舟・祭—松本信広先生追悼論文集—』六興出版　1982年

石井謙治『図説和船史話』図説日本海事史話叢書1　至誠堂　1983年

石井謙治「海事史こぼれ話(94)二瓦の船」『七洋』6月号　第246号　外航労務協会　1983年

石井謙治「新酒番船・新綿番船とその航海」『西宮の歴史と文化』紀要　西宮市立郷土資料館　1985年

石井謙治編『船』復元日本大観4　世界文化社　1988年

石井謙治『和船Ⅰ』ものと人間の文化史76-Ⅰ　法政大学出版局　1995年

石井謙治『和船Ⅱ』ものと人間の文化史76-Ⅱ　法政大学出版局　1995年

石井謙治「千石船(大和型荷船)」『船』法政大学出版　1995年

石井謙治「近世初頭の西洋型帆船」『船』法政大学出版　1995年

石井周作『日本古代文化研究』建設社出版部　1941年

石井忠「黒潮に乗ってきた丸木船—丸木船の漂着—」「九州歴史大学講座」第2期第11号　九州歴史大学講座　1992年

石川県埋蔵文化財センター『加賀市猫橋遺跡——般農道整備事業(加賀中央地区)・農免農道整備事業(八日市地区)に係る埋蔵文化財発掘調査報告書—』石川県教育委員会　2002年

石川県埋蔵文化財センター『金沢市藤江C遺跡Ⅶ—金沢西部地区土地区画整理事業に係る埋蔵文化財発掘調査報告書13—』石川県教育委員会　2002年

石川県埋蔵文化財センター『金沢市南新保遺跡—金沢西部地区土地区画整理事業に係る埋蔵文化財発掘調査報告書14—』石川県教育委員会　2002年

石川県埋蔵文化財センター『金沢市畝田西遺跡群Ⅳ』石川県教育委員会　2006年

石川県埋蔵文化財センター『金沢市畝田西遺跡群Ⅴ』石川県教育委員会　2006年

石川県埋蔵文化財センター『小松市千代・能美遺跡——般国道8号(小松バイパス)改築工事に係る埋蔵文化財発掘調査報告書—』石川県教育委員会　2012年

石川県埋蔵文化財センター「平成25年度環日本海文化交流史調査研究集会の記録」『石川県埋蔵文化財情報』第31号　石川県埋蔵文化財センター　2014年

石狩市教育委員会『石狩紅葉山49号遺跡発掘調査報告書』石狩市教育委員会　2005年

石田収蔵「青森県東津軽郡荒川村発見の丸木舟」「人類学会雑誌」第37巻第11号　東京人類学会　1922年

石田泰弘「「諸桑の古船」小考」『名古屋大学加速器質量分析計業績報告書(Ⅴ)』名古屋大学年代測定資料研究センター　1994年

石塚尊俊「ソリコの技術伝承」「山陰民俗」第2号　山陰民俗学会　1954年

石塚尊俊「山陰の刳舟」『民俗』第1巻第5号　日本民家集落博物館　1957年

石塚尊俊「山陰海岸の刳舟の分布と祖型」『伝承』第1号　山陰民俗学会　1959年

第3部　〈附編〉舟・船舶関係資料一覧

石塚尊俊『民俗資料による刳舟の研究―ソリコ・モロタ・トモドを重点として―』彙報Ⅲ　日本民家集落博物館　1960年

石塚尊俊「ソリコのこと」『海事史研究』創刊号　日本海事史学会　1963年

石塚尊俊『出雲隠岐の民具』考古民俗叢書9　慶友社　1971年

石塚尊俊『鑪と刳舟』慶友社　1996年

石野博信・福田彰浩・三木素美子「小豆島の考古学」「小豆島」徳島文理大学文学部コミュニケーション学科　1998年

石巻市教育委員会『新山崎遺跡―蛇田地区農業農村整備事業に伴う発掘調査報告書―』報告書第8集　石巻市教育委員会　2000年

出雲市教育委員会『海上遺跡―出雲市民病院移転予定地内埋蔵文化財発掘調査報告書―』出雲市教育委員会　2002年

出雲市教育委員会『白枝荒神遺跡・井原遺跡―白枝地区ふるさと農道事業に伴う発掘調査報告書―』出雲市教育委員会　2002年

磯貝勇「久美浜のマルコ」『民間傳承』第20-12　民間傳承學會　1956年

磯貝勇「太田川の川舟」『中国新聞』（昭和31年7月23日付）中国新聞社　1956年

磯貝勇「マルキ・トモブト―日本海の古形式小漁舟―」『近畿民俗』22号　近畿民俗学会　1957年

磯貝勇「太田川の川舟」『続・日本の民具』民俗民芸双書75冊　岩崎美術社　1973年

板井英伸「奄美大島の船―丸木舟と準構造船―」『沖縄民俗研究』第20号　沖縄民俗学会　2001年

板井英伸「奄美大島の船―モーター船―」『沖縄民俗研究』第21号　沖縄民俗学会　2002年

板井英伸「馬艦船の多様化とその背景」『民具マンスリー』第35巻第5号　神奈川大学日本常民文化研究所　2002年

板井英伸「沖縄県本部半島の準構造船・タタナー」『民具マンスリー』第36巻第2号　神奈川大学日本常民文化研究所　2003年

板井英伸「琉球大学資料館「風樹館」新収蔵のサバニの帆について」『民具マンスリー』第36巻第11号　神奈川大学日本常民文化研究所　2004年

板井英伸「奄美・沖縄群島の船―自然・社会・文化の動態を見る「窓」としてのモノ研究―」『民具研究』第134号　日本民具学会　2006年

板井英伸「沖縄の準構造船・サバニ―その登場から代替・消滅・継承まで―」『民具研究』第131号　日本民具学会　2005年

板井英伸「沖縄県八重山群島・黒島の船―豊年祭の爬龍船―」『民具マンスリー』第39巻第12号　神奈川大学日本常民文化研究所　2007年

板井英伸「境界の変遷―トカラ・奄美・沖縄における丸木舟の変化―」国際常民文化研究叢書第5巻　神奈川大学国際常民文化研究機構　2014年

板倉克巳「古代の造船技術と航海法からみた日朝関係」『史学論叢』第5号　東京大学古代史研究会　1976年

一瀬和夫「倭人船―久宝寺遺跡出土船材をめぐって―」『文化財論叢』（上）横田健一先生古希記念会　1987年

一瀬和夫「弥生船の復原」『弥生文化博物館研究報告』第1集　大阪府立弥生文化博物館　1992年

一瀬和夫「古墳時代における木造船の諸類型」『古代学研究』第180号　古代学研究会　2008年

一瀬和夫「舟・ソリ」『古墳時代の考古学―時代を支えた生産と技術―』第5巻　同成社　2012年

一宮市博物館『川から海へ1―人が動く・モノが運ばれる―』平成14年度秋季特別展　一宮市博物館　2002年

糸魚川市教育委員会「「ドブネ」の製作工程」『新潟県文化財調査報告書（民俗資料篇）』第4　新潟県教育委員会　1958年

伊藤亜人「世界の船―その伝統的技術―」『日本古代文化の探求・船』社会思想社　1975年

伊藤清司「東シナ海沿岸の中国古代文化」『倭と倭人の世界』毎日新聞社　1975年

XI 舟船関係文献資料目録 (1 刳舟・舟船・漁舟船関係)

伊東隆夫・島地謙「三つ塚古墳より出土した「修羅」の使用樹種」「木材研究・資料」第20号 京都
　　大学 1985年
伊東隆夫・山田昌久編『木の考古学―出土木製品用材データベース―』海青社 2012年
伊藤裕満「白老アイヌのシリカプ漁―伝承記録映画製作の基礎調査から―」「アイヌ文化」11号
　　アイヌ無形文化伝承保存会 1986年
伊都国歴史博物館「潤地頭給遺跡」『常設展示図録』伊都国歴史博物館 2004年
伊都国歴史博物館『倭人の海道――支国と伊都国―』平成19年度秋季特別展図録 伊都国歴史
　　博物館 2007年
稲村桂吾「捕鯨船」『漁船論』水産学全集第5巻 恒星社厚生閣版 1960年
犬飼哲夫「アイヌの木皮舟（ヤラチップ）」「北方文化研究報告」第1輯 北海道帝国大学北方文化
　　研究室 1939年
犬飼哲夫「アイヌの丸木舟の製作」「北方文化研究報告」第1輯 北海道帝国大学北方文化研究室
　　1939年
犬飼哲夫・武笠耕三「アイヌの丸木舟の作製」「北方文化研究報告」第8輯 北海道帝国大学北方
　　文化研究室 1953年
犬飼哲夫「往時の北洋の膃肭獣船」「北方文化研究報告」第10輯 北海道帝国大学北方文化研究
　　室 1955年
井上吉次郎「隠岐の船々―風と共に去るまで―」「史泉」第7・8合併号 関西大学史学会 1957年
井上吉次郎「トモドとトモブト」「民俗」第2巻第3号 日本民俗集落博物館 1958年
井上吉次郎「トモド名義考」「史泉」第10号 関西大学史学会 1958年
井上吉次郎「隠岐の舟考―日本船舶史観点においての辺地所見―」『隠岐』毎日新聞社 1968年
井之本泰「丹後のトモブト製作について」「近畿民具」15号 近畿民具学会 1991年
今井金矢「スクーナー型帆船」「海事史研究」第5号 日本海事史学会 1965年
今西幸蔵「今西氏家舶縄墨私記 坤」『日本庶民生活史料集成（農山漁民生活）』第10巻 三一書
　　房 1970年
今村鞆『船の朝鮮―李朝海事法釈義―』螺炎書屋 1930年
岩崎茂「下長遺跡出土の木製品について」「滋賀文化財だより」第238号 滋賀県文化財保護協会
　　1997年
岩手県文化振興事業団埋蔵文化財センター『甦る埋蔵文化財―埋文センター10年のあゆみ―』
　　岩手県文化振興事業団埋蔵文化財センター 1988年
岩手県文化振興事業団埋蔵文化財センター『萪内遺跡―御所ダム建設関連遺跡発掘調査報告書
　　―』岩手県文化振興事業団埋蔵文化財センター 1981年
岩本才次「準構造船とアイヌ民族のイタオマチプについて」「研究報告」第48号 鹿児島工業高
　　等専門学校 2014年
ウイルソン, A.『交通の歴史―目で見る歴史年表―』赤木昭夫監修 学習研究社 1996年
上江洲均「運搬具」『沖縄の民具』考古民俗叢書12 慶友社 1973年
上野喜一郎「船の二千六百年」「海運」8月号第231号 日本海運集会所出版部 1941年
上野喜一郎『昔の船今の船』文祥堂 1943年
上野喜一郎『船の歴史』青年海洋科学叢書 羽田書店 1944年
上野喜一郎『船の種類と用途』海文堂 1951年
上野喜一郎『船の歴史（古代中世篇）』第1巻 天然社 1952年
上野喜一郎『船の知識』海文堂 1962年
上野喜一郎「4、日本の船」『船の世界史』上巻 舵社 1980年
上村俊雄「古墳時代の帆船について」『交流の考古学―三島格会長古稀記念―』「肥後考古」第8号
　　肥後考古学会 1991年
魚澄惣五郎「丹波保津川の桴筏の沿革」「歴史と地理」第14巻第1号 史学地理学同攷会 1924年
魚澄惣五郎「太古の難波とその附近」『難波之崎の研究』府社天満宮 1940年

—317—

第 3 部 〈附編〉舟・船舶関係資料一覧

魚澄惣五郎編『大阪文化史研究』星野書店　1943年
内田武志・宮本常一訳『菅江真澄遊覧記』全5巻　東洋文庫54（1965）・68（1966）・82（1967）・99
　　（1967）・119（1968）　平凡社　1965年
内田武志編「ひろめの具」『菅江真澄随筆集』東洋文庫143　平凡社　1969年
内橋潔「加賀のベカ（船）について」『加賀民俗』第2巻第15号　加賀民俗の會　1955年
内橋潔「民具伝播の実例　越後井振の車櫂」『高志路』第11巻第180号　新潟県民俗学会　1958年
内橋潔「ペルシャ湾地方の古代型船舶雑記」『海事史研究』第19号　日本海事史学会　1972年
宇野隆夫「井戸考」『史林』第65号第5号　史学研究会　1982年
宇野隆夫「西洋造船・海運史―丸木舟・皮舟・パピルス舟から鋼鉄蒸気船への歩みと社会変革（上）
　　―」『富山大学人文学部紀要』第25号　富山大学　1996年
宇野隆夫「西洋造船・海運―丸木舟・板舟・パピルス舟から鋼鉄蒸気船への歩みと社会変革（中）
　　―」『富山大学人文学部紀要』第26号　富山大学　1997年
宇野隆夫「西洋造船・海運―丸木舟・皮舟・パピルス舟から鋼鉄蒸気船への歩みと社会変革（下）
　　―」『富山大学人文学部紀要』第28号　富山大学　1998年
宇野隆夫「船と航海」『月刊考古学ジャーナル』第536号　ニュー・サイエンス社　2005年
宇野隆夫「船」『列島の古代史ひと・もの・こと―人と物の移動―』第4巻　岩波書店　2005年
宇野隆夫「船と港」『中国沿海地帯と日本の文物交流の研究―港・船と物・心の交流―』シルクロー
　　ド学研究23―研究紀要―シルクロード学研究センター　2005年
宇野隆夫「船の考古学」講演会要旨「年報―平成19（2007）年度―」9　北海道埋蔵文化財センター
　　2008年
宇野隆夫「最新成果で読み解く古代の技術」『本郷』№128　吉川弘文館　2017年
海の博物館『木造和船の造船可能性調査報告書』東海水産科学協会　2005年
梅木孝昭「丸木舟による宗谷海峡の横断（上）」『北方博物館交流』第12号　北海道北方博物館交
　　流協会　2000年
梅木通徳「蝦夷船に就て」『交通文化』第18号　国際交通文化協会　1942年
梅原末治「河内枚方町字萬年山の遺跡と発見の遺物に就きて」『考古学雑誌』第7巻第2号　考古
　　学会　1916年
浦安市教育委員会『浦安のベカ舟』浦安市文化財調査報告書第6集　浦安市教育委員会　1993年
江差町教育委員会『開陽丸―第2次調査報告―』江差町教育委員会　1977年
江差町教育委員会『開陽丸―海底遺跡の発掘調査報告Ⅰ―』江差町教育委員会　1982年
江差町教育委員会『開陽丸―海底遺跡の発掘調査報告Ⅱ―』江差町教育委員会　1990年
NHK編『人間は何をつくってきたか―交通博物館の世界―船』第3巻　日本放送出版協会
　　1980年
遠沢葆「邪馬台国に来た帯方郡使の船は手こぎ船」『東アジアの古代文化』第61号　古代学研究
　　所　大和書房　1989年
淡河萩原遺跡調査団『淡河萩原遺跡第Ⅲ・Ⅳ・Ⅴ次発掘調査報告書』（株）埋文　1999年
近江八幡市教育委員会「出町遺跡36・37・38次調査」『近江八幡市埋蔵文化財発掘調査報告書』35
　　近江八幡市教育委員会　1999年
大石雅二「石狩川の航行について」『北海道開拓記念館調査報告』第19号　北海道開拓記念館
　　1980年
大垣市教育委員会『米野遺跡』調査報告書第17集　大垣市教育委員会　2007年
大阪市文化財協会『古代船の時代―五世紀の大阪と東アジア―』国際シンポジウム　大阪市教
　　育委員会　1989年
大阪市文化財協会『大阪市平野区長原・瓜破遺跡発掘調査報告Ⅳ―1984年度大阪市長吉瓜破地
　　区土地区画整理事業施行に伴う発掘調査報告書―』大阪市文化財協会　1992年
大阪市文化財協会『長原遺跡東部地区発掘調査報告ⅩⅥ』大阪市文化財協会　2012年
大阪市立博物館「門真町三ツ島遺跡発掘調査概報」『大阪市立博物館館報』第2冊　大阪市立博物

XI　舟船関係文献資料目録（1 刳舟・舟船・漁舟船関係）

　館　1963年
大阪市役所『加美村誌』大阪市　1957年
大阪府教育委員会『誉田白鳥遺跡発掘調査概要・Ⅱ―羽曳野市白鳥3丁目所在―』文化財調査概
　　要1972-3　大阪府教育委員会　1973年
大阪府教育委員会『都市計画道路国守・黒原線建設工事に伴う讃良郡条里遺跡発掘調査概要・Ⅱ
　　―寝屋川市出雲町所在―』大阪府教育委員会　1991年
大阪府教育委員会『萱振遺跡―本文編―』文化財調査報告第39輯　大阪府教育委員会　1992年
大阪府教育委員会『蔀屋北遺跡発掘調査概要・Ⅱ』大阪府教育委員会　2005年
大阪府教育委員会『萱振遺跡Ⅱ』埋蔵文化財調査報告2005-1　大阪府教育委員会　2005年
大阪府教育委員会『蔀屋北遺跡発掘調査概要・Ⅵ』大阪府教育委員会　2007年
大阪府教育委員会『寺田遺跡』大阪府埋蔵文化財調査報告2006-7　大阪府教育委員会　2007年
大阪府教育委員会『蔀屋北遺跡Ⅰ　本文編―なわて水みらいセンター建設に伴う発掘調査―』
　　埋蔵文化財調査報告2009-3　大阪府教育委員会　2010年
大阪府教育委員会『蔀屋北遺跡Ⅱ　本文編―なわて水みらいセンター建設に伴う発掘調査―』
　　埋蔵文化財調査報告2011-1　大阪府教育委員会　2012年
大阪府教育委員会『瓜破北遺跡Ⅱ―府営瓜破東一丁目住宅建替え工事に伴う発掘調査―』埋蔵
　　文化財調査報告2013-2　大阪府教育委員会　2013年
大阪府文化財センター『新家(その1)』大阪府教育委員会　1987年
大阪府文化財センター『八尾市亀井地内所在久宝寺遺跡・竜華地区発掘調査報告書Ⅴ―大阪竜
　　華都市拠点土地区画整理事業(都市機能更新事業)に伴う発掘調査―』調査報告書第103集
　　大阪府教育委員会　2003年
大阪府文化財センター『寝屋川市所在讃良郡条里遺跡(その1)――般国道1号バイパス(大阪北
　　道路)・第二京阪道路建設に伴う埋蔵文化財発掘調査報告書―』調査報告書第109集　大阪
　　府文化財センター　2004年
大阪府文化財センター『寝屋川市讃良郡条里遺跡(その3)――般国道1号バイパス(大阪北道路)・
　　第二京阪道路建設に伴う埋蔵文化財発掘調査報告書―』調査報告書第114集　大阪府文化
　　財センター　2004年
大阪府文化財センター『寝屋川市讃良郡条里遺跡Ⅳ――般国道1号バイパス(大阪北道路)・第二
　　京阪道路建設に伴う埋蔵文化財発掘調査報告書―』調査報告書第173集　大阪府文化財セ
　　ンター　2004年
大阪府文化財センター『藤井寺市はざみ山遺跡―藤井寺団地建て替えに伴う埋蔵文化財発掘調
　　査報告書―(本文編)』調査報告書第135集　大阪府文化財センター　2005年
大阪府文化財センター「讃良郡条里遺跡03-4[調査]」「年報平成17年度」大阪府文化財センター
　　2005年
大阪府文化財センター『寝屋川市讃良郡条里遺跡Ⅴ――般国道1号バイパス(大阪北道路)・第二
　　京阪道路建設に伴う埋蔵文化財発掘調査報告書―』調査報告書第160集　大阪府文化財セ
　　ンター　2007年
大阪府文化財センター『寝屋川市讃良郡条里遺跡Ⅶ――般国道1号バイパス(大阪北道路)・第二
　　京阪道路建設に伴う埋蔵文化財発掘調査報告書―』調査報告書第182集　大阪府文化財セ
　　ンター　2008年
大阪府文化財センター『寝屋川市讃良郡条里遺跡Ⅷ――般国道1号バイパス(大阪北道路)・第二
　　京阪道路建設に伴う埋蔵文化財発掘調査報告書―』調査報告書第187集　大阪府文化財セ
　　ンター　2009年
大阪府文化財センター『寝屋川市讃良郡条里遺跡Ⅸ――般国道1号バイパス(大阪北道路)・第二
　　京阪道路建設に伴う埋蔵文化財発掘調査報告書―(本文編)』調査報告書第188集　大阪府
　　文化財センター　2009年
大阪府文化財センター『八尾市亀井地区内所在久宝寺遺跡・竜華地区発掘調査報告書Ⅴ』調査報

第 3 部 〈附編〉舟・船舶関係資料一覧

告書第103集　大阪府文化財センター　2003年

大阪府文化財センター『藤井寺市はざみ山遺跡―本文編―』調査報告書第135集　大阪府文化財
　　センター　2005年

大阪府文化財センター・四條畷市教育委員会・寝屋川市教育委員会『讃良郡条里遺跡―イオン
　　モール四條畷建設に係る文化財発掘調査報告書―』調査報告書第252集　大阪府文化財セ
　　ンター　2015年

大阪府立近つ飛鳥博物館『応神大王の時代―河内政権の幕開け―』平成18年度秋季特別展図録
　　42　大阪府立近つ飛鳥博物館　2006年

大阪府立弥生文化博物館『弥生人の船―モンゴロイドの海洋世界―』図録49　大阪府立弥生文
　　化博物館　2013年

大阪府立弥生文化博物館『海をみつめた縄文人―放生津潟とヒスイ海岸―』図録56　秋季特別
　　展　大阪府立弥生文化博物館　2015年

大阪文化財センター『西岩田(本文編)―近畿自動車道天理～吹田線建設に伴う埋蔵文化財発掘
　　調査概要報告書―』大阪府教育委員会　1983年

大阪文化財センター『大堀城跡Ⅱ―近畿自動車道天理～吹田線建設に伴う埋蔵文化財発掘調査
　　概要報告書―』大阪府教育委員会　1985年

大阪文化財センター『久宝寺南(その2)―久宝寺・加美遺跡の調査―』大阪文化財センター
　　1987年

太田弘毅「『和漢船用集』に引用されし『武備志』所載の戦船について」「海事史研究」第8号　日
　　本海事史学会　1967年

太田弘毅「倭寇時代の日本の舶船―『武備志』の記載を中心に―」「芸林」第18巻第6号　芸林会
　　1967年

大谷従二・大国一雄・池田次郎「出雲国猪目洞穴遺跡概報」「人類学雑誌」第61巻第1号　日本人類
　　学会　1949年

大塚和義「アイヌのイタオマチプ―民族技術の再生―」「季刊民族学」第64号　千里文化財団
　　1993年

大津市教育委員会『大津市南滋賀遺跡調査概報』大津市教育委員会　1959年

大津市歴史博物館『琵琶湖の船―丸木舟から蒸気船へ―』企画展図録　大津市歴史博物館
　　1993年

大野延太郎『考古学大観』春陽堂　1930年

大場磐雄「安房神社境内発見古代洞窟調査概報」「史前学雑誌」第5巻第1号　史前学会　1933年

大場磐雄「上總菅生遺蹟の一考察(二)」「考古学雑誌」第29巻第3号　考古学会　1939年

大林太良編『日本古代文化の探究・船』社会思想社　1975年

大道弘雄「大仙陵畔の大発見(上)」「考古学雑誌」第2巻第12号　考古学会　1912年

大道弘雄「大仙陵畔の大発見(下)」「考古学雑誌」第3巻第1号　考古学会　1912年

大道弘雄「鯰江川底より発掘せる大独木舟(上)」「考古学雑誌」第8巻第1号　考古学会　1917年

大道弘雄「鯰江川底より発掘せる大独木舟(下)」「考古学雑誌」第8巻第2号　考古学会　1917年

大平町教育委員会『独木舟―栃木県下都賀郡大平町西山田出土―』大平町教育委員会　1984年

大矢京右・洲澤育範「市立函館博物館所蔵"Three Hole Baidarka"の製作技術に関する一考察」「研
　　究紀要」第23号　市立函館博物館　2013年

大脇直泰「木製品の技術と伝統」「歴史公論」5　中央公論社　1976年

岡島俊也「楠葉中之芝遺跡(第64次調査)」「枚方市文化財年報」34　枚方市文化財研究調査会
　　2013年

岡島俊也「楠葉中之芝遺跡の古代舟」「ひらかた文化財だより」第97号　枚方市文化財研究調査
　　会　2013年

岡田武松校訂『北越雪譜』岩波文庫82　岩波書店　1991年

岡田啓・野口道直『尾張名所図会』前篇　尾張書肆　1841年

XI 舟船関係文献資料目録 (1 刳舟・舟船・漁舟船関係)

岡林孝作『古墳時代の木棺の用材選択に関する研究』奈良県立橿原考古学研究所 2006年

岡部精一「房州旅行中所見」『東京人類学会雑誌』第9巻第101号 東京人類学会 1894年

岡部精一「房州旅行中所見」『東京人類学会雑誌』第9巻第102号 東京人類学会 1894年

岡本健児『高知県の考古学』吉川弘文館 1966年

岡山県古代吉備文化財センター『百間川米田遺跡(旧当麻遺跡)3―旭川放水路(百間川)改修工事に伴う発掘調査―』埋蔵文化財発掘調査報告74 岡山県教育委員会 1989年

岡山県古代吉備文化財センター『中山1・2号貝塚・酒津八幡山平谷遺跡・酒津水江遺跡・菅生小学校裏山遺跡・三田散布地・二子14号墳―山陽自動車道建設に伴う発掘調査5―』埋蔵文化財発掘調査報告81 岡山県教育委員会 1993年

岡山大学埋蔵文化財調査研究センター『鹿田遺跡Ⅰ―医学部付属病院外来診療棟改築およびNMR-CT室新築に伴う発掘調査―』構内遺跡発掘調査報告第3冊 岡山大学埋蔵文化財調査研究センター 1988年

置田雅昭「二股船」『古墳文化とその伝統』勉誠社 1995年

置田雅昭「古代の船」『古代史の論点―都市と工業と流通―』第3巻 小学館 1998年

沖縄県教育委員会『糸満の民俗―糸満漁業民俗資料緊急調査―』那覇タイプ 1974年

沖縄県立博物館『沖縄県立博物館総合案内』図録 沖縄県立博物館 1987年

沖松信隆「雷下遺跡の概要」『研究連絡誌』第75号 千葉県教育振興財団文化財センター 2014年

小佐田哲男「大和型軍船の構造略説」『海事史研究』第11号 日本海事史学会 1968年

小佐田哲男「日本の船の歴史(上)」『歴史と地理』第270号 山川出版社 1978年

小佐田哲男「日本の船の歴史(中)」『歴史と地理』第276号 山川出版社 1978年

小佐田哲男「日本の船の歴史(下)」『歴史と地理』第279号 山川出版社 1978年

小佐田哲男「刳舟式準構造船(第1部)」『紀要比較文化研究』第19号 東京大学出版会 1981年

小野清編『大坂城誌』復刻版 小野清 1899年

小野清『大坂城誌 全』(再版) 名著出版 1973年

小野重朗「生業・運搬」『南九州の民具』考古民俗叢書3 慶友社 1969年

小野慶郎「苫小牧市勇払川埋没丸木舟発掘記」『北海道の文化』第11号 北海道文化財保護協会 1967年

小野寺正人「弘化四年の大時化と鰹船の難船」『東北民俗』第19輯 東北民俗の会 1985年

小野寺幸市「江戸前和船の動態保存―東京都江東区の例を参考に―」『歴史と民俗』神奈川大学日本常民文化研究所論集32 平凡社 2016年

尾上一明「東京湾のベカ舟製作について」『民具マンスリー』第26巻8号 神奈川大学日本常民文化研究所 1993年

小田千馬木『帆艇』日本機動艇協会 1943年

小田富士雄「古墳時代の海上交通―対外交渉を中心として―」『古代の船』福岡市立歴史資料館 1988年

尾上一明「浦安とベカ船」『民具研究』第109号 日本民具学会 1995年

尾上一明「打瀬船を新造しました」『民具マンスリー』第33巻第10号 神奈川大学日本常民文化研究所 2001年

織野英史「瀬戸内の和船と道具の発達――本水押の棚板構造船をめぐって―」『「船」からみた四国』岩田書院 2015年

織野英史「二枚水押船―淀川・大和川水系の主要川船―」『歴史と民俗』神奈川大学日本常民文化研究所論集32 平凡社 2016年

甲斐叢書刊行会『甲斐国志(中)』甲斐叢書11巻 第一書房 1974年

郭鍾喆ほか「付論・韓半島の船舶資料解説―先史から古代まで―」『古代の船』福岡市立歴史資料館 1988年

鹿児島県歴史資料センター黎明館『黎明館総合案内』鹿児島県歴史資料センター黎明館 1987年

鹿島町教育委員会『佐太講武貝塚発掘調査報告書』鹿島町教育委員会 1993年

―321―

第3部 〈附編〉舟・船舶関係資料一覧

鹿島町教育委員会『佐太講武貝塚発掘調査報告書2』鹿島町教育委員会　1994年

鹿島町教育委員会『下谷遺跡・稗田遺跡―佐太南地区農村活性化住環境整備事業に伴う発掘調査―』鹿島町教育委員会　1994年

鹿島町立歴史民俗資料館『開拓者の眠るところ―速報！掘部第1遺跡木棺墓群―』'99特別展　鹿島町立歴史民俗資料館　1999年

鹿島町立歴史民俗資料館『森のめぐみ―島根県出土木製品集成―』'99特別展　鹿島町立歴史民俗資料館　1999年

鹿島町立歴史民俗資料館『海の記憶―波涛を越えた人々―』03特別展　鹿島町立歴史民俗資料館　2003年

梶山彦太郎「東大阪出土の独木舟」『史迹と美術』第259号　史迹美術同攷会　1956年

勝部正郊「千代川流域の筏流し」『山陰民俗』第50号　山陰民俗学会　1988年

香取郡市文化財センター『栗山川流域遺跡群・島ノ間遺跡』香取郡市文化財センター　1999年

加藤九祚『北東アジア民族学史の研究―江戸時代日本人の観察記録を中心として―』恒文社　1986年

角上寿行「出町遺跡の水田発見」『滋賀文化財だより』第148号　滋賀県文化財保護協会　1990年

門田修『ダウ―インド洋の木造機帆船―』船の博物館ブックス　みちのく北方漁船博物館財団　2000年

門真市広報広聴課「くり舟発見」『目で見る門真の歴史―市政施行20周年記念―』門真市　1983年

金井清一「造船説話とスサノヲノ命」『東アジアの古代文化』第55号　古代学研究所　大和書房　1988年

神奈川大学国際常民文化研究機構『国際常民文化研究叢書第5巻―環太平洋海域における伝統的造船技術の比較研究―』神奈川大学国際常民文化研究機構　2014年

金指正三「江戸時代の造船法」『海事史研究』第7号　日本海事史学会　1966年

金沢兼光『和漢船用集』住田正一編『海事史料叢書』第11巻　厳松堂書店　1930年

金沢市教育委員会『金沢市西念・南新保遺跡Ⅱ』金沢市文化財紀要77　金沢市教育委員会　1989年

金沢市教育委員会『金沢市西念・南新保遺跡Ⅳ』金沢市文化財紀要119　金沢市教育委員会　1996年

金谷栄二郎・宇田川洋『樺太アイヌの板舟』ところ文庫5　常呂町郷土研究同好会　北海道出版企画センター　1989年

可児弘明「香港のジャンク型漁船について」『海事史研究』第14号　日本海事史学会　1970年

金子務「朱印船時代における「日本前」船と南シナ海の造船事情」『角倉一族とその時代』思文閣出版　2015年

鎌田幸男「男鹿の独木舟」『雪国民俗』6号　秋田経済大学雪国民俗研究所　1978年

鎌田幸男「胴舟考」『秋田大学社会科教育研究会誌』第5号　秋田大学　1979年

鎌田幸男「田沢湖の独木舟」『雪国民俗』7号　秋田経済大学雪国民俗研究所　1979年

鎌田幸男「ゴガチョ舟考」『雪国民俗』7号　秋田経済大学雪国民俗研究所　1979年

鎌田幸男「岩館・八森地域の複材丸木舟」『雪国民俗』9号　秋田経済大学雪国民俗研究所　1980年

鎌田幸男「秋田のマルキ舟」『東北民俗』第20輯　東北民俗の会　1986年

鎌田幸男「マルキブネ小考」『秋田短期大学論叢』49号　秋田短期大学　1992年

鎌田幸男「複材丸木船（八郎潟出土）」『秋田短期大学論叢』52号　秋田短期大学　1993年

上福岡市立歴史民俗資料館『新河岸川舟運の川船とその周辺』第19回特別展　上福岡市立歴史民俗資料館　2004年

亀井熙人「塞ノ谷遺跡」『日本考古学年報』24　日本考古学協会　1973年

亀岡市文化資料館『山とともにくらす―森・川・いかだ―』第32回特別展　亀岡市文化博物館　2016年

亀島靖『琉球歴史の謎とロマン―その1総集編＆世界遺産―』琉球歴史入門シリーズ　沖縄教販

XI　舟船関係文献資料目録（1 刳舟・舟船・漁舟船関係）

1999年

借当川遺跡調査会『八日市場市矢摺泥炭遺跡発掘調査報告―独木舟の調査―』借当川遺跡調査会　1984年

借当川遺跡調査会『千葉県八日市場市宮田下泥炭遺跡―独木舟の調査―』借当川遺跡調査会　1985年

川越市総務部市史編纂室「丸木舟出土と河川漁業」『川越市史』第1巻原始古代編　川越市　1972年

川口市遺跡調査会『川口市遺跡調査会報告』第11集　川口市遺跡調査会　1987年

川崎晃稔『薩南諸島の刳舟製作習俗聞書』南島民俗研究会　1976年

川崎晃稔「南島の刳舟」『論集・海上の道』日本古代文化叢書　大和書房　1978年

川崎晃稔「種子島の丸木舟と漁労用具」『九州・沖縄地方の民具』明玄書房　1983年

川崎晃稔「丸木舟の複材化」『民具マンスリー』第23巻第5号　神奈川大学日本常民文化研究所　1990年

川崎晃稔『日本丸木舟の研究』法政大学出版局　1991年

川崎晃稔「丸木舟の変遷」『隼人族の生活と文化』隼人文化研究会編　雄山閣　1993年

川島秀一「カキ筏とタタキ網漁」『東北民俗』第44輯　東北民俗の会　2010年

川角寅吉「汀家漫録」『東京人類学会雑誌』第13巻第144号　東京人類学会　1898年

川田順造「日本海沿岸のチキリによる船殻造成法をめぐる考察―船殻造成法における位置づけの試み―」国際常民文化研究叢書第5巻　神奈川大学国際常民文化研究機構　2014年

川名登「東と西の高瀬船」『交通史研究』第32号　交通史学会　1994年

川名登「川船の部分名称について―『船鑑』を元として―」『千葉経済論叢』第19号　千葉経済大学　1999年

川名登「大阪地方の川船について」『千葉経済論叢』第30号　千葉経済大学　2004年

川西市教育委員会『川西市栄根遺跡―第8〜11次発掘調査概要―』川西市教育委員会　1983年

川西市・川西市教育委員会『遺跡からみた川西の古代・中世』川西市文化財資料館展示図録　川西市・川西市教育委員会　1993年

川端直正「現在の市場のあるところ」『大阪市中央卸売市場二十五年』大阪市中央卸売市場開設二十五周年記念事業委員会　1957年

神田武志「伝馬船製作事業「プロジェクト伝」」『アクアマリンふくしまニュース6月号』通巻38号　ふくしま海洋科学館　2009年

喜舎場一隆「「馬艦船」考」『海事史研究』第23号　日本海事史学会　1974年

喜舎場一隆「「馬艦船」新考」『九州水上交通史』日本水上交通史論集第5巻　文献出版　1993年

北区教育委員会『袋低地遺跡Ⅱ』調査報告第23集　東京都北区教育委員会　1998年

北野耕平「古代の東アジアにおける船舶形態考―日本と韓国出土の船形土製品類の意義―」『神戸商船大学紀要文科論集』第20号　神戸商船大学　1972年

北野耕平「木栓で結合した中国漢代の木船」『海事資料館年報』No.10　神戸商船大学海事資料館　1982年

北見俊夫「船の歴史」『日本の民俗―人間の交流―』第4巻　河出書房新社　1965年

北見俊夫『日本海島文化の研究―民俗風土論的考察―』　法政大学出版局　1989年

北構保男「オホーツク人の舟艇資料」『北海道考古学』第36輯　北海道考古学会　2000年

北村敏「国指定・重要有形民俗文化財の海苔船について」『大田区立郷土博物館紀要』第11号　大田区立郷土博物館　2000年

城崎町教育委員会『兵庫県城崎郡城崎町桃島出土舟様木製品―所見報告』文化財調査報告書第4集　城崎町教育委員会　1979年

木下忠「伊豆山木遺跡の出土民具」『中部地方の民具』明玄書房　1982年

君嶋俊行「青谷上寺地遺跡の船」『人・もの・心を運ぶ船―青谷上寺地遺跡の交流をさぐる―』第6回青谷上寺地遺跡フォーラム　鳥取県埋蔵文化財センター　2015年

第3部 〈附編〉舟・船舶関係資料一覧

君津郡市文化財センター「丸木舟のような棺の痕跡―木更津市西谷遺跡(1)―」『きみさらづ』第15号　君津郡市文化財センター　1999年

金在瑾「李朝船の造船式図」『海事史研究』第29号　日本海事史学会　1977年

京都府埋蔵文化財調査研究センター「浦入遺跡群」『京都府遺跡調査概報』第85冊　京都府埋蔵文化財調査研究センター　1998年

京都府埋蔵文化財調査研究センター『市田斉当坊遺跡』遺跡調査報告書第36冊　京都府埋蔵文化財調査研究センター　2004年

京都府立丹後郷土資料館『海・ふね・人』京都府立丹後郷土資料館　1990年

清野謙次『日本考古学・人類学史』上巻　岩波書店　1954年

旧福野潟綜合調査委員会「石川県羽咋郡旧福野潟周辺綜合調査報告』石川考古学研究会会誌第7号　石川考古学研究会　1955年

クカーリ, A.・アンジェルチ, E.『船の歴史事典』堀元美訳　原書房　1985年

櫛木謙周「律令制下における技術の伝播と変容に関する試論」『歴史学研究』第518号　歴史学研究会　1983年

工藤定雄「最上川―艜船と小鵜飼船―」『流域をたどる歴史〈東北編〉』第2巻　ぎょうせい　1978年

工藤雄一郎ほか「雷下遺跡から出土した丸木舟と木胎漆器C年代測定」『研究連絡誌』第75号　千葉県教育振興財団文化財センター　2014年

久保寿一郎「日本古代船舶関係遺跡地名表」『古代の船』福岡市立歴史資料館　1988年

熊崎農夫博・三野紀雄「厚岸町における丸木舟について」『北海道開拓記念館研究紀要』第25号　北海道開拓記念館　1997年

黒岩義嗣「陸上竜頭船の渡来系統と西浜町蛇船」『長崎史談』第5輯　長崎史談会編集　1929年

ケントリー, エリック『ビジュアル博物館―船―』第36巻　同朋舎出版　1992年

幸田光温「太田川水系の船を考える」『民具研究』第94号　日本民具学会　1991年

幸田光温「川船から荷船へ」『広島民俗』第45号　広島民俗学会　1996年

幸田光温「太田川船の捩れについて」『民具研究』第123号　日本民具学会　2001年

高知県文化財団埋蔵文化財センター『居徳遺跡群Ⅳ―四国横断自動車道(伊野～須崎間)建設に伴う埋蔵文化財発掘調査報告書―』高知県文化財団埋蔵文化財センター　2003年

高知県文化財団埋蔵文化財センター『北ノ丸遺跡―波介川河口導流事業に伴う埋蔵文化財発掘調査報告書1―』高知県教育委員会　2008年

香月洋一郎「韓国・慶尚北道の筏船」『民具マンスリー』第29巻第3号　神奈川大学日本常民文化研究所　1996年

香月洋一郎「慶尚北道羅北の筏船とワカメ漁」『歴史と民俗』神奈川大学日本常民文化研究所論集14　平凡社　1997年

甲野勇「埼玉県下に於ける丸木舟の発見」『史前学雑誌』第5巻第2号　史前学会　1933年

河野通明「琵琶湖の丸子船と信長の「大船」との接点」『民具研究』第124号　日本民具学会　2001年

神戸市教育委員会『二葉町遺跡発掘調査報告書第3・5・7・8・9・12次調査―新長田駅南第2地区震災復興第二種市街地再開発事業に伴う―』神戸市教育委員会　2001年

神戸市立博物館『海の考古学』特別展　神戸市立博物館　2000年

広陵町文化財保存センター『巣山古墳の木製品』平成22年度特別陳列　広陵町教育委員会事務局　2010年

国分直一「南海と北辺への模索」『環シナ海民族文化考』慶友社　1967年

国分直一「海辺の民俗・民船」『台湾の民俗』民俗民芸双書31　岩崎美術社　1968年

国分直一「海南の船と文化・徐瀛洲氏報告によせて」『えとのす』14号　新日本教育図書　1981年

国分直一「古代東海の航海と舟をめぐる問題」『稲・舟・祭―松本信広先生追悼論文集―』六興出版　1982年

XI 舟船関係文献資料目録（1 刳舟・舟船・漁舟船関係）

国分直一「船と航海と信仰」「えとのす」第19号　新日本教育図書　1982年

国立歴史民俗博物館編『琉球弧―海洋をめぐるモノ・人、文化―』歴博フォーラム民俗展示の新構築　岩田書院　2012年

越崎宗一「アイヌの縄綴船」「海事史研究」第5号　日本海事史学会　1965年

児島俊平「トモド舟とテヤス舟」「島前の文化財」第7号　隠岐島前教育委員会　1977年

小島孝夫「[解題]和船―和船資料の保存と活用にむけて―」「歴史と民俗」神奈川大学日本常民文化研究所論集32　平凡社　2016年

小嶋良一『弁才船菱垣廻船／樽廻船』船の科学館　2010年

古城村教育会編『古城村誌』前編　古城村教育会　1943年

小西和「内海の水運と水師」722頁「瀬戸内海論」丈会堂書店　1911年

小林行雄「日本古墳の舟葬説について」「西宮」第3号　西宮史談会　1946年

小林加奈「縄文時代丸木舟の復元製作実験」「月刊考古学ジャーナル」No.574　ニュー・サイエンス社　2008年

小林茂樹「諏訪湖の丸太舟」「信濃」第8巻第3号　信濃郷土研究会　1956年

小林茂樹「諏訪湖の丸太舟」「地理」第3巻第1号　古今書院　1958年

小林茂樹『諏訪湖の漁労』オノウエ印刷　1980年

小林宗一『支那の戎克』大日本東京海洋少年團　1942年

小林謙一「米倉大境遺跡出土丸木舟の炭素十四年代測定」「史学」第77巻第4号　三田史学会　2009年

小松市教育委員会『松梨遺跡―犬丸小学校プール建設に伴う埋蔵文化財発掘調査報告書―』小松市教育委員会　1994年

小松市教育委員会『額見町遺跡（額見町遺跡F・G・H地区）埋蔵文化財発掘調査概要報告書4』　小松市教育委員会　2001年

小松市教育委員会『佐々木遺跡――般国道8号小松バイパス建設工事・県営かんがい排水事業に伴う埋蔵文化財発掘調査報告書―』小松市教育委員会　2004年

小松正夫「出羽北部の古代水上交通と交流―古代遺跡と資料からみる―」「石川県埋蔵文化財情報」第13号　石川県埋蔵文化財センター　2005年

古宮守雄「コデアク・アリュート族の3人乗り皮舟」「造船界」8月号　日本造船工業会　1971年

コールズ，J. M.「探検、そして発見」『古代人はどう暮らしていたか』河合信和訳　どうぶつ社　1985年

昆政明「青森県における漁撈用和船（1）」「青森県立郷土館調査研究年報」第7号　青森県立郷土館　1982年

昆政明「青森県における漁撈用和船（2）」「青森県立郷土館調査研究年報」第8号　青森県立郷土館　1983年

昆政明「青森県沿岸の大型漁撈用和船―テント・カワサキ・サンパ―」「東北民俗」第20輯　東北民俗の会　1986年

昆政明「青森県のムダマハギ」「民具マンスリー」第20巻第6号　神奈川大学日本常民文化研究所　1987年

昆政明『和船』神奈川大学常民文化研究所調査報告第14集　平凡社　1989年

昆政明「津軽海峡及び周辺地域のムダマハギ型漁船について」「民具研究」第118号　日本民具学会　1998年

昆政明「秋田県八森海岸の木造漁船」『ハタハタの海と船―蘇れ！ハタハタ―』みちのく北方漁船博物館　2005年

昆政昭「北日本における伝統的木造漁船の船体構造の変遷過程」国際常民文化研究叢書第5巻　神奈川大学国際常民文化研究機構　2014年

近藤滋「長命寺湖底遺跡発掘調査」『びわ湖と埋蔵文化財』(財)滋賀総合研究所　1984年

埼玉県埋蔵文化財センター『赤羽・伊奈氏屋敷跡―東北新幹線関係埋蔵文化財発掘調査報告書

第3部 〈附編〉舟・船舶関係資料一覧

Ⅱ—』報告書第31集　埼玉県埋蔵文化財調査事業団　1984年
埼玉県埋蔵文化財調査事業団「「木器」＝原初の道具」『考古百科』8　埼玉県立埋蔵文化財セン
　　ター　1991年
埼玉県埋蔵文化財調査事業団『浦和市四本竹遺跡—芝川見沼第1調節池関係埋蔵文化財発掘調
　　査報告—』報告書第122集　埼玉県埋蔵文化財調査事業団　1992年
埼玉県埋蔵文化財調査事業団『浦和市大道東遺跡—芝川河川改修関係埋蔵文化財発掘調査報告
　　書』報告書第212集　埼玉県埋蔵文化財調査事業団　1998年
埼玉新聞社編「埼玉大百科事典」第4巻　埼玉新聞社　1975年
斉藤和夫「東京都内旧海軍省地下より丸木舟」『古代学研究』第1号　学生考古学研究会　1949年
斉藤秀平「新潟県に於ける石器時代遺跡調査報告」『新潟県史蹟名勝天然記念物調査報告』第7輯
　　新潟県　1937年
佐織村教育会編「諸桑の古船」『佐織村誌』佐織村教育会　1930年
佐織町役場『佐織町史通史編』佐織町史編さん委員会・調査編集委員会　1989年
堺古文書研究会編『大坂市中の上荷船・茶船』隆文社　1996年
堺市教育委員会『下田遺跡発掘調査概要報告—TSD3・下田町—』文化財調査概要報告第105冊
　　堺市教育委員会　2005年
榊原貴士「瀬戸内の槙皮船」『あるくみるきく』第255号　日本観光文化研究所　1988年
坂本育男「越前海岸左右の筏」『民具マンスリー』第19巻第4号　神奈川大学日本常民文化研究所
　　1986年
坂本育男「福井県丹生郡越前町の筏」『東北の民俗—海と川と人—』慶友社　1988年
桜井茂隆「丸木舟に対する八日市場地方の人々の愛情」『千葉文華』第3号　千葉県文化財保護協
　　会　1969年
桜井茂隆「八日市場出土の古代独木舟」『千葉県文化財紀要』第31号　千葉県教育委員会　1959年
桜井茂隆「古代丸木舟につき」『桜井茂隆文化財アルバム—八日市場市及びその周辺—』八日市場
　　歴史研究会　1990年
桜井甚一「大坂独木舟遺跡」519〜541頁『志賀町史』資料編第1巻　志賀町史編纂委員会　1974年
桜井久之・宮本康治「加美遺跡の直弧文板」「大阪市文化財情報　葦火」第66号　大阪市文化財協
　　会　1997年
桜田勝徳「モマ舟—肥後八代—」『旅と伝説』第76号　三元社　1934年
桜田勝徳『土佐四万十川の漁業と川舟・土佐漁村民俗雑記』（土豫漁村採訪旅行報告2）　アチッ
　　ク・ミューゼアム　1936年
桜田勝徳「イサバ船」『漁村』第3号　漁村文化協会　1951年
桜田勝徳「ドブネ・マルキブネ」『民間伝承』第18巻第7号　秋田書店　1954年
桜田勝徳「瀬嵐の見聞」『加能民俗』第2巻第11号　加能民俗の会　1954年
桜田勝徳「日本造船の基調」『日本民俗学』第2巻第3号　日本民俗学会　1955年
桜田勝徳「マルキブネ」『風土記日本』第1巻　平凡社　1957年
桜田勝徳「現存漁船資料による日本の舟の発達史への接近の試み」『日本の民具』角川書店
　　1958年
桜田勝徳「現存漁船資料による日本の船の発達史への接近の試み」『桜田勝徳著作集—漁撈技術
　　と船・網の伝承—』第3巻　名著出版　1980年
笹神村教育委員会『腰廻遺跡』笹神村教育委員会　2002年
佐々木孝男「古墳時代の日本と船」『歴史研究』第265号　歴史研究会　新人物往来社　1983年
佐々木孝男「邪馬台国の船」『東アジアの古代文化』第34号　大和書房　1983年
笹木弘ほか『機帆船海運の研究—その歴史と構造—』多賀出版　1984年
札幌市教育委員会『K482遺跡・K483遺跡』調査報告書35　札幌市教育委員会　1988年
札幌市教育委員会『K39遺跡第6次調査—環状道整備事業に伴う発掘調査—』調査報告書65　札
　　幌市教育委員会　2001年

XI 舟船関係文献資料目録 （1 刳舟・舟船・漁舟船関係）

佐藤一夫「アイヌの丸木舟」「郷土の研究」2 苫小牧郷土文化研究会 1967年
佐藤一夫「ママチ川丸木舟遺跡発掘調査概要報告」『続千歳遺跡』 千歳市教育委員会 1979年
佐藤喜一郎「栗山川流域遺跡群」『平成7年度 千葉県遺跡調査研究発表会 発表要旨』 千葉県
　　文化財法人連絡協議会・千葉市教育委員会 1996年
佐藤信「「戎克」考」「海事史研究」第22号 日本海事史学会 1974年
佐藤直太郎「釧路アイヌの舟(第1回)」「読書人」館報第6巻第4号 市立釧路図書館 1957年
佐藤直太郎「釧路アイヌの舟(完)」「読書人」館報第6巻第5号 市立釧路図書館 1957年
佐藤直太郎「釧路アイヌの舟」釧路叢書第3巻(佐藤直太郎郷土研究論文集)釧路叢書編纂委員会
　　1961年
佐藤宏之「狩猟具としての丸木船」『北方狩猟民の民族考古学』北方新書004 北海道出版企画セ
　　ンター 2000年
狭山池調査事務所『狭山池―埋蔵文化財編―』狭山池調査事務所 1998年
澤田慶三郎『丸木舟と五十年』内外綜合企画 2001年
サンニョアイノ豊岡「アイヌの丸木舟」「季刊自然と文化―和船―」春季号 観光資源保護財団
　　1982年
椎名仙卓「石花城跡附近から発掘された壱千年前の独木舟」「相川博物館報」1号 相川博物館
　　1960年
滋賀県教育委員会『近江八幡市元水茎町遺跡調査概要』文化財調査概要第2集 滋賀県教育委員
　　会 1966年
滋賀県教育委員会『大中の南遺跡調査概要』文化財調査概要第5集 滋賀県教育委員会 1967年
滋賀県教育委員会『赤野井湾遺跡―湖岸堤天神川水門工事に伴う埋蔵文化財発掘調査概要報告
　　書―』滋賀県教育委員会 1986年
滋賀県教育委員会『赤野井湾遺跡―湖岸堤天神川水門工事に伴う埋蔵文化財発掘調査概要報告
　　書2―』滋賀県教育委員会 1987年
滋賀県教育委員会『松原内湖遺跡発掘調査報告書Ⅱ』滋賀県教育委員会 1992年
滋賀県教育委員会『芦刈遺跡・大中の湖南遺跡』滋賀県教育委員会 2005年
滋賀県教育委員会文化財保護課監修『大中の湖南遺跡』滋賀民俗学会 1968年
滋賀県文化財保護協会『長命寺湖底遺跡発掘調査概要―近江八幡市―』滋賀県教育委員会
　　1984年
滋賀県文化財保護協会「縄文時代後期『丸木舟群』が出土―彦根市・松原内湖遺跡―」「滋賀埋文
　　ニュース」第85号 滋賀県埋蔵文化財センター 1987年
滋賀県文化財保護協会「彦根市・松原内湖遺跡出土丸木舟の取り上げ(2)」「保存処理ニュース」
　　第26号 滋賀県埋蔵文化財センター 1987年
滋賀県文化財保護協会『昭和61年度調査埋蔵文化財展』滋賀県文化財保護協会 1987年
滋賀県文化財保護協会「縄文時代の丸木舟が出土―湖北町・尾上浜遺跡―」「滋賀埋文ニュース」
　　第118号 滋賀県埋蔵文化財センター 1990年
滋賀県文化財保護協会「縄文時代後期の丸木舟が出土―彦根市・松原内湖遺跡―」「滋賀埋文
　　ニュース」第140号 滋賀県埋蔵文化財センター 1991年
滋賀県文化財保護協会『高橋南遺跡(Ⅰ)―長浜市高橋町―高橋遺跡―長浜市高橋町―安導寺遺
　　跡―長浜市寺田町―』ほ場整備関係遺跡発掘調査報告書ⅩⅢ-3 滋賀県教育委員会 1991年
滋賀県文化財保護協会『琵琶湖流域下水道彦根長浜処理区東北部浄化センター建設に伴う松原
　　内湖遺跡発掘調査報告書Ⅱ―木製品―』滋賀県教育委員会 1992年
滋賀県文化財保護協会『琵琶湖流域下水道彦根長浜処理区東北部浄化センター建設に伴う松原
　　内湖遺跡発掘調査報告書Ⅰ』滋賀県教育委員会 1993年
滋賀県文化財保護協会「下長遺跡出土の木製品について」「滋賀文化財だより」No238 滋賀県文
　　化財保護協会 1997年
滋賀県文化財保護協会『赤野井湾遺跡―琵琶湖開発事業関連埋蔵文化財発掘調査報告書2―』滋

第 3 部　〈附編〉舟・船舶関係資料一覧

賀県教育委員会　1998年

滋賀県文化財保護協会「尾上浜遺跡出土の丸木舟が一般公開に」「滋賀埋文ニュース」第227号　滋賀県埋蔵文化財センター　1999年

滋賀県文化財保護協会「丸木舟が2艘出土―米原町入江内湖遺跡―」「滋賀埋文ニュース」第265号　滋賀県埋蔵文化財センター　2002年

滋賀県文化財保護協会『琵琶湖北東部の湖底・湖岸遺跡―琵琶湖開発事業関連埋蔵文化財発掘調査報告書7―』滋賀県教育委員会　2003年

滋賀県文化財保護協会「漆塗り容器や丸木舟が出土―米原町入江内湖遺跡―」「滋賀埋文ニュース」第291号　滋賀県埋蔵文化財センター　2004年

滋賀県文化財保護協会『芦刈遺跡・大中の南遺跡―蒲生郡安土町下豊浦―』ほ場整備関係（経営体育成基盤整備）遺跡発掘調査報告書32-2　滋賀県教育委員会　2005年

滋賀県文化財保護協会『丸木舟の時代―びわ湖と古代人―』第32回企画展　滋賀県文化財保護協会　2006年

滋賀県文化財保護協会『入江内湖遺跡Ⅰ――一般国道8号米原バイパス建設に伴う発掘調査報告書1―』滋賀県教育委員会　2007年

滋賀県文化財保護協会『入江内湖遺跡Ⅱ――一般国道8号米原バイパス建設に伴う発掘調査報告書2―』滋賀県教育委員会　2008年

滋賀県文化財保護協会『弘前遺跡Ⅰ―ほ場整備関係（水質保全対策）遺跡発掘調査報告書35-1―』滋賀県教育委員会　2008年

滋賀県文化財保護協会『赤野井浜遺跡―琵琶湖（赤野井湾）補助河川環境整備事業伴う発掘調査報告書―』滋賀県教育委員会　2009年

滋賀県文化財保護協会・滋賀県立安土城考古博物館『丸木舟の時代―びわ湖と古代人―』サンライズ出版　2007年

滋賀県文化財保護協会『琵琶湖の港と船』シリーズ近江の文化財003　滋賀県文化財保護協会　2010年

滋賀県文化財保護協会『湖底遺跡が語る湖国二万年の歴史』シリーズ近江の文化財008　滋賀県文化財保護協会　2014年

滋賀県立琵琶湖博物館『湖の船―木造船にみる知恵と工夫―』滋賀県立琵琶湖博物館　1999年

滋賀県立琵琶湖博物館『よみがえる丸子船―琵琶湖最後の伝統的木造船復元展示記録―』研究調査報告第13号　琵琶湖博物館　1999年

滋賀総合研究所・水資源開発公団琵琶湖開発事業建設部編『びわ湖と埋蔵文化財』滋賀総合研究所　1984年

鹿野忠雄「ヤミ族の船に就きて」「民族」3巻5号　民族発行所　1928年

鹿野忠雄「西南太平洋の剖板組合せ船」『東南亜細亜民族学先史学研究』矢島書房　1946年

鹿野忠雄『東南亜細亜民族学先史学研究』第1巻　アジア学叢書3　大空社　1996年

滋賀民俗学会『大中の湖南遺跡』滋賀民俗学会　1968年

茂野幽考「南島の独木舟研究」「旅と伝説」第2巻第2号　三元社　1929年

四国地域史研究連絡協議会『「船」からみた四国―近世～近現代の造船・海防・海事都市―』岩田書院　2015年

四條畷市教育委員会・寝屋川市教育委員会・大阪府文化財センター『四条畷市・寝屋川市讃良郡条里遺跡―イオンモール四条畷建設に係る文化財発掘調査報告書―』（調査報告第50集・資料28・調査報告書第252集）四條畷市教育委員会・寝屋川市教育委員会・大阪府文化財センター　2015年

四條畷市史編さん委員会「讃良馬飼いの里（1）蔀屋北遺跡」『四条畷市史（考古編）』第5巻　四条畷市　2016年

四條畷市立歴史民俗資料館『馬は船にのって―蔀屋北遺跡の馬飼い集落から―』第24回特別展　四條畷市立歴史民俗資料館　2009年

XI　舟船関係文献資料目録（1 刳舟・舟船・漁舟船関係）

静岡県教育委員会「浜名湖の船」『浜名湖の漁撈習俗Ⅱ―浜松市・雄踏町・舞阪町―』文化財調査報告書第32集　静岡県文化財保存協会　1985年

静岡県埋蔵文化財調査研究所「資料紹介・大谷川出土遺物」「研究所報」No.5　静岡県埋蔵文化財調査研究所　1985年

静岡県埋蔵文化財調査研究所『神明原・元宮川遺跡　大谷川放水路建設に伴う発掘調査概報』静岡県埋蔵文化財調査研究所　1986年

静岡県埋蔵文化財調査研究所『大谷川Ⅳ（遺物・考察編）』調査報告第20集　静岡県埋蔵文化財調査研究所　1989年

静岡県埋蔵文化財調査研究所「古代船（準構造船の材）の発見について―瀬名遺跡―」「研究所報」No.24　静岡県埋蔵文化財調査研究所　1989年

静岡県埋蔵文化財調査研究所『川合遺跡（遺構編）図版編』調査報告第21集　静岡県埋蔵文化財調査研究所　1989年

静岡県埋蔵文化財調査研究所「年報（平成元年度事業概要）」Ⅵ　静岡県埋蔵文化財調査研究所　1990年

静岡県埋蔵文化財調査研究所『瀬名遺跡―平成元年度・平成2年度静清バイパス（瀬名地区）埋蔵文化財発掘調査概報―』静岡県埋蔵文化財調査研究所　1991年

静岡県埋蔵文化財調査研究所『瀬名遺跡Ⅰ（遺構編Ⅰ）本文編』調査報告第40集　静岡県埋蔵文化財調査研究所　1992年

静岡県埋蔵文化財調査研究所『瀬名遺跡Ⅰ（遺構編Ⅰ）図版編』調査報告第40集　静岡県埋蔵文化財調査研究所　1992年

静岡県埋蔵文化財調査研究所「清水市巴川出土丸木舟の保存処理」「研究所報」No.42　静岡県埋蔵文化財調査研究所　1993年

静岡県埋蔵文化財調査研究所「年報」Ⅸ　静岡県埋蔵文化財調査研究所　1993年

静岡県埋蔵文化財調査研究所『瀬名遺跡Ⅴ（遺物編Ⅱ）』調査報告第79集　静岡県埋蔵文化財調査研究所　1996年

静岡県埋蔵文化財調査研究所『川合遺跡遺物編3』調査報告第84集　静岡県埋蔵文化財調査研究所　1996年

静岡県埋蔵文化財調査研究所「年報」Ⅻ　静岡県埋蔵文化財調査研究所　1996年

静岡県埋蔵文化財調査研究所『角江遺跡Ⅱ』調査報告第69集　静岡県埋蔵文化財調査研究所　1996年

静岡県埋蔵文化財調査研究所「年報（平成9年度事業概要）」ⅩⅣ　静岡県埋蔵文化財調査研究所　1998年

静岡県埋蔵文化財調査研究所『元島遺跡Ⅰ』調査報告第116集　静岡県埋蔵文化財調査研究所　1999年

静岡市立登呂博物館『登呂遺跡出土資料目録―写真編―』登呂遺跡基礎資料4　静岡市立登呂博物館　1989年

篠田健三「小坪マルキブネの名どころ」「民具マンスリー」第27巻第1号　神奈川大学日本常民文化研究所　1994年

篠原陽一『帆船の社会史―イギリス船員の証言―』高文堂出版社　1983年

柴田恵司ほか「手漕ぎ漁舟の研究Ⅰ―カヌーの一例について―」「水産学部研究報告」第41号　長崎大学　1976年

柴田恵司ほか「櫓櫂舟について―Ⅰ」「日本航海学会論文集」第56号　日本航海学会　1976年

柴田恵司ほか「手漕ぎ漁舟の研究Ⅱ―大村湾伝馬の船型―」「水産学部研究報告」第43号　長崎大学　1977年

柴田恵司ほか「手漕ぎ漁舟の研究Ⅲ―ペーロンおよびその類似型の船型―」「水産学部研究報告」第45号　長崎大学　1978年

柴田恵司・高山久明「対馬佐護湊で見聞した藻刈舟について」「海事史研究」第31号　日本海事史

第3部 〈附編〉舟・船舶関係資料一覧

学会　1978年
柴田恵司・高山久明「鯨船」「海事史研究」第33号　日本海事史学会　1979年
柴田恵司・高山久明「長崎ペーロンとその周辺」「海事史研究」第38号　日本海事史学会　1982年
柴田恵司・高山久明「ペーロン船の船型について」「季刊人類学」第13巻第2号　京都大学人類学
　　研究会　1982年
柴田恵司「手漕ぎ漁舟の伝播と変遷―長崎を中心に―」『西海の歴史と民俗』暁書房　1985年
柴田恵司・エフレン・フローレス「フィリピンの在来型漁船―特に縫合船について―」「海事史研究」
　　第45号　日本海事史学会　1988年
柴田恵司編『北西太平洋地域における在来型沿岸漁船漁具の比較研究―東南アジアと日本の漁
　　船―』東南アジア漁船研究会　1991年
柴田恵司『東アジアと東南アジアの船』ろうきんブックレット6　長崎県労働金庫　1998年
柴田恵司「ベトナムの籠舟とその周辺」「海事史研究」第60号　日本海事史学会　2003年
柴田恵司・高山久明「長崎・中国などの竜舟競渡」「海事史研究」第61号　日本海事史学会　2004年
柴田常恵「富士の遺跡」富士の研究IV　古今書院刊　1929年
柴田昌児「松山市平田七反地遺跡出土準構造船について―瀬戸内海で初めて見つかった平安時
　　代の木造船―」「愛比売―平成25年度年報―」愛媛県埋蔵文化財センター　2014年
嶋倉巳三郎「わが国の古代遺跡から出土した木質遺物の樹種について」「暁学園短期大学紀要」
　　第11号　暁学園短期大学　1978年
島根県出雲土木建設事務所・出雲市教育委員会『井原遺跡発掘調査報告書―新内藤川広域基幹
　　河川改修事業地内―』島根県出雲土木建設事務所・出雲市教育委員会　2002年
島根県教育委員会『トモド調査報告』島根県教育委員会　1959年
島根県教育委員会『姫原西遺跡――般国道9号出雲バイパス建設予定地内埋蔵文化財発掘調査
　　報告1―』島根県教育委員会　1999年
島根県教育委員会『権現山城跡・権現山石切場跡・白石谷遺跡・三田谷I遺跡』斐伊川放水路建設
　　予定地内埋蔵文化財発掘調査報告書XV　島根県教育委員会　2003年
島根県教育委員会『島根県簸川郡大社町五反配遺跡―古代出雲歴史博物館建設予定地内埋蔵文
　　化財発掘調査報告書―』島根県教育委員会　2004年
島根県埋蔵文化財調査センター『蔵小路西遺跡――般国道9号出雲バイパス建設予定地内埋蔵
　　文化財発掘調査報告2―』島根県教育委員会　1999年
島根大学埋蔵文化財調査研究センター「島根大構内遺跡」「島根大学埋文ニュース」第1号　島根
　　大学埋蔵文化財調査研究センター　1994年
島根大学埋蔵文化財調査研究センター『島根大学構内遺跡(橋縄手地区)発掘調査概報I』島根
　　大学　1995年
島根大学埋蔵文化財調査研究センター『島根大学構内遺跡第1次調査(橋縄手地区1)』調査研究
　　報告第1冊　島根大学　1997年
島根大学埋蔵文化財調査研究センター『島根大学構内遺跡第3次調査(深町地区1)』調査研究報
　　告第2冊　島根大学　1998年
清水潤三「千葉県検見川遺跡」『日本考古学年報』1　日本考古学協会　1951年
清水潤三「新潟県中蒲原郡川根丸木舟」『日本考古学年報』3　日本考古学協会　1955年
清水潤三・倉田芳郎「舟」『考古学ノート3―原史時代〈I〉―弥生文化―』日本評論社　1957年
清水潤三「千葉県山武郡高谷川遺跡(第2次)」『日本考古学年報―昭和29年度―』7　日本考古学
　　協会　1958年
清水潤三「千葉県山武郡高谷川遺跡B地点」『日本考古学年報―昭和28年度―』6　日本考古学協
　　会　1963年
清水潤三「古代の船」『船』須藤利一編　法政大学出版局　1968年
清水潤三「舟航」『新版考古学講座―特論〈中〉―生産技術・交通・交易―』第9巻　雄山閣出版
　　1971年

XI 舟船関係文献資料目録（1 刳舟・舟船・漁舟船関係）

清水潤三「木舟うずもれる泥炭層遺跡」『歴史読本』第20巻第15号　新人物往来社　1975年
清水潤三「横芝町の古代文化」『横芝町史特別寄稿篇』横芝町史編纂委員会　1975年
清水潤三「日本古代の船」『日本古代文化の探究・船』社会思想社　1975年
清水潤三「古代舟の研究―遣唐使船の場合・序説―」『史学』第43巻第3号　三田史学会　1977年
清水潤三「日本の古代船(1)」『太平洋学会誌』第14号　太平洋学会　1982年
清水潤三「古代の船―とくに最近の成果について―」『稲・舟・祭―松本信広先生追悼論文集―』
　　六興出版　1982年
清水潤三「古代の船」『季刊自然と文化―和船―』春季号　観光資源保護財団　1982年
清水潤三「古代の船―日本の丸木舟を中心に―」『船』法政大学出版　1995年
志村史夫「適材適所」『古代日本の超技術―あっと驚くご先祖様の智恵―』ブルーバックスB1175
　　講談社　1997年
下野敏見「種子島の丸木舟」『種子島研究』第10号　1968年
下野敏見「トカラ列島のスブネ」『民俗研究』第5号　鹿児島民俗学会　1970年
下野敏見「奄美大島のクリ舟」『奄美の文化―総合的研究―』島尾敏雄編　法政大学出版局
　　1976年
下野敏見「丸木舟」『南西諸島の民俗Ⅰ』法政大学出版局　1980年
下宅部遺跡調査団『下宅部遺跡』東村山市遺跡調査会　2006年
庄司邦昭『図説船の歴史』ふくろうの本　河出書房新社　2010年
庄内昭男「大型丸木船が転用された井戸枠―南秋田郡井川町州崎遺跡の出土資料から―」『秋田
　　県立博物館研究報告』第35号　秋田県立博物館　2010年
縄文時代の一日を再現する会『縄文の丸木舟、日本海を渡る』縄文時代の一日を再現する会
　　1982年
徐瀛洲「ヤミ族の刳底組合せ船について」『えとのす』14号　新日本教育図書　1981年
徐瀛洲「シェアラー論文について（バタン島の独木船について）」『えとのす』20号　新日本教育
　　図書　1983年
白柳秀湖「国初日本の自然地理」『定版民族日本歴史―王朝編―』千倉書房　1938年
新城常三「中世寄木寄船考」『交通文化』第28号　国際交通文化協会　1947年
新谷暁生「北方海域と船、探検と冒険の物語」『船、橇、スキー、かんじき、北方の移動手段と道具』
　　北海道立北方民族博物館　2014年
菅江真澄「男(小)鹿の鈴風」（えぐり舟）『菅江真澄遊覧記5』東洋文庫119　平凡社　1968年
菅江真澄「男(牝)鹿の嶋風」（えぐり舟）『菅江真澄遊覧記5』東洋文庫119　平凡社　1968年
菅野茂「運ぶ・担う・漕ぐ」『アイヌの民具』『アイヌの民具』刊行運動委員会編　日本観光文化研
　　究所　1978年
須川邦次『船は生きてる』天然社　1941年
杉浦昭典『帆船史話』舵社　1978年
杉浦昭典『大帆船時代―快速帆船クリッパー物語―』中公新書542　中央公論社　1979年
杉浦昭典『帆船―艤装と歴史編―』海洋文庫18　舵社　1985年
杉浦昭典『帆船―航海と冒険編―』海洋文庫19　舵社　1986年
杉江進「忘れられた「丸船」―「丸子船」と「丸船」をめぐって―」『近世琵琶湖水運の研究』思文
　　閣出版　2011年
杉立繁雄「保津川の船と造船―京都府亀岡市を中心に―」『琵琶湖和船研究紀要』第12号　琵琶
　　湖和船研究会　1994年
洲澤育範「日本に収集されたカヤックとバーク・カヌー」『神奈川大学常民文化研究機構年報』2
　　神奈川大学常民文化研究機構　2011年
鈴木信「擦文～アイヌ文化期の準構造船と渡海交易」『考古学と移住・移動』考古学シリーズⅡ
　　同志社大学考古学シリーズ刊行会1985
鈴木信「北海道の古代交易と海上交通手段―続縄文―擦文文化期の交易路と準構造船―」『石川

第3部 〈附編〉舟・船舶関係資料一覧

　　　県埋蔵文化財情報」第13号　石川県埋蔵文化財センター　2005年
鈴木正義「和泉の和船」『近畿地方の民具』明玄書房　1982年
鈴木康之「船材を転用した井戸の一事例—草戸千軒町遺跡SE1900の井戸材—」『広島の考古学と
　　　文化財保護—松下正司先生喜寿記念論集—』「広島の考古学と文化財保護」刊行会　2014年
須藤健一「カヌーをめぐる社会関係—ミクロネシア、サタワル島の社会人類学的調査報告—」「国
　　　立民族学博物館研究報告」第4巻第2号　国立民族学博物館　1979年
須藤健一「船1700」「国立民族学博物館研究報告」別冊　国立民族学博物館　1990年
須藤利一「舟揖元始」「海事史研究」第3・4合併号　日本海事史学会　1965年
須藤利一「日本の船と人間の歴史古代から近世までの航跡」「海の世界」1月号　日本海事広報協
　　　会　1966年
須藤利一編『船』ものと人間の文化史1　法政大学出版　1995年
須藤利一「日本船舶史の流れ」『船』法政大学出版　1995年
須田充洋「木造漁船雑感—実測を通して—」「歴史と民俗」神奈川大学日本先史文化研究所論集
　　　32　平凡社　2016年
住田正一「我国古代の船」「経済学商業学国民経済雑誌」第37巻第5号　寶文館　1924年
住田正一「我国中世以後の船」「経済学商業学国民経済雑誌」第37巻第6号　寶文館　1924年
瀬川拓郎「干鮭と丸木舟—上川アイヌの地域集団とその性格(2)—」「時の絆」石附喜三郎先生を
　　　偲ぶ本刊行委員会　1998年
瀬川芳則「淀川左岸低地の集落遺跡」「ヒストリア」第100号　大阪歴史学会　1983年
関谷健哉『船』僕らの科学文庫　誠文堂新光社　1940年
瀬森利彰「瀬嵐の丸木舟」31～43頁「加賀民俗研究」第5号　加賀民俗の会　1977年
千田稔編「航海と船」『海の古代史—東アジア地中海考—』角川選書336　角川書店　2002年
仙台市教育委員会「沼向遺跡第4～34次調査—宮城県仙台港背後土地区画整理事業関係遺跡発
　　　掘調査報告書III—第3分冊」調査報告書360集　仙台市教育委員会　2010年
大王のひつぎ実験航海実行委員会『大王のひつぎ海をゆく—謎に挑んだ古代船—』海鳥社
　　　2006年
大社町史編集委員会「猪目洞窟遺物包含層について」『大社町史—史料編(民俗・考古資料)—』大
　　　社町　2002年
大東市北新町遺跡調査会『北新町遺跡第2次発掘調査概要報告書—大阪府大東市北新町所在
　　　—(府営大東北新町住宅建て替えに伴う埋蔵文化財発掘調査)』大東市北新町遺跡調査会
　　　1991年
高木卯之助「椿海遺跡発見の独木舟」「房総郷土研究」第2巻第4号　房総郷土研究会　1935年
高木卯之助「干潟における独木舟の発見」「房総展望」第4巻第10号　房総展望社　1950年
高田茂「櫂艇訓練」「櫂艇訓練資料1」立櫂会　1944～年
高田茂「櫂艇構造」「櫂艇訓練資料2」立櫂会　1944～年
高田茂「櫂艇櫂具」「櫂艇訓練資料3」立櫂会　1944～年
高田茂「櫂艇漕法・舸艇之部」「櫂艇訓練資料4」立櫂会　1944～年
高田茂「櫂艇漕法・艜艇之部」「櫂艇訓練資料5」立櫂会　1944～年
高田茂「櫂艇漕法・水中施回之部」「櫂艇訓練資料6」立櫂会　1944～年
高田茂「櫂艇渓流漕法」「櫂艇訓練資料7」立櫂会　1944～年
高田茂「櫂艇錬成」「櫂艇訓練資料8」立櫂会　1944～年
高田茂「櫂艇遠漕」「櫂艇訓練資料9」立櫂会　1944～年
高田茂「櫂艇建造」「櫂艇訓練資料10」立櫂会　1944～年
高田茂「日本古代櫂艇史上」「櫂艇科学資料」第1輯　立櫂会　1944年
高田茂「日本古代櫂艇史下」「櫂艇科学資料」第2輯　立櫂会　1944年
高田茂「日本古代櫂艇文化史」「櫂艇科学資料」第5輯　立櫂会　1944年
高田茂「日本櫂艇考古学」「櫂艇科学資料」第6輯　立櫂会　1945年

—332—

XI　舟船関係文献資料目録（1 刳舟・舟船・漁舟船関係）

高槻市教育委員会『摂津高槻城―本丸跡発掘報告書―』高槻市教育委員会　1984年

高橋克夫「和船と舟玉様」『季刊自然と文化―和船―』春季号　観光資源保護財団　1982年

高橋公一「高槻城下層出土の特殊な井戸枠」『高槻市文化財年報―平成2年度―』高槻市教育委員会　1992年

高橋学「井川町州崎遺跡とは何か―州崎遺跡にみる中世出羽北半の一様相―」『研究紀要』第16号　秋田県埋蔵文化財センター　2002年

高柳金芳「隅田川と江戸庶民の生活」国鉄厚生事業協会　1984年

高山久明「長崎ペーロンとその周辺―補遺　―福州、広州竜船とパレンバンのジャルル―」『海事史研究』第40号　日本海事史学会　1983年

高山久明「櫓漕ぎ和船漁舟の船型調査と運動性能に関する研究」『長崎大学水産学部研究報告』第82号　長崎大学　2001年

瀧澤宗人『船のはなし』技報堂出版　1991年

田口克敏「明治時代伏木港の小舟」『越中史壇』第15号　越中史壇会　1958年

田口洋美「近現代における丸木舟製作とその利活用」『科学』Vol.87　岩波書店　2017年

武市佐市郎編「国分川から丸木舟を発掘」『土佐史談』第18号　土佐史談会　1934年

武市佐市郎編「八田村で丸木船発見」『土佐史談』第18号　土佐史談会　1934年

竹原一彦「長岡京跡左京第36次(7ANDII)発掘調査略報」『長岡京跡発掘調査研究所ニュース』第18号　長岡京跡発掘調査研究所　1980年

多古町教育委員会『千葉県香取郡多古町南玉造出土の丸木舟』多古町教育委員会　1981年

多古町遺跡調査会『千葉県多古町　中城下泥炭遺跡発掘調査報告書』多古町遺跡調査会　1987年

多古町教育委員会『栗山川流域遺跡群　島ノ間遺跡』多古町教育委員会　1999年

多田納久義「インドネシアにおける木船の現状」『関西造船協会誌』第201号　社団法人日本船舶海洋工学会　1986年

多田納久義「東アジアの木船に関する資料(一)」『海事史研究』第44号　日本海事史学会　1987年

多田納久義「東アジアの木船に関する資料(二)」『海事史研究』第45号　日本海事史学会　1988年

多田納久義「東アジアの木船に関する資料(三)」『海事史研究』第46号　日本海事史学会　1989年

立花勇「川代のサンパ船について」『むつ市文化財調査報告』第10集　むつ市教育委員会　1984年

館岡春波「独木舟に就て」『土の鈴』第8号　92～94　土の鈴会　1921年

立川春重『日本の木船』フタバ書院成光館　1944年

立川春重「隅田川の渡し船」『海事史研究』第3・4合併号　日本海事史学会　1965年

立川春重「川と川舟の讃頌―芦の花咲く大淀の三十石舟と、京の高瀬舟―」『船』法政大学出版　1995年

田名網宏『古代の交通』吉川弘文館　1968年

田中阿歌麿『日本北アルプス湖沼の研究』信濃教育会北安曇野部会　1930年

田中航『蒸気船』毎日新聞社　1977年

田中航『帆船時代』毎日新聞社　1976年

田中禎子「筏の技術と河川形態―木曽川を中心に―」『民具研究』第101号　日本民具学会　1993年

田中建夫「遣明船とバハン船」『船』法政大学出版　1995年

田中巽「日本古代の船―特に熊野諸手船について―」『神戸商船大学紀要第1類(文科論集第11号)』神戸商船大学　1963年

田中巽「枯野考」『神戸商船大学紀要第1類(文科論集第14号)』神戸商船大学　1966年

田中久夫『海の豪族と湊と』田中久夫歴史民俗学論集2　岩田書院　2012年

田中幹夫「東北地方の漁村資料Ⅱ・手漕ぎ船建造にみられる刳貫き技法の継承(そのⅠ)―角ノ浜型カッコブネ―」『東北歴史資料館研究紀要』第8巻　東北歴史資料館　1982年

田中幹夫「東北地方の漁村資料Ⅱ・手漕ぎ船建造にみられる刳貫き技法の継承(その2)―歌津型カッコブネ―」『東北歴史資料館研究紀要』第9巻　東北歴史資料館　1983年

第3部　〈附編〉舟・船舶関係資料一覧

田中幹夫「東北地方の漁村資料Ⅲ・手漕ぎ船建造にみられる刳貫き技法の継承（その3）―泊型マルキブネ―」『東北歴史資料館研究紀要』第11巻　東北歴史資料館　1985年

田中幹夫「東北地方の漁村資料Ⅱ・手漕ぎ船建造にみられる刳貫き技法の継承（その4）―青森県尻屋型イソブネ―」『東北民俗』第29輯　東北民俗の会　1995年

田中幹夫「東北地方の漁村資料Ⅱ・手漕ぎ船建造にみられる剥貫き技法の継承（その5）―白糠型イソブネ・泊型カッコブネ―」『東北民俗』第30輯　東北民俗の会　1996年

田中幹夫「東北地方の漁村資料Ⅱ・手漕ぎ船建造にみられる剥貫き技法の継承（その6）―侍浜型カッコブネ―」『東北民俗』第31輯　東北民俗の会　1997年

田中幹夫「東北地方の漁村資料Ⅱ・手漕ぎ船建造にみられる剥貫き技法の継承（その7）―茂師型ソウムダマ・ハンムダマ―」『東北民俗』第32輯　東北民俗の会　1998年

田辺悟『伊豆相模の民具』考古民俗叢書17　慶友社　1979年

田原久「大船渡のまるた」『全国民俗博物館総覧』柏書房　1977年

田原久「どぶね（はなきり）」『全国民俗博物館総覧』柏書房　1977年

田原久「どぶね」『重要民俗資料調査報告』第1集　文化財保護委員会　1961年

田原久「長良川鵜飼用具（鵜飼舟2隻）」『全国民俗博物館総覧』柏書房　1977年

田原久「金比羅神社奉納模型和船」『全国民俗博物館総覧』柏書房　1977年

玉口時雄・大川清・金子浩昌「印旛沼出土の刳舟」『古代』第3号　早稲田大学考古学会　1951年

田村勇「陸奥湾と艪の技術伝承」『東北の民俗―海と川と人―』慶友社　1988年

田村勇『海の民俗』日本の民俗学シリーズ9　雄山閣出版　1990年

田村俊之「千歳市根志越3遺跡調査概報―千歳川で発見された丸木舟について―」『北海道考古学』第20輯　北海道考古学会　1984年

田村博望「琵琶湖の和船にみるダテカスガイについて」『民俗文化』第380号　滋賀民俗学会　1995年

千歳市教育委員会『ユカンボシC2遺跡・オサツ2遺跡における考古学的調査』千歳市教育委員会　2002年

千野原靖方『中世房総の船』ふるさと文庫172　崙書房　1999年

千葉県教育委員会『館山鉈切洞窟―館山市船越鉈切神社洞窟総合調査報告―』千葉県教育委員会　1958年

千葉県土木部・千葉県文化財センター『多古町南借当遺跡―県単橋梁換（借当橋）事業に伴う埋蔵文化財発掘調査報告書―』調査報告第195集　千葉県文化財センター　1991年

千葉県立関宿城博物館『利根川・江戸川水系の川船調査報告書(1)』資料集2　千葉県立関宿城博物館　2004年

千葉県立多古高等学校社会クラブ編「独木舟　1960.2.9発掘調査記録」千葉県立多古高等学校社会クラブ　1960年

千葉市誌編纂委員会『千葉市誌』千葉市　1953年

千葉大学文学部考古学研究室『千葉県館山市大寺山洞穴―測量調査概報―』千葉大学文学部考古学研究室　1993年

千葉大学文学部考古学研究室『千葉県館山市大寺山洞穴―第1次調査概報―』千葉大学文学部考古学研究室　1994年

千葉大学文学部考古学研究室『千葉県館山市大寺山洞穴―第2次調査概報―』千葉大学文学部考古学研究室　1995年

千葉大学文学部考古学研究室『千葉県館山市大寺山洞穴―第3・4次調査概報―』千葉大学文学部考古学研究室　1996年

千葉大学文学部考古学研究室『千葉県館山市大寺山洞穴―第5次発掘調査概報―』千葉大学文学部考古学研究室　1997年

千葉大学文学部考古学研究室『千葉県館山市大寺山洞穴―第6次調査概報―』千葉大学文学部考古学研究室　1998年

XI　舟船関係文献資料目録（1 刳舟・舟船・漁舟船関係）

千葉大学文学部考古学研究室『千葉県館山市大寺山洞穴―第7次調査概報―』千葉大学文学部考古学研究室　1999年

千葉大学文学部考古学研究室『千葉県勝浦市本寿寺洞穴・長兵衛岩陰―第1次発掘調査概報―』千葉大学文学部考古学研究室　2000年

中央南幹線内西岩田瓜生堂遺跡調査会『西岩田遺跡―中央南幹線下水管渠築造に伴う遺跡調査概報―』中央南幹線内西岩田瓜生堂遺跡調査会　1971年

中主町教育委員会『野田沼遺跡第1次発掘調査報告書―一般廃棄物最終処分場『蓮池の里第二処分場』整備工事に係わる琵琶湖内・湖遺跡の調査―』文化財調査報告書第66集　中主町教育委員会　2003年

塚田芳雄「隅田川の船」『隅田川の歴史』かのう書房　1989年

塚本浩司「蔀屋北遺跡出土準構造船の接合方法について」『弥生文化博物館研究報告』第7集　大阪府立弥生文化博物館　2014年

塚本浩司「蔀屋北遺跡出土準構造船の舷側板とフェンダについて」「大阪文化財研究」第45号　大阪府文化財センター　2014年

塚本浩司「多様性の海へ―弥生時代～古墳時代前期―」『海に生きた人びと』秋季特別展図録62　大阪府立弥生文化博物館　2017年

辻誠一郎・柿沼修平・田川良「千葉県多古町における丸木舟の出土とその年代」「第四紀研究」第16巻第2号　日本第四紀学会　1977年

辻井義弥「磯漁船」「民具マンスリー」第10巻第6号　神奈川大学日本常民文化研究所　1977年

辻井義弥「家船」「季刊自然と文化―和船―」春季号　観光資源保護財団　1982年

辻尾榮市「古代なにわ刳舟の考察」「郵政考古紀要」第4号通巻13冊　大阪・郵政考古学会　1981年

辻尾榮市「門真町三ツ島遺跡出土の未造舟二・三の問題」「郵政考古紀要」第7号通巻16冊　大阪・郵政考古学会　1982年

辻尾榮市「考古学から見た古代日本の刳舟」「郵政考古紀要」第10号通巻19冊（改題復刊）　大阪・郵政考古学会　1985年

辻尾榮市「刳舟に関する型式形態の諸問題」「郵政考古紀要」第14号通巻23冊　大阪・郵政考古学会　1989年

辻尾榮市「日本古代刳舟の考古学的研究―とくに形態と出土層位との関わりについて―」平成三年度科学研究費補助金・奨励研究　1991年

辻尾榮市「大阪市福島区内出土の二艘の刳舟」「郵政考古紀要」第20号通巻29冊　大阪・郵政考古学会　1993年

辻尾榮市「E・S・モースが見た難波鼬川出土の刳舟」「郵政考古紀要」第22号通巻31冊　大阪・郵政考古学会　1996年

辻尾榮市「大阪難波鼬川出土刳舟の再検討」「郵政考古紀要」第23号通巻32冊　大阪・郵政考古学会　1997年

辻尾榮市「遼東半島黄海沿岸の古代刳舟の起源について―古代日本の舟（船）舶構造と受容―」「郵政考古紀要」第24号通巻33冊　大阪・郵政考古学会　1997年

辻尾榮市「いわゆる、複材式刳舟について」「大阪市文化財協会紀要」第2号　大阪市文化財協会　1999年

辻尾榮市「日本海域における交易交流の諸問題―刳舟の出土例から―」「郵政考古紀要」第26号通巻35冊　大阪・郵政考古学会　1999年

辻尾榮市「小杉榲邨が描いた難波鼬川出土の刳舟絵図」『大坂城と城下町』渡辺武館長退職記念論集刊行会編　思文閣　2000年

辻尾榮市「日本刳舟関係資料集成―北海道～東海・太平洋沿岸　予察報告 I ―」「郵政考古紀要」第28号通巻37冊　大阪・郵政考古学会　2000年

辻尾榮市「大阪・難波鼬川出土刳舟の追記―最初に描いたのは誰れ―」「郵政考古紀要」第30号通巻39冊　大阪・郵政考古学会　2001年

第3部 〈附編〉舟・船舶関係資料一覧

辻尾榮市「中国浙江省跨湖橋遺跡発見の最古の刳舟」「郵政考古紀要」第33号通巻42冊　大阪・
　　郵政考古学会　2003年
辻尾榮市「広東省化州市石寧村発見の後漢時代刳舟六隻—琵琶湖周辺の刳舟出土例から—」「郵
　　政考古紀要」第37号通巻46冊　大阪・郵政考古学会　2005年
辻尾榮市「刳舟考—韓国飛鳳里遺跡の刳舟と中国山東省莱州の刳舟—」「郵政考古紀要」第38号
　　通巻47冊　大阪・郵政考古学会　2006年
辻尾榮市「中国上海市川沙県川揚河古代船と準構造舟」「喜谷美宣先生古希記念論集」喜谷美宣
　　先生古希記念論集刊行会　2006年
辻尾榮市「いわゆる縫合舟・船から準構造舟・船へ」「郵政考古紀要」第41号通巻50冊　大阪・郵
　　政考古学会　2007年
辻尾榮市「刳舟研究のこれかれ—和歌山笠嶋遺跡の刳舟の再検討—」「古墳時代の海人集団を再
　　検討する—第56回埋蔵文化財研究集会」埋蔵文化財研究会　2007年
辻尾榮市「大阪市東成区大今里出土の刳舟」「大阪春秋」130号　大阪春秋社　2008年
辻尾榮市「葬船考」「人文学論集」第27集　大阪府立大学人文学会　2009年
辻尾榮市「中国の古代刳舟と構造舟の起源」「郵政考古紀要」第50号通巻59冊　大阪・郵政考古
　　学会　2010年
辻尾榮市「井戸枠に使用された刳舟」「海の古墳を考えるⅢ—紀伊の古代氏族と紀淡海峡周辺地
　　域の古墳—」海の古墳を考える会　2013年
辻尾榮市「あらためて刳舟を考え、規格品はないこと」「寒暖流の考古学Ⅲ—北のカヤック・南の
　　カヌー—」資料集　海洋考古学会　2015年
辻尾榮市「島根県出雲市猪目洞窟遺跡の舟棺再考」「郵政考古紀要」第66号通巻75冊　大阪・郵
　　政考古学会　2016年
辻尾榮市「縄紋時代の丸木舟」「科学」Vol.87　岩波書店　2017年
土屋貞夫「近世における川舟について—美祢郡・厚狭郡の場合—」「山口県地方史研究」第27号
　　山口県地方史学会　1972年
鶴巻康志「加治川分水出土の丸木舟と弥生土器」「北越考古学」第10号　北越考古学研究会
　　1999年
鶴巻康志「新潟県における古代・中世の刳舟について—オモキ造りによる川舟・潟舟の出現期を
　　めぐって—」「新潟考古学談話会会報」第33号　新潟考古学談話会　2007年
ディグビー、A.「小舟と船」「技術の歴史」第2巻　平田寛・川村喜一訳　筑摩書房　1978年
逓信省管船局編『日本海運圖史』[本編]解説　逓信省管船局　1909年
出口晶子「古代大阪人の乗った船」「大阪春秋」第69号　大阪春秋社　1992年
出口晶子「大阪鼬川出土の刳船の彩色絵図について」「大阪の歴史」第39号　大阪市史料調査会
　　1993年
出口晶子『日本と周辺アジアの伝統的船舶—その文化地理学的研究—』文献出版　1995年
出口晶子「韓国の在来型構造船—隣接アジアとの比較から—」「青丘学術論集」第9号　韓国文化
　　研究振興財団　1996年
出口晶子「丸子船復原—再生する人・モノ・技—」『よみがえる丸子船』琵琶湖博物館研究調査報
　　告13　滋賀県立琵琶湖博物館　1999年
出口晶子『丸木舟(まるきぶね)』ものと人間の文化史98　法政大学出版局　2001年
出口晶子「中国船三態—「天安門」のころ—」「新編森克己著作集月報1」勉誠出版　2008年
寺岡貞顕『打瀬船』知多市民俗資料館　1980年
寺岡貞顕「帆船の走法・帆装・船型について—船絵馬の理解を求めるために—」「民具マンスリー」
　　第19巻第10号　神奈川大学日本常民文化研究所　1987年
寺島良安「船橋類」巻第三四『和漢三才図会』第5巻　東洋文庫462　平凡社　1986
出利葉浩司「大正年間を中心とした千歳川におけるアイヌのサケ漁について—丸木舟漁での
　　『船頭』の役割とマレクの製作についての調査報告—」「北海道開拓記念館調査報告」第32号

—336—

XI 舟船関係文献資料目録（1 刳舟・舟船・漁舟船関係）

　　北海道開拓記念館　　1993年
天満宮編『難波之崎の研究』天満叢誌第7編　天満宮　1940年
土井作治「近世太田川の川船」「芸備地方史研究」第27号　芸備地方史研究会　1958年
東海水産科学協会海の博物館『日本列島沿海における『船競漕』の存在分布調査報告書』海の博
　　物館　2001年
東京国立博物館『海上の道—沖縄の歴史と文化—』読売新聞社　1992年
東京市役所編纂「船数及役銀」『東京市史稿』港湾篇第三　東京市役所　1926年
東京市役所編纂「手斧鑿祠」『東京市史稿』港湾篇第壹　東京市役所　1926年
東京都立大学考古学研究室「縄文時代丸木舟の復元製作実験」「人類誌集報」2008·2009　首都大
　　学東京人類誌調査グループ　2011年
道家康之助『海からみた邪馬台国』梓書院　1986年
道家康之助「日本の古代船(上)」「東アジアの古代文化」第69号　古代学研究所　大和書房
　　1991年
道家康之助「日本の古代船(下)」「東アジアの古代文化」第70号　古代学研究所　大和書房
　　1992年
同志社大学考古学研究室『長崎県西彼杵郡多良見町船津郷所在伊木力·熊野神社遺跡—発掘調
　　査概報—』多良見町教育委員会　1985年
同志社大学考古学研究室『伊木力·熊野神社発掘調査概報』多良見町教育委員会　1985年
同志社大学考古学研究室『伊木力遺跡第2次発掘調査概報』多良見町教育委員会　1986年
同志社大学考古学研究室『長崎県西彼杵郡多良見町船津郷所在伊木力遺跡—長崎県大村湾沿
　　岸における縄文時代低湿地遺跡の調査—』文化財調査報告書第7集　多良見町教育委員会
　　1990年
東北新幹線中里遺跡調査会『中里遺跡3—遺構—』東北新幹線中里遺跡調査会　1989年
遠山富太郎『杉のきた道—日本人の暮しを支えて』中公新書419　中央公論社1976年
富樫泰時「八郎潟湖底発見のくり船について」『貝塚』第4号　物質文化研究会　1970年
戸川安雄『海のシルクロード—ヒョウタンが語る古代の謎—』徳間書店　1980年
常世田令子「チョキ·チャカ·チャンキ」「季刊自然と文化—和船—」春季号　観光資源保護財団
　　1982年
戸田秀典「古代の難波について」「古代学」第11巻第2号　古代学協会　1963年
鳥取県教育委員会『鳥取市桂見東桂見遺跡試掘調査報告書—布勢総合運動公園の拡張区域にか
　　かる埋蔵文化財試掘調査—』鳥取県教育委員会　1992年
鳥取県教育文化財団『鳥取県西伯郡淀江町井手跨遺跡——一般国道9号米子道路埋蔵文化財発掘
　　調査報告書Ⅲ—』調査報告書31　鳥取県教育文化財団　1996年
鳥取県教育文化財団『桂見遺跡—八ツ割地区·堤谷東地区·堤谷西地区—』鳥取県教育文化財団
　　1996年
鳥取県教育文化財団『鳥取県気高郡青谷町青谷上寺地遺跡1—一般県道青谷停車場井手線地方
　　特定道路整備事業に係る埋蔵文化財発掘調査報告書Ⅰ—』調査報告書67　鳥取県教育文化
　　財団　2000年
鳥取県教育文化財団『青谷上寺地遺跡3—一般国道9号改築工事(青谷·羽合道路)に伴う埋蔵文
　　化財発掘調査報告書—』調査報告書72　鳥取県教育文化財団　2001年
鳥取県教育文化財団『鳥取県気高郡青谷町青谷上寺地遺跡4(本文編2)—一般県道青谷停車場井
　　手線地方特定道路整備事業に係る埋蔵文化財発掘調査報告書Ⅱ—』調査報告書74　鳥取県
　　教育文化財団　2002年
鳥取県埋蔵文化財センター「鳥取埋文ニュース」No.37·38　鳥取県埋蔵文化財センター　1994年
鳥取県埋蔵文化財センター『鳥取県鳥取市青谷町青谷上寺地遺跡8—第2次〜第7次発掘調査報
　　告書—』鳥取県埋蔵文化財センター　2006年
鳥取県埋蔵文化財センター『青谷上寺地遺跡出土品調査研究報告8—木製農耕具·漁撈具—』調

第3部 〈附編〉舟・船舶関係資料一覧

　　　　査報告47　鳥取県埋蔵文化財センター　2012年
苫小牧市教育委員会『苫小牧市沼の端丸木舟発掘調査概要報告書』苫小牧市教育委員会　1966年
富木隆蔵・林正崇「田沢湖のまる木舟について」「出羽路」第14号　秋田県文化財保護協会
　　　　1961年
外山三郎「埋没刳船材クス(1,400年以上)の顕微要化学的研究」「日本林学会誌」第18巻第10号
　　　　日本林学会　1936年
豊浦町教育委員会『曽根遺跡Ⅰ』豊浦町教育委員会　1981年
豊浦町教育委員会『曽根遺跡Ⅱ』豊浦町教育委員会　1982年
豊栄市教育委員会『下前川原遺跡—新潟県豊栄市下前川原遺跡発掘調査報告書—』豊栄市教育
　　　　委員会　2004年
豊栄市博物館『豊栄の川舟—川舟の造船工程—』民俗調査報告書第1集　豊栄市博物館　1987年
豊田君仙子「独木舟」「土の鈴」第8号　土の鈴会　1921年
鳥居龍蔵「武蔵狭山一帯に於ける先史時代及び原始時代の遺蹟」「人類学会雑誌」第37巻第7号
　　　　東京人類学会　1922年
鳥居龍蔵『上代の日向延岡』鳥居人類学研究所　1935年
鳥越皓之『最後の丸木舟—海の文化史—』御茶の水書房　1981年
鳥越皓之「舟の民俗・舟造り」「歴史公論」第10巻第5号　雄山閣出版　1984年
鳥浜貝塚研究グループ『鳥浜貝塚—縄文前期を主とする低湿地遺跡の調査1—』福井県教育委員
　　　　会　1979年
鳥浜貝塚研究グループ『鳥浜貝塚—縄文前期を主とする低湿地遺跡の調査3—』福井県教育委員
　　　　会　1983年
鳥浜貝塚研究グループ『鳥浜貝塚—1980～1985年度調査のまとめ—』福井県教育委員会・福井県
　　　　立若狭歴史民俗資料館　1987年
名久井文明「東日本における樹皮製民具の製作技術とその確立期について」「山と民具」日本民
　　　　具学会編　雄山閣　1988年
名久井文明「民俗例から遡源する縄文時代の樹皮製容器に関する試論」「先史考古学論集」第3集
　　　　安斎正人　1994年
長岡博男『加賀能登の生活と民俗』慶友社　1975年
中川太郎「有明海・干潟の漁法」「民俗学」5-7　民俗学会　1933年
長崎県教育委員会『長崎県文化財調査集報Ⅲ』文化財調査報告書第50集　長崎県教育委員会
　　　　1980年
中里遺跡調査団『中里遺跡—発掘調査の概要Ⅱ—』北区教育委員会　1985年
中里遺跡調査団『中里遺跡—遺構—』3　東北新幹線中里遺跡調査会　1989年
仲座久宜「沖縄県宜野座村前原遺跡」「月刊考古学ジャーナル」No.437　ニュー・サイエンス社
　　　　1998年
中島正国「美保神社の諸手船と諸手船神事」「山陰民俗」第2号　山陰民俗学会　1954年
永留久恵「ウツロ舟伝説のハケ(狐)」「東アジアの古代文化」第100号　古代学研究所　大和書房
　　　　1999年
長根助人『樺太土人の生活』洪洋社　1925年
長野県埋蔵文化財センター『春山遺跡・春山B遺跡—上信越自動車道埋蔵文化財発掘調査報告
　　　　書11(長野市内その9)—』調査報告書45　長野県教育委員会　1999年
中原斉「山陰の丸木舟」「月刊考古学ジャーナル」No.435　ニュー・サイエンス社　1998年
名嘉真宜勝「山原船」「琉大史学」3　琉球大学　1967年
名嘉真宜勝「山原船」「論集・海上の道」日本古代文化叢書　大和書房　1978年
永松実・柴田恵司・高山久明・真野季弘「出島旧護岸外側で発掘された小型和船について」「海事
　　　　史研究」第43号　日本海事史学会　1986年
中村弘「播磨・長越遺跡出土の準構造船竪板について」「兵庫県立考古博物館研究紀要」第1号

XI 舟船関係文献資料目録（1 刳舟・舟船・漁舟船関係）

兵庫県立考古博物館　2008年

中村弘「古墳時代準構造船の復元」『兵庫県立考古博物館研究紀要』第5号　兵庫県立考古博物館　2012年

中村たかを「交通と運搬」『図説世界文化史大系―世界の民族―』第2巻　角川書店　1960年

中村康夫『帆船』カラーブックス532　保育社　1981年

南木芳太郎編「船舶今昔号」『郷土研究　上方』第140号　上方郷土研究會　1942年

中山吉秀「千葉県の河川と低湿地遺跡―特に河川出土の独木舟を中心として―」『資料の広場』19号　千葉県立中央図書館　1988年

名古屋市健康福祉局『愛知県名古屋市平手町遺跡―クオリテイライフ21城北事業用地における第6次発掘調査報告書―』同推進室　2009年

名古屋市博物館『伊勢湾をめぐる船の文化』企画展　名古屋市博物館　1989年

七尾市教育委員会『三室遺跡群発掘調査報告書(三室オオタン遺跡・三室トクサ遺跡・三室新崎遺跡)』調査報告書第26集　七尾市教育委員会　2002年

名寄郷土史研究会「丸木舟の制作実験と天塩川下り」『道北文化研究』№11　名寄郷土史研究会　1982年

奈良県広陵町教育委員会『巣山古墳調査概報』広陵町教育委員会　2005年

成田暢「和船の造船工程―宮城県女川町のサッパの事例―」『東北民俗』第26輯　東北民俗の会　1992年

成田暢「サッパの造船工程―宮城県女川町江島の和船―」『民具マンスリー』第27巻第5号　神奈川大学日本常民文化研究所　1994年

難波琢雄「アイヌ丸木舟の地方型」『アイヌ文化』第16号　アイヌ無形文化伝承保存会　1991年

南波松太郎「日本に残存せる古代船舶資料」『関西造船協会誌』第80号　関西造船協会　1955年

新潟県佐渡郡小木町「漁船とタライ船」『南佐渡の漁撈習俗』新潟県佐渡郡小木町　1975年

新潟市教育委員会『新潟市小丸山遺跡発掘調査概報』新潟市教育委員会　1987年

新潟市教育委員会『新潟市小丸山遺跡―直り山団地建設事業用地内発掘調査報告書―』新潟市教育委員会　1995年

新潟市教育委員会『新潟市山木戸遺跡―マンション等建設予定地内発掘調査報告書―』新潟市教育委員会　2004年

新潟市埋蔵文化財センター『駒首潟遺跡第3・4次調査』　新潟市教育委員会　2009年

新潟県教育委員会『新潟県文化財調査報告書第4(民俗資料篇)』新潟県教育委員会　1958年

新潟県教育委員会「南蒲原郡栄村半ノ木遺跡調査報告」『埋蔵文化財調査報告書―北陸高速自動車道1973―』埋蔵文化財緊急調査報告書第1　新潟県教育委員会　1973年

新潟県教育委員会『木崎山遺跡』新潟県教育委員会　1992年

新潟県埋蔵文化財調査事業団『川辺の縄文集落』『よみがえる青田遺跡』資料集　新潟県埋蔵文化財調査事業団　2002年

新潟県埋蔵文化財調査事業団『蔵ノ坪遺跡』新潟県教育委員会　2002年

新潟県埋蔵文化財調査事業団『沖ノ羽遺跡3(C地区)』新潟県教育委員会　2003年

新潟県埋蔵文化財調査事業団『青田遺跡―本文・観察表編―』新潟県教育委員会　2004年

新潟県埋蔵文化財調査事業団『青田遺跡―図面図版編―』新潟県教育委員会　2004年

新潟県立埋蔵文化財(センター)調査事業団『石船戸東遺跡』「埋文にいがた」№98　新潟県立埋蔵文化財(センター)調査事業団　2017年

新津市教育委員会『川根遺跡発掘調査報告書』新津市教育委員会　2000年

西尾太加二「巴川出土丸木舟の保存処理と予備実験」『静岡県埋蔵文化財調査研究所設立10周年記念論文集』静岡県埋蔵文化財調査研究所　1995年

西尾太加二「巴川出土丸木舟の保存処理―保存処理―」「静岡の原像をさぐる」発掘調査報告会　静岡県埋蔵文化財調査研究所　1999年

西尾太加二「巴川出土丸木舟の保存処理について」「研究所報」№80　静岡県埋蔵文化財調査研

第3部 〈附編〉 舟・船舶関係資料一覧

　究所　1999年

西田英明ほか「ウルシーおよびラバウルで計測したアウトリガーカヌーの形状について」『水産学部研究報告』61　長崎大学　1987年

西鶴定嘉『樺太アイヌ』みやま書房　1974年

仁科義雄「富士山麓湖水発見剖舟の調査」『史跡名勝天然記念物調査報告』第6輯　山梨県　1933年

西村朝日太郎「「潮帆」素稿」『稲・舟・祭—松本信広先生追悼論文集—』六興出版　1982年

西村眞次「小谷沼発見の剖舟に就いて」『人類学雑誌』第31巻第2号　東京人類学会　1916年

西村眞次「無目籠考」『人類学雑誌』第31巻第4号　東京人類学会　1916年

西村眞次「葦船に関する研究」『人類学雑誌』第31巻第6号　東京人類学会　1916年

西村眞次「鉈切船越神社所蔵の剖船」『人類学雑誌』第31巻第10号　東京人類学会　1916年

西村眞次「今福発掘の剖舟調査報告」『造船協会雑纂』第12号　造船協会　1916年

西村眞次「舟の事ども」『人類学雑誌』第32巻第5号　東京人類学会　1917年

西村眞次『日本古代船舶研究』第1冊「A Study on the Ancient Ships of Japan Part1. The Kumano no morota bune, or The many oared ship of kumano.」早稲田大学出版部　1917年

西村眞次「今福発掘の剖舟調査報告」『造船協会雑纂』第12号　造船協会　1917年

西村眞次「東部日本発掘の剖舟遺物」『造船協会会報』第23号　造船協会　1918年

西村眞次『日本古代船舶研究』第2冊　匏艐考「A Study on the Ancient Ships of Japan Part2.The hisago bune,or The gourd ship.」造船協会　1918年

西村眞次「日本船舶史の曙」『歴史と地理』第4巻第1号　史学地理学同攷会　1919年

西村眞次「日本古代船舶の型式」『明治聖徳記念学会紀要』第19号　明治聖徳記念学会　1923年

西村眞次「Ancient Rafts of Japan. Part3 floats SEC.1, Part3 floats SEC.2, Part3 floats SEC.3」造船協会　1925年

西村眞次「美保神社の諸手船」『山陰史蹟』第2巻第3号　民友社　1926年

西村眞次「文化水線移動の媒介としての船舶」『文化移動論』エルノス　1926年

西村眞次『民俗断片』日本民族叢書　磯部甲陽堂　1927年

西村眞次「仁科三湖の船舶の土俗学的及び考古学的研究」『日本北アルプス湖沼の研究』信濃教育会安曇部会　古今書院　1930年

西村眞次「時代論」『日本文化史概論』東京堂　1930年

西村眞次「舟から見た先史時代の日本人」『科学画報』第14巻第3号　科学画報社　1930年

西村眞次「A Study on the Ancient Ships of Japan, Part4 Skin boats. Part4 floats SEC.1, Part4 floats SEC.2, Part4 floats SEC.3, Part4 floats SEC.4」造船協会　1931年

西村眞次「関東発掘剖舟の二式型」『人類学雑誌』第49巻第6号　東京人類学会　1934年

西村眞次『日本古代船舶研究』第2冊　匏船「A Study on the Ancient Ships of Japan, Part1 floats SEC.1 The hisago bune or calabash boat.」造船協会　1934年

西村眞次「造船術と航海術」『史的素描』章華社　1935年

西村眞次「関東発掘剖舟の二式型」『人類学会雑誌』第49巻第6号　東京人類学会　1934年

西村眞次『日本古代船舶研究』第9冊　鹿皮「A Study on the Ancient Ships of Japan, Part1 floats SEC.2 The kako no kawa or deer skin.」造船協会　1936年

西村眞次『日本古代船舶研究』第10冊　埴土舟「A Study on the Ancient Ships of Japan, Part1 floats SEC.3 The hani bune or clay boat.」造船協会　1936年

西村眞次「日本古代の船」『国史回顧叢書』第1冊　文明協会　1936年

西村眞次「武蔵野の剖舟」『武蔵野』第23巻第1号　武蔵野会　1936年

西村眞次「先史時代及び原史時代の水上運搬具」『人類学・先史学講座』第6巻　雄山閣　1938年

西村眞次「船舶と歴史」『民族と生活』人文書院　1939年

西村眞次「上代の船」『日本人と其文化』冨山房　1940年

西村眞次「古代日本文化と海の交通線」『日本文化論考』厚生閣　1941年

—340—

XI 舟船関係文献資料目録（1 刳舟・舟船・漁舟船関係）

西村眞次「船舶と日本」『日本文化論考』厚生閣 1941年

西村眞次「新潟県下発掘の丸木舟」『日本文化論考』厚生閣 1941年

西村眞次「歴史と科学」『歴史と文芸』人文書院 1942年

西村眞次『日本海外発展史』東京堂 1942年

西村眞次「腕木付刳舟は南方の文化的特徴」『南方民族誌』東京堂 1942年

西村眞次「古代日本の船舶」『人類と文明』人文書院 1941年

西村美香「津軽海峡沿岸の木造磯船ムダマハギ型漁船の造船過程の記録」「民具研究」第129号 日本民具学会 2004年

西山太郎「九十九里地域の縄文時代について(1)─縄文時代後期・晩期を中心とした遺跡分布について─」「奈和」第14号 奈和同人会 1975年

西山太郎「低地遺跡研究の覚書─特に、九十九里地域を例として─」「史館」第12号 史館同人 1980年

二宮完二郎『荒川渡船の研究』荒川村教育委員会 1970年

日本海事科学振興財団『日本の船─丸木船から洋式帆船まで─』日本海事科学振興財団 1977年

日本海事科学振興財団船の科学館『弁才船菱垣廻船／樽廻船』資料ガイド10 日本海事科学振興財団船の科学館 2010年

日本ナショナルトラスト「和船」『季刊自然と文化』82春季号 日本ナショナルトラスト 1982年

沼田啓太郎「下甘田の調査概要」『石川県羽咋郡旧福野潟周辺綜合調査報告』石川考古学研究会会誌第7号 石川考古学研究会 1955年

沼津市歴史民俗資料館『駿河湾 船の文化』特別展図録 沼津市歴史民俗資料館 1986年

寝屋川市教育委員会『長保寺遺跡─(株)伊藤喜工作所開発に伴う埋蔵文化財発掘調査概要報告書─』文化財資料19 寝屋川市教育委員会 1993年

寝屋川市教育委員会 歴史シンポジウム資料『失われた古代の港─北河内の古墳時代と渡来人を考える─』寝屋川市教育委員会 1997年

寝屋川市教育委員会「長保寺遺跡出土古代船」『寝屋川市の指定文化財(第2集)』寝屋川市教育委員会 2001年

寝屋川市史編纂委員会『寝屋川市史』第1巻 寝屋川市史編纂委員会 1998年

野上丈助「誉田白鳥遺跡の調査と遺跡の性格」「考古学研究」第19巻第3号 考古学研究会 1973年

野口武徳「沖縄の伝統的船について」『日本古代文化の探究・船』社会思想社 1975年

野口武徳「和船の繰り方」「季刊自然と文化─和船─」春季号 観光資源保護財団 1982年

野田昌夫「邪馬台国時代に帆船はあったか」「東アジアの古代文化」第58号 古代学研究所 大和書房 1989年

野津清「古代船の考察」『邪馬台国物語』雄山閣出版 1970年

野津左馬之助編『島根県史』第2巻 島根県内務部島根県史編纂掛 1922年

野津左馬之助「諸手船とマツカについて」「山陰史蹟」第2巻第3号 民友社 1926年

能登川町教育委員会『町内遺跡分布調査報告書』埋蔵文化財調査報告書第3集 能登川町教育委員会 1986年

能登川町教育委員会『斗西遺跡─本文編─』埋蔵文化財調査報告書第10集 能登川町教育委員会 1988年

能登川町教育委員会『斗西遺跡(2次調査)─本文編─』埋蔵文化財調査報告書第27集 能登川町教育委員会 1993年

能登川町埋蔵文化財センター『滋賀県神崎郡石田遺跡─能登川駅西土地区画整理事業に伴う発掘調査報告書─』埋蔵文化財調査報告書第58集 能登川町教育委員会 2004年

野辺地町教育委員会『向田(18)遺跡発掘調査報告書─国道279号有戸バイパス道路改築事業に伴う発掘調査─』調査報告書第14集 野辺地町教育委員会 2004年

野村史隆「済州島の筏船」「民具マンスリー」第22巻第3号 神奈川大学日本常民文化研究所

—341—

1989年

橋口尚武「渡海の考古学─東日本の丸木舟・準構造船と伊豆諸島─」『人類史研究』第9号　鹿児島大学考古学会　1997年

橋口尚武「丸木舟と準構造船の問題」『黒潮の考古学』ものが語る歴史5　同成社　2001年

橋口尚武「渡海の考古学─東日本の丸木舟・準構造船─」『黒潮の考古学』ものが語る歴史5　同成社　2001年

橋本鉄男「港と船をめぐるなりわい」『琵琶湖の民俗誌』文化出版局　1984年

橋本鉄男『丸子船物語─橋本鉄男最終琵琶湖民俗論─』淡海文庫11　サンライズ印刷出版部　1997年

橋本徳壽『現代木船構造』海文堂　1960年

橋本徳寿『日本木造船史話』長谷川書店　1952年

長谷部一弘「アリュートの皮舟」『北方民族の船北の海をすすめ』北海道立北方民族博物館　1995年

長谷部一弘「アリュートの皮舟」『北太平洋の先住民交易と工芸』思文閣出版　2003年

畠中清隆「鳥浜貝塚出土の丸木舟」『鳥浜貝塚─縄文前期を主とする低湿地遺跡の調査3─』福井県教育委員会　1983年

埴原和郎『日本人の起源』朝日選書264　朝日新聞社　1984年

羽曳野市遺跡調査会『野々上Ⅱ─野々上遺跡平成6年度調査報告書（遺構編）─』土地区画整理事業に伴う調査報告2　羽曳野市遺跡調査会　1996年

浜岡賢太郎「古代独木舟と須恵器・塩の生産」『志賀町史』第5巻沿革編　石川県羽咋郡志賀町役場　1980年

浜松市文化協会『梶子北遺跡（木器編）』浜松市教育委員会　1997年

浜松市文化振興財団『梶子北遺跡（三永地区）─古墳・奈良時代編─』浜松市教育委員会　2006年

早川泉「縄文時代の丸木舟─東京都中里遺跡─」『季刊考古学』第12号　雄山閣出版　1985年

早川昇『アイヌの民俗』民俗民芸双書54　岩崎美術社　1970年

林大智「千代・能美遺跡」『石川県埋蔵文化財情報』第6号　石川県埋蔵文化財センター　2001年

林日佐子「瓜破北遺跡(11011)」『年報』16　大阪府教育委員会文化財調査事務所　2012年

林原利明「遺物・遺構からみた相模湾─相模湾および湾岸における神奈川県の船舶関連資料─」『水中考古学研究』創刊号　アジア水中考古学研究所　2005年

B.Y.生「茨城県より発見せし古代の独木舟に就て」『人類学会雑誌』第30巻第3号　東京人類学会　1915年

東大阪市文化財協会・東大阪市教育委員会『鬼虎川遺跡第19次発掘調査報告』東大阪市教育委員会　1988年

東成郡役所「独木舟」『東成郡誌』（上）名著出版（再版）　1972年

東広島市教育文化振興事業団文化財センター『黄幡1号遺跡発掘調査報告書─西条町下見─』調査報告書第47冊　東広島市教育文化振興事業団文化財センター　2005年

東村山市遺跡調査会「下宅部遺跡　1999年度調査概報」東村山市遺跡調査会　1999年

日高旺『黒潮のフォークロア─海の叙事詩─』未来社　1985年

日野照正「今井船考─近世淀川水運史の一断面─」『交通史研究』第5号　交通史学会　1980年

氷見市教育委員会『鞍川中A遺跡─鞍川バイパス遺跡群発掘調査報告Ⅰ─』埋蔵文化財調査報告第41冊　氷見市教育委員会　2005年

氷見市教育委員会『鞍川D遺跡─鞍川バイパス遺跡群発掘調査報告Ⅱ─』埋蔵文化財調査報告書第44冊　氷見市教育委員会　2006年

平川善祥「樺戸郡月形町字札比内で発見された丸木舟について」『空知地方史研究』第15号　空知地方史研究協議会　1980年

平田耕拓「大和村における舟の変遷とその使い分け」『民具研究』第135号　日本民具学会　2007年

XI　舟船関係文献資料目録（1 刳舟・舟船・漁舟船関係）

平田寛「水と風にのって」『失われた動力文化』岩波新書985　岩波書店　1976年

広島県草戸千軒町遺跡調査研究所『草戸千軒町遺跡―第28・29次発掘調査概要―』広島県教育委員会　1982年

広島県草戸千軒町遺跡調査研究所『草戸千軒町遺跡―第42・43次発掘調査概要―』広島県教育委員会　1989年

広島県草戸千軒町遺跡調査研究所『草戸千軒町遺跡発掘調査報告Ⅱ―北部地域南半部の調査―』広島県教育委員会　1994年

広島県草戸千軒町遺跡調査研究所『草戸千軒町遺跡発掘調査報告Ⅳ―南部地域南半部の調査―』広島県教育委員会　1995年

広島市郷土資料館『川船』資料解説書第12集　広島市教育委員会　1997年

廣瀬直樹「鞍川D遺跡出土の丸木舟―出土丸木舟に残る加工痕・使用痕への試論―」『船をつくる、つたえる』和船建蔵技術を後世に伝える会　2005年

廣瀬直樹「鞍川D遺跡出土の丸木舟に関する覚え書き」「氷見市立博物館年報」第25号　氷見市立博物館　2007年

廣瀬直樹「富山県氷見市鞍川D遺跡出土の丸木舟」「金大考古」第66号　金沢大学　2010年

廣瀬直樹「『越中魚津猟業図絵』と船―図像資料にみる富山湾の和船―」「歴史と民俗」神奈川大学日本先史文化研究所論集32　平凡社　2016年

兵庫県教育委員会『佃遺跡―本州四国連絡道路建設に伴う埋蔵文化財発掘調査報告Ⅲ』兵庫県文化財調査報告第176冊―第1分冊（本文編）―　兵庫県教育委員会　1998年

兵庫県教育委員会『佃遺跡―本州四国連絡道路建設に伴う埋蔵文化財発掘調査報告Ⅲ』兵庫県文化財調査報告第176冊―第2分冊（自然科学・総括編）―　兵庫県教育委員会　1998年

兵庫県教育委員会『佃遺跡―本州四国連絡道路建設に伴う埋蔵文化財発掘調査報告Ⅲ』兵庫県文化財調査報告第176冊―第3分冊（写真図版編）―　兵庫県教育委員会　1998年

兵庫県教育委員会『兵庫県津名郡東浦町佃遺跡発掘調査概要』兵庫県文化財調査報告第176冊―第4分冊（レファレンス編）―　兵庫県教育委員会　1998年

兵庫県教育委員会社教・文化財課編『播磨・長越遺跡―本文編―』文化財調査報告書第12冊　兵庫県教育委員会　1978年

兵庫県教育委員会埋蔵文化財調査事務所『五反田遺跡―県立コウノトリの郷公園整備事業に伴う埋蔵文化財発掘調査報告書―』県文化財調査報告第227冊　兵庫県教育委員会　2002年

兵庫県教育委員会埋蔵文化財調査事務所『尼崎市若王寺遺跡（本文編）』兵庫県文化財調査報告第305冊　兵庫県教育委員会　2006年

兵庫県教育委員会埋蔵文化財調査事務所『尼崎市若王寺遺跡（図版編）』兵庫県文化財調査報告第305冊　兵庫県教育委員会　2006年

兵庫県教育委員会埋蔵文化財調査事務所「若王寺遺跡の井戸」「ひょうごの遺跡」61号　兵庫県埋蔵文化財情報　2006年

兵庫県埋蔵文化財調査事務所『神戸ハーバーランド遺跡』兵庫県文化財調査報告第52冊　兵庫県文化協会　1987年

平尾収・上野喜一郎『自動車・船』学研の図鑑　学習研究社　1973年

平林悦治「大阪市内発掘刳舟伴出の木製盤」「考古学雑誌」第28巻第11号　考古学会　1938年

閔斗基「十三世紀後半～十四世紀前半の東アジアの国際関係」『世紀の発見新安沖海底の秘宝』六興出版　1978年

フェルケール博物館「和船―駿河職人尽シリーズ―」企画展　清水港湾博物館　1998年

フェルケール博物館『よみがえる丸木舟の世界』特別展図録　フェルケール博物館　1999年

フォード，デアリール『航海民俗誌』勝見勝・桜井一衛訳　科学新興社　1943年

深澤芳樹「弥生時代の船、川を進み、海を渡る」『弥生創世記―検証・縄文から弥生へ―』平成15年春季特別展図録26　大阪府立弥生文化博物館　2003年

深澤芳樹「日本列島における原始・古代の船舶関係出土資料一覧」国際常民文化研究叢書第5巻

第3部 〈附編〉舟・船舶関係資料一覧

神奈川大学国際常民文化研究機構　2014年

深町得三「東アジアの漁船見てある記」10〜11「あるくみるきく」199　近畿日本ツーリスト日本観光文化研究所　1983年

福井県教育委員会『福井県民俗資料緊急調査報告書』福井県教育委員会　1964年

福井県教育委員会『六条和田地域遺跡群—県営緑農住区開発関連地区緊急整備事業に伴う研究調査—』福井県埋蔵文化財調査報告第11集　福井県教育委員会　1987年

福井県教育庁埋蔵文化財調査センター「加戸下屋敷遺跡」『年報—昭和60年度—』1　福井県教育庁埋蔵文化財調査センター　1985年

福井県教育庁埋蔵文化財調査センター『ユリ遺跡—舞鶴若狭自動車道建設事業に伴う調査—』調査報告第128集　福井県教育庁埋蔵文化財調査センター　2012年

福井県立若狭歴史民俗資料館『いま甦る丸木舟—日本最古の鳥浜貝塚出土丸木舟公開記念展—』福井県立若狭歴史民俗資料館　1985年

福井県立若狭歴史民俗資料館『タッチ・ザ・ニホンカイ—日本海の縄文文化をさぐる—』特別展　福井県立若狭歴史民俗資料館　1986年

福岡市教育委員会『拾六町ツイジ遺跡』福岡市教育委員会　1983年

福岡市教育委員会『博多Ⅷ—博多遺跡群第29次調査の概要—』調査報告書第148集　福岡市教育委員会　1987年

福岡市教育委員会『福岡市今宿五郎江遺跡Ⅱ』調査報告書第238集　福岡市教育委員会　1991年

福岡市教育委員会『元岡・桑原遺跡群21第42次調査の報告1—九州大学総合移転用地内埋蔵文化財調査報告書—』調査報告書第1174集　福岡市教育委員会　2012年

福岡市立歴史資料館『古代の船—いま甦る海へのメッセージ—』特設展図録第12集　福岡市立歴史資料館　1988年

福島県教育委員会『福島県浜通りの海事習俗』調査報告第5集　福島県教育委員会　1984年

福島県立博物館『井田川浦の丸木舟』『常設展示解説図録』福島県立博物館　1986年

福田友之「津軽海峡と亀ヶ岡文化」「季刊どるめん」第11号　JICC出版局　1976年

福部村教育委員会『栗谷遺跡発掘調査報告書Ⅱ』調査報告書第6集　福部村教育委員会　1989年

藤井寺市教育委員会『石川流域遺跡群発掘調査報告ⅩⅤ』文化財報告第20集　藤井寺市教育委員会　2000年

藤井直正「刳舟の発見」『河内考古学』第2号　河内考古学研究会　1968年

藤沢宗平「長野県上伊那郡箕輪遺跡について」『信濃』第7巻第2号　信濃郷土研究会　1955年

藤田富士夫「放生津潟周辺の田舟」『技術と民俗(下巻)—海と山の生活技術誌—』日本民俗文化大系第14集　小学館　1986年

古川百作「川根の丸木舟発掘」『新津郷土誌』第9号　新津郷土誌料研究会　1982年

古瀬清秀・打田友之・八幡浩二「瀬戸内海島嶼部及び沿岸部の遺跡踏査—古代海上交通と祭祀に関して—」『内海文化研究紀要』第31号　内海文化研究施設　2003年

文化財保護委員会『蔓橋の製作工程・「どぶね」の製作工程・「ともど」の製作工程』文化財保護委員会　1962年

文化庁「運搬」『日本民俗地図Ⅳ(交易・運搬)』国土地理協会　1974年

文化庁文化財保護部『八郎潟の漁撈習俗』民俗資料叢書14　平凡社　1971年

文化庁文化財保護部『有明海の漁撈習俗』民俗資料叢書15　平凡社　1972年

文化庁文化財保護部『無形文化財民俗文化財要覧Ⅱ』芸艸堂　1976年

北条町教育委員会『鳥取県東伯郡北条町島遺跡発掘調査報告書』第1集　北条町教育委員会　1983年

祝宮静「隠岐の「ともど」その他」『山陰民俗』第15号　山陰民俗学会　1957年

祝宮静「諸手船」『全国民俗博物館総覧』柏書房　1977年

祝宮静「諸手船」『重要民俗資料調査報告』第1集　文化財保護委員会　1961年

祝宮静「ともど」『重要民俗資料調査報告』第1集　文化財保護委員会　1961年

XI　舟船関係文献資料目録（1 刳舟・舟船・漁舟船関係）

祝宮静「保護される民具・民家・民俗」『民俗資料入門』民俗民芸双書63　岩崎美術社　1971年
祝宮静「男鹿のまるきぶね」『全国民俗博物館総覧』柏書房　1977年
祝宮静「沢内のまるきぶね」『全国民俗博物館総覧』柏書房　1977年
祝宮静「江崎のまるきぶね」『全国民俗博物館総覧』柏書房　1977年
祝宮静「大沼の箱型くりぶね（きっつ）」『全国民俗博物館総覧』柏書房　1977年
祝宮静「アイヌのまるきぶね」『全国民俗博物館総覧』柏書房　1977年
祝宮静「田沢湖のまるきぶね」『全国民俗博物館総覧』柏書房　1977年
祝宮静「泊のまるきぶね」『全国民俗博物館総覧』柏書房　1977年
祝宮静「トモド」『全国民俗博物館総覧』柏書房　1977年
祝宮静「そりこ」『全国民俗博物館総覧』柏書房　1977年
星野欣也「多摩川と木造船」『武蔵野』第66巻第2号　武蔵野文化協会　1988年
北海道埋蔵文化財センター『美沢川流域の遺跡群ⅩⅣ―新千歳空港建設用地内埋蔵文化財発掘調
　　査報告書―』調査報告第69集　北海道埋蔵文化財センター　1990年
北海道埋蔵文化財センター「調査年報―平成2年度―」3　北海道埋蔵文化財センター　1991年
北海道埋蔵文化財センター『美沢川流域の遺跡群ⅩⅤ―新千歳空港建設用地内埋蔵文化財発掘調
　　査報告書―』調査報告第77集　北海道埋蔵文化財センター　1992年
北海道埋蔵文化財センター『美沢川流域の遺跡群ⅩⅥ―新千歳空港建設用地内埋蔵文化財発掘調
　　査報告書―』調査報告第83集　北海道埋蔵文化財センター　1993年
北海道埋蔵文化財センター「調査年報―平成4年度―」5　北海道埋蔵文化財センター　1993年
北海道埋蔵文化財センター『千歳市オサツ2遺跡（1）・オサツ14遺跡―都地区道営畑地帯総合土
　　地改良事業用地内埋蔵文化財発掘調査報告書―』調査報告書第96集　北海道埋蔵文化財セ
　　ンター　1995年
北海道埋蔵文化財センター『千歳市オサツ2遺跡（2）―都地区道営畑地帯総合土地改良事業用地
　　内埋蔵文化財発掘調査報告書―』調査報告書第103集　北海道埋蔵文化財センター　1996年
北海道埋蔵文化財センター『美沢川流域の遺跡群ⅩⅧ―新千歳空港建設用地内埋蔵文化財発掘調
　　査報告書―』調査報告書第102集　北海道埋蔵文化財センター　1996年
北海道埋蔵文化財センター『美沢川流域の遺跡群ⅩⅩ―新千歳空港建設用地内埋蔵文化財発掘調
　　査報告書―』調査報告第114集　北海道埋蔵文化財センター　1997年
北海道埋蔵文化財センター『千歳市ユカンボシC15遺跡（1）―北海道横断自動車道（千歳 - 夕張）
　　埋蔵文化財発掘調査報告書―』調査報告書第128集　北海道埋蔵文化財センター　1998年
北海道埋蔵文化財センター『千歳市ユカンボシC15遺跡（2）―北海道横断自動車道（千歳 - 夕張）
　　埋蔵文化財発掘調査報告書―』調査報告書第133集　北海道埋蔵文化財センター　1999年
北海道埋蔵文化財センター『千歳市ユカンボシC15遺跡（3）―北海道横断自動車道（千歳 - 夕張）
　　埋蔵文化財発掘調査報告書―』調査報告書第146集　北海道埋蔵文化財センター　2000年
北海道埋蔵文化財センター『千歳市ユカンボシC15遺跡（4）―北海道横断自動車道（千歳 - 夕張）
　　埋蔵文化財発掘調査報告書―』調査報告書第159集　北海道埋蔵文化財センター　2001年
北海道埋蔵文化財センター「千歳市ユカンボシ15遺跡」」「テエタ」だより 第7号　北海道埋蔵文
　　化財センター　2001年
北海道埋蔵文化財センター『千歳市ユカンボシC15遺跡（5）―北海道横断自動車道（千歳 - 夕張）
　　埋蔵文化財発掘調査報告書―』調査報告書第176集　北海道埋蔵文化財センター　2002年
北海道立北方民族博物館『北方民族の船・北の海をすすめ』北海道立北方民族博物館　1995年
北海道立北方民族博物館『民俗資料目録2―平成3・4・5・6年度収集資料―』資料目録4　北方文化
　　振興会　2000年
北海道立北方民族博物館『船、橇、スキー、かんじき、北方の移動手段と道具』第29回特別展　北
　　海道立北方民族博物館　2014年
洞富雄・谷澤尚一編『東韃地方紀行他』東洋文庫484　平凡社　1988年
堀井度「中海の櫓舟―ソリコ・ヒラタ・サンマイゾコ・カンコ―」『出雲民俗』第13号　山陰民俗学

—345—

第3部　〈附編〉舟・船舶関係資料一覧

会　1950年

堀江敏夫『アイヌ丸木舟の研究―北海道アイヌの場合―』苫小牧地方史研究叢書資料　苫小牧
　　地方史研究会　1967年

堀江敏夫『アイヌの板綴舟について』(研究発表記録)苫小牧郷土文化研究会　1967年

舞鶴市教育委員会『京都府舞鶴市浦入遺跡群発掘調査報告書―遺構編―』調査報告第33集　舞
　　鶴市教育委員会　2001年

舞鶴市教育委員会『京都府舞鶴市浦入遺跡群発掘調査報告書―遺物本文編―』調査報告第36集
　　舞鶴市教育委員会　2002年

米原町教育委員会『入江内湖遺跡発掘調査報告書―米原町立米原小学校新設に伴う発掘調査―』
　　埋蔵文化財調査報告Ⅵ　米原町教育委員会　1987年

米原町教育委員会『入江内湖遺跡(行司町地区)発掘調査報告書―滋賀県文化産業交流会館建設
　　に伴う発掘調査―』埋蔵文化財調査報告Ⅸ　米原町教育委員会　1988年

前沢輝政『独木舟―栃木県下都賀郡大平町西山田出土―』大平町教育委員会　1984年

前島信次「日月潭の珠仔嶼」「民族学研究」第2巻第2号　日本民族学会　1936年

前田次郎『舟をつくる』徳間書店　2013年

前原市教育委員会「潤地頭給遺跡―準構造船の出土―」『文化財ニュース』Vol.2　前原市教育委
　　員会　2004年

前原市教育委員会『潤地頭給遺跡―福岡県前原市立東風小学校建設に係る発掘調査概要―』文
　　化財調査報告書第89集　前原市教育委員会　2005年

真壁敬司「企画展「海の美の発見―ふくしまの浜のくらし―」」「アクアマリンふくしまニュース
　　1月号」通巻9号　ふくしま海洋科学館　2009年

真壁敬司「海の生活誌(第3回)和船の歴史と船大工」「アクアマリンふくしまニュース1月号」通
　　巻9号　ふくしま海洋科学館2009年

牧野隆信『増補改訂北前船―日本海海運史の一断面―』柏書房　1965年

牧野隆信『北前船の研究』法政大学出版局　1989年

牧野久実「丸子船の横断面が語ること」「史学」第72巻第3・4号　三田史学会　2003年

牧野久実「丸子船の舳先の形状について」「史学」第73巻第2・3号　三田史学会　2004年

牧野久実「丸子船の横断面に見られる和船の原型要素について」「史学」第73巻第4号　三田史学
　　会　2005年

牧野久実『琵琶湖の伝統的木造船の変容―丸子船を中心に―』雄山閣　2008年

真下八雄「丹波・丹後地方諸藩の由良川舟運政策について」『日本海水上交通史』日本水上交通史
　　論集第1巻　文献出版　1986年

松井三四郎・松井三男「琵琶湖と丸子船」『対談琵琶湖博物館を語る』川那部浩哉編　サンライズ
　　出版　2007年

松井哲洋「瀬戸内海を渡った高瀬舟―岡山県高梁川高瀬舟の舵―」「民具集積」第15号　四国民
　　具研究会　2012年

松井哲洋「島根県出雲市猪目洞窟遺跡出土の準構造船部材」「土筆」第11号　土筆舎　2014年

松浦康麿「ともど舟造りのあとがき」『生業と用具栞3』山陰民俗叢書第3巻　島根日日新聞社
　　1995年

松江市教育文化振興事業団『手角地区ふるさと農道整備事業にともなう夫手遺跡発掘調査報告
　　書』文化財調査報告書第81集　松江市教育委員会　2000年

松岡静雄『太平洋民族誌』岩波書店　1941年

松岡達郎「独木舟を用いた漁撈活動について―独木舟の特性に関する工学的研究―」「物質文化」
　　第36号　物質文化研究会　1981年

松木哲「造船史研究のむつかしさ」「海事史研究」第27号　日本海事史学会　1976年

松木哲「日本の船変遷史」『海と日本人』東海大学出版会　1977年

松木哲「船と航海を推定復元する」『日本の古代―海をこえての交流―』第3巻　中央公論社

—346—

XI　舟船関係文献資料目録（1 刳舟・舟船・漁舟船関係）

1986年
松木哲「船の起源と発達抄史―刳船から構造船へ―」『古代の船』福岡市立歴史資料館　1988年
松木哲「中世船舶資料としての二葉町遺跡出土遺物」『二葉町遺跡発掘調査報告書』神戸市教育
　　委員会　2001年
松木哲「古代船の構造と古代の航海」『大王のひつぎ海をゆく―謎に挑んだ古代船』海鳥社
　　2006年
松木哲「江戸時代の帆船レース」『なにわの海の時空館講演録』第1集　大阪市立海洋博物館なに
　　わの海の時空館　2007年
松木哲「遣唐使船」『遣隋使・遣唐使と住吉津』東方出版　2008年
松永秀夫「カヌーを求めて」『海事史研究』第16号　日本海事史学会　1971年
松永秀夫「カヌーあれこれ」『海事史研究』第19号　日本海事史学会　1972年
松永秀夫「太平洋にカヌー航海時代が？―ホクレア号の「成功」から―」『海事史研究』第28号
　　日本海事史学会　1977年
松下邦夫「横須賀から出土した丸木舟―三千五百年前の舟、文化ホールに展示―」『改訂版松戸
　　の歴史案内』松戸市　1982年
松田真一「物流をうながした縄文時代の丸木舟」『初期古墳と大和の考古学』学生社　2003年
松藤和人「西北九州の縄文時代低湿地遺跡―長崎県伊木力遺跡―」『季刊考古学』第14号　雄山
　　閣出版　1986年
松本信広「サンパン名義考」『史学』第14巻第4号　三田史学会　1936年
松本信広「イカダのエチモロジー」『史学』第16巻第1号　三田史学会　1937年
松本信広「「舶」という文字について」『交通文化』第14号　国際交通文化協会　1941年
松本信広「上代独木舟の考察」『加茂遺跡』　三田史学会　1952年
松本信広「古代日本人と舟」『日本民族』日本人類学会編　岩波書店　1952年
松本信広「船名とその伝説」『民間伝承』第16巻第3号　秋田書店　1952年
松本信広「古代東亜人文史上に於ける船」『史潮』第48号　大塚史学会　1953年
松本信広「古代伝承に表れた車と船―徐偃伝説と造父説話との対比―」『日本民俗学』第4号　日
　　本民俗学会　1954年
松本信広「人類の水域適応について」『人類科学』第7巻　九学会連合編　關書房　1956年
松本信広「古代の船」『史学』第31巻第1～4(合冊)号　三田史学会　1958年
松本信広「古代舟の発見」慶應大学通信教育学部編『三色旗』第171号　慶應義塾大学　1962年
松本信広「古代の海上交通」『日本民俗学会報』第26号　日本民俗学会　1962年
松本信広「古代船舶伝承考」『どるめん』第8号　JICC出版局　1976年
松本信広「古代舟の発見」『日本民族文化の起源』第2巻　講談社　1978年
間宮倫宗『北蝦夷図説』名著刊行会　1975年
黛弘道「古代の交通」『古事記』図説日本の古典1　集英社　1978年
三重県埋蔵文化財センター『一般国道23号中勢道路(8工区)建設事業に伴う六大Ａ遺跡発掘調
　　査報告』調査報告115-16　三重県埋蔵文化財センター　2000年
三重県埋蔵文化財センター『一般国道23号中勢道路(8工区)建設事業に伴う六大Ａ遺跡発掘調
　　査報告(木製品編)』調査報告115-17　三重県埋蔵文化財センター　2003年
三重県埋蔵文化財センター『一般国道23号中勢道路埋蔵文化財発掘調査概報18』三重県埋蔵文
　　化財センター　2007年
三重県埋蔵文化財センター『西肥留遺跡発掘調査報告(第1・2・3・5次)』埋蔵文化財調査報告293
　　三重県埋蔵文化財センター　2008年
三浦正人「木・繊維製品」『考古資料大観―続縄文・オホーツク・擦文文化―』大沼忠春編　小学館
　　2004年
三方町教育委員会『田名遺跡』三方町教育委員会　1988年
三方町教育委員会『江跨遺跡』三方町教育委員会　1990年

—347—

第3部　〈附編〉舟・船舶関係資料一覧

三方町教育委員会『ユリ遺跡』調査報告書第14集　三方町教育委員会　1990年
三方町教育委員会『角谷遺跡・仏浦遺跡・江端遺跡・牛屋遺跡』三方町教育委員会　1991年
三方町立郷土資料館『古三方湖周辺の縄文遺跡展―ユリ遺跡2号丸木舟出土状況再現―』三方町
　　立郷土資料館　1991年
三崎一夫「陸前地方の磯船」『北海道・東北地方の民具』明玄書房　1982年
三崎一夫「三陸沿岸の磯船」『民具マンスリー』第19巻第10号　神奈川大学日本常民文化研究所
　　1987年
三崎一夫「陸前地方の造船儀礼について」『東北民俗』第21輯　東北民俗の会　1987年
水野正好『近江八幡市元水茎遺跡調査概要』滋賀県教育委員会　1966年
水野正好「大中の湖南遺跡調査概要」『滋賀県文化財調査概要』第5集　滋賀県教育委員会
　　1967年
水野正好「近江八幡市元水茎遺跡」『日本考古学年報』18　日本考古学協会　1970年
水野正好「木工の世界」『新版考古学講座』第9巻　雄山閣出版　1971年
水野正好「琵琶湖水底と縄文人」『えとのす』第3号　新日本教育図書　1975年
水野祐「出雲文化と古代船舶」『古代の出雲』日本歴史叢書29　吉川弘文館　1972年
水野祐「日本人の起源と舟」『歴史公論』第2巻第12号　雄山閣出版　1976年
御薗生翁甫『二瓦三棟舩論考』巌南堂書店　1931年
三田史学会『加茂遺跡―千葉県加茂独木舟出土遺跡の研究―』考古学・民族学叢刊第1冊　慶應
　　義塾大学三田史学会　1952年
みちのく北方漁船博物館『海と船と漁労の記録―六ヶ所村泊地区―』特別展図録　みちのく北
　　方漁船博物館　2002年
みちのく北方漁船博物館『ムダマハギ―津軽海峡沿岸のムダマハギ型漁船とその建造記録―』
　　みちのく北方漁船博物館　2002年
みちのく北方漁船博物館『ムダマハギ―津軽海峡沿岸のムダマハギ型漁船をつくる―』みちの
　　く北方漁船博物館　2003年
みちのく北方漁船博物館『ムダマハギで海に出よう―和船の操船技術―』みちのく北方漁船博
　　物館　2004年
みちのく北方漁船博物館『ハタハタの海と船―蘇れ！ハタハタ―』南利夫写真展特別展図録
　　みちのく北方漁船博物館　2005年
宮城県教育委員会『市川橋遺跡の調査』調査報告書第184集　宮城県教育委員会　2001年
宮下知良「伊場・梶子遺跡出土の「背負子」について」『浜松市博物館館報』Ⅶ　浜松市博物館
　　1995年
宮田勝善『橈と櫓』日本機動艇協会　1943年
宮本常一「瀬戸内海文化の系譜」『日本文化の形成』講義1　そしえて　1981年
三好想山「刳抜舟掘出したる事」『想山著聞奇集』『近世奇談全集』柳田国男編　博文館　1903年
村本達郎「埼玉のふね」『月刊私たちの社会科』日本社会科研究会編　日本研究社　1949年
室賀信夫・矢守一彦編訳「一船舶」(蕃談巻三)『蕃談―漂流の記録1―』東洋文庫39　平凡社
　　1965年
モース, E. S.『日本その日その日』石川欣一訳　全3巻　東洋文庫171(1970)・172(1970)・179(1971)
　　平凡社　1970年
森克己「遣唐使船」『船』法政大学出版　1995年
森浩一編「海の技術と民俗」『技術と民俗(上巻)―海と山の生活技術誌―』日本民俗文化大系第
　　13巻　小学館　1985年
森浩一「古代日本海文化と仮称「潟港」の役割」『古代日本海文化の源流と発達』大和書房　1985年
森浩一「潟と港を発掘する」『日本の古代―海をこえての交流』第3巻　中央公論社　1986年
森敬介「徳島市水道三谷濾過池に於ける原始的独木舟発見の顛末(上)」『歴史と地理』第18巻第1
　　号　史學地理學同攷會　1926年

—348—

XI 舟船関係文献資料目録 (1 刳舟・舟船・漁舟船関係)

森敬介「徳島市水道三谷濾過池に於ける原始的独木舟発見の顛末(下)」『歴史と地理』第18巻第5号 史學地理學同攷會 1926年

森豊『発掘―登呂の碑―』小峯書店 1967年

森川昌和「丸木舟」『歴史読本』第30巻第19号 新人物往来社 1985年

森川昌和「縄文人の生活―鳥浜貝塚は語る―」『福井県史』資料編13考古・本文編 福井県 1986年

森川昌和「縄文人の知恵と生活―鳥浜貝塚人の四季―」『日本の古代―縄文・弥生の生活―』第4巻 中央公論社 1986年

森川昌和・橋本澄夫「鳥浜貝塚―縄文のタイムカプセル―」『日本の古代遺跡を掘る』1 読売新聞社 1994年

森田克行「くらわんか船」『考古学による日本歴史―交易と交通―』9 雄山閣出版 1997年

守山市教育委員会『下長遺跡発掘調査報告書Ⅲ』守山市教育委員会 2001年

守山市教育委員会『下長遺跡発掘調査報告書Ⅷ』守山市教育委員会 2001年

守山市誌編さん委員会「舟運を支配した豪族」『守山市誌』歴史編 守山市 2006年

八尾市文化財調査研究会『太子堂遺跡―(第1次調査・第2次調査報告書)―』報告36 八尾市文化財調査研究会 1993年

八尾市文化財調査研究会『萱振遺跡―(第6次調査・第7次調査・第13次調査・第15次調査・第17次調査)―』報告52 八尾市文化財調査研究会 1996年

八尾市文化財調査研究会『久宝寺遺跡第29次発掘調査報告書―大阪竜華都市拠点土地区竜華東西線4工区に伴う―』報告74 八尾市文化財調査研究会 2003年

八尾市文化財調査研究会『萱振遺跡―(第12次調査・第14次調査)―』報告109 八尾市文化財調査研究会 2008年

八尾市文化財調査研究会『久宝寺遺跡』報告122 八尾市文化財調査研究会 2009年

八尾市文化財調査研究会『小阪合遺跡』報告127 八尾市文化財調査研究会 2009年

八尾南遺跡調査会『八尾南遺跡―大阪市高速電気軌道2号線建設に伴う発掘調査報告書―(本分編)』八尾南遺跡調査会 1981年

八木奘三郎『日本考古学』上巻 東京嵩山房 1898年

八木奘三郎『日本考古学』下巻 東京嵩山房 1899年

八木奘三郎『日本考古学』小林新兵衛 嵩山房 1902年

八木博「難波堀江の研究」『好古趣味―古代難波文化研究号―』第2巻 趣味の考古学会 1930年

安井良三「弥生式時代の船―笠嶋遺跡出土の船底材に関連して―」『文化史研究』第20号 同志社大学日本文化史研究会 1967年

安井良三「古墳時代の船―展示資料に関連して―」『大阪市立博物館研究紀要』第1冊 大阪市立博物館 1968年

安井良三編『南紀串本笠島遺跡』笠島遺跡発掘調査報告書刊行会 1969年

安井良三「船―和歌山県串本・笠嶋遺跡出土の船底板に関連して―」『三世紀の考古学』中巻 学生社 1981年

安井良三「古代の船棺・船形棺(槨)墓について」『研究紀要』第13冊 大阪市立博物館 1981年

安冨俊雄『日本の舟競漕―壱岐編―』長崎県壱岐郡郷ノ浦町 1995年

谷内尾晋司「平成16年度県内発掘調査をふりかえって」『石川県埋蔵文化財情報』第14号 石川県埋蔵文化財センター 2005年

柳田國男・田山花袋校訂『想山著聞奇集』『近世奇談全集』博文館 1903年

柳田敏史「大宮市膝子出土の丸木舟について」『埼玉史談』第4巻第1号 埼玉県郷土文化会 1957年

八幡一郎「舟と車」『図説世界文化史大系―生活技術の発生―』第1巻 角川書店 1960年

八幡一郎「民族学的考察 1 狩猟生活」144～152頁『世界考古学大系』第16巻 平凡社 1962年

藪内芳彦『漂海民、東南アジアの漂海民』古今書房 1969年

第3部 〈附編〉舟・船舶関係資料一覧

藪内清訳注・宋應星撰『天工開物』東洋文庫130　平凡社　1969年
山内文「発掘丸木舟及び櫂の用材に就いて」「人類学会雑誌」第61巻第2号　日本人類学会
　　1950年
山内文「発掘丸木舟及び櫂の用材について(続報)」「資源科学研究所彙報」第33号　資源科学研
　　究所　1954年
山内文「植物遺存体の研究法」「月刊考古学ジャーナル」No.80　ニュー・サイエンス社　1973年
山内文「材の解剖学的識別法および発掘された丸木舟・弓・木棺の用材について」「古文化財の科
　　学」25号　古文化財科学研究会　1981年
山形県教育委員会『生石2遺跡発掘調査報告書(1)』調査報告書第89集　山形県教育委員会
　　1985年
山形県教育委員会『生石2遺跡発掘調査報告書(2)』調査報告書第99集　山形県教育委員会
　　1986年
山形県教育委員会『南興野遺跡発掘調査報告書』調査報告書第114集　山形県教育委員会
　　1986年
山形県教育委員会『生石4遺跡第2次発掘調査報告書』調査報告書第125集　山形県教育委員会
　　1988年
山形県教育委員会『手蔵田10・11遺跡発掘調査報告書』調査報告書第124集　山形県教育委員会
　　1988年
山形県教育委員会『最上川の舟作り—山形県大石田町—』制作概況報告書　山形県教育委員会
　　1989年
山形県教育委員会『中田浦遺跡発掘調査報告書』調査報告書第185集　山形県教育委員会
　　1993年
山岸良二「旭市の考古学的概況」『旭市埋蔵文化財地図』旭市教育委員会　1987年
山岸良二「独木舟　まるきぶね」『日本古代史事典』大和書房　1993年
山岸良二「九十九里浜旧椿海周辺の縄文丸木舟」『時空をこえた対話—三田の考古学—』六一書
　　房　2004年
山岸良二「(4)丸木舟」『千葉県の歴史—資料編考古4(遺跡・遺構・遺物)—』千葉県　2004年
山口県教育委員会「重要有形民俗文化財　江崎のまるきぶね」『山口県文化財要録』第3集　山口
　　県教育委員会　1977年
山口覚「江川船と船乗りたち」「山陰民俗」第36号　山陰民俗学会　1981年
山口富太郎「道南の木造漁船の記録(上)」「漁船」第274号　漁船協会　1988年
山口富太郎「道南の木造漁船の記録(下)」「漁船」第275号　漁船協会　1988年
山崎直方「古船説(圖入)」「東京人類学会雑誌」第3巻第25號　東京人類学会　1888年
山下善平「鵜飼船」「季刊自然と文化—和船—」春季号　観光資源保護財団　1982年
山田健「北海道における和船型木造漁船の調査—三半・保津船のコガタ線図—(1)」「北海道開拓
　　記念館調査報告」第12号　北海道開拓記念館　1976年
山田健「北海道における和船型木造漁船の調査—三半・保津船のコガタ線図—(2)」「北海道開拓
　　記念館調査報告」第14号　北海道開拓記念館　1977年
山田健「北海道における和船型木造漁船の調査—三半・保津船のコガタ線図—(3)」「北海道開拓
　　記念館調査報告」第16号　北海道開拓記念館　1978年
山田健「北海道における和船型木造漁船の調査—三半・保津船のコガタ線図—(4)」「北海道開拓
　　記念館調査報告」第18号　北海道開拓記念館　1979年
山田迪生『船のはなし』ちしきの絵本④　ポプラ社　1978年
山田廸生『日本の船』汽船編　船の科学館　1997年
「山に生かされた日々」刊行委員会『山に生かされた日々—新潟県朝日村奥三面の生活誌—』「山
　　に生かされた日々」刊行委員会　1984年
山本清「猪目洞窟遺物包含層について」『島根県文化財調査報告』第8号　島根県教育委員会

XI　舟船関係文献資料目録（1　刳舟・舟船・漁舟船関係）

1972年

山本鉱太郎「ロマンを呼ぶ舟」『日本の技―南国沖縄　光と技―』第10巻　集英社　1983年

山本寿々雄「湖水出土の独木船」『山梨県の考古学』郷土考古学叢書(5)　吉川弘文館　1968年

山本紀夫「アンデス地域、トトラの民族植物誌」『国立民族学博物館研究報告』第5巻第4号　国立
　　民族学博物館　1981年

山本祐弘『樺太アイヌ・住居と民具』相模書房　1970年

湯浅照弘『漁撈文化人類学の基本的文献資料とその補足的研究』風間書房　1978年

湯浅照弘「田舟の調査、研究」「民具マンスリー」第15巻第4号　神奈川大学日本常民文化研究所
　　1982年

由良勇『北海道の丸木舟』マルヨシ印刷　1995年

八日市場市史編さん委員会編『八日市場市史』上巻　八日市場市史編さん委員会　1982年

用田政晴・牧野久実編『よみがえる丸子船』研究調査報告第13号　琵琶湖博物館　1999年

用田政晴「丸子船」『琵琶湖の船が結ぶ絆―丸木船・丸子船から「うみのこ」まで―』サンライズ
　　出版　2012年

横倉辰次『江戸時代舟と航路の歴史』雄山閣出版　1971年

横須賀市教育委員会『伝福寺裏遺跡―神明地区埋蔵文化財調査報告(3)―』調査報告書第16集
　　横須賀市教育委員会　1988年

横田洋三「縄文時代復元丸木舟（さざなみの浮舟）の実験航海」「紀要」第4号　滋賀県文化財保護
　　協会　1990年

横田洋三「縄文時代の丸木舟―復元と実験航行―」「月刊考古学ジャーナル」No.343　ニュー・サ
　　イエンス社　1992年

横田洋三「準構造船ノート」「紀要」第17号　滋賀県文化財保護協会　2004年

横田洋三「丸木舟から準構造船へ」『丸木舟の時代』サンライズ出版　2007年

横田洋三「弥生時代の船」『海と弥生人―みえてきた青谷上寺地遺跡の姿―』鳥取県教育委員会
　　2007年

横田洋三「青谷上寺地遺跡出土の船」『青谷上寺地遺跡出土調査研究報告8木製農耕具・漁撈具』
　　鳥取県埋蔵文化財センター　2012年

横田洋三「琵琶湖に浮かんだ大船―天智天皇の大御船・塩津の船そして信長の大船―」『琵琶湖
　　の船が結ぶ絆―丸木船・丸子船から「うみのこ」まで―』サンライズ出版　2012年

横田洋三「組み合わせ式船体の船―松原内湖遺跡出土事例をてがかりにして―」「紀要」第27号
　　滋賀県文化財保護協会　2014年

横田洋三「塩津港遺跡出土の船形模型と琵琶湖の伝統的木造船」「紀要」第28号　滋賀県文化財
　　保護協会　2015年

横浜市歴史博物館・神奈川大学日本常民文化研究所『和船と海運―江戸時代横浜の船路と和船
　　のしくみ―』横浜市歴史博物館　2017年

横山直材・松木哲「日本に現存する刳舟」「海事資料館年報」No.7　神戸商船大学海事資料館
　　1979年

横山弥四郎「隠岐島前艫戸船断片」「山陰民俗」第2号　山陰民俗学会　1954年

吉川町教育委員会『竹直下片南部遺跡・古川遺跡』吉川町教育委員会　2000年

吉田東伍「古代の船舶の種類及び其発達」『日本交通史論』日本歴史地理学会編　日本学術普及
　　会　1916年

吉田東伍「古代の船舶の種類及び其発達」『日本交通史論』日本歴史地理学会編　有峰書店
　　1972年

吉田文二『船の科学―箱船から水中翼船まで―』ブルーバックスB294　講談社　1976年

四柳嘉章「輪島崎の手漕舟の漁業民俗―能登輪島市漁村・昭和二十六年調査―」「海事史研究」第
　　21号　日本海事史学会　1973年

四柳嘉章「ドウブネの研究」44～60頁「加能民俗研究」第5号　加賀民俗の会　1977年

第3部　〈附編〉舟・船舶関係資料一覧

四柳嘉章「近世のドウブネ」310～313頁「加能民俗研究」10号　加賀民俗の会　1982年

米子市教育文化事業団『鳥取県米子市目久美遺跡Ⅷ』文化財発掘調査報告書44　米子市教育文化事業団　2003年

米子市教育文化事業団『鳥取県米子市目久美遺跡Ⅻ』文化財発掘調査報告書54　米子市教育文化事業団　2007年

与那城町海の文化資料館『沖縄の舟と船―海に生きる民にとって最大の道具は舟・船だった―』平成16年度企画展　与那城町海の文化資料館　2004年

米田庄太郎「天鳥船」「芸文」第8年第2号　京都文學會　鶏聲堂書店　1917年

米田庄太郎「天鳥船(2)」「芸文」第8年第3号　京都文學會　鶏聲堂書店　1917年

米谷修「東横堀川　その十　本町橋とその周辺(中)」「大阪人」大阪都市協会　1979年

ライフ編集部『船の話』(E・V・ルイスほか)ライフサイエンスライブラリーコンパクト版5　タイムライフインターナショナル　1967年

ランドストローム, B.『星と舵の航跡―船と海の六千年』ノーベル書房　1968年

ランドストローム, B.『世界の帆船―海のロマン六千年―』石原裕次郎監修　ノーベル書房　1976年

両津市郷土博物館『海府の研究』北佐渡の漁撈習俗調査報告書　両津市郷土博物館　1986年

琉球大学沖縄文化研究所『宮古諸島学術調査研究報告―地理・民俗編―』琉球大学沖縄文化研究所　1966年

琉球政府文化財保護委員会監修『沖縄の民俗資料』第1集　沖縄県教育委員会　1969年

ルージェ, J.『古代の船と航海』教養選書49　酒井傳六訳　法政大学出版局　1982年

レスブリッジ, T. C.「造船術」『技術の歴史』第四巻　平田寛訳　筑摩書房　1978年

若狭三方縄文博物館『ユリ遺跡Ⅱ』若狭三方縄文博物館　2013年

和島村教育委員会『門新遺跡―谷地地区Ⅱ―』和島村教育委員会　2005年

和辻春樹『随筆・船』明治書房　1940年

和辻春樹『随筆・続船』明治書房　1942年

和船建造技術を後世に伝える会『船をつくる、つたえる』調査報告書　和船建造技術を後世に伝える会　2005年

和船建造技術を後世に伝える会『氷見の和船』調査報告書Ⅱ　和船建造技術を後世に伝える会　2008年

和船建造技術を後世に伝える会『とやまの和船』調査報告書　和船建蔵技術を後世に伝える会　2011年

和船文化・技術研究会『石川県邑知潟のチヂブネ―中島町瀬嵐での建造記録―』船の科学叢書2　船の科学館　2004年

渡津武「イカダ船」「季刊自然と文化―和船―」春季号　観光資源保護財団　1982年

渡辺誠「網代帆・隼人とその周辺」『西と東と―前嶋信次先生追悼論文集―』汲古書院　1985年

渡辺誠「船の考古学覚書」「月刊考古学ジャーナル」No.343　ニュー・サイエンス社　1992年

渡辺貢二『利根川高瀬船』利根川叢書1　崙書房　1990年

渡部裕「北方の船、橇、スキー、かんじきと北東アジアの船」『船、橇、スキー、かんじき、北方の移動手段と道具』北海道立北方民族博物館　2014年

渡辺昌宏「交流を支えた丸木舟」『サンゴ礁をわたる碧の風』平成6年秋季特別展図録9　大阪府立弥生文化博物館　1994年

渡邊世祐「朝鮮役と我が造船の発達」「史学雑誌」第46編第5号　史学会　1935年

2　絵画・線刻（土器・古墳・その他）関係文献資料

愛知県埋蔵文化財センター『北道手遺跡』調査報告書第67集　愛知県埋蔵文化財センター　1996年

XI 舟船関係文献資料目録（1 刳舟・舟船・漁舟船関係 - 2 絵画・線刻関係）

青森県教育委員会『大面遺跡発掘調査報告』青森県教育委員会　1980年
赤司善彦「水縄山麓の装飾古墳—西館古墳を中心とした近年の調査成果」『月刊考古学ジャーナ
　　ル』No.395　ニュー・サイエンス社　1995年
赤塚次郎編『考古資料大観—弥生・古墳時代土器Ⅱ—』第2巻　小学館　2002年
赤星直忠「相模洗馬横穴古墳群に就いて」『考古学雑誌』第35巻第1・2合併号　日本考古学会
　　1948年
赤星直忠「神奈川県における横穴古墳の線刻壁画」『月刊考古学ジャーナル』No.48　ニュー・サイ
　　エンス社　1970年
秋山光夫「歓喜天霊験巻に就いて」『日本美術論攷』第一書房　1943年
朝霧市教育委員会『中道・岡台遺跡第5地点発掘調査報告書』埋蔵文化財発掘調査報告書第21集
　　朝霧市教育委員会　2002年
芦辺町教育委員会『芦辺町文化財調査報告書』第16集　芦辺町教育委員会　2003年
天城町教育委員会『戸森の線刻画調査報告書—平成24～27年度町内遺跡発掘調査等事業に係る
　　調査報告書—』調査報告書(7)　天城町教育委員会　2016年
荒井庸夫「船玉古墳とその壁画」『茨城県史蹟名勝天然記念物調査報告』2　茨城県　1925年
荒尾市教育委員会『四ツ山古墳』荒尾市教育委員会　1950年
壱岐郷土館編『郷ノ浦町の古墳』壱岐郷土館　1981年
壱岐市教育委員会『兵瀬古墳』調査報告書第4集　壱岐市教育委員会　2005年
壱岐市教育委員会『双六古墳』調査報告書第7集　壱岐市教育委員会　2006年
一支国研究会「壱岐の壁画古墳を訪ねて」第10回ボランティアガイド養成講座　一支国研究会
　　2005年
池田朋生「装飾古墳に描かれた船」『月刊考古学ジャーナル』No.395　ニュー・サイエンス社
　　1995年
石井謙治「海事史こぼれ話(92)竜頭鷁首の船」『七洋』4月号第244号　外航労務協会　1983年
石井謙治編『船』復元日本大観4　世界文化社　1988年
石井周作『古墳研究』建設社　1943年
出石町教育委員会『袴狭遺跡内田地区発掘調査概報　袴狭遺跡周辺官衙関係遺跡の調査』出石
　　町教育委員会　1995年
磯部武男「古代日本の舟葬について(上)」『信濃』第35巻第12号　信濃史学会　1983年
磯部武男「舟葬考—古墳時代の特殊葬法をめぐって」『藤枝市郷土博物館紀要』第1号　藤枝市郷
　　土博物館　1989年
市原市文化財センター「天神台遺跡出土の土器に船の絵—大型船がモデルか！—」『私たちの文
　　化財』19　市原市文化財センター　1992年
市原市文化財センター「土器に描かれた船—弥生～古墳出現期を中心として—」『研究紀要』Ⅱ
　　市原市文化財センター　1993年
伊藤晃「岡山県内出土の弥生時代絵画資料」『考古学雑誌』第66巻第1号　日本考古学会　1980年
伊藤玄三「「直弧文の分類について」の補論—AB連接型について—」『考古学雑誌』第53巻第3号
　　日本考古学会　1967年
伊藤玄三「装飾古墳の直弧文」『文化』第31巻第2号　東北大学文学部　1967年
伊藤玄三「装飾古墳の直弧文(続)」『文化』第31巻第4号　東北大学文学部　1968年
伊藤信雄「日本上代舟葬説への疑問」『考古学雑誌』第25巻第12号　考古学会　1935年
井上勝之・玉城一枝「坂出市加茂町木の葉塚(サギノクチ1号墳)の線刻壁画」『古代学研究』第92
　　号　古代学研究会　1980年
指宿市役所総務課市誌編纂室『指宿市誌』改訂版　指宿市　1985年
岩坂大満横穴群調査団『千葉県富津市岩坂大満横穴群調査報告』文化財調査報告書(1)　富津市
　　教育委員会　1973年
岩瀬町教育委員会『花園壁画古墳(第3号墳)調査報告書』文化財調査報告書第7集　岩瀬町教育

—353—

第 3 部 〈附編〉 舟・船舶関係資料一覧

　　　委員会　　1985年
上田三平『福井県史跡勝地調査報告』第1輯　福井県内務部　1920年
宇田川洋「大昔の人の生活」『大昔の北海道』北海道出版企画センター　1984年
内田律雄「国譲り神話と出雲」『東アジアの古代文化』第112号　古代学研究所　大和書房
　　　2002年
宇土市教育委員会『ヤンボシ塚古墳・楢崎古墳』宇土市教育委員会　1986年
梅原末治「河内高井田に於ける横穴群について」『人類学雑誌』第31巻第12号　東京人類学会
　　　1916年
梅原末治「玉名郡玉名村の三古墳」『京都帝國大学文学部考古学研究報告』研究報告第1冊　京都
　　　帝國大学　1917年
梅原末治「神明山古墳」『京都府史蹟名勝天然記念物調査報告書』第1冊　京都府　1919年
梅原末治『銅鐸の研究』大岡山書店　1927年
梅原末治「神明山古墳出土品」『京都府史蹟名勝天然記念物調査報告書』第14冊　京都府　1933年
梅原末治「山城雁子岳の一古墳」『近畿地方古墳墓の調査1』日本古文化研究所報告第1集　日本
　　　古文化研究所　1935年
梅原末治・小林行雄「筑前国嘉穂郡王塚装飾古墳」『京都帝國大学文学部考古学研究報告』研究報
　　　告第15冊　京都帝國大学　1940年
梅原末治「越前大石村出土の銅鐸の絵画」『日本民族と南方文化』金関丈夫博士古稀記念委員会
　　　平凡社　1968年
宇土市教育委員会『仮又古墳』埋蔵文化財調査報告6　宇土市教育委員会　1982年
江上波夫『日本の美術―日本美術の誕生―』第2巻　平凡社　1966年
江川和彦「装飾古墳―日本人の造形感覚をさぐる―」『季刊古美術―特集装飾古墳―』　三彩社
　　　1970年
江谷寛「韓国で発見された二つの絵画資料」『古代文化』第25巻第12号　古代学協会　1973年
愛媛県埋蔵文化財センター「新谷森ノ前遺跡(2次)」『いにしえのえひめ2013』後期展　愛媛県埋
　　　蔵文化財センター　2013年
愛媛県埋蔵文化財センター「下経田遺跡」『いにしえのえひめ2013』後期展　愛媛県埋蔵文化財
　　　センター　2013年
愛媛大学埋蔵文化財調査室「文京遺跡の解明Ⅳ―絵画土器が語る弥生人の心象風景―」愛媛大
　　　学埋蔵文化財調査室　2017年
大分県教育委員会『大分県東国東郡伊美町鬼塚古墳』文化財調査報告書2　大分県教育委員会
　　　1954年
大分県教育委員会『大分県文化財調査報告(大分の装飾古墳)』第92輯　大分県教育委員会
　　　1995年
大分県教育委員会『国指定史跡亀塚古墳整備事業報告―保存整備事業(ふるさと歴史の広場事
　　　業)―』大分県教育委員会　2003年
大分県立宇佐風土記の丘歴史民俗資料館『黄泉の世界展』図録　宇佐風土記の丘歴史民俗資料
　　　館　1985年
大阪市立博物館『動物の考古学』第108回特別展　大阪市立博物館　1987年
大阪府教育委員会『平尾山古墳群分布調査概報』大阪府教育委員会　1975年
大阪文化財センター『大阪府柏原市高井田所在遺跡試掘調査報告書―村本建設株式会社開発計
　　　画に伴なう―』調査報告Ⅴ　大阪文化財センター　1974年
大阪府立近つ飛鳥博物館『歴史発掘おおさか―大阪府発掘調査最新情報―』平成22年度冬季特
　　　別展図録53　大阪府立近つ飛鳥博物館　2011年
大阪府立弥生文化博物館『邪馬台国への海の道』大阪府立弥生文化博物館　1995年
大阪府立弥生文化博物館『弥生画帖―弥生人が描いた世界―』平成18年春季特別展図録33　大
　　　阪府立弥生文化博物館　2006年

―354―

XI 舟船関係文献資料目録 (2 絵画・線刻関係)

大島秀俊「小樽手宮洞窟の陰刻壁画における製作技法について」「北海道考古学」第27輯　北海道考古学会　1991年

大塚初重「石室と棺」『考古学講座―古墳文化―』第5巻　河出書房　1955年

大塚初重・小林三郎編『勝田市史別編1―虎塚壁画古墳―』勝田市史編さん委員会　1978年

大坪州一郎「京都府精華町鞍岡山3号墳の調査」「考古学研究」第58巻第1号　考古学研究会　2012年

大野恵三「中世絵画史にみる艪・櫂操作の技法」「民具研究」第138号　日本民具学会　2008年

大場利夫・大井晴男『香深井遺跡』上巻　東京大学出版会　1976年

大宮市遺跡調査会『中里遺跡・篠山遺跡』大宮市遺跡調査会　1988年

大牟田市教育委員会『大牟田市文化財解説』大牟田市教育委員会　1960年

大山町教育委員会『妻木晩田遺跡発掘調査報告Ⅰ(松尾頭地区)』埋蔵文化財報告書第17集　大山町教育委員会　2000年

岡内三真・和田清吾・宇野隆夫「京都府長岡京市カラネガ岳一・二号古墳の発掘調査」「史林」第64巻第3号　史学研究会　1981年

岡村道雄編「里浜貝塚」「朝日百科日本の歴史別冊」通巻8号　朝日新聞社　1994年

岡本東三「館山市大寺山洞穴遺跡の舟葬墓」「月刊考古学ジャーナル」No.421　ニュー・サイエンス社　1997年

岡山県教育委員会『足守川加茂A遺跡―足守川河川改修工事に伴う発掘調査―』埋蔵文化財発掘調査報告94　岡山県教育委員会　1995年

岡山県教育委員会『津寺遺跡2―山陽自動車道建設に伴う発掘調査―』埋蔵文化財発掘調査報告98　岡山県教育委員会　1995年

岡山県文化財保護協会『城遺跡発掘調査報告―県立児島高校移転用地造成に伴う発掘調査―』埋蔵文化財発掘調査報告19　岡山県教育委員会　1977年

小川勝編『フゴッペ洞窟・岩面刻画の総合的研究』中央公論美術出版　2003年

小郡市教育委員会『三国の鼻遺跡Ⅰ三国の鼻1号墳の調査―みくに野第2土地区画整理事業関係埋蔵文化財調査報告1―』文化財調査報告書第59集　小郡市教育委員会　1985年

小郡市教育委員会『津古遺跡群Ⅰ』文化財調査報告書第84集　小郡市教育委員会　1993年

小田富士雄「福岡県瀬戸装飾横穴調査概報」「史淵」第74号　九大史学会　1957年

小田富士雄「乗場古墳」『立山山窯跡群』八女市教育委員会　1972年

小田富士雄「九州古墳研究〈古墳時代編〉』学生社　1974年

小樽市教育委員会『史跡手宮洞窟―史跡保存修理事業に伴う発掘調査報告書―』小樽市教育委員会　1991年

小樽市教育委員会『波涛を越えた交流―手宮洞窟と東北アジア―』手宮洞窟シンポジウム資料集　小樽市教育委員会　1995年

小樽市教育委員会『国指定史跡手宮洞窟修理事業報告書』小樽市教育委員会　1995年

乙益重隆「八代市大鼠蔵山古墳―肥後における箱式石棺内合葬の例について―」「考古学雑誌」第41巻第4号　日本考古学会　1956年

乙益重隆『古代史発掘―装飾古墳と文様―』第8巻　講談社　1974年

鏡山猛「装飾古墳と石人石馬」『北九州の古代遺跡―墳墓・集落・都城―』日本歴史新書　至文堂　1956年

賀川光夫「大分県日田市付近に於ける装飾古墳」「考古学雑誌」第37巻第3号　日本考古学会　1951年

賀川光夫「東九州地方に於ける装飾古墳」「紀要」第3輯　別府女子大学会　1953年

賀川光夫「大分県東国東郡伊美町鬼塚古墳」『大分県文化財調査報告』第2集　大分県教育委員会　1954年

賀川光夫「考古叢帖―豊後海部の遺跡と遺物―』別府大学史学研究会　2000年

柏木善治「古墳時代後・終末期の喪葬観念―相模・南武蔵地域における横穴墓の様相を中心とし

第3部 〈附編〉舟・船舶関係資料一覧

て―」『考古学研究』第60巻第1号　考古学研究会　2013年

柏原市教育委員会『明神山系遺跡分布調査概報Ⅱ』柏原市教育委員会　1986年

柏原市教育委員会『高井田横穴群Ⅰ』柏原市教育委員会　1986年

柏原市教育委員会『高井田横穴群Ⅱ』柏原市教育委員会　1987年

柏原市教育委員会『高井田横穴群Ⅲ』柏原市教育委員会　1991年

柏原市教育委員会『高井田横穴群Ⅳ―史跡高井田横穴公園整備事業に伴う発掘調査報告―』文
　　化財概報1992-Ⅱ　柏原市教育委員会　1992年

柏原市教育委員会『史跡高井田横穴公園整備事業報告』柏原市教育委員会　1993年

柏原市教育委員会『高井田横穴線刻壁画保存事業報告書Ⅱ』柏原市教育委員会　2010年

柏原市立歴史資料館『高井田横穴群』開館記念特別展図録　柏原市立歴史資料館　1992年

柏原市立歴史資料館『高井田横穴群』柏原市立歴史資料館　1995年

柏原市立歴史資料館『線刻壁画は語る』柏原市立歴史資料館　2002年

柏原市立歴史資料館『高井田横穴群の線刻壁画』柏原市立歴史資料館　2003年

柏原市立歴史資料館『高井田横穴群』柏原市立歴史資料館　2012年

鹿島台教育委員会『大迫横穴群』文化財報告書第1集　鹿島台教育委員会　1977年

堅田直「円筒埴輪に描かれた舟画の新例」『考古学雑誌』第45巻第2号　日本考古学会　1959年

勝本町教育委員会『カラカミ遺跡―範囲確認調査報告書―』文化財調査報告書第3集　長崎県勝
　　本町教育委員会　1985年

勝本町教育委員会『カラカミ遺跡』文化財調査報告書第6集　長崎県勝本町教育委員会　1988年

金井塚良一「東日本の線刻画―地蔵塚古墳の線刻画を中心にして」『埼玉県立博物館紀要』第8・9
　　号　埼玉県立博物館　1982年

神奈川県県民部県史編集室編『神奈川県史資料編20考古資料』神奈川県弘済会　1979年

金関丈夫「鞍手郡若宮町竹原古墳奥室の壁画」『九州考古学』第19号　九州考古学会　1963年

鎌田幸男「魚形文刻石と魚祭碑の考察」『秋田地方史の展開』みしま書房　1991年

亀井熙人「5基の壁画系装飾古墳について―鳥取県鳥取市久末・空山古墳―」『研究報告』第4号
　　鳥取県立科学博物館　1965年

河上邦彦「大阪府柏原市玉手山安福寺横穴の壁画」『古代学研究』第63号　古代学研究会　1962年

川崎市市民ミュージアム『線刻画王禅寺白山横穴墓群の調査―付補遺早野横穴墓の線刻画―』
　　考古学叢書1　川崎市市民ミュージアム　1993年

菊池徹夫・及川研一郎「弥生併行期の北海道南部」『季刊考古学』第19集　雄山閣出版　1987年

喜田貞吉「古墳墓雑記三則」『歴史地理』第19巻第4号　日本歴史地理学会　1912年

北九州市教育文化財団埋蔵文化財調査室「貫川遺跡7」北九州市教育文化財団　1993年

北構保男・須見洋「北海道根室半島・トーサムポロ・オホーツク式遺跡調査報告」『上代文化』第24
　　輯　国学院大学考古学会　1953年

北溝保男「オホーツクの舟艇資料」『北海道考古学』第36号　北海道考古学会　2000年

岐阜県文化財保護センター「「大型船」を描いた線刻絵画土器(大垣市荒尾南遺跡)」『きずな』文
　　化財保護センターだより第18号　岐阜県文化財保護センター　1997年

岐阜県文化財保護センター『荒尾南遺跡―大垣環状線建設工事に伴う緊急発掘調査報告書―』
　　調査報告書第26集　岐阜県文化財保護センター　1998年

君津郡市文化財センター『打越遺跡・神明山遺跡』発掘調査報告書　君津郡市文化財センター
　　1992年

君津郡市文化財センター『千葉県木更津市　中尾遺跡群Ⅰ―石神横穴墓群・石神古墳群・石神遺
　　跡―』発掘調査報告書第109集　君津郡市文化財センター　1996年

木村豪章「装飾古墳とその背景」『史学研究』第86号　広島史学研究会　1962年

木村政昭「徳之島の山中にみられる正体不明の線刻画――致する為朝伝説―」『沖縄文化』第67
　　号　沖縄文化協会　1986年

九州考古学会『北九州古文化図鑑』2　福岡県高等学校教職員組合　1951年

XI 舟船関係文献資料目録（2 絵画・線刻関係）

京都大学文学部編『京都大学文学部博物館考古学資料目録―第2部日本歴史時代―』京都大学文学部　1968年

京都帝国大学『大和唐古弥生式遺跡の研究』文学部考古学研究報告第16冊　京都帝国大学　1944年

京都府埋蔵文化財センター「上人ヶ平5号墳」『京都府遺跡調査概報』第124冊　京都府埋蔵文化財センター　2007年

日下発光『装飾古墳』朝日新聞社　1967年

日下発光『装飾古墳の秘密』講談社　1977年

久地西前田横穴墓群発掘調査団『久地西前田横穴墓群―第1次調査―』久地西前田横穴墓群発掘調査団　1998年

宮内庁三の丸尚蔵館『絵巻―蒙古襲来絵詞、絵師草紙、北野天神縁起―』三の丸尚蔵館展覧会図録No.5　菊葉文化協会　1994年

窪田薫「縄紋式文化後期の沈刻線画を有する石器の発掘―本邦最古の原始絵画の発見―」『趣味の地学』第5巻第1号　日本鉱物趣味の会　1951年

熊本県教育委員会『熊本県装飾古墳総合調査報告』文化財調査報告第68集　熊本県教育委員会　1984年

熊本県立装飾古墳館『舟と馬と太陽と』常設展示図録　熊本県文化財保護協会　1995年

熊本県立装飾古墳館『佐賀県・長崎県の装飾古墳―全国の装飾古墳4―』平成10年度後期企画展図録　熊本県立装飾古墳館　1998年

熊本県立装飾古墳館『中国・四国地方の装飾古墳―全国の装飾古墳5―』熊本県立装飾古墳館　1999年

熊本県立装飾古墳館『黄泉の国の彩り』常設展示図録　熊本県立装飾古墳館　2009年

熊本大学文学部考古学研究室「椿原古墳発掘調査概報」『宇土市史研究』第17号　宇土市史研究会宇土市教育委員会　1996年

熊本の風土とこころ編集委員会『熊本の装飾古墳』熊本の風土とこころシリーズ7　熊本日日新聞社　1976年

栗原議文蔵「古墳壁画の新資料―埼玉県行田市地蔵塚古墳―」『上代文化』第33輯　国学院大学考古学会　1963年

玄洋開発株式会社『黒部古墳群―豊前市松江所在古墳群の調査―』豊前市教育委員会　1979年

高知県文化財団埋蔵文化財センター『田村遺跡群Ⅱ―高知空港再拡張整備に伴う埋蔵文化財発掘調査報告書第5分冊Ⅰ・Ｊ区の調査―』発掘調査報告書第85集　高知県教育委員会　2004年

高知県文化財団埋蔵文化財センター『古代の祈り』高知県教育委員会　2012年

郷ノ浦町教育委員会『大米古墳』郷ノ浦町教育委員会　2000年

甲元眞之「船に乗る馬―装飾絵画の一考察―」『文学部論叢（歴史学篇）』第61号　熊本大学文学会　1998年

国分直一「越前出土の銅鐸の船文」『東アジアの古代文化』第20号　古代学研究所　大和書房　1979年

国分直一「古代東海の海上交通と船」『東アジアの古代文化』第29号　古代学研究所　大和書房　1981年

国分直一「鳥取県淀江町出土弥生式土器の線刻画をめぐって」『日本民俗学』第152号　日本民俗学会　1984年

国立歴史民俗博物館『装飾古墳の世界』図録　朝日新聞社　1993年

国立歴史民俗博物館『歴博フォーラム銅鐸の絵を読み解く』小学館　1997年

国立歴史民俗博物館『新弥生紀行―北の森から南の海へ―』朝日新聞社　1999年

国立歴史民俗博物館『装飾古墳の諸問題』『国立歴史民俗博物館研究報告』第80集　国立歴史民俗博物館　1999年

児玉作左衛門・大場利夫「函館市春日町出土の遺物について」『北方文化研究報告』第9号　北海

第3部　〈附編〉舟・船舶関係資料一覧

道大学　1954年

後藤勝彦・相原淳一「宮城県石巻市南境貝塚出土の「船」を描いた線刻礫について―宮城県教育
　　委員会1969『埋蔵文化財第4次緊急調査概報―南境貝塚―』資料の検討―」「研究紀要」第12
　　号　東北歴史博物館　2011年

小長井町教育委員会『長戸鬼塚古墳』調査報告書第1集　小長井町教育委員会　1998年

小林忠雄・高桑守史『能登―寄り神と海の村―』日本放送出版協会　1973年

小林行雄「日本古墳の舟葬説について」「西宮」第3号　西宮史談会　1946年

小林行雄「古墳がつくられた時代」『世界考古学大系―日本Ⅲ―』第3巻　平凡社　1959年

小林行雄「日本古墳文化の美術」『世界美術全集―古代初期―』第2巻　平凡社　1956年

小林行雄編『装飾古墳』平凡社　1964年

小林行雄「舟葬説批判」『古墳文化論考』平凡社　1976年

駒井和愛「彫刻のある手宮の洞窟」『アイヌの貝塚』福村書店　1955年

小松市教育委員会『八日市地方遺跡Ⅰ―小松駅前東土地区画整理事業に係る埋蔵文化財発掘調
　　査報告書―』小松市教育委員会　2003年

小松真一「福岡県浮羽郡福富村竹重の一装飾古墳」「人類学雑誌」第39巻第4・5・6号　東京人類学
　　会　1924年

斉藤和夫・宇佐晋一「直弧文の研究(1)」「古代学研究」第6号　古代学研究会　1952年

斉藤和夫・宇佐晋一「直弧文の研究(2)」「古代学研究」第7号　古代学研究会　1952年

斉藤和夫・宇佐晋一「直弧文の研究(3)」「古代学研究」第11号　古代学研究会　1955年

斉藤忠『装飾古墳の研究』吉川弘文館　1952年

斉藤忠「絵画」『図説日本文化史大系―縄文・弥生・古墳時代―』第1巻　小学館　1956年

斉藤忠「手宮洞窟の「古代文字」の発見」『日本の発掘』東京大学出版会　1963年

斉藤忠『日本原始美術―古墳壁画―』第3巻　講談社　1965年

斉藤忠『日本装飾古墳の研究』講談社　1973年

斉藤忠『日本の美術―古墳の絵画―』第110号　至文堂　1975年

斉藤忠『装飾古墳―図文からみた日本と大陸文化―』日本書籍　1983年

斉藤忠「壁画古墳の系譜」『日本考古学研究』第2巻　学生社　1989年

榊晃弘『装飾古墳』泰流社　1977年

佐賀県「田代太田古墳」『佐賀県史蹟名勝天然記念物調査報告書』第1輯　佐賀県天然記念物調査
　　会　1928年

佐賀県教育委員会『勇猛山古墳群』佐賀県教育委員会　1967年

佐賀県立博物館『装飾古墳の壁画―原始美術の神秘をさぐる―』図録　佐賀県立博物館　1973年

坂詰秀一「千葉県君津郡鹿島に於ける陰刻原始絵画を有する横穴概報」「考古学雑誌」第41巻第4
　　号　日本考古学会　1956年

桜井清彦「北海道山越郡八雲町オトシペ遺跡」『日本考古学年報』15　日本考古学協会　1967年

佐々木謙「鳥取県淀江町出土弥生式土器の原始絵画」「考古学雑誌」第67巻第1号　日本考古学会
　　1981年

佐田茂「彩色壁画の出現と筑後の彩色壁画古墳」「肥後考古―交流の考古学・三島格会長古稀記
　　念―」第8号　肥後考古学会　1991年

佐藤由紀男「浜松市三和町遺跡出土の線刻文土器について」「考古学雑誌」第67巻第1号　日本考
　　古学会　1981年

佐野大和「直弧文の有する一性質」「国史学」第62号　国史学会　1954年

佐原眞「銅鐸の絵物語」「国文学」第6巻第3号　学燈社　1973年

佐原眞『日本の原始美術―銅鐸―』第7巻　講談社　1979年

佐原眞『歴史発掘⑧―祭りのカネ銅鐸―』講談社　1996年

佐原眞・春成秀爾『歴史発掘⑤―原始絵画―』講談社　1997年

佐原眞「埴輪の船の絵と『風土記』」「日本古典文学全集第5巻月報」40　小学館　1997年

XI 舟船関係文献資料目録（2 絵画・線刻関係）

佐原眞「古墳時代の絵の文法」『国立歴史民俗博物館研究報告書』第80集　国立歴史民俗博物館　1999年

佐原眞「弥生・古墳時代の船の絵」「考古学研究」第48巻第1号　考古学研究会　2001年

佐原眞「弥生・古墳時代の船の絵」『美術の考古学』岩波書店　2005年

滋賀県文化財保護協会『大戊亥遺跡Ⅰ・鴨田遺跡Ⅲ-2―長浜新川中小河川改修工事に伴う発掘調査報告書4―』滋賀県教育委員会　1996年

柴田圭子・多田仁「新谷森ノ前遺跡(2次)」「愛比売―平成24年度年報―」愛媛県埋蔵文化財センター　2013年

柴田恵司「鶴林寺『九品来迎図』―平安後期の刳船と大型の準構造船―」「海事史研究」第55号　日本海事史学会　1998年

柴田昌児・龍孝明「下経田遺跡」「愛比売―平成23年度年報―」愛媛県埋蔵文化財センター　2012年

島田貞彦「肥後国宇土郡緑川村の古墳」『京都帝國大学文学部考古学研究報告』研究報告第3冊　京都帝國大学　1919年

島田貞彦「筑後に於ける二三の装飾古墳の新例」「歴史と地理」第14巻第1号　史学地理学同攷会　1924年

島田虎次郎「日ノ岡、月ノ岡古墳」『史蹟名勝天然記念物調査報告』第1輯　福岡県　1925年

島田虎彦「筑後に於ける二、三の装飾古墳の新例」「歴史と地理」第14巻第1号　史学地理学同攷会　1938年

島津福之助「河内高井田修徳館構内横穴の絵画及び文字」「歴史と地理」第24巻第5号　史学地理学同攷会　1929年

島根県教育委員会『島根県埋蔵文化財調査報告書』第Ⅶ集　島根県教育委員会　1977年

下津谷達男「舟形の埋葬施設をめぐる諸問題」「考古学研究」第7巻第1号　考古学研究会　1960年

城陽市教育委員会『久津川車塚古墳・丸塚古墳発掘調査概報』埋蔵文化財調査報告書第15集　城陽市教育委員会　1986年

白井久美子・小林清隆「縄文時代後期の大型住居と舟の線刻をもつ須恵器―鹿島台遺跡の調査概要と新資料の紹介―」「研究連絡誌」第63号　千葉県文化財センター　2002年

白石町教育委員会『妻山古墳群4号墳』調査報告書第7集　白石町教育委員会　1994年

末永雅雄「大和唐古池出土の原始絵画土器」「考古学論叢」第5輯　考古学研究会　1937年

杉原敦史「線刻絵画土器発見」「原の辻ニュースレター」第7号　原の辻遺跡調査事務所　2000年

杉原和雄「丹後の巨大な古墳―日本海の拠点として―大和朝廷が支配権握る―」『史跡でつづる京都の歴史』法律文化社　1977年

杉原荘介編『世界考古学大系―日本Ⅱ―』第2巻　平凡社　1960年

杉山浩平「西の船・東の船団」『中華文明の考古学』同成社　2014年

杉山博久ほか編『大日ヶ窪横穴墓群』小田原考古学会　1988年

椙山林繼「富津市湊富士見台出土線刻画」「宇麻具多」第5号　木更津古代史の会　1993年

善通寺市教育委員会『史跡有岡古墳群(宮が尾古墳)保存整備事業報告書』善通寺市教育委員会　1997年

相馬龍夫『日本古代文字の謎を解く』新人物往来社　1974年

高木正文「肥後における装飾古墳の展開」『国立歴史民俗博物館研究報告―装飾古墳の諸問題―』第80集　国立歴史民俗博物館　1999年

高木正文「船の線刻が発見された不知火町鬼の岩屋古墳」「熊本古墳研究」第3号　熊本古墳研究会　2010年

高木正文「直弧文のゆくえ―熊本から東国へ―」『旃檀林の考古学』大竹憲治先生還暦記念論文集刊行会　2011年

高木正文「連続三角文が守護する舟の棺―永安寺東古墳と同時期の横穴墓―」「歴史玉名」第62号　玉名歴史研究会　2012年

第3部 〈附編〉 舟・船舶関係資料一覧

高槻市立埋蔵文化財調査センター『新池遺跡—発掘調査報告会—「よみがえるハニワのふる里」』
　　文化財調査概要XV　高槻市教育委員会　1990年
高槻市教育委員会『嶋上郡衙他関連遺跡発掘調査概要12』高槻市養育委員会　1988年
高槻市教育委員会『新池』文化財調査報告書第17冊　高槻市養育委員会　1993年
高槻市立今城塚古代歴史館『三島と古代淀川水運Ⅰ—初期ヤマト王権から継体大王の登場まで
　　—』高槻市教育委員会　2011年
高橋桂「魚形線刻画のある土器片」『信濃』第11号　信濃史学会　1972年
高橋健自「河内国高井田なる藤田家墓地構内の横穴」『考古学雑誌』第9巻第9号　考古学会
　　1919年
高橋健自『日本原始絵画』大岡山書店　1927年
高橋三男「東上総源六横穴群について」『古代』第27号　早稲田大学考古学会　1958年
武末純一・石川日出志「絵画土器」『考古資料大観—弥生・古墳時代Ⅰ—』第1巻　小学館　2003年
田添夏喜「石貫古城横穴群」『玉名市の文化財』第2集　玉名市教育委員会　1971年
田添夏喜「原古墳群」『玉名市の文化財』第3集　玉名市教育委員会　1972年
辰馬考古資料館「考古学研究紀要」第5号　辰馬考古資料館　2003年
辰巳和弘『埴輪と絵画の古代学』白水社　1992年
辰巳和弘「弥生の儀礼船—土器絵画理解の試み—」『東アジアの古代文化』第85号　古代学研究
　　所　大和書房　1995年
辰巳和弘「鳥船考」『東アジアの古代文化』第100号　古代学研究所　大和書房　1999年
辰巳和弘「装飾古墳論」『考古資料大観—弥生・古墳時代　遺跡・遺構—』寺沢薫編　第10巻　小
　　学館　2004年
辰巳和弘『他界へ翔る船—「黄泉の国」の考古学—』白水社　2011年
田主丸町教育委員会『西館古墳』調査報告書第6集　田主丸町教育委員会　1996年
田主丸町教育委員会『国史跡寺徳古墳—墳丘範囲確認調査—』調査報告書第18集　田主丸町教
　　育委員会　2001年
玉泉大梁「朝倉郡「砥上山観音塚古墳」の調査」『史蹟名勝天然記念物調査報告』第7輯　福岡県
　　1932年
玉名市教育委員会『史跡永安寺東古墳・永安寺西古墳保存整備事業報告書』玉名市教育委員会
　　2006年
玉利勲『装飾古墳』平凡社カラー新書100　平凡社　1979年
玉利勲『装飾古墳紀行』新潮選書　新潮社　1984年
玉利勲『装飾古墳の謎』大和書房　1987年
田原本町教育委員会『弥生の絵画—唐古・鍵遺跡と清水風遺跡の土器絵画—』田原本町の遺跡4
　　田原本町教育委員会　2006年
筑紫野市教育委員会『国史跡五郎山古墳』筑紫野市教育委員会　1998年
千葉県教育委員会『長柄町横穴群徳増支群発掘調査報告書』千葉県教育委員会　1994年
千葉県教育委員会『千葉県所在洞穴遺跡・横穴墓詳細分布調査報告書』千葉県教育委員会
　　2003年
千葉県教育庁生涯学習部文化課『千葉県記念物実態調査報告書Ⅲ』千葉県文化財保護協会
　　1995年
千葉県教育庁文化課『千葉県所在古墳詳細分布調査報告書』千葉県文化財保護協会　1990年
千葉県史料研究財団「149大満横穴墓群」『千葉県の歴史—資料編考古2(弥生・古墳時代)—』県史
　　シリーズ10　千葉県　2003年
千葉県文化財センター『千葉県所在洞穴遺跡・横穴墓詳細分布調査報告書』千葉県教育委員会
　　2003年
千葉県立安房博物館『祈りの舟—展示解説図録—』平成13年度企画展　千葉県立安房博物館
　　2002年

—360—

XI　舟船関係文献資料目録（2 絵画・線刻関係）

辻尾榮市「小杉杉邨が描いた難波𦾔川出土の剝舟絵図」『大阪城と城下町』渡辺武館長退職記念
　　論集刊行会　思文閣　2000年

辻尾榮市「神明山古墳の舟・船線刻円筒埴輪再考―付記、京都府精華町鞍岡山三号墳出土線刻円
　　筒埴輪―」『郵政考古紀要』第48号通巻57冊　大阪・郵政考古学会　2010年

辻尾榮市「大阪府高井田横穴群の舟線刻壁画再考―第2支群12号に見る線刻帆舟はあったか―」
　　『河内古文化研究論集』第二集　柏原市古文化研究会編　和泉書院　2015年

堤圭三郎「京都府内の古墳の概要」『古墳・埋蔵文化財』京都府文化財保護基金　1972年

堤圭三郎「神明山古墳」『古墳・埋蔵文化財』京都府文化財保護基金　1972年

角田徳幸・中原斉「鳥取県・長者ヶ平古墳の研究」『島根考古学会誌』第7集　島根考古学会
　　1990年

坪井清足・町田章『日本原始美術大系―壁画　石造物―』第6巻　講談社　1977年

坪井正五郎「カラフト石器時代遺跡発見の鳥管骨」『東京人類学雑誌』第263号　東京人類学会
　　1908年

坪井正五郎「筑後国日の岡にて古代紋様の発見」『東洋学芸雑誌』第89号　東洋学芸社　1889年

坪井正五郎「鯨捕りの有様を彫刻した石器時代の遺物」『東洋学芸雑誌』第26巻第330号　城重源
　　次郎（東洋学芸社）　1909年

天理市教育委員会『西殿塚古墳・東殿塚古墳』埋蔵文化財発掘調査報告第7集　天理市教育委員
　　会　2000年

土井ヶ浜遺跡人類学ミュージアム『常森古墳群』土井ヶ浜遺跡人類学ミュージアム　2000年

東京教育大学文学部『オンネモト遺跡』東京教育大学文学部考古学研究報告4　東京教育大学
　　1974年

同志社大学考古学研究会「(15)神明山古墳」『同志社考古』第10号　同志社大学考古学研究会出
　　版局　1973年

富樫卯三郎・清見末喜「梅咲山古墳発見線刻の舟」『月刊考古学ジャーナル』No.20　ニュー・サイ
　　エンス社　1968年

富樫卯三郎「宇土城の石垣」『宇土市の文化財』第1集　宇土市教育委員会　1972年

常呂町教育委員会『栄浦第2・第1遺跡』常呂町教育委員会　1995年

鳥栖市教育委員会『田代太田古墳―調査及び保存工事報告書―』鳥栖市教育委員会　1976年

鳥取県教育委員会『鳥取県装飾古墳分布調査概報』鳥取県教育委員会　1981年

鳥取県教育文化財団『鳥取県気高郡青谷町青谷上寺地遺跡4』調査報告書74　鳥取県教育文化財
　　団　2002年

刀禰勇太郎「越前・若狭の船絵馬について」『民具論集2』常民文化叢書(5)慶友社　1970年

豊元国「舟の資料」『古代文化』第12巻第2号　古代学協会　1940年

豊岡卓之「清水風遺跡の絵画土器小考」『考古学論攷』第26冊　奈良県立橿原考古学研究所
　　2003年

長崎県芦辺町教育委員会『百田頭古墳群・山ノ神古墳群・釜蓋古墳群―町内遺跡発掘調査事業に
　　伴う発掘調査―』芦辺町文化財調査報告書第16集　長崎県芦辺町教育委員会　2003年

長崎県教育委員会『長崎県埋蔵文化財調査集報Ⅴ』調査報告書第57集　長崎県教育委員会
　　1982年

長柄町教育委員会『千葉県長生郡長柄町史跡長柄横穴群』長柄町教育委員会　2010年

中原斉・角田徳幸「鳥取県・長者ヶ平古墳の研究」『島根考古学会誌』第7集　島根考古学会
　　1990年

中村久四郎・森本六爾『日本上代文化の考究』四海書房　1927年

中村弘「袴狭遺跡出土線刻画にみる古代の船団」『考古学論叢―関西大学考古学研究室開設五拾
　　周年記念―』関西大学考古学研究室　2003年

名取武光「絵画に現れたオホーツク式文化の舟漁」『民族学研究』第13巻第1号　日本民族学協会
　　1948年

第 3 部　〈附編〉舟・船舶関係資料一覧

名取武光『モヨロ遺跡と考古学』講談社　1948年

名取武光「絵画に現れたオホーツク式文化の舟漁」『名取武光著作集Ⅱ—アイヌと考古学(2)—』
　　北海道出版企画センター　1974年

奈良県立橿原考古学研究所付属博物館『弥生人のメッセージ絵画と記号—唐古・鍵遺跡調査50
　　周年記念—』特別展図録第26冊　橿原考古学研究所　1986年

奈良国立文化財研究所『平城宮発掘調査報告Ⅵ』学報第23冊　奈良国立文化財研究所　1974年

西谷正「円筒埴輪に描かれた舟車について」『古代学研究』第25号　古代学研究会　1960年

西原崇浩「上総地方の横穴墓の様相」『立正考古』第30号　立正大学考古学研究会　1991年

西原雄大「大戌亥・鴨田遺跡の研究」『北近江』第2号　北近江古代史研究会　2005年

西村眞次「倭人の航海と「持衰」の意義」『歴史公論』第5巻第8号　雄山閣　1936年

日本海文化シンポジウム実行委員会「(第1回)日本海文化を考えるシンポジウム」富山市教育委
　　員会　1981年

日本考古学協会「広島県御領遺跡」『日本考古学年報(2014年度版)』67　日本考古学協会　2016年

日本古文化研究所『箆書ある埴輪円筒』『近畿地方古墳墓の調査1』吉川弘文館　1974年

日本大学文理学部史学研究室『川崎市久地西前田横穴墓群発掘調査報告書』日本大学　1978年

丹羽崇史「コラム古代の水上戦？」『比羅夫がゆく—飛鳥時代の武器・武具・いくさ—』図録第56
　　冊　飛鳥資料館　2012年

根室市教育委員会『オンネモト遺跡』根室市教育委員会　1974年

野田久男・清水真一『日本の古代遺跡9—鳥取—』保育社　1983年

野中徹「横穴」『富津市史—通史—』富津市史編さん委員会　1982年

橋本増吉「魏志倭人伝所載の生口及持衰の意義に就いて」『考古学雑誌』第19巻第3号　考古学会
　　1929年

波多巌「肥後国菊池河流域に於ける横穴及び古墳(承前)」『考古界』第5篇第3号　考古学会
　　1905年

波多巌「肥後国菊池河流域に於ける横穴及び古墳(承前)」『考古界』第5篇第9号　考古学会
　　1906年

波多巌「肥後国菊池河流域に於ける横穴及び古墳(承前)」『考古界』第5篇第10号　考古学会
　　1906年

波多野晥三「津古二号墳」『筑紫史論』第3輯　波多野龍子　1975年

花田勝広「河内の横穴墓—高井田横穴群の基礎的調査—」『考古学論集』第3集　考古学を学ぶ会
　　1990年

花田勝広「畿内横穴墓の特質」『古文化談叢』第22集　九州古文化研究会　1990年

花田勝広「近畿横穴墓の諸問題」『おおいた考古』第4集　大分県考古学会　1991年

羽曳野市史編纂委員会「栗塚古墳」『羽曳野市史—史料編—』第3巻　羽曳野市　1994年

濱田耕作・梅原末治『肥後に於ける装飾ある古墳及横穴』京都帝國大學文科大學考古學研究報告
　　第1冊　丸善　1917年

濱田耕作・梅原末治・島田貞彦『九州に於ける装飾ある古墳』京都帝國大學　1919年

原口長之「装飾古墳弁慶が穴調査報告」『熊本史学』第11号　熊本史学会　1957年

原田恵理子「この絵何の絵—嬉野町小谷赤坂遺跡出土絵画土器—」『三重県埋蔵文化財センター
　　みえ』№25　三重県埋蔵文化財センター編　1998年

原田昌則「小阪合遺跡」『歴史発掘おおさか—大阪府発掘調査最新情報—』平成22年度冬季特別
　　展図録　大阪府立近つ飛鳥博物館　2011年

原の辻遺跡調査事務所『原の辻遺跡—石田大原墓域緊急調査報告書—』調査報告書第35集　長
　　崎県教育委員会　2007年

浜田耕作『玉名郡石貫村の横穴群』『京都帝國大学文学部考古学研究報告』研究報告第1冊　京都
　　帝國大学　1917年

浜田耕作・梅原末治「飽託郡小島町千金甲高城山古墳群」『京都帝國大学文学部考古学研究報告』

XI　舟船関係文献資料目録（2 絵画・線刻関係）

研究報告第1冊　京都帝國大学　1917年

春成秀爾「壷に描かれた船」『古代の船』福岡市立歴史資料館　1988年

春成秀爾「埴輪の絵」『国立歴史民俗博物館研究報告』第80集　国立歴史民俗博物館　1999年

春成秀爾「井向1・2号銅鐸の絵画」『辰馬考古資料館考古学研究紀要』第5号　辰馬考古資料館　2003年

樋口隆康「九州古墳墓の性格」『史林』第38号第3号　史学研究会　1955年

日田市教育委員会『大分県日田市法恩寺古墳』日田市教育委員会　1959年

日田市教育委員会『ガランドヤ古墳群―大分県日田市所在装飾古墳の調査報告―』日田市教育委員会　1986年

常陸太田市教育委員会『常陸太田市幡町幡横穴古墳調査報告』常陸太田市教育委員会　1966年

兵庫県教育委員会埋蔵文化財調査事務所『袴狭遺跡』文化財調査報告第197冊　兵庫県教育委員会　2000年

兵庫県教育委員会埋蔵文化財調査事務所「袴狭遺跡出土線刻画木製品について」『入佐川遺跡―小野川放水路事業に伴う埋蔵文化財発掘調査報告（Ⅲ）―』県文化財調査報告第229冊　兵庫県教育委員会　2002年

廣嶋一良「井ノ向遺跡」『福井県史資料編13―考古―』本文編　福井県　1986年

広島県教育事業団事務局『平成26年度ひろしまの遺跡を語る　弥生時代の船―大航海時代のさきがけ―記録集』活動報告第5集　広島県教育事業団事務局　2016年

廣瀬常雄「丸亀平野西部の遺跡」『日本の古代遺跡8―香川―』保育社　1983年

深澤芳樹「港の出現と弥生船団」『月刊考古学ジャーナル』No.536　ニュー・サイエンス社　2005年

深澤芳樹「弥生・古墳時代の船、川を下り、海を渡り、空を翔る」『人・もの・心を運ぶ船―青谷上寺地遺跡をさぐる―』第6回青谷上寺地遺跡フォーラム　鳥取県埋蔵文化財センター　2015年

福岡県「石室古墳」『史蹟名勝天然記念物調査報告書』第1輯　福岡県　1925年

福岡県教育委員会「筑後国朝倉郡狐塚古墳」『福岡県文化財調査報告書』第17輯（2分冊の1）　福岡県教育委員会　1954年

福岡大学考古学研究室『国史跡五郎山古墳』筑紫野市教育委員会　1998年

福岡市教育委員会『装飾古墳吉武七号墳』重要遺跡確認調査報告書1　福岡市教育委員会　1981年

福島孝行「上人ヶ平5号墳」『京都府遺跡調査概報』第124冊　京都府埋蔵文化財センター　2007年

フゴッペ洞窟調査団『フゴッペ洞窟』ニュー・サイエンス社　1970年

藤井功・石山勲『日本の原始美術―装飾古墳―』第10巻　講談社　1979年

富津市教育委員会『千葉県富津市岩坂大満横穴群調査報告』調査報告書Ⅰ　岩坂大満横穴群調査団　1973年

富津市史編さん委員会「線刻を有する横穴」『富津市史―通史―』富津市　1982年

文化庁「唐古・鍵・からこ・かぎ遺跡・奈良県田原本町」『発掘された日本列島 '98新発見考古学速報展』朝日新聞社　1998年

平凡社編集部編「装飾古墳」『太陽』第8号　平凡社　1964年

北海道埋蔵文化財センター『恵庭市ユカンボシE7遺跡―北海道横断自動車道（千歳－夕張）埋蔵文化財発掘調査報告書―』調査報告書第132集　北海道埋蔵文化財センター　1999年

北海道埋蔵文化財センター『千歳市ユカンボシC15遺跡(3)―北海道横断自動車道（千歳－夕張）埋蔵文化財発掘調査報告書―』調査報告書第146集　北海道埋蔵文化財センター　2000年

本荘昇「千代丸古墳」『大分県の文化財』第1集　大分県教育委員会　1958年

埋蔵文化財研究会『装飾古墳の展開―彩色系装飾古墳を中心に―』第51回埋蔵文化財研究集会　埋蔵文化財研究会　2002年

毎日新聞社『アイヌ文化展』図録　毎日新聞社　1963年

松枝正根『古代日本の軍事航海史』中巻　かや書房　1994年

松木哲「コメント・袴狭と東殿塚の船の絵」『考古学研究』第48巻第1号　考古学研究会　2001年

松村隆文「畿内の横穴墓」『研究紀要』第1号　大阪府埋蔵文化財協会　1988年

第3部　〈附編〉舟・船舶関係資料一覧

松本豊胤「香川県宮が尾絵画古墳調査概報」『古代学研究』第45号　古代学研究会　1966年

松本信広「壁画天の鳥船」『科学朝日』第10巻第7号　朝日新聞社　1950年

松本信広「古代伝承に表われた車と船―徐偃伝説と造父説話との対比―」『論集日本文化の起源―民族学Ⅰ―』第3巻　平凡社　1971年

松本雅明「肥後石貫穴観音古墳の彫刻―大陸文化の滲透と古墳成立の時期―」『考古学雑誌』第45巻第4号　日本考古学会　1960年

松本雅明「八代市敷川内五反田古墳調査報告」『熊本県の文化財』第1集　熊本県教育委員会　1961年

松本雅明編『熊本の風土とこころ―熊本の装飾古墳―』第7巻　熊本日日新聞社　1975年

松山市教育委員会『桑原地区の遺跡Ⅱ』文化財調査報告書第46集　松山市教育委員会　1994年

松山市教育委員会『古代の桑原Ⅱ―松山平野と桑原地区の弥生文化―』松山市教育委員会　1996年

松山市教育委員会『鳥取・弥生の王国―琴の音が響く―』平成9年度特別展　松山市教育委員会　2007年

松山市考古館『弥生時代の海上交易―瀬戸内海における物と人の流れを探る―』平成4年度特別展　松山市考古館　1993年

松山市考古館『首長の大型建物をみる―伊豫の弥生から古代にかけて―』平成16年度特別展　松山市教育委員会　2004年

三重県埋蔵文化財センター『天花寺城跡・小谷赤坂遺跡・小谷古墳群（第4次）―中世以前編　天花寺丘陵内遺跡群発掘調査報告Ⅲ―1―』埋蔵文化財調査報告180-2　三重県埋蔵文化財センター　2005年

三雲町編「三雲町の考古資料」『三雲町史―資料編1―』第2巻　三雲町　1999年

水野正好「紙魚想考（二）、4武蔵国熊ヶ谷横穴墓群考」『奈良大学紀要』第15号　奈良大学　1986年

水野真澄「筑後国浮羽郡竹野村知徳古墳」『考古学雑誌』第7巻第7号　考古学会　1917年

水野真澄「筑後国三井郡草野町大字吉木字東古墳」『考古学雑誌』第7巻第5号　考古学会　1917年

溝淵和幸「瀬戸内の船絵馬」『中国・四国地方の民具』明玄書房　1982年

水戸市立博物館『装飾古墳』特別展図録　水戸市立博物館　1990年

峰山巌・掛川源一郎『謎の刻画フゴッペ洞窟』六興出版　1983年

宮崎県教育委員会『蓮ヶ池横穴群調査報告書』宮崎県教育委員会　1971年

宮崎市教育委員会『広原横穴群』文化財調査報告第5集　宮崎市教育委員会　1979年

三芳村史編纂委員会「貴重な横穴墓」『三芳村史』三芳村　1984年

三芳村史編纂委員会「線刻壁画（池之内向根）」『三芳村史』三芳村　1984年

村川逸郎「壱岐島内「船」に関する線刻土器及び古墳の線刻壁画」『原の辻ニュースレター』第24号　長崎県教育庁原の辻遺跡調査事務所　2006年

武藤鉄城「秋田県下の魚形線刻石」『石器時代』第3号　石器時代文化研究会　1956年

明星大学考古学研究部『長谷久保遺跡・七石山横穴群』研究報告第1集　明星大学　1980年

明和町教育委員会『茶畑山道遺跡』埋蔵文化財発掘調査報告書第24集　明和町教育委員会　1999年

毛利久「肥後国京ヶ峰横穴の一壁面彫刻に就いて」『考古学論叢』第14輯　考古学研究会　1939年

茂木雅博『日本の古代遺跡36―茨城―』保育社　1987年

森浩一「山・野・海の共存と交流」『日本の古代―山人の生業―』第10巻　中央公論社　1987年

森浩一「舟田の岩絵―鹿児島県徳之島―」『新・日本史への旅―西日本編―』朝日新聞社　1987年

森浩一「弥生時代の巨大早舟と帆船―荒尾南遺跡の土器絵が変えた船の古代史―」『歴史クローズアップ』1　世界文化社　1997年

森貞次郎「福岡県鞍手郡若宮町竹原古墳の壁画」『美術研究』第194号　東京国立文化財研究所　1957年

森貞次郎「墳墓を飾るもの」『世界美術全集―日本（1）先史―』第1巻　角川書店　1960年

XI 舟船関係文献資料目録（2 絵画・線刻関係）

森貞次郎『竹原壁画古墳』福岡県鞍手郡若宮町教育委員会　1964年

森貞次郎『竹原古墳』中央公論美術出版　1968年

森貞次郎『装飾古墳』朝日新聞社　1972年

森貞次郎『装飾古墳』教育社歴史新書(日本史)41　教育社　1985年

森貞次郎「自由画風線刻壁画人物像にみる六朝文化類型―装飾古墳雑考―」『考古学雑誌』第79
　　巻第1号　日本考古学会　1993年

八尾市文化財調査研究会『小阪合遺跡第42次調査(KS2007-42)』報告126　八尾市文化財調査研
　　究会　2009年

安村俊史「画題からみた高井田横穴群の線刻壁画」『柏原市立歴史資料館館報―2002年度―』第
　　15号　柏原市立歴史資料館　2003年

安村俊史「横穴の伝播と展開」『群集墳と終末期古墳の研究』清文堂　2008年

柳沢一男「宮崎市蓮ヶ池横穴墓群の墳丘を有する横穴墓と線刻壁画」『宮崎考古』第16号　宮崎
　　考古学会　1998年

八幡一郎「骨製針入」『古代文化』第4巻第8号　古代学協会　1943年

八幡一郎ほか編『北海道根室の先史遺跡』根室町教育委員会　1966年

山口県教育委員会『明地遺跡Ⅱ―平成5年度県営圃場整備事業に伴う発掘調査報告―』埋蔵文化
　　財調査報告167　山口県教育委員会　1994年

山崎直方「河内国ニ於テ発見セシ横穴ニ就テ」『東京人類学雑誌』第34号　東京人類学会　1888年

山田良三「河内横穴墓の線刻壁画」『末永先生米寿記念献呈論文集』末永先生米寿記念会　1985年

山本清「猪目洞窟遺物包含層について」『島根県文化財調査報告』第4集　島根県教育委員会
　　1972年

余市町教育委員会『フゴッペ洞窟発掘調査概報』余市町教育委員会　1972年

横浜市文化財研究調査会『横浜市戸塚区七石山横穴古墳群及滝ヶ久保横穴古墳群の調査』七石
　　山遺跡調査報告書1　横浜市文化財研究調査会　1969年

吉井町教育委員会『若宮古墳群Ⅰ』調査報告書第4集　吉井町教育委員会　1989年

吉井町教育委員会『若宮古墳群Ⅱ』調査報告書第6集　吉井町教育委員会　1989年

吉岡哲「横穴線刻画雑感―北原一也先生と高井田横穴群線刻画―」『摂河泉文化資料』第6巻第1
　　号　摂河泉地域史研究会　1981年

淀江町教育委員会『宇田川―鳥取県淀江町・宇田川地区土地改良に伴う調査概要―』淀江町教育
　　委員会　1981年

米田庄太郎「天鳥船」『芸文』第8巻第2号　京都文学会　1917年

米田庄太郎「天鳥船」『芸文』第8巻第3号　京都文学会　1917年

米田庄太郎「天鳥船」『論集日本文化の起源―民族学Ⅰ―』第3巻　平凡社　1971年

米田美江子「白枝荒神遺跡出土の絵画土器」『動物考古学』第4号　動物考古学研究会　1995年

立正大学文学部考古学研究室『武蔵・熊ヶ谷横穴墓群』立正大学　1985年

若杉準治「絵巻に描かれた船」『月刊考古学ジャーナル』No.474　ニュー・サイエンス社　2001年

若宮町教育委員会『竹原古墳―竹原古墳保存修理事業概要報告―』文化財調査報告書4　若宮町
　　教育委員会　1982年

和光大学古墳壁画研究会『高井田横穴群線刻画』和光大学古墳壁画研究会　1978年

和田千吉「備中国都窪郡新庄下古墳」『考古学雑誌』第9巻第11号　考古学会　1919年

渡辺正気・古賀精里「筑後国朝倉郡狐塚古墳」『福岡県文化財調査報告書』第17集　福岡県教育委
　　員会　1954年

渡辺正気「ビール会社にある古墳(東光寺剣塚古墳)」『月刊博多』第1巻第1号　KK月刊博多社
　　1956年

渡辺正気『日本の古代遺跡34―福岡県―』保育社　1987年

第3部 〈附編〉舟・船舶関係資料一覧

3 舟形（木製・土製・石製・金属）関係文献資料

愛知県埋蔵文化財センター「朝日遺跡」「財愛知県埋蔵文化財センター年報―昭和60年度―」愛知県埋蔵文化財センター 1986年

愛知県埋蔵文化財センター「朝日遺跡」「財愛知県埋蔵文化財センター年報―昭和61年度―」愛知県埋蔵文化財センター 1987年

愛知県埋蔵文化財センター「年報―昭和62年度（研究編）―」愛知県埋蔵文化財センター 1988年

愛知県埋蔵文化財センター『勝川遺跡Ⅳ』調査報告書第29集 愛知県埋蔵文化財センター 1992年

会津若松市教育委員会『矢玉遺跡―若松北部地区県営ほ場整備発掘調査報告書1―』調査報告書第61号 会津若松市教育委員会 1999年

青森県埋蔵文化財センター『岩渡小谷(4)遺跡』調査報告書第371集 青森県教育委員会 2004年

秋田県教育委員会『脇本埋没家屋第1次調査概報』文化財調査報告書第5集 秋田県教育委員会 1965年

秋田県教育委員会『脇本埋没家屋第2次調査概報』文化財調査報告書第6集 秋田県教育委員会 1966年

朝倉氏遺跡調査研究所『特別史跡一乗谷朝倉氏遺跡発掘調査報告Ⅰ―朝倉館跡の調査―』福井県教育委員会 1976年

朝日新聞社「米野遺跡・岐阜県大垣市」「アサヒグラフ―古代史発掘総まくり1995―」増大号 朝日新聞社 1995年

足立区伊興遺跡調査会『伊興遺跡』足立区教育委員会 1997年

足立区伊興遺跡調査会『伊興遺跡Ⅱ』足立区教育委員会 1999年

尼崎市教育委員会『尼崎市埋蔵文化財調査年報平成7年度(2)―大物遺跡第1次調査概要―』尼崎市教育委員会 2001年

甘木市教育委員会『小田道遺跡』報告第8集 甘木市教育委員会 1981年

穴水町教育委員会『西川島』穴水町教育委員会 1987年

天本洋一「佐賀県における弥生・古墳時代木製品の動向」『佐賀県立博物館・美術館調査研究書』第33集 佐賀県立博物館 2009年

綾部市資料館「ヒミコの箱」第3回特別展 綾部市資料館 1995年

荒神谷博物館『黄泉の国を探る―洞窟遺跡から見えるもの―』平成23年度特別展 荒神谷博物館 2011年

石井謙治「千石積樽廻船模型の製作について」『西宮の歴史と文化』「紀要」 西宮市立郷土資料館 1985年

石井寛「横浜市保土ヶ谷区仏向貝塚の資料」「調査研究集録」第4冊 港北ニュータウン埋蔵文化財調査団 1979年

石川県教育委員会『鹿島町徳前Ｃ遺跡発掘調査報告（Ⅰ）』石川県教育委員会 1978年

石川県教育委員会『田尻シンペイダン遺跡発掘調査報告書』石川県教育委員会 1979年

石川県埋蔵文化財センター『門前町道下元町遺跡――般国道249号改良事業に係る埋蔵文化財緊急発掘調査報告書―』石川県埋蔵文化財センター 1985年

石川県埋蔵文化財センター『白江梯川遺跡Ⅰ』石川県埋蔵文化財センター 1988年

石川県埋蔵文化財センター『漆町遺跡Ⅱ』石川県埋蔵文化財センター 1988年

石川県埋蔵文化財センター『寺家遺跡発掘調査報告Ⅱ―能登海浜道関係埋蔵文化財発掘調査報告書Ⅶ―』石川県埋蔵文化財センター 1988年

石川県埋蔵文化財センター『畝田遺跡』石川県埋蔵文化財センター 1991年

石川県埋蔵文化財センター『鹿島町久江遺跡群―県営ほ場整備事業(久江地区)に係る埋蔵文化財発掘調査報告書―』石川県埋蔵文化財センター 2000年

―366―

XI　舟船関係文献資料目録（3 舟形関係）

石川県埋蔵文化財センター『金沢市藤江B遺跡Ⅱ』石川県埋蔵文化財センター　2001年

石川県埋蔵文化財センター『金沢市藤江C遺跡Ⅳ・Ⅴ—金沢西部地区土地区画整備事業に係る
　　埋蔵文化財発掘調査報告書—』石川県埋蔵文化財センター　2001年

石川県立埋蔵文化財センター『金沢市近岡遺跡—平成9～11年度調査の記録—』石川県立埋蔵文
　　化財センター　2004年

石川県立埋蔵文化財センター『金沢市梅田B遺跡Ⅲ—一般国道8号金沢東部環状道路事業に係
　　る埋蔵文化財緊急発掘調査報告書3—』石川県立埋蔵文化財センター　2006年

石川県立埋蔵文化財センター『金沢市畝田西遺跡群Ⅴ』石川県埋蔵文化財センター　2006年

石川県埋蔵文化財センター『七尾市小島西遺跡—街路事業都市計画道路川原松百線に係る埋蔵
　　文化財発掘調査報告書—』石川県埋蔵文化財センター　2008年

石川県埋蔵文化財センター『小松市千代・能美遺跡——般国道8号（小松バイパス）改築工事に係
　　る埋蔵文化財発掘調査報告書—』石川県埋蔵文化財センター　2012年

石川県立埋蔵文化財センター『漆町遺跡』石川県立埋蔵文化財センター　1982年

石川県立埋蔵文化財センター『漆町遺跡Ⅱ』石川県立埋蔵文化財センター　1988年

石川県立埋蔵文化財センター『石川県立埋蔵文化財センター設立10年の記録』石川県立埋蔵文
　　化財センター　1990年

出光美術館・宗像大社復興期成会『海の正倉院宗像沖ノ島の宝宝』毎日新聞社　1978年

伊東信雄「網走市大曲出土の舟形土器の文様と編年的位置」「北海道考古学」第15輯　北海道考
　　古学会　1979年

乾芳宏「大狩部式土器の一考察」「北海道考古学」第24輯　北海道考古学会　1988年

指宿市教育委員会『橋牟礼川遺跡』埋蔵文化財発掘調査報告書（3）指宿市教育委員会　1980年

指宿市教育委員会『尾長谷迫遺跡』埋蔵文化財発掘調査報告書（2）指宿市教育委員会　1986年

指宿市教育委員会『尾長谷迫遺跡』埋蔵文化財発掘調査報告書（7）指宿市教育委員会　1986年

指宿市役所総務課市誌編さん室編『指宿市誌』指宿市役所総務課市誌編さん室　1985年

いわき市教育文化事業団『連郷B遺跡縄文晩期終末・中世の調査——般国道6号久ノ浜バイパス
　　埋蔵文化財調査報告—』埋蔵文化財調査報告第70冊　いわき市教育委員会　2000年

いわき市教育文化事業団『荒田目条里制遺構・砂畑遺跡—古代陸奥国磐城郡官衙関連遺跡の調
　　査—』埋蔵文化財調査報告第84冊　いわき市教育委員会　2002年

岩崎茂「下長遺跡出土の木製品について」「滋賀文化財たより」第238号　滋賀県文化財保護協会
　　1997年

磐田市教育委員会編『御殿・二之宮遺構発掘調査報告Ⅰ』磐田市教育委員会　1981年

上村俊雄「南九州における舟形軽石加工品と帆船について」「鹿大史学」第38号　鹿児島大学法
　　文学部　1991年

江ノ電鎌倉ビル発掘調査団『蔵屋敷東遺跡』江ノ電鎌倉ビル発掘調査団　1983年

江別市教育委員会『江別太遺跡』文化財調査報告書9　北海道江別市教育委員会　1979年

及川司「県史編さんと新たな発掘調査—静岡県—」「別冊考古学ジャーナル」№251　ニュー・サ
　　イエンス社　1985年

大井晴男「オホーツク文化の船」「北方文化研究」第10号　北海道大学　1976年

大井晴男「オホーツク文化の船」「北海道の研究」考古篇Ⅱ　清文堂　1984

大磯町教育委員会『大磯・石神台配石遺構発掘調査報告』大磯町教育委員会　1974年

大分県安岐町教育委員会『一ノ瀬山墳群』文化財調査報告書第6集　安岐町教育委員会　1997年

大分県教育委員会『下郡遺跡群Ⅶ』発掘調査報告書第92集　大分県教育委員会　2009年

大垣市教育委員会『米野遺跡』発掘調査報告書第17集　大垣市教育委員会　2007年

大垣市教育委員会『荒尾南遺跡Ⅲ』発掘調査報告書第18集　大垣市教育委員会　2008年

大阪市文化財協会『難波宮址の研究—第7　報告篇—』大阪市文化財協会　1981年

大阪市文化財協会『森の宮遺跡—西日本最大の縄文貝塚—』大阪市文化財協会　1992年

大阪市文化財協会『難波宮址の研究—第11　前期難波宮内裏西方官衙地域の調査—』大阪市文

第3部　〈附編〉舟・船舶関係資料一覧

　　化財協会　2001年
大坂城三の丸跡調査研究会『大坂城三の丸址Ｉ』大手前女子大学史学研究所　1982年
大坂城三の丸跡調査研究会『大坂城三の丸址Ⅱ』大手前女子大学史学研究所　1983年
大阪市立博物館『動物の考古学』第108回特別展図録　大阪市立博物館　1987年
大阪文化財センター『池上遺跡―第4分冊2木器編―』大阪文化財センター　1978年
大阪文化財センター『河内平野を掘る―近畿自動車道関連遺跡の発掘成果を中心として―』考
　　古展図録　大阪文化財センター　1981年
大阪文化財センター『古代の木の道具―ここまできた保存技術―』平成7年冬季企画展図録　大
　　阪文化財センター　1995年
大阪府教育委員会『大園遺跡発掘調査概要Ⅲ』大阪府教育委員会　1976年
大阪府教育委員会『狭山遺跡・軽里遺跡発掘調査概要―藤井寺市野中・羽曳野市軽里所在―』大
　　阪府教育委員会　1978年
大阪府教育委員会『萱振遺跡』調査報告書第39輯　大阪府教育委員会　1992年
大阪府教育委員会『西大井遺跡発掘調査概要―1992年度92-1区の調査―』大阪府教育委員会
　　1994年
大阪府教育委員会『蔀屋北遺跡発掘調査概要・Ⅱ』大阪府教育委員会　2005年
大阪府教育委員会『蔀屋北遺跡発掘調査概要・Ⅵ』大阪府教育委員会　2007年
大阪府教育委員会『讃良郡条里遺跡Ⅷ』大阪府教育委員会　2009年
大阪府教育委員会『蔀屋北遺跡Ｉ』2009-3　大阪府教育委員会　2010年
大阪府文化財センター『池上遺跡―第4分冊の2木器編―』大阪府文化財センター　1978年
大阪府文化財センター『西岩田―近畿自動車道天理～吹田線建設に伴う埋蔵文化財発掘調査概
　　要報告書―』大阪府文化財センター　1983年
大阪府文化財センター『新家（その1）』大阪府文化財センター　1987年
大阪府文化財センター『久宝寺北（その1～3）』大阪府文化財センター　1987年
大阪府文化財センター『久宝寺南（その2）―久宝寺・加美遺跡の調査―』大阪府文化財センター
　　1987年
大阪府文化財センター『摂河泉発掘資料精選Ⅱ』大阪府文化財調査研究センター　2002年
大阪府文化財センター『過去からのメッセージ―大阪発掘30年―』大阪府立弥生博物館　2003年
大阪府文化財センター『久宝寺遺跡　発掘調査成果―2001～2004年度のまとめ―』大阪府文化
　　財センター　2005年
大阪府文化財センター『讃良郡条里遺跡Ⅸ』報告第188集　大阪府文化財センター　2009年
大阪府文化財調査研究センター『摂河泉発掘資料精選』大阪府文化財調査研究センター　1995年
大阪府文化財調査研究センター『発掘速報展大阪'96』平成8年冬季企画展図録　大阪府立弥生
　　文化博物館　1996年
大阪府文化財調査研究センター『発掘速報展大阪'97』平成9年冬季企画展図録　大阪府立弥生
　　文化博物館　1997年
大阪府文化財調査研究センター『堺市下田町所在下田遺跡』調査報告書第18集　大阪府文化財
　　調査研究センター　1996年
大阪府文化財調査研究センター『大陸文化へのまなざし―発掘速報展大阪―』発掘された日本
　　列島'98地域展　大阪市立博物館平成10年特別展図録　大阪府文化財調査研究センター
　　1998年
大阪府文化財調査研究センター『東奈良遺跡―茨木市東奈良1丁目府営茨木東奈良住宅建替に
　　伴う発掘調査報告書（1994年度）―』調査報告書第32集-2　大阪府文化財調査研究センター
　　1998年
大阪府文化財調査研究センター『田井中遺跡（1～3次）・志紀遺跡（防1次）―陸上自衛隊八尾駐屯
　　地内施設建設事業に伴う発掘調査報告書―』調査報告書第23集　大阪府文化財調査研究セ
　　ンター　1997年

—368—

XI 舟船関係文献資料目録 （3 舟形関係）

大阪府文化財調査研究センター『難波宮跡北西の調査―大阪府警察本部新庁舎建設工事に伴う大坂城（その6）発掘調査速報―』大阪府文化財調査研究センター2000年

大阪府文化財調査研究センター『大坂城Ⅱ』大阪府文化財調査研究センター2001年

大阪府埋蔵文化財協会『脇浜遺跡』調査報告書第6輯　大阪府教育委員会　1986年

大阪府埋蔵文化財協会『貝掛遺跡発掘調査報告書』調査報告書19　大阪府埋蔵文化財協会1988年

大阪府埋蔵文化財協会『第7回泉州の遺跡―平成3年度の調査成果から―』大阪府埋蔵文化財協会　1992年

大阪府埋蔵文化財協会『陶邑・大庭寺遺跡Ⅳ―近畿自動車道松原・すさみ線建設に伴う発掘調査報告書―』大阪府埋蔵文化財協会　1995年

大阪府立近つ飛鳥博物館『歴史発掘おおさか―大阪府発掘調査最新情報―』平成22年度冬季特別展図録53　大阪府立近つ飛鳥博物館　2011年

大阪府立弥生文化博物館『須恵器の始まりをさぐる―第8回泉州の遺跡―』平成5年夏季企画展図録　大阪府埋蔵文化財協会1993年

大島町教育委員会『富山県大島町北高木遺跡発掘調査報告書』大島町教育委員会　1995年

大竹憲治「第6編　古代舟形土製品寸考―陳場沢B地点の出土例を中心として―」『双葉・陳場沢弥生遺跡の研究』福島県双葉町教育委員会　1993年

大竹憲治「陸奥国標葉郡衙域における畿内的遺構と遺物再考―標葉郡衙：郡山五番遺跡周辺の集落・窯・祭祀信仰遺跡を中心に―」『福島考古』第56号　福島考古学会　2014年

大津市教育委員会『上高砂遺跡発掘調査報告書』埋蔵文化財調査報告書(20)　大津市教育委員会　1992年

大野延太郎『考古学大観』春陽堂　1930年

大場磐雄「上総菅生遺蹟の一考察(2)」『考古学雑誌』第29巻第3号　考古学会　1939年

大場磐雄「千葉県君津郡清水村菅生遺蹟の調査」『考古学雑誌』第28巻第3号　日本考古学会　1938年

大場磐雄ほか「武蔵伊興」『國學院大学考古学研究報告2』國學院大學　1962年

大場利夫・大井晴男『オホーツク文化の研究1―オンコロマナイ貝塚―』東京大学出版会　1973年

大場利夫・大井晴男『オホーツク文化の研究3―香深井遺跡下―』東京大学出版会　1981年

大宮市遺跡調査会『深作東部遺跡群』大宮市遺跡調査会　1984年

大山史前学研究所「千葉県千葉郡都村加曽利貝塚調査報告」『史前学雑誌』第9巻第1号　史前学会　1937年

岡山県文化財保護協会『門前池遺跡―山陽住宅団地造成に伴う発掘調査―』埋蔵文化財発掘調査報告9　岡山県教育委員会　1975年

岡山県教育委員会『岡山県埋蔵文化財発掘調査報告』埋蔵文化財発掘調査報告16　岡山県教育委員会　1977年

岡山県古代吉備文化財センター『百間川原尾島遺跡4』岡山県埋蔵文化財発掘調査報告97　建設省岡山河川工事事務所　1995年

岡山県文化財保護協会『中国縦貫自動車道建設に伴う発掘調査1』埋蔵文化財発掘調査報告3　岡山県教育委員会　1973年

岡山県文化財保護協会『百間川原尾島遺跡2―旭川放水路(百間川)改修工事に伴う発掘調査Ⅴ―』埋蔵文化財発掘調査報告56　岡山県教育委員会　1984年

岡山市教育委員会『南方(済生会)遺跡―木器編―』岡山市教育委員会　2005年

沖ノ島復興期成会『沖ノ島』沖ノ島復興期成会　1958年

沖ノ島復興期成会『続・沖ノ島』沖ノ島復興期成会　1961年

沖ノ島復興期成会『宗像沖ノ島』沖ノ島復興期成会　1979年

帯広市教育委員会『帯広・暁遺跡2』帯広市教育委員会　1986年

香川県教育委員会『瀬戸大橋建設に伴う埋蔵文化財調査概報(Ⅳ)―塩浜遺跡　西方遺跡　花見

—369—

第3部 〈附編〉舟・船舶関係資料一覧

山遺跡　大浦遺跡　大浦浜遺跡—』香川県教育委員会　1981年
香川県教育委員会『瀬戸大橋建設に伴う埋蔵文化財調査概報（Ⅴ）—西方遺跡　大浦遺跡　羽
　佐島遺跡—』香川県教育委員会　1982年
香川県教育委員会『語りかける埋蔵文化財下川津遺跡』香川県文化財保護協会　1987年
香川県文化財保護協会『四国横断自動車道建設にともなう埋蔵文化財発掘調査実績報告』香川
　県教育委員会　1984年
鹿児島県歴史資料センター黎明館『貝塚は語る—南九州の縄文文化—』鹿児島県歴史資料セン
　ター黎明館　1985年
鹿児島市教育委員会『大龍遺跡』埋蔵文化財発掘調査報告書(1)鹿児島市教育委員会　1979年
鹿児島市教育委員会『大龍遺跡第2次～第4次』埋蔵文化財発掘調査報告書(2)　鹿児島市教育委
　員会　1982年
鹿児島市教育委員会『草野貝塚—昭和57年度発掘調査概報—』埋蔵文化財発掘調査報告書(4)鹿
　児島市教育委員会　1983年
鹿児島市教育委員会『大龍遺跡第5・6次』埋蔵文化財発掘調査報告書(7)鹿児島市教育委員会
　1986年
鹿児島市教育委員会『草野貝塚—宅地造成に伴う第1次・第2次緊急発掘調査報告書—』埋蔵文化
　財発掘調査報告書(9)鹿児島市教育委員会　1988年
橿原考古学研究所『纒向—奈良県桜井市纒向遺跡の調査—』奈良県桜井市教育委員会　1976年
柏原市教育委員会『高井田遺跡Ⅲ—国民年金健康保養センター建設に伴う—』柏原市教育委員
　会　1988年
柏原市役所『柏原市史』第2巻本編Ⅰ　柏原市役所　1973年
柏原市立歴史資料館『まじなう—古代の祈りの道具たち—』平成28年度夏季企画展　柏原市立
　歴史資料館　2016年
春日市教育委員会『須玖永田遺跡』春日市教育委員会　1987年
上総国分寺台遺跡調査団『西広貝塚』上総国分寺台遺跡調査団　1977年
粕渕宏昭「田舟について—滋賀県米原市—」『民俗文化』第615号　滋賀民俗学会　2014年
神奈川県立埋蔵文化財センター『千葉地東遺跡』千葉県教育委員会　1986年
金沢市教育委員会『金沢市西念・南新保遺跡Ⅱ』文化財紀要77　金沢市教育委員会　1989年
金沢市埋蔵文化財センター『金沢市西念・南新保遺跡Ⅳ』文化財紀要119　金沢市教育委員会
　1996年
金沢市埋蔵文化財センター『戸水遺跡群Ⅱ戸水大西遺跡Ⅰ』文化財紀要160　金沢市埋蔵文化財
　センター　2000年
金沢市埋蔵文化財センター『石川県金沢市神野遺跡Ⅰ』文化財紀要163　金沢市埋蔵文化財セン
　ター　2000年
金沢市埋蔵文化財センター『金沢市神野遺跡Ⅱ』文化財紀要168　金沢市埋蔵文化財センター
　2001年
金沢市埋蔵文化財センター『戸水遺跡群Ⅰ戸水ホコダ遺跡』文化財紀要150　金沢市埋蔵文化財
　センター　1999年
金沢市埋蔵文化財センター『金沢市大友西遺跡Ⅰ』文化財紀要179　金沢市埋蔵文化財センター
　2001年
金沢市埋蔵文化財センター『金沢市大友西遺跡Ⅱ』文化財紀要180　金沢市埋蔵文化財センター
　2002年
金沢市埋蔵文化財センター『金沢市大友西遺跡Ⅲ』文化財紀要196　金沢市埋蔵文化財センター
　2003年
金沢市埋蔵文化財センター『千田遺跡』文化財紀要181　金沢市埋蔵文化財センター　2002年
金沢市埋蔵文化財センター『金沢市駅西本町一丁目遺跡』文化財紀要226　金沢市埋蔵文化財セ
　ンター　2005年

—370—

Ⅺ　舟船関係文献資料目録（3 舟形関係）

金沢市埋蔵文化財センター『金沢市花園八幡遺跡』文化財紀要241　金沢市埋蔵文化財センター　2007年

金沢市埋蔵文化財センター『石川県金沢市中屋サワ遺跡Ⅲ（弥生・古墳・奈良・平安・鎌倉・室町時代編）』文化財紀要242　金沢市埋蔵文化財センター　2007年

金沢市埋蔵文化財調査委員会・金沢市建設部駅西開発課『金沢市二口六丁遺跡』金沢市教育委員会　1983年

金子裕之「律令期祭祀遺物集成」『律令制祭祀論考』塙書房　1991年

金子裕之編『日本の信仰遺跡』雄山閣出版　1998年

可美村教育委員会『静岡県浜名郡可美村城山遺跡調査報告書』可美村教育委員会　1981年

加茂市教育委員会『馬越遺跡Ⅰ』加茂市教育委員会　2005年

加茂市教育委員会『馬越遺跡Ⅲ』加茂市教育委員会　2010年

亀井熙人「塞ノ谷遺跡」『日本考古学年報』24　日本考古学協会　1973年

亀井正道「浜松市坂上遺跡の土製模造品」『国立歴史民俗博物館研究報告』第7集　国立歴史民俗博物館　1985年

亀井正道「海と川の祭り」『古代を考える―沖ノ島と古代祭祀―』吉川弘文館　1988年

唐津市教育委員会『菜畑遺跡』調査報告第5集　唐津市教育委員会　1982年

唐津市教育委員会『見借遺跡群』唐津市教育委員会　1986年

川江秀孝「伊場遺跡の民具」『中部地方の民具』明玄書房　1982年

河口貞徳「草野貝塚発掘調査報告」『鹿児島県考古学会紀要』第1号　鹿児島県考古学会　1952年

河口貞徳・河野治雄「鹿児島市春日町遺跡発掘調査報告」『鹿児島県考古学会紀要』第4号　鹿児島県考古学会　1955年

河口貞徳「先史時代」『鹿児島のおいたち』鹿児島市　1955年

河口貞徳「鹿児島のおいたち 先史時代」『河口貞徳先生古稀記念著作集』上巻　河口貞徳先生古稀記念会　1955年

河口貞徳「南九州後期の縄文式土器」『考古学雑誌』第42巻第2号　考古学会　1957年

河口貞徳・河野治雄「鹿児島市春日町遺跡発掘調査報告」『鹿児島県考古学会紀要』第4号　鹿児島県考古学会　1965年

川崎利夫『日本の古代遺跡21―山形―』　保育社　1985年

河原町教育委員会『前田遺跡発掘調査報告書』埋蔵文化財調査報告書第1集　河原町教育委員会　1983年

喜入町教育委員会『野畑遺跡』埋蔵文化財発掘調査報告書(1)　喜入町教育委員会　1985年

喜入町教育委員会『西船子遺跡』埋蔵文化財発掘調査報告書(2)　喜入町教育委員会　1986年

木古内町教育委員会『釜谷遺跡』木古内町教育委員会　1999年

北野耕平「古代の東アジアにおける船舶形態考―日本と韓国出土の船形土製品類似の意義―」『紀要第一類文科論集』第20号　神戸商船大学　1972年

北構保男「オホーツク人の舟艇資料」『北海道考古学』第36号　北海道考古学会　2000年

木下忠「荒川神社奉納模型和船および船絵馬」『全国民俗博物館総覧』柏書房　1977年

岐阜県文化財保護センター『荒尾南遺跡―大垣環状線建設工事に伴う緊急発掘調査報告書―』調査報告書第26集　岐阜県文化財保護センター　1998年

君津郡市文化財センター『打越遺跡・神明山遺跡』発掘調査報告書　君津郡市文化財センター　1992年

君津郡市文化財センター『千葉県君津市常代遺跡』君津郡市文化財センター　1996年

君津郡市文化財センター「再整理をおこなった常代遺跡はこんな遺跡」『きみさらづ』第17号　君津郡市文化財センター　2000年

君津市教育委員会『郡遺跡群発掘調査報告書Ⅰ』君津市教育委員会　1994年

君津市文化財センター『千葉県君津市郡遺跡群発掘調査報告書Ⅱ』報告第117集　君津市文化財センター　1996年

—371—

第3部 〈附編〉舟・船舶関係資料一覧

九州歴史資料館『大宰府史跡—昭和57年度発掘調査概報—』九州歴史資料館　1983年
九州歴史資料館『大宰府史跡—昭和58年度発掘調査概報—』九州歴史資料館　1984年
京都市考古資料館『古人のいのり—特別展図録—』京都市考古資料館　1992年
京都市埋蔵文化財研究所『京都市埋蔵文化財調査概要—平成2年度—』京都市埋蔵文化財研究所
　　1994年
京都市埋蔵文化財研究所『平安京右京三条一坊六町跡』発掘調査報告2006-13　京都市埋蔵文化
　　財研究所　2006年
京都市埋蔵文化財研究所『鳥羽離宮跡(79年度)文化庁国庫事業による発掘調査の概要』京都市
　　埋蔵文化財研究所　1980年
京都市埋蔵文化財研究所『増補改編鳥羽離宮跡1984』図録　京都市埋蔵文化財研究所　1984年
京都府教育委員会『埋蔵文化財発掘調査概報—1978—』京都府教育委員会　1978年
京都府埋蔵文化財調査研究センター「京都府埋蔵文化財情報」第14号　京都府埋蔵文化財調査
　　研究センター　1984年
京都府埋蔵文化財調査研究センター『京都府遺跡調査概報』第22冊　京都府埋蔵文化財調査研
　　究センター　1987年
京都府埋蔵文化財調査研究センター「京都府埋蔵文化財情報」第23号　京都府埋蔵文化財調査
　　研究センター　1987年
京都文化博物館『海を渡って来た人と文化—古代日本と東アジア—』開館1周年記念特別展図録
　　京都文化博物館　1989年
桐生市教育委員会『群馬県桐生市千網谷戸遺跡調査報告』桐生市教育委員会　1980年
久保寿一郎「弥生時代における舟形木製品」『西岩田—近畿自動車道天理～吹田線建設に伴う埋
　　蔵文化財発掘調査概要報告書—』大阪府教育委員会　1983年
久保寿一郎「日本古代の船舶資料—舟形模造品資料集成—」『九州考古学』第61号　九州考古学
　　会　1987年
久保寿一郎「舟形模造品の基礎的研究」『東アジアの考古と歴史』岡崎敬先生退官記念論集下巻
　　同朋舎出版　1987年
久保寿一郎「船形模造品」『古代の船』福岡市立歴史資料館　1988年
倉吉博物館『まつりの造形—古代形代の世界—』特別展　倉吉博物館　1997年
黒須亜希子・上本志穂「讃良郡条里遺跡出土の木製品について」「大阪文化財研究」第29号　大阪
　　府文化財センター　2006年
群馬県地域展示実行委員会『群馬発掘最前線—新発見考古速報展'96—』群馬県教育委員会
　　1996年
高知県教育委員会『芳原城跡発掘調査報告書』高知県教育委員会1984年
高知県文化財団埋蔵文化財センター『西鴨地遺跡—四国横断自動車道(伊野～須崎間)建設に伴
　　う埋蔵文化財発掘調査報告書—』調査報告書第61集　高知県文化財団埋蔵文化財センター
　　2001年
高知県文化財団埋蔵文化財センター『居徳遺跡群Ⅳ—四国横断自動車道(伊野～須崎間)建設
　　に伴う埋蔵文化財発掘調査報告書—』調査報告書第78集　高知県文化財団埋蔵文化財セン
　　ター　2003年
高知県文化財団埋蔵文化財センター『居徳遺跡群Ⅴ—四国横断自動車道(伊野～須崎間)建設
　　に伴う埋蔵文化財発掘調査報告書—』調査報告書第86集　高知県文化財団埋蔵文化財セン
　　ター　2003年
高知県文化財団埋蔵文化財センター『坂本遺跡—中村宿毛道路埋蔵文化財発掘調査報告書ⅩⅣ
　　—』調査報告書第103集　高知県教育委員会　2008年
高知県文化財団埋蔵文化財センター『木製品にみる古代人のくらし』特別展　高知県文化財団
　　埋蔵文化財センター　2008年
神戸市立博物館『海の考古学』特別展図録　神戸市立博物館　2000年

—372—

XI 舟船関係文献資料目録 (3 舟形関係)

国立歴史民俗博物館『国立歴史民俗博物館研究報告』第7集 共同研究「古代の祭祀と信仰」本篇 国立歴史民俗博物館 1985年

国立歴史民俗博物館『国立歴史民俗博物館研究報告』第7集 共同研究「古代の祭祀と信仰」附篇 祭祀関係遺物出土地地名表 国立歴史民俗博物館 1985年

小坂井町教育委員会『篠東第1次調査報告』小坂井町教育委員会 1960年

小杉町教育委員会『赤田I遺跡発掘調査報告』小杉町教育委員会 2003年

御所市教育委員会『台風7号被害による室宮山古墳出土遺物』文化財調査報告書第24集 御所市教育委員会 1999年

後藤勝彦・相原淳一「宮城県石巻市南境貝塚出土の線刻礫について」『日本考古学協会第76回総会研究発要旨』日本考古学協会 2010年

後藤守一『伊豆山木遺跡―弥生時代木製品の研究―』築地書館 1962年

小林正春「恒川遺跡群」『長野県史―考古資料編全1巻(3)主要遺跡(南信)―』長野県 1983年

駒井正明「田井中遺跡出土舟形土製品」『大阪文化財研究』第10号 大阪府文化財調査研究センター 1996年

小松市教育委員会『八日市地方遺跡I―小松駅東土地区画整備事業に係る埋蔵文化財発掘調査報告書―』小松市教育委員会 2003年

是光吉基「広島県世羅出土の祭祀遺物」『月刊考古学ジャーナル』No.5 ニュー・サイエンス社 1967年

近藤滋「長命寺・大房遺跡」『びわ湖と埋蔵文化財』滋賀総合研究所 1984年

近藤義郎「家島群島における師楽式遺跡の調査」『家島群島』神戸新聞社 1962年

埼玉県遺跡調査会『高井東遺跡調査報告書』埼玉県遺跡調査会 1974年

埼玉県教育委員会『城北遺跡』埼玉県教育委員会 1995年

埼玉県埋蔵文化財調査事業団『住宅・都市整備公団浦和南部地区埋蔵文化財発掘調査報告』埼玉県教育委員会 1984年

埼玉県埋蔵文化財調査事業団『深谷市城北遺跡――一般国道17号上武道路関係埋蔵文化財発掘調査報告書II―』報告書第150集 埼玉県埋蔵文化財調査事業団 1995年

埼玉県埋蔵文化財調査事業団『今井川越田遺跡II』報告書第178集 埼玉県教育委員会 1996年

斎宮歴史博物館『三重県の祭祀遺跡―まつりのかたちさまざま―』斎宮歴史博物館 1994年

佐賀県教育委員会『石木遺跡』文化財調査報告第35集 佐賀県教育委員会 1976年

佐賀県教育委員会『吉野ヶ里遺跡―平成8～10年度の発掘調査の概要―』佐賀県教育委員会 2003年

佐賀県教育委員会『中原遺跡I』佐賀県教育委員会 2007年

酒巻忠史「富津市打越遺跡の再検討」『研究紀要VII』君津郡市文化財センター 1996年

桜井市教育委員会『纒向遺跡―昭和54年度遺跡範囲確認発掘調査概報―』桜井市教育委員会 1980年

桜井市教育委員会『纒向遺跡―昭和56年度遺跡範囲確認発掘調査概報―』桜井市教育委員会 1982年

佐倉市遺跡調査会『佐倉市吉見台遺跡発掘調査概報II』佐倉市遺跡調査会 1983年

佐藤好一「名取郡秋保町の原始・古代の遺跡と遺物」『秋保町史』本編 宮城県秋保町 1976年

沢四郎・富永慶一「オンネチカップ(西庶路)遺跡調査報告」『北海道白糠町の先史文化』第1輯 北海道白糠町教育委員会 1966年

滋賀県文化財保護協会『森浜遺跡発掘調査報告』滋賀県教育委員会 1978年

滋賀県文化財保護協会『服部遺跡発掘調査概報』滋賀県教育委員会・守山市教育委員会 1979年

滋賀県文化財保護協会『ほ場整備関係遺跡発掘調査報告書X-3』滋賀県教育委員会 1983年

滋賀県文化財保護協会『草津川改修工事に伴う埋蔵文化財発掘調査概報―御倉北萱地区―』滋賀県教育委員会 1986年

滋賀県文化財保護協会『赤野井湾遺跡―湖岸堤天神川水門工事に伴う埋蔵文化財発掘調査概要

第3部 〈附編〉 舟・船舶関係資料一覧

報告書―』滋賀県教育委員会　1986年

滋賀県文化財保護協会『赤野井湾遺跡―湖岸堤天神川水門工事に伴う埋蔵文化財発掘調査概要報告書2』滋賀県教育委員会　1987

滋賀県文化財保護協会『御倉・北萱地区―草津川改修事業に伴う埋蔵文化財発掘調査概要報告書―』滋賀県教育委員会　1987年

滋賀県文化財保護協会『琵琶湖流域下水道彦根長浜処理区東北部浄化センター建設に伴う松原内湖遺跡発掘調査概要報告書Ⅱ―木製品―』滋賀県教育委員会　1992年

滋賀県文化財保護協会「古墳時代の祭祀跡」「滋賀埋文ニュース」第153号　滋賀県埋蔵文化財センター　1992年

滋賀県文化財保護協会『琵琶湖北東部の湖底・湖岸遺跡』琵琶湖開発事業関連埋蔵文化財発掘調査報告書7　滋賀県教育委員会　2003年

滋賀県文化財保護協会『柳遺跡Ⅳ―草津市青地町―』草津川改修事業ならびに草津川放水路建設事業に伴う発掘調査報告書ⅩⅠ　滋賀県教育委員会　2008年

滋賀県立安土城考古博物館『物と人―古墳時代の生涯と運搬―』平成9年度春季特別展図録　滋賀県立安土城考古博物館　1997年

滋賀総合研究所水資源開発公団琵琶湖開発事業建設部『びわ湖と埋蔵文化財調査』滋賀総合研究所　1984年

静岡県教育委員会・袋井市教育委員会『昭和56年度一般国道1号袋井バイパス(袋井地区)埋蔵文化財調査概報』静岡県教育委員会・袋井市教育委員会　1982年

静岡県埋蔵文化財調査研究所『宮下遺跡・内荒遺跡・川合遺跡―静清バイパス(川合地区)概要―』静岡県埋蔵文化財調査研究所　1985年

静岡県埋蔵文化財調査研究所『川合遺跡―昭和60・61年度静清バイパス(川合地区)埋蔵文化財発掘調査概報―』静岡県埋蔵文化財調査研究所　1986年

静岡県埋蔵文化財調査研究所「年報」Ⅱ　静岡県埋蔵文化財調査研究所　1986年

静岡県埋蔵文化財調査研究所「年報」Ⅲ　静岡県埋蔵文化財調査研究所　1987年

静岡県埋蔵文化財調査研究所『大谷川(稲妻地区)―昭和60年度巴川(大谷川放水路Ⅰ区)特定河川緊急整備事業埋蔵文化財調査報告書(神明原・元宮川遺跡)―』第12集　静岡県埋蔵文化財調査研究所　1988年

静岡県埋蔵文化財調査研究所『瀬名遺跡―昭和62年度静清バイパス(瀬名地区)埋蔵文化財発掘調査概報―』静岡県埋蔵文化財調査研究所　1988年

静岡県埋蔵文化財調査研究所『長崎遺跡―昭和62年度静清バイパス(長崎地区)埋蔵文化財発掘調査概報―』静岡県埋蔵文化財調査研究所　1988年

静岡県埋蔵文化財調査研究所『川合遺跡』静岡県埋蔵文化財調査研究所　1990年

静岡県埋蔵文化財調査研究所『川合遺跡17区―平成2年度静清バイパス(川合地区)埋蔵文化財発掘調査報告書―』第28集　静岡県埋蔵文化財調査研究所　1991年

静岡県埋蔵文化財調査研究所『角江遺跡―平成2年度二級河川新川住宅宅地関連公共施設整備促進(中小)工事に係わる埋蔵文化財発掘調査報告書―』第30集　静岡県埋蔵文化財調査研究所　1991年

静岡県埋蔵文化財調査研究所『瀬名遺跡Ⅰ―平成3年度静清バイパス(瀬名地区)埋蔵文化財発掘調査報告書―遺構編(特)本分編』第40集　静岡県埋蔵文化財調査研究所　1991年

静岡県埋蔵文化財調査研究所『池ヶ谷遺跡Ⅰ―平成3年度静清バイパス(池ヶ谷地区)埋蔵文化財発掘調査報告書―遺構編』第38集　静岡県埋蔵文化財調査研究所　1992年

静岡県埋蔵文化財調査研究所『長崎遺跡Ⅱ(遺構編)―昭和62・63平成元年度静清バイパス(長崎地区)埋蔵文化財発掘調査報告書―』第39集　静岡県埋蔵文化財調査研究所　1992年

静岡県埋蔵文化財調査研究所『御殿川流域遺跡群Ⅰ―中島西原田遺跡八反畑前田遺跡梅名大曲田遺跡平成2・3年度一級河川御殿川小規模河川改修工事に伴う埋蔵文化財発掘調査報告書―』第44集　静岡県埋蔵文化財調査研究所　1993年

―374―

XI 舟船関係文献資料目録（3 舟形関係）

静岡県埋蔵文化財調査研究所『瀬名遺跡Ⅱ―昭和61・62・63・平成元・2年度静清バイパス（瀬名地区）埋蔵文化財発掘調査報告書―（遺構編Ⅱ）』第43集　静岡県埋蔵文化財調査研究所1993年

静岡県埋蔵文化財調査研究所『池ヶ谷遺跡Ⅱ―昭和63年度～平成2年度静清バイパス（池ヶ谷地区）埋蔵文化財発掘調査報告書―（自然科学編）』第46集　静岡県埋蔵文化財調査研究所1993年

静岡県埋蔵文化財調査研究所『瀬名遺跡Ⅲ（遺物編Ⅰ）―静清バイパス（瀬名地区）埋蔵文化財調査報告書3―本文編』第47集　静岡県埋蔵文化財調査研究所　1994年

静岡県埋蔵文化財調査研究所『川合遺跡―平成5年度静清バイパス（川合地区）埋蔵文化財発掘調査報告書―遺物編3』第48集　静岡県埋蔵文化財調査研究所　1994年

静岡県埋蔵文化財調査研究所『御殿川流域遺跡群Ⅱ―中島西原田遺跡八反畑前田遺跡梅名大曲田遺跡平成2・3年度一級河川御殿川小規模河川改修工事に伴う埋蔵文化財発掘調査報告書―』第50集　静岡県埋蔵文化財調査研究所　1994年

静岡県埋蔵文化財調査研究所『長崎遺跡―平成5年度大津谷川単年災害復旧に伴う埋蔵文化財発掘調査報告書―』第54集　静岡県埋蔵文化財調査研究所　1994年

静岡県埋蔵文化財調査研究所『長崎遺跡Ⅳ―昭和62年度～平成元年度・4年度静清バイパス（長崎地区）埋蔵文化財発掘調査報告書―（遺物・考察編）』第59集　静岡県埋蔵文化財調査研究所　1995年

静岡県埋蔵文化財調査研究所『瀬名遺跡自然科学編―平成6年度静清バイパス（瀬名地区）埋蔵文化財発掘調査報告書―』第61集　静岡県埋蔵文化財調査研究所　1995年

静岡県埋蔵文化財調査研究所『池ヶ谷遺跡Ⅲ遺物編―平成6年度静清バイパス（池ヶ谷地区）埋蔵文化財発掘調査報告書―』第62集　静岡県埋蔵文化財調査研究所　1995年

静岡県埋蔵文化財調査研究所『設立10周年記念誌―10年のあゆみ―』静岡県埋蔵文化財調査研究所　1995年

静岡県埋蔵文化財調査研究所編「「鳥形土器」「絵画土器」「舟形木製品」の発見―角江遺跡―」「年報（平成7年度事業概要）」ⅩⅡ　静岡県埋蔵文化財調査研究所　1996年

静岡県埋蔵文化財調査研究所『御殿川流域遺跡群Ⅲ―鶴喰前田遺跡平成7年度一級河川御殿川小規模河川改修工事に伴う埋蔵文化財発掘調査報告書―』第67集　静岡県埋蔵文化財調査研究所　1996年

静岡県埋蔵文化財調査研究所『角江遺跡Ⅱ遺構編―平成3～7年度二級河川新川住宅宅地関連公共施設整備促進（中小）工事に伴う埋蔵文化財発掘調査報告書―』第69集　静岡県埋蔵文化財調査研究所　1996年

静岡県埋蔵文化財調査研究所『角江遺跡Ⅱ遺物編1（土器土製品）』第69集　静岡県埋蔵文化財調査研究所　1996年

静岡県埋蔵文化財調査研究所『瀬名遺跡Ⅴ（遺物編Ⅱ）―静清バイパス（瀬名地区）埋蔵文化財発掘調査報告書5図版編―』第79集　静岡県埋蔵文化財調査研究所　1996年

静岡県埋蔵文化財調査研究所『川合遺跡遺物編3―平成7年度静清バイパス（川合地区）埋蔵文化財発掘調査報告書（木製品本分編）―』第84集　静岡県埋蔵文化財調査研究所　1996年

静岡県埋蔵文化財調査研究所『上土遺跡（立石地区）Ⅱ（遺物編）―平成4・5年度静清バイパス（上土遺跡立石地区）埋蔵文化財発掘調査報告書―』第78集　静岡県埋蔵文化財調査研究所1996年

静岡県埋蔵文化財調査研究所『御殿川流域遺跡群Ⅳ―鶴喰前田遺跡／中・手乱遺跡平成7・8年度一級河川御殿川小規模河川改修工事に伴う埋蔵文化財発掘調査報告書―』第104集　静岡県埋蔵文化財調査研究所　1998年

静岡県埋蔵文化財調査研究所『元島遺跡Ⅰ―平成6～9年度太田川住宅宅地基盤特定治水施設等に伴う埋蔵文化財発掘調査報告書―』第109集　静岡県埋蔵文化財調査研究所　1998年

静岡県埋蔵文化財調査研究所『出土品図録』静岡県埋蔵文化財調査研究所　1999年

第3部 〈附編〉舟・船舶関係資料一覧

静岡県埋蔵文化財調査研究所『恒武西宮・西浦遺跡』第120集　静岡県埋蔵文化財調査研究所
　　2000年
設楽博己編『原始絵画の研究―論考編―』六一書房　2006年
清水市郷土研究会『飯田遺跡』清水市教育委員会　1982年
清水市教育委員会『太田切遺跡飯田遺跡』静岡県教育委員会　1984年
島根県教育委員会『朝酌川河川改修工事に伴うタテチョウ遺跡発掘調査報告書Ⅰ』島根県教育
　　委員会　1979年
島根県教育委員会『国道9号線バイパス建設予定地内埋蔵文化財報告書Ⅳ』島根県教育委員会
　　1983年
島根県教育委員会『北松江幹線新設工事・松江連絡線新設工事予定地内埋蔵文化財発掘調査報
　　告書』島根県教育委員会　1990年
島根県教育委員会『朝酌川河川改修工事に伴う西川津遺跡発掘調査報告書Ⅳ（海崎地区2）』島根
　　県教育委員会　1988年
島根県教育委員会『タテチョウ遺跡発掘調査報告書Ⅲ』島根県教育委員会　1990年
島根県教育委員会『布田遺跡――一般国道9号松江道路建設予定地内―』埋蔵文化財発掘調査報告
　　書Ⅷ　島根県教育委員会　1991年
島根県教育委員会『姫原西遺跡――一般国道9号出雲バイパス建設予定地内埋蔵文化財発掘調査
　　報告1―』　島根県教育委員会　1999年
島根県教育委員会『西川津遺跡Ⅵ』島根県教育委員会　1999年
島根県教育委員会『三田谷Ⅰ遺跡 Vol.1』島根県教育委員会　1999年
島根県教育委員会『三田谷Ⅰ遺跡 Vol.3』島根県教育委員会　2000年
島根県教育委員会『大津町北遺跡　中野清水遺跡』島根県教育委員会　2004年
島根県教育委員会『中野清水遺跡（2）』島根県教育委員会　2005年
島根県教育委員会『山持遺跡Vol.5（6区）―国道431号道路改築事業（東林木バイパス）に伴う埋蔵
　　文化財発掘調査報告書7―』島根県教育委員会　2009年
島根県埋蔵文化財調査センター「年報―平成23年度―」20　島根県教育庁　2012年
島根県立八雲立つ風土記の丘『「海」―海流に乗った古代の恋物語―』夏季特別展図録　八雲立
　　つ風土記の丘　1999年
下村智・横山邦継「福岡県樋渡遺跡―福岡市西区吉武遺跡群第3次調査―」『日本考古学年報―
　　1983年度版―』36　日本考古学協会　1985年
下村智・横山邦継「吉武遺跡出土の模造船について―福岡市西区大字吉武桜町地区の調査―」「月
　　刊考古学ジャーナル」No241　ニュー・サイエンス社　1985年
白根市教育委員会『馬場屋敷遺跡等発掘調査報告』白根市教育委員会　1983年
新旭町教育委員会『ふるさとの遺跡と遺物』新旭町郷土叢書第1輯　新旭町教育委員会　1959年
新人物往来社編「豊漁祈る祭祀舟出土」「歴史読本」昭和60年7月号　新人物往来社　1985年
新東晃一・田仲満雄「下市瀬遺跡」『岡山県教育発掘調査報告』3　岡山県教育委員会　1974年
吹田市立博物館『海を渡ってきた陶人たち』平成5年度特別展図録　吹田市立博物館　1993年
吹田市立博物館『川の古代祭祀―五反島遺跡を考える―』特別展　吹田市立博物館　2002年
菅原文也「常磐市発見の手捏土器」『福島史学研究』復刊第1号　福島史学研究会　1965年
椙山林継・金子裕之「千葉県富士見台遺跡の調査」「考古学雑誌」第58巻第3号　日本考古学会
　　1972年
関口満「部室貝塚出土の「舟形土器」―その形態的特徴と文様的特徴について―」「館報」第5号
　　玉里村立史料館　2000年
仙台市教育委員会『鴻ノ巣遺跡』仙台市教育委員会　1982年
善通寺市教育委員会『仲杣廃寺発掘調査報告書（旧練兵場遺跡内）』善通寺市教育委員会　1984年
薗田芳雄「千網谷戸」両毛考古学会　1954年
第2阪和国道内遺跡調査会『池上・四ッ池』第2阪和国道内遺跡調査会　1970年

XI　舟船関係文献資料目録（3　舟形関係）

高岡市教育委員会『石塚遺跡・東木津遺跡調査報告』高岡市教育委員会　2001年

多賀城市教育委員会『市川橋遺跡の調査―城南土地区画整理事業に係る発掘調査報告書Ⅱ―』
　　報告第70集　多賀城市教育委員会　2003年

多賀城市埋蔵文化財センター「年報」2『多賀城市文化財調査報告書』第16集　多賀城市埋蔵文
　　化財センター　1988年

鷹野光行「舟形土器について」「お茶の水女子大学人文科学紀要」第36巻　お茶の水女子大学
　　1983年

鷹野光行「再び舟形土器について」「研究紀要」48　お茶の水女子大学附属高等学校　2002年

高橋桂「魚形線刻画のある土器片（資料紹介）」「信濃」第24巻第11号　信濃史学会　1972年

高橋正勝「木製品」『縄文文化の研究―続縄文・南島文化―』第6巻　雄山閣出版　1982年

高松市教育委員会『井手内Ⅰ遺跡――一般国道11号高松東道路建設に伴う埋蔵文化財発掘調査報
　　告―』第25集　高松市教育委員会　1995

竹政一夫「太田市米澤出土の舟形土器について」『新田を掘る』木暮仁一先生古稀記念論集刊行
　　会　東毛考古学サークルはにわの会　1994年

太宰府町教育委員会『太宰府条坊跡観世音寺土地区画整理に伴う発掘調査(1)』太宰府町教育委
　　員会　1982年

田島桂男『日本の古代遺跡17―群馬西部―』保育社　1984年

館山市立博物館『ほりだされた安房の遺跡』企画展　館山市立博物館　1990年

田中英世「野呂山田貝塚出土の舟形土器―鹿島川流域の縄文時代遺跡(2)」「貝塚博物館紀要」第
　　12号　千葉市立加曽利貝塚博物館　1985年

千葉県文化財センター『安房郡鋸南町下ノ坊遺跡Ｂ地点発掘調査報告書』調査報告書第181集
　　建設省関東地方建設局　1990年

中主町埋蔵文化財調査会『西河原森ノ内遺跡第1・2次発掘調査報告書』調査報告書第9集　中主
　　町教育委員会　1987年

月の輪古墳刊行会編『月の輪古墳』月の輪古墳刊行会　1960年

辻尾榮市「遼東半島黄海沿岸発見の舟形土製品と舟形土器の類似品」「紀要」（村川行弘先生古稀
　　記念特輯）創刊号　のじぎく文化財保護研究財団　1996年

辻尾榮市「韓国金海府院洞遺蹟の舟形土製品」「郵政考古紀要」第30号通巻39冊　大阪・郵政考
　　古学会　2001年

寺沢薫「纒向遺跡と初期ヤマト政権」『橿原考古学研究所論集』第6　吉川弘文館　1984年

戸井町教育委員会『戸井貝塚』戸井町教育委員会　1999年

徳島県埋蔵文化財センター『観音寺遺跡Ⅳ―道路改築事業（徳島環状線国府工区）関連埋蔵文化
　　財発掘調査報告書―』調査報告書第71集　徳島県教育委員会　2008年

徳島県立博物館『海はむすぶ―人とモノの交流史―』企画展図録　徳島県立博物館　1998年

徳山久夫「瀬戸内の奉納船模型」『中国・四国地方の民具』明玄書房　1982年

栃木県教育委員会『下野国府跡Ⅳ―昭和56年度発掘調査概報―』埋蔵文化財報告第50集　栃木
　　県教育委員会　1982年

鳥取県教育福祉振興会『秋里遺跡―鳥取都市計画事業秋里土地区画整理事業に係る埋蔵文化財
　　発掘調査―』本文編　鳥取県教育福祉振興会　1996年

鳥取県埋蔵文化財センター『鳥取県気高郡青谷町青谷上寺地遺跡3（本文編）』調査報告72　鳥
　　取県教育文化財団　2001年

鳥取県埋蔵文化財センター『鳥取県気高郡青谷町青谷上寺地遺跡3（写真図版編）』調査報告72
　　鳥取県教育文化財団　2001年

鳥取県埋蔵文化財センター『鳥取県気高郡青谷町青谷上寺地遺跡4』調査報告書74　鳥取県埋蔵
　　文化財センター　2002年

鳥取県埋蔵文化財センター『青谷上寺地遺跡11―第10次発掘調査報告書―』調査報告書31　鳥
　　取県教育文化財団　2010年

—377—

第3部　〈附編〉舟・船舶関係資料一覧

鳥取県埋蔵文化財センター『青谷上寺地遺跡12─第11・12次発掘調査報告書─』調査報告書46
　　鳥取県教育文化財団　2012年
鳥取市教育委員会『鳥取・秋里遺跡I─建設省、鳥取バイパス及び狐川改修事業に伴う緊急発掘
　　調査の概要─』文化財調査報告書IV　鳥取市教育委員会　1976年
鳥取市教育福祉振興会『秋里遺跡─鳥取都市計画事業秋里土地区画整理事業に係る埋蔵文化財
　　発掘調査─』鳥取市教育福祉振興会　1996年
鳥取市教育委員会『岩吉遺跡III─中小河川改修事業大井出川改良工事に係る埋蔵文化財発掘調
　　査─』鳥取市教育委員会　1991年
鳥取市遺跡調査団『秋里遺跡IV─秋里下水終末処理場建設事業に伴う埋蔵文化財発掘調査─』
　　報告書19　鳥取県教育委員会　1985年
苫小牧市教育委員会『タプコプ』苫小牧市教育委員会　1984年
豊元国「舟形石製模造品に就いて」『考古学雑誌』第28巻第9号　考古学会　1938年
豊元国「舟形石製模造品に就いて」『考古学雑誌』第30巻第2号　考古学会　1940年
富山県埋蔵文化財センター「年報─平成20年度─」富山県埋蔵文化財センター　2009年
富山県埋蔵文化財センター『寧楽と越』特別展図録　富山県埋蔵文化財センター　2012年
豊浦町教育委員会『曽根遺跡II』豊浦町教育委員会　1982年
豊中・古池遺跡調査会『豊中・古池遺跡発掘調査概報　そのIII』豊中・古池遺跡調査会　1976年
中井均「入江内湖周辺遺跡出土木製品の概要」『古代学研究』第111号　古代学研究会　1986年
中尾佐助『照葉樹林文化』中央公論新社　1986年
中口裕・上野与一「加賀国柴山潟周辺出土の土錘について」『古代学研究』第23号　古代学研究会
　　1960年
中田裕香「土製品」『考古資料大観─続縄文・オホーツク・擦文文化─』第11巻　小学館　2004年
長浜市教育委員会『十里遺跡・鴨田遺跡調査─団体営ほ場整備事業に伴う市内遺跡発掘調査報
　　告書─』長浜市教育委員会　1988年
長浜市教育委員会『神宮寺遺跡(1992年)─マンション建設に伴う発掘調査報告書─』埋蔵文化
　　財調査資料第54集　長浜市教育委員会　2004年
長浜市文化財資料室「大戊亥・鴨田遺跡2」『長浜文化財ファイル』5　長浜市教育委員会　1994年
中村和之「ニブフの交易と船」『北方民族の船・北の海をすすめ』北海道立北方民族博物館
　　1995年
中村耕作「縄文時代後期の舟形土器」『上代文化』第39輯　國學院大學考古學會　2005年
なすな原遺跡調査団『なすな原遺跡─No.1地区調査─』なすな原遺跡調査団　1974年
奈良市教育委員会『奈良市の古墳時代─近年の調査から─』第9回平城京展　奈良市教育委員会
　　1991年
奈良県立橿原考古学研究所『奈良県遺跡調査概報1984年度(第2分冊)』橿原考古学研究所
　　1985年
奈良県立橿原考古学研究所『奈良県遺跡調査概報1998年─桜井市勝山古墳第2次(纒向遺跡第
　　111次)発掘調査概報─』奈良県立橿原考古学研究所　1999年
奈良県立橿原考古学研究所『大和木器資料I(研究成果第3冊)』橿原考古学研究所　2000年
奈良県立橿原考古学研究所付属博物館『橿原考古学研究所付属博物館総合案内』橿原考古学研
　　究所　1988年
奈良国立文化財研究所『平城京左京三条二坊』学報第25冊　奈良国立文化財研究所　1975年
奈良国立文化財研究所『昭和51年度平城宮跡発掘調査部発掘調査概報』奈良国立文化財研究所
　　1977年
奈良国立文化財研究所『飛鳥・藤原宮発掘調査概報8』奈良国立文化財研究所　1978年
奈良国立文化財研究所『飛鳥・藤原宮発掘調査報告III─藤原宮西辺地区・内裏東外郭の調査─』
　　奈良国立文化財研究所　1980年
奈良国立文化財研究所『昭和55年度平城宮跡発掘調査部発掘調査概報』奈良国立文化財研究所

XI　舟船関係文献資料目録（3 舟形関係）

1981年

奈良国立文化財研究所『木器集成図録近畿古代篇』奈良国立文化財研究所　1985年

奈良国立文化財研究所『平城宮発掘調査報告XV―東院庭園地区の調査―』学報第69冊　奈良国立文化財研究所　2003年

新潟県教育委員会『千種』新潟県文化財報告書第一（考古編）新潟県教育委員会　1953年

新潟県教育委員会『北陸自動車道上越市春日・木田地区発掘調査報告書Ⅰ』新潟県教育委員会　1985年

新潟市埋蔵文化財センター『最新調査成果が語る新潟市の歴史』新潟市埋蔵文化財センター　2009年

新潟市埋蔵文化財センター『大沢谷内遺跡Ⅱ第7・9・11・12・14次調査――一般国道403号小須戸田上バイパス整備工事に伴う大沢谷内遺跡第2・4・6・7・9次発掘調査報告書―』新潟市教育委員会　2012年

日本考古学協会編『登呂前編』東京堂出版　1949年

日本考古学協会編『登呂本編』東京堂出版　1954年

日本考古学協会『日本考古学年報』65　日本考古学協会　2012年

韮山町教育委員会『伊豆韮山宮下遺跡』韮山町教育委員会　1967年

能登川町教育委員会『斗西遺跡（第1次調査）』埋蔵文化財調査報告書第10集　能登川町教育委員会　1988年

能登川町教育委員会『斗西遺跡（第2次調査）』埋蔵文化財調査報告書第27集　能登川町教育委員会　1993年

能登川町教育委員会『柿堂遺跡』埋蔵文化財調査報告書第8集　能登川町教育委員会　1987年

能登川町教育委員会『町内遺跡分布調査報告書』埋蔵文化財調査報告書第3集　能登川町教育委員会　1986年

能登川町教育委員会『石田遺跡』埋蔵文化財調査報告書第58集　能登川町教育委員会　2004年

能登川町埋蔵文化財センター『神郷亀塚古墳』埋蔵文化財調査報告書第55集　能登川町埋蔵文化財センター　2004年

野村崇「北海道栗山町鳩山の墳墓遺跡」『石器時代』第7号　石器時代文化研究会　1965年

羽咋市教育委員会『太田ニシカワダ遺跡』羽咋市教育委員会　1999年

函館市教育委員会『石倉貝塚』函館市教育委員会　1999年

浜松市教育委員会『国鉄浜松工場内遺跡発掘調査略報Ⅱ』浜松市教育委員会　1977年

浜松市教育委員会『伊場遺跡遺物編Ⅰ』浜松市教育委員会　1978年

浜松市博物館『城山遺跡調査報告書』可美村教育委員会　1981年

浜松市文化協会『梶子北遺跡―木器編―』浜松市教育委員会　1997年

浜松市文化振興財団『梶子北遺跡（三永地区）―古墳・奈良時代編―』浜松市教育委員会　2006年

林隆広「原の辻遺跡と舟」「原の辻ニュースレター」第26号　長崎県教育庁原の辻遺跡調査事務所　2006年

原口長之「舟葬説についての一考察―熊本県菊池川流域の場合―」「研究紀要」第1集　熊本県立装飾古墳館　1992年

原の辻遺跡保存等協議会『原の辻遺跡―長崎県緊急雇用対策事業に伴う埋蔵文化財発掘調査報告書―』調査報告書第1集　原の辻遺跡保存等協議会　2000年

ハリス，ヴィクター・後藤和雄『ガウランド日本考古学の父』朝日新聞社　2003年

東大阪市文化財協会・東大阪市教育委員会『水走遺跡第2次・鬼虎川遺跡第20次発掘調査報告』東大阪市教育委員会　1992年

東大阪市文化財保護協会『若江遺跡発掘調査報告書Ⅰ―遺構編―』東大阪市教育委員会　1982年

東大阪市遺跡保護調査会『若江遺跡発掘調査報告書Ⅰ―遺物編―』東大阪市教育委員会　1983年

東大阪市文化財協会『鬼虎川遺跡調査概要Ⅰ―遺物編木製品―』東大阪市文化財協会　1988年

東大阪市文化財協会『鬼虎川遺跡第1～3次発掘調査報告』東大阪市文化財協会　1990年

第3部 〈附編〉舟・船舶関係資料一覧

東広島市教育委員会『西条第1土地区画整理事業地内埋蔵文化財発掘調査報告書Ⅰ』東広島市教育委員会　1992年

樋上昇「春日井市勝川遺跡出土木製品の再検討」「研究紀要」第4号　愛知県埋蔵文化財センター　2003年

久田正弘「西日本への浮線文土器と舟形土器・容器の波及」「石川県埋蔵文化財情報」第30号　石川県埋蔵文化財センター　2013年

日高町教育委員会『但馬国分寺木簡』調査報告書第5集　日高町教育委員会　1981年

姫路市教育委員会『市道幹47号線建設工事に伴う辻井道路発掘調査(昭和60年度)の概要』姫路市教育委員会　1985年

平林悦治「奈良若草山発見の石製模造船」「考古学雑誌」第29巻第3号　考古学会　1939年

広島県教育委員会『草戸千軒遺跡1970年度発掘調査概報』広島県教育委員会　1971年

広島県教育委員会『草戸千軒遺跡第9・10次発掘調査概要』広島県教育委員会　1974年

広島県教育委員会『草戸千軒遺跡第11～14次発掘調査概要』広島県教育委員会　1976年

広島県草戸千軒町遺跡調査研究所『海底に埋もれた中世の町―草戸千軒―』広島考古学研究会　1979年

広島県草戸千軒町遺跡調査研究所『草戸千軒町遺跡第24～26次発掘調査概要』広島県草戸千軒町遺跡調査研究所　1980年

広島県草戸千軒町遺跡調査研究所『草戸千軒町遺跡第27次発掘調査概要』広島県草戸千軒町遺跡調査研究所　1981年

広島県草戸千軒町遺跡調査研究所『草戸千軒町遺跡第28・29次発掘調査概要』広島県草戸千軒町遺跡調査研究所　1982年

広島県草戸千軒町遺跡調査研究所『草戸千軒町遺跡第31次発掘調査概要』広島県草戸千軒町遺跡調査研究所　1984年

広島県草戸千軒町遺跡調査研究所『草戸千軒町遺跡第32次発掘調査概要』広島県草戸千軒町遺跡調査研究所　1985年

広島県草戸千軒町遺跡調査研究所『草戸千軒町遺跡第33次発掘調査概要』広島県草戸千軒町遺跡調査研究所　1986年

広島県草戸千軒町遺跡調査研究所『草戸千軒町遺跡第34次発掘調査概要』広島県草戸千軒町遺跡調査研究所　1987年

広島県草戸千軒町遺跡調査研究所『草戸千軒町遺跡発掘調査報告Ⅰ―北部地域北半部の調査―』広島県教育委員会　1993年

広島県草戸千軒町遺跡調査研究所『草戸千軒町遺跡発掘調査報告Ⅱ―北部地域南半部の調査―』広島県教育委員会　1994年

広島県草戸千軒町遺跡調査研究所『草戸千軒町遺跡発掘調査報告Ⅲ―南部地域北半部の調査―』広島県教育委員会　1995年

広島県草戸千軒町遺跡調査研究所『草戸千軒町遺跡発掘調査報告Ⅳ―南部地域南半部の調査―』広島県教育委員会　1995年

広島県埋蔵文化財センター『中屋遺跡B地点発掘調査報告Ⅱ』広島県埋蔵文化財センター　1999年

兵庫県教育委員会『播磨・権現遺跡』兵庫県教育委員会　1972年

兵庫県教育委員会『筒江遺跡群Ⅰ』調査報告第31冊　兵庫県教育委員会　1985年

兵庫県教育委員会『丁・柳ヶ瀬遺跡発掘調査報告書』調査報告第30冊　兵庫県教育委員会　1985年

兵庫県教育委員会埋蔵文化財調査事務所『袴狭遺跡(本文編)―小野川放水路事業に伴う埋蔵文化財発掘調査報告―』調査報告第197冊　兵庫県教育委員会　2000年

兵庫県立歴史博物館『三万年の旅―ナウマンゾウから汽車土瓶まで―』兵庫県立歴史博物館　1998年

XI　舟船関係文献資料目録（3 舟形関係）

平林悦治「奈良若草山発見の石製模造船」『考古学雑誌』第29巻第3号　考古学会　1939年

福井県教育委員会『朝倉氏遺跡発掘調査報告 I 』福井県教育委員会　1979年

福井県立朝倉氏遺跡資料館『特別史跡一乗谷朝倉氏遺跡ⅩⅢ』福井県教育委員会　1982年

福井県立朝倉氏遺跡資料館『特別史跡一乗谷朝倉氏遺跡ⅩⅥ』福井県教育委員会　1985年

福岡澄男「広がる交流」『発掘速報展大阪　大河内裏─弥生社会の発展と古墳の出現─』大阪府
　　文化財調査研究センター　2002年

福岡市教育委員会『拾六町ツイジ遺跡─城原小学校建設地内遺跡調査報告書─』調査報告書第
　　92集　福岡市教育委員会　1983年

福岡市教育委員会『板付周辺遺跡調査報告書(9)』調査報告書第98集　福岡市教育委員会
　　1983年

福岡市教育委員会『板付周辺遺跡調査報告書(12)』調査報告書第154集　福岡市教育委員会
　　1987年

福岡市教育委員会『井相田C遺跡 I 』調査報告書第152集　福岡市教育委員会　1987年

福岡市教育委員会『博多Ⅷ─博多遺跡群第29次調査の概要─』埋蔵文化財調査報告書第148集
　　福岡市教育委員会　1987年

福岡市教育委員会『博多ⅩⅢ』福岡市教育委員会　1987年

福岡市教育委員会『福岡市今宿五郎江遺跡Ⅱ』調査報告書第238集　福岡市教育委員会　1991年

福岡市教育委員会『元岡・桑原遺跡群8─第20次調査の報告─』調査報告書第962集　福岡市教育
　　委員会　2007年

福岡市教育委員会『元岡・桑原遺跡群12─第7次調査の報告─』調査報告書第1012集　福岡市教
　　育委員会　2008年

福岡市埋蔵文化財センター『西区拾六町ツイジ遺跡 I 』収蔵資料目録第1集　福岡市教育委員会
　　1985年

福島県双葉町教育委員会『双葉・陳場沢弥生遺跡の研究』埋蔵文化財調査報告第11冊　双葉町教
　　育委員会　1993年

福島県文化センター『山崎遺跡(第2次)笹目平遺跡笹目平館跡─矢吹地区発掘調査報告10─』文
　　化財調査報告第270集　福島県教育委員会　1992年

福島県文化センター『相馬開発関連遺跡調査報告 I ・Ⅱ』文化財調査報告第234集　福島県教育
　　委員会　1989年

袋井市教育委員会『坂尻遺跡第2次調査──一般国道1号袋井バイパス(袋井地区)埋蔵文化財発掘
　　調査概報─』袋井市教育委員会　1982年

藤枝市教育委員会『志太郡衙(御子ヶ谷遺跡・秋合遺跡)─日本住宅公団藤枝地区埋蔵文化財調
　　査報告書Ⅲ(奈良・平安時代編)─』藤枝市教育委員会　1981年

藤澤一夫「船形石製品の一例」『考古学』第6巻第3号　東京考古学会　1935年

藤本英夫「北海道日高国新冠村大狩部の墳墓遺跡─第1次調査─」『古代学』第9巻第3号　古代学
　　協会　1961年

文化庁編「小型舟形木製品・新潟県新穂村蔵王遺跡」『発掘された日本列島─ ’98新発見考古学速
　　報─』朝日新聞社　1998年

文化庁編「舟形木製品」『発掘された日本列島─2000新発見考古速報─』朝日新聞社　2000年

平安京調査会『平安京跡発掘調査報告左京四条一坊』平安京調査会　1975年

北海道先史学協会編『江別太遺跡』北海道先史学協会　1979年

北海道新聞社『北の縄文─南茅部と道南の遺跡─』北海道新聞社　1998年

北海道埋蔵文化財センター『美沢川流域の遺跡群ⅩⅩ─新千歳空港建設用地内埋蔵文化財発掘調
　　査報告書─』調査報告書第114集　北海道埋蔵文化財センター　1997年

北海道埋蔵文化財センター『千歳市ユカンボシC15遺跡(4)─北海道横断自動車道(千歳 - 夕張)
　　埋蔵文化財発掘調査報告書─』調査報告書第159集　北海道埋蔵文化財センター　2001年

北海道埋蔵文化財センター『千歳市キウス4遺跡(9)─北海道横断自動車道(千歳 - 夕張)埋蔵文

第3部　〈附編〉舟・船舶関係資料一覧

化財発掘調査報告書—』調査報告書第180集　北海道埋蔵文化財センター　2003年

本州四国道路橋公団編『瀬戸大橋建設に伴う埋蔵文化財調査概報（Ⅳ）』香川県教育委員会　1981年

本州四国道路橋公団編『瀬戸大橋建設に伴う埋蔵文化財調査概報（Ⅴ）』香川県教育委員会　1982年

本州四国道路橋公団編『瀬戸大橋建設に伴う埋蔵文化財調査概報（Ⅶ）』香川県教育委員会　1986年

本間嘉晴・椎名仙卓「佐渡泉遺跡出土の木器」『考古学雑誌』第41巻第4号　日本考古学会　1956年

舞鶴市教育委員会『京都府舞鶴市久田美遺跡発掘調査概報—および上漆原城館跡発掘調査概報—』文化財調査報告第14集　舞鶴市教育委員会　1990年

米原町教育委員会『入江内湖遺跡（行司町地区）発掘調査報告書—滋賀県文化産業交流会館建設に伴う発掘調査—』埋蔵文化財調査報告Ⅸ　米原町教育委員会　1988年

前園実知雄・中井一夫『日本の古代遺跡4—奈良北部—』保育社　1982年

前田豊邦「舟形模造品について」「郵政考古紀要」第30号通巻第39冊　大阪・郵政考古学会　2001年

益田日吉「大物遺跡と流通」『図説尼崎の歴史』尼崎市立地域研究史料館　2007年

町田市教育委員会『田端遺跡調査概報（第1次）』町田市教育委員会　1969年

松本敏三「備讃瀬戸で発見の祭祀遺物」「香川の歴史」第1号　香川県県史編さん室　1981年

間壁葭子「大英博物館蔵装飾（舟付）須恵器と文化八年の古陶器図」「倉敷考古館研究集報」第20号　倉敷考古館　1998年

間壁忠彦・葭子『日本の古代遺跡23—岡山—』保育社　1985年

松見祐二『海の王都・原の辻遺跡と壱岐の至宝』壱岐市教育委員会　2015年

松山市教育委員会『国道11号バイパス埋蔵文化財発掘調査報告書』松山市教育委員会　1984年

松山市考古館「古代の桑原Ⅱ—松山平野と桑原地区の弥生文化—」平成8年度特別展記念講演会　松山市教育委員会　1996年

丸山雄二「神宮寺遺跡の調査」『滋賀考古』第9号　滋賀考古学研究会　1993年

三重県教育委員会『三重考古図録』三重県教科書供給所　1954年

三重県教育委員会『北堀池遺跡発掘調査報告第1分冊』調査報告51-1　三重県教育委員会　1981年

三方町教育委員会『田名遺跡』三方町教育委員会　1988年

三島市教育委員会『安久遺跡—土地区画整備事業に伴う埋蔵文化財発掘調査報告書—』三島市教育委員会　1989年

水鳥「舟形の装飾ある斎甕」『考古学雑誌』第2巻第5号　考古学会　1912年

三井生命保険相互会社・出雲市教育委員会『海上遺跡—出雲市民病院移転予定地内埋蔵文化財発掘調査報告書—』三井生命保険相互会社・出雲市教育委員会　2002年

宮本純二「アコリス遺跡出土の模型船に関する一考察—船体と装具—」『中近東文化史論叢』藤本勝次・加藤一朗両先生古希記念会　1992年

宮城県教育委員会『市川橋遺跡の調査』調査報告書第184集　宮城県教育委員会　2001年

向坂鋼二「浜松市都田町中津・坂上出土の祭祀遺物」「考古学雑誌」第50巻第1号　日本考古学会　1964年

向日市教育委員会『向日市埋蔵文化財調査報告書』第4集　向日市教育委員会　1978年

向日市教育委員会『向日市埋蔵文化財調査報告書』第18集　向日市教育委員会　1986年

向日市教育委員会「年報都城」8　向日市教育委員会　1997年

宗像神社復興期成会編『沖ノ島—宗像神社沖津宮祭祀遺跡—』宗像神社復興期成会　1958年

宗像神社復興期成会編『続沖ノ島—宗像神社沖津宮祭祀遺跡—』宗像神社復興期成会　1961年

宗像大社祭祀遺跡調査隊『沖ノ島—宗像大社沖津宮祭祀遺跡昭和45年度調査概報—』宗像大社復興期成会　1971年

村田幸子「深井清水町遺跡出土の須恵質船形土製品について」「大阪文化財研究」第10号　大阪

XI 舟船関係文献資料目録（3 舟形関係）

府文化財調査研究センター　1996年

守山市教育委員会『服部遺跡発掘調査概報』守山市教育委員会　1980年

焼津市教育委員会『道場田遺跡・小川城遺跡』焼津市教育委員会　1984年

焼津市教育委員会『道場田遺跡・小川城遺跡―昭和60年度小川第二土地区画整理用地内埋蔵文
　　化財調査報告書―』焼津市教育委員会　1986年

安井良三編『南紀串本笠嶋遺跡』南紀串本笠嶋遺跡報告書刊行会　1969年

安本博「静岡市登呂弥生式遺蹟の調査」『考古学雑誌』第33巻第8号　日本考古学会　1943年

柳沢和明「国府多賀城の祭祀」『研究紀要』12　東北歴史博物館　2011年

八幡一郎編『山木遺跡第2次調査概報』ニュー・サイエンス社　1969年

山形県教育委員会『生石2遺跡発掘調査報告書(1)』調査報告89集　山形県教育委員会　1985年

山形県教育委員会『生石2遺跡発掘調査報告書(2)』調査報告99集　山形県教育委員会　1986年

山形県教育委員会『生石2遺跡発掘調査報告書(3)』調査報告117集　山形県教育委員会　1987年

山形県教育委員会『生石4遺跡発掘調査報告書』調査報告118集　山形県教育委員会　1987年

山形県教育委員会「小山崎遺跡遺跡発掘調査報告書(1)」『分布調査報告書(24)』調査報告書第
　　198集　山形県教育委員会　1997年

山形県教育委員会「小山崎遺跡遺跡発掘調査報告書(2)」『分布調査報告書(25)』調査報告書第
　　199集　山形県教育委員会　1998年

山形県埋蔵文化財センター『上高田遺跡・木戸下遺跡発掘調査報告書』調査報告書第25集　山形
　　県埋蔵文化財センター　1995年

山形県埋蔵文化財センター『土崎遺跡・梵天崎遺跡・中谷地遺跡発掘調査報告書』調査報告書第
　　42集　山形県埋蔵文化財センター　1996年

山形県埋蔵文化財センター『上高田遺跡第2・3次発掘調査報告書』調査報告書第57集　山形県埋
　　蔵文化財センター　1998年

山形県埋蔵文化財センター『三条遺跡第2・3次発掘調査報告書』調査報告書第93集　山形県埋蔵
　　文化財センター　2001年

山形県埋蔵文化財センター『服部遺跡・藤治屋敷遺跡第2次発掘調査報告書』調査報告書第119集
　　山形県埋蔵文化財センター　2004年

山形県埋蔵文化財センター『大在家遺跡第1次・2次発掘調査報告書』調査報告書第153集　山形
　　県埋蔵文化財センター　2006年

山口県文化財センター『吉永遺跡(Ⅲ-東地区)―平成10年度県営ほ場調整整備事業に伴う埋蔵
　　文化財発掘調査報告書―』山口県教育財団　1999年

山崎遺跡調査会『山崎遺跡』田原町教育委員会　1993年

山田昌久『考古資料大観―弥生・古墳時代　木・繊維製品―』第8巻　小学館　2003年

弓場紀知『宗像沖ノ島海の正倉院―古代の旅3―』カラー新書109　平凡社　1979年

横浜市教育委員会『三の丸遺跡発掘調査報告書』横浜市教育委員会　1983年

横山邦継・下村智「吉武遺跡群出土の模造船について―福岡市西区大字吉武字桜町地区の調査
　　―」『月刊考古学ジャーナル』№241　ニュー・サイエンス社　1985年

吉水真彦「近江における古代の舟形木製品について」『大津市歴史博物館研究紀要』第1号　大津
　　市歴史博物館　1993年

米子市教育委員会『米子市諏訪遺跡群他発掘調査概報1』米子市教育委員会　1980年

米子市教育委員会『池ノ内遺跡―加茂川改良工事に伴う埋蔵文化財発掘調査報告書―』米子市
　　教育委員会　1986年

羅臼町教育委員会『松法川北岸遺跡』羅臼町文化財報告8　羅臼町教育委員会　1984年

利尻町教育委員会『亦稚貝塚』利尻町教育委員会　1978年

栗東市教育委員会「十里遺跡」『栗東市埋蔵文化財調査報告2000年度年報』栗東市教育委員会
　　2001年

栗東市教育委員会「十里遺跡」『栗東市埋蔵文化財調査報告2002年度年報』栗東市教育委員会

第 3 部　〈附編〉舟・船舶関係資料一覧

2003年
栗東歴史民俗博物館「1995年度栗東町埋蔵文化財発掘調査成果展」栗東歴史民俗博物館　1997年
和歌山市立博物館『海人の世界―発掘された海辺のくらし―』和歌山市教育委員会　2013年

4　埴輪（舟形・線刻）関係文献資料

赤穂市教育委員会『蟻無山古墳群・塚山古墳群・周世宮裏山古墳群測量調査報告書』文化財調査
　報告書73　赤穂市教育委員会　2011年
甘木市教育委員会『堤当正寺古墳』文化財調査報告書第49集　福岡県甘木市教育委員会　2000年
飯田市教育委員会『殿村遺跡・大荒神の塚古墳』飯田市教育委員会　2003年
池田朋生「装飾古墳に描かれた船」「月刊考古学ジャーナル」№395　ニュー・サイエンス社
　1995年
石川恒太郎『宮崎県の考古学』郷土考古学叢書〈4〉吉川弘文館　1968年
石野瑛「神奈川県横浜市瀬戸ヶ谷古墳(2)」『日本考古学年報』3　日本考古学協会　1955年
石部正志「前期古墳における特殊な多葬について」『橿原考古学研究所論集―創立35周年記念―』
　吉川弘文館　1975年
伊藤勇輔「舟形埴輪」『遺物が語る大和の古墳時代』ロッコウブックス　六興出版　1985年
伊藤勇輔「奈良県葛城地域における舟形埴輪の新例」『考古学と古代史』考古学シリーズ1　同志
　社大学考古学シリーズ刊行会　1982年
伊藤勇輔・楠本哲夫『日本の古代遺跡6―奈良南部―』保育社　1985年
猪熊兼勝『日本の原始美術―埴輪―』第6巻　講談社　1979年
今西織江・小笠原好彦「古墳時代の船形埴輪と絵画の船」「滋賀史学会誌」第12号　滋賀史学会
　2000年
磐田市埋蔵文化財センター『堂山2号墳・堂山古墳発掘調査報告書』磐田市教育委員会　1999年
上野利明「東大阪市河内町所在皿池古墳出土の舟形埴輪について」『宗教と考古学』金関恕先生
　の古希をお祝いする会　1997年
梅原末治「大和奈良市鶯塚古墳」『日本古文化研究所報告』1　日本古文化研究所　1935年
大分県教育委員会『大在古墳・浜遺跡第2地点―大在土地区画整理事業に伴う発掘調査報告書―』
　大分県教育委員会　1995年
大分市教育委員会『国指定史跡亀塚古墳整備事業報告―保存整備事業（ふるさと歴史の広場事
　業）―』大分市教育委員会　2003年
大阪府教育委員会『大園遺跡発掘調査概要Ⅲ』大阪府教育委員会　1976年
大阪府教育委員会『土師の里遺跡発掘調査概要16』大阪府教育委員会　1979年
大阪府教育委員会『土師の里遺跡―土師氏の墓域と集落の調査―』埋蔵文化財調査報告1998-2
　大阪府教育委員会　1999年
大阪府立泉北考古資料館『大阪府の埴輪―大阪府立泉北考古資料館改修工事完成記念―・Ⅰ』特
　別展図録　泉北考古資料館友の会　1982年
大阪府立泉大津高等学校（地歴部編）『泉大津高校考古資料室図録』大阪府立泉大津高等学校
　2006年
大阪府立近つ飛鳥博物館『応神大王の時代―河内政権の幕開け―』平成18年度秋季特別展図録
　42　大阪府立近つ飛鳥博物館　2006年
大阪府立近つ飛鳥博物館『百舌鳥・古市古墳群出現前夜』平成25年度春季特別展図録60　大阪府
　立近つ飛鳥博物館　2013年
大阪府埋蔵文化財協会『陶邑・伏尾遺跡Ａ地区―近畿自動車道松原海南線建設に伴う発掘調査
　報告書―』大阪府教育委員会　1990年
大阪市文化財協会『よみがえる古代船と5世紀の大阪』特別展図録　大阪市教育委員会　1989年
大阪市文化財協会『大阪市平野区長原遺跡発掘調査報告Ⅳ―市営住宅建設に伴う発掘調査報告

XI 舟船関係文献資料目録 (3 舟形関係 - 4 埴輪関係)

書一』大阪市文化財協会　1991年

大谷大学博物館編『西都原Ⅰ-169・170号墳発掘調査報告 (遺構編) 一』第54冊　大谷大学博物館　2008年

大谷大学博物館編『西都原Ⅱ-169・170号墳発掘調査報告 (遺構編) 一』第56冊　大谷大学博物館　2010年

大塚初重・小林三郎「茨城県・舟塚古墳」『考古学集刊』第4巻第1号　東京考古学会　1968年

大塚初重・小林三郎「茨城県・舟塚古墳」『考古学集刊』第4巻第4号　東京考古学会　1971年

大林太良「西都原埴輪舟と海外の類例」『物質文化』第16号　物質文化研究会　1970年

置田雅昭「船形埴輪」『ニゴレ古墳』弥栄町文化財調査報告第5集　弥栄町教育委員会　1988年

置田雅昭「威風堂々の古墳船」『月刊考古学ジャーナル』No.536　ニュー・サイエンス社　2005年

甲斐貴充編『西都原の100年考古博の10年そして、次の時代へ―展示会1西都原の逸品たち―』特別展図録　宮崎県立西都原考古博物館　2014年

鏡山猛・石川恒太郎「宮崎県下北方古墳調査報告」『日向遺跡調査報告』第1号　宮崎県教育委員会　1952年

堅田直「船をめぐって」『古墳』グラフティ・日本謎事典③　光文社　1993年

香川県埋蔵文化財センター『中間西井坪遺跡Ⅰ』道路四国横断自動車建設に伴う埋蔵文化財発掘調査報告第25冊　香川県教育委員会　1996年

金谷克巳『埴輪の誕生』講談社　1962年

河内一浩「西日本における紀伊型埴輪の分布―埴輪からみた紀氏の航跡―」『海の古墳を考えるⅢ』発表要旨集　第3回海の古墳を考える会　2013年

北野耕平「古代の東アジアにおける船舶形態考」『神戸商船大学紀要 (第1類文化論集)』第20号　神戸商船大学　1972年

宮内庁書陵部陵墓課編『出土品展示目録埴輪Ⅳ』宮内庁書陵部　2003年

神戸市教育委員会『白水遺跡第3次・第6次・第7次　高津橋大塚遺跡第1次・第2次発掘調査報告書』神戸市教育委員会　2000年

御所市教育委員会『台風7号被害による室宮山古墳出土遺物』『御所市文化財調査報告書』第24号　御所市教育委員会　1999年

後藤守一・柴田常恵『日本考古図録大成―埴輪―』第7輯　日東書院　1930年

後藤守一「西都原発掘の埴輪舟(其1)」『考古学雑誌』第25巻第8号　考古学会　1935年

後藤守一「西都原発掘の埴輪舟(其2)」『考古学雑誌』第25巻第9号　考古学会　1935年

後藤守一「上古時代の舟―西都原古墳出土の埴輪舟―」『日本古代文化研究』河出書房　1942年

後藤守一『埴輪』アルス文化叢書15　アルス　1942年

小西永子「岡古墳の舟形埴輪の意義について」『岡古墳―古市古墳群の調査研究報告Ⅰ―』藤井寺市教育委員会　1989年

小林達雄・亀井正道編『土偶埴輪』日本陶磁全集3　中央公論社　1977年

小林行雄『埴輪』陶器全集1　平凡社　1960年

小林行雄『陶器全集―埴輪―』第1巻　平凡社　1960年

小林行雄『陶磁大系―埴輪―』第3巻　平凡社　1974年

小林行雄編『世界考古学大系―日本Ⅲ―』第3巻　平凡社　1959年

近藤義郎『月の輪古墳』吉備考古学ライブラリー1　吉備人出版　1998年

佐々木孝男「邪馬台国時代の船―埴輪船についての一考察―」『東アジアの古代文化』第34号　古代学研究所　大和書房　1983年

佐藤行哉・後藤守一「鶏塚古墳発見の埴輪」『考古学雑誌』第21巻第9号　考古学会　1931年

柴田昌児「古代瀬戸内海における海上活動に関する一試論」『弥生研究の群像』みずほ別冊　大和弥生文化の会　2013年

滋賀県文化財保護協会『服部遺跡発掘調査報告書Ⅴ―滋賀県守山市服部町所在―』滋賀県教育委員会　1984年

第3部 〈附編〉舟・船舶関係資料一覧

滋賀県立安土城考古博物館『物と人—古墳時代の生涯と運搬—』平成9年度春季特別展図録　滋
　　賀県立安土城考古博物館　1997年
新庄町史編集委員会「和田1号墳の舟形埴輪」『改訂新庄町史史料編』考古編　新庄町役場　1984年
新庄町歴史民俗資料館『葛城の埴輪』開館記念特別展図録第1冊　新庄町歴史民俗資料館　2000年
末永雅雄『形のいろいろ』『埴輪』古文化叢刊15　大八洲出版　1947年
鈴木重治『日本の古代遺跡25—宮崎県—』保育社　1985年
高槻市教育委員会『新池』文化財調査報告書第17集　高槻市教育委員会　1993年
高槻市教育委員会『ハニワ工場公園—史跡等活用特別事業（ふるさと歴史の広場整備事業）—新
　　池埴輪製作遺跡整備事業報告書』文化財調査報告書第19冊　高槻市教育委員会　1995年
高槻市立今城塚古代歴史館『三島と古代淀川水運Ⅰ—初期ヤマト王権から継体大王の登場まで
　　—』開館記念特別展　高槻市立今城塚古代歴史館　2011年
高槻市立今城塚古代歴史館『三島と古代淀川水運Ⅱ—今城塚古墳の時代—』平成23年秋季特別
　　展　高槻市立今城塚古代歴史館　2011年
高槻市立今城塚古代歴史館『古墳時代の船と水運』平成26年度秋季特別展　高槻市立今城塚古
　　代歴史館　2014年
高槻市立今城塚古代歴史館『太田茶臼山古墳の時代—王権の進出と三島—』平成29年春季特別
　　展　高槻市立今城塚古代歴史館　2017年
高橋克壽『歴史発掘⑨—埴輪の世紀—』講談社　1996年
高橋工「長原高廻り1号墳出土の船形埴輪」『葦火』第15号　大阪市文化財協会　1988年
高橋工「船形埴輪の検討」『長原遺跡発掘調査報告Ⅳ』大阪市文化財協会　1991年
高橋工「古墳時代の大形船舶—船形埴輪を中心に—」『月刊考古学ジャーナル』No.343　ニュー・
　　サイエンス社　1992年
滝口宏『はにわ』日本経済新聞社　1963年
竹原千佳誉「船形埴輪が表す場面—出土位置の検証—」『神女大史学』第29号　神戸女子大学史
　　学会　2012年
辰巳和弘『古墳の思想—象徴のアルケオロジー—』白水社　2001年
辰巳和弘『他界へ翔る船』新泉社　2011年
巽三郎「和歌山県下の形象埴輪に就いて（其の一）」『熊野路考古』第1号　南紀考古同好会　1962年
巽三郎「和歌山県下の形象埴輪に就いて（其の二）」『熊野路考古』第2号　南紀考古同好会　1962年
月の輪古墳刊行会『月の輪古墳』の埴輪塚刊行会　1960年
辻尾榮市「神明山古墳の舟・船線刻円筒埴輪再考—付記、京都府精華町鞍岡山三号墳出土線刻円
　　筒埴輪—」『郵政考古紀要』第48号通巻57冊　大阪・郵政考古学会　2010年
坪井正五郎『はにわ考』東洋社　1901年
天理大学博物館学研究室『ニゴレ古墳』文化財調査報告第5集　弥栄町教育委員会　1988年
東京国立博物館『西都原古墳出土埴輪終了報告書』東京国立博物館　1999年
東京国立博物館『重要文化財西都原古墳群出土埴輪子持家・船』東京国立博物館所蔵重要考古資
　　料学術調査報告書　同成社　2005年
戸田秀典「古代の舟形模造品—天香具山新出の埴輪舟を中心として—」『古代文化』第17巻第4
　　号　古代学協会　1996年
栃木県立しもつけ風土記の丘資料館『はにわワンダーランド—埴輪に見る下野の古墳文化—』
　　第10回企画展図録　栃木県立しもつけ風土記の丘資料館　1996年
奈良県立橿原考古学研究所『新庄町寺口和田古墳群発掘調査概報』奈良県立橿原考古学研究所
　　1979年
奈良県立橿原考古学研究所「寺口和田古墳群」『奈良県遺跡調査概報—1980年度—』奈良県立橿
　　原考古学研究所　1981年
奈良県立橿原考古学研究所「八条北遺跡・南六条北ミノ遺跡」『奈良県遺跡調査概報—2004年—』
　　奈良県立橿原考古学研究所　2004年

XI 舟船関係文献資料目録 （4 埴輪関係）

奈良県立橿原考古学研究所『巣山古墳・寺戸遺跡』奈良県文化財調査報告書第142集　奈良県立橿原考古学研究所　2011年

奈良県立橿原考古学研究所『馬見古墳群一本松2号墳』奈良県文化財調査報告書第156集　奈良県立橿原考古学研究所　2012年

奈良県立橿原考古学研究所『平城京二・三・五条五坊―JR奈良駅連続立体交差・街路整備事業に係る発掘調査報告書―』奈良県文化財調査報告書第160集　奈良県立橿原考古学研究所　2013年

奈良県立橿原考古学研究所付属博物館『大和の埴輪』特別展図録第22冊　奈良県立橿原考古学研究所　1984年

奈良県立橿原考古学研究所付属博物館『大和を掘る―1988年度発掘調査速報展Ⅸ―』奈良県立橿原考古学研究所　1989年

奈良県立橿原考古学研究所付属博物館『はにわ人と動物たち―大和の埴輪大集合―』奈良県立橿原考古学研究所　2008年

奈良市史編集審議会編「小奈辺古墳陪冢」『奈良市史　考古編』吉川弘文館　1968年

奈良文化財研究所『平城宮発掘調査報告ⅩⅤ―東院庭園地区の調査―』学報第69冊　奈良文化財研究所　2003年

永友良典「下北方古墳群」『宮崎県史資料編』考古2　宮崎県　1993年

永峯光一・水野正好編『日本原始美術大系―土偶埴輪―』第3巻　講談社　1977年

南波松太郎「日本に残存せる古代船舶資料」「関西造船協会誌」第80号　関西造船協会　1955年

西谷正「円筒埴輪に描かれた舟画について」「古代学研究」第25号　古代学研究会　1960年

西村真次「埴土舟に就いての疑」「人類学雑誌」第31巻第9号　東京人類学会　1916年

日本古文化研究所「箆画ある埴輪円筒」『近畿地方古墳墓の調査1』吉川弘文館　1974年

野間清六『埴輪の美』集楽社　1942年

羽曳野市教育委員会「第4調査区（野々上遺跡）」『古市遺跡群Ⅱ』埋蔵文化財発掘調査報告書5　羽曳野市教育委員会　1980年

羽曳野市教育委員会「五手治古墳」『古市遺跡ⅩⅦ』埋蔵文化財調査報告33　羽曳野市教育委員会　1996年

羽曳野市教育委員会「五手治古墳」『羽曳野市内遺跡調査報告書―平成8年度―』埋蔵文化財発掘調査報告書39　羽曳野市教育委員会　2000年

東大阪市文化財協会『渡来人とのであい』特別展示図録　東大阪市立郷土博物館　1999年

東大阪市文化財協会『皿池遺跡第4次発掘調査報告書』東大阪市教育委員会　2002年

日高正晴『西都原古代文化を探る―東アジアの観点から―』みやざき文庫22　鉱脈社　2003年

福井県教育委員会『六呂瀬山古墳群―国道364号線建設に伴う発掘調査報告書―』第4集　福井県教育委員会　1980年

福田哲也「宝塚1号墳と囲形埴輪」『水と祭祀の考古学』学生社　2005年

藤井寺市教育委員会『岡ミサンザイ古墳の調査』『石川流域遺跡群発掘調査報告ⅩⅥ』文化財報告第3集　藤井寺市教育委員会　1988年

藤井寺市教育委員会『岡古墳―古市古墳群の調査研究報告Ⅰ―』文化財報告第5集　藤井寺市教育委員会事務局　1989年

藤井寺市教育委員会『林遺跡の調査』『石川流域遺跡群発掘調査報告Ⅸ』文化財報告第10集　藤井寺市教育委員会　1994年

松木武彦「家形埴輪・器財埴輪」『考古資料大観―弥生・古墳時代　埴輪―』第4巻　小学館　2004年

松阪市教育委員会『船形埴輪　松阪宝塚1号墳　調査概報』学生社　2001年

松坂市教育委員会　第2回松阪はにわシンポジウム『宝塚古墳の源流を求めて―大和・河内と伊勢の埴輪―』松坂市教育委員会　2002年

松坂市教育委員会　第4回松阪はにわシンポジウム『関東の埴輪と宝塚古墳―まつりの移り変わり―』松坂市教育委員会　2003年

第3部 〈附編〉舟・船舶関係資料一覧

松阪市教育委員会『宝塚1号墳はにわ写真集』松阪市教育委員会 2006年
松阪市文化財センター編『史跡宝塚古墳―保存整備に伴う宝塚1号墳・2号墳調査報告―』埋蔵文
　　化財調査報告書1 松阪市教育委員会 2005年
松阪市・松阪市教育委員会『全国の船形埴輪』松阪市制施行70周年記念特別展 松阪市・松阪市
　　教育委員会 2003年
松原正業『埴輪』創元社 1958年
三木文雄『はにわ』朝日新聞社 1957年
三木文雄『はにわ』講談社 1958年
三木文雄「神奈川県横浜市瀬戸ヶ谷古墳(1)」『日本考古学年報』3 日本考古学協会 1955年
三木文雄「神奈川県横浜市瀬戸ヶ谷古墳(2)」『日本考古学年報』3 日本考古学協会 1955年
三木文雄編『日本原始美術―はにわの美―』第6巻 講談社 1966年
三木文雄編『日本の美術―はにわ―』第19号 至文社 1967年
水野正好「古代の船と大阪・韓国」「月報」第447号 日本綿業倶楽部 1990年
宮崎県編『宮崎県児湯郡西都原古墳調査報告』宮崎県 1915年
宮崎県『西都原史蹟調査報告書』宮崎県 1926年
宮崎県教育委員会『特別史跡西都原古墳群発掘調査・保存整備概要報告書(Ⅳ)』宮崎県教育委員
　　会 1999年
宮崎県総合博物館『埋蔵文化財調査研究報告Ⅲ(下北方古墳遺物編)』宮崎県教育委員会 1990年
三好玄「大園遺跡出土埴輪の概要」「年報」16 大阪府教育委員会文化財調査事務所 2012年
村井嵓雄『古代史発掘―埴輪と石の造形―』第7巻 講談社 1974年
名神高速道路内遺跡調査会「塚廻り古墳」『中央自動車道西宮線拡張工事に伴う土室古墳群発掘
　　調査報告書』調査報告書第6輯 名神高速道路内遺跡調査会 1998年
八尾市文化財調査研究会『平成5年度(財)八尾市文化財調査研究会事業報告』八尾市文化財調査
　　研究会 1994年
八尾市文化財調査研究会『Ⅰ小阪合遺跡(第42次調査)Ⅱ中田遺跡(第19次調査)Ⅲ中田遺跡(第
　　35次調査)』報告126 八尾市文化財調査研究会 2009年
野洲町教育委員会「野洲町文化財調査年報2002」野洲町教育委員会 2003年
立命館大学文学部考古学・文化遺産専攻『原始・古代の船Ⅰ』資料集第5冊 立命館大学考古学論
　　集刊行会 2013年
栗東歴史民俗博物館「新開4号墳船形埴輪」『1995年度栗東町埋蔵文化財発掘調査成果展』栗東歴
　　史民俗博物館 1997年
和歌森太郎編『図説日本歴史―日本文化のあけぼの―』第1巻 中央公論社 1960年
和歌山県立紀伊風土記の丘管理事務所『はにわ―埴輪と古墳時代―』図録 紀伊風土記の丘管
　　理事務所 1991年

5　湊津(船着き場・港湾)・水運(海上交通・河川交通)・航海(海事・航海術)関係文献資料

相沢央「柏崎市箕輪遺跡出土木簡の「駅家村」と交通」『前近代の潟湖河川交通と遺跡立地の地域
　　史的研究』新潟大学人文学部 2004年
相田二郎「北陸の要津越前三国湊と関所」『中世の関所』畝傍書房 1943年
相田二郎「中世における寺院の交通施設経営」『相田二郎著作集―古文書と郷土史研究―』第3巻
　　名著出版 1978年
青森県市浦村教育委員会『十三湊遺跡―第18・76次発掘調査概報遺構・遺物図版編―』埋蔵文化
　　財調査報告書第10集 青森県市浦村教育委員会 2000年
青森県市浦村教育委員会『十三湊遺跡―1999・2000年度第90・120次発掘調査概報ほか―』埋蔵文
　　化財調査報告書第13集 青森県市浦村教育委員会 2001年
青森県市浦村教育委員会『十三湊遺跡―平成13年度第145次発掘調査報告書―』埋蔵文化財調査

―388―

XI　舟船関係文献資料目録（4 埴輪関係 - 5 湊津・水運・航海関係）

　　　報告書第15集　青森県市浦村教育委員会　2003年
青森県市浦村教育委員会『十三湊遺跡―第90・120・151・155次発掘調査報告書本文編―』埋蔵文
　　　化財調査報告書第17集　青森県市浦村教育委員会　2005年
青山靖「富士川水運史」『鰍沢町誌』鰍沢町役場　1959年
青山靖『富士川水運史』地方書院　1959年
青山靖「第四編富士川水運」鰍沢町誌編さん委員会編『鰍沢町誌(上巻)』鰍沢町役場　1996年
青柳洋治「黒潮文化」『海のアジア6―アジアの海と日本人―』岩波書店　2001年
赤熊浩一「古墳時代の河川交易」『研究紀要』第21号　埼玉県埋蔵文化財調査事業団　2006年
赤星直忠「和賀江島築港址」『史蹟名勝天然記念物調査報告』第2輯　神奈川県　1934年
赤星直忠「和賀江島築港址」『中世考古学の研究』有隣堂　1980年
秋道智彌「海と人類」『海のアジア1―海のパラダイム―』岩波書店　2000年
秋山謙蔵『日支交渉史話』内外書籍　1935年
秋山謙蔵『日支交渉史研究』岩波書店　1939年
秋山謙蔵『東亜交渉史論』第一書房　1944年
浅香年木「古代の「北陸道」と海運」『北陸史学』第19号　北陸史学会　1971年
浅香年木「古代の「北陸道」と海運」『古代地域史の研究―北陸の古代と中世1―』法政大学出版
　　　局　1978年
浅香年木「日本社会における日本海地域」『日本社会史―列島内外の交通と国家―』第1巻　岩波
　　　書店　1987年
安里嗣淳「黒潮が運んだ文化」『九州歴史大学講座』第2期第11号　九州歴史大学講座　1992年
浅原丈平『日本海運発展史』潮流社　1978年
朝日新聞大阪本社企画報道室『瀬戸内海底探査』長征社　1988年
足利健亮「序説(2)―駅制および駅路概観―」『古代日本の交通路Ⅰ』大明堂　1978年
安達裕之「近世における廻船の発達」『講座・日本技術の社会史　交通・運輸』第8巻　日本評論社
　　　1985年
安達裕之「明治の帆船」『講座・日本技術の社会史　交通・運輸』第8巻　日本評論社　1985年
安達裕之「大渡考―弁才船の帆装と操帆法―」『海事史研究』第59号　日本海事史学会　2002年
網野善彦「中世前期の水上交通について」『茨城県史研究』第43号　茨城県立歴史館　1979年
網野善彦「海民の社会と歴史(2)―霞ヶ浦・北浦―」『社会史研究』2　日本エディタースクール出
　　　版部　1983年
網野善彦「金沢氏・称名寺と海上交通」『三浦古文化』第44号　三浦古文化研究会　1988年
網野善彦「中世前期の瀬戸内海交通」『海と列島文化―瀬戸内の海人文化―』第9巻　小学館
　　　1991年
網野善彦「太平洋の海上交通と紀伊半島」『海と列島文化―伊勢と熊野の海―』第8巻　小学館
　　　1992年
網野善彦「中世の海上交通と北九州」『中世の海人と東アジア』宗像シンポジウム2　海鳥社
　　　1994年
網野善彦「中世の日本海交通」『中世都市十三湊と安藤氏』新人物往来社　1994年
網野善彦「中世の日本海交通」『中世都市十三湊と安藤氏』歴博フォーラム　国立歴史民俗博物
　　　館　1994年
網野善彦「海と海民の支配」『海人の世界』同文舘出版　1998年
新川登亀男「住吉と宗像の三神」『九州歴史大学講座』第2期第4号　九州歴史大学講座　1992年
荒木和憲「中世対馬の地形と海上交通路」『本郷』No.129　吉川弘文館　2017年
荒木隆「陸奥南部の郡衙立地条件と水運」『紀要』第15号　福島県立博物館　2000年
荒木敏夫「東への海つ道と陸つ道―矢作川河床遺跡を中心として―」『海列島文化―伊勢と熊野
　　　の海―』第8巻　小学館　1992年
荒竹清光「古代環東シナ海文化圏と対馬海流―金在鵬批判にかえて―」『東アジアの古代文化』

第3部 〈附編〉舟・船舶関係資料一覧

　　　第29号　古代学研究所　大和書房　1981年
有高巌「明代の船舶と航海術」「地理教育」第22巻第5号　地理教育研究会　1935年
有光友学「戦国前期駿遠地方における水運」「横浜国立大学人文紀要第Ⅰ類(哲学・社会科学)」第
　　　42号　横浜国立大学　1996年
安楽勉「原の辻遺跡と港」「月刊考古学ジャーナル」No.474　ニュー・サイエンス社　2001年
安楽勉「一支国の船着き場遺構」「季刊考古学―土木考古学の現状と課題―」第102号　雄山閣出
　　　版　2008年
飯島幸人「航海技術の歴史物語―帆船から人工衛星まで―」成山堂書店　2002年
飯田嘉郎『日本航海術史―古代から幕末まで―』原書房　1980年
飯田嘉郎「咸臨丸の航海技術」「海事史研究」第17号　日本海事史学会　1971年
飯田嘉郎「幕末刊行の航海書四種における船位測定法について」「海事史研究」第27号　日本海
　　　事史学会　1976年
飯田嘉郎「昔の航海暦」「航海」第51号　日本航海学会　1977年
飯田嘉郎「海上における両同高度法の変遷」「航海」第49号　日本航海学会　1976年
飯田嘉郎「両高度法の変遷について」「航海」第38号　日本航海学会　1972年
飯田嘉郎「100年前の錨作業」「航海」第55号　日本航海学会　1978年
飯田嘉郎『日本航海術史―古代から幕末まで―』原書房　1980年
家島彦一「インド洋通商史に関する一考察―十二世紀の船商(na-khuda)Ramashtについて―」「オ
　　　リエント」第10巻第1・2号　日本オリエント学会　1967年
池内澄男『日本の海運』少年産業博物館(30)　ポプラ社　1961年
池内澄男『海運』目で見る日本の産業(23)　ポプラ社　1963年
池崎譲二・吉武学「古代・中世の海上交通」『古代の船』福岡市立歴史資料館　1988年
池谷信之「世界最古の往復航海―後期旧石器時代初期に太平洋を越えて運ばれた神津島産黒曜
　　　石―」「科学」Vol.87　岩波書店　2017年
池野茂『琉球山原船水運の展開』ロマン書房本店　1994年
池畑光尚・田草川善助「櫓漕の推進性能に関する水槽実験」「日本造船学会論文集」第172号　日
　　　本造船学会　1992年
池畑光尚「櫓漕の推進性能に関する翼素理論による計算」「日本造船学会論文集」第178号　日本
　　　造船学会　1995年
生田滋「アジア史上の港市国家」『日本の古代―海をこえての交流―』第3巻　中央公論社　1986年
石井謙治「船と航海術の発達」『日本文化の歴史』第2巻　学習研究社　1969年
石井謙治「遣唐使船の技術」『交通史』体系日本史叢書24　山川出版社　1970年
石井謙治「中世の海洋技術」『交通史』体系日本史叢書24　山川出版社　1970年
石井謙治「海洋技術」『交通史』体系日本史叢書24　山川出版社　1970年
石井謙治「船と航海の技術」『邪馬臺国の常識』毎日新聞社　1974年
石井謙治「船の変遷と航海の技術」「歴史公論」第6巻第5号　雄山閣出版　1980年
石井謙治「海上交通の技術」『海外視点・日本の歴史―平安文化の開花―』第5巻　ぎょうせい
　　　1987年
石井謙治『海の日本史再発見』海の歴史選書1　日本海事広報協会　1987年
石井謙治『江戸海運と弁才船』海の歴史選書2　日本海事広報協会　1988年
石井謙治編『日本海事史の諸問題―海運編―』文献出版　1995年
石井謙治編『日本海事史の諸問題―対外関係編―』文献出版　1995年
石井謙治編『日本海事史の諸問題―船舶編―』文献出版　1995年
石井信一「古代難波津の位置に就いて」「大大阪」第9巻第7号　大阪都市協会　1932年
石井進「港湾都市「十三湊」の発見」『日本の中世―中世のかたち―』第1巻　中央公論新社
　　　2002年
石井正敏「鴻臚館を彩った外国商人―その活躍の背景―」「九州歴史大学講座」第3期第12号　九

XI　舟船関係文献資料目録（5 湊津・水運・航海関係）

州歴史大学講座　1993年

石垣宏『流域の地方史―社会と文化』雄山閣出版　1985年

石上七輯「狩野川・枯野舟」『日本の川―自然と民俗―』第2巻　新公論社　1987年

石川県埋蔵文化財センター『吉崎・次場遺跡―県営ほ場整備事業に係る埋蔵文化財発掘調査報告書第1分冊（資料編(1)）―』石川県埋蔵文化財センター　1987年

石川県埋蔵文化財センター「環日本海交流史研究集会の記録『古代日本海域の港と交流』」『石川県埋蔵文化財情報』第13号　石川県埋蔵文化財センター　2005年

石川純一郎「天竜川・川と交通」『日本の川―自然と民俗―』第1巻　新公論社　1987年

石川武男「富士川舟運について」『角倉一族とその時代』思文閣出版　2015年

石川日出志「弥生時代の海上交易」『交響する古代―東アジアの中の日本―』東京堂出版　2011年

石村智『よみがえる古代の港―古地形を復元する―』歴史文化ライブラリー455　吉川弘文館　2017年

伊豆諸島東京移管百年史編さん委員会『伊豆諸島東京移管百年史』上巻　東京都島嶼町村会　1981年

和泉雄三「律令制の成立と海上交通」『函大商学論究』第17輯第1号　函館大学商学部　1981年

和泉雄三「中世の海上交通―日本交通史通論(5)」『函大商学論究』第25輯第2号　函館大学商学部　1992年

磯貝勇「交通と運搬」『日本の民具』民俗民芸双書59　岩崎美術社　1971年

磯崎優「利根川の水運―特に河岸場を中心として―」『地理学』第7巻第1号　古今書院　1939年

市浦村教育委員会・富山大学人文学部考古学研究室『十三湊遺跡―第77次発掘調査報告書―』埋蔵文化財調査報告書第9集　市浦村教育委員会・富山大学人文学部考古学研究室　1998年

市浦村教育委員会・富山大学人文学部考古学研究室『十三湊遺跡―第86次発掘調査報告書本文編―』埋蔵文化財調査報告書第11集　市浦村教育委員会・富山大学人文学部考古学研究室　2000年

市村高男「中世後期の津・湊と地域社会」『中世都市研究―津・泊・宿―』3　中世都市研究会編　新人物往来社　1996年

市村高男「中世出羽の海運と城館」『中世出羽の領主と城館』高志書院　2002年

市村高男「中世港湾都市那珂湊と権力の動向」『茨城県史研究』第87号　茨城県史編集委員会　2003年

市村高男ほか編『中世讃岐と瀬戸内世界―港町の原像―』上　岩田書院　2009年

市村高男「中世の航路と港湾」『日本の対外関係―倭寇と「日本国王」―』第4巻　吉川弘文館　2010年

市村高男ほか編『中世港町論の射程―港町の原像―』下　岩田書院　2016年

市原実「大阪平野の発達史」『アーバンクボタ』第16号　（株）クボタ広告宣伝部　1978年

伊藤曙覧「庄川・川と交通」『日本の川―自然と民俗―』第1巻　新公論社　1987年

伊藤幸司「中世日本の港町と禅宗の展開」『シリーズ港町の世界史③―港町に生きる―』歴史学研究会編　青木書店　2006年

伊藤幸司「入明記からみた東アジアの海域交流―航路・航海技術・航海神信仰・船旅と死について―」『寧波と博多』東アジア海域叢書11　汲古書院　2013年

伊藤裕偉『中世伊勢湾岸の湊津と地域構造』中世史研究叢書10　岩田書院　2007年

伊藤裕偉「海岸線の変動と交通環境―伊勢湾沿岸部を事例に―」『環境の日本史―中世の環境と開発・生業―』第3巻　吉川弘文館　2013年

伊都国歴史博物館『倭人の海道――支国と伊都国―』平成19年度秋季特別展図録　伊都国歴史博物館　2007年

糸数謙治「グスクと水運」『史料編集室紀要』通号第14号　沖縄県教育委員会　1989年

稲本紀昭「伊勢・志摩の交通と交易」『海と列島文化―伊勢と熊野の海―』第8巻　小学館　1992年

井上寛司「中世西日本海地域の水運と交流」『海と列島文化―日本海と出雲世界―』第2巻　小学

第3部　〈附編〉舟・船舶関係資料一覧

館　1991年

井上寛司「三宅御土居と益田氏」『中世の風景を読む―日本海交通の展開―』第4巻―　新人物往
　　来社　1995年

今里幾次「古代の飾磨津・序説」「歴史と神戸」19-3　神戸史学会　1980年

今谷明「守護と交通・交易―博多・兵庫・堺―」「歴史を読みなおす（朝日百科日本の歴史別冊）」第
　　6巻　朝日新聞社　1993年

入間田宣夫「糠部・閉伊・戎が島の海民集団と諸大名」『北の内海世界―北奥羽・蝦夷ヶ島と地域
　　諸集団―』山川出版社　1999年

岩生成一『朱印船貿易史の研究』弘文堂　1958年

岩生成一『新版朱印船貿易史の研究』吉川弘文館　1985年

尹武炳「新安沈没船の航路と諸問題」『世紀の発見新安沖海底の秘宝』六興出版　1978年

上里隆史「琉球の大交易時代」『日本の対外関係―倭寇と「日本国王」―』第4巻　吉川弘文館
　　2010年

上田篤『淀川区の過去・現在および未来』大阪市淀川区役所　1976年

上田三平「先史時代の交通」「歴史地理」第57巻第4号　日本歴史地理学会　1931年

上田純一「大徳寺・堺・遣明船貿易をめぐる諸問題」『講座蓮如』第4巻　法蔵館　1997年

上田雄「日本海を渡る海上の道（上）―渤海使の海事史的研究―」「東アジアの古代文化」第54号
　　古代学研究所　大和書房　1988年

上田雄「日本海を渡る海上の道（下）―渤海使の海事史的研究―」「東アジアの古代文化」第55号
　　古代学研究所　大和書房　1988年

上田雄『遣唐使の船とその航海』『遣隋使・遣唐使と住吉津』東方出版　2008年

上田良博「天塩川・川と交通」『日本の川―自然と民俗―』第1巻　新公論社　1987年

上野利夫「正徳5年大井川の船渡し反対理由書について」「天理参考館報」創刊号　天理大学出版
　　部　1988年

上村雅洋『近世日本海運史の研究』吉川弘文館　1995年

魚澄惣五郎「中世に於ける淀川河口の発達」「好古趣味」第2巻　趣味の考古学会　1930年

魚津知克「政権による海産資源の調達と海上交通」「古代学研究」第211号　古代学研究会
　　2017年

宇田正「淀川舟運交通史寸描」「大阪春秋」第6号　大阪春秋社　1975年

内田吟風「東アジア古代海上交通」「仏教大学学報」第26号　仏教大学　1976年

内田吟風「古代アジア海上交通考」『江上波夫教授古稀記念論集―民族文化篇―』古稀記念事業
　　会　1977年

内田吟風『東アジア古代海上交通史汎論』内田吟風博士頌寿記念会　1978年

内田賢作「利根川の舟運」『日本の川―自然と民俗―』第1巻　新公論社　1987年

内田直作「明代の朝貢貿易制度」「支那研究」第37号　東亜同文書院支那　1935年

宇野隆夫「西洋流通史の考古学的研究―イギリス考古学の研究動向から―」「古代文化」第48巻
　　第10号　古代学協会　1996年

宇野隆夫「船と航海」「月刊考古学ジャーナル」№536　ニュー・サイエンス社　2005年

梅津保一「最上川舟運史研究ノート」「最上川文化研究」第3号　東北芸術工科大学東北文化研究
　　センター　2005年

梅原猛・伊東俊太郎『海・潟・日本人―日本海文明交流圏―』講談社　1993年

漆間元三「神通川・民俗」『日本の川―自然と民俗―』第4巻　新公論社　1989年

江坂輝彌「交通路と交易および文化圏の問題」『考古学ノート2―先史時代（Ⅱ）―縄文文化―』日
　　本評論新社　1957年

NHK取材班『邪馬台国への旅』放送ライブラリー6　日本放送出版協会　1976年

江野道和「伊都国の港と船」『伊都国の研究』学生社　2012年

榎原雅治「中世東海地方の海岸平野の形成と人々」『環境の日本史―中世の環境と開発・生業―』

XI　舟船関係文献資料目録（5 湊津・水運・航海関係）

　　第3巻　吉川弘文館　2013年
榎本渉「元末内乱期の日元交通」『東洋學報』第84巻第1号　東洋文庫　2002年
榎本渉「宋代市舶司貿易にたずさわる人々」『シリーズ港町の世界史③—港町に生きる—』歴史
　　学研究会編　青木書店　2006年
榎本渉『東アジア海域と日中交流—9〜14世紀—』吉川弘文館　2007年
榎本渉「東シナ海の宋海商」『日本の対外関係—通交・通商圏の拡大—』第3巻　吉川弘文館
　　2010年
榎本正三『女たちと利根川水運』利根川叢書4　崙書房出版　1992年
遠沢葆『魏志倭人伝の航海術と邪馬台国』成山堂書店　2003年
遠藤忠「古利根川の中世水路関」『八潮市史研究』第4号　八潮市史編さん室　1982年
遠藤秀男「富士川・川の交通」『日本の川—自然と民俗—』第4巻　新公論社　1989年
老川慶喜「日本鉄道の開通と河川舟運—競合と補完—」『江戸・上方筒の水上交通史』日本水上交
　　通史論集第4巻　文献出版　1991年
大石直正「十三湊の安藤氏館と塩釜津」『中世都市十三湊と安藤氏』歴博フォーラム　国立歴史
　　民俗博物館　1994年
大阪狭山市教育委員会『狭山池の誕生をさぐる』狭山池シンポジウム　大阪狭山市教育委員会
　　2010年
大阪狭山市教育委員会『東アジアの水利灌漑と狭山池』狭山池シンポジウム　大阪狭山市教育
　　委員会2011年
大阪市立中央図書館『大阪関係地図目録』大阪市立中央図書館奉仕課　1988年
大阪市立博物館『写された大阪—近代100年のあゆみ—』第114回特別展図録　大阪市立博物館
　　1989年
大阪市立博物館『歴史のなかの淀川』第125回特別展展覧会目録第126号　大阪市立博物館
　　1995年
大阪府教育委員会『宗教の路・舟の路』歴史の道調査報告書第7集　大阪府教育委員会　1991年
大阪府立狭山池博物館『近代滔々—琵琶湖・淀川・狭山池—』平成17年度特別展図録7　大阪府立
　　狭山池博物館　2005年
大阪府立狭山池博物館『古代狭山池と台地開発のはじまり』平成23年度特別展図録　大阪府立
　　狭山池博物館　2011年
大阪府立花園高校地歴部『河内古代遺跡の研究』大阪府立花園高校地歴部　1970年
大阪府立弥生文化博物館『邪馬台国への海の道—壱岐・対馬の弥生文化—』平成7年秋季特別展
　　図録11　大阪府立弥生文化博物館　1995年
大阪府立弥生文化博物館『東海の弥生フロンティア』平成17年春季特別展図録31　大阪府立弥
　　生文化博物館　2005年
大島延次郎『日本交通史』日本経済史全書　四海書房　1942年
大島延次郎『日本の路』日本歴史新書　至文堂　1955年
大島延次郎『日本交通史概論』吉川弘文館　1964年
大田区立郷土博物館「航海術」『ミクロネシア—南の島々の航海者とその文化—』大田区立郷土
　　博物館　1997年
太田浩司「琵琶湖の湖上交通—古代から近世までの舟運史—」『琵琶湖の船が結ぶ絆—丸木船・
　　丸子船から「うみのこ」まで—』サンライズ出版　2012年
大竹憲治「石城国と常陸国多珂郡の郡衙・駅家と津をめぐって」『福島考古』第55号　福島考古学
　　会　2013年
大塚初重ほか編『考古学による日本歴史—交易と交通—』第7巻　雄山閣　1997年
大塚初重ほか編『考古学による日本歴史—対外交渉—』第10巻　雄山閣　1997年
大槻如電『駅路通』上　西東書房　1911年
大槻如電『駅路通』下　六合館　1915年

第3部　〈附編〉舟・船舶関係資料一覧

大手前女子大学史学研究所文化財調査室『兵庫津—兵庫津遺跡発掘調査概報—』大手前女子大
　　学史学研究所　1993年
大手前大学史学研究所『兵庫津の総合的研究』大手前大学史学研究所　2008年
大庭脩「『三国志』に見える海上交通」『季刊邪馬台国』第17号　梓書院　1983年
大庭脩「江戸時代前期に来航した中国商船」『江戸時代における中国文化受容の研究』同朋舎
　　1984年
大庭康時「大陸に開かれた都市博多」『中世の風景を読む—東シナ海を囲む中世世界』第7巻—
　　新人物往来社　1995年
大庭康時「九州—鴻臚館と古代の港湾—」『石川県埋蔵文化財情報』第13号　石川県埋蔵文化財
　　センター　2005年
大林達夫「周防国府の建物群とその景観」『国立歴史民俗博物館研究報告』第63集　国立歴史民
　　俗博物館　1995年
大林太良「古代航海民の活躍」『日本の古代—海をこえての交流—』第3巻　中央公論社　1986年
大林太良「内海の文化」『海と列島文化—瀬戸内の海人文化—』第9巻　小学館　1991年
大山崎町歴史資料館『淀川を行きかう人々—河川交通と大山崎—』大山崎町歴史資料館　1995年
岡陽一郎「中世鎌倉の海・浜・港—港を望む神社—」『列島の文化史』第11号　日本エディタース
　　クール出版部　1998年
岡田章雄『朱印船と海外貿易』『船』法政大学出版　1995年
岡田清一「相馬御厨をめぐる中世の水運」『沼南町史研究』第2号　沼南町教育委員会　1991年
岡村一郎「川船の風俗」『講座日本風俗史—交通風俗—』第11巻　雄山閣出版　1959年
岡山県教育委員会「上東・川入」『岡山県埋蔵文化財発掘調査報告』第16　岡山県教育委員会
　　1977年
岡山県古代吉備文化財センター『下庄遺跡上東遺跡』埋蔵文化財発掘調査報告157　岡山県教育
　　委員会　2001年
小川国治「長州藩産物取立政策と佐渡川水運の開発」『瀬戸内海水上交通史』日本水上交通史論
　　集第3巻　文献出版　1989年
荻美津夫「擦文期、石狩・勇払低地帯以南の遺跡分布と河川交通試論—近世史料との対比を通し
　　て—」『前近代の潟湖河川交通と遺跡立地の地域史的研究』新潟大学人文学部　2004年
奥田久『内陸水路の歴史地理的研究』大明堂　1977年
奥村恒哉『歌枕』平凡社選書52　平凡社　1977年
小田静夫「太平洋に最初に漕ぎ出した先史人—伊豆・小笠原諸島の考古学的調査成果から—」『九
　　州歴史大学講座』第2期第11号　九州歴史大学講座　1992年
小田静夫『黒潮圏の考古学』南島文化叢書21　第一書房　2000年
オッテンハイマー, ローレンス『海の冒険者』知識の泉13　同朋舎出版　1996年
尾畑喜一郎「海部の民」238〜254頁『古代の日本—風土と生活—』第2巻　角川書店　1971年
小野寺淳『近世河川絵図の研究』古今書院　1991年
小野寺正人「北上川・川と交通」『日本の川—自然と民俗—』第2巻　新公論社　1987年
海事史学会編『続海事史料叢書』第1〜10巻　日本海事広報協会　成山堂書店　1969〜1986年
海部陽介「人類最古段階の航海—その謎にどう迫るか？—」『科学』Vol.87　岩波書店　2017年
海保嶺夫「北方交易と中世蝦夷社会」『海と列島文化—日本海と北国文化—』第1巻　小学館
　　1990年
影山和則「『高瀬覚書』と高瀬船について」『海事史研究』第63号　日本海事史学会　2006年
影山和則「『高瀬覚書』と高瀬船について（二）」『海事史研究』第64号　日本海事史学会　2007年
笠松慎太郎編『交通夜話』交通関係資料第3輯　日本交通協会　1933年
梶山彦太郎・市原実「大阪平野の発達史—14C年代データからみた—」『地質学論集』第7号　日
　　本地質学会　1972年
梶山彦太郎・市原実『続大阪平野発達史』古文物研究会　1985年

XI 舟船関係文献資料目録（5 湊津・水運・航海関係）

梶山彦太郎・市原実『大阪平野のおいたち』青木書店　1986年

河川環境管理財団『私たちの暮らしと河川環境』河川環境管理財団　2000年

片桐孝浩「序―中世港町・野原を明らかにするために―」『中世讃岐と瀬戸内世界―港町の原像：上―』　岩田書院　2009年

片山誠次郎「明代海上密貿易と沿海郷紳層」『歴史学研究』第164号　歴史学研究会　岩波書店　1953年

香月靖晴「遠賀川・川と交通」『日本の川―自然と民俗―』第1巻　新公論社　1987年

加藤謙吉『吉士と西漢氏―渡来氏族の実像―』白水社　2001年

加藤謙吉「漢氏と秦氏」『日本の対外関係―東アジア世界の成立―』第1巻　吉川弘文館　2010年

加藤友康「日本古代における輸送に関する一試論」『原始古代社会研究』5　原始古代社会研究会編　校倉書房　1979年

加藤友康「交通体系と律令国家」『講座・日本技術の社会史―交通・運輸―』第8巻　日本評論社　1985年

上遠野浩一「古代の楠葉をめぐる交通路」『日本書紀研究―横田健一先生追悼号―』第29冊　日本書紀研究会編　塙書房　2013年

角田直一『北前船と下津井港』手帖舎　1992年

門脇禎二『日本海域の古代史』東京大学出版会　1986年

門脇禎二「古代の「海つ道」をめぐって」『古代の「海の道」』学生社　1996年

金沢市埋蔵文化財センター『戸水遺跡群Ⅱ戸水大西遺跡Ⅰ』金沢市文化財紀要160　金沢市教育委員会　2000年

金沢市埋蔵文化財センター『石川県金沢市大友西遺跡Ⅲ』金沢市文化財紀要196　金沢市教育委員会　2003年

金指正三『日本海事慣習史』吉川弘文館　1967年

印牧邦雄「三国湊と敦賀津」『日本地誌ゼミナールⅣ―北信越地方―』大明堂　1962年

印牧邦雄「日本海港湾都市の構造と機能の変化について―敦賀港と三国港の場合―」『日本海海運史の研究』福井県郷土誌懇談会　1967年

神木哲男「一五世紀なかば瀬戸内海における商品輸送と港湾―文安二(1445)年「兵庫北関入舩納帳」の分析―」『瀬戸内海水上交通史』日本水上交通史論集第3巻　文献出版　1989年

上福岡市立歴史民俗資料館『新河岸川舟運―九十九曲りの船頭と船大工―』開館10周年記念特別展図録　上福岡市立歴史民俗資料館　1994年

上福岡市立歴史民俗資料館『新河岸川舟運の川船とその周辺』第19回特別展図録　上福岡市立歴史民俗資料館　2004年

刈田均「鶴見川の水運と和船」『歴史と民俗』神奈川大学日本先史文化研究所論集32　平凡社　2016年

河合正治「古代内海交通の諸問題」『内海産業と水運の史的研究』吉川弘文館　1966年

川崎利夫「最上川と水田稲作の受容・展開」『最上川文化研究』第1号　センター整備事業・研究成果報告書　東北芸術工科大学東北文化研究センター　2003年

川崎雅史「県指定史跡水軒堤防の発掘調査」『和歌山県文化財センター年報―2006(18)年度―』和歌山県文化財センター　2007年

川島元次郎『朱印船貿易史』巧人社　1940年

川尻秋生「古代東国の外洋交通」『歴史学研究』第703号　青木書店　1997年

川尻秋生『古代東国史の基礎的研究』塙書房　2003年

川添昭二「鎌倉末期の対外関係と博多―新安沈没船木簡・東福寺・承天寺―」『鎌倉時代文化伝播の研究』吉川弘文館　1993年

川添昭二「十三湊と博多」『中世都市十三湊と安藤氏』歴博フォーラム　国立歴史民俗博物館　1994年

川名登「関東」『交通史』体系日本史叢書24　山川出版社　1970年

第3部　〈附編〉舟・船舶関係資料一覧

川名登「利根川水運」『江戸時代図誌―日光道―』第9巻　筑摩書房　1976年

川名登『河岸に生きる人びと―利根川水運の社会史―』平凡社　1982年

川名登『近世日本水運史の研究』雄山閣出版　1984年

川名登編『群馬の水運史』上毛新聞社　1987年

川名登「近世荒川水運と川船の存在形態」『日本海地域史研究』第13輯　文献出版　1996年

川名登『近世日本の川船研究―近世河川水運史―』(上)日本経済評論社　2003年

川名登『近世日本の川船研究―近世河川水運史―』(下)日本経済評論社　2005年

川村俊彦「古代敦賀津と松原客館について」『石川県埋蔵文化財情報』第13号　石川県埋蔵文化
　　財センター　2005年

神崎宣武・高田勲『道の発達とわたしたちのくらし②―川と道―』さ・え・ら書房　1988年

神崎宣武・高田勲『道の発達とわたしたちのくらし③―海と道―』さ・え・ら書房　1988年

菊池誠一編『朱印船貿易絵図の研究』思文閣出版　2014年

岸俊男「紀氏に関する一試考」『日本古代政治史研究』塙書房　1966年

木曾三川流域編集委員会編『木曾川流域誌』木曾三川流域編集委員会　1992年

喜田貞吉「本邦太古の交通」『日本交通史論』日本歴史地理学会編　日本学術普及会　1916年

喜田貞吉「五泊考―五泊の制定は行基の事業にあらず―」『歴史地理』第37巻第6号　日本歴史地
　　理学会　1921年

北区郷土資料館『北区渡船考』北区教育委員会　1979年

喜多路「海より来る神―うつぼ舟漂着譚―」『東アジアの古代文化』第41号　古代学研究所　大
　　和書房　1984年

北浦弘人「弥生時代の海上交通」『鳥取県の考古学―戦いと交流・墓とまつり―』3　鳥取県埋蔵
　　文化財センター　2007年

北岡賢二『南紀潮岬謎の巨石遺跡「高塚の森」―太陽祭祀遺跡研究序論―』浜口書房　1983年

北上市立博物館『北上川の水運』北上川流域の自然と文化シリーズ(5)　北上市立博物館　1983年

北野耕平「古代河内の船津―船舶資料とその交流―」『倭の五王の時代―巨大古墳の謎にせまる
　　―』ふじいでらカルチャーフォーラムⅢ資料集　藤井寺市教育委員会　1994年

北野道彦『利根運河―利根・江戸川を結ぶ船の道―』崙書房　1977年

北野道彦・相原正義『新版利根運河―利根・江戸川を結ぶ船の道―』崙書房　1989年

北見俊夫「海上交通」『民間伝承』第16巻第3号　日本民俗学会　1952年

北見俊夫「交通・交易の変遷」『淡路島の民俗』和歌森太郎編　吉川弘文館　1964年

北見俊夫「交通・交易の変遷」『陸前北部の民俗』和歌森太郎編　吉川弘文館　1969年

北見俊夫「交通・交易の変遷」『津軽の民俗』吉川弘文館　1970年

北見俊夫『日本海上交通史の研究―民俗文化的考察―』鳴鳳社　1973年

北見俊夫「南島の海上交通民俗―造船儀礼を中心に―」『歴史人類』第5号　筑波大学歴史・人類
　　学系1978年

北見俊夫「海上交通と文化伝播」『近世封建支配と民衆社会』和歌森太郎先生還暦記念論文集
　　弘文堂　1976年

北見俊夫『川の文化』日本書籍　1981年

北見俊夫『旅と交通の民俗―交通・交易伝承の研究1―』民俗民芸双書55　岩崎美術社　1985年

北見俊夫「海の道・川の道―内陸水路と海路の様態―」『漂泊と定着―定住社会への道―』日本民
　　俗文化大系第6巻　小学館　1986年

北見俊夫『日本海上交通史の研究』法政大学出版局　1986年

北見俊夫『日本海島文化の研究―民俗風土論的考察―』法政大学出版局　1989年

北村啓「静岡県の中近世の水運―戦国期駿遠地方を中心に―」『東西交流の地域史―列島の境目・
　　静岡―』地方史研究協議会第57回(静岡)大会成果論集　雄山閣　2007年

鬼頭清明「古代における津の都市的様相」『国立歴史民俗博物館研究報告』第63集　国立歴史民
　　俗博物館　1995年

XI 舟船関係文献資料目録（5 湊津・水運・航海関係）

北山健一郎「中世港町の地形と空間構造」『中世讃岐と瀬戸内世界―港町の原像：上―』 岩田書院 2009年

木下良「相模川―古代東海道の渡河点―」『流域をたどる歴史〈総論・北海道編〉』第1巻 ぎょうせい 1979年

木下良「北陸道の国津と国府津」『日本海学会誌』4 日本海学会 1980年

木下良「敦賀・湖北間の古代交通路に関する三つの考察」『敦賀市史研究』2 敦賀市市史編さん委員会編 1981年

木下良「日本海地方の国府と港」『古代の日本海文化の源流と発達』小学館 1985年

木原克司「古代難波地域周辺の景観復原に関する諸問題」『大阪の歴史』第48号 大阪市史編纂所 1996年

木宮泰彦『日支交通史』上巻 金刺芳流堂 1926年

木宮泰彦『日支交通史』下巻 金刺芳流堂 1927年

金鉉球『大和政権の対外関係研究』吉川弘文館 1985年

金海宗「高麗の宋・元との貿易」『世紀の発見新安沖海底の秘宝』六興出版 1978年

金在鵬「古代南海貿易ルートと朝鮮（上）」『東アジアの古代文化』第25号 古代学研究所 大和書房 1980年

金在鵬「古代南海貿易ルートと朝鮮（下）」『東アジアの古代文化』第26号 古代学研究所 大和書房 1981年

木村幾多郎「交易のはじまり」『考古学による日本歴史―対外交渉―』第10巻 雄山閣出版 1997年

木村至宏「琵琶湖の湖上交通の変遷」『近江の歴史と文化』思文閣出版 1995年

木村至宏『琵琶湖―その呼称の由来―』サンライズ出版 2001年

京都府埋蔵文化財調査研究センター『志高遺跡』京都府遺跡調査報告書第12冊 京都府埋蔵文化財調査研究センター 1989年

清野謙次『日本考古学・人類学史』上巻 岩波書店 1954年

久下隆史「加古川・川と交通」『日本の川―自然と民俗―』第1巻 新公論社 1987年

久保田辰彦「平安時代の大阪」『大阪郷土史』大阪毎日新聞社 1940年

日下雅義「摂河泉における古代の港と背後の交通路について」『古代学研究』第107号 古代学研究会 1985年

日下雅義「大地の変貌と古代人の営為」『日本の古代―前方後円墳の世紀―』第5巻 中央公論社 1986年

日下雅義「古代"難波津"の位置をめぐって」『立命館文学』第499号 立命館大学人文学会 1987年

日下雅義「古代の大阪港」『大阪春秋―大阪港大阪湾―』第61号 大阪春秋社 1990年

日下雅義「消費の場を復原する」『古代景観の復原』中央公論社 1991年

日下雅義「湊の原形―肥前国神崎荘にみる―」『歴史を読みなおす（朝日百科日本の歴史別冊）』第6巻 朝日新聞社 1993年

日下雅義「瀬戸内海の地形と古代の港」『古代の「海の道」』学生社 1996年

日下雅義『平野は語る』大巧社 1998年

日下雅義「古代の港津と交通路―大陸外交の道―」『波涛を越える道―古代の河内・和泉と中国・朝鮮半島―』シンポジウム資料集 2005年歴史街道ウォーク＆トーク実行委員会 2005年

久信田喜一「志万郷と古代常陸の河川港」『古代交通研究』第4号 古代交通研究会 1995年

葛原克人「吉備の津」『古代の「海の道」』学生社 1996年

工藤定雄「最上川―舟運と上下物資―内陸河岸と城下町商人―」『流域をたどる歴史〈東北編〉』第2巻 ぎょうせい 1978年

熊本大学工学部建築学教室編『三角西港の石積埠頭』観光資源調査報告 Vol.13 観光資源保護財団 1985年

栗原朋信『上代日本対外関係の研究』吉川弘文館 1978年

第 3 部　〈附編〉舟・船舶関係資料一覧

胡桃沢勘司『近世海運民俗史研究—逆流海上の道—』芙蓉書房　2012年
黒潮文化の会編『日本民族と黒潮文化—黒潮の古代史序説—』角川選書91　角川書店　1977年
黒田明憲「江の川の舟運と川舟」『広島県立歴史民俗資料館研究紀要』第2号　広島県立歴史民俗
　　資料館　1999年
黒田英雄『世界海運史』成山堂書店　1979年
黒羽兵治郎『近世交通史研究』日本評論社　1943年
黒羽兵治郎「近世河内の舟運と剣先船」『歴史研究』第6号　大阪府立大学歴史研究会　1961年
群馬県立歴史博物館『上州利根川の水運』第43回企画展図録　群馬県立歴史博物館　1992年
小出博「舟運のための河川開発」『利根川と淀川—東日本・西日本の歴史的展開—』中公新書384
　　中央公論社　1975年
幸田成友『日欧通交史』岩波書店　1942年
河野正富「天保後の北前船」『経済史研究』第22巻第4号　日本経済史研究所　1940年
甲元眞之「先史時代の対外交流」『日本社会史—列島内外の交通と国家—』第1巻　岩波書店
　　1987年
甲元眞之「大陸文化と玄界灘—考古学からみた対外交流—」『海と列島文化—玄界灘の島々—』
　　第3巻　小学館　1990年
国際日本文化研究センター『海上の道—再考—』公開シンポジウム　国際日本文化研究センター
　　2000年
国土交通省近畿地方整備局河川部『舟運と河川技術』国土交通省近畿地方整備局河川部　2004年
小熊博史「佐渡海峡から揚陸された縄文土器—縄文時代における海上交通の痕跡—」『研究報告』
　　第33号　長岡市立科学博物館1998
国分直一「東シナ海の時代—南海系鳥夷の活動と北方系天的祭式の展開—」『東アジアの古代文
　　化』第39号　古代学研究所　大和書房　1984年
国分直一『日本文化の古層—列島の地理的位相と民族文化—』第一書房　1992年
国分直一『北の道南の道—日本文化と海上の道—』第一書房　1992年
国立歴史民俗博物館「歴博—海と川—」№102　国立歴史民俗博物館　2000年
越崎宗一『新版北前船考』北海道出版企画センター　1972年
古島和雄「明末長江デルタ地帯に於ける地主経営」『歴史学研究』第148号　歴史学研究会　岩波
　　書店　1950年
小島芳孝「古代日本海世界北部の交流」『北の環日本海世界—書きかえられる津軽安藤氏—』山
　　川出版社　2002年
小嶋芳孝「鴻臚卿崔忻の石碑から井戸と港の関係を考える」『考古学に学ぶ（Ⅱ）』考古学シリー
　　ズⅧ　同志社大学考古学シリーズ刊行会　2003年
小嶋芳孝「日本海対岸世界との交通—七世紀の越と日本海対岸世界—」193～224頁『日本海域歴
　　史大系—古代篇Ⅰ—』第1巻　清文堂　2005年
小竹森淑江「中世香取海における津の支配—海夫注文の分析から—」『武蔵大学日本文化研究』
　　第2号　武蔵大学日本文化研究会　1981年
児玉幸多「河川交通概説」『交通史』体系日本史叢書24　山川出版社　1970年
児玉幸多『近世交通史の研究』筑摩書房　1986年
児玉幸多編『日本交通史』吉川弘文館　1992年
児玉幸多先生古稀記念会編『日本近世交通史研究』吉川弘文館　1979年
後藤明「海の道—海洋民族としての日本人—」『CEL』第107号　大阪ガス（株）エネルギー・文化
　　研究所　2014年
後藤明「人類初期の舟技術—環太平洋地域を中心に—」『科学』Vol.87　岩波書店　2017年
後藤恵之輔「壱岐・原の辻遺跡における土木構造物について」『原の辻ニュースレター』第2号
　　原の辻遺跡調査事務所　1998年
後藤四郎「海部管見」『書陵部紀要』第19号　宮内庁書陵部　1967年

—398—

XI　舟船関係文献資料目録（5 湊津・水運・航海関係）

小西和「内海の水運と水師」『瀬戸内海論』1911年
小葉田淳『中世日支通交貿易史の研究』復刻　刀江書院　1941年
小葉田淳『中世南島通交貿易史の研究』復刻　刀江書院　1968年
小葉田淳「日本海海運と港町の文化」『福井の文化』福井県文化振興事業団　1985年
小林弌『近世日本海海運と港町の研究』国書刊行会　1992年
小林庄次郎「上古の兵庫港―務古の水門―」「歴史地理」第1巻第1号　日本歴史地理学会　1899年
小林庄次郎「務古の水門に関する野中氏の駁論に答ふ」「歴史地理」第2巻第2号　日本歴史地理学会　1900年
小林孝秀「太平洋沿岸の海上交通と横穴式石室―千葉県匝瑳市関向古墳の石室構造から―」「駒澤考古」第38号　駒澤大学考古学研究室　2013年
小林博「街道と宿場」「阪神ハイウェイ」第85号　阪神高速道路公団　1986年
小松正夫「出羽北部の古代水上交通と交流―古代遺跡と史料からみる―」「石川県埋蔵文化財情報」第13号　石川県埋蔵文化財センター　2005年
小村弌『近世日本海海運と港町の研究』国書刊行会　1992年
小山修三「石器時代の海人―山立て航海と推測航海―」『海人の世界』秋道智彌編　同文舘出版　1998年
昆政明「船絵馬に見る弁才船の帆走」「歴史と民俗」神奈川大学日本先史文化研究所論集32　平凡社　2016年
埼玉県教育委員会『荒川の水運』歴史の道調査報告書第7集　埼玉県教育委員会　1987年
埼玉県教育委員会『新河岸川の水運』歴史の道調査報告書第8集　埼玉県教育委員会　1987年
斉藤貞夫『川越舟運―江戸と小江戸を結んで三百年―』さきたま出版会　1982年
斉藤貞夫『武州・川越舟運―新河岸川の今と昔―』さきたま出版会　1990年
斉藤利男「都市研究から見た十三湊の都市構造」『中世都市十三湊と安藤氏』歴博フォーラム　国立歴史民俗博物館　1994年
斉藤利男「北の中世・書きかえられる十三湊と安藤氏」「東北学」vol.7　東北芸術工科大学東北文化研究センター　2002年
斉藤実則『雄物川の河川交通』秋田県文化財保護協会　1995年
佐伯弘次「日宋貿易の展開」「九州歴史大学講座」第2期第10号　九州歴史大学講座　1992年
佐伯弘次「博多と寧波」『日本の対外関係―通交・通商圏の拡大―』第3巻　吉川弘文館　2010年
坂井誠一「越前と越中との海運」『日本海海運史の研究』福井県郷土誌懇談会　1967年
坂井秀弥「水辺の古代官衙遺跡―越後平野の内水面・舟運・漁業―」『古代王権と交流―越と古代の北陸―』第3巻　名著出版　1996年
坂井秀弥「中世の主要港、三津七港の現状と十三湊」『中世十三湊の世界』新人物往来社　2004年
坂井秀弥「地域社会の環境・交通・開発―越後平野を例に―」『環境の日本史―古代の暮らしと祈り―』第2巻　吉川弘文館　2013年
坂江渉「古代国家の交通とミナトの神祭り」「神戸大学史学年報」第18号　神戸大学史学研究会　2003年
坂江渉「ミナトの自然環境と神祭り」『環境の日本史―古代の暮らしと祈り―』第2巻　吉川弘文館　2013年
栄原永遠男「日本古代の遠距離交易について―八世紀を中心として―」『古代国家の形成と展開』吉川弘文館　1976年
栄原永遠男「舟運の展開とその条件」『古代の地方史―山陰・山陽・南海編―』第2巻　朝倉書店　1977年
栄原永遠男「瀬戸内の海道と港」『地方文化の日本史―古代文化と地方―』第2巻　文一総合出版　1978年
栄原永遠男「難波堀江と難波市」『古代を考える難波』吉川弘文館　1992年
栄原永遠男「瀬戸内の海道と港」『奈良時代流通経済史の研究』塙書房　1992年

第3部 〈附編〉舟・船舶関係資料一覧

栄原永遠男「瀬戸内海水運にかんする一史料」『山口県史の窓』史料編古代　山口県　2001年

榊原滋高「中世港湾都市十三湊遺跡の発掘調査」『北の環日本海世界―書きかえられる津軽安藤氏―』山川出版社　2002年

佐賀市教育委員会『幕末佐賀藩三重津海軍所跡』佐賀市重要産業遺跡関係調査報告書第1集　佐賀市教育委員会　2012年

佐賀市教育委員会『幕末佐賀藩三重津海軍所跡Ⅱ-18区の調査―』佐賀重要産業遺跡関係調査報告書第3集　佐賀市教育委員会　2013年

坂本賞三「古代の水運と海賊」『瀬戸内海の歴史と文化』瀬戸内海文化シリーズ1　瀬戸内海環境保全協会　1978年

坂本太郎『上代駅制の研究』至文堂　1928年

坂本太郎『古代日本の交通』アテネ文庫272（日本歴史シリーズ5）弘文堂　1955年

坂本太郎「水駅考」『日本古代史の基礎的研究―制度篇―』下　東京大学出版会　1964年

坂本太郎『古代の駅と通』坂本太郎著作集第8巻　吉川弘文館　1989年

坂本正夫「高知県河川の舟運―仁淀川の事例―」『土佐民俗会誌』第16号　土佐民俗学会　1970年

坂本正夫「仁淀川・仁淀川の舟運」『日本の川―自然と民俗―』第4巻　新公論社　1989年

鷺森浩幸「八世紀の流通経済と王権―難波と勢多―」『古代王権と交流―ヤマト王権と交流の諸相―』第5巻　名著出版　1994年

作田高太郎「八幡大菩薩船」『日本権力史論』平凡社　1958年

作田高太郎『続日本権力史論』平凡社　1964年

佐久間惇一「阿賀野川・大川で働く人びと」『日本の川―自然と民俗―』第3巻　新公論社　1989年

佐久田昌昭『海洋と運搬』海洋開発シリーズ11　共立出版　1975年

佐久間重男「明代海外私貿易の歴史的背景―福建省を中心として―」『史学雑誌』第62編第1号　東京大学史学会　1953年

桜井英治「湊・津・泊―都市自治の系譜―」『歴史を読みなおす（朝日百科日本の歴史別冊）』第6巻　朝日新聞社　1993年

桜井徳太郎「新潟県魚野川の舟運習俗」『日本民俗学』第2巻第1号　日本民俗学会　1954年

桜井徳太郎・北見俊夫『日本の民俗―人間の交流―』第4巻　河出書房新社　1965年

桜井伸孝「阿武隈川の水運」『歴史』第27号　東北史学会　1964年

桜井伸孝「阿武隈川の舟運について」『宮城の研究』5　清文堂出版　1983年

桜井伸孝「阿武隈川の水運」『流域の地方史―社会と文化―』雄山閣出版　1985年

桜田勝徳「水上交通と民俗」『日本民俗大系―生業と民俗―』第5巻　平凡社　1959年

笹岡明「「負」の交通史の視点から―古代の常陸と陸奥の境界に関して―」『交通史研究』第32号　交通史研究会　1994年

笹岡明「古代の港津の立地に関する一試論」『交通史研究』第40号　交通史学会1997年

佐々木孝男「古墳時代初期の船と航海について」『東アジアの古代文化』第29号　古代学研究所　大和書房　1981年

佐藤俊介「明治中期における子吉川水系の舟運―『子吉川流域調査書』の分析から―」『秋田地方史の展開』みしま書房　1991年

佐藤信「古代国家と日本海・北日本」『中世都市十三湊と安藤氏』歴博フォーラム　国立歴史民俗博物館　1994年

潮地悦三郎「荒川における生業―舟運・筏流し・漁撈―」『埼玉民俗』第11号　埼玉民俗の会　1982年

塩屋勝利「黒潮が運んだ文化―漂着・交易・船・海底物―」『九州歴史大学講座』第2期第11号　九州歴史大学講座　1992年

滋賀県埋蔵文化財保護協会『芦刈遺跡・大中の湖南遺跡』滋賀県教育委員会　2005年

滋賀県文化財保護協会『関津遺跡―近江の南の玄関口―』シリーズ近江の文化財002　滋賀県文化財保護協会　2010年

XI 舟船関係文献資料目録（5 湊津・水運・航海関係）

滋賀県文化財保護協会『琵琶湖の港と船』シリーズ近江の文化財003 滋賀県文化財保護協会 2010年

滋賀県文化財保護協会『古代近江の渡来文化』シリーズ近江の文化財005 滋賀県文化財保護協会 2012年

重田勉「中世塩津港の開発」「紀要」第29号 滋賀県文化財保護協会 2016年

設楽博己「弥生時代の交易・交通」『考古学による日本歴史―交易と交通―』第9巻 雄山閣出版 1997年

志田諄一「古代・中世の常陸の河川港」「溯源東海」創刊号 東海村史編さん委員会 1987年

志田諄一「勿来関について」『古代の東北―歴史と民俗―』高科書店 1989年

志田原重人「草戸千軒・尾道にみる中世港町の側面」『瀬戸内社会の形成と展開―海と生活―』地方史研究協議会編 雄山閣 1983年

柴田恵司・高山久明「古代人の航海術対馬海峡渡海シュミレーション」「月刊考古学ジャーナル」№212 ニュー・サイエンス社 1982年

柴田孝夫「隅田川―川越と新河岸川の舟運―」『流域をたどる歴史〈総論・北海道編〉』第1巻 ぎょうせい 1979年

島田退蔵「王朝の海道」「歴史と地理」第13巻第4号 史学地理学同攷会 1924年

下澤公明「弥生時代の「波止場」の跡か―倉敷市上東遺跡―」「所報吉備」第24号 岡山県古代吉備文化財センター 1998年

下澤公明「上東遺跡波止場状遺構の再検討」「古文化談叢」52 九州古文化研究会 2005年

下條信行「縄文・弥生時代の海上交通」『古代の船』福岡市立歴史資料館 1988年

下條信行「奴国・伊都国の海洋航海力」「九州歴史大学講座」第3期第7号 九州歴史大学講座 1993年

下條信行「瀬戸内の海上交通」『大王のひつぎ海をゆく―謎に挑んだ古代船』海鳥社 2006年

下野敏見「近世種子島海上交通資料」「海事史研究」創刊号 日本海事史学会 1963年

周慶南「前漢・呉の時代における江南地方と倭国との海上交流について」「九州歴史大学講座」第3期第12号 九州歴史大学講座 1993年

白石昭臣「江の川・川と交通」『日本の川―自然と民俗―』第3巻 新公論社 1989年

白石太一郎「総論・交通・交易システムの変遷とその背景」『考古学による日本歴史―交易と交通―』第9巻 雄山閣出版 1997年

新城常三「中世の橋と渡」「文化史研究」第4集 北隆館 1948年

新城常三「交通」『郷土研究講座―社会生活―』第5巻 角川書店 1958年

新城常三『新稿社寺参詣の社会経済史的研究』塙書房 1982年

新城常三『中世水運史の研究』塙書房 1994年

吹田市立博物館『古代の港か？祭場か？―五反島遺跡の謎に迫る―』平成28年度秋季特別展 吹田市立博物館 2016年

菅原恵介ほか「米代川流域における舟運によるまちの変遷―能代・二ツ井を例に―」「土木史研究講演集」第23号 土木学会 2003年

杉本晴介「近世における河北潟の舟運」『日本海水上交通史』日本海水上交通史論集第1巻 文献出版 1986年

杉山宏「律令制下の津及び船瀬の変遷について」「立正史学」第33号 立正大学史学会 1969年

杉山宏「古代海上輸送に於ける運送賃の変遷について」「海事史研究」第15号 日本海事史学会 1970年

杉山宏「古代の海運について」「海事史研究」第19号 日本海事史学会 1972年

杉山宏「古代の海運と津について」「海事史研究」第23号 日本海事史学会 1974年

杉山宏「船瀬修造の労力と財源について」「立正史学」第39号 立正大学史学会 1975年

杉山宏「律令制確立期の海運」「海事史研究」第27号 日本海事史学会 1976年

杉山宏「八世紀の海運について―栄原説への二・三の疑問点」「海事史研究」第30号 日本海事史

第 3 部 〈附編〉舟・船舶関係資料一覧

学会　1978年

杉山宏『日本古代海運史の研究』叢書歴史学研究　法政大学出版局　1978年

杉山宏「奈良時代の海運に関する二、三の問題」『交通史研究』第5号　交通史学会　1980年

杉山宏「八・九世紀の海運に関する二、三の問題」『海事史研究』第40号　日本海事史学会　1983年

椙山林継「古墳時代の海上交通と信仰」『古代日本の異文化交流』勉誠出版　2008年

鈴木勲「最上川上流における水運の一考察」『最上川流域の歴史と文化』工藤定雄教授還暦記念
　　会　1973年

鈴木靖民「古代蝦夷の世界と交流」『古代王権と交流―古代蝦夷の世界と交流―』第1巻　名著出
　　版　1996年

鈴木靖民・荒井秀規『古代東アジアの道路と交通』勉誠出版　2011年

鈴木靖民・川尻秋生・鐘江宏之編『日本古代の運河と水上交通』八木書店　2015年

住田正一編『海事史料叢書』第1〜20巻　厳松堂　1929〜1931年

住田正一『日本海法史』厳松堂書店　1927年

住田正一『日本海運史』明玄書房　1954年

関和彦『新・古代出雲史―『出雲国風土記』再考―』藤原書店　2001年

関和彦「『出雲国風土記』の歴史的世界」45〜68頁『日本海域歴史大系―古代篇Ⅰ―』第1巻　清
　　文堂　2005年

関周一「朝鮮半島との交流対馬」『中世の風景を読む―東シナ海を囲む中世世界―』第7巻　新人
　　物往来社　1995年

関周一『中世日朝海域史の研究』吉川弘文館　2002年

関千「五泊考」『歴史地理』第1巻第2号　日本歴史地理学会　1899年

関千「五泊考(承前完結)」『歴史地理』第1巻第4号　日本歴史地理学会　1900年

関千「五泊考(完結)」『歴史地理』第1巻第6号　日本歴史地理学会　1900年

関田駒吉「海路図の研究」『歴史地理』第58巻第4号　日本歴史地理学会　1931年

関谷健哉『航海』海洋科学叢書6　天然社　1943年

石棺文化研究会『大王の棺を運ぶ実験航海―研究編―』石棺文化研究会　2007年

千田稔「北前船の近代化とその背景」『海事経済史研究』海文堂　1967年

千田稔「古代港津の歴史地理学的考察―瀬戸内における港津址比定を中心として―」『史林』第
　　53号第1号　史学研究会　1970年

千田稔『埋もれた港』学生社　1974年

千田稔「水運と港津」『古代日本の交通路Ⅳ』大明堂　1979年

千田稔「難波津補考」『高地性集落と倭国大乱』小野忠煕博士退官記念論集　雄山閣出版　1984年

千田稔『古代日本の歴史地理学的研究』岩波書店　1991年

千田稔「「難波津」の史料解釈」『風景の考古学』地人書房　1996年

千田稔「海の道と日本文化」『海のアジア―アジアの海と日本人―』第6巻　岩波書店　2001年

外崎純一「岩木川・川と交通」『日本の川―自然と民俗―』第1巻　新公論社　1987年

薗田香融「古代海上交通と紀伊の水軍」『古代の日本―近畿―』第5巻　角川書店　1970年

田井恭一「加古川の舟運のはじまり」『東播磨の歴史―中世―』第2巻　神戸新聞総合出版センター
　　2003年

田井恭一「加古川舟運の隆盛」『東播磨の歴史―近世―』第3巻　神戸新聞総合出版センター
　　2004年

田尾誠敏「相模国高座郡津と水上交通―下寺尾官衙遺跡群の調査成果とその周辺―」『古代の運
　　河』第17回大会資料集　古代交通研究会　2013年

高木恭二「石棺を運ぶ」『東アジアの古代文化』第50号　古代学研究所　大和書房　1987年

高木恭二「古墳時代の交易と交通」『考古学による日本歴史―交易と交通―』第9巻　雄山閣
　　1997年

高木啓夫「物部川・川舟と川流し」『日本の川―自然と民俗―』第3巻　新公論社　1989年

—402—

XI　舟船関係文献資料目録（5 湊津・水運・航海関係）

高倉洋彰「海の「商人」たち」「九州歴史大学講座」第2期第10号　九州歴史大学講座　1992年

高重進「律令制的国郡津制の成立と崩壊」「岡山史学」第18号　岡山史学会　1966年

高瀬重雄「放生津・三国両湊の争論をめぐる考察—中世日本海運史のひとこま—」『日本海海運史の研究』福井県郷土誌懇談会　1967年

高瀬重雄「日本海文化の形成と大陸交渉史—日本列島の裏表と能登地方—」「歴史手帖」11-5　名著出版　1983年

高瀬重雄『日本海文化の形成』高瀬重雄文化史論集Ⅱ　名著出版　1984年

高瀬重雄「古代の日本海交通」「季刊考古学」第15号　雄山閣出版　1986年

高瀬保『加賀藩海運史の研究』雄山閣出版　1979年

高田茂廣「近世筑前の海運」『九州水上交通史』日本水上交通史論集第5巻　文献出版　1993年

高槻市立今城塚古代歴史館『三島と古代淀川水運Ⅰ—初期ヤマト王権から継体大王の登場まで—』開館記念特別展　高槻市立今城塚古代歴史館　2011年

高槻市立今城塚古代歴史館『古墳時代の船と水運』平成26年度秋季特別展　高槻市立今城塚古代歴史館　2014年

高橋隆博「古代輸送考（上）」「史泉」第44号　関西大学史学会　1972年

高橋隆博「古代輸送考（下）」「史泉」第45号　関西大学史学会　1972年

高橋公明「島を見る目と島からの視線」『シリーズ港町の世界史③—港町に生きる—』歴史学研究会編　青木書店　2006年

高橋美久二「相楽郡条里と泉津史泉」『京都府埋蔵文化財論集』第3集　京都府埋蔵文化財調査センター　1996年

高橋美久二「交通と運輸」『古墳時代の研究—生産と流通Ⅱ—』第5巻　雄山閣出版　1991年

高橋美久二「古代の交通路」『古代史の論点—都市と工業と流通—』第3巻　小学館　1998年

高牧實「近世における揖斐・長良・木曾川の舟運について」「研究紀要」創刊号　大垣女子短期大学　1969年

高見玄一郎『港の世界史』朝日新聞社　1989年

高谷好一「内湖のあった生活—野洲川デルタの場合—」『環境琵琶湖地域論』思文閣出版　2003年

高柳金芳「隅田川と江戸庶民の生活」弥生叢書19　国鉄厚生事業協会　1984年

高山久明ほか「和船人力推進における熟練者の櫓漕ぎ法の分析」「日本造船学会論文集」第100号　日本造船学会　1999年

高良倉吉「海上交通史の諸相」『新琉球史—近世編（下）—』琉球新報社　1990年

田川肇「船着き場の発見」『発掘「倭人伝」—海の王都、壱岐・原の辻遺跡展—』長崎県教育委員会　2002年

瀧音能之『出雲古代史論攷』岩田書院　2014年

滝川恒昭「房総里見氏と江戸湾の水上交通」「千葉史学」第24号　千葉歴史学会　1994年

瀧川政次郎「奈良時代における難波の倉庫」「社会経済史学」第23巻第4号　社会経済史学会　1957年

瀧川政次郎「難波の新羅江」「日本上古史研究」第1巻第2号　日本上古史研究会　1957年

瀧川政次郎「再び「難波の新羅江」について（上）」「日本上古史研究」第1巻第8号　日本上古史研究会　1957年

瀧川政次郎「再び「難波の新羅江」について（下）」「日本上古史研究」第1巻第9号　日本上古史研究会　1957年

瀧川政次郎「難波の葦蟹」『書誌学論集』神田博士還暦記念　還暦記念会編　平凡社　1957年

瀧川政次郎「難波の主船司」「ヒストリア」第21号　大阪歴史学会　1957年

瀧川政次郎「難波の水上の関所「津」について」「国学院大学政経論叢」第6巻第3号　国学院大学政経学会　1958年

瀧川政次郎「難波における斎宮の祓所と大江殿」『日本古代史論叢』西田先生頌寿記念刊行会　1960年

第3部　〈附編〉舟・船舶関係資料一覧

瀧川政次郎「能登国福良の津の渤海客館址」「歴史地理」第90巻第3号　日本歴史地理学会
　　1962年
田口良一郎編『海運の話』日経文庫　日本経済新聞社　1957年
竹内良夫『港をつくる―流通・産業から都市活動へ―』新潮選書　新潮社　1989年
竹川重男「阿武隈川―近世阿武隈川の舟運―」『流域をたどる歴史〈東北編〉』第2巻　ぎょうせい
　　1978年
武末純一『弥生の村』山川出版社　2002年
武田佐知子「古代環日本海交通と淳足柵」『律令国家と古代社会』塙書房　2005年
武光誠『九州水軍国家の興亡―新説・吉野ヶ里から邪馬台国まで―』学習研究社　1990年
武光誠『古代を検証する　水軍国家ヤマトの誕生』学習研究社　1990年
但馬国府国分寺館「円山川の舟運」『但馬国府・国分寺館ニュース』第34号　但馬国府国分寺館
　　2013年
田島佳也「中国東南部・浙江省舟山群島の伝統的造船所と漁村」「歴史と民俗」神奈川大学日本常
　　民文化研究所論集14　平凡社　1997年
田代弘「志高の舟戸―堤防状遺構SX86231・弥生時代の船着場―」『京都府埋蔵文化財論集―創
　　立二十五周年記念誌―』第5集　京都府埋蔵文化財調査研究センター　2006年
竹田市太郎「最上川上流水運と置場の経済」「山形県地域史研究」10　山形県地域史研究協議会
　　1984年
立花久吉「淡路島の海運」「歴史研究」第275号　新人物往来社　1984年
立石巌「黒潮と日本古代史」「東アジアの古代文化」第5号　古代学研究所　大和書房　1975年
舘野和己「古代北陸地域の港津」『前近代の潟湖河川交通と遺跡立地の地域史的研究』新潟大学
　　人文学部　2004年
舘野和己「日本古代の交通政策―本貫地主義をめぐって―」『日本政治社会史研究』中　塙書房
　　1984年
田名網宏『古代の交通』日本歴史叢書24　吉川弘文館　1969年
田中一穂「新潟県の古代港湾遺跡」「石川県埋蔵文化財情報」第13号　石川県埋蔵文化財センター
　　2005年
田中勝弘「古墳時代における水運技術」「紀要」第6号　滋賀県立安土城考古博物館　1998年
田中熊雄「大淀川・川と交通」『日本の川―自然と民俗―』第4巻　新公論社　1989年
田中匠「港町小木の盛衰」『佐渡―島社会の形成と文化―』地方史研究協議会編　雄山閣　1977年
田中建夫『中世海外交渉史の研究』東京大学出版会　1959年
田中健夫『中世海外関係史』東京大学出版会　1975年
田中卓「難波の堀江―瀧川博士の新羅江論に関聯して―」「日本上古史研究」第1巻第4号　日本
　　上古史研究会　1957年
田中豊治「近世日本海の帆船交通」「地域」第1巻第3号　日本書院　1952年
田中豊治「近世日本海の帆船交通」『日本海海運史の研究』福井県郷土誌懇談会　1967年
田中久夫『海の豪族と湊と』田中久夫歴史民俗学論集第2巻　岩田書院　2012年
田中史生『国際交易の古代列島』角川選書567　角川書店　2016年
田中丸勝彦「松浦川・川と交通」『日本の川―自然と民俗―』第2巻　新公論社　1987年
田辺一郎「仙台湾付近に於ける港の変遷」「地域社会研究」第3～4号　地域社会研究会　1952年
田邊英男「江の川をめぐる民俗と考古学―江の川流域の舟運と漁撈文化―」「芸備」第42集　芸
　　備友の会　2013年
谷信次『海の大日本史』上・下　大学館　1903年
谷沢明「瀬戸内の港町」『海と列島文化―瀬戸内の海人文化―』第9巻　小学館　1991年
谷沢明『瀬戸内の町並み―港町形成の研究―』未来社　1991年
玉井哲雄「十三湊の都市空間について―その立地と地割―」『中世都市十三湊と安藤氏』歴博
　　フォーラム　国立歴史民俗博物館1994年

―404―

XI 舟船関係文献資料目録（5 湊津・水運・航海関係）

田村榮太郎「日本交通史概観」『郷土科学講座』第1冊　郷土科学研究会　四海書房　1931年
段木一行「利根川―津浦―」『流域をたどる歴史〈総論・北海道編〉』第1巻　ぎょうせい　1979年
丹治健蔵「利根川舟運の展開―上州平塚河岸の積荷をめぐって―」『歴史地理』第90巻第1号　日
　　本歴史地理学会　1961年
丹治健蔵「河川水運」『歴史公論』第3巻第2号　中央公論社　1977年
丹治健蔵「利根川―利根川水運と境河岸―」『流域をたどる歴史〈総論・北海道編〉』第1巻　ぎょ
　　うせい　1979年
丹治健蔵『関東河川水運史の研究』法政大学出版局　1984年
丹治健蔵『近世関東の水運と商品取引―渡良瀬川・荒川・多摩川流域を中心に―』近世史研究叢
　　書33　岩田書院　2013年
丹治健蔵『近世関東の水運と商品取引続―利根川・江戸川流域を中心に―』近世史研究叢書40
　　岩田書院　2015年
丹野拓「紀水門周辺の動向」『学術研究集会海の古墳を考えるⅢ―紀伊の古代氏族と紀淡海峡周
　　辺地域の古墳―』発表要旨集　第3回海の古墳を考える会　2013年
千葉県立関宿城博物館『高瀬船物語』企画展図録　千葉県立関宿城博物館　2005年
千葉徳爾・石田寛「交通と交易」『美作の民俗』吉川弘文館　1963年
千野原靖方『常総内海の中世―地域権力と水運の展開―』崙書房出版　2007年
地方史研究協議会編『瀬戸内社会の形成と展開』雄山閣出版　1983年
地方史研究協議会編『流域の地方史―社会と文化―』雄山閣出版　1985年
長洋一「新羅商人から唐商人へ」『九州歴史大学講座』第2期第10号　九州歴史大学講座　1992年
調布市郷土博物館「多摩川中流の川船」『解説シートNo.3』調布市郷土博物館　2000年
陳舜臣ほか『南海の王国琉球の世紀―東アジアの中の琉球―』角川選書239　角川書店　1993年
塚原博「中世五島の港と流通」中世都市研究会編『中世都市研究―港湾都市と対外交易―』第10
　　巻　新人物往来社　2004年
津川正幸「西宮と廻船」『西宮あれこれ―その自然と歴史を語る―』西宮市役所　1979年
津川正幸「近世日本海運の諸問題」関西大学出版部　1998年
次田潤「古事記、日本書紀に現れたる難波津」『好古趣味』第2巻　趣味の考古学会　1930年
拓植信行「開かれた東国の海上交通と品川湊」『中世の風景を詠む―都市鎌倉と坂東の海に暮ら
　　す―』第2巻　新人物往来社　1994年
辻善之助『海外交通史話』内外書籍（株）　1930年
辻善之助『日支文化の交流』創元社　1938年
辻善之助『増訂海外交通史話』内外書籍　1942年
辻尾榮市「クリークと刳舟」『月刊考古学ジャーナル』No.434　ニュー・サイエンス社　1998年
辻尾榮市「淀川と八軒家の舟・舩」『追手門経済論集』第41巻第1号　宇田正先生退官記念論集
　　追手門大学　2006年
辻尾榮市『『増補登舩独案内』を読む」『上方文化研究センター研究年報』第8号　大阪府立大学上
　　方文化研究センター　2007年
土屋貞夫「近世における川舟について―美祢郡・厚狭郡の場合―」『山口県地方史』第27号　山口
　　県地方史学会　1972年
津のルーツを探る会編『安濃津港研究―津のほん別冊―』津のルーツを探る会　1998年
津のルーツを探る会編『安濃津物語―津のほん別冊―』津のルーツを探る会　1999年
出越茂和「金沢における古代湊の成立と展開」『戸水遺跡群Ⅱ戸水大西遺跡Ⅰ』金沢市教育委員
　　会　2000年
出越茂和「内水面と古代水上交通」『金沢市大友西遺跡Ⅲ』金沢市教育委員会　2003年
出越茂和「海からの客と津」『鞍月逍遙』金沢市鞍月土地区画整理組合　2004年
出越茂和「金沢における水上交通遺跡の調査」『石川県埋蔵文化財情報』第13号　石川県埋蔵文
　　化財センター　2005年

—405—

第3部 〈附編〉舟・船舶関係資料一覧

出越茂和「北陸の津湊と交通」263〜287頁『日本海域歴史大系―古代篇Ⅰ―』第1巻　清文堂　2005年

天坊幸彦『上代難波の歴史地理学的研究』大八州出版　1947年

道家康之助「カヌーで操る邪馬台国への道」「東アジアの古代文化」第65号　古代学研究所　大和書房　1990年

道家康之助「東シナ海における古代の航法」「東アジアの古代文化」第82号　古代学研究所　大和書房　1995年

道家康之助「越族が渡航して弥生時代を作った」「東アジアの古代文化」第101号　古代学研究所　大和書房　1999年

東北史学会編『東北水運史の研究』巌南堂書店　1966年

東北歴史資料館『近世の北上川と水運』東北歴史資料館　1982年

戸川安章「最上川の舟運」『日本の川―自然と民俗―』第3巻　新公論社　1989年

徳田釼一『中世に於ける水運の発達』章華社　1936年

徳田剣一『増補中世における水運の発達』巌南堂書店　1936年

徳山久夫「水上交通の発達と絵馬」瀬戸内海文化シリーズ1　瀬戸内海環境保全協会　1978年

所三男「中部」『交通史』体系日本史叢書24　山川出版社　1970年

戸田市立郷土博物館『戸田河岸と荒川の舟運』第19回特別展図録　戸田市立郷土博物館　2003年

富岡儀八『塩道と高瀬舟―陰陽交通路の発達と都市の構造変化―』古今書院　1973年

富田禮彦編「宮川」『斐太後風土記』首巻　大日本地誌大系第23巻　雄山閣　1930年

豊田有恒「野性号の思い出」「東アジアの古代文化」第53号　古代学研究所　大和書房　1987年

豊田武『中世日本商業史の研究』岩波書店　1944年

豊田武「中世の水運(上)」「日本歴史」第15号　日本歴史学会　1949年

豊田武「中世の水運(下)」「日本歴史」第16号　日本歴史学会　1949年

豊田武『中世日本商業史の研究』岩波書店　1952年

豊田武「水運史上の東北地方」「歴史」第27号　東北史学会　1964年

豊田武・児玉幸多編『交通史』体系日本史叢書24　山川出版社　1970年

豊田武『川と歴史』『流域をたどる歴史〈総論・北海道編〉』第1巻　ぎょうせい　1979年

豊田知八「保津川下り船頭の操船技術と精神―角倉伝来の技術を継承する保津川船頭の仕事から―」『角倉一族とその時代』思文閣出版　2015年

外山卯三郎『南蛮船貿易史』東光出版　1943年

富山市日本海文化研究所「島と半島の日本海文化―公開講座平成13年度記録集―」「紀要」第16号　富山市日本海文化研究所　2002年

直木孝次郎「大和川・淀川と古代の都」「相愛大学研究論集」第1号　相愛大学　1985年

直木孝次郎「住吉津と難波津」「日本歴史」第452号　日本歴史学会　1986年

直木孝次郎「難波・住吉と渡来人―港の発展と管理をめぐって―」「相愛大学研究論集」第2号　相愛大学　1986年

直木孝次郎「古代難波津と難波宮」『なにわの歴史―関経連四十周年記念出版―』関西経済連合会　1987年

直木孝次郎「難波津と住吉津」「季刊明日香風」第26号　飛鳥保存財団　1988年

直木孝次郎「難波の柏の渡りについて」「郵政考古紀要」第13号通巻22冊　大阪・郵政考古学会　1988年

直木孝次郎「難波宮の繁栄とその歴史的意義」「季刊大林」第31号　大林組　1989年

直木孝次郎「難波津と難波の堀江」『クラと古代王権』ミネルヴァ書房　1991年

直木孝次郎編『古代を考える難波』吉川弘文館　1992年

直木孝次郎『難波宮と難波津の研究』吉川弘文館　1994年

直木孝次郎「東アジア世界への門・大阪」『大阪と海―二千年の歴史―』東方出版　1997年

直木孝次郎「日本書紀からみた難波津の位置」『続日本紀の諸相』続日本紀研究会編　塙書房

—406—

XI 舟船関係文献資料目録（5 湊津・水運・航海関係）

2004年

長井政太郎「最上川の水運(上)」「地理教育」第22巻第1号 地理教育研究会 1935年

長井政太郎「最上川の水運(下)」「地理教育」第22巻第2号 地理教育研究会 1935年

長井政太郎・斉藤光雄「最上川の曳船聚落」「地理学」第3巻第10号 古今書院 1935年

長井政太郎「最上川の船着場—船町と寺津—」「交通文化」第10号 国際交通文化協会 1940年

長井政太郎「最上川の船着場(その2)」「交通文化」第16号 国際交通文化協会 1941年

長井政太郎「最上川の船着場(その3)」「交通文化」第18号 国際交通文化協会 1942年

長井政太郎「最上川の船着場(その4)」「交通文化」第19号 国際交通文化協会 1942年

長井政太郎「最上川の水運」「社会科教育論叢」年報第2・3集 西日本社会教育研究会 1955年

長井政太郎「飛島資料に見える越前海船の問題」『日本海海運史の研究』福井県郷土誌懇談会 1967年

中井均「城の船入—海・湖・河川と城郭—」『城と湖と近江』「琵琶湖がつくる近江の歴史」研究会 2002年

長崎県教育委員会『原の辻遺跡・鶴田遺跡—原の辻遺跡調査研究事業調査報告書—』原の辻遺跡調査事務所調査報告書第4集 長崎県教育委員会 1998年

長崎県教育委員会『発掘「倭人伝」—海の王都、壱岐・原の辻遺跡展—』長崎県教育委員会 2002年

長崎県教育委員会『原の辻遺跡—主要地方道勝本石田線道路改良工事に伴う緊急発掘調査報告書② —』原の辻遺跡調査事務所調査報告書第29集 長崎県教育委員会 2005年

長崎県教育委員会『原の辻遺跡—原の辻遺跡調査研究事業調査報告書—』原の辻遺跡調査事務所調査報告書第33集 長崎県教育委員会 2006年

長崎県教育委員会『原の辻遺跡—原の辻遺跡調査研究事業調査報告書—』原の辻遺跡調査事務所調査報告書第36集 長崎県教育委員会 2007年

長崎県教育委員会『原の辻遺跡—原の辻遺跡調査研究事業調査報告書—』原の辻遺跡調査事務所調査報告書第38集 長崎県教育委員会 2008年

長崎県教育委員会『原の辻遺跡—原の辻遺跡調査研究事業調査報告書—』長崎県埋蔵文化財センター調査報告書第5集 長崎県教育委員会 2012年

中島三佳「東海道枚方宿の「片宿」について—京街道・山崎道・淀川舟運の競合—」「交通史研究」第32号 交通史研究会 1994年

中島楽章「寧波と博多—東シナ海域の二つのクロスロード—」『寧波と博多』東アジア海域叢書11 汲古書院 2013年

永留久恵『海人たちの足跡—環対馬海峡の基層文化—』白水社 1997年

長沼喜長「宮船場」「交通文化」第17号 国際交通文化協会 1942年

長沼賢海『日本海事史研究』九州大学出版会 1976年

永原慶二・山口啓二『講座日本技術の社会史』第8巻 交通・運輸 日本評論社 1985年

名古屋市博物館『伊勢湾をめぐる船の文化』企画展図録 名古屋市博物館 1989年

中野守久「荒川下流豊島の渡船場」「文化財研究紀要」第4集 東京都北区教育委員会 1990年

中村修『海民と古代国家形成史論』日本史研究叢刊23 和泉書院 2013年

中村和之「北の「倭寇的状況」とその拡大」『北の内海世界—北奥羽・蝦夷ヶ島と地域諸集団—』山川出版社 1999年

中村修也「『出雲国風土記』と商業」『古代王権と交流—出雲世界と古代の山陰—』第7巻 名著出版 1995年

中村太一「古代東国の水上交通—その構造と特質—」『古代王権と交流—古代東国の民衆と社会—』第2巻 名著出版 1994年

中村太一「水上交通利用の構造と地域的特質—東国の事例から—」『日本古代国家と計画道路』吉川弘文館 1996年

中村拓『御朱印船航海図』日本学術振興会 丸善 1965年

中村拓『御朱印船航海図』原書房 1979年

第3部 〈附編〉舟・船舶関係資料一覧

長山雅一「難波津私考」『大阪市文化財協会紀要』第2号　大阪市文化財協会　1999年

長山雅一「みおつくしと難波津」『なにわの海の時空館講演録』第1集　大阪市立海洋博物館なにわの海の時空館　2007年

中山薫「七・八・九世紀における津について」『歴史地理』第92巻第2号　日本歴史地理学会　1972年

中山薫「備中の国津について」『続日本紀研究』第159号　続日本紀研究会　1972年

中山学「郡山城下町遺跡の河川港について―高宮郡衙推定地における津済の復原―」『芸備』第42集　芸備友の会　2013年

難波宮国際歴史フォーラム実行委員会『ひらかれた古代の難波―アジア・太平洋地域の国際交流難波宮から考える―』実行委員会　1995年

成田譲吉「兵庫津から神戸へ」『歴史と神戸』第21巻第3号　神戸史学会　1982年

南木芳太郎編「船舶今昔号」『郷土研究・上方』第140号　上方郷土研究會　1942年

南波松太郎「日和山と方角石(其の一)」『海事史研究』第11号　日本海事史学会　1968年

南波松太郎「日和山と方角石(其の二)」『海事史研究』第13号　日本海事史学会　1969年

南波松太郎「日和山と方角石(其の三)」『海事史研究』第15号　日本海事史学会　1970年

南波松太郎「日和山と方角石(其の四)」『海事史研究』第19号　日本海事史学会　1972年

南波松太郎「日和山と方角石(其の五)」『海事史研究』第22号　日本海事史学会　1974年

南波松太郎「日和山と方角石(其の六)」『海事史研究』第24号　日本海事史学会　1975年

南波松太郎「日和山と方角石(其の七)」『海事史研究』第27号　日本海事史学会　1976年

南波松太郎「日和山と方角石」『海事史研究』第32号　日本海事史学会　1979年

南波松太郎「日和山と方角石(取纏其一)」『海事史研究』第34号　日本海事史学会　1980年

南波松太郎「和磁石」『海事史研究』第7号　日本海事史学会　1966年

南波松太郎『船・地図・日和山』南波松太郎先生文集出版実行委員会　法政大学出版局　1984年

南波松太郎『日和山』ものと人間の文化史60　法政大学出版局　1988年

南波松太郎「千石船の航海」『船』法政大学出版　1995年

新潟県教育委員会『一般国道7号中条黒川バイパス関係発掘調査報告書蔵ノ坪遺跡』第115集　新潟県教育委員会　2002年

新潟市歴史博物館『新潟の舟運―川がつなぐ越後平野の町・村―』平成18年度新潟市合併記念図録　新潟市歴史博物館　2006年

新津健「富士川舟運の環境と文化」『甲府盆地をとりまく自然と文化』山梨県立大学地域研究交流センター　2015年

新野直吉「令制水駅の実地研究」『日本歴史』第184号　日本歴史学会　1963年

新野直吉「水駅ならざる水駅」『歴史』第28輯　東北史学会　1964年

新野直吉「阿部比羅夫の北進」『古代東北の開拓』塙選書69　塙書房　1969年

新野直吉「北の海みち」『東アジアの古代文化』第29号　古代学研究所　大和書房　1981年

西尾牧夫『海の伝説―瀬戸内海を中心として―』成山堂書店　1963年

錦織勤「中世の水運の発達と海賊・悪党」瀬戸内海文化シリーズ1　瀬戸内海環境保全協会　1978年

錦織勤「平安時代における山陰地方の海運について」『鳥取大学教育学部研究報告』32　鳥取大学　1981年

錦織勤『古代中世の因伯の交通』鳥取県史ブックレット12　鳥取県　2013年

西谷正「総論・対外交渉の諸段階」『考古学による日本歴史―対外交渉―』10　雄山閣出版　1997年

西村雪池「海運史上より見たる越前三国湊」東北帝国大学文学会編「文化」第11巻第1号　岩波書店　1944年

西本昌弘「平安時代の難波津と難波宮」『続日本紀と古代社会』続日本紀研究会編　塙書房　2014年

XI 舟船関係文献資料目録（5 湊津・水運・航海関係）

ニーダム，J.『中国の科学と文明―航海技術―』坂本賢三ほか訳　第11巻　思索社　1991年

日本歴史地理学会編『日本海上史論』三省堂書店　1911年

日本歴史地理学会編『日本交通史論』日本学術普及会　1916年

根津明義「古代における物資輸送の一形態」『古代の地域社会と交流』藤井一二編　岩田書院　2005年

根津明義「内陸の水上交通にかかる考古学的一視点―主に船着場遺構への認識をめぐって―」「石川県埋蔵文化財情報」第13号　石川県埋蔵文化財センター　2005年

野口喜久雄「九州」『交通史』体系日本史叢書24　山川出版社　1970年

野口雅雄『日本運送史』交通時論社　1929年

野田只夫「近畿」『交通史』体系日本史叢書24　山川出版社　1970年

ノーテボーム「民族学と舟航」大林太良訳「東アジアの古代文化―古代日本と東南アジア―」別冊　古代学研究所　大和書房　1975年

野中完一「小林庄次郎氏記述上古の兵庫港務古の水門を読む」「歴史地理」第2巻第1号　日本歴史地理学会　1900年

野間三郎編『北陸と海運』北陸総合学術調査団報告第1冊　北陸中日新聞社　1963年

野本寛一「大井川・舟型屋敷と舟型輪中」『日本の川―自然と民俗―』第3巻　新公論社　1989年

芳賀登編「大利根舟行」『江戸時代図誌―日光道―』第9巻　筑摩書房　1976年

萩原龍夫「沼島と海上交通」「民間伝承」第16巻第3号　日本民俗学会　1952年

方舟社『倭国の形成と東アジアの騎馬文化』第11回古代史シンポジウム　全日空・朝日新聞社　1994年

橋口尚武「離島の生活と交通」「季刊考古学」第12号　雄山閣出版　1985年

橋口尚武「黒潮に生きる人々―太平洋沿岸と島々―」『日本の古代―列島の地域文化―』第2巻　中央公論社　1986年

橋口尚武『海を渡った縄文人―縄文時代の交流と交易―』小学館　1999年

橋口尚武「縄文時代の舟と交流・交易」「月刊考古学ジャーナル」№536　ニュー・サイエンス社　2005年

橋本澄夫「原始・古代の日本海交通」『シンポジウム古代の日本海諸地域―その文化と交流―』小学館　1984年

橋本鉄男「交通・運輸・交易」『びわ湖の専業漁撈』滋賀県教育委員会　1979年

橋本増吉『改訂増補東洋史上より見たる日本上古史研究』東洋文庫論叢第38　東洋文庫　1956年

橋本雄「中世の国際交易と博多―"大洋路"対"南島路"―」『前近代の日本列島と朝鮮半島』山川出版社　2007年

長谷川健二『天文航法』海文堂出版　1994年

長谷川成一「近世十三湊の成立―付説・十三津波伝承に関する一齣―」『中世都市十三湊と安藤氏』歴博フォーラム　国立歴史民俗博物館　1994年

畑中英二「古代における琵琶湖の湖上交通についての予察」「紀要」第9号　滋賀県文化財保護協会　1996年

八賀晋「古代の船と津」「月刊考古学ジャーナル―特集船と港の考古学―」№474　ニュー・サイエンス社　2001年

馬場英明「船と航路」『渡来人登場―弥生文化を開いた人々―』平成11年春季特別展図録18　大阪府立弥生文化博物館　1999年

濱修「塩津港遺跡から見る湊の繁栄」『琵琶湖の船が結ぶ絆―丸木船・丸子船から「うみのこ」まで―』サンライズ出版　2012年

濱修「「皇后宮」木簡と起請文祭祀」「紀要」第27号　滋賀県文化財保護協会　2014年

浜名敏夫「中世江戸湾の海上交通」「千葉史学」第19号　千葉歴史学会　1991年

林源吉「丸印御朱印船について」「長崎史談」第31輯　長崎史談会編集　1942年

林博通「琵琶湖と近江の国」『城と湖と近江』「琵琶湖がつくる近江の歴史」研究会　2002年

—409—

第3部 〈附編〉舟・船舶関係資料一覧

林博通「琵琶湖湖底遺跡の研究─三ツ矢千軒遺跡の調査─」『環境琵琶湖地域論』思文閣出版
　　2003年
林屋辰三郎「上方文化について」『なにわの歴史─関経連四十周年記念出版─』関西経済連合会
　　1987年
原直史「近世越後平野における河川舟運の展開─阿賀野川下條船の経営史料を中心に─」『前近
　　代の潟湖河川交通と遺跡立地の地域史的研究』新潟大学人文学部　2004年
原田伴彦『中世における都市の研究』三一書房　1972年
原の辻遺跡調査事務所『壱岐・原の辻遺跡』長崎県教育委員会　1995年
東恩納寛惇『黎明期の海外交通史』帝国教育会出版部　1941年
東恩納寛惇『黎明期の海外交通史』『東恩納寛惇全集』第3巻　第一書房　1979年
東四柳四明「日本海交通の拠点能登」『中世の風景を読む─内海を躍動する海の民─』第6巻
　　新人物往来社　1995年
樋口覚『川舟考─日本海洋文学論序説─』五柳書院　1998年
肥後弘幸「方形貼石墓と船着き場の発見（志高遺跡）」「京都府埋蔵文化財情報」第113号　京都府
　　埋蔵文化財調査研究センター　2010年
日野照正「今井船考─近世淀川水運史の一断面」「交通史研究」第5号　交通史研究会　1980年
日野照正編『近世淀川水運史料集』同朋舎　1982年
日野照正『畿内河川交通史研究』吉川弘文館　1986年
日野照正「近世大坂の川船交通」「大阪春秋─おおさかの乗りもの─」第69号　大阪春秋社
　　1992年
日野照正「近世淀川の水運史」『淀川流域の交通史─枚方周辺のひと・ものの流れ─講演記録集』
　　枚方市教育委員会　1997年
日野照正「過書船点描」『大阪春秋』第50号　大阪春秋社　1987年
日野尚志「遠賀川─遠賀川の水運の変遷─」『流域をたどる歴史〈九州編参考文献・索引〉』第7巻
　　ぎょうせい　1979年
樋畑雪湖「交通風俗」『日本風俗講座』第1号　雄山閣　1927年
樋畑雪湖『日本交通史料集成─五駅便覧─』第1輯　国際交通文化協会　1938年
樋畑雪湖『日本交通史料集成─駅肝録─』第2輯　国際交通文化協会　1938年
氷見市教育委員会『鞍川中Ａ遺跡』埋蔵文化財調査報告書第41冊　氷見市教育委員会　2005年
氷見市立博物館『水辺の人びと─布勢水海の歴史をさぐる─』氷見市立博物館　2005年
ヒューソン, J. B.『交易と冒険を支えた航海術の歴史』杉崎昭生訳　海文堂　2007年
兵庫県教育委員会『加古川・円山川の舟運』歴史の道調査報告書第5集　兵庫県教育委員会
　　1995年
平川南「河北潟・河川と地域社会の展開」『前近代の潟湖河川交通と遺跡立地の地域史的研究』新
　　潟大学人文学部　2004年
平敷勝美『北前船ものがたり』海洋文化クラブ　1968年
広島県立歴史博物館『中世の港町─海の道から中世をみるＩ─』展示図録第17冊　広島県立歴
　　史博物館　1996年
広島県立歴史博物館『川が育んだ文化財─広島県の重要文化財─』図録第36冊　広島県立歴史
　　博物館友の会　2007年
フェイル, C. アーネスト『世界海運業小史』佐々木誠治訳　日本海運集会所　1957年
フォード, D.『航海民族誌』勝美勝・桜井一衛訳　科学新興社　1943年
深澤芳樹「港の出現と弥生船団」「月刊考古学ジャーナル」No.536　ニュー・サイエンス社　2005年
福井県立図書館・福井県郷土誌懇談会『日本海運史の研究』福井県郷土誌懇談会　1967年
福尾猛市郎編『内海産業と水運の史的研究』吉川弘文館　1966年
福岡市教育委員会『今山遺跡第八次調査概要』福岡市教育委員会　2000年
福岡市博物館『玄界灘の江戸時代─軍船・廻船・異国船─』平成9年度福岡市博物館特別企画展図

—410—

XI　舟船関係文献資料目録（5 湊津・水運・航海関係）

　　　録　福岡市博物館　1997年

福岡猛志「尾張元興寺と片ząbe里―尾張南部の交流拠点―」『古代王権と交流―伊勢湾と古代の東
　　　海―』第4巻　名著出版　1996年

福島県立博物館『江戸時代の流通路』企画展図録　福島県立博物館　1988年

福島県立博物館『江戸時代の流通路』調査報告書第18集　福島県立博物館　1989年

福原栄太郎「長屋王家と肩野津」『続日本紀の諸相』続日本紀研究会編　塙書房　2004年

藤岡謙二郎「都市における河川の役割―その歴史地理学的考察―」『都市問題』第53巻第8号　東
　　　京市政調査会　1962年

藤岡謙二郎「水陸交通」『日本の考古学―歴史時代（下）―』Ⅶ　河出書房新社　1967年

藤岡謙二郎編『日本歴史地理総説―古代編―』吉川弘文館　1975年

藤岡謙二郎編『日本歴史地理総説―総論・先原史編―』吉川弘文館　1975年

藤岡謙二郎「川と歴史地理」『流域をたどる歴史〈総論・北海道編〉』第1巻　ぎょうせい　1979年

藤口健二「古代推定船「野性号」による海路踏査―韓国沿岸地域の航海を中心として―」『国立歴
　　　史民俗博物館研究報告』第151集　国立歴史民俗博物館　2009年

藤沢晋「近世河川交通における継船制・番船制―備中高梁川の場合について―」『研究集録』第1
　　　号　岡山大学教育学部　1955年

藤沢晋「中国」『交通史』体系日本史叢書24　山川出版社　1970年

藤沢市教育委員会博物館建設準備担当『神奈川の古代道』藤沢市教育委員会　1997年

藤田彰典「京都の大堰関川水運と丹波材筏」『瀬戸内海水上交通史』日本水上交通史論集第3巻
　　　文献出版　1989年

藤田彰典「保津川水運史」『日本水上交通史論』日本水上交通史論集第6巻　文献出版　1996年

藤田明『日本交通史論』日本歴史地理学会編　日本学術普及会　1916年

藤田明「江戸時代の海運事業」『日本交通史論』日本歴史地理学会編　有峰書店　1972年

藤田定市「海図発達史」『水交社記事』第7巻第4号　水交社　1910年

藤田豊八『東西交渉史の研究』南海篇　国書刊行会　1974年

藤田豊八『東西交渉史の研究』西域篇　国書刊行会　1974年

藤田富士夫「日本海域の航海術」『古代の日本海文化―海人文化の伝統と交流―』中公新書981
　　　中央公論社　1990年

藤田元春「大八州生成と古代航路」『歴史と地理』第32巻第4号　史学地理学同攷会　1933年

藤田元春『日支交通の研究―中近世篇―』冨山房　1938年

伏見義夫「上代における淀川と大和川」『史窓』第19号　京都女子大学史学会　1961年

藤本篤「港町」『図録都市生活史事典』柏書房　1981年

文倉平次郎『幕末軍艦咸臨丸』厳松堂（名著刊行会1969年）　1938年

フライエスレーベン，H.C.『航海術の歴史』坂本賢三訳　岩波書店　1983年

古市晃「住吉信仰の古層」『続日本紀と古代社会』続日本紀研究会編　塙書房　2014年

古田武彦『海の古代史―黒潮と魏志倭人伝の真実―』原書房　1996年

古田良一『東廻海運及び西廻海運の研究』奥羽史料調査部　1942年

古田良一『日本海運史綱要』経済図書　1943年

古田良一「鎌倉時代の海運」『海運』第2巻第11号　日本海事振興会　1944年

古田良一「奈良時代前後の海運」東北帝国大学文学会編『文化』第11巻第1号　岩波書店　1944年

古田良一「本邦上古の海運」『文化』第2巻第4号　東北大学文学会　1950年

古田良一「日本海の沿岸航路」『社会地理』第18号　日本社会地理協会　1949年

古田良一『海運の歴史』日本歴史新書　至文堂　1961年

北陸総合学術調査団『北陸と海運』北陸中日新聞社　1963年

保角里志「古代最上川水駅と中世舟運への展開」『最上川文化研究』第3号　東北芸術工科大学東
　　　北文化研究センター　2005年

細井修平「古墳時代後期における琵琶湖の水運」『物と人』滋賀県立考古博物館　1997年

—411—

第3部　〈附編〉舟・船舶関係資料一覧

堀田吉雄『海の神信仰の研究』上　光書房　1978年

堀田吉雄『海の神信仰の研究』下　光書房　1979年

保津川開削400周年記念事業実行委員会『保津川開削400周年記念事業報告書』亀岡市役所経済
　　部商工観光課　2007年

穂積裕昌「紀伊半島東岸部の古代港と海上交通」「MieHistory」Vol.11　三重歴史研究会　2000年

穂積裕昌「伊勢・志摩・熊野と海人の考古学」『海人たちの世界―東海の海の役割―』中日出版社
　　2008年

堀充宏「中川流域の下肥運搬船」「八潮市史研究」第11号　八潮市立資料館　1992年

本位田菊士「古代環シナ海交通と南海―『隋書』の流求と陳稜の征討をめぐって―」「東アジアの
　　古代文化」第29号　古代学研究所　大和書房　1981年

本庄栄治郎編『日本交通史の研究』改造社　1929年

本間清利「利根川の舟運」『利根川』埼玉新聞社出版局　1978年

本馬貞夫「倭軍の朝鮮出兵と航海神」「東アジアの古代文化」第10号　古代学研究所　大和書房
　　1976年

舞鶴市郷土資料館『海といのり―海の民俗展―』舞鶴市郷土資料館　1985年

前田豊邦「摂津国の燈明台」「すみのえ」通巻210　住吉大社社務所　1993年

前田豊邦「古代の木津」「大阪の歴史」第39号　大阪市史料調査会　1993年

前田豊邦「古代の難波津について」「大阪市文化財協会紀要」第2号　大阪市文化財協会　1999年

真栄平房昭「琉球王国の海外貿易」「九州歴史大学講座」第2期第10号　九州歴史大学講座
　　1992年

牧野隆信『北前船―日本海海運史の一断面―』柏書房　1964年

牧野隆信「日本海海運の発達と船絵馬」「第2回翡翠と日本文化を考えるシンポジウム」糸魚川市・
　　青海町教育委員会　1988年

牧野隆信『北前船の研究』叢書・歴史科学　法政大学出版局　1989年

間壁忠彦「沿岸古墳と海上の道」86～106頁『古代の日本―中国・四国―』第4巻　角川書店
　　1970年

間壁忠彦「西と東をつなぐ海の道―瀬戸内沿岸―」『日本の古代―列島の地域文化―』第2巻　中
　　央公論社　1986年

松井輝昭「中世後期の瀬戸内海水運と海賊―西瀬戸内海を中心に―」『海と風土―瀬戸内海地域
　　の生活と交流―』雄山閣　2002年

松浦章「長崎来航唐船の経営構造について―特に乾隆・嘉慶・道光期を中心に―」「史泉」第45号
　　関西大学史学会　1972年

松浦章『清代帆船沿海航運史の研究』関西大学東西学術研究所研究叢刊33　関西大学出版部
　　2010年

松浦章『近代東アジア海域の人と船―経済交流と文化交渉―』関西大学東西学術研究所研究叢
　　刊49　関西大学出版部　2014年

松浦俊和「奈良・平安時代の桟橋跡―大津市田上黒津町黒津遺跡―」「滋賀文化財だより」第101
　　号　滋賀県文化財保護協会　1985年

松枝正根『古代日本の軍事航海史〈上巻〉』かや書房　1993年

松枝正根『古代日本の軍事航海史〈中巻〉』かや書房　1994年

松尾進「海運」〈日本の産業〉シリーズ3　有斐閣　1959年

松岡久人「中世後期内海水運の性格」『内海産業と水運の史的研究』吉川弘文館　1966年

松岡実「大野川・川と交通」『日本の川―自然と民俗―』第3巻　新公論社　1989年

松木哲「古代の海流と航海術」「九州歴史大学講座」第3号　九州歴史大学講座　1990年

松橋栄信『米代川の舟運』よねしろ書房　1977年

松原弘宣「古代における津の性格と機能―琵琶湖と周辺河川を中心にして―」『古代国家の形成
　　と展開』　吉川弘文館　1976年

―412―

XI 舟船関係文献資料目録（5 湊津・水運・航海関係）

松原弘宣「律令制下における津の管理について」『愛媛大学教養部紀要』第12号　愛媛大学教養部　1979年

松原弘宣「八・九世紀における船瀬について」『日本歴史』第399号　日本歴史学会　1981年

松原弘宣「律令制下における海上交通」『日本史研究』第237号　日本史研究会　秋田屋　1982年

松原弘宣「難波津と瀬戸内支配」『ヒストリア』第100号　大阪歴史学会　1983年

松原弘宣『日本古代水上交通史の研究』吉川弘文館　1985年

松原弘宣「海上交通の展開」『新版古代の日本―中国四国―』第4巻　角川書店　1992年

松原弘宣『熟田津と古代伊予国』創風社出版　1992年

松原弘宣「総論畿内王権の成立と瀬戸内海支配」『古代王権と交流―瀬戸内海地域における交流の展開―』第6巻　名著出版　1995年

松原弘宣「播磨灘における交通」『古代王権と交流―瀬戸内海地域における交流の展開―』第6巻　名著出版　1995年

松原弘宣「古代における難波津と那津・博多津」『ヒストリア』第162号　大阪歴史学会　1999年

松原弘宣『古代国家と瀬戸内海交通』吉川弘文館　2004年

松原弘宣「琵琶湖の湖上交通について」『続日本紀の諸相』続日本紀研究会編　塙書房　2004年

松原弘宣「河海の交通―日本海交通を中心として―」『列島の古代史ひと・もの・こと―人と物の移動―』第4巻　岩波書店　2005年

松村一男「持衰」『東アジアの古代文化―邪馬台国の時代・日本古代の実像にせまる―』別冊　古代学研究所　大和書房　1987年

松本和彦「野原の景観と地域構造」『中世讃岐と瀬戸内世界―港町の原像：上―』　岩田書院　2009年

松本肇「古代海上交通と沖ノ島」『古代の船』福岡市立歴史資料館　1988年

丸井佳寿子「阿賀野川―会津藩と水運―」『流域をたどる歴史〈東北編〉』第2巻　ぎょうせい　1978年

丸井佳寿子「阿賀野川舟運における津川「船道」について」『日本海地域史研究』第7輯　文献出版　1985年

丸茂武重「令制・駅の基礎的研究」『歴史地理学紀要』第16号　歴史地理学会　1974年

丸山竜平「琵琶湖矢橋港」『月刊考古学ジャーナル』No.189　ニュー・サイエンス社　1981年

丸山竜平「矢橋港遺跡発掘調査報告書」『びわ湖と埋蔵文化財』水資源開発公団琵琶湖開発事業建設部　1984年

真山悟「奥羽の山道と海道」『研究紀要』第13号　東北歴史博物館　2012年

黛弘道「古代の航海―天神本紀の一考察―」『東アジアの古代文化』第50号　古代学研究所　大和書房　1987年

三浦周行「古代の港」『経済論叢』第24巻第4号　京都帝國大學経済学会　1927年

三浦圭一「古代の海民―難波一族の動向を中心として―」『歴史学研究月報』第20号　愛媛大学歴史学研究会　1955年

三浦圭一「吉士について」『日本史研究』第34号　日本史研究会　1957年

三重県埋蔵文化財センター『安濃津―本分編―』三重県埋蔵文化財センター　1997年

三上次男「古代満鮮交通路と櫛目文土器系文化との関係―満鮮間の古代交通路に関する一考察―」『人類科学（交通・川・労働）』第5集　紀元社出版　1953年

三崎一夫「鳴瀬川・川の交通」『日本の川―自然と民俗―』第4巻　新公論社　1989年

三井高陽『交通の発達』東亜書院　1944年

南出真助「古代敦賀津の中世的変容」『人文』第25号　京都大学教養部　1979年

南出真助「枚方市楠葉周辺の古代交通路」『創立30周年記念論集―文学部篇―』追手門学院大学　1997年

峰岸純夫「中世東国の水運について」『国史学』第141号　国史学会　1990年

宮崎貴夫「壱岐原の辻遺跡の弥生時代船着場」『環濠集落と農耕社会の成立』九州考古学会・嶺南

—413—

第3部 〈附編〉舟・船舶関係資料一覧

考古学会第3回合同考古学大会　九州考古学会・嶺南考古学会　1998年

宮崎貴夫『原の辻遺跡』日本の遺跡32　同成社　2008年

宮瀧交二「古代東国における物流と河川交通」『古代交通研究』第6号　古代交通研究会　1997年

宮畑巳年生「あきないと交通路」『びわ湖の漁労生活』滋賀県教育委員会　1978年

宮村忠「治水のフォークロア」『水害―治水と水防の知恵―』中公新書768　中央公論社　1985年

宮本馨太郎『東京都の民俗』慶友社　1981年

宮森俊英「古代加賀の交通結節点にみる歴史的景観」『日本海地域史研究』第14輯　日本海地域
　　史研究会　文献出版　1998年

宮良高弘編『八重山の社会と文化』木耳社　1973年

三和良一「水上交通」『交通史』体系日本史叢書24　山川出版社　1970年

武藤長平「坊の津と山川の津」『歴史と地理』第7巻第1号　史学地理学同攷会　1921年

武藤直「海上交通からみた中世における地域構造の発達」『大阪教育大学紀要(社会科学・生活科
　　学)』23　大阪教育大学　1975年

武藤直「中世の兵庫津と瀬戸内海水運―入船納帳の船籍地比定に関連して―」『兵庫北関入舩納
　　帳』中央公論美術出版　1981年

村井章介「中世における東アジア諸地域との交通」『日本社会史―列島内外の交通と国家―』第1
　　巻　岩波書店　1987年

村井章介「北国航路の港町―越中国放生津―」『国境を越えて―東アジア海域世界の中世―』校
　　倉書房　1997年

村上弥寿夫『海運の話』日経文庫18　日本経済新聞社　1957年

村瀬正章『近世伊勢湾海運史の研究』法政大学出版局　1980年

村瀬典章「近世における天竜川通船について」『江戸・上方筋の水上交通史』日本水上交通史論集
　　第4巻　文献出版　1991年

村瀬正章『近世伊勢湾海運史の研究』法政大学出版局　1980年

村田四郎『八幡船史』草臥房　1943年

村田隆三「河岸・舟運―武州早俣河岸の場合―」『講座・日本技術の社会史―交通・運輸―』第8巻
　　日本評論社　1985年

茂在寅男『航海術―海に挑む人間の歴史―』中公新書135　中央公論社　1967年

茂在寅男『船と航海』ポプラ・ブックス23　ポプラ社　1972年

茂在寅男「日本の古代航海に関する考察」『航海』第52号　日本航海学会　1977年

茂在寅男「航海と日本人―その古代論―」『海と日本人』東海大学出版会　1977年

茂在寅男『古代日本の航海術』小学館創造選書25　小学館　1979年

茂在寅男『日本語大漂流―航海術が開明した古事記の謎―』光文社　1981年

茂在寅男『歴史を運んだ船―神話・伝説の実証―』東海大学出版会　1984年

茂在寅男「古代海上の道とその航海術」『渡来人』別冊河出人物読本　河出書房新社　1985年

茂在寅男「島伝いの海上の道」『渡来人』別冊河出人物読本　河出書房新社　1985年

茂在寅男『船と古代日本―縄文時代人が太平洋を横断した？―航海術から探る日本史の謎―』
　　PHP研究所　1987年

茂在寅男「古代の航海術」『東アジアの古代文化―邪馬台国の時代・日本古代の実像にせまる―」
　　別冊　古代学研究所　大和書房　1987

茂在寅男『古代日本の航海術』小学館ライブラリー33　小学館　1992年

茂在寅男『超航海・英雄伝説の謎を追う―縄文人から義経まで―』三交社　1995年

望月誠一「富士川・川と交通」『日本の川―自然と民俗―』第4巻　新公論社　1989年

本宮泰彦「日支通交史(1)」『研究評論歴史教育』第14巻第7号　歴史教育研究会編　四海書房
　　1939年

森克己「日宋貿易に活躍した人々」『歴史と人物』日本歴史学会　吉川弘文館　1964年

森克己・田中健夫編『海外交渉史の視点Ⅰ―原始・古代・中世―』日本書籍　1975年

XI　舟船関係文献資料目録（5 湊津・水運・航海関係）

森克己『新訂日宋貿易の研究』新編森克己著作集第1巻　勉誠出版　2008年

森公章「古代難波における外交儀礼とその変遷」『古代日本の対外認識と通交』吉川弘文館　1998年

森浩一「古代日本海文化と仮称"潟港"の役割」『古代の日本海文化の源流と発達』小学館　1985年

森浩一「前倭人の活躍」『日本の古代―倭人の登場―』第1巻　中央公論社　1985年

森浩一「北と南の国際意識・生活意識」『日本の古代―列島の地域文化―』第2巻　中央公論社　1986年

森浩一「潟と港を発掘する」『日本の古代―海を越えての交流―』第3巻　中央公論社　1986年

森浩一「日本海の古代文化と考古学」『シンポジウム古代日本海文化』小学館　1983年

森浩一編『古代翡翠道の謎』新人物往来社　1990年

森浩一「船と人」『九州歴史大学講座』第3号　九州歴史大学講座　1990年

森浩一「海の道・陸の道」『九州歴史大学講座』第4期第2号　九州歴史大学講座　1993年

森浩一『海から知る考古学入門―古代人との対話―』角川新書C86　角川書店　2004年

森哲也「律令国家と海上交通」『九州史学』第110号　九州史学研究会　1994年

森岡正次郎「佐渡の港の変遷」東北帝国大学文学会編「文化」第11巻第1号　岩波書店　1944年

森口多里「北上川―船の旅の経験―」『流域をたどる歴史〈東北編〉』第2巻　ぎょうせい　1978年

森田克行「継体大王の港津―三島の筑紫津―」『あまのともしび―原口先生古稀記念集―』原口正三先生の古稀を祝う集い事務局　2000年

森田克行「三島と古代淀川水運（Ⅰ）」『三島と古代淀川水運Ⅰ』開館記念特別展図録　高槻市立今城塚古代歴史館　2011年

森田克行「三島と古代淀川水運（Ⅱ）」『三島と古代淀川水運Ⅱ』平成23年秋季特別展図録　高槻市立今城塚古代歴史館　2011年

森田喜久男「古代出雲の水上交通と交流」『石川県埋蔵文化財情報』第13号　石川県埋蔵文化財センター　2005年

森田喜久男「古代王権の山野河海支配」『環境の日本史―古代の暮らしと祈り―』第2巻　吉川弘文館　2013年

森田悌「官船について」『交通史研究』第9号　交通史学会　1983年

森田悌「古代東北と舟運」『古代の東北―歴史と民俗―』高科書店　1989年

森田悌『日本古代交通社会史考』森田悌　1994年

森田悌『日本古代の駅伝と交通』古代史研究叢書1　岩田書院　2000年

森平雅彦編『中近世の朝鮮半島と海域交流』東アジア海域叢書14　汲古書院　2013年

森山泰太郎「岩木川と馬淵川―十三湊と福島城―」『流域をたどる歴史〈東北編〉』第2巻　ぎょうせい　1978年

八木意知男「江戸時代末期尾州常滑の下り廻船―勢州の問屋―」「紀要」第1号　皇學館大学研究開発推進センター　2015年

八木博「難波堀江の研究」『好古趣味』第2巻　趣味の考古学会　1930年

八木博「難波津の研究」「皇陵」第9号　関西大学皇陵崇敬会　1931年

八木充「山陽と南海の渦」229～247頁『古代の日本―中国・四国―』第4巻　角川書店　1970年

安池尋幸「中世・近世における江戸内海渡船の展開―富津・野嶋間の渡船の場合―」「神奈川県史研究」第49号　神奈川県県民部県史編集室　1982年

安高啓明「閉ざされた島開かれた海―鎖国のなかの日本―』春季特別展　西南学院大学博物館　2012年

安高啓明・内島美奈子『海路―海港都市の発展とキリスト教受容のかたち―』春季特別展　西南学院大学博物館　2014年

安本恭二「船絵馬と但馬廻船群」『歴史と神戸』第23巻第5号　但馬史研究会　1984年

安本恭二「田島の湊と和船繋留跡について」『海事史研究』第56号　日本海事史学会　1999年

矢嶋仁吉「利根川―利根川の水運―」『流域をたどる歴史〈総論・北海道編〉』第1巻　ぎょうせい

第3部　〈附編〉舟・船舶関係資料一覧

1979年

八十島豊成「男山丘陵周辺の古代交通路雑考」『考古学に学ぶ』考古学シリーズⅧ　同志社大学
　　考古学シリーズ刊行会　2003年

谷内尾晋司「対渤海交渉と福浦港」『客人の湊福浦の歴史』「福浦の歴史」編纂委員会　1991年

箭内健次「大航海時代日本をめぐる海上交通の政治史的意義について」『交通史研究』第10号
　　交通史学会　1983年

柳瀬昭彦『吉備の弥生集落』吉備考古ライブラリィ16　吉備人出版　2007年

矢野憲一「宮川・暮らしと交通」『日本の川―自然と民俗―』第3巻　新公論社　1989年

矢野剛「古代の港湾(上)」『港湾』第7巻第8号　港湾協会　1929年

矢野剛「古代の港湾(下)」『港湾』第7巻第9号　港湾協会　1929年

山内譲「南北朝室町期の弓削島庄と水運」『瀬戸内社会の形成と展開―海と生活―』地方史研究
　　協議会編　雄山閣　1983年

山内譲「瀬戸内水運の興亡―島々の役割を中心として―」『海と列島文化―瀬戸内の海人文化―』
　　第9巻　小学館　1991年

山内譲『中世瀬戸内海地域史の研究』叢書・歴史学研究　法政大学出版局　1998年

山内譲『中世瀬戸内海の旅人たち』歴史文化ライブラリー169　吉川弘文館　2004年

山内譲「瀬戸内海における航路と港町の消滅」『日本歴史』第766号　日本歴史学会　2012年

山口平四郎『海洋の地理』大明堂　1969年

山口義伸「十三湊遺跡―砂州の発達について―」『海と考古学とロマン』市川金丸先生古稀記念
　　献呈論文集　古稀を祝う会　2002年

山形県立博物館編『やまがたと最上川』特別展図録　山形県立博物館　1992年

山崎純男「古代の外交・貿易の門戸」『古代の「海の道」』学生社　1996年

山下俊郎「魚住の泊」『古代の「海の道」』学生社　1996年

山田弘道「飛鳥川水運考(上)」『史迹と美術』第36巻第5号　史迹美術同攷会　1966年

山田弘道「飛鳥川水運考(下)」『史迹と美術』第36巻第6号　史迹美術同攷会　1966年

山田安彦「北上川―北上川舟運と河港―」『流域をたどる歴史〈東北編〉』第2巻　ぎょうせい
　　1978年

山梨県考古学協会編「特集・水の考古学」「山梨県考古学協会誌」第22号　山梨県考古学協会
　　2013年

山中耕作「筑後川・石王のササブネ」『日本の川―自然と民俗―』第2巻　新公論社　1987年

山根徳太郎「仁徳天皇高津宮の研究」『難波宮址の研究』研究予察報告第弐　難波宮址顕彰会
　　1958年

山本隆志「在地社会における荘園公領制の形成―若狭遠敷郡の浦と荘園・公領―」『荘園制の展
　　開と地域社会』刀水書房　1994年

山本秀夫「近世瀬戸内「浦」社会の諸相」「歴史と民俗」神奈川大学日本常民文化研究所論集29
　　平凡社　2013年

山本光正「相模川―相模川と渡船―」『流域をたどる歴史〈総論・北海道編〉』第1巻　ぎょうせい
　　1979年

藪内芳彦「漁船の発達による日本の地域区分」『漁村の生態』古今書院　1958年

湯浅照弘『岡山県高梁川の舟運習俗―高瀬船の船頭―』岡山県農協印刷　1966年

湯浅照弘「高梁川・舟運」『日本の川―自然と民俗―』第2巻　新公論社　1987年

柚木学『近世海運史の研究』(叢書・歴史学研究)法政大学出版局　1979年

柚木学「下り酒の海上輸送と菱垣廻船・樽廻船」『西宮の歴史と文化』「紀要」西宮市立郷土資料館
　　1985年

柚木学「江戸時代の海運」『船』法政大学出版　1995年

柚木学『近世海運の経営と歴史』清文堂　2001年

柚木学編『日本水上交通史論集―日本海水上交通史―』第1巻　文献出版　1986年

XI 舟船関係文献資料目録 （5 湊津・水運・航海関係）

柚木学編『日本水上交通史論集—日本海水上交通史統—』第2巻　文献出版　1987年

柚木学編『日本水上交通史論集—瀬戸内海水上交通史—』第3巻　文献出版　1989年

柚木学編『日本水上交通史論集—江戸・上方間の水上交通史—』第4巻　文献出版　1991年

柚木学編『日本水上交通史論集—九州水上交通史—』第5巻　文献出版　1993年

柚木学編『日本水上交通史論集—総論水上交通史—』第6巻　文献出版　1996年

用田政晴『信長船づくりの誤算—湖上交通史の再検討—』淡海文庫16　サンライズ出版　1999年

用田政晴「湖上交通史における佐和山城の史的意義」『城と湖と近江』「琵琶湖がつくる近江の歴史」研究会　2002年

横浜市歴史博物館『陸の道と海の道の交差点—江戸時代の神奈川—』横浜開港150周年記念特別展図録　横浜市歴史博物館　2009年

横山昭男「東北」『交通史』体系日本史叢書24　山川出版社　1970年

横山昭男『近世河川水運史の研究—最上川水運の歴史的展開を中心として—』吉川弘文館　1980年

吉井巌「難波の港津について」『万葉学論攷』松田好夫先生追悼論文集　続群書類従完成会　1990年

吉岡康暢「新しい交易体系の成立」『考古学による日本歴史—交易と交通—』第9巻　雄山閣出版　1997年

吉崎雅規「東廻り航路の湊と神奈川湊」「横浜市歴史博物館ニュース」No.42　横浜市歴史博物館　2017年

吉田敬市「山城盆地に於ける河川交通の変遷(一)」「歴史と地理」第29巻第3号　史学地理学同攷会　1932年

吉田敬市「山城盆地に於ける河川交通の変遷(二)」「歴史と地理」第29巻第4号　史学地理学同攷会　1932年

吉田敬市「山城盆地に於ける河川交通の変遷(三)」「歴史と地理」第29巻第5号　史学地理学同攷会　1932年

吉田敬市「山城盆地に於ける河川交通の変遷(四、完)」「歴史と地理」第29巻第6号　史学地理学同攷会　1932年

吉田敬市「山城盆地の開発と古代交通路(上)」「歴史と地理」第34巻第2号　史学地理学同攷会　1934年

吉田敬市「山城盆地の開発と古代交通路(下)」「歴史と地理」第34巻第3号　史学地理学同攷会　1934年

吉田十一『日本旅行史』日本交通学会　1927年

吉田省三『加古川舟運の研究—滝野町40周年記念加古川舟運400周年記念—』加古川流域滝野歴史民俗資料館　1994年

吉田東伍『大日本地名辞書』冨山房　1938年

吉村昭『幕府軍艦「回天」始末』文藝春秋　1990年

与世里盛春『大和民族の由来と琉球』生態同好会　1956年

米沢市教育委員会『古志田東遺跡—林泉寺住宅団地造成予定地内埋蔵文化財調査報告書—』報告書第73集　米沢市教育委員会　2001年

読売新聞社『明石海峡の考古学』明石海峡大橋完成記念フォーラム　読売新聞社大阪本社　1998年

読売新聞山形支局『最上川—歴史と文化—』郁文堂書店　1969年

ルージェ, J.『古代の船と航海』教養選書49　酒井傳六訳　法政大学出版局　1982年

ルージェ, J.『古代の船と航海』酒井傳六訳　法政大学出版局　2009年

若井敏明「難波津とその周辺」『続日本紀の諸相』続日本紀研究会編　塙書房　2004年

若林喜三郎「日本海々運史の研究—その概観と展望—」「日本海域研究所報告」1　金沢大学日本海域研究所　1969年

第3部 〈附編〉舟・船舶関係資料一覧

和歌山県教育委員会『歴史の道調査報告書(Ⅶ)─河川交通及び海路交通─』和歌山県教育委員会　1983年

和歌山県文化財研究会『歴史の道調査報告書(Ⅱ)─南海道・大和街道他─』和歌山県教育委員会　1980年

脇田修「近世大坂の水運と経済」「なにわの海の時空館講演録」第1集　大阪市立海洋博物館なにわの海の時空館　2007年

脇田晴子「敦賀湾の廻運について─河野舟と浦、山内馬借─」『日本海海運史の研究』福井県郷土誌懇談会　1967年

脇田晴子「中世の交通・運輸」『講座・日本技術の社会史─交通・運輸─』第8巻　日本評論社　1985年

脇田晴子「中世なにわの舟運とみおつくし」「なにわの海の時空館講演録」第1集　大阪市立海洋博物館なにわの海の時空館　2007年

和田萃「遣隋使と海の道」『遣隋使・遣唐使と住吉津』東方出版　2008年

和田勉「近世における熊野灘の海運」『江戸・上方筋の水上交通史』日本水上交通史論集第4巻　文献出版　1991年

和田正洲「相模川─須賀と押送船─」『流域をたどる歴史〈総論・北海道編〉』第1巻　ぎょうせい　1979年

和田光生「琵琶湖舟運の南の起点・大津」『琵琶湖の船が結ぶ絆─丸木船・丸子船から「うみのこ」まで─』サンライズ出版　2012年

和田龍介「古代日本海域の港と交流─北陸(石川県)の場合─」「石川県埋蔵文化財情報」第13号　石川県埋蔵文化財センター　2005年

渡部英三郎「上代日本の水上交通(1)─日本水上交通史の一章として─」「港湾」第16巻第11号　港湾協会　1938年

渡部英三郎「上代日本の水上交通(2)─日本水上交通史の一章として─」「港湾」第16巻第12号　港湾協会　1938年

渡部英三郎「上代日本の水上交通(3)─日本水上交通史の一章として─」「港湾」第17巻第1号　港湾協会　1939年

渡部英三郎「上代日本の水上交通(4)─日本水上交通史の一章として─」「港湾」第17巻第2号　港湾協会　1939年

渡部英三郎「上代日本の水上交通(5)─日本水上交通史の一章として─」「港湾」第17巻第3号　港湾協会　1939年

渡部英三郎「上代日本の水上交通(6)─日本水上交通史の一章として─」「港湾」第17巻第4号　港湾協会　1939年

渡部英三郎「上代日本の水上交通(7)─日本水上交通史の一章として─」「港湾」第17巻第5号　港湾協会　1939年

渡部英三郎「上代日本の水上交通(8)─日本水上交通史の一章として─」「港湾」第17巻第6号　港湾協会　1939年

渡部英三郎「上代日本の水上交通(9)─日本水上交通史の一章として─」「港湾」第17巻第7号　港湾協会　1939年

渡部英三郎「上代日本の水上交通(10)─日本水上交通史の一章として─」「港湾」第17巻第8号　港湾協会　1939年

渡部英三郎『日本陸運史』青葉書房　1944年

渡辺慶一「信濃川の水運」『続日本海水上交通史』日本水上交通史論集第2巻　文献出版　1987年

渡部紘一「近世米代川舟運と南部領銅の廻銅」「秋田県立博物館研究報告」第11号　秋田県立博物館　1986年

渡辺大輔「畝田・寺中遺跡他2遺跡」「石川県埋蔵文化財情報」第11号　石川県埋蔵文化財センター　2004年

─418─

XI　舟船関係文献資料目録（5 湊津・水運・航海関係 - 6 水中考古学・漂流・水軍関係）

渡辺貢二『船頭―利根川水運の人びと―』ふるさと文庫　崙書房　1979年
渡辺信夫「近世海運の発達」『交通史』体系日本史叢書24　山川出版社　1970年
渡辺信夫『日本海運史の研究』歴史論集2　清文堂　2002年
渡辺則文「日本社会における瀬戸内海地域」『日本社会史―列島内外の交通と国家―』第1巻　岩
　　波書店　1987年
渡辺英夫「利根川舟運の艀下機構」『歴史』東北史学会　1986年
渡辺英夫『東廻海運史の研究』山川出版社　1999年
渡辺英夫『近世利根川水運史の研究』吉川弘文館　2002年
綿貫友子『中世東国の太平洋海運』東京大学出版　1998年

6　水中考古学・漂流（探検・外交・紀行・海洋）・水軍（海賊）関係文献資料

①水中考古学

秋田裕毅『びわ湖湖底遺跡の謎』創元社　1997年
アジア水中考古学研究所「水中考古学研究」創刊号　アジア水中考古学研究所　2005年
アジア水中考古学研究所『全国水中遺跡地図』アジア水中考古学研究所　2013年
穴澤咊光「アンティキテラ沈没船の遺宝」『土車』第125号　古代学協会　2013年
荒木伸介『沈没船の考古学』『考古学による日本歴史―交通と交易―』第9巻　雄山閣出版
　　1997年
池崎譲二「鴻臚館博多遺跡群沈没船の調査」『九州歴史大学講座』第2期第10号　九州歴史大学講
　　座　1992年
池田栄史「鷹島海底遺跡における水中考古学調査と発見した元寇船」『月刊考古学ジャーナル―
　　特集水中考古学　元寇船最新研究の成果―』No.641　ニュー・サイエンス社　2013年
池田栄史「（賢問愚問解読コーナー）水中考古学について」『歴史と地理』第657号　山川出版社
　　2012年
石原渉「韓国の水中考古学」『水中考古学研究』創刊号　アジア水中考古学研究所　2005年
出光美術館『シルクロードの宝物―草原の道・海の道―』開館35周年記念図録　出光美術館
　　2001年
井上たかひこ『水中考古学への招待―海底からのメッセージ―』成山堂書店　1998年
井上たかひこ『海の底の考古学―水中に眠る財宝と文化遺産、そして過去からのメッセージ―』
　　舵社　2010年
岩淵聡文『文化遺産の眠る海―水中考古学入門―』DOJIN選書045　化学同人　2012年
江坂輝彌「列島の海岸線と石器時代人」『歴史読本』第20巻第15号　新人物往来社　1975年
江坂輝彌「水中考古学の展開」『月刊考古学ジャーナル』No.189　ニュー・サイエンス社　1981年
江坂輝彌「韓国西海岸における宋・元・高麗時代の沈没船について」『月刊考古学ジャーナル』No.
　　250　ニュー・サイエンス社　1985年
江本義理「水中考古学―水中遺物、特に開陽丸引揚げ遺物の保存―」『化学の領域』第37巻（9）
　　南江堂　1983年
小江慶雄『琵琶湖底先史土器序説―特に尾上地先湖底發見の縄文式土器について―』学而堂書
　　店　1950年
小江慶雄「鳥取県中海海底遺跡」『古代文化』第8号　古代學協會　1958年
小江慶雄「琵琶湖湖底遺跡研究覚書」『史想』第9号　京都教育大学考古学研究会　1958年
小江慶雄「日本における海・湖底遺跡研究小史」『学報A』第14　京都学芸大学　1959年
小江慶雄「琵琶湖の湖底遺跡」『びわ湖研究』1　びわ湖学術研究會　1960年
小江慶雄「琵琶湖湖底遺跡についての若干の考察」『日本古代史論叢』西田先生頌寿記念会　吉
　　川弘文館　1960年

—419—

第 3 部 〈附編〉舟・船舶関係資料一覧

小江慶雄「滋賀県葛籠尾湖底遺跡」『日本考古学年報』12　日本考古学協会　1964年
小江慶雄「水中考古学と将来への展望」『古代文化』第17巻第2号　古代学協会　1966年
小江慶雄「わが国の水底遺跡」『紀要A』第30号　京都教育大学　1967年
小江慶雄「びわ湖の湖底遺跡」『紀要A』第30号　京都教育大学　1967年
小江慶雄「エーゲ海における海底考古学調査の近業」『紀要A』京都教育大学　1967年
小江慶雄『水中考古学』綜芸社　1967年
小江慶雄『水中考古学研究』綜芸社　1968年
小江慶雄「海洋開発と文化財保護問題」『史想』第15号　京都教育大学考古学研究会　1970年
小江慶雄「水中考古学の諸問題」『紀要A』京都教育大学　1970年
小江慶雄「海洋開発と遺跡保護の諸問題」『月刊考古学ジャーナル』№49　ニュー・サイエンス
　　社　1970年
小江慶雄『海の考古学―水底にさぐる歴史と文化―』新人物往来社　1971年
小江慶雄「海洋の考古学」『海洋科学』第3-9　海洋出版　1971年
小江慶雄「海洋考古学の本」『海洋科学』第3-9　海洋出版　1971年
小江慶雄「水中遺跡の探査」『海洋科学』第3-9　海洋出版　1971年
小江慶雄「青の世界に眠る歴史と文化―日本でも動き始めた水中考古学―」『科学朝日』9月号
　　朝日新聞社　1972年
小江慶雄「水底に古代文明を探る」『科学朝日』9月号　朝日新聞社　1972年
小江慶雄「水中考古学」『会報』第60　国立大学協会　1973年
小江慶雄「ティグリス川の水中考古学探索」『紀要A』京都教育大学　1974年
小江慶雄「水中考古学」『水と人間』第1-1　琵琶湖問題研究機構　1974年
小江慶雄「スカンジナビィアにおける発掘船について」『日本古代文化の探究・船』社会思想社
　　1975年
小江慶雄『琵琶湖水底の謎』現代新書404　講談社　1975年
小江慶雄「水中考古学とは何か」『歴史読本』第20巻第15号　新人物往来社　1975年
小江慶雄「琵琶湖湖底遺跡の全貌―土器沈む湖―」『歴史読本』第20巻第15号　新人物往来社
　　1975年
小江慶雄「海に眠る古代文明の遺物・遺跡」『科学朝日』第37-9号　朝日新聞社　1977年
小江慶雄「琵琶湖の湖底に古代を探る」『ラメール』第45　日本海事広報協会　1980年
小江慶雄「水中考古学の背景と現況」『月刊考古学ジャーナル』№189　ニュー・サイエンス社
　　1981年
小江慶雄「びわ湖のロマンと謎」『湖国と文化』第13　滋賀県文化体育振興事業団　1981年
小江慶雄『水中考古学入門』NHKブックス421　日本放送出版協会　1982年
小江慶雄編「特集・水中考古学」『月刊考古学ジャーナル』№226　ニュー・サイエンス社　1983年
小江慶雄「琵琶湖の伝承と湖底遺物」『五街道』第32　東京美術　1983年
小江慶雄「沈没船の研究と展望」『月刊考古学ジャーナル』№250　ニュー・サイエンス社　1985年
大阪市立博物館『水底の謎をさぐる水中考古学』特別展覧会目録第77号　大阪市立博物館
　　1978年
大津市歴史博物館『琵琶湖と水中考古学―湖底からのメッセージ―』開館10周年記念企画展図
　　録　大津市歴史博物館　2001年
小川光彦「水中考古学と宋元代史研究」『史滴』第24号　早稲田大学東洋史懇話会　2002年
オレクシー, ウォルター『破船からの贈物　世界サルベージ12譚』関邦博・横山曠大訳　井上書
　　院　1990年
鎌木義昌「瀬戸内・水の子岩」『月刊考古学ジャーナル』№189　ニュー・サイエンス社　1981年
菊池徹夫「日本における水中考古学の歩み」『月刊考古学ジャーナル』№189　ニュー・サイエン
　　ス社　1981年
菊池誠一「ベトナム海域の沈没船」『海の道と考古学―インドシナ半島から日本へ―』高志書院

—420—

XI 舟船関係文献資料目録（6 水中考古学・漂流・水軍関係）

2010年
北野信彦ほか「鷹島海底遺跡出土の元寇関連漆製品に関する調査」「保存科学」No.50　東京文化財研究所　2011年
金在瑾「韓国の水中発掘古船」「海事史研究」第54号　日本海事史学会　1997年
金元龍「新安海底遺物発見の意義と課題」『世紀の発見新安沖海底の秘宝』六興出版　1978年
木村淳「水中考古学と海事考古学の定義に関する問題」「考古学研究」第213号　考古学研究会　2007年
木村淳「海事考古學からみた蒙古襲来」「ユーラシアにおけるモンゴルのインパクト」予稿集　昭和女子大学国際文化研究所　2016年
木村政昭『太平洋に沈んだ大陸―沖縄海底遺跡の謎を追う―』第三文明社　1997年
九州国立博物館『水の中からよみがえる歴史―水中考古学最前線―』文化交流展特別展示　九州国立博物館　2017年
国立歴史民俗博物館『東アジア中世海道―海商・港・沈没船―』毎日新聞社　2005年
コルーズ『低湿地の考古学―湿原の古代人たち―』河合信和訳　雄山閣出版　1994年
崔光南「新安海底沈没船はどこの国の船か」「月刊考古学ジャーナル」No.343　ニュー・サイエンス社　1992年
コンドラトフ,A. M.『海底考古学―古代文明の謎を探る―』秋田義夫訳　白揚社　1979年
坂井隆「インドネシアでの沈没船探索」「水中考古学研究」創刊号　アジア水中考古学研究所　2005年
佐々木謙「中の海の遺跡」「月刊考古学ジャーナル」No.189　ニュー・サイエンス社　1981年
佐々木達夫ほか「日本海水域における水中文化遺産調査概報―平成21年度―」「考古学紀要」第31号　金沢大学考古学研究室　2010年
佐々木達夫ほか「新潟県の海底文化財に関する調査」「金大考古」第69号　金沢大学考古学研究室　2011年
シェパード,E. P.『海の下の大陸―地球を語る沈黙の世界―』氏家宏訳　ブルーバックスB114　講談社　1968年
塩屋勝利「船で運ばれた品々―海底遺物が語るもの―」『古代の船』福岡市立歴史資料館　1988年
滋賀県教育委員会『琵琶湖岸・湖底遺跡分布調査概要Ⅰ』滋賀県教育委員会　1973年
滋賀県文化財保護協会『近江の原始・古代―最近の発掘調査から―』特別展図録　滋賀県文化財保護協会　1983年
滋賀県文化財保護協会『琵琶湖をめぐる交通と経済力』びわこの考湖学1　サンライズ出版　2009年
滋賀県文化財保護協会・滋賀県立安土城考古博物館『びわこ水中考古学の世界』サンライズ出版　2010年
滋賀県立安土城考古博物館『水中考古学の世界―びわこ湖底の遺跡を掘る―』第38回企画展　滋賀県立安土城考古博物館　2009年
滋賀県立安土城考古博物館・長浜市長浜城歴史博物館編『琵琶湖の船が結ぶ絆―丸木船・丸子船から「うみのこ」まで―』サンライズ出版　2012年
滋賀県立大学人間文化学部　林博通研究室編『尚江千軒遺跡　琵琶湖湖底遺跡の調査・研究』滋賀県立大学人間文化学部　林博通研究室　2004年
滋賀県立琵琶湖博物館『滋賀県立琵琶湖博物館総合案内』図録　滋賀県立琵琶湖博物館　1998年
島田貞彦『有史以前の近江』滋賀県史蹟調査報告書1　滋賀県保勝会　1928年
申鍾国「韓国水中文化財発掘の現況と泰安海域の調査成果」『新発見の高麗青磁』韓国水中考古学成果展　大阪市立東洋陶磁美術館　2015年
スロックモートン,P.『海底考古学の冒険』水口志計夫訳　ノンフィクション・ライブラリー22　筑摩書房　1966年
大日本文明協会編『海陸の神秘』大日本文明協会　1922年

第3部 〈附編〉舟・船舶関係資料一覧

田辺昭三監修『はるかな陶磁の海路展―中国・南海沈船文物を中心とする―』図録　朝日新聞社
　　1993年
田辺昭三「沈船の考古学」『月刊しにか―中国大航海時代―』第8巻第7号　大修館書店　1997年
角田芳昭「水中考古学事始」『阡陵』No.6　関西大学考古学等資料室　1982年
東京国立博物館『新安海底引揚げ文物』中日新聞社　1983年
長崎県鷹島町教育委員会『鷹島海底遺跡―長崎県北松浦郡鷹島町床浪港改修工事に伴う緊急発
　　掘調査報告書―』鷹島町教育委員会　1992年
長崎県鷹島町教育委員会『鷹島海底遺跡Ⅱ―長崎県北松浦郡鷹島町床浪港改修工事に伴う緊急
　　発掘調査報告書―』文化財調査報告書第1集　鷹島町教育委員会　1993年
長崎県鷹島町教育委員会『鷹島海底遺跡Ⅲ―長崎県北松浦郡鷹島町神崎港改修工事に伴う緊急
　　発掘調査報告書―』文化財調査報告書第2集　鷹島町教育委員会　1996年
長崎県鷹島町教育委員会『鷹島海底遺跡Ⅳ―鷹島海底遺跡内容確認発掘調査報告書①―』文化
　　財調査報告書第3集　鷹島町教育委員会　2001年
長崎県鷹島町教育委員会『鷹島海底遺跡Ⅴ―長崎県北松浦郡鷹島町神崎港改修工事に伴う緊急
　　発掘調査報告書②―』文化財調査報告書第4集　鷹島町教育委員会2001年
長崎県鷹島町教育委員会『鷹島海底遺跡Ⅵ―鷹島海底遺跡内容確認発掘調査報告書2―』文化財
　　調査報告書第5集　鷹島町教育委員会　2002年
長崎県鷹島町教育委員会『鷹島海底遺跡Ⅶ―長崎県北松浦郡鷹島町神崎港改修工事に伴う緊急
　　発掘調査概報―』文化財調査報告書第6集　鷹島町教育委員会　2002年
長崎県鷹島町教育委員会『鷹島海底遺跡Ⅷ』文化財調査報告書第7集　鷹島町教育委員会
　　2003年
長崎県鷹島町教育委員会『鷹島海底遺跡Ⅸ―鷹島海底遺跡内容確認発掘調査報告書3―』文化財
　　調査報告書第8集　鷹島町教育委員会　2003年
長崎県鷹島町教育委員会『鷹島海底遺跡Ⅹ―鷹島海底遺跡内容確認発掘調査報告書4―』文化財
　　調査報告書第9集　鷹島町教育委員会　2004年
長崎県鷹島町教育委員会『鷹島海底遺跡Ⅺ―鷹島海底遺跡内容確認発掘調査報告書5―』文化財
　　調査報告書第10集　鷹島町教育委員会　2005年
中川永『西浜千軒遺跡―琵琶湖湖底遺跡の調査・研究―』調査報告　滋賀県立大学琵琶湖水中考
　　古学研究会　2016年
中村俊介「水中考古学への期待―急がれる方法論の確立と社会的認知―」『本郷』No.51　吉川弘
　　文館　2004年
西谷正編「特集・水中考古学の現状と課題」『季刊考古学』第123号　雄山閣出版　2013年
西山要一「紀淡海峡海底採集の中国陶磁器」歴史研究報告第1冊　北村文庫会　1975年
野上建紀「元寇の島の海底遺跡―鷹島海底遺跡―」『陶説』第559号　日本陶磁協会　1999年
野上建紀「天目が眠る海底遺跡―定海白礁一号沈船遺跡―」『陶説』第558号　日本陶磁協会
　　1999年
野上建紀「ベトナムの沈船遺跡」『陶説』第566号　日本陶磁協会　2000年
野上建紀「韓国の沈船遺跡―木浦・国立海洋遺物展示館―」『陶説』第567号　日本陶磁協会
　　2000年
野上建紀「陶磁器研究と水中考古学」『月刊考古学ジャーナル』No.480　ニュー・サイエンス社
　　2001年
野上建紀「沈没船の研究」『貿易陶磁研究』第27号　日本貿易陶磁研究会　2007年
野上建記編『国際シンポジウム水中文化遺産と考古学』アジア水中考古学研究所　2007年
野村大輔「海の文化交流は九州の歴史―水中考古学の今後を考える―」『本郷』No.123　吉川弘文
　　館　2016年
バス，ジョージ・F.『海底の文化遺産』小江慶雄・小林茂訳　時事通信社　1977年
服部研二『水底が語る日本史の謎』日本文芸社　1991年

―422―

XI 舟船関係文献資料目録（6 水中考古学・漂流・水軍関係）

濱修「琵琶湖周辺の遺跡について」「紀要」第4号　滋賀県文化財保護協会　1990年

林博通「琵琶湖湖底遺跡研究序論」『近江の考古と歴史』西田弘先生米寿記念論集　真陽社　2001年

林田憲三「ベトナム水中考古学の現状と展望（〈特集〉ベトナム・ホイアン関連研究）」「国際文化研究所紀要」1　昭和女子大学国際文化研究所　1995年

林田憲三「水中考古学の諸問題」「月刊考古学ジャーナル」№480　ニュー・サイエンス社　2001年

原口正三編「石山貝塚概説」「研究論集1」平安学園教育研究会　1956年

ビックフォード，ナイジェル『世界の難破船と財宝地図』手塚治・長野ゆう訳　山と渓谷社　1995年

平野邦雄「新羅来寇の幻影」288～301頁『古代の日本』第3巻九州　角川書店　1970年

福永友保「海底に眠る文化財を求めて―船出した日本の水中考古学―」「科学朝日」第538号　朝日新聞社　1985年

藤田明良「東アジアにおける島嶼と国家」『日本の対外関係―倭寇と「日本国王」―』第4巻　吉川弘文館　2010年

藤本英夫「日本最北の湖底遺跡」「歴史読本」第20巻第15号　新人物往来社　1975年

フレミング，N.C.『海底の都市』杉辺利英訳　学生社　1974年

舞阪町教育委員会『浜名湖弁天島海底遺跡発掘調査報告』舞阪町教育委員会　1972年

松井章「粟津湖底遺跡の成果」「滋賀文化財教室シリーズ」第73号　滋賀県文化財保護協会　1998年

松木哲「十三―十四世紀の貿易船（泉州・新安の船を中心に）」『国際シンポジウム新安海底引揚げ文物報告書』中日新聞社　1984年

丸山竜平「葛籠尾崎湖底遺跡の考古学的検討覚書」「滋賀考古学論叢」第3集　滋賀考古学論叢刊行会　1986年

三杉隆敏『世紀の発見　新安沖海底の秘宝』ロッコウブックス　六興出版　1978年

三杉隆敏『海の秘宝物語』新潮選書　新潮社　1990年

水野恵利子「碇から考える水中考古学」「奈良大学大学院研究年報」12号　奈良大学大学院　2007年

水野正好ほか「琵琶湖の湖底遺跡をめぐって」「えとのす」第3号　新日本教育図書　1975年

宮坂光昭「諏訪湖底の遺跡」「月刊考古学ジャーナル」№189　ニュー・サイエンス社　1981年

村田憲三「海へ、そして海に生きる人たちへ―海と漁師と水中考古学―」「漁協」全国漁業協同組合連合会　2002年

茂在寅男「水中考古学と学際研究」「東アジアの古代文化」第50号　古代学研究所　大和書房　1987年

ランドール・ササキ『沈没船が教える世界史』新書016　メディアファクトリー　2010年

ロスコー，K.『海中探検』堀元美訳　ワールド・カラー・ブックス　主婦と生活社　1973年

②漂流・外交

相川広秋『日本漂流誌』日本漂流誌刊行会　1963年

青木定遠『南海紀聞』『日本庶民生活史料集成（漂流）』第5巻　三一書房　1968年

赤嶺誠紀『大航海時代の琉球』沖縄タイムス社　1988年

東喜望校注『南嶋探検―琉球漫遊記―』全2巻（笹森儀助）東洋文庫411（1982）・428（1983）　平凡社　1982年

アチック・ミューゼアム編『朝鮮多島海旅行覚書』『日本常民生活資料叢書』第24巻　三一書房　1973年

網野善彦「中世の旅人たち」『漂泊と定着―定住社会への道―』日本民俗文化大系第6巻　小学館　1986年

荒川秀俊編『日本漂流漂着史料―気象史料シリーズ3―』　地人書館　1962年

第3部 〈附編〉舟・船舶関係資料一覧

荒川秀俊編『異国漂流記集―気象史料シリーズ2―』吉川弘文館　1962年

荒川秀俊編『異国漂流記続集―気象史料シリーズ6―』地人書館　1964年

荒川秀俊編『近世漂流記集』法政大学出版局　1969年

荒川秀俊『異国漂流物語』現代教養文庫677　社会思想社　1969年

安藤英男校注『塵壺―河井継之助日記―』東洋文庫257　平凡社　1974年

池田晧編『漂流』『日本庶民生活史料集成(漂流)』第5巻　三一書房　1968年

池田晧『標民の記録―極限下の人間ドラマ―』現代新書197　講談社　1969年

池田寛親『舩長日記』『日本庶民生活史料集成(漂流)』第5巻　三一書房　1968年

石井謙治ほか編『図説人物海の日本史―漂流と探検―』第7巻　毎日新聞社　1979年

石井研堂編『異国漂流奇譚集』新人物往来社　1971年

井関貫『海と船―三つの航海の話―』日本機動艇協会　1943年

井之口章次「瀬戸家船採訪記」『民間伝承』第13巻第3号　民間伝承の会　1949年

井伏鱒二『ジョン万次郎漂流記』偕成社文庫　偕成社　1999年

今谷明『元朝・中国渡航記―留学僧・雪村友梅の数奇な運命―』宝島社　1994年

岩崎俊章『東航紀聞』『日本庶民生活史料集成(漂流)』第5巻　三一書房　1968年

岩崎卓爾『ひるぎの一葉』『日本庶民生活史料集成(探検・紀行・地誌・南島篇)』第1巻　三一書房　1968年

上原兼善ほか『南島の風土と歴史』風土と歴史12　山川出版社　1978年

宇野幸雄「古代天皇海人族」『古代・中世の社会と民俗文化』和歌森太郎先生還暦記念論文集　弘文堂　1976年

遠藤高璟『時規物語』『日本庶民生活史料集成(漂流)』第5巻　三一書房　1968年

大内健二『海難の世界史』交通ブックス213　交通研究協会　成山堂書店　2002年

大熊良一『千島小笠原史考』しなの出版　1969年

大隈三好『伊豆七島流人史』雄山閣出版　1974年

太田勝也「江戸時代前期長崎来航唐船数と積荷の分析―慶安元年(1648)の場合―」『九州水上交通史』日本水上交通史論集第5巻　文献出版　1993年

太田ぜん『続泰平年表　第1』(竹内秀雄校訂)続群書類従完成会　1982年

大槻清崇『呂宋國漂流記』『日本庶民生活史料集成(漂流)』第5巻　三一書房　1968年

大藤時彦編『東遊雑記』(古川古松軒)東洋文庫27　平凡社　1964年

大庭脩『江戸時代の日中秘話』東方選書5　東方書店　1980年

大庭脩『江戸時代における唐船持渡書の研究』関西大学東西学術研究所　1967年

大庭脩『唐船進港回棹録・島原本唐人風説書・割符留帳―近世日中交渉史料集1―』関西大学東西学術研究所　1974年

大庭脩『江戸時代の日中秘話』東方選書5　東方書店　1980年

大庭脩『江戸時代における中国文化受容の研究』同朋舎　1984年

大庭脩『宝暦三年八丈島漂着南京船資料』関西大学東西学術研究所　1985年

大庭脩『漂着船物語―江戸時代の日中交流―』岩波新書746　岩波書店　2001年

尾崎秀樹『対談・海の人物史』ティビーエス・ブリタニカ　1979年

岡本弘道「古琉球期の琉球王国における「海船」をめぐる諸相」『東アジア文化交渉研究』創刊号　関西大学大学院東アジア文化研究科　2008年

奥田昌忠『長瀬村人漂流談』『日本庶民生活史料集成(漂流)』第5巻　三一書房　1968年

小倉貞男『朱印船時代の日本人―消えた東南アジア日本町の謎―』中公新書913　中央公論社　1989年

鶴窓帰山『八多化の寝覚草』『日本庶民生活史料集成(探検・紀行・地誌・南島篇)』第1巻　三一書房　1968年

桂川甫周『北槎聞略』『日本庶民生活史料集成5(漂流)』三一書房　1968年

加藤栄一「八幡船・朱印船・奉書船―幕藩制国家の形成と対外関係―」『海外視点・日本の歴史9―

—424—

XI 舟船関係文献資料目録 (6 水中考古学・漂流・水軍関係)

朱印船と南への先駆者―』ぎょうせい　1987年

加藤貴校訂『漂流奇談集成』叢書江戸文庫1　国書刊行会　1990年

加藤祐三『黒船前後の世界』岩波書店　1985年

加藤祐三『黒船異変―ペリーの挑戦―』岩波新書13　岩波書店　1988年

門田修『漂海民―月とナマコと珊瑚礁―』河出書房新社　1986年

金指正三『近世海難救助制度の研究』吉川弘文館　1968年

亀井高孝『大黒屋光太夫』吉川弘文館　1964年

川合彦充『督乗丸の漂流』グリーンベルト・シリーズ54　筑摩書房　1964年

川合彦充『日本人漂流記』現代教養文庫598　社会思想社　1967年

河合彦充「漂流―太平洋で外航船に救助された日本船―」『船』法政大学出版　1995年

川路柳虹『黒船記(開国史話)』法政大学出版局　1953年

川澄哲夫編『中浜万次郎集成』小学館　1990年

木村理右衛門『朝鮮物語』京都大学文学部国語学国文学研究室編　京都大学　1970年

清野謙次「漂流記に関する研究」『太平洋に於ける民族文化の交流』太平洋協会編　創元社
　1944年

串原正峯『夷諺俗話』『日本庶民生活史料集成(探検・紀行・地誌・北辺篇)』第4巻　三一書房
　1969年

窪田子蔵『協和私役』『日本庶民生活史料集成(探検・紀行・地誌・北辺篇)』第4巻　三一書房
　1969年

倉地克直『漂流記録と漂流体験』思文閣出版　2005年

黒田日出男「「黒船」のシンボリズム―日本の内外―」『境界の中世象徴の中世』東京大学出版会
　1986年

ケプロン,ホーレンス『蝦夷と江戸　ケプロン日誌』西島照男訳　北海道新聞社　1985年

古賀謹一郎『蕃談』『日本庶民生活史料集成(漂流)』第5巻　三一書房　1968年

児玉作左右衛門「デ・アンジェリスの蝦夷国報告書に就て」『北方文化研究報告』第4輯　北海道
　帝國大学　1941年

児玉幸多編『近世交通史料集8』幕府法令上　吉川弘文館　1978年

児玉幸多編『近世交通史料集9』幕府法令下　吉川弘文館　1979年

兒山紀成『蝦夷日記』『日本庶民生活史料集成(探検・紀行・地誌・北辺篇)』第4巻　三一書房
　1969年

近藤晋一『修好百年―日米両国関係史(下)―』時事新書　時事通信社　1960年

近藤富蔵『八丈実記』『日本庶民生活史料集成(探検・紀行・地誌・南島篇)』第1巻　三一書房
　1968年

近藤泰成『隠岐・流人秘帳』ふるさと文庫4　山陰中央新報社　1979年

坂倉源次郎『北海随筆』『日本庶民生活史料集成(探検・紀行・地誌・北辺篇)』第4巻　三一書房
　1969年

笹森儀助『拾島状況録』『日本庶民生活史料集成(探検・紀行・地誌・南島篇)』第1巻　三一書房
　1968年

笹森儀助『南島探験』『日本庶民生活史料集成(探検・紀行・地誌・南島篇)』第1巻　三一書房
　1968年

佐藤正克『闔幽日記』『日本庶民生活史料集成(探検・紀行・地誌・北辺篇)』第4巻　三一書房
　1969年

ザドルノフ,ニコライ『北から来た黒船』西本昭次訳　朝日新聞社　1977年

佐原喜三郎『朝日逆島記』『日本庶民生活史料集成(探検・紀行・地誌・南島篇)』第1巻　三一書房
　1968年

下蒲刈町文化財保護委員会『朝鮮通信使船とその旅』ふるさと下蒲刈(その21)　下蒲刈町
　1995年

―425―

第3部 〈附編〉舟・船舶関係資料一覧

笑雲瑞訢『笑雲入明記―日本僧の見た明代中国―』東洋文庫798　平凡社　2010年

新城常三「中世の海難―寄船考再論―」『史学論集対外関係と政治文化』第2　吉川弘文館　1974年

須藤利一編『異国船来琉記』法政大学出版局　1974年

園田一亀『韃靼漂流記の研究』(復刻・「ユーラシア叢書34」)原書房　1980年

園田一亀『韃靼漂流記』東洋文庫539　平凡社　1991年

曽村保信『ペリーは、なぜ日本に来たか』新潮選書　新潮社　1987年

高木善助『薩陽往返記事』『日本庶民生活史料集成(探検・紀行・地誌・西国篇)』第2巻　三一書房　1969年

高瀬重雄「漂流記蕃談に関する考察」「史林」第40巻第1号　史学研究会　1957年

高瀬重雄「漂流記『時規物語』の研究―その一、この私本をめぐる書誌―」「富山史壇」46　越中史壇会　1970年

高瀬重雄「元禄九年松前漂着者―日本海海事史のひとこま―」「富山史壇」64　越中史壇会　1976年

高瀬重雄「日本海文化の形成と大陸交渉史―日本列島の裏表と能登地方―」「歴史手帖」第115号　名著出版　1983年

高瀬重雄『日本海文化の形成』高瀬重雄著作集Ⅱ　名著出版　1984年

高瀬重雄『北前船長者丸の漂流』清水書院　1974年

高田宏『日本海繁盛記』岩波新書208　岩波書店　1992年

武田八洲満『海の国―安藤対馬守信睦の生涯―』文藝春秋　1976年

竹原孫恭『城間船中国漂流顛末　八重山・一下級士族の生涯よりみた琉球処分前後』竹原房　1982年

谷川健一編『漂海民―家船と糸満―』『日本民俗文化資料集成』第3巻　三一書房　1992年

近盛晴嘉『ジョセフ・ヒコ』人物叢書114　吉川弘文館　1963年

近盛晴嘉『クリスチャン・ジョセフ彦』アムリタ書房　1985年

張漢哲『漂海録』宋昌彬訳　耽羅叢書2　草風館　1990年

鄭秉哲編『遺老説伝』『日本庶民生活史料集成(探検・紀行・地誌・南島篇)』第1巻　三一書房　1968年

寺島良安「異国人物」巻第十三『和漢三才図会』第3巻　東洋文庫456　平凡社　1986年

土居良三『咸臨丸海を渡る』未来社　1992年

東寗元稹『東海参譚』『日本庶民生活史料集成(探検・紀行・地誌・北辺篇)』第4巻　三一書房　1969年

戸部良熙『大島筆記』『日本庶民生活史料集成(探検・紀行・地誌・南島篇)』第1巻　三一書房　1968年

中川恣「平戸「幸の浦」の家船」「水産界」11月号　大日本水産会　1939年

中川恣「平戸幸の浦の「家船」」「舵」第9巻第3号　日本モーターボート協会　1940年

中川恣「広島県吉和の家船」「舵」第9巻第8号　日本モーターボート協会　1940年

中川努・山口修訳『アメリカ彦蔵自伝』(浜田彦蔵)東洋文庫13・22　平凡社　1964年

中浜明『中浜万次郎の生涯』冨山房　1976年

中浜東一郎『中浜万次郎伝』冨山房　1936年

中浜博『私のジョン万次郎―子孫が明かす漂流150年目の真実―』小学館　1991年

中浜博『中浜万次郎―「アメリカ」を初めて伝えた日本人―』冨山房インターナショナル　2005年

中村重嘉「瀬戸家船小見」「長崎談叢」第12輯　長崎史談会　1933年

中村喬次『南島遡行』南島叢書10　南風社　1984年

名越左源太『南島雑話』『日本庶民生活史料集成(探検・紀行・地誌・南島篇)』第1巻　三一書房　1968年

名越左源太『南島雑話―1・2幕末奄美民族誌―』東洋文庫431・432　平凡社　1984年

南波松太郎「漂流記『蕃談』の磁石船について」「海事史研究」第8号　日本海事史学会　1967年

—426—

XI 舟船関係文献資料目録（6 水中考古学・漂流・水軍関係）

野口武徳「家船の社会的制約」『日本民俗学会報』第4号　日本民俗学会　1958年

野口武徳「家船と女」「女性と経験」第14号「女性と経験」編集部　1959年

野口武徳「家船と宿」『社会人類学』第2巻第4号　社会人類学研究会　1960年

野口武徳『漂海民の人類学』弘文堂　1986年

野口武徳「家船と糸満漁民―水上生活者の移動と定着―」『日本歴史民俗論集―漂泊の民俗文化
　　―』第8巻　吉川弘文館　1994年

橋口尚武「中世前期の遠州灘で漂流した薩摩人」「鹿児島地域史研究」No.5　鹿児島地域史研究会
　　2009年

長谷部辰連ほか『明治九年千島三郡取調書・千島着手見込書』『日本庶民生活史料集成（探検・紀
　　行・地誌・北辺篇）』第4巻　三一書房　1969年

秦檍丸撰『蝦夷生計図説』『日本庶民生活史料集成（探検・紀行・地誌・北辺篇）』第4巻　三一書房
　　1969年

羽原又吉『漂海民』岩波新書　岩波書店　1963年

浜田彦蔵『漂流記』『日本庶民生活史料集成（漂流）』第5巻　三一書房　1968年

原田伴彦『反逆の日本史』時事通信社　1979年

ハリス, T.『ハリス日本滞在記（上巻）』玉城肇・今里正次訳　岩波文庫　岩波書店　1944年

春名徹『にっぽん音吉漂流記』晶文社　1979年

春名徹『漂流―ジョセフ・ヒコと仲間たち―』角川選書132　角川書店　1982年

春名徹『中浜万次郎―世界をみてきたジョン＝マン―』講談社火の鳥伝記文庫　講談社　1986年

春名徹『音吉少年漂流記』旺文社ジュニアノンフィクション　旺文社　1988年

春名徹「近世日本船の台湾漂着「ちょぷらん島漂流」を中心に」「南島史学」第61号　南島史学会
　　2003年

比嘉朝進『波高し！漂流琉球船』風土記社　1990年

筆者不詳『紀州口熊野漂流噺』『日本庶民生活史料集成（漂流）』第5巻　三一書房　1968年

筆者不詳『遠州船無人島物語』『日本庶民生活史料集成（漂流）』第5巻　三一書房　1968年

筆者不詳『無人島漂流記』『日本庶民生活史料集成（漂流）』第5巻　三一書房　1968年

筆者不詳『尾州大野村船漂流一件』『日本庶民生活史料集成（漂流）』第5巻　三一書房　1968年

筆者不詳『越前船漂流記』『日本庶民生活史料集成（漂流）』第5巻　三一書房　1968年

筆者不詳『台湾漂流記』『日本庶民生活史料集成（漂流）』第5巻　三一書房　1968年

筆者不詳『安南国漂流記』『日本庶民生活史料集成（漂流）』第5巻　三一書房　1968年

筆者不詳『漂流天竺物語』『日本庶民生活史料集成（漂流）』第5巻　三一書房　1968年

筆者不詳『エトロフ島漂着記』『日本庶民生活史料集成（探検・紀行・地誌・北辺篇）』第4巻　三一
　　書房1969年

筆者不詳『蝦夷蜂起』『日本庶民生活史料集成（探検・紀行・地誌・北辺篇）』第4巻　三一書房
　　1969年

平野直『北から来る船―漂流民光太夫と磯吉―』國華堂日童社　1943年

藤木喜一郎・新見貫次・増田五良『海の無残な物語―ふるさちびとの漂流記―』のじぎく文庫
　　1966年

藤田恒春「湖水船奉行―芦浦観音寺第九世詮舜を中心に―」「史泉」第53号　関西大学史学会
　　1979年

ブラキストン, トーマス・W.『蝦夷地の中の日本』近藤唯一訳　八木書店　1979年

平秩東作『東遊記』『日本庶民生活史料集成（探検・紀行・地誌・北辺篇）』第4巻　三一書房　1969年

ペルリ, M. C.『日本遠征記(1)』土屋喬雄・玉城肇訳　岩波文庫422-1　岩波書店　1948年

ペルリ, M. C.『日本遠征記(2)』土屋喬雄・玉城肇訳　岩波文庫422-2　岩波書店　1948年

ペルリ, M. C.『日本遠征記(3)』土屋喬雄・玉城肇訳　岩波文庫422-3　岩波書店　1953年

ペルリ, M. C.『日本遠征記(4)』土屋喬雄・玉城肇訳　岩波文庫422-4　岩波書店　1955年

星亮一『万延元年「咸臨」航米』教育書籍　1991年

第3部 〈附編〉舟・船舶関係資料一覧

ホール, ベイジル『朝鮮・琉球航海記—1816年アマースト使節団とともに—』春名徹訳　岩波文　　庫青439-1　岩波書店　1986年
本庄栄治郎編『西遊雑記』(古川古松軒)近世社会経済叢書第9巻　改造社　1927年
松島駿二郎『異国船漂着物語　難破者と、彼らを救った浜辺の住民たちの交流秘話』JTB　2002年
松田毅一『大村純忠公と長崎甚左衛門—長崎開港四百年記念—』親和文庫第8号　親和銀行済美　　会　1970年
松田伝十郎『北夷談』『日本庶民生活史料集成(探検・紀行・地誌・北辺篇)』第4巻　三一書房　　1969年
松宮観山『蝦夷談筆記』『日本庶民生活史料集成(探検・紀行・地誌・北辺篇)』第4巻　三一書房　　1969年
松本十郎『石狩十勝両河紀行』『日本庶民生活史料集成(探検・紀行・地誌・北辺篇)』第4巻　三一　　書房　1969年
間宮林蔵『東韃地方紀行』『日本庶民生活史料集成(探検・紀行・地誌・北辺篇)』第4巻　三一書房　　1969年
三上紫郎『海の先駆者』熊谷書房　1943年
三島勘左衛門『伊豆七島風土細覧』『日本庶民生活史料集成(探検・紀行・地誌・南島篇)』第1巻　　三一書房　1968年
三保喜左衛門談『唐太話』『日本庶民生活史料集成(探検・紀行・地誌・北辺篇)』第4巻　三一書房　　1969年
宮永孝『ジョン・マンと呼ばれた男—漂流民中浜万次郎の生涯—』集英社　1994年
宮本常一『瀬戸内海の研究(一)—島嶼の開発とその社会形成—海人の定住を中心に—』未来社　　1965年
宮本常一ほか編『八丈島小島青ヶ島年代記』『日本庶民生活史料集成(探検・紀行・地誌・南島篇)』　　第1巻　三一書房　1968年
武藤勘助『蝦夷日記』『日本庶民生活史料集成(探検・紀行・地誌・北辺篇)』第4巻　三一書房　　1969年
村山有『修好事始—日米両国関係史(上)—』時事新書　時事通信社　1960年
室賀信夫・矢守一彦編訳『蕃談—漂流の記録1—』東洋文庫39　平凡社　1965年
室賀信夫『日本人漂流物語』新学社文庫30　新学社　1969年
最上徳内『蝦夷国風俗人情之沙汰』『日本庶民生活史料集成(探検・紀行・地誌・北辺篇)』第4巻　　三一書房　1969年
最上徳内『渡島筆記』『日本庶民生活史料集成(探検・紀行・地誌・北辺篇)』第4巻　三一書房　　1969年
森克己「古代南方との交渉」『日本民族と南方文化』平凡社　1968年
森崎和江『ナヨロの海へ—船乗り弥平物語—』集英社　1988年
森末義彰編『流人帖—伊豆・佐渡・隠岐の流人—』人物往来社　1964年
八束美由紀・柳井由美子「瀬戸内海に家船を訪ねて—吉和の家船—」『海事史研究』第16号　日本　　海事史学会　1971年
藪内芳彦『東南アジアの漂海民』古今書院　1969年
山下恒夫編『江戸漂流記総集—石井研堂これくしょん—』第1巻　日本評論社　1992年
山下恒夫編『江戸漂流記総集—石井研堂これくしょん—』第2巻　日本評論社　1992年
山下恒夫編『江戸漂流記総集—石井研堂これくしょん—』第3巻　日本評論社　1992年
山下恒夫編『江戸漂流記総集—石井研堂これくしょん—』第4巻　日本評論社　1992年
山下恒夫編『江戸漂流記総集—石井研堂これくしょん—』第5巻　日本評論社　1992年
山下恒夫編『江戸漂流記総集—石井研堂これくしょん—』第6巻　日本評論社　1993年
山下弥三左衛門『潜水奇談』雪華社　1964年
横浜開港資料館「ペリー来航関係資料図録」図録　横浜開港資料館　1982年

XI　舟船関係文献資料目録（6 水中考古学・漂流・水軍関係）

横浜開港資料館『咸臨丸太平洋を渡る―遣米使節140周年―』横浜開港資料館　2000年
横浜市歴史博物館『瓦版・絵巻にみるペリー来航と横浜開港』横浜市ふるさと歴史財団　2009年
吉田敬市「日本に於ける家舟的聚落の調査」「東亜人文学報」第1巻第1号　京都帝國大学人文科
　　学研究所　1941年
吉田常吉編『航海日記―村垣淡路守範正―』時事新書　時事通信社　1959年
吉田正誉『東洋漂客談奇』『日本庶民生活史料集成（漂流）』第5巻　三一書房　1968年
吉村昭『黒船』中央公論社　1991年
和田久徳『南蛮船の日本海岸来着』『海外視点・日本の歴史7―大明国と倭寇―』ぎょうせい　1987年
ワリナー, E. V.『新・ジョン万次郎伝』田中至訳　出版協同社　1966年

③水軍・海賊

相田二郎『蒙古襲来の研究』吉川弘文館　1958年
網野善彦「鎌倉幕府の海賊禁圧について―鎌倉末期の海上警固を中心に―」「日本歴史」第299号
　　日本歴史学会　1973年
網野善彦『日本の歴史―蒙古襲来―』第10巻　小学館　1974年
網野善彦『蒙古襲来』（上・下）小学館ライブラリー　小学館　1992年
網野善彦『蒙古襲来―転換する社会―』小学館文庫　小学館　2000年
阿部征寛『蒙古襲来』歴史新書59　教育社　1980年
新井孝重『蒙古襲来』戦争の日本史第7巻　吉川弘文館　2007年
生田滋「新羅の海賊」『海と列島文化―日本海と出雲世界―』第2巻　小学館　1991年
石井謙治ほか編『図説人物海の日本史―日宋貿易と元寇―』第2巻　毎日新聞社　1979年
石井謙治ほか編『図説人物海の日本史―遣明船と倭寇―』第3巻　毎日新聞社　1979年
石原道博『倭寇』日本歴史叢書7　吉川弘文館　1964年
稲村賢敷『琉球諸島における倭寇史跡の研究』吉川弘文館　1957年
今治市村上水軍博物館『芸予諸島・海民文化の考古学』特別展　今治市教育委員会　2014年
宇田川武久「戦国期内海警固衆の一性格―安芸国白井氏の場合―」「軍事史学」第30号　軍事史
　　学会　1972年
宇田川武久『日本の海賊』誠文堂新光社　1983年
海津一朗『蒙古襲来―対外戦争の社会史―』歴史文化ライブラリー32　吉川弘文館　1998年
太田彩「絵巻・蒙古襲来絵詞」「日本の美術」414　至文堂　2000年
太田弘毅「元寇時の高麗発進艦隊の編成―新造・旧製艦船混合論の視点から―」「海事史学会誌」
　　第47号　海事史学会　1990年
太田弘毅『蒙古襲来―その軍事史的研究―』錦正社史学叢書　錦正社　1997年
小川雄『徳川権力と海上軍事』戦国史研究叢書15　岩田書院　2016年
小佐田哲男「水軍とその軍船」『船』法政大学出版　1995年
筧雅博『蒙古襲来と徳政令』日本の歴史第10巻　講談社　2001年
笠井倭人「古代の水軍」『日本古代文化の探究・船』社会思想社　1975年
片野次雄『蒙古襲来のコリア史―高麗王国の悲哀と三別抄の抗戦―』彩流社　2013年
金谷匡人「海の民から水軍へ―海賊衆―」『中世の風景を読む―内海を躍動する海の民―』第6巻
　　新人物往来社　1995年
河合正治・上田正昭「海賊の系譜」『古代の日本―中国・四国―』第4巻　角川書店　1970年
川添昭二『日蓮―その思想・行動と蒙古襲来―』センチュリーブックス人と歴史・日本11　清水
　　書院　1971年
川添昭二監修『海から甦る元寇』朝日新聞社　1981年
菊池誠一ほか「ユーラシアにおけるモンゴルのインパクト―考古学・歴史学から見た「海域ア
　　ジアのモンゴル襲来」―」昭和女子大学国際文化研究所　2016年
菊池武「戦国期における東国の水軍」「軍事史学」第30号　軍事史学会　1972年

第3部 〈附編〉舟・船舶関係資料一覧

黒田俊雄『日本の歴史—蒙古襲来—』第8巻　中央公論社　1974年

小林一岳『元寇と南北朝の動乱』日本中世の歴史第4巻　吉川弘文館　2009年

近藤成一『モンゴルの襲来』日本の時代史第9巻　吉川弘文館　2003年

佐伯弘次『日本の中世—モンゴル襲来の衝撃—』第9巻　中央公論社　2003年

榊原直夫『海賊の道—伊勢・志摩の水軍と落人—』誠文堂新光社　1985年

坂本亮太「熊野水軍小山氏をめぐる資料」『研究紀要』第22号　和歌山県立博物館　2016年

坂本亮太「熊野水軍小山氏をめぐる資料(2)—神宮寺小山家文書—」『研究紀要』第23号　和歌山
　　県立博物館　2017年

桜井清香『元寇と季長絵詞』徳川美術館　1957年

佐藤和夫『日本水軍史』原書房　1985年

佐藤和夫「鎌倉期関東水軍について」『軍事史学』第30号　軍事史学会　1972年

佐藤和夫『日本中世水軍の研究—梶原氏とその時代—』錦正社史学叢書　錦正社　1993年

佐藤和夫『海と水軍の日本史—古代〜源平の合戦まで—』原書房　1995年

佐藤和夫『海と水軍の日本史—蒙古襲来〜朝鮮出兵まで—』原書房　1995年

佐藤鉄太郎『蒙古襲来絵詞と竹崎季長の研究』錦正社史学叢書　錦正社　2005年

下向井龍彦・稲葉靖司「九世紀の海賊について」『海と風土—瀬戸内海地域の生活と交流—』雄山
　　閣　2002年

杉山正明『クビライの挑戦—モンゴル海上帝国への道—』朝日選書525　朝日新聞社　1995年

関周一「「中華」の再建と南北朝内乱」『日本の対外関係—倭寇と「日本国王」—』第4巻　吉川弘
　　文館　2010年

関周一『対馬と倭寇—境界に生きる中世びと—』選書8　高志書院　2012年

関口宏行「幻の武田水軍—海を目指す山国の野望—」『歴史読本』昭和62年5月号　新人物往来社
　　1987年

千野原靖方『房総里見水軍の研究』崙書房出版　1981年

竹越與三郎『倭寇記』白揚社　1938年

田中建夫『倭寇と勘合貿易』日本歴史新書　至文堂　1961年

田中健夫「豊臣秀吉の水軍と石井与次兵衛」『歴史と人物』日本歴史学会　吉川弘文館　1964年

田中健夫『倭寇—海の歴史—』歴史新書66　教育社　1982年

田中建夫「倭寇と東アジア通交圏」『日本社会史—列島内外の交通と国家—』第1巻　岩波書店
　　1987年

田中建夫『倭寇—海の歴史—』学術文庫　講談社　2012年

中国新聞社『瀬戸内水軍を旅する』新人物往来社　1990年

登丸福寿・茂木秀一郎『倭寇研究』中央公論社　1942年

永岡治『伊豆水軍物語』中公新書639　中央公論社　1982年

中島洋『大和王朝の水軍—神武移住団と結んだポリネシアンの秘史—』双葉社　1976年

中島楽章「元朝の日本遠征艦隊と旧南宋水軍」『寧波と博多』東アジア海域叢書11　汲古書院
　　2013年

永原慶二「伊勢・紀伊の海賊商人と戦国大名」『知多半島の歴史と現在』日本福祉大学知多半島総
　　合研究所　校倉書房　1989年

長沼賢海『日本の海賊』日本歴史新書　至文堂　1955年

長沼賢海『日本海事史研究』九州大学出版会　1976年

西別府元日「平安時代初期の瀬戸内海地域—「海賊」問題を中心として—」『古代王権と交流—瀬
　　戸内海地域における交流の展開—』第6巻　名著出版　1995年

旗田巍『元寇—蒙古帝国の内部事情—』中公新書　中央公論社　1965年

服部英雄『蒙古襲来』山川出版社　2014年

平野邦雄「新羅来寇の幻影」288〜301頁『古代の日本—九州—』第3巻　角川書店　1970年

星野恒「海賊の顛末と海軍の沿革」『史学雑誌』第5編第4号　史学会　1894年

XI 舟船関係文献資料目録（6 水中考古学・漂流・水軍関係 - 7 舟大工・造船・船具関係）

星野恒「海賊の顛末と海軍の沿革（承前）」『史学雑誌』第5編第5号　史学会　1894年
星野恒「海賊の顛末と海軍の沿革（承前）」『史学雑誌』第5編第6号　史学会　1894年
星野恒「海賊の顛末と海軍の沿革（承前）」『史学雑誌』第5編第8号　史学会　1894年
星野恒「海賊の顛末と海軍の沿革（承前）」『史学雑誌』第5編第9号　史学会　1894年
星野恒・星野彬編『海賊の顛末と海軍の沿革』『史学叢説』第1集　冨山房　1909年
真木信夫『瀬戸内海に於ける塩飽海賊史』教材研究社　1934年
村井章介「倭寇と「日本国王」」『日本の対外関係―倭寇と「日本国王」―』第4巻　吉川弘文館　2010年
村井章介「蒙古襲来と異文化接触」『日本の対外関係―倭寇と「日本国王」―』第4巻　吉川弘文館　2010年
村井益男「水軍についての覚書―小濱氏の場合について―」『日本大学文学部研究年報』第1輯　日本大学文学部　1951年
村上護『日本の海賊―戦雲たなびく水軍旗―』講談社　1982年
村谷正隆『海賊史の旅―村上水軍盛衰記―』海鳥ブックス7　海鳥社　1990年
森浩一『交錯の日本史』朝日新聞社　1990年
森本繁『歴史紀行瀬戸内水軍』新人物往来社　1987年
柳田純孝『元寇と博多―写真で読む蒙古襲来―』西日本新聞社　2001年
山内譲『海賊と海城』平凡社選書168　平凡社　1997年
山屋太郎『日本水軍史』海軍省教育局　1934年
湯浅治久『蒙古合戦と鎌倉幕府の滅亡』動乱の東国史第3巻　吉川弘文館　2012年
呼子丈太朗『倭寇史考』新人物往来社　1971年
龍粛『蒙古襲来』日本歴史新書　至文堂　1959年
渡辺誠「蒙古襲来の考古学」『名古屋大学古川総合研究資料館報告』No.13　名古屋大学　1997年

7　舟大工・造船・船具関係文献資料

青森県立郷土館『青森県の漁撈用和船―産業 -1―』調査報告第18集　青森県立郷土館　1985年
赤羽正春「タラ漁業の展開と二枚棚漁船の導入」『海と民具』雄山閣　1987年
赤羽正春『日本海漁業と漁船の系譜』慶友社　1998年
飯田嘉郎「錨の変遷」第38号　日本海事史学会　1982年
池田哲夫「漁撈と船」『民具研究』特別号　日本民具学会　2007年
池畑光尚・田664川善助「櫓漕の推進性能に関する水槽実験」『日本造船学会論文集』第172号　日本造船学会　1992年
石井謙治「帆について（上）―特に商船の積石数と帆端数との関係について―」『海事史研究』創刊号　日本海事史学会　1963年
石井謙治「帆について（下）―特に商船の積石数と帆端数との関係について―」『海事史研究』第2号　日本海事史学会　1964年
石崎正和「蛇籠に関する歴史的考察」『第7回日本土木史研究発表会論文集』土木学会　1987年
石塚尊俊「民俗資料による刳舟の研究―ソリコ・モロタ・トモドを重点として―」『日本民家集落博物館彙報Ⅲ』日本民家集落博物館　1960年
石原渉「中世碇石考」『大塚初重先生頌寿記念考古学論集』頌寿記念編　東京堂出版　2000年
伊藤実「江の川の船大工道具―三次市・光森賢治氏の船大工道具―」『研究紀要』第2集　広島県立歴史民俗資料館　1999年
犬塚幹士・板垣英夫「山形県の漁業・諸職」『東北の生業―2漁業・諸職―』明玄書房　1981年
井上拓巳「東廻り航路における海上輸送と破船処理―那珂湊周辺の破船処理過程を中心に―」『関東近世史研究論集3―幕政・藩政―』岩田書院　2012年
今瀬文也「茨城県の漁業・諸職」『関東の生業―2漁業・諸職―』明玄書房　1981年

—431—

第3部 〈附編〉舟・船舶関係資料一覧

岩倉市郎「薩州山川ばい船聞書」『日本常民生活資料叢書』第24巻　三一書房　1973年

上田雄「五島列島小値賀島の碇石について」「海事史研究」第23号　日本海事史学会　1974年

上田雄「碇石についての研究調査報告」「海事史研究」第27号　日本海事史学会　1976年

上田雄「可部島で発見された大碇石」「海事史研究」第33号　日本海事史学会　1979年

内橋潔「民具伝播の実例　越後市振の車軁」「高志路」180号　新潟民俗学会1958年

海の博物館『全国の船大工存在確認調査報告書』東海水産科学協会　2003年

浦安市教育委員会『浦安のベカ舟―浦安のベカ舟調査報告書―』文化財調査報告第6集　浦安市
　　教育委員会　1993年

うるま市立海の文化資料館『船大工・越来治喜と宇保賢章の世界』平成21年度企画展図録　うる
　　ま市立海の文化資料館　2009年

越前町教育委員会『海は語る―ふくいの歴史を足元から探る―』平成25年度越前町織田文化歴
　　史館企画展覧会　2013年

江野道和「原始・古代船の推進具(上)―研究史から考古資料の分類まで―」「伊都国歴史博物館
　　紀要」第3号　伊都国歴史博物館　2008年

江野道和「原始・古代船の推進具(中)―縄文時代から古墳時代を中心とした推進具集成―」「伊
　　都国歴史博物館紀要」第4号　伊都国歴史博物館　2009年

江野道和「原始・古代船の推進具(下)―縄文時代から古墳時代の推進具集成―」「伊都国歴史博
　　物館紀要」第5号　伊都国歴史博物館　2010年

愛媛県「消えゆく木造船船大工の技術と生活」「瀬戸内の島々の生活文化―昭和を生き抜いた人々
　　が語る―』(平成3年度地域文化実態調査報告書)愛媛県生涯学習センター　1992年

愛媛県生涯学習センター『瀬戸内の島々の生活文化―平成3年度地域文化実態調査報告書―』愛
　　媛県生涯学習センター　1992年

大田区立郷土博物館『江戸の和船―その生活と文化―』特別展図録　大田区立郷土博物館
　　1980年

大田区立郷土博物館『大田区の船大工―海苔の船を造る―』大田区立郷土博物館　1996年

大野恵三「中世絵画史料にみる艪・櫂操作の技法」「民具研究」第138号　日本民具学会　2008年

岡崎敬「所謂蒙古碇石の発見―志賀島、唐泊の新例―」『今津元寇防塁発掘調査概報』福岡市教育
　　委員会　1969年

織野英史「若狭湾・琵琶湖・伊勢湾の釘差鑿―造船文化の地域差を考える―」「近畿民具学会年報」
　　第19輯　近畿民具学会　1995年

織野英史「釘差鑿の形態差と造船技術」「民具研究」第111号　日本民具学会　1996年

織野英史「江南水郷の船釘と接合技術」「民具集積」第6号　四国民具研究会　2000年

織野英史「もう一つの継櫓―江南水郷の櫂と櫓―」「民具研究」第124号　日本民具学会　2001年

鏡山猛「九州に伝来した宋代文物拾遺」『考古論集』松崎寿和先生六十三歳記念論文集　広島大
　　学文学部考古学研究室　1977年

加藤隆昭「福浦海底遺跡とその採集遺物について」「鳥取県立博物館研究報告」第25号　鳥取県
　　立博物館　1988年

可児弘明「南中国の泥板または泥摸船について」「海事史研究」第13号　日本海事史学会　1969年

神野善治「駿河湾北部の漁撈用和船―船匠、増山大次郎翁の伝承を中心に―」「沼津市歴史民俗
　　資料館紀要」5　沼津市歴史民俗資料館　1981年

神野善治『木霊論―家・船・橋の民俗―』白水社　2000年

上福岡市立歴史民俗資料館『新河岸舟運―九十九曲がりの船頭と船大工―』開館10周年記念第
　　10回特別展図録　上福岡市立歴史民俗資料館　1994年

亀岡市文化資料館『川船―大堰川の舟運と船大工―』第42回企画展　亀岡市文化資料館　2007年

川上市太郎「蒙古碇石」『福岡県史蹟名勝天然記念物調査報告書第14輯―元寇史蹟(地之巻)―』
　　福岡県社寺兵事課　1941年

川上迪彦「弁財船を造った棟梁の記録」「民具マンスリー」第25巻第9号　神奈川大学日本常民文

―432―

XI　舟船関係文献資料目録（7　舟大工・造船・船具関係）

化研究所　1992年

川越泰博「明代海防軍船の噸数について」「海事史研究」第19号　日本海事史学会　1972年

川崎晃稔「漁船と船霊」「民具マンスリー」第17巻第11号　神奈川大学日本常民文化研究所　1985年

木島甚久「瀬戸町家船部落の研究—漁民史の一片として—」「長崎談叢」第28輯　長崎史談会編集　1941年

木島甚久「瀬戸町家船部落の研究」「長崎談叢」第31輯　長崎市談会編集　1942年

北野晃「川船と船大工」『武蔵府中の民俗』中央公論事業出版　1988年

北見俊夫「日本海海上交通民俗の一側面」「日本民俗学」第86号　日本民俗学会　1973年

北見俊夫「恵比寿—海の民と陸の民の交通」『日本の海洋民』未来社　1974年

木下忠「船大工用具及び磯舟(11隻)」『全国民俗博物館総覧』柏書房　1977年

金柄徹『家船の民俗誌—現代日本に生きる海の民—』東京大学出版会　2003年

京都府ふるさと文化再興事業推進実行委員会『丹後の海に生きる漁師さんを支える職人たち』京都府立丹後郷土資料館　2002年

倉田一郎「船に関する資料」『海村生活の研究』国書刊行会　1949年

群馬県教育委員会『舟大工と川舟—群馬県無形文化財緊急調査報告書—』群馬県教育委員会　1979年

国分直一・高松敬吉『東北の民俗—海と川と人—』考古民俗叢書24　慶友社　1988年

小林文夫「岩手県の漁業・諸職」『東北の生業—2漁業・諸職—』明玄書房　1981年

埼玉県立民俗文化センター『埼玉の船大工』埼玉県民俗工芸調査報告書第15集　埼玉県立民俗文化センター　2005年

斉藤毅・河津優司「宝島における「イタツケ」漁船」『トカラ列島—その自然と文化—』古今書院　1980年

斉藤善之「水主」『身分的周縁と近世社会2—海と川に生きる—』第2巻　吉川弘文館　2007年

佐川和裕「和船の計測方法——船大工の記憶する基準—」「民具マンスリー」第24巻第1号　神奈川大学日本常民文化研究所　1991年

桜田勝徳「船の名を集めてみて」「民間伝承」第33巻第4号　民間伝承の会　1952年

桜田勝徳「船名集(1)」「日本民俗学」第1巻第1号　日本民俗学会　1953年

桜田勝徳「船名集(2)」「日本民俗学」第1巻第2号　日本民俗学会　1953年

桜田勝徳「船名集(3)」「日本民俗学」第1巻第3号　日本民俗学会　1954年

桜田勝徳「瀬嵐の見聞—能登半島—」「加能民俗」第2巻第11号　加能民俗の会　1954年

桜田勝徳「日本造船の基調」「日本民俗学」第2巻第3号　日本民俗学会　1955年

桜田勝徳「船と漁具」『日本考古学講座』第7巻　河出書房　1956年

桜田勝徳「土佐四万十川の漁業と川舟」『日本常民生活資料叢書』第23巻　三一書房　1973年

佐々木長生「ギス船とギス網」「民具マンスリー」第35巻第1号　神奈川大学日本常民文化研究所　2002年

佐藤快和『海と船と人の博物史百科』原書房　2000年

佐藤重治郎『新潟浜—信濃川筋に於て漁業のさまざまと船乗の体験を語る—』双葉印刷　1976年

滋賀県立琵琶湖博物館『よみがえる丸子船—琵琶湖最後の伝統的木造船復元展示記録—』研究調査報告第13号　滋賀県立琵琶湖博物館　1999年

滋賀県立琵琶湖博物館『湖の船—木造船にみる知恵と工夫—』第7回企画展示図録　滋賀県立琵琶湖博物館　1999年

篠宮雄二「船大工棟梁」『身分的周縁と近世社会2—海と川に生きる—』吉川弘文館　2007年

柴田恵司・呉蓉「中国の泥橇と干潟漁業」「海事史研究」第50号　日本海事史学会　1993年

柴田昌児「古代瀬戸内海における海上活動に関する一試論」『弥生研究の群像』みずほ別冊　大和弥生文化の会　2013年

嶋田忠一「秋田県の碇の形態に関する一知見」「秋田県立博物館研究報告」第14号　秋田県立博

第3部 〈附編〉舟・船舶関係資料一覧

物館　1989年

庄司卓也「漁業Ⅰ(船・船による漁撈)」『屋久町の民俗』屋久町教育委員会「郷土誌編さん室」
　　1988年

進藤松司「安芸津の漁船と櫓・碇」『中国・四国地方の民具』明玄書房　1982年

杉浦重信「漁労文化の地域性—錨石とチョウザメ—」『季刊考古学』第25号　雄山閣出版　1988年

須藤利一「舟楫元始」『海事史研究』第3・4合併号　日本海事史学会　1965年

住田正一編『和漢船用集』金沢兼光『海事史料叢書』第11巻　巌松堂書店　1930年

関田駒吉「大和船の帆と石数」『港湾』第7巻第8号　港湾協会　1929年

瀬戸内海歴史民俗資料館『瀬戸内の漁船・廻船と船大工調査(第2年次)』瀬戸内海歴史民俗資料
　　館　1987年

瀬戸内海歴史民俗資料館『瀬戸内の漁船・廻船と船大工調査報告』補遺　瀬戸内海歴史民俗資料
　　館　1988年

瀬戸内海歴史民俗資料館『瀬戸内地方の船大工—重要有形民俗文化財指定の用具と技術—』図
　　録　瀬戸内海歴史民俗資料館　1993年

瀬戸内海歴史民俗資料館『瀬戸内の船図及び船大工用具—重要有形民俗文化材報告書—』瀬戸
　　内海歴史民俗資料館　1994年

高木文夫「新河岸川舟運の船大工と新造船(上)」『市史研究きんもくせい』第7号　上福岡市教育
　　委員会　2002年

高木文夫「新河岸川舟運の船大工と新造船(下)」『市史研究きんもくせい』第8号　上福岡市教育
　　委員会　2003年

高木文夫・松井哲洋「荒川水系の川船と船大工」『利根川文化研究』第32号　利根川文化研究会
　　2008年

高橋克夫「香川県の漁業・諸職」『四国の生業—2漁業・諸職—』明玄書房　1981年

田草川善助「櫓について」『東北民俗』第20輯　東北民俗の会　1986年

高田克彦ほか「保存科学を用いた木造漁船の保存・展示方法に関する実践的研究」『みちのく北
　　方漁船博物館研究』第1号　みちのく北方漁船博物館研究財団　2013年

田中幹夫「東北地方の漁村資料Ⅱ手漕ぎ船に見られる刳貫き技法の継承(そのⅠ)」『東北歴史資
　　料館研究紀要』8号　東北歴史資料館　1982年

田中幹夫「東北地方の漁村資料Ⅱ手漕ぎ船に見られる刳貫き技法の継承(その2)」『東北歴史資
　　料館研究紀要』9号　東北歴史資料館　1983年

田村勇「櫓の歴史と風土」『海の民俗』日本の民俗学シリーズ9　雄山閣出版　1990年

千葉県立関宿城博物館『利根川・江戸川水系の川船調査報告書(1)』資料集2　千葉県立関宿城博
　　物館　2004年

津田直「かつて—森は舟を生んだ。」『文化誌近江学』第5号　成安造形大学付属近江学研究所
　　2013年

辻尾榮市「棹・櫂・櫓・柁」『河上邦彦先生古稀記念献呈論文集』河上邦彦先生古稀記念会　2015年

出村卓三「奄美の漁業・諸職」『沖縄・奄美の生業—2漁業・諸職—』明玄書房　1981年

寺島良安「車駕類」巻第三三『和漢三才図会』第4巻　東洋文庫458　平凡社　1986年

寺岡貞顕「帆船の走法・帆装・船型について—船絵馬の理解を深めるために—」『民具マンスリー』
　　第19巻10号　神奈川大学日本常民文化研究所　1987年

東京都大田区教育委員会「船大工(大森の海苔船造り)」『伝統技術』大田区の文化財第18集　大
　　田区教育委員会社会教育部　1982年

東京都北区教育委員会「国指定史跡中里貝塚2」東京都北区教育委員会　2000年

東北歴史資料館『三陸の漁業—手こぎ船のころ—』宮城県文化財保護協会　1985年

当真嗣一「南西諸島発見の碇石の考察」『沖縄県立博物館紀要』第22号　沖縄県立博物館　1996年

当真嗣一「沖縄県発見の碇石について」『南島考古だより』第52号　沖縄考古学会　1995年

鳥取県教育文化財団『鳥取県気高郡青谷町青谷上寺地遺跡3(本文編)——一般国道9号改築工事

XI 舟船関係文献資料目録（7 舟大工・造船・船具関係）

(青谷・羽合道路)に伴う埋蔵文化財発掘調査報告書Ⅶ―』調査報告書72 鳥取県教育文化
財団 2001年

飛田英世・桃崎祐輔「茨城県波崎町の碇石」「六浦文化研究」第10号 六浦文化研究所 2001年

長崎県鷹島町教育委員会『鷹島海底遺跡Ⅲ』鷹島町教育委員会 1996年

名嘉真宜勝「沖縄の漁業・諸職」『沖縄・奄美の生業―2漁業・諸職―』明玄書房 1981年

中村重嘉「瀬戸家船小見」『長崎談叢』第12輯 長崎史談会編集 1933年

新潟市歴史博物館『船と船大工―湊町新潟を支えた木造和船―』平成19年度特別展図録 新潟
市歴史博物館 2007年

日本造船学会・鋼船工作法研究委員会編『船具工作法（造船艤装）』海文堂 1969年

函館産業遺産研究会『北の船大工道具―函館の刃物鍛冶と造船所―』船大工道具収集報告書
幻洋社 1999年

橋本鉄男「滋賀県の漁業・諸職」『近畿の生業―2漁業・諸職―』明玄書房 1981年

バック, P. H.「船と船大工―ポリネシア人の造船その技術と信仰―」『偉大なる航海者たち』(鈴
木満男訳)現代教養文庫545 社会思想社 1966年

氷見市立博物館『とやまの船と船大工―船が支えた人びとのくらし―』特別展 氷見市立博物
館 2015年

広島県教育委員会『家船民俗資料緊急調査報告書』広島県教育委員会 1970年

広瀬直樹「ズッタとイクリ―氷見十二町潟と射水平野の潟舟・川舟―」「氷見市立博物館年報」第
25号 氷見市立博物館 2007年

広瀬直樹「潟舟オオフネの新造記録―十二町潟に浮かんだ木造和船―」「氷見市立博物館年報」
第26号 氷見市立博物館 2008年

広瀬直樹「続ズッタとイクリ―元船大工、村田泰二氏からの聞き取りより―」「氷見市立博物館
年報」第27号 氷見市立博物館 2009年

広瀬直樹「「船板材接合工程モデル」について」「氷見市立博物館年報」第29号 氷見市立博物館
2011年

広瀬直樹「氷見造船会社と戦時下の船大工」「氷見市立博物館年報」第30号 氷見市立博物館
2012年

福地曠昭「船大工（ヒニゼーク）」『沖縄の大工』閣文社 2001年

藤森栄一「諏訪神社の柴舟」「信濃」第13巻第10号 信濃郷土研究会 1961年

堀内雅文「大和型船―航海技術編―」成文堂書店 1982年

堀内雅文「大和型船―船体・船道具編―」成文堂書店 2001年

松井哲洋「船釘と遊ぶ」「民具集積」第5号 四国民具研究会 1999年

松井哲洋「船釘と遊ぶ(2)―中国江南の造船技術をたずねて(報告1)―」「民具集積」第6号 四国
民具研究会 2000年

松井哲洋「船釘と遊ぶ(3)―中国江南の造船技術をたずねて(報告2)―」「民具集積」第7号 四国
民具研究会 2001年

松井哲洋「長良川中流域の船釘と穿孔具」「民具集積」第11号 四国民具研究会 2005年

松井哲洋「尋は5尺か6尺か―和船関連資料解析時の尋―」「計量史研究」第32号 日本計量史学
会 2007年

松井広信「四爪鉄錨の基礎的研究―船に関わるモノの型式学的考察―」「金沢大学考古学紀要」
第34号 金沢大学考古学研究室 2013年

松井三男・光照・大岩剛一「木造船と舟屋―琵琶湖と森をつなぐ手づくりの技―」「文化誌近江学」
第5号 成安造形大学付属近江学研究所 2013年

松岡史「碇石の研究」「松浦党研究」第2号 松浦党研究連合会 1981年

三崎一夫「三陸沿岸の磯船」「民具マンスリー」第19巻10号 神奈川大学日本常民文化研究所
1987年

南波松太郎編「漂流記『蕃談』の磁石船について」「海事史研究」第8号 日本海事史学会 1967年

―435―

第3部 〈附編〉舟・船舶関係資料一覧

六車功「瀬戸内海における漁船と船大工調査概報―船大工の板図と香川県引田を中心とする牢屋船の変遷―」「瀬戸内海歴史民俗資料館紀要」第2号　瀬戸内海歴史民俗資料館　1985年

村松貞次郎「道具史の宝庫『和漢船用集』」『大工道具の歴史』岩波新書867　岩波書店　1973年

室賀信夫・矢守一彦編訳「二技術」(蕃談巻三)253〜267頁『蕃談―漂流の記録1―』東洋文庫39　平凡社　1965年

安本千夏「潮を開く舟サバニ―舟大工・新城康弘の世界―』やまい文庫4　南山舎　2003年

柳田純孝「蒙古碇石」『福岡市の文化財　考古資料』福岡市教育委員会　1987年

柳田純孝「海から出土した蒙古碇石」『よみがえる中世』第1巻　平凡社　1988年

柳田純孝「「蒙古碇石」と呼ばれる碇石」「月刊考古学ジャーナル」№343　ニュー・サイエンス社　1992年

柳田純孝「碇石考」「法哈嘩」第3号　博多研究会　1994年

柳田純孝「元寇と考古学」「季刊考古学―中世を考古学する―」第39号　雄山閣出版　1992年

山形欣哉「鄭和の宝船についての試論」「海事史研究」第42号　日本海事史学会　1985年

山形欣哉「『南船記』における「料」について」「海事史研究」第53号　日本海事史学会　1996年

山形欣哉「「料」に関する今日の中国論文について」「海事史研究」第54号　日本海事史学会　1997年

山形欣哉『歴史の海を走る―中国造船技術の航跡―』図説中国文化百華第16巻　農文協　2004年

山田佑平『船大工考』三和印刷　1993年

山高五郎『日本の造船』少年産業博物館(7)　ポプラ社　1956年

山高五郎『造船』目で見る日本の産業(19)　ポプラ社　1963年

山高五郎「近代造船の曙」『船』法政大学出版　1995年

山本博「博多湾出土遺物と元寇への新資料」「都久志」第3号　都久志刊行会　1931年

用田政晴「丸子船と船大工」「文化誌近江学」第5号　成安造形大学付属近江学研究所　2013年

横田洋三「嵯峨・伏見の船と船大工について」「近畿民具」第26輯　近畿民具学会　2003年

横田洋三「伏見の船大工」「山城郷土資料館報」第9号　京都府立山城郷土資料館　1991年

横田洋三「古代日本における帆走の可能性について」「科学」Vol.87　岩波書店　2017年

横山弥四郎「隠岐島前の漁と船の習俗」「山陰民俗」第14号　山陰民俗学会　1957年

吉川金次『鋸』ものと人間の文化史18　法政大学出版局　1976年

吉川金次『斧・鑿・鉋』ものと人間の文化史51　法政大学出版局　1984年

吉田哲郎「「和船」、「船大工」等に関する調査―失われつつある日本の伝統と博物館による文化の継承―」「博物館研究」第36巻第8号　日本博物館協会　2001年

吉田知史「日本原始・古代の櫂の研究」「待兼山論叢」史学篇第39号　大阪大学　2005年

四日市康博「鷹島海底遺跡に見る元寇研究の可能性―元寇遺物実見報告―」「史滴」第24号　早稲田大学東洋史談話会　2002年

渡邊晶「近世の建築用の雛について―伝世品をはじめとした関連資料の調査報告―」「竹中大工道具館研究紀要」第2号　竹中大工道具館　1990年

渡辺世祐「朝鮮役と我が造船の発達」『国史論叢』文雅堂書店　1956年

用　語　索　引

あ

アウトリガー型式（あうとりがーけいしき）88
青谷上寺地遺跡（あおやかみじちいせき）34
明石城武家屋敷跡
　（あかしじょうぶけやしきあと）201
赤野井湾遺跡（あかのいわんいせき）183
安達裕之（あだちひろゆき）69
天磐舟（あまのいわふね）211
天磐櫲樟舟（あめのいわくすふね）163
天鳥舟（あめのとりふね）163，211
荒尾南遺跡（あらおみなみいせき）42

い

E・S・モース（いーえすもーす）51，104
筏（いかだ）10，14
碇（いかり）38，127，195
壱岐島（いきのしま）39
伊木力遺跡（いきりきいせき）30
石井謙治（いしいけんじ）17，59，69
石田遺跡（いしだいせき）178
石塚尊俊（いしづかたかとし）20，199
石津川（いしづがわ）157
石附喜三男（いしづききさお）220
『一遍上人絵伝』
　（いっぺんしょうにんえでん）209
伊藤亜人（いとうあびと）66
井戸祭祀（いどさいし）147，158，164
井戸枠（いどわく）95，125，131
伊奈氏屋敷跡（いなしやしきあと）30
稲吉角田遺跡（いなよしすみたいせき）44
伊場遺跡（いばいせき）31
茨木川（いばらきかわ）99
今城塚古墳（いましろづかこふん）40
今福西遺跡（いまふくにしいせき）89，110
「今福発掘の刳舟調査報告」（いまふくはっくつ
　のくりふねちょうさほうこく）110
入江内湖遺跡（いりえないこいせき）171
印籠継ぎ（いんろうつぎ）52，91，107，112，116

う

上野喜一郎（うえのきいちろう）17，66
上縁（うえへり）24，42，106
浮き（うき）14
浦入遺跡（うらにゅういせき）193
瓜破遺跡（うりわりいせき）128
瓜破北遺跡（うりわりきたいせき）130，163
ウワナベ古墳（うわなべこふん）40
運搬具
　（うんぱんぐ）10，14，29，165，188，213

え

江上波夫（えがみなみお）38
江口（えぐち）13，101，127
L字（えるじ）
　97，141，142，143，147，185，191，200

お

淡河萩原遺跡（おうごはぎわらいせき）204
小江慶雄（おえよしお）169
大今里遺跡（おおいまざといせき）27，82
『大坂城誌』（おおさかじょうし）51，108，109
大阪城内（おおさかじょうない）108
『大阪新聞』（おおさかしんぶん）102，104
『大阪日報』（おおさかにっぽう）102，103
大阪博物場（おおさかはくぶつじょう）
　105，108，117，122
『大阪府下難波村鼬川開鑿際所得船之図』（お
　おさかふかなにわむらいたちがわかいさくさい
　しょとくふねのず）108
『大坂府下難波村鼬川開鑿際所得舩之圖』（お
　おさかふかなにわむらいたちがわかいさくさい
　しょとくふねのず）114
「大阪府下難波村鼬川発掘古船図」（おおさかふ
　かなにわむらいたちがわはっくつこせんず）108
「大坂府下難波村鼬川発掘古舩圖」（おおさかふ
　かなにわむらいたちがわはっくつこせんず）117
大野延太郎（おおののぶたろう）120
大林太良（おおばやしたりょう）211

—437—

用語索引

大堀城跡（おおほりじょうあと）156
岡古墳（おかこふん）48
岡部川（おかべがわ）141
尾上浜遺跡（おのえはまいせき）170
小野清（おのきよし）51，108，109
大庭寺遺跡（おばでらいせき）34
オモキ（おもき）18，19，26，68，69，70
『尾張志』（おわりし）61
『尾張名所図会』（おわりめいしょずえ）55
尾張諸桑村（おわりもろくわむら）50

か

櫂（かい）43，127，185
海上他界（かいじょうたかい）211，220
貝原益軒（かいばらえきけん）92
外洋船（がいようせん）33，54，113
角江遺跡（かくえいせき）31
隠し釘（かくしくぎ）186
笠嶋遺跡（かさしまいせき）220
柁材（かじざい）43，97，148
梶塚古墳（かじつかこふん）40
梶山彦太郎（かじやまひこたろう）72，84，85
潟湖（かたこ・せきこ）72，77，82，96，167
鰹節型（かつおぶしがた）21
桂見遺跡（かつらみいせき）30
加美遺跡（かみいせき）129
雷下遺跡（かみなりしたいせき）30
加美西遺跡（かみにしいせき）91
亀塚古墳（かめづかこふん）40
萱振遺跡（かやふりいせき）94，150
唐古遺跡（からこいせき）40
唐古・鍵遺跡（からこかぎいせき）42
雁子岳2号墳（からねがだけ2ごうふん）40
枯野（かれの）109，163
川合遺跡（かわいいせき）34
河内潟（かわちがた）73，96
河内川（かわちがわ）100
河内湖（かわちこ）74，96
河内湾（かわちわん）72
川西4号墳（かわにし4ごうふん）40
皮船（かわぶね）15，65，67
河村瑞賢（かわむらずいけん）87
カワラ（かわら）18，19，68
瓦版（かわらばん）59

き

北新町遺跡（きたしんまちいせき）145
木津川（きづがわ）101
吃水（きっすい）53，195
木取り（きどり）24，68，155，197
久宝寺遺跡（きゅうほうじいせき）
　　12，31，96，150，152
清野謙次（きよのけんじ）123

く

供御田（くごでん）163
草香江（くさがえ）78
日下雅義（くさかまさよし）74
クス（くす）16，54，58，82，103，111，216
楠根川（くすねがわ）95
楠葉中之芝遺跡（くずはなかのしばいせき）132
雲宮遺跡（くものみやいせき）196
鞍岡山3号墳（くらおかやま3ごうふん）41
クリーク（くりーく）55，75
刳舟（くりふね・くりぶね）14，15，125，187
刳舟分類（くりふねぶんるい）18
栗山川流域遺跡群
　　（くりやまかわりゅういきいせきぐん）30
車塚古墳（くるまづかこふん）40
黒潮（くろしお）192，220

け

型式形態（けいしきけいたい）20，24，26
形態分類（けいたいぶんるい）18
ゲルマン型（げるまんがた）16
舷側板（げんそくばん）15，24

こ

航海術（こうかいじゅつ）165
構造船（こうぞうせん）24，67，187
神戸ハーバーランド遺跡
　　（こうべはーばーらんどいせき）202
『古事記』（こじき）94，163，215，218，219
小杉榲邨（こすぎすぎむら）117，119，120
「古代の船」（こだいのふね）18
五反田遺跡（ごたんだいせき）203
小舟（こぶね）21，94
菰野町出土（こものちょうしゅつど）223

—438—

用語索引

御領遺跡（ごりょういせき）43
誉田白鳥遺跡（こんだはくちょういせき）156
ゴンドラ（ごんどら）48

さ

『西行法師行状絵巻』
　（さいぎょうほうしぎょうじょうえまき）127
祭祀（さいし）29, 158, 163, 164, 183, 190, 219
宰相山遺跡（さいしょうやまいせき）92
西都原古墳（さいとばるこふん）45
佐織歴史民俗資料室
　（さおりれきしみんぞくしりょうしつ）55
相方古墳（さがたこふん）40
栄根遺跡（さかねいせき）202
鷺州遺跡（さぎすいせき）92
櫻皮纏き作れる舟
　（さくらかわまきつくれるふね）191
サクラ樹皮（さくらじゅひ）
　98, 146, 147, 184, 185, 190, 191, 201
桜田勝徳（さくらだかつのり）18
砂州（さす）73, 166, 206
サセックス型（させっくすがた）17
サバニ（さばに）66
佐原眞（さはらまこと）37
狭山池（さやまいけ）157
讃良郡条里遺跡（さらぐんじょうりいせき）
　133, 164
『三国志』（さんごくし）12, 217
三材継ぎ（さんざいつぎ）
　50, 53, 106, 112, 177, 208
三次元（さんじげん）37, 44
サントーバン型（さんとーばんがた）17

し

塩津浜遺跡（しおつはまいせき）186
シキ（しき）15, 19, 68, 221
敷津遺跡（しきついせき）103
軸轤（じくろ）21, 23, 27, 38, 42, 44, 46
『死後の世界』（しごのせかい）211
蜆塚遺跡（しじみづかいせき）31
蔀屋北遺跡（しとみやきたいせき）141, 164
清水風遺跡（しみずかぜいせき）42
清水潤三（しみずじゅんぞう）18, 88
下田遺跡（しもだいせき）33, 157

下長遺跡（しもながいせき）184, 190
下ノ池古墳（しものいけこふん）153
ジャンク（じゃんく）76
縦通材（じゅうつうざい）
　53, 58, 106, 112, 115, 116, 123
樹皮楔止め（じゅひくさびどめ）184
準構造舟船（じゅんこうぞうせん）
　12, 67, 96, 187, 188
『想山著聞奇集』（しょうざんちょもんきしゅう）
　56
焦燥痕跡（しょうそうこんせき）
　30, 166, 170, 174, 175, 194
「上代独木舟の考察」
　（じょうだいまるきぶねのこうさつ）19
『松涛棹筆』（しょうとうさおふで）63
庄内期（しょうないき）99
縄紋海進（じょうもんかいしん）82
『照葉樹林文化』（しょうようじゅりんぶんか）16
『続日本紀』（しょくにほんぎ）100
新池遺跡（しんいけいせき）39
新池埴輪窯跡（しんいけはにわかまあと）40
新開4号墳（しんかい4ごうふん）48
神宮寺遺跡（じんぐうじいせき）34
神明原・元宮川遺跡
　（しんめいばらもとみやがわいせき）30
神明山古墳（しんめいやまこふん）40

す

『隋書』（ずいしょ）163, 215
スギ（すぎ）30, 31, 82, 91, 96, 153
『住吉物語絵巻』（すみよしものがたりえまき）127
巣山古墳（すやまこふん）216

せ

製塩（せいえん）72, 97
「世界の船」（せかいのふね）67
施刻紋（せこくもん）39, 40
折衷型（せっちゅうがた）23
『摂津志』（せっつし）100
『摂津名所図会』（せっつめいしょずえ）87, 101
『摂津名所図会大成』
　（せっつめいしょずえたいせい）101
『説文』（せつもん）218
瀬名遺跡（せないせき）31

用語索引

『先史考古学概論』(せんしこうこがくがいろん) 21
千代・能美遺跡(せんだいのみいせき) 32
千田稔(せんだみのる) 74

そ

漕運舟(そううんせん) 32, 75
『葬制の起源』(そうせいのきげん) 211
葬舟船(そうせん) 130, 163, 211, 215, 219
造舟船(ぞうせん)
　14, 29, 39, 164, 166, 184, 187
喪葬(そうそう) 38, 41, 210
曽布川寛(そぶかわひろし) 214
ソリコ(そりこ) 20

た

耐航性(たいこうせい) 48, 126, 167
太子堂遺跡(たいしどういせき) 149
田井中遺跡(たいなかいせき) 33
大中の湖南遺跡(だいなかのこみなみいせき) 176
太陽の船(たいようのふね) 213, 214
他界観(たかいかん) 41, 210, 211
高槻城三の丸跡
　(たかつきじょうさんのまるあと) 131
瀧川政次郎(たきがわまさじろう) 74
『橘嶋庄両社縁起』
　(たちばなしましょうりょうしゃえんぎ) 86
豎壁板(たてかべいた) 68, 96, 97, 151
タナ(たな) 15, 19, 107
棚板造り(たないたつくり) 70
樽味高木遺跡(たるみたかぎいせき) 44
単材式刳舟(たんざいしきくりぶね) 15, 16

ち

チキリ(ちきり) 141, 144
中山王墓(ちゅうざんおうぼ) 214
チョウ(ちょう) 18, 19
重源(ちょうげん) 157
長保寺遺跡(ちょうぼじいせき) 133
長命寺湖底遺跡
　(ちょうめいじこていいせき) 30, 178
直弧紋(ちょっこもん) 129, 216, 217

つ

津(つ) 13, 74, 76

月の輪古墳(つきのわこふん) 31
佃遺跡(つくだいせき) 209
対馬島(つしまのしま) 39
葛籠尾崎遺跡(つづらおざきいせき) 169
坪井遺跡(つぼいいせき) 42

て

通信省管船局(ていしんしょうかんせんきょく)
　108
デシュレット(でしゅれっと) 16, 21
出町遺跡(でまちいせき) 182
天神橋遺跡(てんじんばしいせき) 91
伝福寺裏遺跡(でんぷくじうらいせき) 30
『天保會記鈔本』(てんぽうかいきしょうほん) 62
天坊幸彦(てんぼうゆきひこ) 74

と

東京国立博物館
　(とうきょうこくりつはくぶつかん) 108
「東京人類學會雑誌」
　(とうきょうじんるいがっかいざっし) 122
洞窟壁画(どうくつへきが) 38
島嶼(とうしょ) 10, 29
『東征伝絵巻』(とうせいでんえまき) 127
凸帯(とったい) 107
斗西遺跡(とのにしいせき) 177
トモ(とも) 18
艫綱(ともづな) 23, 38
トモド(ともど) 20
豊里菅原遺跡(とよさとすがわらいせき) 91
鳥越憲三郎(とりごえけんざぶろう) 84
鳥浜貝塚(とりはまかいづか) 20, 30, 166, 194

な

直木孝次郎(なおきこうじろう) 76
中尾佐助(なかおさすけ) 16
中垣内遺跡(なかがいといせき) 98
長越遺跡(ながこしいせき) 199
中田遺跡(なかたいせき) 48
長原遺跡高廻り1号墳
　(ながはらいせきたかまわり1ごうふん) 48
若王寺遺跡(なこうじいせき) 204
難波堀川(なにわいたちがわ) 50, 100, 108
難波砂堆(なにわさたい) 74, 102

用語索引

難波の津（なにわのつ）74
難波堀江（なにわほりえ）76，91，101
鯰江川（なまずえがわ）11，89，91
難波駅構内遺跡
　（なんばえきこうないいせき）103

に
ニゴレ古墳（にごれこふん）48
二材継ぎ（にざいつぎ）50，120，122，177
西岩田遺跡（にしいわたいせき）146
錦生小学校内遺跡
　（にしきおしょうがっこうないいせき）222
二次元（にじげん）37
錦織遺跡（にしごりいせき）185
西堤遺跡（にしづつみいせき）98
西村眞次（にしむらしんじ）14，65，89
『日本海運図史』（にほんかいうんずし）
　52，108，110
『日本後紀』（にほんこうき）100
『日本考古学』（にほんこうこがく）120
『日本考古學・人類學史』
　（にほんこうこがくじんるいがくし）123
『日本書紀』（にほんしょき）
　94，113，123，215，218
「日本造船の基調」（にほんぞうせんのきちょう）
　18
『日本その日その日』（にほんそのひそのひ）
　51，104
『日本の船』（にほんのふね）17

ぬ
縫い釘（ぬいくぎ）70，91，186

ね
寝屋川（ねやがわ）74，133
年輪年代法（ねんりんねんだいほう）111

の
野田沼遺跡（のだぬまいせき）185
野々上遺跡（ののうえいせき）156

は
箱型（はこがた）21，23，203

はざみ山遺跡（はざみやまいせき）154
土師古墳（はぜこふん）40
畑町遺跡（はたまちいせき）30
八ヶ新田遺跡（はつかしんでんいせき）98
梁（はり）24，26，53，106，107
『播磨国風土記逸文』
　（はりまのくにふどきいつぶん）163
春江町出土銅鐸
　（はるえちょうしゅつどどうたく）126

ひ
稗田遺跡（ひえだいせき）31
東土川西遺跡（ひがしつちかわにしいせき）197
東殿塚古墳（ひがしとのつかこふん）40，44
東奈良遺跡（ひがしならいせき）33，99
ピボット（ぴぽっと）44，47
平野川（ひらのがわ）101

ふ
複材式刳舟（ふくざいしきくりぶね）
　11，27，50，112
藤沢一夫（ふじさわかずお）84
二葉町遺跡（ふたばちょういせき）207
二俣小舟（ふたまたおぶね）94
両枝船（ふたまたぶね）94
舟形土製品（ふながたどせいひん）31
舟形埴輪（ふながたはにわ）45
舟形木製品（ふながたもくせいひん）34
フナクイ虫（ふなくいむし）166
舟底板（ふなそこいた）
　15，18，24，125，132，140
舟着き場（ふなつきば）72，75，77，195
船津橋遺跡（ふなつばしいせき）86
船出町遺跡（ふなでまちいせき）92，108
舟船（ふね）16
『船の歴史』（ふねのれきし）17
布留期（ふるき）96，149

ほ
縫合船（ほうごうせん）65，214
放射性炭素年代測定法（ほうしゃせいたんそねんだいそくていほう）62，195
柄穴（ほぞあな）
　31，53，96，106，116，121，123，149

— 441 —

用語索引

菩提池西 3 号墳（ぼだいいけにし 3 ごうふん）
48，97
法華寺出土（ほっけじしゅつど）48
帆柱（ほばしら）41，43
ポリネシア（ぽりねしあ）88，211

ま

馬王堆 1 号墳墓（まおうたい 1 ごうふんぼ）214
マキハダ（まきはだ）53，91，97，98
松岡静雄（まつおかしずお）214
松原内湖遺跡（まつばらないこいせき）174
松本信広（まつもとのぶひろ）19，59
丸木舟（まるきふね）15，16
『万葉集』（まんようしゅう）75，190，215

み

御厨（みくりや）99
水場遺構（みずばいこう）98
三ツ島遺跡（みつしまいせき）92
みもひ（みもひ）163
ミヨシ（みよし）18
三好想山（みよししょうざん）57
『民俗資料による刳舟の研究』（みんぞくしりょ
うによるくりぶねのけんきゅう）20

め

メーリンゲン型（めーりんげんかた）16，21

も

木道（もくどう）209
模式図（もしきず）26
元水茎遺跡（もとすいけいいせき）30，169，180
元総社寺田遺跡（もとそうじゃてらだいせき）
34
喪船（もふね）219
桃島出土（ももしま）206
モロタ（もろた）20
モンスーンアジア（もんすーあじあ）16

や

八尾南遺跡（やおみなみいせき）148
八木奘三郎（やぎそうざぶろう）120
安井良三（やすいりょうぞう）48，220
山崎直方（やまさきなおまさ）122
大和川（やまとがわ）96，100，146，149
山根徳太郎（やまねとくたろう）74

ゆ

U 字（ゆうじ）23，96，131，136
遊連橋（ゆうれんばし）103
ユリ遺跡（ゆりいせき）30，166

よ

横田洋三（よこたようぞう）188
横梁材（よこはりざい）42，53，112，118，121
横梁帯（よこはりたい）166，179，181
吉武樋渡遺跡（よしたけひわたしいせき）34
吉田東伍（よしだとうご）74

ら

『礼記』（らいき）214
ラグーン（らぐーん）72，74，75，198

り

龍舟（りゅうせん）214

ろ

肋材（ろくざい）67
ロベンハウゼン型・ローベンハウゼン型
（ろべんはうぜんかた・ろーべんはうぜんかた）
17，21

わ

脇浜 2 丁目遺跡（わきはま 2 ちょうめいせき）97
和気清麻呂（わけのきよまろ）100
渡辺照宏（わたなべしょうこう）211
和束川底遺跡（わづかかわぞこいせき）198
割竹型（わりたけがた）21

あとがき

　普遍的な舟船（ふね）のことに注目したのは西村眞次であり、J・デシュレットの『先史考古学概要』に示された僅か数頁の章立てに注目したのであった。それはヨーロッパの遺跡から出土する「刳舟」の分析であり、その論文の刳舟分類に目を向けたのであるが、西村がなぜその僅か数頁の「刳舟」紹介に興味を示したのかは分からない。戦前の日本で出土する「刳舟」に目を向け、全国の前史に関わる出土刳舟の研究をはじめた。その普遍的な刳舟の研究に手を染めていなければ、今日のような舟船の研究はなかったかも知れない。

　先にも述べたが西村の研究だけではなく、戦後、いち早く関東地域の刳舟発掘調査をはじめた松本信広、清水潤三らの考古学的な舟船研究がなければ、やはり一過性の研究で終わったかも知れない。関東地域という片寄りがある研究ではあったが、多くの刳舟集成が行われている。

　高度成長期の各地の埋蔵文化財調査は、弥が上でもいろいろな出土遺物を見て、その研究は細分化したが、当然、刳舟も全国各地から出土した。これまで木製品ほど埋蔵文化財で厄介な遺物はなく、その保存方法や研究は遅れた部分であった。おそらく西村が研究をはじめた当初は、地中から出土したそれら遺物は、あっけなく破壊に遇い形を失った刳舟は少なくない。松本らが調査をした加茂遺跡の刳舟でさえ、約250数点の細片として粉々になったが、清水潤三の地道な復元によって現在見ることができる。

　それほどにも木製品は厄介な遺物であり、他分野の植生の知識がなければ分析ができず、また製作方法に関しても、石器類の知識も必要とされる遺物である。人類が水と関わり、水上を移動する道具として発明したこの運搬具には、まだ解明されていないことが多い。船舶工学の問題も大きいが、人類文化史として発掘調査から出土する刳舟の研究はまだ進んではいない。

　今回、考古学叢書の手引きの一冊として、「舟」の問題をまとめるように坂詰秀一先生からご推薦を得たが、それに反して私の頭の中では一般的な手引きとなる理解ではなく、これまでの研究が関東地域に片寄った傾向があることに解義していたため、関西地域での「舟」研究から見えてくるものがな

いのかと考えまとめた。普遍的な舟船だからこそ苦慮し、このような当初の
目的とは違った方向で舟船のことをまとめてしまったことに責任を感じるが、
刳舟研究の方向性だけは示したつもりである。

　嘗て清水潤三先生から大阪で出土する刳舟集成をまとめるようにすすめが
あったにもかかわらず、怠慢からなかなかまとめきれなかったのであるが、
これが刳舟研究の一助になればその責を果たしたことにもなる。

　本書の刊行にあたっては、多くの機関と研究者の方々からご教示いただい
た。また辛抱強くこの構想に飽きず見守ってくださったニューサイエンス社、
角谷裕通さん、手直しの多い原稿に目を通していただいた山口晶広さん、地
域歴史民俗考古研究所の中浦清美さんにお礼申し上げたい。

　2018年5月

辻尾榮市

〔著者略歴〕

辻尾榮市（つじおえいいち）

1949 年大阪府大阪市生まれ。大阪市立大学大学院
文学研究科前期博士課程修了。新見公立短期大学、
大阪府立大学の非常勤講師、中国黒竜江省鶏西大
学、陝西省西安交通大学の専任教師などを経て、
現在、地域歴史民俗考古研究所総括所長。

〔主な著書・論文〕

『『對島國卜部龜卜之次第』攷』（2010 年）、「中国の
古代刳舟からその系譜を探る」、「樓船考」、「淀川
と八軒家の舟・舩」、「韓国金海會峴里貝塚出土卜
骨の紹介」など著作多数。

舟 船 考 古 学
ふねのこうこがく

平成 30 年 5 月 20 日　初版発行

〈図版の転載を禁ず〉

　当社は,その理由の如何に係わらず,本書掲載
の記事（図版・写真等を含む）について,当社の許
諾なしにコピー機による複写,他の印刷物への転
載等,複写・転載に係わる一切の行為,並びに翻
訳,デジタルデータ化等を行うことを禁じます。無断
でこれらの行為を行いますと損害賠償の対象とな
ります。
　また,本書のコピー,スキャン,デジタル化等の無断
複製は著作権法上での例外を除き禁じられていま
す。本書を代行業者等の第三者に依頼してスキャン
やデジタル化することは,たとえ個人や家庭内で
の利用であっても一切認められておりません。

連絡先：ニューサイエンス社 著作・出版権管理室
Tel. 03（5720）1164

JCOPY 〈（社）出版者著作権管理機構 委託出版物〉
　本書の無断複写は著作権法上での例外を除き
禁じられています。複写される場合は,そのつど事
前に,（社）出版者著作権管理機構（電話：
03-3513-6969,FAX:03-3513-6979,e-mail：
info@jcopy.or.jp）の許諾を得てください。

著　者　辻　尾　榮　市

発行者　福　田　久　子

発行所　株式会社 ニューサイエンス社

〒153-0051　東京都目黒区上目黒3-17-8
電話03（5720）1163　振替00150-0-550439
http://www.hokuryukan-ns.co.jp/
e-mail : hk-ns2@hokuryukan-ns.co.jp

印刷・製本　富士リプロ株式会社

© 2018 New Science Co.
ISBN978-4-8216-0612-2 C3021